임동석중국사상100

춘추좌전
春秋左傳

左丘明 撰 / 林東錫 譯註

10. 昭公

"상아, 물소 뿔, 진주, 옥. 진괴한 이런 물건들은 사람의 이목은 즐겁게 하지만 쓰임에는 적절하지 않다. 그런가 하면 금석이나 초목, 실, 삼베, 오곡, 육재는 쓰임에는 적절하나 이를 사용하면 닳아지고 취하면 고갈된다. 그렇다면 사람의 이목을 즐겁게 하면서 이를 사용하기에도 적절하며, 써도 닳지 아니하고 취하여도 고갈되지 않고, 똑똑한 자나 불초한 자라도 그를 통해 얻는 바가 각기 그 자신의 재능에 따라주고, 어진 사람이나 지혜로운 사람이나 그를 통해 보는 바가 각기 그 자신의 분수에 따라주되 무엇이든지 구하여 얻지 못할 것이 없는 것은 오직 책뿐이로다!"

《소동파전집》(34) 〈이씨산방장서기〉에서 구당(丘堂) 여원구(呂元九) 선생의 글씨

책머리에

　무려 19만 6,800여 자나 되는 이 방대한 저술을 역주하는데 내가 생각해도 참 애 많이 썼다. 세상에 완벽함이란 없다. 완벽을 추구하는 것만으로도 이미 그 가치는 어느 정도 인정받을 수 있으리라는 소박한 자기합리화에 만족한다.

　자료를 모아 선뜻 손을 대었다가 너무 힘들고 지쳐 '내가 왜 이 짓을 하나?' 하고 후회해본 것이 한두 번이 아니다. 나에게는 단순반복 작업을 울면서라도 그냥 해내는 묘한 힘이 있다. 이는 어릴 때 깊은 산속에서 살 때 배운 철리哲理였다. 나뭇짐에 실어온 큰 등걸나무에 톱질을 하면서 백 번을 썰면 끊어지겠지 하던 의지였다. "당연한 고통은 참고 넘겨라. 그것이 이치에도 맞다"라는 자기 최면이었다. 이 작업도 그런 생각을 하면서 나도 모르게 다시 컴퓨터 앞에 앉아 있기 일쑤이며 풀리지 않던 부분이 다른 자료와 교차 검증하다가 해결되자 나도 모르게 성취감에 들떠 점심 식사도 거른 경우도 부지기수다. 공자가 말한 "吾嘗終日不食, 終夜不寢, 以思, 無益, 不如學也"가 바로 이러한 경지리라 감히 깨닫는 자체가 송구스럽다.

　금년 새해 벽두 북경에 갔다가 책방에 들러 다시 자료를 눈에 띄는 대로 욕심내다가 그만 너무 많아졌음에도 이를 들고 오다가 우편으로 부칠 것을 그랬나 하고 끙끙대며 수속을 마치고 인천 공항을 나서면서는 그래도 얼른 볼 수 있으니 고생값이 있으렸다 하고 안위의 기쁨에 매서운 한겨울 추위도 반가웠다. 아니 조선시대 같았으면 이러한 책을 어찌 이토록 쉽게 얻어 볼 수 있었겠는가 하는 비교우위 행복감에 젖어 공항 리무진 버스 창문 밖을 내다보니 밤빛 찬란한 서울의 한강 가가 참으로 아름다운 곳이라는 생각이 들었다.

이렇게 다시 작업은 이어졌지만 지루한 재점검은 다시 반 년 넘더니 또 한해가 흘렀다. 들여다보면 볼수록 미진하거나 아차 잘못된 탈자, 오자, 오류가 나를 주눅들게 하였다. 마치 비밀 번호를 숨겨놓은 것과 같은 문장, 수수께끼를 풀도록 숙제를 안겨주는 것과 같은 내용, 역사적 배경과 인물의 특징, 242년의 얽히고 설킨 수많은 제후국들의 국내외 사정, 족보가 뒤얽힌 경대부들의 가계, 忠과 賊이 무시로 바뀌는 끝없는 반전의 인간군상, 봄풀 나서 봄 한 철 살고, 사람 나서 한 일생 산다는 만물의 원리를 번연히 알고 있으면서도 영원히 살 것처럼 욕심과 배신의 굴레 속에서 날뛰는 사람들의 이야기. 정말 너무 복잡하여 어떻게 손을 대고 어떻게 진행해 나아가야 할지 막막할 때가 많았다.

그보다 유가儒家의 경전이라는 엄숙한 명제 앞에 내 기분나는 대로 마구 풀이해 나갈 수도 없었다. '미언대의微言大義'라는 대원칙을 숨겨놓았고, 포폄襃貶과 시비是非를 바로잡고자 성인이 찬집했다니 범속한 사람이 다루 어도 될까 적이 두려움이 엄습하기도 하였다. 아니 두예杜預는 천재성을 발휘하였고 스스로 '좌전벽左傳癖'이 있다고 자처할 정도였으니 내용을 훤히 알고 좋아서 한 일이었을 것이다. 그 때문에 그의 '집해集解'는 가위 믿을 만하고 경탄스럽다. 마찬가지로 '정의正義'를 붙인 공영달孔穎達이나 기타 수많은 학자들도 그 당시 공구서도 그리 많지 않았을 것이니 머릿속에 모든 것이 들어 있지 않고서야 어찌 한 치의 오차도 없이 그렇게 착종錯綜해 낼 수 있었겠는가?

그러나 나도 '이미 벌여놓은 춤'(已張之舞)이니 다 추고 무대에서 내려올 수밖에 없는 상황에 이제 마무리를 지었다. 미진하기 그지없지만 단락은 지어야 한다. 강호제현江湖諸賢께서 해량하시어 오류와 탈자, 누소漏疏함이 있을 것이란 전제 아래 참고해 주시기 바라며 끝없고 혹독한 질책을 내려 주시기도 아울러 바란다.

줄포茁浦 임동석林東錫이 부곽재負郭齋에서 적음.

일러두기

1. 책 이름은 《春秋左傳》,《春秋左氏傳》,《左氏春秋》,《左氏傳》,《左傳》 등 여러 가지가 있으나 《春秋》의 經文과 左丘明 傳文을 모두 포함한다는 뜻의 《春秋左傳》으로 하였다.

2. 이 책은 《左傳正義》(十三經注疏本, 臺灣 藝文印書館 印本), 《春秋經傳集解》(杜預, 上海古籍出版社 活字本), 《春秋左傳注》(楊伯峻, 中華書局), 《左傳會箋》(竹添光鴻, 臺灣 鳳凰出版社 印本) 등을 저본으로 하여 相互 交叉 對照하여 經文과 傳文 전체를 완역한 것이다.

3. 그 외 《左傳全譯》(王守謙 外 貴州人民出版社 1991), 《春秋左傳今註今譯》(李宗侗 臺灣商務印書館 1980), 《左傳》(漢籍國字解全書 早稻田大學出版部 明治 42년(1909)) 등도 매우 유용한 참고 자료로 활용하였다.

4. '經文'은 전체 1,861조항을 001(隱公 元年. B.C.722. 己未)부터 1,861(哀公 16년. B.C.479. 壬戌) "夏四月己丑, 孔丘卒"까지 모두 일련번호를 부여하고 괄호 안에 공의 이름과 재위 연도 및 해당 기사의 일련번호를 넣어 찾기 쉽도록 하였다.

5. 각 해당 공의 재위 연도가 시작되는 앞에 周나라와 기타 諸侯國의 당해 연도 군주의 묘호와 이름을 표로 작성하고 이를 제시하여 이해에 도움이 되도록 하였다.

6. '傳文'은 해당 경문의 아래에 넣되 ㉭으로 조항의 구분을 표시하여 經文 과의 관계 및 내용의 정확한 소속관계를 알 수 있도록 하였다.

7. 한문 원문을 앞에 제시하고 해석을 하였으며 해석 다음에 人名, 地名, 事件名, 用語, 御諱 등 해석상 註釋이 필요한 것들을 제시하고 풀이하였다.

8. 註釋은 이미 제시된 것이라 할지라도 해당 장의 이해에 필요하다고 여겨지는 것은 반복하여 실은 것도 있다.

9. 직역을 위주로 하였으나 문의를 순통하게 하기 위하여 일부 의역을 한 곳도 있으며, 특히 미묘한 '微言大義'를 위한 표현 등은 지면상 번거로운 해석을 피하기 위하여 부연설명하지는 않았다.
10. 주석의 근거는 孔穎達 疏나 기타 학자들의 의견을 인용할 경우 가능하면 이를 밝혔으며 그 문장은 따로 해석해 넣지 않고 원문을 그대로 제시하였다.
11. 작업상 오자, 탈자, 오류 등은 불가피하였던 부분에 대해서는 발견되는 대로 앞으로 계속 수정 보완해 나갈 것이다.
12. 이 책의 역주 작업에 참고한 문헌은 다음과 같다.

❊ 참고문헌

1. 《左傳注疏》十三經注疏本(宋本) 嘉慶 21년 江西 南昌府學開彫. 臺灣 藝文印書館 印本.
2. 《春秋經傳集解》晉, 杜預 上海古籍出版社 1988 上海
3. 《春秋管窺》(印本) 文淵閣本(故宮博物院所藏)
4. 《左傳會箋》(日, 1903)竹添光鴻 鳳凰出版社(覆印本) 1977 臺北
5. 《春秋左傳》(十三經全文標點本) 吳樹平 北京燕山出版社 1991 北京
6. 《春秋經傳集解》(四部叢刊) 晉, 杜預(撰) 唐, 陸德明(音義) 景玉田蔣氏藏本 書同文(電子版) 北京
7. 《春秋左傳》韓廬甫 普天出版社 1973 臺中 臺灣
8. 《春秋左傳注》楊伯峻 中華書局 2009 北京

9. 《左傳全譯》王守謙(外) 貴州人民出版社 1991 貴陽 貴州
10. 《春秋左傳今註今譯》李宗侗 臺灣商務印書館 1980 臺北
11. 《左傳》(漢籍國字解全書) 早稻田大學出版部 明治 42년(1909) 東京
12. 《春秋傳》毛奇齡〈皇清經解〉漢京文化事業有限公司 印本 1983 臺北
13. 《春秋說》惠士奇〈皇清經解〉漢京文化事業有限公司 印本 1983 臺北
14. 《春秋地理考實》江永〈皇清經解〉漢京文化事業有限公司 印本 1983 臺北
15. 《春秋正辭》莊存與〈皇清經解〉漢京文化事業有限公司 印本 1983 臺北
16. 《春秋異文箋》趙坦〈皇清經解〉漢京文化事業有限公司 印本 1983 臺北
17. 《左傳杜解補正》顧炎武〈皇清經解〉漢京文化事業有限公司 印本 1983 臺北
18. 《春秋左傳補註》惠棟〈皇清經解〉漢京文化事業有限公司 印本 1983 臺北
19. 《春秋左傳補疏》焦循〈皇清經解〉漢京文化事業有限公司 印本 1983 臺北
20. 《左氏春秋考證》劉逢祿〈皇清經解〉漢京文化事業有限公司 印本 1983 臺北
21. 《春秋左傳補注》馬宗璉〈皇清經解〉漢京文化事業有限公司 印本 1983 臺北
22. 《春秋左傳正義》晉 杜預(注), 唐 孔穎達(疏)〈四庫全書〉文淵閣(印本) 臺灣商務印書館
23. 《春秋釋例》杜預(撰)〈四庫全書〉文淵閣(印本) 臺灣商務印書館
24. 《春秋左氏傳補注》元 趙汸(찬)〈四庫全書〉文淵閣(印本) 臺灣商務印書館
25. 《左傳杜林合注》明 趙如源(等)〈四庫全書〉文淵閣(印本) 臺灣商務印書館
26. 《春秋世族譜》清 陳厚耀(撰)〈四庫全書〉文淵閣(印本) 臺灣商務印書館
27. 《公羊傳注疏》十三經注疏本(宋本) 嘉慶 21년 江西 南昌府學開彫. 臺灣藝文印書館 印本.
28. 《穀梁傳注疏》十三經注疏本(宋本) 嘉慶 21년 江西 南昌府學開彫. 臺灣藝文印書館 印本.

29. 《春秋左傳詞典》楊伯峻·徐提(編) 中華書局 1985 北京
30. 《世本》周渭卿(點校) 齊魯書社 2010 濟南 山東
31. 《帝王世紀》晉, 皇甫謐(撰). 陸吉(點校) 齊魯書社 2010 濟南 山東
32. 《逸周書》袁宏(點校) 齊魯書社 2010 濟南 山東
33. 《竹書紀年義證》雷學淇 藝文印書館 1977 臺北
34. 《竹書紀年》張潔·戴和冰(點校) 齊魯書社 2010 濟南 山東
35. 《十三經注疏》藝文印書館 印本
36. 《史記》鼎文書局(活字本) 1978 臺北
37. 《二十五史》鼎文書局(活字本) 1978 臺北
38. 《中國歷史紀年表》華世出版社 1978 臺北
39. 《中國歷史大事年表》上海辭書出版社 1986 上海
40. 《中國歷史年表》柏楊 星光出版社 1979 臺北
41. 《中國帝王皇后親王公主世系錄》柏楊 星光出版社 1979 臺北
42. 《中國帝王譜》田鳳岐(編) 天津市普文印務公司 2003 天津
43. 《經學辭典》黃開國(編) 四川人民出版社 1993 成都
44. 《中國儒學辭典》趙吉惠·郭厚安(編) 遼寧人民出版社 1989 瀋陽
45. 《中國大百科全書》(哲學) 中國大百科全書出版社 1992 北京
46. 《中國大百科全書》(歷史) 中國大百科全書出版社 1992 北京
47. 《中國儒學百科全書》中國大百科全書出版社 1997 北京
48. 《郡齋讀書志》宋, 晁公武(撰), 孫猛(校證) 上海古籍出版社 1990 上海
49. 《簡明中國古籍辭典》邱蓮梅(編) 吉林文史出版社 1987 長春
50. 《詩經直解》陳子展 復旦大學出版社 1991 上海
51. 《四書集註》林東錫(譯) 東西文化社 2009 서울

52. 《漢書藝文志問答》臺灣中華書局 1982 臺北
53. 《列子集釋》新編諸子集成 中華書局 1979 北京
54. 《荀子集解》(印本) 藝文印書館 1973 臺北
55. 《中國通史》李符桐(外) 文鳳出版社 1973 臺北
56. 《圖說中國歷史》周易(主編) 二十一世紀出版社 2002 南昌 江西
57. 《圖說中國歷史》中央編譯出版社 2007 北京
58. 《說話中國》李學勤(外) 上海文藝出版社 2004 上海
59. 《中國史綱》張蔭麟 九州出版社 2005 北京
60. 《上古史》張清華 京華出版社 2009 北京
61. 《正說中國三百五十帝》倉聖 黑龍江人民出版社 2006 哈爾濱
62. 《中國歷史》聞君 北京工業大學出版社 2006 北京
63. 《中國歷史》周佳榮(外) 香港教育圖書公司 1989 香港
64. 《中國歷史博物》朝華出版社(編) 2002 北京
65. 《國學導讀叢編》周何·田博元 康橋出版社 1979 臺北
66. 《經學通論》王靜芝 國立編譯館 1982 臺北
67. 《中國學術概論》林東錫 傳統文化研究會 2002 서울
68. 《說文解字》,《太平御覽》,《山海經》 등.
　　工具書 등 기타 文獻은 기재를 생략함.

해제

> I. 《春秋》
> II. 《春秋左傳》
> III. 《春秋左傳集解》
> IV. 《春秋釋例》
> V. 杜預
> VI. 《春秋左傳正義》
> VII. 孔穎達

I. 《春秋》

1. 史書로서의 《春秋》

'春秋'란 원래 孔子 이전 각 나라마다 있었던 '國史'를 통상적으로 부르던 일반명사였다. 예를 들면 《公羊傳》莊公(7년) 傳에 "不修春秋", "魯春秋云", 《左傳》昭公(2년) 傳에 "晉韓起聘魯, 觀書於太史氏, 見易象與魯春秋" 등의 기록은, 공자가 근거로 했다는 魯나라 사서는 이미 원래부터 '春秋'라 불렸던 것임을 알 수 있다. 또한 《國語》 楚語의 "敎之以春秋"나 晉語의 "羊舌肸習於春秋"로 보아 楚나라 晉나라 역사도 역시 '춘추'라 불렸던 것을 알 수 있다. 그 외, 《管子》의 "故春秋之記", 《韓非子》의 "魯哀公問於孔子云: 「春秋之記, 冬十二月, 霜不殺菽, 何謂記此?」", 《戰國策》의 "今臣逃而奔齊趙,

是可著爲春秋"등 많은 기록에 '史書'를 곧 '春秋'라 부른 예는 널리 찾을 수 있다.

한편, 여기서 말하는 《春秋》는 현존하는 중국 최초의 編年體 史書이며 동시에 儒家의 經典으로 초기 六經(五經)의 하나이다. 이는 공자가 魯나라 역사를 근거로 노나라 군주의 世系를 '紀'로 하여 簡策의 기록을 재정리한 것이다. 年, 時(四時), 月, 日(干支)을 근간으로 하였으며 그 중 時, 즉 四時, 春夏秋冬의 '春'과 '秋' 두 글자를 취하여 《춘추》라 부르게 된 것이다. 공자가 《춘추》를 刪定하였다는 기록은 《孟子》, 《史記》, 《漢書》 등에 널리 실려 있다.

우선 《孟子》 滕文公(下)에 "世衰道微, 邪說暴行有作, 臣弒其君者有之, 子弒其父者有之. 孔子懼, 作春秋. 春秋, 天子之事也. 是故孔子曰:「知我者其惟春秋乎! 罪我者其惟春秋乎!」…… 孔子成春秋而亂臣賊子懼."라 하였고, 離婁(下)에도 "孟子曰:「王者之迹熄而詩亡, 詩亡然後春秋作. 晉之乘, 楚之檮杌, 魯之春秋, 一也. 其事則齊桓·晉文, 其文則史. 孔子曰:『其義則丘竊取之矣.』」"라 하였으며 盡心(下)에도 "春秋無義戰"이라 하는 등 가장 강하게 거론하였다. 이에 司馬遷은 《史記》 孔子世家에서 "子曰:「弗乎弗乎, 君子病沒世而名不稱焉. 吾道不行矣, 吾何以自見於後世哉?」乃因《史記》作春秋, 上至隱公, 下訖哀公十四年, 十二公. 據魯, 親周, 故殷, 運之三代. 約其文辭而指博. 故吳楚之君自稱王, 而春秋貶之曰'子'; 踐土之會實召周天子, 而春秋諱之曰「天王狩於河陽」: 推此類以繩當世. 貶損之義, 後有王者擧而開之. 春秋之義行, 則天下亂臣賊子懼焉. 孔子在位聽訟, 文辭有可與人共者, 弗獨有也. 至於爲春秋, 筆則筆, 削則削, 子夏之徒不能贊一辭. 弟子受春秋, 孔子曰:「後世知丘者以春秋, 而罪丘者亦以春秋.」"라 하여 자세히 설명하고 있으며, 〈十二諸侯年表〉 序에도 "孔子明王道, 干七十餘君, 莫能用; 故西觀周室, 論史記舊聞, 興於魯, 而次

《春秋》. 上記隱, 下記哀之獲麟, 約其文辭, 去其煩重, 以制義法. 王道備, 人事浹"이라 하였다. 班固의 《漢書》藝文志에는 "古之王者世有史官, 君擧必書, 所以愼言行, 昭法式也. 左史記言, 右史記事, 事爲春秋, 言爲尙書, 帝王靡不同之. 周室旣微, 載籍殘缺, 仲尼思存前聖之業. ……"이라 하였다.

그러나 공자의 일상과 언행을 자세히 적은 《論語》에는 도리어 이러한 언급이나 기록이 단 한 마디도 없어 이 때문에 錢玄同 같은 학자는 《춘추》를 공자가 지었다고 확정적으로 말할 수는 없다고 회의를 표하기도 하였다. 좌우간 공자는 이 《춘추》를 육경의 하나로 삼아 제자들을 가르친 것으로 알려져 있으며 공자의 역사관, 정치관 등 사상의 일면을 깊이 담고 있는 고전이다.

한편 기록 내용은 경학 중에 《尙書》와 함께 역사 부분에 해당한다. 그러나 그 기록은 아주 간략하여 역사 배경이나 사건의 전말 등은 거의 알아볼 수 없을 정도의 綱目 위주로, 마치 '大事年表'와 같다. 문자의 숫자로 보아도 제일 많은 것이 47자(僖公 4년), 적게는 1자 '螟'(隱公 8년)로만 되어 있는 것도 있다. 이처럼 《춘추》는 기록이 매우 은미隱微하여 사건마다 오직 결과와 결론만 있을 뿐 경과나 전모는 생략되어 있다. 그 때문에 뒷사람의 많은 부연설명의 여지를 남기고 있었던 것이다.

모두 12편으로 되어 있으며 기간은 魯 隱公 원년(B.C. 722)으로부터 哀公 14년(B.C. 482)까지 242년 간, 12명의 公의 역사이며 대체로 1만 7,000여 자에, 그 經文의 條項도 1,834조에 불과하다. 그러나 이는 《公羊傳》과 《穀梁傳》을 기준으로 한 것이며 左傳에는 哀公 16년(B.C. 479) 4월 己丑 孔子의 죽음까지 기록하여 모두 244년까지이며 經文은 1,861조이다. 《公羊傳》 昭公 12년 傳의 徐彦 疏에는 《春秋說》을 인용하여 "孔子作春秋一萬八千字, 九月而

書成"이라 하여 "1만 8,000자이며 9개월 만에 마쳤다"라 하였으나 지금 이는 억설로 보고 있다.

한편 《춘추》는 공자가 직접 저술하고 교재로 사용한 육경의 하나이기 때문에 이를 해석하고 부연 설명한 저작들은 '傳'이라 불렀다. '漢'나라 때까지만 해도 이미 이러한 전이 5종류가 있었다. 즉 《公羊傳》, 《穀梁傳》, 《左氏傳》, 《鄒氏傳》, 《夾氏傳》이 그것이다. 이들 중 지금은 '公, 穀, 左'만 남아 이를 「春秋三傳」이라 하여 《춘추》 연구에 아주 중요한 자료로 활용되고 있다.

《公羊傳》과 《穀梁傳》은 《춘추》의 의리, 즉 '微言大義'를 疏正한 것이며, 《左氏傳》은 《춘추》 經文의 구체적인 史實과 역사적 경과, 배경 등을 서술한 것이다. 《漢書》 藝文志에 실려 있는 《春秋古經》 12편이 바로 《춘추》 經文만을 의미하는 것이 아닌가 한다. 한편, 《좌전》은 古文經을 근거로 한 것으로 보고 있으며, 《공양전》과 《곡량전》은 今文經을 근거로 한 것으로 보고 있다. 즉 금문과 고문은 문체는 같으나 금문은 莊公과 閔公(閔公은 2년 밖에 되지 않음)의 합하여 한 편을 줄여 11편이 된 것이다. 그리고 《좌전》은 공자의 죽음(哀公 14년)까지 경문이 실려 있으나, '공·곡'은 '獲麟'(哀公 14년)에서 경문이 끝을 맺고 있어 2년 차이가 나는 것이다. 그러나 《춘추》의 경문은 지금 모두 삼전의 傳文 앞에 나누어 실려 있으며 단행본은 없다. 杜預는 《좌씨전》과 《춘추고경》을 합하여 集解를 붙여 《춘추좌씨전》이라 하였고, 《公羊傳》과 《穀梁傳》은 《춘추금문경》을 기준으로 이를 각기 傳文 앞에 실어 단행본 《춘추경》은 아예 사라지고 말았다. 그러나 금문의 《춘추경》과 《공양전》, 《穀梁傳》과의 배합은 실제 어느 때부터 시작되었는지는 확실치 않다. 何休의 《公羊傳解詁》에는 다만 傳文만 해석해 놓아 杜預의 《經傳集解》와는 체제가 다르며, 漢 熹平石經의 《공양전》 殘片에는 傳文만 있다. 이로 보아 漢末까지도 今文經과 傳은 각기 따로 있었던 것이 아닌가 한다, 다만 〈四庫全書總目提要〉에는 今文經과 《公羊傳》의 배합은 그 義疏를 쓴 唐의 徐彦에 의해, 또 《穀梁傳》과의 배합은 그 集解를 쓴 晉 范寧에 의해 시작된 것이라 보고 있다. 이러한 과정을 거쳐 宋代까지 오면서 九經, 十二經, 十三經 등의 변화를 거쳐 지금은 모두 十三經에 들어 있으며 이들만을 묶어「春秋三傳」이라 하게 된 것이다.

2.「十二公」과「三世」

《春秋》에서 紀가 되는 魯나라 12公은 隱, 桓, 莊, 閔, 僖, 文, 宣, 成, 襄, 昭, 定, 哀公까지의 총 242년에 대한 기록은 흔히 公羊家들에 의하면 三世로 나뉜다. 즉 공자가 전해들은 세대(所傳聞之世), 공자가 들은 세대(所聞之世), 공자가 직접 보았던 세대(所見之世)이다.

(1) 孔子所傳聞之世(총 96년)
① 隱公(11) ② 桓公(18) ③ 莊公(32) ④ 閔公(2) ⑤ 僖公(33)

(2) 孔子所聞之世(총 85년)
⑥ 文公(18) ⑦ 宣公(18) ⑧ 成公(18) ⑨ 襄公(31)

(3) 孔子所見之世(총: 61년)
⑪ 昭公(32) ⑫ 定公(15) ⑬ 哀公(14)

3. 《春秋》의 本義(本旨)

《춘추》의 本義(本旨)는 대체로「正名分」,「寓褒貶」,「明是非」등 세 가지를 들고 있다. 그러나 혹은 '寓褒貶'을 大義로 삼고, '정명분'과 '명시비'를 그 하위개념으로 낮추어 설정하기도 하며 혹 '정명분'을 '명시비'와 같은 것으로 여겨 '정명분'과 '우포폄' 두 가지라고 하기도 한다. 그러나 司馬遷은 '微言大義'를 가장 주된 본지로 여겨《史記》太史公自序에서 "上大夫壺遂曰:「昔孔子何爲而作春秋哉?」太史公曰:「余聞董生曰: '周道衰廢, 孔子爲魯司寇, 諸侯害之, 大夫壅之. 孔子知言之不用, 道之不行也, 是非二百四十二年之中, 以爲天下儀表, 貶天子, 退諸侯, 討大夫, 以達王事而已矣.' 子曰: '我欲載之空言, 不如見之於行事之深切著明也.' 夫春秋, 上明三王之道, 下辨人事之紀, 別嫌疑, 明是非, 定猶豫, 善善惡惡, 賢賢賤不肖, 存亡國, 繼絶世, 補敝起廢, 王道之大者也. 易著天地陰陽四時五行, 故長於變; 禮經紀人倫, 故長於行; 書記先王之事, 故長於政; 詩記山川谷禽獸草木牝牡雌雄, 故長於風; 樂樂所以立, 故長於和; 春秋辯是非, 故長於治人. 是故禮以節人, 樂以發和, 書以道事, 詩以達意, 易以道化, 春秋以道義. 撥亂世反之正, 莫近於春秋. 春秋文成數萬, 其指數千. 萬物之散聚皆在春秋. 春秋之中, 弑君三十六, 亡國五十二, 諸侯奔走不得保其社稷者不可勝數. 察其所以, 皆失其本已. 故易曰'失之豪釐, 差以千里'. 故曰'臣弑君, 子弑父, 非一旦一夕之故也, 其漸久矣'. 故有國者不可以不知春秋, 前有讒而弗見, 後有賊而不知. 爲人臣者不可以不知春秋, 守經事而不知其宜, 遭變事而不知其權. 爲人君父而不通於春秋之義者, 必蒙首惡之名. 爲人臣子而不通於春秋之義者, 必陷簒弑之誅, 死罪之名. 其實皆以爲善, 爲之不知其義, 被之空言而不敢辭. 夫不通禮義之旨, 至於君不君, 臣不臣, 父不父, 子不子. 夫君不君則犯, 臣不臣則誅, 父不父則無道, 子不子則不孝. 此四行者, 天下之大過也. 以天下之大過予之, 則受而弗敢辭. 故春秋者, 禮義之大宗也. 夫禮禁未然之前, 法施已

然之後; 法之所爲用者易見, 而禮之所爲禁者難知."라 하였다. 이에 여기서는 '정명분'과 '우포폄'을 예를 들어 간단히 설명하기로 한다.

(1) 「正名分」
① 事物의 名分을 바르게 함.
《論語》子路篇에 "子路曰:「衛君侍子而爲政, 子將奚先?」子曰:「必也正名乎!」子路曰:「有是哉, 子之迂也! 奚其正?」子曰:「野哉, 由也! 君子於其所不知, 蓋闕如也. 名不正, 則言不順; 言不順, 則事不成; 事不成, 則禮樂不興; 禮樂不興, 則刑罰不中; 刑罰不中, 則民無所措手足. 故君子名之必可言也, 言之必可行也. 君子於其言, 無所苟而已矣.」"라 하였으며 董仲舒의《春秋繁露》深察名號篇에는 구체적으로 "《春秋》辨物之理, 以正其名, 名物如其眞, 不失秋毫之末, 故名霣石, 則後其五, 言退鷁, 則先其六. 聖人之謹於正名如此, 君子於其言, 無所苟而已, 五石六鷁之辭是也"라 하여 僖公 16년 "十有六年春王正月戊申朔, 隕石于宋五. 是月, 六鷁退飛, 過宋都"에서 '五'자를 뒤로, '六'자는 앞으로, '石'자를 '鷁'자로보다 먼저 쓴 것을 두고 분석한 것으로 《公羊傳》에는 "曷爲先言隕而後言石? 隕石記聞, 聞其磌然, 視之則石. 察之則五, …… 曷爲先言六而後言鷁? 六鷁退飛, 記見也. 視之則六, 察之則鷁, 徐而察之則退飛"라 하여 정확하고 과학적인 관찰을 통한 사물의 기록이라는 뜻이다.

② 君臣上下의 名分을 바로잡음.
《춘추》는 君臣, 上下, 尊卑, 貴賤 등의 名分을 중시하여 봉건 전통을 고수하고자 하였다. 예를 들면 楚와 吳는 자신들은 王을 참칭했지만 끝까지 '子'를

칭했고, 齊와 晉은 처음 작위를 받은 그대로 '侯'로 불렀으며, 宋은 비록 약소국이었지만 '公'으로 부른 예가 이것이다.

(2) 「寓褒貶」

《춘추》의 포폄에 대한 판단은 기사 속에 나타난다. 예를 들면 36번이나 '弑君'의 사실을 기록하면서도 그 판단은 그 때의 상황이나 사건 발단의 원인, 선악의 소재에 따라 표현 방법이 달랐다.

이를 몇 가지 거론해 보면 다음과 같다.

① 隱公 4년 3월 戊申 "衛州吁弑其君完": '弑'를 넣어 州吁에게 죄가 있음을 밝힘.

② 桓公 2년 正月 戊申 "宋督弑其君與夷及其大夫孔父": 대부 孔父를 임금과 함께 적음으로써 그의 忠을 높임.

③ 文公 元年 10월 丁未 "楚世子商臣弑其君": '世子商臣'을 밝힘으로써 아들이 아버지이며 임금인 윗사람을 시해하였음을 표현한 것.

④ 宣公 2년 9월 乙丑 "晉趙盾弑其君夷皐": 임금을 죽인 자는 趙穿이었으나 趙盾이 이를 토벌하지 않았으므로 趙盾이 죽인 것으로 기록함.

⑤ 隱公 4년 9월: "衛人殺州吁于濮": 殺을 넣어 마땅히 죽임을 당할 대상이었음을 시사하였으며 州吁가 당시 임금이었으나 君을 칭하지 않은 것은 백성이 인정하지 않았고, 濮이라는 지명까지 밝혀 衛人이 外力을 빌려 그를 죽였음을 드러낸 것.

⑥ 文公 16년 10월 "宋人弑其君杵臼": 피살된 임금(杵臼, 昭公)의 위치는 인정하여 '君'을 칭하였으나 그 자리를 스스로 지켜내지 못하였음을 지적한 것.

⑦ 文公 18년 "莒弑其君庶其": 나라 이름(莒)을 들어 그 임금을 시해했다는 것은 전체 백성의 원망을 샀다는 뜻으로 임금의 不德을 심히 폄하한 것이며 이곳에 마땅히 태자 僕의 이름이 거론되어야 하나 기록하지 않음.
⑧ 成公 18년 "晉弑其君州蒲": 실제 임금을 죽인 자는 欒書였음에도 그렇게 기록하지 않고 나라 이름을 들어 임금을 시해한 것으로 기록함으로써 임금의 악행이 지나쳐 백성의 이름으로 시해한 것임을 표현한 것.

4. 三傳의 차이

漢代까지 5가의 전이 있었음은 앞에 밝혔다. 지금은 三傳만 전하며 이 모두 十三經에 들어 있다. 그러나 이 三傳은 각기 다른 특색을 가지고 있다. 특히 각기 다른 각도와 관점에서 春秋 經文을 해석하였으므로 당연히 그 차이 및 장단점에 대하여 역대 이래 의견이 많았다. 그 중 元나라 吳澄의 평이 비교적 합당한 것으로 여기고 있다. 그는 "載事則左氏詳於公穀, 釋經則公穀精於左氏"라 하여 《좌전》은 사건의 서술에 뛰어났고, 《공양전》과 《곡량전》은 경문의 해석에 뛰어났다고 평가를 내린 것이다. 《좌전》은 역사 사건을 기록하여 경문의 짧고 간단한 표현을 알 수 있도록 뒷받침하고 있으며 《공·곡》은 訓詁의 傳으로 經義를 해석하는 데에 주력하였다. 특히 《공·곡》은 아예 질문을 만들어 제시하고 그 풀이의 정답을 밝혀줌으로써 포폄의 내용은 물론 서술에 사용된 낱자의 이유를 알 수 있도록 하고 있다.

그러나 范寧의 〈穀梁傳序〉에는 "左氏艶而富, 其失也誣; 公羊辯而裁, 其失也俗; 穀梁淸而婉, 其失也短"이라 하여 각기 단점을 들고 있으며, 그 밖에 鄭玄은 〈六論〉에서 "左氏善於禮, 公羊善於讖, 穀梁善於經"이라 하여 각기 그 장점을 들고 있다. 그 밖에 皮錫瑞는 《春秋通論》에서 "惟公羊兼傳大義微言, 穀梁不傳微言, 但傳大義. 左傳並不傳義, 特以紀事詳贍, 有可以贈春秋之義者"라 하였다.

Ⅱ. 《春秋左傳》

1. 작자

《史記》,《漢書》 등에는 《春秋左傳》의 작자를 공자와 동시대 인물 左丘明이라 하였으나 역대 이래 이에 대한 의혹은 끊임없이 제기되어 왔다. 무려 19만 6,800여 자나 되는 이 방대한 저술은 그 양이나 질, 내용으로 보아 일찍이 편찬자가 분명히 밝혀졌을 수도 있었으나 실제로는 그렇지 않다.

우선 左丘明이 지은 것으로 알려진 것은 《史記》 十二諸侯年表에 "是以孔子明王道, 干七十餘君, 莫能用; 故西觀周室, 論史記舊聞, 興於魯, 而次《春秋》. 上記隱, 下記哀之獲麟, 約其文辭, 去其煩重, 以制義法. 王道備, 人事浹. 七十子之徒口受其傳指, 爲有所刺譏褒諱挹損之文辭不可以書見. 魯君子左丘明懼弟子人人異端, 各安其意, 失其眞, 故因孔子史記具論其語, 成左氏春秋"라 한 것이 그것이다. 그 뒤 劉向, 劉歆, 桓譚, 班固 등도 이를 그대로 따랐으며 특히 班固는 《漢書》 藝文志에서 "古之王者世有史官, 君擧必書, 所以愼言行, 昭法式也. 左史記言, 右史記事, 事爲春秋, 言爲尙書, 帝王靡不同之. 周室旣微, 載籍殘缺, 仲尼思存前聖之業, 乃稱曰:「夏禮吾能言之, 杞不足徵也; 殷禮吾能言之, 宋不足徵也. 文獻不足故也, 足則吾能徵之儀」 以魯周公之國, 禮文備物, 史官有法. 故與左丘明觀其史記, 據行事, 仍人道, 因興以立功, 就敗以成罰. 假日月以定曆數, 藉朝聘以正禮樂, 所褒諱貶損, 不可書見. 口授弟子退而異言. 丘明恐弟子各安其意, 以失其眞. 故論本事而作傳, 明夫子不以空言說經也. 春秋所貶損大人當世君臣, 有威權勢力, 其事實皆形於傳, 是以隱其書而不宣, 所以免時難也. 及末世口說流行, 故有公羊·穀梁·鄒·夾之傳. 四家之中, 公羊·穀梁立於學官, 鄒氏無師, 夾氏未有書"라 하였으며, 《漢書》 劉歆傳에도 "歆以爲左丘明好惡與聖人同, 親見夫子, 而公羊·穀梁載七十子後, 傳聞之與親見之,

其詳略不同"이라 하여, 공자와 같은 시기에 몸소 겪은 일을 적은 것으로 보았다.

또한 杜預의 《春秋經傳集解》에는 "左丘明受經於仲尼, ……身爲國史, 躬覽載籍, 必廣記而備言之"라 하여 國史 벼슬로 몸소 많은 책을 보고 갖추어 적었다고까지 하였으며, 孔穎達은 《左傳正義》에서 沈氏의 말을 인용하여 "孔子將修春秋, 與左丘明乘, 如周, 觀書於周史, 歸而修春秋之經; 丘明爲之傳, 共爲表裡"라 하여 기정 사실화하였다.

2. 左丘明

左丘明이란 사람이 어느 때의 어떤 사람인지가 확실하지 않음으로써 문제가 발단된 것이다. 더구나 공자와 동시대로서 제자도 아니면서 공자의 經을 바탕으로 傳을 지었을 가능성은 확실성에서 의문을 자아낸다. 여러 역사 기록에 실린 것을 근거로 보면, 左丘明은 《左傳》의 작자라 알려진 것 외에 《漢書》藝文志에는 魯나라 太師라 하였고, 《史記》, 《漢書》 등에는 魯나라 君子로서 공자와 동시대 인물이라 하였으며, 《論語》 公冶長篇에는 "子曰:「巧言·令色·足恭, 左丘明恥之, 丘亦恥之. 匿怨而友其人, 左丘明恥之, 丘亦恥之.」"라 하여 또한 공자보다 연장자로 공자가 존경하였던 인물로 보았으며 〈四書集註〉 夾註에는 "或曰:「左丘明非傳春秋者耶?」朱子曰:「未可知也.」"라 하여 朱子 당시에도 같은 인물인지 모른다고 하였다. 그런가 하면 《史記》 太史公自序에는 "左丘失明, 厥有國語"라 하여 실명한 뒤 발분하여 《國語》를 지은 인물로 보았다. 이로 인해 여기서 말하는 左丘明이 어느 때 인물인지,《左傳》을 지은 바로 그 사람인지, 또는《左傳》은 과연 春秋經目에 대해 傳을 쓰는 입장에서 쓰여진 것인지 하는 의문이 생긴다. 더구나 經을 근거로 하였다면 어찌하여《春秋經》보다 멀리 17년이나 더 많은지,《左傳》과《國語》는 같은 체재로 쓰인 책이 아닌 점, 즉《左傳》이 편년사임에 비해《國語》는 別國史이며 이를 근거로《國語》를「春秋外傳」이라고도 부르게 된 경위,《左傳》은 과연 劉歆이 위조한 것인가 등의 문제가 속출한다. 이 때문에 唐의 趙匡, 宋의 王安石·葉夢得·鄭樵, 元의 程端學, 淸의 劉逢祿, 그리고 근대의 康有爲·錢玄同(이상 張心澂의《僞書通考》를 참조할 것) 등은 모두 의심을 버리지 못하였다. 趙匡은《論語》에서 말한 左丘明은 공자보다 앞선 시대의 현인으로,《左傳》을 지은 左氏는 公羊이나 穀梁처럼 모두가 공자 문인 이후의 인물로 논어에 보이는 좌구명과는 전혀 다른 인물이라 하였고, 王安石은 11가지를 들어《左傳》은 左丘明의 작이 아니라 하였다. 또 葉夢得은《左傳》의 기록에 智伯까지 등장하는 것으로 보아 전국시대에 이루어진 것이라 하였으며, 鄭樵는 8가지를 들어《左傳》의 작자 左氏는 丘明이 아니고 楚나라의 다른 인물이라 하였다. 그리고 청대에 今文學에 대한 홍기로 劉逢祿은《左氏春秋考證》을 지었고, 康有爲는《新學僞經考》를 지어 劉歆이《國語》를 근거로 僞造한 것이라 주장하였다. 한편 左丘明의 이름에 대해서도 어떤 이는 左丘는 複姓(衛聚賢,《左傳的研究》), 복성이 아니다(俞正燮,《癸巳類稿》), 혹은 左는 官名이며 丘가 姓씨이고 明이 이름이며 이를 丘氏傳이라 하지 않은 것은 孔子 弟子들이 孔子의 이름(丘)을 휘(諱)하여 한 것(劉師培,《左傳問答》) 등 다양한 의견이 있다.

3. 《左傳》의 出現

이 《좌전》이 언제 나타났는지에 대해서는 확실치 않다. 대체로 세 가지 說이 있다.

① 漢代에 秘府에 소장되었다가 劉歆에 의해 발견되었다는 설

《漢書》劉歆傳에 실려 있는 劉歆의 〈移讓太常博士書〉에 "春秋左氏, 丘明所修, 皆古文舊書. ……藏於秘府, 伏而未發. 孝成皇帝, 閔學殘文缺, 稍離其眞. 乃陳發秘藏, 校理舊文, 得此三事"라 하였는데 여기서 三事란 《左傳》,《古文尙書》,《逸禮》를 가리킨다. 또 劉歆本傳에 "歆校秘書, 見古文春秋左氏傳. ……初左氏傳多古字·古言, 學者傳訓故而已. 及歆治左氏, 引傳文以解經, 轉相發明, 由是章句義理備焉"이라 하여 劉歆이 《左傳》을 발견하게 된 경위가 설명되어 있다.

② 漢初에 張蒼이 바쳤다는 설

許愼의 《說文解字》 序에 "北平侯張蒼, 獻春秋左氏傳"이라 하였고, 《隋書》 經籍志에는 이 설을 근거로 "左氏, 漢初出於張蒼之家, 本無傳者"라 하였다.

③ 공자의 구택 벽 속에서 발견되었다는 설

王充의 《論衡》案書篇에 "春秋左氏傳者, 蓋藏孔壁中. 孝武皇帝時, 魯恭王壞孔子敎授堂以爲宮. 得佚春秋三十篇·左氏傳也"라 한 것이 그 근거이다.

그러나 이상의 세 가지 설은 모두 충분한 믿음을 주지 못하며, 더구나 서한 이전의 책에는 기록이 전혀 없어 더욱 알 길이 없다.

4. 《左傳》과 《春秋》와의 관계

《좌전》에 대하여 고문학자들은 《春秋經》을 해석한 것이라 하였다. 고래로 '傳'이란 '經'의 다음 단계의 기록으로 《博物志》 文籍考에 "聖人制作曰經, 賢者著述曰傳·曰章句·曰解·曰論·曰讀"이라 하였다. 그러나 금문학자들은 《左傳》을 별개의 史書로 보아 《춘추》를 해석한 것이 아니고 《呂氏春秋》과 같은 계통이라 여겼다. 따라서 《公羊傳》, 《穀梁傳》과 같은 계열로 취급하여 묶어서 三傳이라 하는 것은 부당하다고 주장한다. 이는 《左傳》이 史實에 대한 기록 위주로서 公·穀처럼 訓詁를 위주로 한 經文 해석이 아니기 때문이다. 더구나 三傳과 經과 傳을 비교해 보면 《左傳》과 다른 두 傳의 현격한 차이를 발견할 수 있다.

① 《左傳》과 經文·傳文은 서로 다루고 있는 부분이 다르다. 즉 《左傳》에서는 經文이 魯 哀公 16年, 즉 공자의 卒年까지로 되어 있어, 실제 《春秋》 本經의 魯 哀公 14년보다 2년이 많다. 또 傳文에 있어서도 哀公 27년을 넘어 다음의 悼公 4년까지 이어져 《春秋》 본경에 비하면 무려 17년이나 더 많다.

② 《左傳》과 《春秋》를 비교해 보면 經에서는 다루었으나 傳에서는 다루지 않고 빠진 부분이 있다. 예를 들면 莊公 26년의 經文에는 "春: 公伐戎." "夏: 至自伐戎." "曹殺其大夫." "秋: 公會宋人, 齊人伐徐." "冬: 十有二月癸亥朔, 日有食之" 등의 기록이 있으나, 傳에는 전혀 상세한 기록이 없이 다만 간단한 다른 이야기만 나열되어 있다. 이에 대해 杜預는 《集解》에서 "此年經傳各自言其事者, 或經是直文, 或策書雖存, 而簡牘散落, 不究其本末, 故傳下復申解, 但書傳事而已"라 하여 강변을 하고 있지만 어쨌든 公·穀 二傳과는 크게 다르다.

5. 《左傳》의 傳授

陸德明의 《經典釋文》에 의하면 左丘明은 이를 曾申에게, 申은 衛의 吳起에게, 吳起는 그의 아들 吳期에게, 期는 다시 楚의 鐸椒에게, 鐸椒은 趙의 虞卿에게, 이는 다시 荀況에게, 荀況은 다시 張蒼에게 전수한 것으로 되어 있으며, 이때부터 한인의 《左傳》 연구가 시작되었다고 한다. 그 후에 賈誼, 張禹, 翟方進, 劉歆 등이 계속해서 이어왔으며, 유흠은 이를 동한의 賈逵에게 전하였는데, 가규는 《左傳長義》,《左氏解詁》 등을 지었다. 그 뒤에 陳元, 鄭衆, 馬融, 服虔 등은 모두 주석을 달았으며 한말의 鄭玄에 이르러 《鍼膏盲》,《發墨守》,《起廢疾》을 지어 何休와 대립하였다. 그 후 진에 이르러 杜預는 《左傳》에 심취하여 賈逵, 服虔의 注를 중심으로 하여 《春秋經傳集解》와 《春秋釋例》를 지어 지금까지 전하고 있다. 청대에도 《左傳》에 대한 연구가 깊었으며, 그 중에 洪亮吉의 《春秋左傳詁》, 李貽德의 《賈服古注輯述》과 劉文淇의 《春秋左氏傳舊注疏正》, 姚培謙의 《春秋左傳補輯》, 章炳麟의 《春秋左傳讀》, 현대 왕백상의 《春秋左傳讀本》, 楊伯峻의 《春秋左傳注》 등을 대표로 꼽을 수 있다. 그리고 日本에서도 일찍이 竹添光鴻의 《左傳會箋》이 明治 36년(1903)에 나와 널리 알려져 있다.

Ⅲ. 《春秋左傳集解》

　　西晉 杜預가 지은 것으로 《춘추좌전》에 관한 해석들을 모으고 자신의 의견과 주석을 추가한 것으로 현존 《춘추좌전》에 대한 最古의 해석서이다. 두예는 西晉 開國 元勳으로 정치와 군사면에서도 커다란 공훈을 세운 인물이기도 하다. 그는 三國의 마지막 吳나라를 평정하고 돌아와 그 당시 새로 출토된 〈汲冢叢書〉를 참조하여 비로소 이 책을 마쳤다고 하였다(序文을 볼 것). 당시 晉나라 武帝 太康 2년(281)으로부터 5년이 소요된 것이다. 序文에서 그는 《춘추》와 《좌전》의 성격, 가치, 《좌씨》의 經傳 조례를 歸納, 漢代 古文經學에 있어서의 「春秋學」에 대한 개괄을 집중적으로 설명하고 있다. 《集解》는 모두 30권이며 馬融, 鄭玄의 '分傳附經'의 방법을 택하여 원래 《춘추》와 분리되어 있던 《좌전》을 하나로 묶어 배합하였다고 하였다. 이에 劉歆, 賈逵, 許淑, 穎谷 등의 설을 광범위하게 채택하였으며 거기에 더하여 결론과 문자의 훈고, 文意의 해석에 精密함을 다하였으며, 제도와 지리 등에 대해서도 아주 상세하게 주석을 더하여 독창적인 주석서로 탄생시켰다. 이 때문에 唐代 〈五經正義〉와 淸代 〈十三經注疏〉에는 모두 杜預의 이 《집해》를 표준으로 하였던 것이다.

　　이 《집해》의 판본은 아주 널리 판각되어 단행본과 孔穎達 疏를 함께 묶은 합간본 등이 있었다. 단행본으로는 宋代 〈巾箱本〉, 嘉定 9년의 興國軍의 〈遞修本〉, 〈足利本〉, 송대 〈鶴林于氏刊本〉, 〈相台岳氏本〉, 〈永懷堂本〉 등이 있으며, 합간본으로 〈注疏本〉, 남송 慶元 연간 吳興의 〈沈中賓刊本〉, 〈明監本〉, 〈汲古閣本〉, 淸 阮元의 〈阮刻本〉 및 〈四庫全書本〉 등이 있다.

Ⅳ.《春秋釋例》

《춘추》와 《좌전》에 대한 依例를 밝힌 현존 最古의 全釋 자료이다. 역시 西晉 杜預가 지은 것이며 《集解》와 함께 저술한 것으로 原書는 모두 40部 15卷이다. 《崇文總目》의 목록에 의하면 모두 「53例」였으나 명나라 때 이미 사라지고 〈永樂大全〉에 30篇이 수록되어 있다. 〈四庫全書〉에는 이를 바탕으로 하고 다른 典籍을 輯佚하여 15권, 47편으로 정리하여 싣고 있다. 그 중 43편은 '例'라 칭하여 〈公卽位例〉, 〈會盟例〉 등이 있으며 나머지 4편은 《釋土地名》, 《世族譜》, 《經傳長曆》, 《會盟圖疏》 등으로 되어 있다. 지금 전하는 것으로 〈四庫全書本〉외에 〈聚珍本〉, 〈葉氏山房本〉, 〈古經解匯函本〉 등이 있다. 《釋例》는 《春秋經》의 '條貫'은 모두 《左傳》에 나타나 있다고 여겼으며 《좌전》의 條貫 依例는 모두 '凡'이라는 표현에 귀속시켰다. 따라서 《左傳》에 '凡'이라 귀납된 글자 50여 조항을 '五十凡'이라 하여 이는 周公의 '正例'에서 나온 것이라 하였다. 이러한 주장은 뒷사람에게 큰 영향을 미쳐 南朝 齊나라 杜乾光은 이를 위해 《引序》를 지었다 하나 지금은 전하지 않는다.

V. 杜預(222-284)

《春秋左傳集解》(春秋經傳集解)를 지은 杜預는 西晉 초기 경학가이며 정치가, 군사가로 널리 알려진 인물이다. 자는 元凱, 京兆郡 杜陵(지금의 陝西 西安) 사람이다. 魏末에 한 때 鎭西將軍 鍾會의 副官으로 長史가 되어 蜀을 멸하는 전투에 참가하기도 하였고 법률을 제정하는 작업에 임하기도 하였다. 司馬氏가 西晉을 건국하자 武帝(司馬炎) 太始 연간에는 河南尹을 거쳐 文官黜陟考課法을 만들기도 하였다. 武帝를 도와 吳나라 공격에 나서서 羊祜가 죽자 鎭南大將軍·荊州都督諸軍事가 되어 吳나라 평정에 온힘을 쏟았다. 과연 오나라를 멸하고 실질적인 통일 대업을 이루자 그 공으로 當陽侯에 봉해지기도 하였다. 평소 經學을 좋아하여 스스로 "左傳癖을 가지고 있다"라 할 정도였으며 당시 玄學의 영향도 받은 것으로 알려져 있다. 만년에 《春秋左氏傳經傳集解》,《春秋釋例》,《春秋長曆》 등을 지어 '春秋學'을 집대성하였다. 그는 《춘추》에 대하여 '正例'와 '變例'라는 條例를 만들어 正例는 周公으로부터, 變例는 孔子로부터 나왔다는 설을 제창하기도 하였다. 그 중 《經傳集解》는 南朝와 隋, 唐, 宋, 明에 이르도록 장기간 學官에 교재로 채택되었으며 그 공로는 중국 경학에 큰 영향을 미친 것으로 널리 평가받고 있다.

그의 逸話는 《世說新語》 등 많은 전적에 널리 실려 있으며, 그의 傳記는 《三國志》와 《晉書》에 전하고 있다. 그 중 두 史書의 전을 轉載하여 참고로 삼는다.

○ 杜預傳

1.《三國志》(16) 魏書 杜畿·杜恕傳(附)

甘露二年, 河東樂詳年九十, 上書訟畿之遺績, 朝廷感焉. 詔封恕子預爲豐樂亭侯, 邑百戶.

(註) 預字元凱, 司馬宣王女壻. 王隱《晉書》稱預智謀淵博, 明於理亂, 常稱「德者非所以企及, 立功立言, 所庶幾也」. 大觀群典, 謂《公羊》·《穀梁》, 詭辨之言. 又非先儒說《左氏》未究丘明意, 而橫以二傳亂之. 乃錯綜微言, 著《春秋左氏傳集解》, 又參考衆家, 謂之〈釋例〉, 又作〈盟會圖〉·〈春秋長曆〉, 備成一家之學, 至老乃成. 尙書郞摯虞甚重之, 曰:「左丘明本爲《春秋》作傳, 而《左傳》遂自孤行;〈釋例〉本爲傳設, 而所發明何但《左傳》, 故亦孤行」預有大功名於晉室, 位至征南大將軍, 開府, 封當陽侯, 食邑八千戶. 子錫, 字世嘏, 尙書左丞.

2.《晉書》(34) 杜預傳

杜預字元凱, 京兆杜陵人也. 祖畿, 爲尙書僕射. 父恕, 幽州刺史. 預博學多通, 明於興廢之道, 常言:「德不可以企及, 立功立言, 可庶幾也.」初, 其父與宣帝不相能, 遂以幽死, 故預久不得調.

文帝嗣立, 預尙帝妹高陸公主, 起家拜尙書郞, 襲祖爵豐樂亭侯. 在職四年, 轉參相府軍事. 鍾會伐蜀, 以預爲鎭西長史. 及會反, 僚佐並遇害, 唯預以智獲免, 增邑千一百五十戶.

與車騎將軍賈充等定律令, 旣成, 預爲之注解, 乃奏之曰:「法者, 蓋繩墨之斷例, 非窮理盡性之書也. 故文約而例直, 聽省而禁簡. 例直易見, 禁簡難犯.

易見則人知所避，難犯則幾於刑厝．刑之本在於簡直，故必審名分．審名分者，必忍小理．古之刑書，銘之鍾鼎，鑄之金石，所以遠塞異端，使無淫巧也．今所注皆網羅法意，格之以名分．使用之者執名例以審趣舍，伸繩墨之直，去析薪之理也．」詔班于天下．

泰始中，守河南尹．預以京師王化之始，自近及遠，凡所施論，務崇大體．受詔爲黜陟之課，其略曰：「臣聞上古之政，因循自然，虛己委誠，而信順之道應，神感心通，而天下之理得．逮至淳樸漸散，彰美顯惡，設官分職，以頒爵祿，弘宣六典，以詳考察．然猶倚明哲之輔，建忠貞之司，使名不得越功而獨美，功不得後名而獨隱，皆疇咨博詢，敷納以言．及至末世，不能紀遠而求於密微，疑諸心而信耳目，疑耳目而信簡書．簡書愈繁，官方愈僞，法令滋章，巧飾彌多．昔漢之刺史，亦歲終奏事，不制算課，而清濁粗舉．魏氏考課，即京房之遺意，其文可謂至密．然由於累細以違其體，故歷代不能通也．豈若申唐堯之舊，去密就簡，則簡而易從也．夫宣盡物理，神而明之，存乎其人．去人而任法，則以傷理．今科舉優劣，莫若委任達官，各考所統．在官一年以後，每歲言優者一人爲上第，劣者一人爲下第，因計偕以名聞．如此六載，主者總集採案，其六歲處優舉者超用之，六歲處劣舉者奏免之，其優多劣少者敘用之，劣多優少者左遷之．今考課之品，所對不鈞，誠有難易．若以難就優，以易而否，主者固當準量輕重，微加降殺，不足復曲以法盡也．〈己丑詔書〉以考課難成，聽通薦例．薦例之理，即亦取於風聲．六年頓薦，黜陟無漸，又非古者三考之意也．今每歲一考，則積優以成陟，累劣以取黜．以士君子之心相處，未有官故六年六黜清能，六進否劣者也．監司將亦隨而彈之．若令上下公相容過，此爲清議大頹，亦無取於黜陟也．」

司隸校尉石鑒以宿憾奏預，免職．時虜寇隴右，以預爲安西軍司，給兵三百人，騎百匹．到長安，更除秦州刺史，領東羌校尉・輕車將軍・假節．屬虜兵強盛，石鑒時爲安西將軍, 使預出兵擊之. 預以虜乘勝馬肥, 而官軍懸乏, 宜并力大運, 須春進討, 陳五不可‧四不須. 鑒大怒, 復奏預擅飾城門官舍, 稽乏軍興, 遣御史檻車徵詣廷尉. 以預尙主, 在八議, 以侯贖論. 其後隴右之事卒如預策.

是時朝廷皆以預明於籌略, 會匈奴帥劉猛舉兵反, 自并州西及河東‧平陽, 詔預以散侯定計省闥, 俄拜度支尙書. 預乃奏立藉田, 建安邊, 論處軍國之支要. 又作人排新器, 興常平倉, 定穀價, 較鹽運, 制課調, 乃以利國外以救邊者五十餘條, 皆納焉. 石鑒自軍還, 論功不實, 爲預所糾, 遂相讐恨, 言論諠譁, 並坐免官, 以侯兼本職. 數年, 復拜度支尙書.

元皇后梓宮將薦於峻陽陵. 舊制, 旣葬, 帝及群臣卽吉. 尙書奏, 皇太子亦宜釋服. 預議「皇太子宜復古典, 以諒闇終制」, 從之.

預以時曆差舛, 不應晷度, 奏上〈二元乾度曆〉, 行於世. 預又以孟津渡險, 有覆沒之患, 請建河橋于富平津. 議者以爲殷周所都, 歷聖賢而不作者, 必不可立故也. 預曰:「『造舟爲梁』, 則河橋之謂也」及橋成, 帝從百僚臨會, 舉觴屬預曰:「非君, 此橋不立也.」對曰:「非陛下之明, 臣亦不得施其微巧」周廟欹器, 至漢東京猶在御坐. 漢末喪亂, 不復存, 形制遂絶. 預創意造成, 奏上之, 帝甚嘉歎焉. 咸寧四年秋, 大霖雨, 蝗蟲起. 預上疏多陳農要, 事在〈食貨志〉. 預在內七年, 損益萬機, 不可勝數, 朝野稱美, 號曰「杜武庫」, 言其無所不有也.

時帝密有滅吳之計, 而朝議多違, 唯預‧羊祜‧張華與帝意合. 祜病, 舉預自代, 因以本官假節行平東將軍, 領征南軍司. 及祜卒, 拜鎭南大將軍‧都督荊州諸軍事, 給追鋒車‧第二駙馬. 預旣至鎭, 繕甲兵, 耀威武, 乃簡精銳, 襲吳西陵督張政, 大破之, 以功增封三百六十戶. 政, 吳之名將也, 據要害之地, 恥以無備取敗, 不以所喪之實告于孫晧. 預欲間吳邊將, 乃表還其所獲之衆於晧. 晧果召政, 遣武昌監劉憲代之. 吳大軍臨至, 使其將帥移易, 以成傾蕩之勢.

預處分既定,乃啓請伐吳之期.帝報待明年方欲大舉,預表陳至計曰:「自閏月以來,賊但救嚴,下無兵上.以理勢推之,賊之窮計,力不兩完,必先護上流,勤保夏口以東,以延視息,無緣多兵西上,空其國都.而陛下過聽,使用委棄大計,縱敵患生.此誠國之遠圖,使舉而有敗,勿舉可也.事爲之制,務從完牢.若或有成,則開太平之基,不成,不過費損日月之間,何惜而不一試之!若當須後年,天時人事不得如常,臣恐其更難也.陛下宿議,分命臣等隨界分進,其所禁持,東西同符,萬安之舉,未有傾敗之慮.臣心實了,不敢以曖昧之見自取後累.惟陛下察之.」預旬月之中又上表曰:「羊祜與朝臣多不同,不先博畫而密與陛下共施此計,故益令多異.凡事當以利害相較,今此舉十有八九利,其一二止於無功耳.其言破敗之形亦不可得,直是計不出己,功不在身,各恥其前言,故守之也.自頃朝廷事無大小,異意鋒起,雖人心不同,亦由恃恩不慮後難,故輕相同異也.昔漢宣帝議趙充國所上事效之後,詰責諸議者,皆叩頭而謝,以塞異端也.自秋已來,討賊之形頗露.若今中止,孫皓怖而生計,或徙都武昌,更完修江南諸城,遠其居人,城不可攻,野無所掠,積大船於夏口,則明年之計或無所及.」時帝與中書令張華圍棋,而預表適至.華推枰斂手曰:「陛下聲明神武,朝野清晏,國富兵強,號令如一.吳主荒淫驕虐,誅殺賢能,當今討之,可不勞而定.」帝乃許之.

預以太康元年正月,陳兵于江陵,遣參軍樊顯・尹林・鄧圭・襄陽太守周奇等率衆循江西上,授以節度,旬日之間,累克城邑,皆如預策焉.又遣牙門管定・周旨・伍巢等率奇兵八百,汎舟夜渡,以襲樂鄉,多張旗幟,起火巴山,出於要害之地,以奪賊心.吳都督孫歆震恐,與伍延書曰:「北來諸軍,乃飛渡江也.」吳之男女降者萬餘口,旨・巢等伏兵樂鄉城外.歆遣軍出距王濬,大敗而還.旨等發伏兵,隨歆軍而入,歆不覺,直至帳下,虜歆而還.故軍中爲之謠曰:「以計代戰一當萬.」於是進逼江陵.吳督將伍延僞請降而列兵登陴,預攻克之.既平上流,於是沅湘以南,至于交廣,吳之州郡皆望風歸命,奉送印綬,預仗節稱詔而綏撫之.凡所斬及生獲吳都督‧監軍十四,牙門‧郡守百二十餘人.又因兵威,徙將士屯戍之家以實江北,南郡故地各樹之長吏,荊土肅然,吳人赴者如歸矣.

王濬先列上得孫歆頭,預後生送歆,洛中以爲大笑.時衆軍會議,或曰:「百年之寇,未可盡克.今向暑,水潦方降,疾疫將起,宜俟來冬,更爲大擧.」預曰:「昔樂毅藉濟西一戰以幷強齊,今兵威已振,譬如破竹,數節之後,皆迎刃而解,無復著手處也.」遂指授群帥,徑造秣陵.所過城邑,莫不束手.議者乃以書謝之.

孫晧旣平,振旅凱入,以功進爵當陽縣侯,增邑幷前九千六百戶,封子耽爲亭侯,千戶,賜絹八千匹.

初,攻江陵,吳人知預病癭,憚其智計,以瓠繫狗頸示之.每大樹似癭,輒斫使白,題曰「杜預頸」.及城平,盡捕殺之.

預旣還鎭,累陳家世吏職,武非其功,請退.不許.

預以天下雖安,忘戰必危,勤於講武,修立泮宮,江漢懷德,化被萬里.攻破山夷,錯置屯營,分據要害之地,以固維持之勢.又修邵信臣遺跡,激用滍淯諸水以浸原田萬餘頃,分疆刊石,使有定分,公私同利.衆庶賴之,號曰「杜父」.舊水道唯沔漢達江陵千數百里,北無通路.又巴丘湖,沅湘之會,表裏山川,實爲險固,荊蠻之所恃也.預乃開楊口,起夏水達巴陵千餘里,內瀉長江之險,外通零桂之漕.南土歌之曰:「後世無叛由杜翁,孰識知名與勇功.」

預公家之事,知無不爲.凡所興造,必考度始終,鮮有敗事.或譏其意碎者,預曰:「禹稷之功,期於濟世,所庶幾也.」

預好爲後世名,常言「高岸爲谷,深谷爲陵」,刻石爲二碑,紀其勳績,一沈萬山之下,一立峴山之上,曰:「焉知此後不爲陵谷乎!」

預身不倦,敏於事而愼於言.旣立功之後,從容無事,乃耽思經籍,爲《春秋左氏經傳集解》,又參攷衆家譜第,謂之〈釋例〉.又作〈盟會圖〉·〈春秋長曆〉,備成一家之學,比老乃成.又撰《女記讚》.當時論者謂預文義質直,世人未之重,唯秘書監摯虞賞之,曰:「左丘明本爲《春秋》作傳,而《左傳》遂自孤行.〈釋例〉本爲傳設,而所發明何但《左傳》,故亦孤行」時王濟解相馬,又甚愛之,而和嶠頗聚斂,預常稱「濟有馬癖,嶠有錢癖」.武帝聞之,謂預曰:「卿有何癖?」對曰:「臣有《左傳》癖.」

預在鎮,數餉遺洛中貴要.或問其故,預曰:「吾但恐爲害,不求益也.」

預初在荊州,因宴集,醉臥齋中.外人聞嘔吐聲,竊窺於戶,止見一大蛇垂頭而吐.聞者異之.其後徵爲司隸校尉,加位特進,行次鄧縣而卒,時年六十三.帝甚嗟悼,追贈征南大將軍·開府儀同三司,諡曰成.

預先爲遺令曰:「古不合葬,明於終始之理,同於無有也.中古聖人改而合之,蓋以別合無在,更緣生以示教也.自此以來,大人君子或合或否,未能知生,安能知死,故各以己意所欲也.吾往爲臺郞,嘗以公事使過密縣之邢山.山上有冢,問耕父,云是鄭大夫祭仲,或云子產之冢也,遂率從者祭而觀焉.其造冢居山之頂,四望周達,連山體南北之正而邪東北,向新鄭城,意不忘本也.其隧道唯塞其後而空其前,不填之,示藏無珍寶,不取於重深也.山多美石不用,必集洧水自然之石以爲冢藏,貴不勞工巧,而此石不入世用也.君子尚其有情,小人無利可動,歷千載無毀,儉之致也.吾去春入朝,因郭氏喪亡,緣陪陵舊義,自表營洛陽城東首陽之南爲將來兆域.而所得地中有小山,上無舊冢.其高顯雖未足比邢山,然東奉二陵,西瞻宮闕,南觀伊洛,北望夷叔,曠然遠覽,情之所安也.故遂表樹開道,爲一定之制.至時皆用洛水圓石,開隧道南向,儀制取法於鄭大夫,欲以儉自完耳.棺器小斂之事,皆當稱此.」

子孫一以遵之,子錫嗣.

VI. 《春秋左傳正義》

唐 太宗 貞觀 연간에 孔穎達이 찬술한 〈五經正義〉, 즉 《周易正義》,《毛詩正義》,《尙書正義》,《禮記正義》,《春秋左傳正義》의 하나이다. 孔穎達은 谷那律, 楊士勛, 朱長才, 馬嘉運, 王德韶, 蘇德融 등과 함께 당시 전하던 五經을 편찬, 정리하고 趙弘智의 심의를 거쳐 貞觀 16년(642)에 완성하였다. 이에 대해 《舊唐書》孔穎達傳에는 "先是, 與顔師古·司馬才章·王恭·王琰等諸儒受詔撰定 《五經義訓》, 凡一百八十卷, 名曰《五經正義》. 太宗下詔曰:「卿等博綜古今, 義理 該洽, 考前儒之異說, 符聖人之幽旨, 實爲不朽.」"라 하여 처음에는《五經義訓》이었 으나 太宗이 정식 이름으로《五經正義》라 한 것이며,《貞觀政要》崇儒學篇에도 "太宗又以文學多門, 章句繁雜, 詔師古與國子祭酒孔穎達等諸儒, 撰定五經疏義, 凡一百八十卷; 名曰《五經正義》, 付國學施行"라 하여 같은 기록이 실려 있다.

그 중《春秋左傳正義》는 注文은 杜預의 주를, 疏文은 劉炫의 義疏를 기본 으로 하고 沈文何의 주로 보충하되 두 사람 주가 마땅하지 않을 때 자신의 의견을 가하여 밝혔다. 모두 36권이었다. 한편 書名에 대해서는 唐나라 때에는 《春秋正義》로 불렸으나 宋 慶元 紹興刻本부터《春秋左傳正義》라 하였으나, 宋 劉叔剛의〈刻本〉에는 다시《附釋音春秋左傳注疏》로 개명되었으며 권수도 60권으로 재편되었다. 그 뒤 淸 乾隆 英武殿本에는 이름을《春秋左氏傳注疏》로 하여 60권으로 하되〈正義序〉1권,〈左傳序〉1권,〈原目〉1권,〈傳述人〉1권이 더 있으며 말미에는 모두〈校刊記〉가 실려 있다. 그 뒤 阮元 校刊本도 역시 60권으로 편정하였다. 한편〈四庫繕寫本〉에서는 다시 이름을《春秋左傳正義》 (60권)라 하였으며〈四庫全書總目提要〉에는 "有注疏而後左氏之義明, 左氏之 義明而後二百四十二年內善惡之迹一一有徵"이라 평하였다. 이러한 과정을 거쳐 오늘날〈十三經注疏本〉에는《春秋左傳正義》로 굳어져 널리 활용되고 있다.

Ⅶ. 孔穎達(574-638)

《春秋左傳正義》를 쓴 孔穎達은 당나라 초기 경학가이며 자는 沖元, 冀州 衡水(지금의 河北 衡水) 사람이다. 북조 때 태어난 관료 집안 출신으로 당시 유학자이며 천문학자였던 劉焯에게 배워 隋 煬帝 大業 초(605) 明經科에 급제하여 河內郡博士에 올랐다. 隋末 대란 때에는 虎牢(武牢)로 피신하였다가 秦王 李世民이 王世充을 평정한 뒤 秦王府 文學館學士를 거쳐 高祖(李淵) 武德 9년(626)에 國子博士에 올랐다. 唐 太宗(李世民) 貞觀 초에 曲阜縣男으로 봉해졌다가 곧이어 給事中으로 자리를 옮겼으며 貞觀 6년(632) 國子司業에 올랐다. 그 뒤 太子右庶子를 거쳐 魏徵과 함께 《隋史》를 편찬하였고 그 공으로 散騎常侍에 올랐다. 11년에는 《五禮》를 편찬하였고 책이 완성되자 작위가 子爵으로 승격되었다. 이듬해 국자좨주國子祭酒가 되어 東宮의 侍講을 맡았으며 顔師古, 司馬才, 王恭, 王琰 등과 《五經義訓》을 편찬하여 貞觀 16년 (642) 이를 완성하였다. 모두 180권의 방대한 책으로 太宗이 이를 《五經正義》로 명명하여 널리 반포하도록 하였다. 17년 벼슬을 버리고 관직에서 물러났으며 18년 凌煙閣에 그 도상이 걸리는 영광을 얻기도 하였다. 貞觀 22년 생을 마치고 昭陵에 陪葬되었다. 太常卿을 추증받았으며 시호는 憲이다. 그의 일화는 《貞觀政要》 등에 널리 실려 있으며 전기는 《舊唐書》와 《新唐書》에 모두 실려 있다. 이를 전재하여 참고로 삼는다.

○ 孔穎達傳

1.《舊唐書》(73) 孔穎達傳

孔穎達字沖遠, 冀州衡水人也. 祖碩, 後魏南臺丞. 父安, 齊青州法曹參軍. 穎達八歲就學, 日誦千餘言. 及長, 尤明《左氏傳》·鄭氏《尚書》·王氏《易》·《毛詩》·《禮記》, 兼善算曆, 解屬文. 同郡劉焯名重海內, 穎達造其門, 焯初不之禮, 穎達請質疑滯, 多出其意表, 焯改容敬之. 穎達固辭歸, 焯固留不可, 還家, 以教授為務. 隋大業初, 舉明經高第, 授河內郡博士. 時煬帝徵諸郡儒官集于東都, 令國子秘書學士與之論難, 穎達為最. 時穎達少年, 而先輩宿儒恥為之屈, 潛遣刺客圖之, 禮部尚書楊玄感舍之於家, 由是獲免. 補太學助教. 屬隋亂, 避地於武牢. 太宗平王世充, 引為秦府文學館學士. 武德九年, 擢授國子博士. 貞觀初, 封曲阜縣男, 轉給事中.

時太宗初即位, 留心庶政, 穎達數進忠言, 益見親待. 太宗嘗問曰:「《論語》云:『以能問於不能, 以多聞於寡, 有若無, 實若虛.』何謂也?」穎達對曰:「聖人設教, 欲人謙光. 己雖有能, 不自矜大, 仍就不能之人求訪能事; 己之才藝雖多, 猶以為少, 仍就寡少之人更求所益. 己之雖有, 其狀若無; 己之雖實, 其容若虛. 非唯匹庶, 帝王之德, 亦當如此. 夫帝王內蘊神明, 外須玄默, 使深不可測, 度不可知.《易》稱『以蒙養正』,『以明夷莅衆』, 若其位居尊極, 炫燿聰明, 以才凌人, 飾非拒諫, 則上下情隔, 君臣道乖, 自古滅亡, 莫不由此也.」太宗深善其對.

六年, 累除國子司業. 歲餘, 遷太子右庶子, 仍兼國子司業. 與諸儒議曆及明堂, 皆從穎達之說. 又與魏徵撰成《隋史》, 加位散騎常侍. 十一年, 又與朝賢修定《五禮》, 所有疑滯, 咸諮決之. 書成, 進爵為子, 賜物三百段. 庶人承乾令撰《孝經義疏》, 穎達因文見意, 更廣規諷之道, 學者稱之. 太宗以穎達在東宮數有匡諫, 與左庶子于志寧各賜黃金一斤, 絹百匹. 十二年, 拜國子祭酒, 仍侍講東宮.

十四年, 太宗幸國學觀釋奠, 命穎達講《孝經》, 旣畢, 穎達上〈釋奠頌〉, 手詔褒美. 後承乾不循法度, 穎達每犯顏進諫. 承乾乳母遂安夫人謂曰:「太子成長, 何宜屢致面折?」穎達對曰:「蒙國厚恩, 死無所恨.」諫諍逾切, 承乾不能納.

先是, 與顏師古·司馬才章·王恭·王琰等諸儒受詔撰定《五經義訓》, 凡一百八十卷, 名曰《五經正義》. 太宗下詔曰:「卿等博綜古今, 義理該洽, 考前儒之異說, 符聖人之幽旨, 實爲不朽.」付國子監施行, 賜穎達物三百段. 時又有太學博士馬嘉運駁穎達所撰《正義》, 詔更令詳定, 功竟未成. 十七年, 以年老致仕. 十八年, 圖形於凌煙閣, 讚曰:「道光列第, 風傳闕里. 精義霞開, 談辭飆起」二十二年卒, 陪葬昭陵, 贈太常卿, 諡曰憲.

2.《新唐書》(198) 儒學傳(孔穎達)

孔穎達字仲達, 冀州衡水人. 八歲就學, 誦記日千餘言, 闇記《三禮義宗》. 及長, 明服氏《春秋傳》·鄭氏《尚書·詩·禮記》·王氏《易》, 善屬文, 通步曆. 嘗造同郡劉焯, 焯名重海內, 初不之禮. 及請質所疑, 遂大畏服.

隋大業初, 舉明經高第, 授河內郡博士. 煬帝召天下儒官集東都, 詔國子秘書學士與論議, 穎達爲冠, 又年最少, 老師宿儒恥出其下, 陰遣客刺之, 匿楊玄感家得免. 補太學助教. 隋亂, 避地虎牢.

太宗平洛, 授文學館學士, 遷國子博士. 貞觀初, 封曲阜縣男, 轉給事中. 時帝新卽位, 穎達數以忠言進. 帝問:「孔子稱『以能問於不能, 以多聞於寡, 有若無, 實若虛』. 何謂也?」對曰:「此聖人敎人謙耳. 己雖能, 仍就不能之人以咨所未能; 己雖多, 仍就寡少之人更資其多. 內有道, 外若無; 中雖實, 容若虛. 非特匹夫,君德亦然.故《易》稱『蒙以養正』,『明夷以莅衆』.若其據尊極之位,衒聰燿明,恃才以肆,則上下不通,君臣道乖.自古滅亡,莫不由此」帝稱善.除國子司業,歲餘,以太子右庶子兼司業.與諸儒議曆及明堂事,多從其說.以論撰勞,加散騎常侍,爵爲子.

皇太子令穎達撰《孝經章句》,因文以盡箴諷.帝知數爭太子失,賜黃金一斤·絹百匹.久之,拜祭酒,侍講東宮.帝幸太學觀釋菜,命穎達講經,畢,上〈釋奠頌〉,有詔褒美.後太子稍不法,穎達爭不已,乳夫人曰:「太子旣長,不宜數面折之.」對曰:「蒙國厚恩,雖死不恨」劘切愈至.後致仕,卒,陪葬昭陵,贈太常卿,諡曰憲.

初,穎達與顔師古·司馬才章·王恭·王琰受詔撰《五經義訓》,凡百餘篇,號《義贊》,詔改爲《正義》云.雖包貫異家爲詳博,然其中不能無謬冗,博士馬嘉運駁正其失,至相譏詆.有詔更令裁定,功未就.永徽二年,詔中書門下與國子三館博士·弘文館學士考正之,於是尚書左僕射于志寧·右僕射張行成·侍中高季輔就加增損,書始布下.

3.《貞觀政要》

1)「規諫太子」(12)

貞觀中,太子承乾數虧禮度,侈縱日甚,太子左庶子于志寧撰《諫苑》二十卷諷之.是時太子右庶子孔穎達每犯顔進諫.承乾乳母遂安夫人謂穎達曰:「太子長成,何宜屢得面折?」對曰:「蒙國厚恩,死無所恨!」諫諍愈切.承乾令撰《孝經義疏》,穎達又因文見意,愈廣規諫之道.太宗並嘉納之,二人各賜帛五百匹,黃金一斤,以勵承乾之意.

2)「謙讓」(19)

貞觀三年, 太宗問給事中孔穎達曰:「《論語》云:『以能問於不能, 以多問於寡; 有若無, 實若虛』. 何謂也?」孔穎達對曰:「聖人設教, 欲人謙光. 己雖有能, 不自矜大, 仍就不能之人, 求訪能事. 己之才藝雖多, 猶病以爲少, 仍就寡少之人, 更求所益. 己之雖有, 其狀若無; 己之雖實, 其容若虛. 非惟匹庶, 帝王之德, 亦當如此. 夫帝王內蘊神明, 外須玄黙, 使深不可知. 故《易》稱『以蒙養正』,『以明夷莅衆』. 若其位居尊極, 炫耀聰明, 以才陵人, 飾非拒諫, 則上下情隔, 君臣道乖. 自古滅亡, 莫不由此也.」太宗曰:「《易》云:『勞謙, 君子有終, 吉.』誠如卿言.」詔賜物二百段.

3)「崇儒學」(27)

貞觀四年, 太宗以經籍去聖久遠, 文字訛謬, 詔前中書侍郎顏師古於秘書省考定五經. 及功畢, 復詔尙書左僕射房玄齡集諸儒重加詳議. 時諸儒傳習師說, 舛謬已久, 皆共非之, 異端蜂起. 而師古輒引晉宋已來古本, 隨方曉答, 援據詳明, 皆出其意表, 諸儒莫不歎服. 太宗稱善者久之, 賜帛五百匹, 加授通直散騎常侍, 頒其所定書於天下, 令學者習焉. 太宗又以文學多門, 章句繁雜, 詔師古與國子祭酒孔穎達等諸儒, 撰定五經疏義, 凡一百八十卷; 名曰《五經正義》, 付國學施行.

《春秋左傳注疏》(十三經注疏本) 臺灣 藝文印書館 覆印本

春秋經傳卷第十六 盡二十二年

襄公

經十有六年春王正月葬晉悼公三月公會
晉侯宋公衛侯鄭伯曹伯莒子邾子薛伯杞
伯小邾子于溴梁戊寅大夫盟晉人執莒子
邾子以歸齊侯伐我北鄙夏公至自會五月
甲子地震叔老會鄭伯晉荀偃衛寗殖宋人
伐許秋齊侯伐我北鄙圍成大雩冬叔孫豹

春秋傳卷第一

左朝散郎充徽猷閣待制提舉江州太平觀賜紫金魚袋臣胡安國奉
聖旨纂修

隱公上

孟子曰王者之迹熄而詩亡詩亡然後春秋作今按邶而下多
春秋時詩也而謂詩亡然後春秋作何也自離降爲國風天下
無復有雅而王者之詩亡矣春秋作於隱公適當雅亡之後又按
小雅正月刺幽王詩也而曰赫赫宗周褒姒威之逮魯孝公之末
幽王已爲犬戎所斃惠公年周既東矣春秋不作於孝公惠公
者東遷之始流風遺俗猶有存者鄭武公入爲司徒善於其職則
猶用賢也 侯捍王于艱錫之秬鬯則猶有誥命也王曰其歸視
爾師則諸侯猶來朝也義和之蒦爲丈侯則列國猶有請也及
平王在位日久不能自強於政治棄其九族葛藟有終遠兄弟之
刺不撫其民周人有束薪蒲楚之譏至其晚年失道滋甚乃以天

차 례

● 책머리에
● 일러두기
● 해제
　Ⅰ.《春秋》
　Ⅱ.《春秋左傳》
　Ⅲ.《春秋左傳集解》
　Ⅳ.《春秋釋例》
　Ⅴ. 杜預
　Ⅵ.《春秋左傳正義》
　Ⅶ. 孔穎達
● 〈春秋序〉杜預
● 〈春秋後序〉杜預

春秋左傳 ⑤

10. 昭公 (총 32년)

182. 昭公 元年 ················ 2534
183. 昭公 2年 ················ 2586
184. 昭公 3年 ················ 2600
185. 昭公 4年 ················ 2625
186. 昭公 5年 ················ 2657
187. 昭公 6年 ················ 2682
188. 昭公 7年 ················ 2699
189. 昭公 8年 ················ 2735
190. 昭公 9年 ················ 2751
191. 昭公 10年 ················ 2765

192. 昭公 11年 ·················· 2780
193. 昭公 12年 ·················· 2799
194. 昭公 13年 ·················· 2825
195. 昭公 14年 ·················· 2869
196. 昭公 15年 ·················· 2880
197. 昭公 16年 ·················· 2894
198. 昭公 17年 ·················· 2911
199. 昭公 18年 ·················· 2928
200. 昭公 19年 ·················· 2943
201. 昭公 20年 ·················· 2957
202. 昭公 21年 ·················· 2991

203. 昭公 22年 ·················· 3012
204. 昭公 23年 ·················· 3030
205. 昭公 24年 ·················· 3053
206. 昭公 25年 ·················· 3065
207. 昭公 26年 ·················· 3099
208. 昭公 27年 ·················· 3125
209. 昭公 28年 ·················· 3144
210. 昭公 29年 ·················· 3161
211. 昭公 30年 ·················· 3177
212. 昭公 31年 ·················· 3187
213. 昭公 32年 ·················· 3199

春秋左傳 중

1. 隱公(총 11년)

001. 隱公 元年 ·················· 100
002. 隱公 2年 ·················· 119
003. 隱公 3年 ·················· 126
004. 隱公 4年 ·················· 140
005. 隱公 5年 ·················· 150
006. 隱公 6年 ·················· 163

007. 隱公 7年 ·················· 170
008. 隱公 8年 ·················· 177
009. 隱公 9年 ·················· 187
010. 隱公 10年 ·················· 193
011. 隱公 11年 ·················· 200

2. 桓公(총 18년)

- 012. 桓公 元年 ······ 216
- 013. 桓公 2年 ······ 221
- 014. 桓公 3年 ······ 237
- 015. 桓公 4年 ······ 246
- 016. 桓公 5年 ······ 249
- 017. 桓公 6年 ······ 259
- 018. 桓公 7年 ······ 273
- 019. 桓公 8年 ······ 276
- 020. 桓公 9年 ······ 282
- 021. 桓公 10年 ······ 287
- 022. 桓公 11年 ······ 292
- 023. 桓公 12年 ······ 300
- 024. 桓公 13年 ······ 307
- 025. 桓公 14年 ······ 313
- 026. 桓公 15年 ······ 319
- 027. 桓公 16年 ······ 327
- 028. 桓公 17年 ······ 333
- 029. 桓公 18年 ······ 341

3. 莊公(총 32년)

- 030. 莊公 元年 ······ 352
- 031. 莊公 2年 ······ 358
- 032. 莊公 3年 ······ 361
- 033. 莊公 4年 ······ 365
- 034. 莊公 5年 ······ 371
- 035. 莊公 6年 ······ 374
- 036. 莊公 7年 ······ 380
- 037. 莊公 8年 ······ 384
- 038. 莊公 9年 ······ 393
- 039. 莊公 10年 ······ 400
- 040. 莊公 11年 ······ 410
- 041. 莊公 12年 ······ 416
- 042. 莊公 13年 ······ 421
- 043. 莊公 14年 ······ 425
- 044. 莊公 15年 ······ 433
- 045. 莊公 16年 ······ 436
- 046. 莊公 17年 ······ 442
- 047. 莊公 18年 ······ 445
- 048. 莊公 19年 ······ 450
- 049. 莊公 20年 ······ 457
- 050. 莊公 21年 ······ 461
- 051. 莊公 22年 ······ 466
- 052. 莊公 23年 ······ 474
- 053. 莊公 24年 ······ 481
- 054. 莊公 25年 ······ 489
- 055. 莊公 26年 ······ 494
- 056. 莊公 27年 ······ 498
- 057. 莊公 28年 ······ 504
- 058. 莊公 29年 ······ 514
- 059. 莊公 30年 ······ 519
- 060. 莊公 31年 ······ 524
- 061. 莊公 32年 ······ 527

4. 閔公(총 2년)

062. 閔公 元年 ················· 542
063. 閔公 2年 ················· 552

春秋左傳 三

5. 僖公(총 33년)

064. 僖公 元年 ················· 634
065. 僖公 2年 ················· 642
066. 僖公 3年 ················· 649
067. 僖公 4年 ················· 654
068. 僖公 5年 ················· 669
069. 僖公 6年 ················· 685
070. 僖公 7年 ················· 690
071. 僖公 8年 ················· 699
072. 僖公 9年 ················· 705
073. 僖公 10年 ················· 718
074. 僖公 11年 ················· 726
075. 僖公 12年 ················· 730
076. 僖公 13年 ················· 735
077. 僖公 14年 ················· 741
078. 僖公 15年 ················· 746
079. 僖公 16年 ················· 771
080. 僖公 17年 ················· 777
081. 僖公 18年 ················· 786
082. 僖公 19年 ················· 792
083. 僖公 20年 ················· 801
084. 僖公 21年 ················· 807
085. 僖公 22年 ················· 815
086. 僖公 23年 ················· 827
087. 僖公 24年 ················· 843
088. 僖公 25年 ················· 870
089. 僖公 26年 ················· 884
090. 僖公 27年 ················· 894
091. 僖公 28年 ················· 903
092. 僖公 29年 ················· 942
093. 僖公 30年 ················· 947
094. 僖公 31年 ················· 959
095. 僖公 32年 ················· 967
096. 僖公 33年 ················· 974

6. 文公(총 18년)

- 097. 文公 元年 ………………………… 1000
- 098. 文公 2年 ………………………… 1015
- 099. 文公 3年 ………………………… 1031
- 100. 文公 4年 ………………………… 1041
- 101. 文公 5年 ………………………… 1050
- 102. 文公 6年 ………………………… 1058
- 103. 文公 7年 ………………………… 1075
- 104. 文公 8年 ………………………… 1093
- 105. 文公 9年 ………………………… 1102
- 106. 文公 10年 ………………………… 1113
- 107. 文公 11年 ………………………… 1122
- 108. 文公 12年 ………………………… 1130
- 109. 文公 13年 ………………………… 1142
- 110. 文公 14年 ………………………… 1153
- 111. 文公 15年 ………………………… 1170
- 112. 文公 16年 ………………………… 1186
- 113. 文公 17年 ………………………… 1199
- 114. 文公 18年 ………………………… 1210

7. 宣公(총 18년)

- 115. 宣公 元年 ………………………… 1288
- 116. 宣公 2年 ………………………… 1299
- 117. 宣公 3年 ………………………… 1316
- 118. 宣公 4年 ………………………… 1330
- 119. 宣公 5年 ………………………… 1344
- 120. 宣公 6年 ………………………… 1349
- 121. 宣公 7年 ………………………… 1355
- 122. 宣公 8年 ………………………… 1360
- 123. 宣公 9年 ………………………… 1369
- 124. 宣公 10年 ………………………… 1380
- 125. 宣公 11年 ………………………… 1394
- 126. 宣公 12年 ………………………… 1405
- 127. 宣公 13年 ………………………… 1447
- 128. 宣公 14年 ………………………… 1452
- 129. 宣公 15年 ………………………… 1461
- 130. 宣公 16年 ………………………… 1478
- 131. 宣公 17年 ………………………… 1485
- 132. 宣公 18年 ………………………… 1495

8. 成公(총 18년)

133. 成公 元年 ·· 1506
134. 成公 2年 ·· 1512
135. 成公 3年 ·· 1555
136. 成公 4年 ·· 1571
137. 成公 5年 ·· 1579
138. 成公 6年 ·· 1590
139. 成公 7年 ·· 1604
140. 成公 8年 ·· 1616
141. 成公 9年 ·· 1631
142. 成公 10年 ·· 1648
143. 成公 11年 ·· 1658
144. 成公 12年 ·· 1668
145. 成公 13年 ·· 1675
146. 成公 14年 ·· 1692
147. 成公 15年 ·· 1700
148. 成公 16年 ·· 1716
149. 成公 17年 ·· 1759
150. 成公 18年 ·· 1783

春秋左傳 冬

9. 襄公(총 31년)

151. 襄公 元年 ·· 1860
152. 襄公 2年 ·· 1868
153. 襄公 3年 ·· 1880
154. 襄公 4年 ·· 1894
155. 襄公 5年 ·· 1912
156. 襄公 6年 ·· 1924
157. 襄公 7年 ·· 1933
158. 襄公 8年 ·· 1946
159. 襄公 9年 ·· 1960
160. 襄公 10年 ·· 1984
161. 襄公 11年 ·· 2011
162. 襄公 12年 ·· 2028
163. 襄公 13年 ·· 2035
164. 襄公 14年 ·· 2046
165. 襄公 15年 ·· 2078
166. 襄公 16年 ·· 2090
167. 襄公 17年 ·· 2102
168. 襄公 18年 ·· 2113

169. 襄公 19年	2130	176. 襄公 26年	2286
170. 襄公 20年	2151	177. 襄公 27年	2326
171. 襄公 21年	2161	178. 襄公 28年	2358
172. 襄公 22年	2181	179. 襄公 29年	2390
173. 襄公 23年	2196	180. 襄公 30年	2422
174. 襄公 24年	2230	181. 襄公 31年	2451
175. 襄公 25年	2250		

春秋左傳 6

11. 定公 (총 15년)

214. 定公 元年	3276	222. 定公 9年	3385
215. 定公 2年	3290	223. 定公 10年	3398
216. 定公 3年	3294	224. 定公 11年	3417
217. 定公 4年	3301	225. 定公 12年	3420
218. 定公 5年	3331	226. 定公 13年	3428
219. 定公 6年	3345	227. 定公 14年	3441
220. 定公 7年	3357	228. 定公 15年	3457
221. 定公 8年	3364		

12. 哀公(총 27년)

229. 哀公 元年 ·············· 3470	243. 哀公 15年 ·············· 3665
230. 哀公 2年 ·············· 3485	244. 哀公 16年 ·············· 3680
231. 哀公 3年 ·············· 3501	245. 哀公 17年 ·············· 3700
232. 哀公 4年 ·············· 3512	246. 哀公 18年 ·············· 3716
233. 哀公 5年 ·············· 3523	247. 哀公 19年 ·············· 3720
234. 哀公 6年 ·············· 3531	248. 哀公 20年 ·············· 3722
235. 哀公 7年 ·············· 3548	249. 哀公 21年 ·············· 3727
236. 哀公 8年 ·············· 3561	250. 哀公 22年 ·············· 3730
237. 哀公 9年 ·············· 3575	251. 哀公 23年 ·············· 3732
238. 哀公 10年 ·············· 3583	252. 哀公 24年 ·············· 3736
239. 哀公 11年 ·············· 3591	253. 哀公 25年 ·············· 3741
240. 哀公 12年 ·············· 3615	254. 哀公 26年 ·············· 3750
241. 哀公 13年 ·············· 3626	255. 哀公 27年 ·············· 3762
242. 哀公 14年 ·············· 3641	

10. 〈昭公〉

◎ 魯 昭公 在位期間(32년: B.C.541~510년)

襄公의 아들. 이름은 裯. 그러나 《史記》年表와 《世本》, 《漢書》 古今人表에는 '稠'라 하였으며 〈索隱〉에는 徐廣의 말을 인용하여 '一作袑'라 하여 표기가 각기 다름. 어머니는 胡나라 출신 양공의 둘째 첩 齊歸. B.C.541~510년까지 32년간 재위함. 杜預 注에는 "在位 二十五年, 遜于齊, 在外八年, 凡三十三年, 薨于乾侯"라 하여 재위기간을 33년이라 하였음. 〈諡法〉에 "威儀恭明曰昭"라 함.

182. 昭公 元年(B.C.541) 庚申

周	景王(姬貴) 4년	齊	景公(杵臼) 7년	晉	平公(彪) 17년	衛	襄公(惡) 3년
蔡	靈公(殷) 2년	鄭	簡公(嘉) 25년	曹	武公(勝) 14년	陳	哀公(溺) 28년
杞	文公(益姑) 9년	宋	平公(成) 35년	秦	景公(后伯車) 36년	楚	郟敖(麇) 4년
吳	夷末 3년	許	悼公(買) 6년				

❋ 1360(昭元-1)

元年春王正月, 公卽位.

원년 봄 주력周曆 정월, 소공昭公이 즉위하였다.

【正月】이해는 2월 2일이 동지였으며 윤달이 있었음.
＊無傳

❋ 1361(昭元-2)

叔孫豹會晉趙武·楚公子圍·齊國弱·宋向戌·衛齊惡·陳公子招·蔡公孫歸生·鄭罕虎·許人·曹人于虢.

숙손표叔孫豹가 진晉나라 조무趙武·초楚나라 공자 위圍·제齊나라 국약國弱·송宋나라 상술向戌·위衛나라 제오齊惡·진陳나라 공자 초招·채蔡나라 공손귀생公孫歸生·정鄭나라 한호罕虎·허許나라 사람·조曹나라 사람과 괵虢에서 만났다.

【叔孫豹】魯나라 대부. 叔孫僑如의 아우. 叔孫穆叔. 叔孫. 叔孫穆子 등으로도 불림.
【趙武】晉나라 대부. 趙朔의 아들. 趙文子. 趙朔과 趙莊姬 사이에 난 아들. 趙氏 집안의 가장 훌륭한 아들로 자란 뒤에 晉六卿으로 자리를 굳힘. 시호는 文子. 그 후손이 戰國시대 邯鄲을 중심으로 七雄의 하나인 趙나라로 크게 발전함.
【公子圍】楚 共王의 아들이며 康王의 아우. 이름은 熊虔. 뒤에 靈王이 되어 B.C.540~529년까지 12년간 재위함.
【國弱】齊나라 卿. 國景子. 이름은 弱. 시호는 景子. 《公羊傳》에는 '國酌'으로 되어 있음.
【向戌】宋나라 대부. '向'은 성씨일 경우 '상'으로 읽음. 당시 左師 벼슬을 하였으며 合邑을 채읍으로 받아 '合左師'로도 부름.
【齊惡】《公羊傳》에는 '石惡'으로 되어 있음. '石惡'는 石買의 아들. 시호는 悼子. 그 조카는 石圃. 그 선조 石碏이 衛나라에 큰 공을 세웠음. 隱公 4년 傳을 볼 것. 그러나 襄公 28년 晉나라로 달아나 있어 동일인인지는 알 수 없음.
【公子招】陳나라 공자. 昭公 8년에 陳나라 태자를 죽인 인물임. 이름은 招. 《公羊傳》에는 '軒虎'로 되어 있음.
【公孫歸生】子家. 蔡나라 太師 子朝의 아들. 시호는 聲子. 公孫聲子로도 부름.
【罕虎】鄭나라 대부. 子皮. 子展의 아들. 아버지를 이어 上卿이 됨. 杜預 注에 "子皮代父爲上卿"이라 함. 子産(公孫僑)을 도와 나라를 잘 다스림.
【虢】지금의 河南 鄭州市 북쪽 古滎鎭. 《公羊傳》에는 '漷'으로, 《穀梁傳》에는 '郭'으로 되어 있음. 고대 '郭'과 '虢'은 혼용하여 썼음. 《戰國策》 齊策 참조. 虢은 東虢을 가리키며 周 文王의 아우 虢叔이 봉해졌던 나라. 뒤에 鄭나라에게 망함.

㊦

元年春, 楚公子圍聘于鄭, 且娶於公孫段氏.
伍擧爲介. 將入館, 鄭人惡之, 使行人子羽與之言, 乃館於外.
旣聘, 將以衆逆.

子産患之, 使子羽辭, 曰:「以敝邑褊小, 不足以容從者, 請墠聽命.」

令尹命大宰伯州犂對曰:「君辱貺寡大夫圍, 謂圍將使豐氏撫有而室. 圍布几筵, 告於莊·共之廟而來. 若野賜之, 是委君貺於草莽也, 是寡大夫不得列於諸卿也. 不寧唯是, 又使圍蒙其先君, 將不得爲寡君老, 其蔑以復矣. 唯大夫圖之.」

子羽曰:「小國無罪, 恃實其罪. 將恃大國之安靖己, 而無乃包藏禍心以圖之? 小國失恃, 而懲諸侯, 使莫不憾者, 距違君命, 而有所壅塞不行是懼. 不然, 敝邑, 館人之屬也, 其敢愛豐氏之祧?」

伍舉知其有備也, 請垂櫜而入.

許之.

正月乙未, 入, 逆而出.

遂會於虢, 尋宋之盟也.

祁午謂趙文子曰:「宋之盟, 楚人得志於晉. 今令尹之不信, 諸侯之所聞也. 子弗戒, 懼又如宋. 子木之信稱於諸侯, 猶詐晉而駕焉, 況不信之尤者乎? 楚重得志於晉, 晉之恥也. 子相晉國, 以爲盟主, 於今七年矣. 再合諸侯, 三合大夫, 服齊·狄, 寧東夏, 平秦亂, 城淳于, 師徒不頓, 國家不罷, 民無謗讟, 諸侯無怨, 天無大災, 子之力也. 有令名矣, 而終之以恥, 午也是懼, 吾子其不可以不戒.」

文子曰:「武受賜矣. 然宋之盟, 子木有禍人之心, 武有仁人之心, 是楚所以駕於晉也. 今武猶是心也, 楚又行僭, 非武所害也. 武將信以爲本, 循而行之. 譬如農夫, 是穮是蔉. 雖有饑饉, 必有豐年. 且吾聞之: 能信不爲人下, 吾未能也.《詩》曰'不僭不賊, 鮮不爲則', 信也. 能爲人則者, 不爲人下矣. 吾不能是難, 楚不爲患.」

楚令尹圍請用牲讀舊書加于牲上而已, 晉人許之.

三月甲辰, 盟.

楚公子圍設服·離衛.

叔孫穆子曰:「楚公子美矣, 君哉!」

鄭子皮曰:「二執戈者前矣.」

蔡子家曰:「蒲宮有前, 不亦可乎?」

楚伯州犁曰:「此行也, 辭而假之寡君.」
鄭行人揮曰:「假不反矣.」
伯州犁曰:「子姑憂子晳之欲背誕也.」
子羽曰:「當璧猶在, 假而不反, 子其無憂乎?」
齊國子曰:「吾代二子愍矣.」
陳公子招曰:「不憂何成? 二子樂矣.」
衛齊子曰:「苟或知之, 雖憂何害?」
宋合左師曰:「大國令, 小國共, 吾知共而已.」
晉樂王鮒曰:「小旻之卒章善矣, 吾從之.」
退會, 子羽謂子皮曰:「叔孫絞而婉, 宋左師簡而禮, 樂王鮒字而敬, 子與子家持之, 皆保世之主也. 齊·衛·陳大夫其不免乎! 國子代人憂, 子招樂憂, 齊子雖憂弗害. 夫弗及而憂, 與可憂而樂, 與憂而弗害, 皆取憂之道也, 憂必及之. 〈大誓〉曰:『民之所欲, 天必從之.』三大夫兆憂, 憂能無至乎? 言以知物, 其是之謂矣.」

원년 봄, 초楚나라 공자 위圍가 정鄭나라를 예방하여 공손단公孫段 집안의 딸을 아내로 맞이하기로 하였다.

그때 오거伍舉가 초나라 부사로 함께 가서 장차 도읍 안의 객관으로 들어가려 하자 정나라에서는 그들이 도읍 안으로 들어오는 것을 꺼려하여 행인行人 자우子羽로 하여금 그들에게 도성 밖에서 유숙하도록 말하였다.

빙례를 마치고 장차 초나라의 많은 사람들이 공손단의 딸을 맞이하려 하려 하였다.

그러자 자산子產이 그 일을 염려하여 자우로 하여금 이렇게 사절하도록 하였다.

"우리의 도읍은 좁고 협소하여 따라온 사람들을 수용할 수가 없으니 청컨대 도성 밖에 선墠을 마련하시면 명령대로 따르겠습니다."

초나라 영윤令尹 공자 위는 태재太宰 백주리伯州犁에게 명하여 이렇게 대답하도록 하였다.

"귀국의 군주께서 초나라 대부 저에게 은혜를 베푸시어 장차 저(圍)를 풍씨豊氏의 딸로써 그대의 아내가 되도록 해 주겠노라 하셨습니다. 저는 궤연几筵을 갖추어 우리 초나라 장왕莊王과 공왕共王의 사당에 고하고 왔습니다. 만일 교외에서 이러한 의식을 치르게 된다면 이는 귀국의 군주께서 내리신 호의를 풀밭에 버리는 것이 되며, 대부인 제가 다른 여러 경卿들과 나란히 할 수가 없게 하는 것입니다. 이에 그칠 뿐 아니라 다시 나로 하여금 선군을 속이고 장차 우리나라 군주를 도울 상경이 되지 못하게 하는 것이니 다시는 돌아가서 복명할 수도 없게 됩니다. 그러니 대부들께서는 이를 깊이 헤아려 주십시오."

자우가 말하였다.

"작은 나라는 죄가 없어도 큰 나라를 믿다가 허물을 뒤집어쓰는 경우가 있습니다. 장차 대국 초나라가 우리를 안정시켜 줄 것으로 믿고 이번 일을 한 것인데 그대들은 우리에게 재앙을 입힐 마음을 품고 있는 것은 아닌지요? 작은 나라가 믿음을 잃어 귀국이 제후들로부터 징계를 받아 그들이 귀국 초나라를 미워하여 그대 군주의 명령을 거역하는 자가 없도록 하여야 할 것인데 도리어 그 길을 막고 행해지지 못하도록 하고 있으니 우리는 이를 두려워하는 것입니다. 그런 것이 아니라면 우리 도읍이 귀국 초나라 관리에게 넘어간다 할지라도 우리가 어찌 감히 풍씨 집안의 사당 쓰기를 아깝게 여겨 그렇게 하는 것이겠습니까?"

오거는 정나라가 무언가 대비하고 있음을 알고 활의 전대를 늘어뜨리고 들어간다는 조건으로 들어갈 것을 청하였다.

정나라가 이를 허락하였다.

정월 을미乙未날, 도읍으로 들어가 혼인을 마치고 나왔다.

그리고 곧 괵虢에서 모임을 열고 송宋나라에서 맺었던 맹약을 확인하였다.

진晉나라 기오祁午가 조문자趙文子에게 말하였다.

"송나라에서의 맹약에서 초나라는 자신들 요구를 관철시켰습니다. 지금 초나라 영윤이 신의가 없음은 제후들이 모두 알고 있습니다. 그대께서 경계하지 않으셨다가는 송나라에서의 맹약을 맺을 때처럼 될까 염려됩니다. 자목子木은 믿을 만하다고 제후들에게 칭찬을 받을 정도였지만 그는 우리 진나라를 속이고 위에 올라서려 하였을 정도인데 하물며 신의가 없는 자야 더 말할 나위가 있겠습니까? 초나라가 이번에도 다시 우리 진나라에게 하고 싶은 대로 하게 되면 이는 우리 진나라의 치욕이 되고 맙니다. 그대는 진나라 재상으로서 맹주가 되어 이제 7년이 되었습니다. 그 사이에 두 번 제후들 회맹을 주선하였고, 세 번 각 나라 대부들 회합을 이끌어 내었으며, 제齊나라와 적狄을 복종하도록 하여 동방의 우리 하인夏人들을 안정시켰으며, 진秦나라와의 화평을 이루었으며, 순우淳于에 성을 쌓았습니다. 그러면서도 우리 군사나 일꾼들의 손실이 없었고, 국가가 곤핍함이 없었으며 백성들의 비난도 없었으며, 제후들의 원망도 없었으며, 하늘이 큰 재앙도 없었으니 이는 모두 그대의 힘이었습니다. 이토록 훌륭한 평판을 얻고 계시면서 그 끝을 수치로 마무리하신다면 이는 제가 걱정하는 바입니다. 그대께서는 이번 일을 경계하지 않을 수 없습니다."

그러자 조문자가 말하였다.

"나(武)는 주신 말씀을 받아들이겠습니다. 그러나 송나라에서의 맹약에서 자목은 남을 해칠 마음을 가지고 있었고, 나는 어진 마음을 지니고 있었습니다. 그 까닭으로 초나라가 진나라보다 앞서 삽혈을 하게 된 것입니다. 지금도 나는 그때의 그 어진 마음을 그대로 지니고 있습니다. 초나라가 분수에 넘는 짓을 할지라도 이는 우리에게 해가 될 수 없습니다. 나는 신의로써 근본으로 삼아 신의에 따라 행동할 것입니다. 비유컨대 농부는 김을 매고 싹을 북돋워 농사를 짓다 보면 비록 흉년이 든다 할지라도 언젠가는 틀림없이 풍년을 만나게 될 것입니다. 내 듣기로 '신의를 잘 지키면 남의 아래에 서지 않는다'라 하였는데 나는 아직 신의를 잘 지키지 못할 뿐입니다. 《시》에 '분수에 넘치지도 남을 해치지도 않으면서, 남의 모범 되지 않는 경우란 드물도다'라 하였으니 이는 신의를 두고 한 말입니다. 남의 모범이 될 수 있는 자는 남의 밑에 설 수가 없습니다. 내가 이렇게 하지 못하는 것이 어려운 것이지 초나라가 걱정인 것은 아닙니다."

초나라 영윤 위는 맹약의 의식으로 소를 희생물로 쓰고 전에 작성하였던 맹약문을 그대로 지키자고 읽고 나서 그것을 희생의 위에 놓기만 하자고 요청하여 진나라는 이를 허락하였다.

3월 갑진甲辰날, 맹약을 맺었다.

초나라 공자 위는 복장을 차려 입었고 두 사람이 호위하고 있었다. 이에 노나라 숙손목자叔孫穆子가 말하였다.

"초나라 공자의 아름다운 복장은 마치 군주와도 같습니다!"

정鄭나라 자피子皮가 말하였다.

"두 사람이 창을 들고 앞에서 그를 경호하고 있군요."

채蔡나라 자가子家가 말하였다.

"별궁 포궁蒲宮에 살고 있으니 앞에서 호위하는 것도 그럴 만하지 않습니까?"

이를 듣고 초나라 백주리伯州犁가 말하였다.

"이번 행차에 공자께서는 임금께 말씀드려 우리 군주께서 취하시는 격식을 빌린 것입니다."

그러자 정나라의 행인行人 공손휘公孫揮가 말하였다.

"군주께 빌린 격식은 돌려주지 않을 것입니다."

백주리가 말하였다.

"그대는 그저 그대 나라의 자석子晳이 임금을 배반하여 방탄한 짓을 할 것이나 걱정하십시오."

정나라 자우子羽가 말하였다.

"벽옥을 노리는 사람이 있는데 빌렸다가 돌려주지 않아도 그대는 근심이 없다는 겁니까?"

제齊나라 국자國子가 말하였다.

"나는 공자와 백주리 두 분을 대신하여 걱정해 드립니다."

진陳나라 공자 초招가 말하였다.

"걱정하지 않으면 무엇이 이루어지겠습니까? 두 분은 즐거워하고 있습니다."

위衛나라 제자齊子가 말하였다.

"진실로 앞에 닥칠 일을 알고 있다면 비록 근심할 일이 있다 하더라도 무슨 손해가 되겠습니까?"

송宋나라 합좌사合左師 상술向戌이 말하였다.

"큰 나라가 명령을 내리고 작은 나라는 그 명령에 공손히 따르기만 하면 됩니다. 나는 그저 공손히 따라야 함을 알 뿐입니다."

진晉나라 악왕부樂王鮒가 말하였다.

"〈소민小旻〉편 마지막 장 내용이 좋으니 나는 그것을 따를 것입니다."

회의를 마치고 물러나와 자우가 자피에게 말하였다.

"숙손은 꾸짖으면서도 완곡하였고 송나라 좌사의 말은 간결하면서도 예를 갖추었으며, 악왕부는 옹호하면서도 공경스러웠고, 그대와 자가는 그대로 속마음을 지켰으니 모두 가문을 잘 지킬 분들이었습니다. 그러나 제나라, 위나라, 진陳나라의 대부들은 화를 면하지 못할 것입니다! 국자는 남을 대신하여 걱정하겠다고 하였고, 자초는 걱정거리를 즐긴다고 하였으며, 제자는 비록 걱정거리가 있더라도 해로울 게 없다고 하였습니다. 무릇 자신에게 미치지 않는 일을 걱정하는 것과 걱정해야 할 일을 즐기는 것과, 걱정거리가 있어도 해로울 게 없다는 것 등은 모두가 근심을 취하는 길입니다. 근심이 틀림없이 닥쳐 올 것입니다. 〈태서大誓〉에 '백성이 바라는 바를 하늘이 틀림없이 들어준다'라 하였습니다. 세 대부는 근심의 징조를 보였으니 걱정이 닥치지 않을 수 있겠습니까? 말로써 일을 안다고 한 것은 바로 경우를 두고 하는 말입니다."

【公子圍】王子 圍로도 불림. 楚 共王의 아들이며 康王의 아우. 이름은 熊虔. 뒤에 靈王이 되어 B.C.540~529년까지 12년간 재위함. 당시 楚나라 令尹으로 鄭나라 豐氏(公孫段)의 딸을 아내로 맞이하기 위해 갔던 것임.

【公孫段氏】公孫段의 집안. 公孫段은 鄭나라 대부. 子豐. 子豐 이후로 姓을 豐氏로 써서 뒤에 豐卷, 豐施 등이 있음.

【伍擧】楚나라 대부. 伍奢의 아버지이며 伍子胥의 할아버지. 椒擧라고도 부름. 〈孫叔敖碑〉에는 '五擧'로 되어 있음.

【介】副使.

【鄭人惡之】鄭나라 사람들은 楚나라 사람들이 都城 안으로 들어와 武力을 쓸까 두려워하였던 것임. 杜預 注에 "知楚懷詐"라 함.

【行人】통역과 외빈의 접대 등을 맡은 관원.

【子羽】鄭나라 대부. 公孫揮. 公子. 杜預 注에 "公孫揮, 子羽也"라 함.

【子産】公孫僑. 子國(公孫成)의 아들. 子美. 鄭나라의 훌륭한 宰相이 되어 孔子가 자주 칭찬한 인물.

【墠】'선'으로 읽으며 땅을 깨끗하게 하고 壇을 세움. 子産은 초나라가 직접 도읍 안 豐氏의 집으로 오지 않고 교외에서 대신 풍씨 사당을 임시로 마련하여

그곳에서 親迎의 禮를 행하기를 바란 것임.

【伯州犂】 당시 楚나라 太宰. 원래 晉나라 伯宗의 아들. 成公 15년에 楚나라로 망명하여 楚나라에서 실력을 키워 太宰에 오름.

【寡大夫】 伯州犂가 公子 圍를 대신 칭한 것. 異國 人士에게 자신의 임금을 '寡君'이라 하는 표현과 같음.

【有而室】 《禮記》 曲禮에 "三十曰壯有室"이라 하여 아내를 맞이하여 가정을 꾸림.

【几筵】 자리를 마련함. 禮記 檀弓(下) 孔穎達 疏에 "几, 依神也; 筵, 坐神席也"라 함.

【莊·共】 楚나라 莊王(侶)과 共王(審). 莊王은 公子 圍의 조부, 共王은 公子 圍의 아버지.

【不寧唯是】 이 한 가지로 끝나는 것이 아님. "비단 이것으로 끝나는 것이 아니라"의 뜻. '寧'은 語中助詞로 뜻이 없음.

【蒙】 杜預 注에 "蒙, 欺也. 告先君而來, 不得成禮於女氏之廟, 故以爲欺先君"이라 함.

【不得爲寡君老】 '寡君老'는 우리 임금의 上卿이 됨. '老'는 '上卿'의 뜻. 上卿이 되어 군주를 보필할 수 없게 됨을 뜻함. 杜預 注에 "大臣稱老, 懼辱命而黜退"라 함.

【蔑】 '無', '末'와 같음. 雙聲互訓.

【恃實其罪】 杜預 注에 "恃大國而無備, 則是罪"라 함. 믿고 있다가 불의에 배신을 당해 맞서게 되면 그 일이 실로 죄가 된다는 것.

【包藏禍心】 鄭나라를 괴롭힐 災殃의 마음을 품고 있음.

【垂橐而入】 '橐'는 '고'로 읽으며 활을 넣는 전대. 이를 거꾸로 늘어뜨려 그 속에 아무런 무기가 없음을 보여주면서 들어감. 무력을 행사하는 일이 없음을 증명해 보이기 위한 것임. 杜預 注에 "垂橐, 示無弓"이라 함.

【乙未】 정월 15일.

【宋之盟】 宋나라 向戌이 '弭兵'을 위해 晉나라 趙文子와 楚나라 令尹 子木을 중심으로 각 나라를 불러 宋나라 蒙門 밖에서 맺은 맹약. 襄公 27년을 볼 것. 이 회담에서 각기 楚나라와 晉나라를 霸者로 인정하여 제후국들이 교차하여 예방하기로 약속하였었음.

【祁午】 晉나라 대부. 祁奚의 아들. 襄公 3년을 볼 것.

【趙文子】 趙武. 晉나라 대부. 趙朔의 아들. 趙朔과 趙莊姬 사이에 난 아들. 趙氏 집안의 가장 훌륭한 아들로 자란 뒤에 晉六卿으로 자리를 굳힘. 시호는 文子. 그 후손이 戰國시대 邯鄲을 중심으로 七雄의 하나인 趙나라로 크게 발전함.

【楚人得志】 楚나라는 宋志盟에서 歃血 의식을 자신들이 晉나라보다 먼저 하겠노라 고집하여 결국 이를 실행함. 杜預 注에 "得志謂先歃"이라 함.

【子木】楚나라 공자 屈建. 宋之盟에서 초나라 영윤으로서 참석하여 갑옷 속에 무기를 숨겨 들여왔음.
【七年】趙武는 襄公 25년 정권을 잡아 이때까지 만 7년이 조금 넘었음.
【再合諸侯】杜預 注에 "襄二十五年會夷儀, 二十六年會澶淵"이라 함.
【三合大夫】杜預 注에 "襄二十七年會於宋, 三十年會澶淵及今會虢也"라 함.
【東夏】漢族들이 사는 동방의 땅. 齊나라를 가리킴. 襄公 25년 重丘에서의 同盟과 28년 齊侯와 白狄이 晉나라를 예방한 일을 말함.
【平秦亂】殽之戰 이후 秦나라와 불화 관계를 종식하고 襄公 26년 秦나라와 화평조약을 맺음.
【淳于】원래 杞나라 땅. 지금의 山東 安丘縣 동북. 杜預 注에 "襄二十九年城杞之淳于, 杞遷都"라 함.
【是穮是蓘】김을 매고 싹을 북돋워줌. 농사일을 말함.
【詩】《詩經》大雅 抑篇에 "辟爾爲德, 俾臧俾嘉. 淑愼爾止, 不愆于儀. 不僭不賊, 鮮不爲則. 投我以桃, 報之以李. 彼童而角, 實虹小子. 荏染柔木, 言緡之絲. 溫溫恭人, 維德之基. 其維哲人, 告之話言, 順德之行. 其維愚人, 覆謂我僭, 民個有心"이라 함.
【用牲】晉나라가 주체가 되어야 하나 초나라가 이를 피하기 위하여 간단히 맹약을 하고 그대로 넘어갈 것을 의도한 것임. 杜預 注에 "楚恐晉先歃, 故欲從舊書加于牲上, 不歃血, 經所以不書盟"이라 함.
【甲辰】3월 25일.
【設服】복장(예물)들을 陳設함.
【離衛】두 사람이 호위함. '離'는 '麗'와 같으며 '麗'는 '儷'와 같음. 짝을 이루어 호위함.
【叔孫穆子】叔孫豹. 魯나라 대부. 叔孫僑如의 아우. 叔孫穆叔. 叔孫. 叔孫穆子 등으로도 불림.
【子皮】罕虎. 鄭나라 대부. 子展의 아들. 아버지를 이어 上卿이 됨. 杜預 注에 "子皮代父爲上卿"이라 함. 子産(公孫僑)을 도와 나라를 잘 다스림.
【子家】蔡나라 대부. 公孫歸生. 太師 子朝의 아들. 시호는 聲子.
【蒲宮】楚나라 별궁 이름. 孔穎達 疏에 服虔의 말을 인용하여 "蒲宮, 楚君離宮. 言令尹在國, 已居君之宮, 出有前戈, 不亦可乎?"라 함.
【假之寡君】'우리 초나라 임금이 그렇게 하도록 권력을 빌려 주었음'. 杜預 注에 "聞諸大夫譏之, 故言'假'以飾令尹過"라 함.
【揮】公孫揮. 鄭나라 대부. 子羽. 行人의 임무를 담당하고 있었음.

【子晳】공자 晳. 公孫黑. 公孫黑은 襄公 30년에 伯有를 친 일이 있었음. 杜預 注에 "襄三十年鄭子晳殺伯有, 背命放誕, 將爲國難. 言子且自憂此, 無爲憂令尹 不反戈"라 함.

【當璧】璧玉(군주 자리를 비유)을 노리는 사람. 昭公 13년에 초나라 公子 棄疾의 사건을 말함.

【國子】齊나라 대부 國弱. 國景子. 이름은 弱. 시호는 景子. 杜預 注에 "國子, 國弱也"라 함. 그의 아들 國夏가 哀公 6년 魯나라로 망명함.

【二子】杜預 注에 "二子謂王子圍及伯州犁. 圍此冬便簒位, 不能自終; 州犁亦尋 爲圍所殺, 故言可慼"이라 함.

【公子招】陳나라 공자. 昭公 8년에 陳나라 태자를 죽인 인물임. 이름은 招. 《公羊傳》에는 '軒虎'로 되어 있음.

【齊子】齊惡. 당시 衛 襄公의 이름이 '惡'였으며 흔히 君臣同名이 유행하였다 함. 그의 아들 齊豹가 昭公 20년에 피살됨.

【合左師】宋나라 대부. 向戌. 그의 采邑이 '合'이었으며 벼슬이 左師였음. 그 때문에 '合左師'라 부른 것임. '合'은 지금의 山東 棗莊市와 江蘇 沛縣 사이였다 함.

【樂王鮒】晉나라 대부. 樂桓子.

【小旻之卒章】小旻은 《詩經》 小雅의 편명. 그 마지막 장은 "不敢暴虎, 不敢馮河. 人知其一, 莫知其它. 戰戰兢兢, 如臨深淵, 如履薄冰"이라 하여 위험을 느껴 신중히 행동해야 함을 일러주고 있음.

【大誓】《僞古文尙書》泰誓篇(上)에 "予小子夙夜祗懼, 受命文考, 類于上帝, 宜于 冢土, 以爾有衆底天之罰. 天矜于民, 民之所欲, 天必從之, 爾尙弼予一人, 永淸 四海. 時哉! 弗可失"이라 함.

※ 1362(昭元-3)

三月, 取鄆.

3월, 운鄆 땅을 차지하였다.

【鄆】《公羊傳》에는 '運'으로 되어 있음. 지금의 山東 沂水縣 동북.

傳

季武子伐莒, 取鄆.

莒人告於會, 楚告於晉曰:「尋盟未退, 而魯伐莒, 瀆齊盟, 請戮其使.」樂桓子相趙文子, 欲求貨於叔孫, 而爲之請.

使請帶焉, 弗與.

梁其踁曰:「貨以藩身, 子何愛焉?」

叔孫曰:「諸侯之會, 衛社稷也. 我以貨免, 魯必受師, 是禍之也, 何衛之爲? 人之有牆, 以蔽惡也. 牆之隙壞, 誰之咎也? 衛而惡之, 吾又甚焉. 雖怨季孫, 魯國何罪? 叔出季處, 有自來矣, 吾又誰怨? 然鮒也賄, 弗與, 不已.」

召使者, 裂裳帛而與之, 曰:「帶其褊矣.」

趙孟聞之, 曰:「臨患不忘國, 忠也; 思難不越官, 信也; 圖國忘死, 貞也; 謀主三者, 義也. 有是四者, 又可戮乎?」

乃請諸楚曰:「魯雖有罪, 其執事不辟難, 畏威而敬命矣. 子若免之, 以勸左右, 可也. 若子之羣吏, 處不辟汙, 出不逃難, 其何患之有? 患之所生, 汙而不治, 難而不守, 所由來也. 能是二者, 又何患焉? 不靖其能, 其誰從之? 魯叔孫豹可謂能矣, 請免之, 以靖能者. 子會而赦有罪, 又賞其賢, 諸侯其誰不欣焉望楚而歸之, 視遠如邇? 疆場之邑, 一彼一此, 何常之有? 王・伯之令也. 引其封疆, 而樹之官, 舉之表旗, 而著之制令, 過則有刑, 猶不可壹. 於是乎虞有三苗, 夏有觀・扈, 商有姺・邳, 周有徐・奄. 自無令王, 諸侯逐進, 狎主齊盟, 其又可壹乎? 恤大舍小, 足以爲盟主, 又焉用之? 封疆之削, 何國蔑有? 主齊盟者, 誰能辯焉? 吳・濮有釁, 楚之執事豈其顧盟? 莒之疆事, 楚勿與知, 諸侯無煩, 不亦可乎? 莒・魯爭鄆, 爲日久矣. 苟無大害於其社稷, 可無亢也. 去煩宥善, 莫不競勸. 子其圖之.」

固請諸楚, 楚人許之, 乃免叔孫.

계무자季武子가 거莒나라를 정벌하여 운鄆 땅을 차지하였다.

거나라가 모임에 참석하였을 때 그 일을 호소하자 초楚나라가 진晉나라에 이렇게 말하였다.

"우리가 맹약을 다지면서 아직 물러나지도 않았는데 노나라가 거나라를 친 것은 경건한 맹약을 모독하는 일입니다. 청컨대 노나라의 사신을 죽여 주십시오."

악환자樂桓子가 조문자趙文子를 보필하고 있었는데 숙손목자叔孫穆子에게 재화를 내는 조건으로 그의 용서를 대신 청하고자 하였다.

그리하여 사람을 숙손목자에게 보내어 그의 허리띠를 내어 줄 것을 청하였지만 그는 이를 주지 않았다.

그의 가신 양기경梁其踁이 숙손목자에게 말하였다.

"재물을 내어 놓으면 몸을 지킬 수 있는데 그대는 어찌 이를 아까워 하십니까?"

숙손목자가 말하였다.

"제후의 모임은 각기 자신들 사직을 위한 것이오. 내가 재물로써 화를 면한다면 우리 노나라는 틀림없이 이들 군사들의 공격을 받게 될 것이니 이것이 바로 재앙인데 어찌 나라를 지키자고 참가한 모임이 되겠소? 사람의 집에 담장이 있는 것은 싫은 것을 가리려는 것이오. 그런데 그 담장의 틈을 만들어 무너지게 한다면 이것이 누구의 허물이겠소? 나라를 지킨다면서 나라의 처지를 악화시킨다면 나는 그 담장을 훼손한 사람보다도 더 심한 경우가 되는 것이라오. 비록 계손숙이 원망스럽기는 해도 우리 노나라가 무슨 죄를 지은 것이 있겠소? 나는 국외에 나와 있고 계손숙은 국내에 있었으니 그것이 자연히 이렇게 된 원인이오. 그러니 내가 누구를 원망하겠소? 그러나 악왕부는 뇌물을 받고 싶어 하니 그에게 아무것도 주지 않으면 여기서 그만두지는 않을 것이오."

그리하여 심부름꾼을 불러 치마를 만들 비단을 찢어주며 이렇게 말하였다.

"허리띠 감으로는 폭이 좁을 걸세."

조맹趙孟은 이를 듣고 이렇게 말하였다.

"환난에 임해서도 나라를 잊지 않으니 충忠이요, 재난이 닥칠 것을 생각하면서도 관직을 넘어서지 않았으니 신信이요, 나라를 도모함에 자신의 죽음조차 잊었으니 이는 정貞이다. 이 세 가지를 근본으로 하고 있으니 이는 의義로다. 이 네 가지를 지니고 있으니 어찌 죽음을 내릴 수 있겠는가?"
그리고는 초나라에게 이렇게 요청하였다.
"노나라는 비록 죄가 있으나 그 나라를 대표해서 온 자가 자신에게 닥칠 재난을 피하지 않고, 귀국 초나라의 위세를 두려워하면서 명령을 공손히 기다리고 있습니다. 그대가 그를 면하게 해 주어 좌우 다른 사람들에게 그렇게 권하신다면 좋겠습니다. 그대가 거느리는 관리들이 국내에 머무를 때는 어려운 일을 피하지 않고 국외에 나가서는 재난에서 피하지 않는다면 무슨 걱정이 있겠습니까? 환난이 생기는 이유는 힘들다고 하지 않고 어렵다고 지키지 않는 데에서 유래됩니다. 능이 이 두 가지를 지켜낸다면 다시 무슨 걱정이 있겠습니까? 이러한 능력을 가진 자를 편안히 두지 않으면 그 누가 따르겠습니까? 노나라 숙손표야말로 이 두 가지를 잘하는 사람이라 할 수 있으니 청컨대 그를 용서하여 능한 자를 편안히 해 주시기를 바랍니다. 그대가 이러한 모임에서 죄 있는 자를 용서하고 어진 이를 포상한다면 제후들 중에 그 누가 즐겁게 여겨 초나라를 바라보며 초나라에게 귀의하여 먼 나라이지만 곁에 있는 나라처럼 여기지 않을 자가 있겠습니까? 국경에 있는 읍이란 한때는 저쪽이 되고 한때는 이쪽 땅이 될 수 있으니 어찌 일정하게 어느 한 나라의 소유로만 있을 수가 있겠습니까? 이것이 바로 삼왕과 오백의 아름다움입니다. 그 국경을 바로잡아 지키는 관리를 두며 그곳에 푯말을 세워 이에 넘어오지 않도록 제지하여 과실을 범하면 벌을 주더라도 한결같이 일정한 나라의 땅은 될 수 없습니다. 그 때문에 순舜임금 때는 삼묘三苗, 하夏나라 때에는 관觀·호扈, 상商나라 때에는 선姺·비邳, 주周나라 때에는 서徐·엄奄 등이 각기 이웃의 땅을 침범하였던 것입니다. 훌륭한 왕들이 사라지고 제후들이 점차 강해지면서 번갈아 맹주가 되었지만 그래도 국경이 일정할 수가 있었습니까? 큰일을 중시하고 작은 일을 버릴 줄 알아야 족히 맹주가 될 수 있는 것이니 어찌 이 일을 다스리려 하십니까? 국경의 땅을 빼앗기는 일은 어느 나라엔들 없겠습니까? 경건한 맹약을 주장하는 자라해도 그 누가 능히 이를 변별해 낼 수 있겠습니까? 귀국의 경우 오吳나라나 복濮나라와 다툼이 생기면 초나라 집사인들 어찌 우리 맹약을 지키는 일만 돌아보겠습니까? 거나라 국경에 관한 일은 초나라로서는 모르는 체하면 제후들에게 번거로운 일이 없을 것이니 역시 좋지 않습니까? 거나라와 노나라가 운鄆 읍을 두고 다툰 지는 오래되었습니다. 진실로 그들 사직에 큰 해가 되지 않는다면 이를 비호하려 들지 않는 것이 좋습니다. 번거로운 일을 없애고 착한 사람을 용서하는 것은 다투어 권장하지 않음이 없을 것이니 그대께서는 그것을 잘 헤아려 주십시오."

이렇게 굳이 초나라에게 청하자 초나라는 이를 허락하여 숙손목자를 용서하였다.

【季武子】季孫宿. 魯나라 대부. 季孫行父의 아들. 《國語》에는 '季孫夙'으로 되어 있음.

【鄆】莒나라의 읍 이름. 지금의 山東 沂水縣에 속함. 季孫宿은 자신의 채읍 費에서 가까운 鄆을 차지하여 자신의 영토를 넓혔음. 이는 모임에 참가한 叔孫穆子를 궁지에 빠뜨릴 계략이기도 하였음.

【齊盟】'齊'는 '齋'와 같음. 敬虔하게 맺은 맹약.

【樂桓子】樂王鮒. 晉나라 대부. 시호는 桓子.

【趙文子】趙武. 趙孟. 晉나라 대부. 趙朔의 아들. 趙朔과 趙莊姬 사이에 난 아들. 趙氏 집안의 가장 훌륭한 아들로 자라 뒤에 晉六卿으로 자리를 굳힘. 시호는 文子. 그 후손이 戰國시대 邯鄲을 중심으로 七雄의 하나인 趙나라로 크게 발전함.

【叔孫】叔孫豹. 魯나라 대부. 叔孫僑如의 아우. 叔孫穆叔. 叔孫. 叔孫穆子 등으로도 불림.

【梁其踁】叔孫豹의 가신. 杜預 注에 "踁, 叔孫家臣"이라 하였고 《廣韻》注에 "梁其, 複姓. 《左傳》有梁其踁, 魯伯禽庶子梁其之後"라 함.

【牆之隙壞·誰之咎也】"나라를 지키는 담장 노릇을 하기 위하여 모임에 참석한 것인데 이 담을 훼손한 것은 누구의 죄인가?" 결국 계손숙의 죄라는 뜻임. 《商君書》修權篇에 "隙大而牆壞"라 하였고, 《淮南子》人間訓에는 "牆之壞也 於隙"이라 함.

【雖怨季孫, 魯國何罪】운을 쳐 차지한 것은 계손숙이 사리사욕을 위해서 한 짓이기에 계손숙을 원망할 일이기는 하지만, 노나라에서 한 일이 아니기에 나라에는 죄가 없다는 것.

【有自來矣, 吾又誰怨】 이런 처지는 자연히 생겨나는 것. 즉 계손숙과 숙손목자 간의 사정으로 인해 이런 일이 자연히 생겨나게 되었다는 말. 杜預 注에 "季孫守國, 叔孫出使, 所從來久, 今遇此戮, 無所怨也"라 함.
【鮒】 樂王鮒. 晉나라 대부. 樂桓子.
【不辟汚】 어려운 일을 당하여서 그것을 싫다고 피하지 않음.
【視遠如邇】 楚나라는 中原으로부터 멀리 있는 나라지만 곁에 있는 것처럼 여김.
【疆場】 疆域과 같음.
【王伯】 三王과 五伯. 三王은 夏(禹), 殷(湯), 周(文武) 三代의 개국군주로 덕과 왕도로 천하 민심을 얻은 聖王들. 五伯은 五霸와 같음. 고대 五伯은 昆吾(夏), 大彭(殷), 豕韋(殷), 齊桓公(小白), 晉文公(重耳)을 들고 있어 春秋五霸와는 다름.
【令】 '善', '美'와 같음.
【引其封疆】 杜預 注에 "引, 正也. 定封界"라 함.
【三苗】 苗는 남방의 이민족. 苗族이 세 나라를 구성해서 지금의 湖北·湖南·江西 등지를 차지하여 中原과 늘 대립하였음. 《尙書》 堯典에 "竄三苗于三危"라 하였고 〈傳〉에 "三苗, 國名, 縉雲氏之後, 爲諸侯, 號饕餮"이라 하였고, 《淮南子》 修務訓에는 "舜征三苗而道死蒼梧"라 함.
【觀】 지금의 山東 觀城縣 일대에 있던 옛 나라.
【扈】 지금의 陝西 鄠縣 일대에 있던 옛 나라.
【姺】 '侁', '莘'으로도 표기하며 '신', 혹 '시'(西禮反)으로도 읽음. 고대 有侁氏. 有莘氏로도 표기함. 지금의 山東 曹縣 북쪽 莘塚集.
【邳】 지금의 江蘇 邳縣 일대에 있었던 옛 나라.
【徐】 지금의 江蘇 泗洪縣 남쪽 洪澤湖 근처에 있었던 옛 나라.
【奄】 지금의 山東 曲阜 근처에 있었던 나라. 伯益의 후손. 嬴姓으로 周 成王 때 망함. 〈尙書序〉에 "成王東伐淮夷, 遂踐奄, 作〈成王政〉"이라 하였으며 《山東通志》에 "奄里在曲阜縣東境, 古奄國"이라 함.
【狎主齊盟】 '狎'은 '更, 代'와 같음. '齊盟'은 경건한 맹약.
【濮】 지금의 湖北·湖南 일대에 거주하였던 이민족의 이름. 초나라 남쪽에 있었으며 '百濮'이라 불렸음. 文公 16년을 볼 것.
【可無亢也】 비호해 주지 않음. '亢'은 '扞蔽, 庇護'와 같은 뜻임.
【免叔孫】 이상의 내용은 《國語》 魯語(下)와 晉語(8)에도 실려 있으나 내용의 출입이 있음.

㊉

令尹享趙孟, 賦〈大明〉之首章.

趙孟賦〈小宛〉之二章.

事畢, 趙孟謂叔向曰:「令尹自以爲王矣, 何如?」

對曰:「王弱, 令尹彊, 其可哉! 雖可, 不終.」

趙孟曰:「何故?」

對曰:「彊以克弱而安之, 彊不義也. 不義而彊, 其斃必速.《詩》曰『赫赫宗周, 襃姒滅之』, 彊不義也. 令尹爲王, 必求諸侯. 晉少懦矣, 諸侯將往. 若獲諸侯, 其虐滋甚, 民弗堪也, 將何以終? 夫以彊取, 不義而克, 必以爲道. 道以淫虐, 弗可久已矣.」

영윤令尹 공자 위圍가 조맹趙孟을 위해 향연을 베풀며 〈대명大明〉편 첫 장을 읊었다.

이에 조맹은 〈소완小宛〉편 제2장을 읊었다.

잔치가 끝나고 조맹이 숙향叔向에게 물었다.

"영윤은 자신이 왕인 듯이 여기고 있군요. 어떻습니까?"

그러자 숙향이 대답하였다.

"초나라 왕은 약하고 영윤은 강합니다. 그러니 왕이 될 수 있겠지요! 그러나 비록 왕이 된다 해도 좋은 끝맺음은 할 수 없을 것입니다."

조맹이 물었다.

"어찌하여 그렇습니까?"

숙향이 대답하였다.

"강하다고 해서 약한 자를 이겨내고 그러한 자리를 안전하다고 여긴다면 그러한 강함은 의롭지 못한 것입니다. 의롭지 못하면서 강한 자는 반드시 그 죽음도 급히 찾아오는 법입니다. 《시》에 '빛나고 빛나는 주周나라여, 포사襃姒가 이를 망쳤구나!'라 하였으니 이는 강하기만 하고 의롭지 못함을 말한 것입니다. 영윤이 왕이 되면 틀림없이 제후들에게 많은 것을 요구할 것입니다. 우리 진나라는 초나라보다 약간 약하니 제후들은 장차 초나라를 따를 것입니다. 만약 그가 제후들을 얻게 되면 그의 포악함은 더욱 심해져서 백성들은 견디지 못할 것이니 그가 어찌 좋은 마무리를 할 수 있겠습니까? 무릇 그는 강한 힘으로 빼앗고 불의로써 남을 이기고도 그는 틀림없이 자신이 한 짓이 도리에 맞다고 여길 것입니다. 그러한 도로써 지나친 포악함을 저지른다면 가히 오래갈 수가 없습니다."

【令尹】楚나라 王子 圍를 가리킴. 뒤에 靈王이 됨.
【大明之首章】《詩經》大雅 大明篇 첫 장에 "明明在下, 赫赫在上. 天難忱斯, 不易維王. 天位殷適, 使不挾四方"이라 하여 이는 周 文王과 武王의 크고 밝은 덕을 칭송한 것으로써 공자 圍는 이 시를 노래 불러 자신을 문왕, 무왕에 비유한 것임.
【小宛之二章】《詩經》小雅 小宛篇 제 2장에 "人之齊聖, 飮酒溫克. 彼昏不知, 壹醉日富. 各敬爾儀, 天命不又"라 하여 이는 술은 적당히 마시고, 언제나 거동을 신중히 하며, 하늘의 뜻을 두려워해야 함을 말한 것으로 조맹은 이 시를 읊어 공자 위의 오만방자함을 풍자한 것임.
【叔向】晉나라 어진 대부. 羊舌肸, 자는 叔肸, 혹 叔譽라고도 부름.
【赫赫宗周·褒姒滅之】《詩經》小雅 正月篇 제8장에 "心之憂矣, 如或結之. 念玆之正, 胡然厲矣. 燎之方揚, 寧或滅之. 嚇嚇宗周, 褒姒滅之"라 하여 그 크던 주나라가 褒姒라는 한 여인 때문에 망하였음을 탄식한 것임. 褒姒는 周 幽王의 后妃로 유왕이 그에게 빠져 포사의 웃는 모습을 보기 위해 서융의 침입에 거짓 봉화 올리기를 놀이로 삼았다가 결국 나라를 망침. 그 뒤로 곧이어 東周 春秋 시대로 이어짐.《史記》周本紀 참조.
【不可久】楚 靈王(公子 圍, 熊虔)은 재위 12년만인 昭公 13년에 弑害를 당함.

㊛
夏四月, 趙孟·叔孫豹·曹大夫入于鄭, 鄭伯兼享之.
子皮戒趙孟, 禮終, 趙孟賦〈瓠葉〉.
子皮遂戒穆叔, 且告之.
穆叔曰:「趙孟欲一獻, 子其從之.」
子皮曰:「敢乎?」
穆叔曰:「夫人之所欲也, 又何不敢?」
及享, 具五獻之籩豆於幕下.

趙孟辭, 私於子産曰:「武請於冢宰矣.」
乃用一獻.
趙孟爲客, 禮終乃宴.
穆叔賦〈鵲巢〉.
趙孟曰:「武不堪也.」
又賦〈采蘩〉, 曰:「小國爲蘩, 大國省穡而用之, 其何實非命?」
子皮賦〈野有死麕〉之卒章, 趙孟賦〈常棣〉, 且曰:「吾兄弟比以安, 尨也可使無吠.」
穆叔·子皮及曹大夫興, 拜, 擧兕爵, 曰:「小國賴子, 知免於戾矣.」
飮酒樂, 趙孟出, 曰:「吾不復此矣.」

여름 4월, 조맹趙孟과 숙손표叔孫豹·조曹나라 대부가 정鄭나라로 들어가자 정 간공簡公이 그들을 모아 향연을 베풀었다.

자피子皮가 조맹에게 이를 알리자 조맹은 예를 끝내고 〈호엽瓠葉〉편을 읊었다.

자피는 곧이어 목숙穆叔에게 알리면서 아울러 조맹이 읊은 시도 일러 주었다.

그러자 목숙이 이렇게 말하였다.

"조맹은 일헌一獻의 예식을 원하고 있으니 그대는 그의 뜻을 따르십시오."

자피 말하였다.

"감히 그렇게 해도 되겠습니까?"

목숙이 말하였다.

"그가 그렇게 하기를 원하고 있는데 어찌 감히 그렇게 하지 못한다는 것입니까?"

잔치가 시작되자 오헌五獻 예식을 위한 술상이 장막 아래에 갖추어져 있는 것이었다.

조맹이 이를 사양하면서 사사롭게 자산子産에게 이렇게 말하였다.

"나(武)는 총재冢宰에게 일헌의 예를 부탁하였었습니다."

그리하여 일헌의 예로써 잔치를 치렀다.

조맹은 주빈이 되어 서로 인사의 예를 마치자 잔치에 들어갔다.

목숙이 〈작소鵲巢〉편을 읊자 조맹이 말하였다.

"나는 그 시를 감당할 수 없습니다."

목숙이 다시 〈채번采蘩〉편을 읊으며 이렇게 말하였다.

"작은 나라는 흰 쑥과 같으나 큰 나라가 살펴서 이를 심고 또 사용해 주시니 어찌 그 명령을 따르지 않겠습니까?"

자피가 〈야유사균野有死麕〉편 마지막장을 읊자 조맹은 〈상체常棣〉편을 읊으며 이렇게 말하였다.

"우리 형제 나라들이 협력하여 안정되면, 삽살개도 짖지 못하게 할 수 있습니다."

숙손목자·자피 및 조나라 대부가 모두 자리에서 일어나 조맹에게 절하고 쇠뿔 잔을 들고 말하였다.

"우리 작은 나라들은 그대의 덕택에 죄를 면하고 있음을 알고 있습니다."

이렇게 술을 마시며 즐기고 나오면서 조맹은 이렇게 말하였다.

"나는 이런 즐거움을 다시는 맛보지 못할 것이다."

【趙孟】晉나라 재상. 趙武. 趙朔의 아들. 趙文子. 趙朔과 趙莊姬 사이에 난 아들. 趙氏 집안의 가장 훌륭한 아들로 자라 뒤에 晉六卿으로 자리를 굳힘. 시호는 文子. 趙孟으로도 불림. 그 후손이 戰國시대 邯鄲을 중심으로 七雄의 하나인 趙나라로 크게 발전함.

【叔孫豹】魯나라 대부. 叔孫僑如의 아우. 叔孫穆叔. 叔孫. 叔孫穆子 등으로도 불림.

【鄭伯】당시 鄭나라 군주는 簡公(嘉)으로 재위 25년째였음.

【子皮】罕虎. 鄭나라 대부. 子展의 아들. 아버지를 이어 上卿이 됨. 杜預 注에 "子皮代父爲上卿"이라 함. 子産(公孫僑)을 도와 나라를 잘 다스림.

【禮終】서로의 相見禮를 마침.

【瓠葉】《詩經》 小雅 瓠葉篇에 "幡幡瓠葉, 采之亨之. 君子有酒, 酌言嘗之. 有兎斯首, 炮之燔之. 君子有酒, 酌言獻之. 有兎斯首, 燔之炙之. 君子有酒, 酌言酢之. 有兎斯首, 燔之炮之. 君子有酒, 酌言酬之"라 하여 간소한 향연을 요구한 것임.

【一獻】향연 예식에 주인이 빈객에게 술을 드리고, 빈객이 주인에게 返杯를 한 번만 하는 것을 一獻이라 함. 원래 九獻까지 있으며 九獻은 周나라 조정의 上公에게 취하는 주연 예식임. 일헌은 보통의 士에게 하는 예식이며 오헌은

子爵과 男爵 신분일 경우 주고받는 예식임.《禮記》樂記 및《周禮》秋官 大行人 등을 참조할 것. 穆叔은 趙孟이 〈瓠葉〉시를 읊은 것으로 그가 一獻의 예를 원하고 있음을 알아차린 것임.
【籩豆】'籩'은 고대 竹器로 棗, 桃, 栗, 梅, 菱, 芡, 脯, 脩, 膴, 鮑, 糗, 餌 등을 담는 기구. 祭祀나 饗宴의 상을 말함. '豆'는 木器로 역시 마른 음식을 담는 기구나 상.
【子産】鄭나라 어진 재상. 公孫僑.
【冢宰】子皮를 가리킴. 자산이 당시 정나라 총재 벼슬을 하고 있었음.
【鵲巢】《詩經》召南 鵲巢篇에 "維鵲有巢, 維鳩居之. 之子于歸, 百兩御之. 維鵲有巢, 維鳩方之. 之子于歸, 百兩將之. 維鵲有巢, 維鳩盈之. 之子于歸, 百兩成之"라 하여 비둘기는 집을 잘 찾지 못하여 까치집을 빌려 삶을 말하고 있을 비유한 것. 목숙은 이 시로써 자신과 노나라가 조맹의 은혜를 입고 있음을 나타낸 것임.
【采蘩】《詩經》召南 采蘩篇에 "于以采蘩, 于沼于沚. 于以用之, 公侯之事. 于以采蘩, 于澗之中. 于以用之, 公侯之宮. 被之僮僮, 夙夜在公. 被之祁祁, 薄言還歸"라 하여 흰 쑥을 캐어 훌륭한 분에게 드린다는 뜻임. 그는 이 시를 읊어 보잘것없는 작은 나라지만 큰 나라를 위하여 힘쓰겠다는 뜻을 나타낸 것임.
【野有死麕】《詩經》召南 野有死麕篇에 "野有死麕, 白茅包之. 有女懷春, 吉士誘之. 林有朴樕, 野有死鹿. 白茅純束, 有女如玉. 舒而脫脫兮, 無感我帨兮, 無使尨也吠"라 하여 서로 화합하여 삽살개가 짖지 않도록 할 것을 말하고 있음.
【常棣】《詩經》小雅 常棣篇에 "常棣之華, 鄂不韡韡. 凡今之人, 莫如兄弟. 死喪之威, 兄弟孔懷. 原隰裒矣, 兄弟求矣. 脊令在原, 兄弟急難. 每有良朋, 況也永歎. 兄弟鬩于牆, 外禦其務. 每有良朋, 烝也無戎. 喪亂旣平, 旣安且寧. 雖有兄弟, 不如友生. 儐爾籩豆, 飮酒之飫. 兄弟旣具, 和樂且孺. 妻子好合, 如鼓瑟琴. 兄弟旣翕, 和樂且湛. 宜爾室家, 樂爾妻帑. 是究是圖, 亶其然乎!"라 하여 세상에 형제 사이에 우애만한 것이 없음을 노래한 것임.
【吾不復此矣】다시는 이러한 즐거움을 맛보지 못할 것이라는 뜻. 조맹은 이해 겨울에 죽음을 맞이하였음.

⟨傳⟩

天王使劉定公勞趙孟於潁, 館於雒汭.

劉子曰:「美哉禹功! 明德遠矣. 微禹, 吾其魚乎! 吾與子弁冕·端委, 以治民·臨諸侯, 禹之力也. 子盍亦遠績禹功而大庇民乎!」

對曰:「老夫罪戾是懼, 焉能恤遠? 吾儕偸食, 朝不謀夕, 何其長也?」

劉子歸, 以語王曰:「諺所謂『老將知而耄及之』者, 其趙孟之謂乎! 爲晉正卿, 以主諸侯, 而儕於隸人, 朝不謀夕, 棄神·人矣. 神怒, 民叛, 何以能久? 趙孟不復年矣. 神怒, 不歆其祀; 民叛, 不卽其事. 祀·事不從, 又何以年?

　천왕天王이 유정공劉定公에게 영읍潁邑에서 조맹趙孟을 위로하도록 하여 그들이 낙수雒水 가에 숙소를 정하였다.
　유정공이 말하였다.
　"아름답도다 우禹임금의 공이여! 밝은 덕은 먼 훗날까지 이어가리라. 우임금이 없었더라면 우리는 물고기처럼 되었을 것이로다! 나와 그대가 이렇게 변면弁冕에 단위端委의 복장을 하고 백성을 다스리고 제후들을 이끌 수 있는 것은 우임금의 공 때문입니다. 그대는 어찌 역시 먼 옛날 우 임금의 공적을 이어 백성을 크게 감싸주는 공을 세우려 하지 않습니까?"
　조맹이 답하였다.
　"이 늙은이는 죄에 빠질까 두려워하고 있는데 어찌 먼 앞날을 걱정하리오? 저 같은 무리야 그저 식록이나 받아먹으며 아침에 저녁의 일을 도모하지도 못하는 정도인데 어찌 장구한 앞날을 꾀하겠습니까?"
　유정공은 돌아가 왕에게 이렇게 말하였다.
　"속담에 '늙음이 이르면 지혜로울 줄 여겼더니 팔십 노인처럼 되었도다'라 하였는데 이는 조맹을 두고 하는 말인가 합니다! 그는 진나라 정경正卿으로서 제후들을 지휘하면서 도리어 천한 노예와 같은 무리가 되어 아침에 저녁일을 계획할 수 없다니 이는 신神과 백성을 모두 버린 것입니다. 신이 노하고 백성들이 반기를 들 텐데 어찌 오래 갈 수 있겠습니까? 조맹은 더 살지 못할 것입니다. 신이 노하면 그 제사를 받지 않을 것이요, 백성들이 거역하면 할 일을 제대로 수행하지 않을 것입니다. 제사도 시킨 일도 그를 따르지 않을 것이니 어찌 한 해를 더 넘기겠습니까?"

　【天王】 당시 周나라 天子는 景王(姬貴)으로 재위 4년째였음.
　【劉定公】 周 王室의 卿士. 이름은 夏.

【潁】潁水 가의 읍 이름. 원래 周나라 읍이었으나 뒤에 鄭나라에 속함. 지금의 河南 登封현 서남쪽.

【雒汭】'雒'은 '洛'과 같음. '汭'는 물이 굽어 흘러드는 물가. 여기서는 낙수가 황하로 흘러들어 합수되는 곳. 潁邑 북방으로 지금의 鞏縣 근처.

【禹】夏나라 禹王. 治水에 큰 공을 세워 그 때문에 이처럼 河水와 洛水가 제대로 흐르고 있어 자신들은 물속에 잠기지 않게 되었음을 말함. 杜預 注에 "見河洛而思禹功"이라 함.

【弁冕】弁과 冕은 모두 禮冠 이름. 경대부들이 쓰는 禮帽.

【端委】端이나 委는 禮服 이름.

【耄】80세를 '耄'라 함. 당시 趙孟은 50세가 채 되지 않았음.

【棄神人】杜預 注에 "民爲神主, 不恤民, 故神人皆去"라 함.

【又何以年】'어찌 한 해를 더 넘기겠는가?'의 뜻. 杜預 注에 "爲此冬趙孟卒起本"이라 함.

⑬

叔孫歸, 曾夭御季孫以勞之.
旦及日中不出.
曾夭謂曾阜, 曰:「旦及日中, 吾知罪矣. 魯以相忍爲國也. 忍其外, 不忍其內, 焉用之?」
阜曰:「數月於外, 一旦於是, 庸何傷? 賈而欲贏, 而惡囂乎?」
阜謂叔孫曰:「可以出矣.」
叔孫指楹, 曰:「雖惡是, 其可去乎?」
乃出見之.

숙손叔孫이 돌아오자 증요曾夭가 계손季孫의 수레를 몰고 숙손표를 위로하러 갔다.

그런데 아침이 지나 한낮이 되도록 숙손표는 계손숙을 만나러 나오지 않는 것이었다.

증요가 숙손표의 가신인 증부曾阜에게 말하였다.

"아침이 지나 한낮이 되었네. 우리는 우리 주인의 죄를 알고 있네. 우리 노나라 사람은 서로 참는 것으로써 나라를 지탱하고 있네. 국외에서는 그렇게도 잘 참았으면서 국내에 들어와서는 참지 못하니 어찌 그럴 수가 있는가?"

증부가 말하였다.

"몇 달을 밖에서 잘 참아왔네. 하루아침을 그대가 참는 것이 뭐가 그리 괴롭단 말인가? 장사하여 이익을 얻고자 하면서 사람들의 시끄러움을 싫다고 여겨서 되겠는가?"

그리고 증부는 숙손표에게 가서 말하였다.

"이제 나가시는 것이 좋겠습니다."

숙손표는 집의 기둥을 가리키면서 말하였다.

"비록 저 기둥이 보기 싫다고 해도 이를 없앨 수가 있겠는가?"

그리고 곧 나가서 계손숙을 만났다.

【叔孫】叔孫豹. 魯나라 대부. 叔孫僑如의 아우. 叔孫穆叔. 叔孫. 叔孫穆子 등으로도 불림. 虢의 회담을 마치고 돌아온 것임.

【曾天】季孫氏 집안의 家臣. '曾'은 원래 '鄫'나라에서 유래된 성씨임.《姓纂》(17)에《世本》을 인용하여 "夏少康封少子曲烈於鄫, 春秋時爲莒所滅, 鄫太子巫仕魯, 去阝爲曾氏"라 함.

【季孫】季孫宿. 季武子. 叔孫豹가 虢의 회담에 나간 사이 莒나라 鄆 땅을 빼앗아 국제간에 분쟁을 일으켰으며 이를 叔孫豹가 虢의 회담 때 참아내어 季孫宿을 비호해 주었음. 이 사건은 앞 장 "三月取鄆"의 經文과 傳文을 볼 것.

【日中不出】杜預 注에 "恨季孫伐莒, 使己幾被戮"이라 함.

【曾阜】叔孫氏의 가신.《通志》氏族略(2)에 "曾阜, 爲鄫太子巫之子"라 함.

【忍其外】바깥, 즉 虢의 회담 때는 그렇게 잘 참아내었음. 杜預 注에 "欲受楚戮, 是忍其外; 日中不出, 是不忍其內之野"라 함.

【囂】'효'로 읽으며 장사를 하면서 흥정과 매매로 시끄럽고 떠들썩함.

【指楹】기둥을 가리킴. 기둥은 계손숙을 뜻함. 그는 노나라를 지탱하는 기둥 같은 존재로 국가의 동량이라는 뜻임.

【雖惡是·其可去乎】기둥이 보기 싫다고 해서 없앨 수 없는 것처럼, 계손숙은 국가의 동량이니 보기 싫다 해도 없앨 수 없다는 뜻임. 이상의 고사는《國語》魯語(下)에도 실려 있으나 일부 내용의 출입이 있음.

傳

鄭徐吾犯之妹美, 公孫楚聘之矣, 公孫黑又使强委禽焉.
犯懼, 告子産.
子産曰:「是國無政, 非子之患也. 唯所欲與.」
犯請於二子, 請使女擇焉, 皆許之.
子晳盛飾入, 布幣而出; 子南戎服入, 左右射, 超乘而出.
女自房觀之, 曰:「子晳信美矣, 抑子南, 夫也. 夫夫婦婦, 所謂順也.」
適子南氏.
子晳怒. 旣而櫜甲以見子南, 欲殺之而取其妻.
子南知之, 執戈逐之, 及衝, 擊之以戈.
子晳傷而歸, 告大夫曰:「我好見之, 不知其有異志也, 故傷.」
大夫皆謀之.
子産曰:「直鈞, 幼賤有罪, 罪在楚也.」
乃執子南, 而數之, 曰:「國之大節有五, 女皆奸之. 畏君之威, 聽其政, 尊其貴, 事其長, 養其親, 五者所以爲國也. 今君在國, 女用兵焉, 不畏威也; 奸國之紀, 不聽政也; 子晳, 上大夫; 女, 嬖大夫, 而弗下之, 不尊貴也; 幼而不忌, 不事長也; 兵其從兄, 不養親也. 君曰:『余不女忍殺, 宥女以遠.』勉, 速行乎, 無重而罪!」
五月庚辰, 鄭放游楚於吳.
將行子南, 子産咨於大叔.
大叔曰:「吉不能亢身, 焉能亢宗? 彼, 國政也, 非私難也. 子圖鄭國, 利則行之, 又何疑焉? 周公殺管叔而蔡蔡叔, 夫豈不愛? 王室故也. 吉若獲戾, 子將行之. 何有於諸游?」

정鄭나라 서오범徐吾犯의 여동생이 아름다웠는데 공손초公孫楚가 그를 아내로 맞이하겠다고 나서자 공손흑公孫黑이 다른 사람을 시켜 강제로 납채納采의 예를 올리도록 하였다.
서오범은 두 사람이 싸움에 말려들까 두려워 자산子産에게 사실을 고하였다.

자산이 말하였다.

"이러한 일은 나라에 정치가 제대로 이루어지지 않았기 때문이지 그대가 걱정할 일은 아니오. 오직 그대 누이동생이 시집가고자 하는 곳으로 보내면 될 것이오."

서오범은 두 사람에게 청하여 누이로 하여금 선택할 수 있게 해 줄 것을 요청하자 모두가 이를 허락하였다.

그러자 자석子晳(公孫黑)은 화려하게 차려 입고 서오범의 집으로 들어가 가지고 온 폐백을 늘어놓고 나갔고, 자남子南(公孫楚)은 군복을 입고 들어와 좌우로 활을 쏘아 보이고는 수레에 뛰어 올라타고 돌아갔다.

누이는 방 안에서 그들을 살펴보고는 이렇게 말하였다.

"자석은 실로 아름답지만 생각건대 자남이야말로 대장부로군요. 남편은 남편다워야 하고 아내는 아내다워야 하는 것을 일러 순리라 하는 것입니다."

그리하여 자남에게 시집을 보내었다.

자석이 노하여 즉시 갑옷을 입고 자남을 찾아가 그를 죽이고 그 아내를 뺏으려 하였다.

자남이 그 일을 미리 알고 창을 들고 자석을 쫓아가 큰 거리에 이르러 그를 창으로 공격하였다.

자석은 상처를 입은 채 돌아가 대부들에게 이렇게 말하였다.

"나는 호감을 가지고 그를 방문한 것이었는데 그가 전혀 다른 생각을 품고 있는지는 알지 못하였습니다. 그 때문에 부상을 입은 것입니다."

대부들이 모두 그 일을 해결하기 위하여 모책을 세우게 되었다.

그러자 자산은 이렇게 말하였다.

"똑같은 조건이었다면 어리고 촌수가 낮은 자에게 죄가 있는 것이니 죄는 공손초에게 있습니다."

이에 자남을 잡아다 이렇게 따졌다.

"나라의 큰 법절에는 다섯 가지가 있는데 너는 이를 모두 범하였다. 군주의 위세를 두려워하고, 나라의 정령에 복종하고, 귀한 신분을 존중하고, 연장자를 섬기며, 친척을 잘 봉양하는 것이다. 이 다섯 가지는 나라를 다스리는 근본이다. 지금 군주께서 계시는데도 너는 무기를 사용하였으니 이는 군주의 위세를 두려워하지 않은 것이요, 나라의 기강을 범하였으니 정령에 따르지 않은 것이요, 자석은 상대부이고 너는 하대부인데도 너는 그에게 자신을 낮추지 않았으니 이는 윗사람을 존중하지 않은 것이요, 나이가 어리면서도 거리낌 없이 그를 대하였으니 이는 연장자를 모시지 않은 것이요, 종형從兄에게 무기를 휘둘렀으니 친척을 중히 여기지 않은 것이다. 군주께서는 '내 너를 차마 죽이지 못하니 너를 멀리 보내는 것으로 용서하리라' 하셨다. 그러니 속히 떠나도록 서둘러라. 그리고 너의 죄를 겹치게 하지 말라!"

5월 경진庚辰날, 정나라는 유초游楚(公孫楚)를 오吳나라로 쫓아냈다.

자남(公孫楚)을 쫓아내려 할 때 자산이 태숙大叔에게 이를 자문하였다.

태숙은 이렇게 말하였다.

"저(吉)는 제 한 몸 앞가림도 못하는데 어찌 종족을 지킬 수 있겠습니까? 그 일은 나라에서 정치로 할 일이지 사사로운 개인의 수난은 아닙니다. 그대께서 나라의 이익을 헤아려 이롭다면 그를 쫓아내십시오. 무엇을 의심하십니까? 옛날 주공周公이 관숙管叔을 죽이고 채숙蔡叔을 쫓아냈을 때에도 어찌 가련히 여기지 않았겠습니까만 왕실을 위한 일이었기 때문에 그렇게 한 것이었습니다. 만약 제가 죄를 지으면 그대는 앞으로 저를 쫓아내실 것입니다. 나랏일을 하는데 어찌 유씨에게만 마음을 쓰십니까?"

【徐吾犯】鄭나라 대부. 徐吾는 徐吾氏에서 유래된 複姓. 《廣韻》에 "鄭公子有食采於徐吾之鄕, 後以爲氏"라 함. 이름은 犯.

【公孫楚】鄭나라 대부. 穆公의 손자이며 자는 子南. 游楚로도 부름.

【公孫黑】公子 晳. 역시 鄭나라 대부. 자는 子晳.

【委禽】기러기를 맡김. '納采'를 가리킴. 혼례의 여섯 과정 중에 '納采'에는 기러기를 보냄.

【櫜】'고'로 읽으며 활을 넣는 전대. 무장을 하였음을 말함. 《周禮》考工記 函人 疏에 "以衣夷著甲謂之櫜"라 함.

【衝】큰 길 사거리.

【直鈞】다 같이 정당함. 정당함이 같음. 서로 조건이나 상황이 같음.

【幼賤】幼는 나이. 賤은 신분.

【數】죄나 잘못을 '조목조목 따지다'의 뜻.
【庚辰】5월 2일.
【大叔】游吉. 子大叔으로도 부름. 游氏 집안의 宗主였음. 鄭 穆公의 아들 공자 偃의 손자로 정나라 卿. 子南(游楚, 公孫楚)은 游吉의 작은아버지였음.
【尢】庇護함. 이겨냄. 처리함. 앞가림을 함. 지켜냄. 杜預 注에 "尢, 蔽也"라 함.
【周公】周公(姬旦)이 成王을 도와 攝政할 때 아우 管叔과 蔡叔이 殷의 후에 武庚을 유인하여 讒言을 퍼뜨리자 주공이 왕실의 안녕을 위해 어쩔 수 없이 東征하여 이들을 처단함. 이를 周公東征이라 함.《史記》周本紀 및 管蔡世家 등을 참조할 것.
【蔡蔡叔】蔡叔을 추방함. 앞의 '蔡'는 杜預 注에 "蔡, 放也"라 함.
【何有於諸游】游氏 집안을 고려할 필요가 없음. 杜預 注에 "爲二年鄭殺公孫黑傳"이라 함.

❋ 1363(昭元-4)

夏, 秦伯之弟鍼出奔晉.

여름, 진백秦伯의 동생 겸鍼이 진晉나라로 달아났다.

【秦伯】당시 秦나라 군주는 景公(后伯車) 재위 36년째였음.
【鍼】秦 桓公(榮)의 아들이며 景公의 아우. '后子'로도 부름. '겸'(箝)으로 읽으며 '針'의 異體字가 아님.

(傳)
秦后子有寵於桓, 如二君於景.
其母曰:「弗去, 懼選.」
癸卯, 鍼適晉, 其車千乘.
書曰:「秦伯之弟鍼出奔晉」, 罪秦伯也.
后子享晉侯, 造舟于河, 十里舍車, 自雍及絳, 歸取酬幣, 終事八反.

司馬侯問焉, 曰:「子之車盡於此而已乎?」

對曰:「此之謂多矣. 若能少此, 吾何以得見?」

女叔齊以告公, 且曰:「秦公子必歸. 臣聞:『君子能知其過, 必有令圖.』令圖, 天所贊也.」

后子見趙孟. 趙孟曰:「吾子其曷歸?」

對曰:「鍼懼選於寡君, 是以在此, 將待嗣君.」

趙孟曰:「秦君何如?」

對曰:「無道.」

趙孟曰:「亡乎?」

對曰:「何為? 一世無道, 國未艾也. 國於天地, 有與立焉. 不數世淫, 弗能斃也.」

趙孟曰:「天乎?」

對曰:「有焉.」

趙孟曰:「其幾何?」

對曰:「鍼聞之:『國無道而年穀和熟, 天贊之也.』鮮不五稔.」

趙孟視蔭, 曰:「朝夕不相及, 誰能待五?」

后子出, 而告人曰:「趙孟將死矣. 主民, 翫歲而愒日, 其與幾何?」

진秦나라 후자后子(鍼)는 아버지 환공桓公의 총애를 받아 경공景公에게는 두 임금이 있는 것과 같았다.

그의 어머니가 말하였다.

"네가 국외로 떠나지 않는다면 네가 쫓겨날까 두렵구나."

계묘癸卯날, 겸鍼은 진晉나라로 갔는데 갈 때 가지고 간 수레가 천 대나 되었다.

경經에 "진秦나라 군주의 아우 겸이 진나라로 달아났다"라고 기록한 것은 진 환공에게 그 죄가 있음을 말한 것이다.

후자가 진나라 군주를 대접하면서 황하黃河에 배로 다리를 만들고 십 리마다 수레를 배치하여 진秦나라 옹雍으로부터 진晉나라 강絳까지 이어지게 하였으며 그 잔치에 쓰고 바칠 물건을 여덟 번이나 왕복하여 날랐다.

진晉나라 사마후司馬侯가 후자에게 물었다.

"그대의 수레는 이것이 전부입니까?"

후자가 대답하였다.

"이를 두고 많다고 하시는군요. 만약 이보다 적게 가졌더라면 내가 어찌 국외에서 그대들을 만날 수 있었겠습니까?"

여숙제女叔齊(司馬侯)가 임금에게 이를 알리면서 이렇게 덧붙였다.

"진나라의 공자는 틀림없이 귀국하게 될 것입니다. 제가 듣기로 '군자는 자신의 허물을 알아차리면 반드시 훌륭한 모책을 세우게 된다'라 하였습니다. 훌륭한 모책은 하늘도 돕는 것입니다."

후자가 조맹趙孟을 만나자 조맹이 말하였다.

"그대는 언제 돌아가실 예정입니까?"

후자가 대답하였다.

"저(鍼)는 우리 임금으로부터 쫓겨날 것을 두려워하여 그 때문에 여기에 와 있는 것입니다. 장차 다음 군주가 이을 때까지 기다릴 것입니다."

조맹이 다시 물었다.

"진秦나라 군주는 어떤 분입니까?"

후자가 대답하였다.

"무도합니다."

조맹이 물었다.

"그렇다면 망하게 될까요?"

후자가 대답하였다.

"어찌 망하기야 하겠습니까? 일대에 무도하도 해도 나라가 곧 끊어지는 것은 아닙니다. 나라란 천지 사이에 있어 누군가가 세워지도록 되어 있습니다. 몇 세대를 두고 어긋난 짓을 하지 않는다면 그렇게 쉽게 망하지는 않습니다."

조맹이 물었다.

"그는 일찍 죽을까요?"

후자가 대답하였다.

"그럴 수도 있겠지요."

조맹이 물었다.

"얼마 뒤의 일일까요?"

후자가 말하였다.

"내 듣기로 '나라가 무도함에도 해마다 풍년이 들고 곡식이 잘 여무는 것은 하늘이 돕기 때문이다'라 하였습니다. 그러니 다섯 해를 넘기지 못하는 경우는 드뭅니다."

조맹이 그늘을 보면서 말하였다.

"아침에 저녁 때 일을 생각하지도 못하는데 누가 능히 다섯 해를 기다릴 수 있겠습니까?"

후자는 나와서 수종하는 사람에게 말하였다.

"조맹은 장차 죽을 것이다. 백성의 주인이 되어 세월에만 익숙하여 해가 가는 것을 안타까워하고 있으니 그 얼마나 가겠는가?"

【后子】 秦나라 공자. 后鍼. 桓公(榮)의 아들이며 景公(后伯車)의 아우.
【選】《說文》에 "選, 遣也"라 함. 雙聲互訓.
【景】 秦 景公. 이름은 后伯車, 鐘, 旣 등 여러 가지로 전함. 환공(영)의 뒤를 이어 B.C.576~537년까지 40년간 재위하였으며 이때는 재위 36년째였음. 哀公이 그 뒤를 이음.
【造舟于河】 河水를 건너기 위해 배다리(船橋, 浮橋)를 만듦.《元和郡縣志》에 "同州朝邑縣橋本秦后子奔晉造舟于河, 通秦晉之道"라 함. 朝邑은 지금의 陝西 大荔縣 동쪽 朝邑.
【雍】 당시 秦나라 도읍. 咸陽으로 옮기기 전의 수도였음. 지금의 陝西 鳳翔縣.
【絳】 晉나라 도읍. 지금의 山西 侯馬市. 杜預 注에 "雍絳相去千里"라 함.
【司馬侯】 女叔齊. 晉나라 대부. 당시 晉나라 司馬였으며 '女齊', '叔侯'로도 부름.
【令圖】 좋은 꾀. 아름다운 대책이나 훌륭한 모책.
【趙孟】 趙文子. 趙武. 趙孟. 晉나라 대부. 趙朔의 아들. 趙朔과 趙莊姬 사이에 난 아들. 趙氏 집안의 가장 훌륭한 아들로 자란 뒤에 晉六卿으로 자리를 굳힘. 시호는 文子. 그 후손이 戰國시대 邯鄲을 중심으로 七雄의 하나인 趙나라로 크게 발전함.
【稔】 곡식이 싹이 터서 수확하는 기간. 1년의 다른 표현. '임'으로 읽음.
【翫歲而愒日】 세월을 즐기면서 익숙해져 그냥 하루하루를 보냄. 시간을 아깝게 여기지만 아무런 의욕이 없어 虛送歲月만 함.

※ 1364(昭元-5)

六月丁巳, 邾子華卒.

6월 정사날, 주자邾子 화華가 죽었다.

【丁巳】6월 9일.
【邾子華】邾나라 悼公. 이름은 華. 孔穎達 疏에 "華以襄十八年卽位, 十九年盟于杞柯, 二十年于澶淵, 二十五年于重丘, 皆邾·魯俱在, 是三同盟"이라 함.
＊無傳

(傳)
鄭爲游楚亂故, 六月丁巳, 鄭伯及其大夫盟于公孫段氏.
罕虎·公孫僑·公孫段·印段·游吉·駟帶私盟于閨門之外, 實薰隧.
公孫黑强與於盟, 使大史書其名, 且曰「七子」.
子産弗討.

정鄭나라에서는 유초游楚의 난동을 이유로 6월 정사날 간공簡公과 대부들이 공손단公孫段의 집에서 맹약을 맺었다.
그리고 한호罕虎, 공손교公孫僑, 공손단, 인단印段, 유길游吉, 사대駟帶 여섯 사람이 사사롭게 규문閨門 밖에서 동맹을 맺었는데 그곳이 훈수薰隧였다.
그때 공손흑公孫黑이 그 자리에 억지로 자신도 그 맹약에 참여하면서 태사大史에게 자신의 이름도 기록하여 '일곱 사람'이라 쓰도록 하였다.
자산子産은 그를 꾸짖지 않았다.

【游楚】公孫楚, 子南. 徐吾犯의 누이동생 일로 公孫黑(子晳)과 다투다가 楚나라로 쫓겨남.
【丁巳】6월 9일.
【鄭伯】鄭 簡公(嘉).

【公孫段】鄭나라 대부. 子豐. 子豐 이후로 姓을 豐氏로 써서 뒤에 豐卷, 豐施 등이 있음.
【罕虎】鄭나라 대부. 子皮. 子展의 아들. 아버지를 이어 上卿이 됨. 杜預 注에 "子皮代父爲上卿"이라 함. 子産(公孫僑)을 도와 나라를 잘 다스림.
【公孫僑】子産. 鄭나라 훌륭한 재상.
【印段】鄭나라 대부. 자는 子石(伯石). 諡號는 獻子.
【游吉】子大叔으로도 부름. 游氏 집안의 宗主였음. 鄭 穆公의 아들 공자 偃의 손자로 鄭나라 卿. 子南(游楚, 公孫楚)은 游吉의 작은아버지였음.
【駟帶】鄭나라 대부. 子西의 아들. 子晳 집안의 宗主였음. 杜預 注에 "駟帶, 子西之子, 子晳之宗主"라 함.
【閨門】鄭나라 城門 이름.
【實薰隧】'薰隧'는 궁전 대문 밖의 길거리 이름. '實'은 杜預 注에 "實之者, 爲明年子産數子晳罪稱薰隧盟起本"이라 함. 子産이 公孫黑을 몰아붙일 때 薰隧의 맹약이라는 말을 썼음. 昭公 2년을 볼 것.
【公孫黑】子晳. 子南과 徐吾犯의 여동생 일로 다투었던 인물.
【大史】太史. 역사를 공식적으로 기록하는 사관.

※ 1365(昭元-6)

晉荀吳帥師敗狄于大鹵.

진晉나라 순오荀吳가 군사를 이끌고 적狄을 태로大鹵에서 대패시켰다.

【荀吳】晉나라 대부. 中行穆子. 荀偃의 조카. 荀吳의 어머니가 鄭나라 출신이어서 '鄭甥'이라고도 부름. 襄公 19년을 볼 것.
【大鹵】《公羊傳》과 《穀梁傳》에는 모두 '大原'으로 되어 있음. 狄語로 '大鹵'라 부른 것으로 보임. 지금의 山西 太原市 서남쪽.

㊀

晉中行穆子敗無終及羣狄于大原, 崇卒也.

將戰, 魏舒曰:「彼徒我車, 所遇又阸, 以什共車, 必克. 困諸阸, 又克. 請皆卒, 自我始.」

乃毁車以爲行, 五乘爲三伍.

荀吳之嬖人不肯卽卒, 斬以徇.

爲五陳以相離, 兩於前, 伍於後, 專爲右角, 參爲左角, 偏爲前拒, 以誘之.

翟人笑之.

未陳而薄之, 大敗之.

진晉나라 중항목자中行穆子가 무종족無終族과 함께 여러 적狄을 태원大原에서 쳐부수었는데 그 싸움에서 보병을 중시하였다.

전투를 벌이고자 하면서 위서魏舒가 말하였다.

"적은 보병이며 우리는 전차부대이니 적군과 만나면 공간이 좁습니다. 보병 열 사람씩 분대를 지어 전차 한 대씩 맡으면 틀림없이 이길 것입니다. 그리고 적을 좁은 골짜기로 몰아 적을 곤경에 빠뜨리면 역시 이길 수 있습니다. 청컨대 모두 보병 부대로 개편하기를 청합니다. 나의 부대부터 시작하겠습니다."

그는 곧 자신이 거느린 전차 부대를 풀어 대열을 지으면서 전차 다섯 대에 세 대오의 보병 분대를 만들었다.

그때 순오荀吳가 총애하는 자가 보병 대열 짓기를 거부하자 위서는 그를 참수하여 군중에 돌렸다.

그리고는 다섯 대열로 짝을 만들어 두 부대는 앞에, 대오는 뒤에, 전專 부대는 오른쪽 모서리에, 참參 부대는 왼쪽 모서리, 편偏 부대는 맨 앞에 배치하여 적을 막도록 하여 적을 유인하였다.

적인들은 이를 비웃었다.

그들이 미처 진을 치기 전에 압박해 들어가 그들을 대패시켰던 것이다.

【中行穆子】晉나라 대장군 荀吳.
【無終】북방 異民族의 이름. 襄公 4년을 볼 것.
【大原】經文의 '大鹵'. 지금의 山西 太原.
【魏舒】晉나라 대부. 魏獻子. 魏絳의 아들.
【以什共車】《六韜》均兵篇에 의하면 平地에서는 전차 1대당 步卒 80명이며 險地에서는 40명으로 하도록 되어 있음. 여기서 魏舒는 지극히 정예 인원 10명씩으로 할 것을 제의한 것.
【兩·伍·專·參·偏】당시의 部隊 이름. 원래는 전차 50乘을 兩, 120승을 伍, 81승을 專, 29승을 參, 25승을 偏이라 하였음. 服虔은《司馬法》을 인용하여 "五十乘爲兩, 百二十乘爲伍, 八十一乘爲專, 二十九乘爲參, 二十五乘爲偏"이라 함.
【翟人】狄人 오랑캐. '翟'은 '狄'과 같음.
【薄】'迫'과 같음. 壓迫하거나 肉薄해 들어감.

※ 1366(昭元-7)

秋, 莒去疾自齊入于莒.
莒展輿出奔吳.

가을, 거莒나라 공자 거질去疾이 제齊나라에서 거나라로 들어갔다.
거나라의 전여展輿는 오吳나라로 달아났다.

【去疾】莒나라 犁比公의 아들. 어머니가 齊나라 출신이어서 齊나라로 피신하였다가 이때에 다시 귀국한 것.
【展輿】역시 犁比公의 아들. 아버지를 죽이고 왕위에 오름. 어머니가 吳나라 출신이어서 오나라로 도망간 것임. 이 사건의 내용은 襄公 31년을 볼 것.

※ 1367(昭元-8)

叔弓帥師疆鄆田.

노나라 숙궁叔弓이 군사를 이끌고 나가 운鄆 땅의 경계를 정하였다.

【叔弓】魯나라 대부. 叔老(子叔齊子)의 아들. 시호는 敬子.
【鄆】앞서 봄에 빼앗은 鄆 땅의 疆域을 바르게 정한 것. 杜預 注에 "春取鄆, 今正其封疆"이라 함.

(傳)
莒展輿立, 而奪羣公子秩.
公子召去疾于齊.
秋, 齊公子鉏納去疾, 展輿奔吳.
叔弓帥師疆鄆田, 因莒亂也.
於是莒務婁·瞀胡及公子滅明以大厖與常儀靡奔齊.
君子曰:「莒展之不立, 棄人也夫! 人可棄乎?《詩》曰『無競維人』, 善矣.」

거莒나라 전여展輿가 군주가 되어 여러 공자들의 녹을 박탈하였다.
그러자 공자들이 거질去疾을 제齊나라로부터 불러들였다.
가을, 제나라의 공자 서鉏가 거질을 본국으로 들여보내자 전여는 오나라로 달아났다.
숙궁叔弓은 군사를 이끌고 운鄆 땅을 편입시켜 국경을 정하였는데 이는 거나라의 내란을 이용한 것이었다.
이에 거나라 무루務婁·무호瞀胡 및 공자 멸명滅明이 태방大厖과 상의미常儀靡 두 읍을 가지고 제나라로 달아났다.
군자는 이렇게 말하였다.
"거나라 전여가 임금 노릇을 제대로 못한 것은 그가 사람들을 버렸기 때문이로다! 사람을 버려서야 되겠는가?《시》에 '비할 데 없는 것은 좋은 사람'이라 하였으니 훌륭한 말이다."

【秩】秩祿. 爵位와 俸祿.
【去疾】展輿와의 다툼에 齊나라로 피신하였던 莒나라 공자.
【公子鉏】齊나라 公子이며 公族.
【務婁·瞀胡·公子滅明】모두 莒나라 인물들로 展輿의 일당.
【大厖·常儀靡】모두 莒나라 읍 이름. 지금의 山東 莒縣 서북쪽.
【詩】《詩經》周頌 烈文篇에 "烈文辟公, 錫玆祉福. 惠我無疆, 子孫保之. 無封靡于爾邦, 維王其崇之. 念玆戎公, 繼序其皇之. 無競維人, 四方其訓之. 不顯維德, 百辟其刑之. 於乎前王不忘"이라 하였고 大雅 抑篇에도 "無競維人, 四方其訓之. 有覺德行, 四國順之. 訏謨定命, 遠猶辰告. 敬愼威儀, 維民之則"이라 함.

㉠
晉侯有疾, 鄭伯使公孫僑如晉聘, 且問疾.
　叔向問焉, 曰:「寡君之疾病, 卜人曰『實沈·臺駘爲祟』, 史莫之知. 敢問此何神也?」
　子產曰:「昔高辛氏有二子, 伯曰閼伯, 季曰實沈, 居于曠林, 不相能也, 日尋干戈, 以相征討. 后帝不臧, 遷閼伯于商丘, 主辰. 商人是因, 故辰爲商星. 遷實沈于大夏, 主參, 唐人是因, 以服事夏·商. 其季世曰唐叔虞. 當武王邑姜方震大叔, 夢帝謂己:『余命而子曰虞, 將與之唐, 屬諸參, 而蕃育其子孫.』及生, 有文在其手曰虞, 遂以命之. 及成王滅唐, 而封大叔焉, 故參爲晉星. 由是觀之, 則實沈, 參神也. 昔金天氏有裔子曰昧, 爲玄冥師, 生允格·臺駘. 臺駘能業其官, 宣汾·洮, 障大澤, 以處大原. 帝用嘉之, 封諸汾川, 沈·姒·蓐·黃實守其祀. 今晉主汾而滅之矣. 由是觀之, 則臺駘, 汾神也. 抑此二者, 不及君身. 山川之神, 則水旱癘疫之災, 於是乎禜之; 日月星辰之神, 則雪霜風雨之不時, 於是乎禜之. 若君身, 則亦出入·飮食·哀樂之事也, 山川·星辰之神又何爲焉? 僑聞之, 君子有四時, 朝以聽政, 晝以訪問, 夕以脩令, 夜以安身. 於是乎節宣其氣, 勿使有所壅閉湫底以露其體, 玆心不爽, 而昏亂百度. 今無乃壹之, 則生疾矣. 僑又聞之, 內官不及同姓, 其生不殖. 美先盡矣, 則相生疾, 君子是以惡之. 故《志》曰:『買妾不知其姓, 則卜之.』違此二者,古之所慎也. 男女辨姓, 禮之大司也. 今君內實有四姬焉, 其無乃是也乎? 若由是二者, 弗可為也已. 四姬有省猶可, 無則必生疾矣.」

叔向曰:「善哉! 肸未之聞也, 此皆然矣.」

叔向出, 行人揮送之. 叔向問鄭故焉, 且問子晳.

對曰:「其與幾何! 無禮而好陵人, 怙富而卑其上, 弗能久矣.」

晉侯聞子產之言, 曰:「博物君子也.」

重賄之.

晉侯求醫於秦, 秦伯使醫和視之, 曰:「疾不可為也, 是謂近女, 室疾如蠱. 非鬼非食, 惑以喪志. 良臣將死, 天命不佑.」

公曰:「女不可近乎?」

對曰:「節之. 先王之樂, 所以節百事也, 故有五節; 遲速本末以相及, 中聲以降. 五降之後, 不容彈矣. 於是有煩手淫聲, 慆堙心耳, 乃忘平和, 君子弗聽也. 物亦如之. 至于煩, 乃舍也已, 無以生疾. 君子之近琴瑟, 以儀節也, 非以慆心也. 天有六氣, 降生五味, 發為五色, 徵為五聲. 淫生六疾. 六氣曰陰‧陽‧風‧雨‧晦‧明也, 分為四時, 序為五節, 過則為菑, 陰淫寒疾, 陽淫熱疾, 風淫末疾, 雨淫腹疾, 晦淫惑疾, 明淫心疾. 女, 陽物而晦時, 淫則生內熱惑蠱之疾. 今君不節‧不時, 能無及此乎?」

出, 告趙孟.

趙孟曰:「誰當良臣?」

對曰:「主是謂矣. 主相晉國, 於今八年, 晉國無亂, 諸侯無闕, 可謂良矣. 和聞之:『國之大臣, 榮其寵祿, 任其大節. 有菑禍興, 而無改焉, 必受其咎.』今君至於淫以生疾, 將不能圖恤社稷, 禍孰大焉? 主不能禦, 吾是以云也.」

趙孟曰:「何謂蠱?」

對曰:「淫溺惑亂之所生也. 於文, 皿蟲為蠱. 穀之飛亦為蠱. 在《周易》, 女惑男‧風落山謂之蠱䷑. 皆同物也.」

趙孟曰:「良醫也.」

厚其禮而歸之.

진晉 평공平公이 병이 들자 정鄭 간공簡公이 공손교公孫僑를 진나라로 보내어 빙문하면서 아울러 문병토록 하였다.

진나라 숙향叔向이 공손교에게 물었다.

"우리 임금께서 병이 나셨는데 점치는 자가 '실침實沈과 대태臺駘의 신이 빌미가 되었다'라 합니다. 그러나 사관史官도 이에 대해 알지 못합니다. 감히 묻건대 이들은 대체 어떤 신입니까?"

자산子産(公孫僑)이 설명하였다.

"옛날 고신씨高辛氏의 두 아들 중 맏이는 알백閼伯, 막내는 실침實沈이라 하였으며 이들은 광림曠林에 함께 살면서 사이가 좋지 않아 날마다 무기를 들고 싸우며 서로를 정복하는 것을 일삼았습니다. 요堯 임금께서 이들을 좋지 않게 여겨 알백을 상구商丘로 옮겨 진성辰星을 맡아 제사지내는 일을 맡겼습니다. 뒤에 상商나라가 그곳에 터를 잡아 그 때문에 진성은 상나라 별이 되었습니다. 한편 실침은 대하大夏로 옮겨 삼성參星을 맡아 제사지내는 일을 주관하도록 하였습니다. 뒤에 당唐나라가 그곳에 터를 잡아 하夏 나라와 상나라에 복종하여 그들을 섬기다가 말기에 이르러 당숙우唐叔虞가 이 땅의 군주가 되었습니다. 주나라 무왕武王의 읍강邑姜이 바야흐로 태숙大叔을 잉태하셨을 때에 꿈에 천제가 나타나 자신에게 '내 너의 아들을 우虞라 이름 짓고 장차 당나라 땅을 주어 삼성에게 속하게 하여 그 자손이 번창하게 하리라'라 하였다는 것입니다. 그리하여 아들을 낳으니 그의 손바닥 '虞'자 무늬가 있어 드디어 이를 이름으로 삼았습니다. 성왕成王이 당나라를 멸하고 태숙大叔을 봉하였습니다. 그러므로 삼성은 진晉나라를 상징하는 별이 된 것입니다. 이로 보건대 실침은 삼성의 신입니다. 한편 옛날 금천씨金天氏의 후손으로 매昧라는 이가 있어 현명사玄冥師라는 관직을 맡았었는데 윤격允格과 대태臺駘라는 두 아들을 낳았습니다. 대태가 아버지의 관직을 잘 이어 분수汾水와 조수洮水의 물을 소통시키고 대택大澤을 막아 큰 원야에 살게 되었습니다. 천자가 전욱顓頊이 훌륭하게 여겨 그를 분천汾川에 봉하였고 그 후손 침沈·사姒·욕蓐·황黃의 네 나라가 제사를 잘 지켜왔습니다. 지금은 진나라가 이곳 분수 지역을 주관하면서 이들을 멸망시켰습니다. 이로 보건대 대태는 분수의 신입니다. 생각건대 이 두 신은 임금에게 미치지 않은 것입니다. 산천의 신이라면 수해가 나고 한발이 들고 유행병이 돌아 재해가 있을 때 이들에게 제사를 올리면 되는 것이요, 일월성신의 신이라면 눈, 서리, 바람, 비가 불시에 재해를 일으킬 때 제사를 올려야 할 대상입니다. 그런데 그대 임금에게 병을 일으킨 것은 출입出入과 음식, 애락哀樂의 일로 비롯된 것이니 산천과 성신의 신이 무슨 연관이 있다는 것입니까? 제(僑)가 듣기로 군자에게는 하루에 네 때의 구분이 있어, 아침에는 정무를 듣고, 낮에는 사람들과 일을 상의하고, 저녁이면 정령을 준비하고, 밤이면 몸을 편하게 쉬어야 한다고 합니다. 그렇게 함으로써 기를 조절하고 잘 펴서 혈기가 막히거나 몸이 피로하여 쳐지거나 마음에 불쾌함이 쌓이거나 혼란함이 지나치거나 하는 일이 없도록 하는 것입니다. 임금께서는 지금 이토록 일정한 생활을 하지 않으면 병이 생기는 것입니다. 제가 다시 듣기로 여관女官의 측근은 동성同姓을 들여놓지 않아야 하는 것이니 동성 사이에서는 자손이 번창하지 못한다 하였습니다. 게다가 친애함이 극도에 이르면 서로 병이 생기는 것이니 군자는 이를 금기하는 것입니다. 그 때문에 옛 기록에 '첩을 구하면서 그의 성을 모르면 점을 친다'라 한 것입니다. 이상 두 가지를 위배하는 경우를 옛 사람들은 신중히 여겼습니다. 남녀가 성을 달리하는 것은 예에 있어서 아주 중요한 것입니다. 임금께서는 지금 궁중에 같은 성씨인 희씨姬氏가 네 명이나 있으니 바로 이 때문에 병이 난 것이 아닐까요? 만약 이 두 가지 때문이라면 그 병은 어찌 할 수가 없을 것입니다. 그 네 명의 희씨를 내보낸다면 그나마 괜찮겠지만 그렇지 않으면 틀림없이 병이 도지고 말 것입니다."

숙향이 말하였다.

"훌륭하십니다! 저(肹)는 이제껏 들어보지 못한 말씀이지만 이는 모두 그렇군요."

숙향이 나가자 행인行人 공손휘公孫揮가 그를 배웅하였다. 숙향은 휘에게 정나라 사정을 묻고 또한 자석子晳에 대하여 물었다.

공손휘가 이렇게 답하였다.

"그가 얼마나 가겠습니까! 그는 무례하면서도 남을 능멸하기 좋아하고, 부유함을 믿고 윗사람을 얕보니 오래 살 수 없을 것입니다."

한편 진 평공은 자산이 한 말을 듣고 이렇게 말하였다.
"사물에 박식한 군자로다."
그리고 그에게 많은 선물을 내렸다.

평공이 진秦나라에 의원을 보내줄 것을 요청하여 진秦 경공景公이 의사 화和를 보내어 병을 살펴보도록 하였다. 의사 화는 평공의 병을 살펴보고 나서 이렇게 말하였다.

"임금의 병은 치료할 수가 없습니다. 이는 방사房事의 일로 생긴 질환으로 고蠱와 같은 병입니다. 귀신이 붙은 것도 아니며 음식으로 인한 병도 아닙니다. 마음이 흘려 뜻을 상실하였기 때문입니다. 양신良臣이 곧 죽어가건만 하늘이 돕지 않는군요."

평공이 물었다.
"여색을 가까이 하면 안 된다는 것인가?"
의사 화가 대답하였다.

"절제하셔야 합니다. 선왕의 음악은 모든 것을 절도 있게 하기 위한 것이었습니다. 그러므로 소리에는 다섯 가지 음절이 있어 지속遲速과 본말本末로 서로 어울리게 하고 중성中聲으로 내려 화합하도록 하는 것이며 이를 다시 다섯 음계로 내린 뒤에는 다시는 더 내릴 수 없게 되는 것입니다. 그때 손으로 번잡하고 지나친 소리를 내면 음란한 마음이 들어 마음과 귀를 막게 되어 평화로움이 망각되기 때문에 군자는 그러한 음악을 듣지 않습니다. 사물도 역시 이와 같습니다. 번뇌를 일으키는 정도에 이르면 그만 두어야 질병이 생기지 않는 것입니다. 군자가 금슬을 가까이함은 그것으로써 절도를 갖추기 위한 것이지 음란한 마음을 갖기 위한 것이 아닙니다. 하늘에는 육기六氣가 있어 이것이 땅으로 내려와 오미五味를 낳게 하고, 오색五色을 발하며, 오성五聲으로 증험됩니다. 그리고 이것이 지나치면 여섯 가지 병이 생기는 것입니다. 육기는 음陰·양陽·풍風·우雨·회晦·명明입니다. 이들은 사시四時를 구분해 주고 오절五節의 순서를 잡아주되 그 도가 지나치면 재앙이 됩니다. 음이 지나치면 한질寒疾이, 양이 지나치면 열질熱疾이, 풍風이 지나치면 말질末疾이, 우가 지나치면 복질腹疾이, 회가 지나치면 혹질惑疾이, 명이 지나치면 심질心疾이 생기는 것입니다. 여자는 양을 따르는 것이므로 어두운 때에 가까이하는 것이되 지나치면 내열內熱이나 혹고惑蠱의 병이 생깁니다. 지금 임금께서는 여자를 대함에 절도도 지키지 않고, 때도 가리지 않으시니 이런 병이 들지 않을 수 있겠습니까?"

그는 군주 앞에서 물러나와 조맹趙孟에게 이를 알려주었다.

조맹은 이렇게 말하였다.

"당신이 말한 양신良臣이란 누구입니까?"

화가 대답하였다.

"그대를 두고 말한 것입니다. 그대는 진나라 재상이 되어 지금 8년이 되었는데 그 동안 이 진나라에 난리가 없었고 제후들도 빠뜨린 것이 없었으니 훌륭한 신하라 이를 수 있습니다. 저(和)가 듣기로 '나라의 대신이란 총애와 녹을 영광스럽게 여기면서 큰 정치를 맡고 있는 것이다. 그런데 재앙이 일어나고 있는데도 이를 바로잡지 않는다면 틀림없이 그 자신이 허물을 뒤집어쓰리라'라 하였습니다. 지금 임금이 지나친 여색으로 병이 나서 장차 사직을 도모할 수 없을 텐데 이보다 더 큰 재앙이 있겠습니까? 그런데도 그대는 이를 막아내지 못하니 저는 이 때문에 그렇게 말씀드린 것입니다."

조맹이 물었다.

"무엇을 고蠱라 합니까?"

화가 대답하였다.

"지나치게 탐닉하여 미혹된 착란으로 생기는 것입니다. 글자로 보면 그릇(皿)에 벌레(蟲)가 담겨 있는 것이 '고蠱'자입니다. 그리고 곡물에 날벌레가 생기는 것도 역시 '고'라 합니다. 《주역周易》에서는 여자가 남자를 홀리게 하고, 바람이 산을 떨어뜨리는 것을 일러 고(䷑)라 하였습니다. 사물은 모두 같은 것입니다."

조맹이 말하였다.

"그대는 훌륭한 의사이십니다."

그리하여 그를 후한 예로 대접하고 돌려보냈다.

【晉侯】晉 平公(彪). 당시 재위 17년째였음.
【鄭伯】鄭 簡公(嘉). 당시 재위 25년째였음.

10. 〈昭公 元年〉 2575

【公孫僑】子産. 子國(公孫成)의 아들. 子美. 鄭나라의 훌륭한 宰相이 되어 孔子가 자주 칭찬한 인물.

【叔向】晉나라 어진 대부. 羊舌肹, 자는 叔肹, 혹 叔譽라고도 부름.

【高辛氏】杜預 注에 "高辛, 帝嚳"이라 함. 五帝 중의 帝嚳.《世本》에 "黃帝生玄囂, 玄囂生僑極, 僑極生高辛, 是爲帝嚳. 帝嚳生堯"라 함.

【曠林】杜預는 지명으로 보았으나 賈逵는 넓은 광야라 하였음.

【后帝】堯 임금. 杜預 注에 "后帝, 堯也"라 함.

【商丘】지금의 河南 商丘. 襄公 9년 傳에 "陶唐氏之火正閼伯居商丘, 祀大火"라 함.

【辰】杜預 注에 "辰, 大火也"라 하였으며, 大火는 심수(心宿)에 있는 별로 商星이라고도 함. 이 별자리는 전갈자리로써 세 개의 별 중 心星이 가장 밝고 赤色을 띠고 있어 大火라 부름.

【大夏】杜預 注에 太原이라 하였으나 服虔은 "大夏在汾澮之間"이라 하여 지금의 山西 翼城縣, 隰縣, 吉縣 일대로 보았음.

【唐叔虞】여기서의 唐叔虞는 고대 殷을 섬기던 唐末의 군주로 보고 있음.

【武王】周 武王 姬發. 文王(姬昌)의 아들이며 殷紂를 멸하고 周나라를 일으킨 成王

【邑姜】武王의 后妃. 姜太公(呂望)의 딸이라 함.

【大叔】武王과 邑姜 사이에 난 아들. 周 成王(姬誦) 同母弟 叔虞. 뒤에 成王이 唐을 멸하고 그곳에 봉해져 唐叔虞라 불림.

【唐】지금의 山西 太原 일대의 작은 나라. 顧炎武는 山西 翼城縣 남쪽이라 하였음. 《史記》晉世家에 叔虞를 당에 봉하여 '唐侯'라 불렀으며 그 아들 燮父에 이르러 '晉侯'라 바꾸어 불렀음. 이 땅이 뒤에 춘추시대 晉나라가 되었으며 李淵과 李世民이 太原留守가 되었다가 천하를 통일하자 국호를 '唐'으로 삼은 것임.

【金天氏】少昊를 가리킴.《世本》에 "少昊, 黃帝之子, 名契, 字靑陽. 黃帝歿, 契立, 王以金德, 號曰金天氏"라 하였고, 杜預 注에도 "金天氏, 帝少皥"라 함.

【昧】少昊 金天氏의 후손 이름. 治水의 長을 맡음.

【玄冥師】玄冥은 治水를 맡은 관직 이름. 師는 그 우두머리. 杜預 注에 "玄冥, 水官. 昧爲水官之長"이라 함.

【允格·臺駘】玄冥師 昧의 두 아들 이름.

【宣】杜預 注에 "宣, 猶通也"라 함. 물길을 소통시킴.

【汾】汾水. 지금의 山西省을 흐르는 黃河의 큰 지류. 지금의 山西 寧武縣에서 발원하여 서남쪽 管涔山을 거쳐 동남쪽으로 太原市를 지나 新絳縣에서 남쪽으로 흐른 다음 河津縣에서 黃河와 합류함.

【洮】洮水. 지금의 山西 聞喜縣 동남쪽을 돌아 陳村峪水와 합하여 다시 涑水로 흘러드는 물 이름.

【大澤】山西 太原에 있던 큰 못. 지금은 물이 고갈되어 없어짐. 《淸一統志》에 "臺駘澤在太原府南十里, 舊爲晉水匯處, 蒲魚所鍾, 今久涸"이라 함.

【大原】넓고 큰 들을 가리킴. 넓은 땅. 杜預는 太原이라 하여 지명으로 보았으나 춘추시대에는 이곳에 '太原'의 지명이 없었음.

【帝用嘉之】여기에서의 帝를 杜預는 顓頊이라 하였음. 《世本》에 黃帝가 昌意를 낳고 昌意가 高陽을 낳았으며 이가 顓頊이라 함. 그러나 世代가 맞지 않아 孔穎達은 疏에서 "臣世多而帝世少. 史籍散亡, 無可檢勘"이라 함.

【汾川】汾水 유역 일대.

【沈·姒·蓐·黃】臺駘의 후손이 이어간 작은 나라들. 杜預 注에 "四國, 臺駘之後"라 함. 구체적으로는 알 수 없음.

【禜】'영'으로 읽으며 '營'의 뜻에서 나온 것임. 제사의 일종. 《說文》에 "設綿蕝爲營, 以禳風雨·雪霜·水旱·癘疫于日月·星辰·山川也"라 하였고, 《周禮》 春官 大祝에 "掌六祈以同鬼神示, 四曰禜"이라 함. 杜預 注에 "星辰之神, 若實沈者"라 하여 자산이 臺駘는 山川의 신이며 實沈은 星辰의 신임을 구분하여 설명한 것임.

【出入】閨房을 드나듦. 내방의 일을 뜻함.

【飮食】孔穎達 疏에 《孔子家語》를 인용하여 "飮食不時·逸勞過度者, 病共殺之"라 함.

【湫底】밑바닥에 적체되어 막힘.

【百度】모든 일의 節度.

【不殖】《國語》 晉語(4)에 "同姓不婚, 惡不殖也"라 함.

【美先盡矣】美는 친애함. 盡은 극도에 이름.

【肸】叔向. 晉나라 어진 대부. 羊舌肸, 자는 叔肸, 혹 叔譽라고도 부름.

【揮】公孫揮. 鄭나라 대부 子羽. 行人의 임무를 담당하고 있었음.

【子晳】공자 晳. 公孫黑. 公孫黑은 襄公 30년에 伯有를 친 일이 있었음. 杜預 注에 "襄三十年鄭子晳殺伯有, 背命放誕, 將爲國難. 言子且自憂此, 無爲憂令尹不反戈"라 함.

【秦伯】당시 秦나라 군주는 景公(后伯車). 재위 36년째였음.

【和】秦 경공이 파견한 의사 이름.

【室疾】房事의 일로 생긴 질환. 王闓運은 "室疾, 今言房勞也"라 함.

【蠱】'惑'과 같음. 어떤 일에 깊이 蠱惑하여 생긴 정신 질환.
【良臣將死, 天命不祐】良臣의 죽음은 趙孟(趙文子)을 두고 한 말임. 아래의 대화를 참조할 것. 병으로 身心이 정상기능을 잃어 구제할 수 없는 것은 마치 군주가 좋은 신하를 잃어 정치를 제대로 할 수가 없는데도 하늘이 돕지 않는 경우와 같다는 뜻도 들어 있음.
【天有六氣】자연을 구성하는 여섯 가지 요소. 杜預 注에 "謂陰陽, 風雨, 晦明也"라 함.
【五味】辛, 酸, 鹹, 苦, 甘의 다섯 가지 미각.
【五色】白, 靑, 黑, 赤, 黃의 다섯 가지 색깔.
【五聲】宮, 商, 角, 徵, 羽의 다섯 가지 음계.
【六疾】그 아래 제시한 寒疾, 熱疾, 末疾(팔다리 말초 신경의 손상), 腹疾, 惑疾, 心疾을 가리킴.
【五節】五行(金, 木, 水, 火, 土)의 절도.
【趙孟】趙文子. 趙武. 趙孟. 晉나라 대부. 趙朔의 아들. 趙朔과 趙莊姬 사이에 난 아들. 趙氏 집안의 가장 훌륭한 아들로 자라 뒤에 晉六卿으로 자리를 굳힘. 시호는 文子. 그 후손이 戰國시대 邯鄲을 중심으로 七雄의 하나인 趙나라로 크게 발전함.
【主】주인. 여기서는 조맹을 가리킴.
【無闕】離脫하지 않음. 떨어져 나가지 않음. 제후들이 조맹의 지휘와 통솔을 잘 따라주었음을 말함.
【蠱】원래는 눈에 보이지 않는 바이러스나 효모, 균 따위를 옛 사람들은 제대로 규명할 수 없어 이를 모두 '고'라 불렀음.
【穀之飛】곡물을 뜨게 하는 비충.《論衡》商蟲篇에 "穀蟲曰蠱, 蠱若蛾也"라 함.
【周易】《周易》18번 째 蠱卦는 山風蠱(巽下艮上)의 구성으로 "蠱: 元亨, 利涉大川; 先甲三日, 後甲三日. 象曰: 蠱, 剛上而柔下, 巽而止, 蠱. 蠱, 元亨而天下治也.「利涉大川」, 往有事也.「先甲三日, 後甲三日」, 終則有始, 天行也. 象曰: 山下有風, 蠱; 君子以振民育德. 初六, 幹父之蠱, 有子考, 无咎, 厲終吉. 象曰:「幹父之蠱」, 意承考也. 九二, 幹母之蠱, 不可貞. 象曰:「幹母之蠱」, 得中道也. 九三, 幹父之蠱, 小有悔, 无大咎. 象曰:「幹父之蠱」, 終无咎也. 六四, 裕父之蠱, 往見吝. 象曰:「裕父之蠱」, 往未得也. 六五, 幹父之蠱, 用譽. 象曰:「幹父用譽」, 承以德也. 上九, 不事王侯, 高尙其事. 象曰:「不事王侯」, 志可則也"라 함.

● **1368**(昭元-9)

葬邾悼公.

주邾 도공悼公의 장례를 치렀다.

【悼公】이름은 華.
＊無傳

● **1369**(昭元-10)

冬十有一月己酉, 楚子麇卒.

겨울 11월 기유날, 초자楚子 균麇이 죽었다.

【己酉】11월 4일.
【麇】楚나라 임금 郟敖. 이름은 熊麇. 康王(昭)의 뒤를 이어 B.C.544~541년까지 4년간 재위하고 이때에 죽음. 靈王(熊虔)이 그 뒤를 이음.《公羊傳》과《穀梁傳》에는 '卷'으로 되어 있으며《史記》楚世家에는 '員'으로 되어 있음.

(傳)
楚公子圍使公子黑肱·伯州犁城犨·櫟·郟. 鄭人懼.
子産曰:「不害. 令尹將行大事, 而先除二子也. 禍不及鄭, 何患焉?」
冬. 楚公子圍將聘于鄭, 伍擧爲介.
未出竟, 聞王有疾而還, 伍擧遂聘.
十一月己酉, 公子圍至, 入問王疾, 縊而弑之, 遂殺其二子幕及平夏.
右尹子干出奔晉, 宮廏尹子皙出奔鄭.
殺大宰伯州犁于郟, 葬王於郟. 謂之郟敖, 使赴于鄭.

伍擧問應爲後之辭焉, 對曰:「寡大夫圍.」
伍擧更之曰:「共王之子圍爲長.」
子干奔晉, 從車五乘, 叔向使與秦公子同食, 皆百人之餼.
趙文子曰:「秦公子富.」
叔向曰:「厎祿以德, 德鈞以年, 年同以尊. 公子以國, 不聞以富. 且夫以千乘去其國, 彊禦已甚.《詩》曰:『不侮鰥寡, 不畏彊禦』秦·楚, 匹也.」
使后子與子干齒, 辭曰:「鍼懼選, 楚公子不獲, 是以皆來, 亦唯命. 且臣與羈齒, 無乃不可乎? 史佚有言曰:『非羈, 何忌?』」

초楚나라 공자 위圍가 공자 흑굉黑肱과 백주리伯州犂로 하여금 주犨·역櫟·겹郟에 성을 쌓도록 하였다.

그러자 정鄭나라에서 걱정을 하였다.

자산子産이 말하였다.

"우리에게는 해가 없을 것이오. 영윤令尹(圍)은 장차 큰일을 하고자 먼저 두 사람을 제거할 거요. 그 화는 우리 정나라에게는 미치지 않을 것인데 무슨 걱정을 하오?"

겨울, 초나라 공자 위가 정나라를 예방하려 나섰을 때 오거伍擧가 부사가 되었다.

그들이 초나라 국경을 벗어나기도 전에 초왕이 병이 났다는 소식을 듣고 왕자 위는 되돌아가고 오거는 그대로 정나라를 예방하였다.

11월 기유己酉날, 공자 위는 초나라에 궁궐로 들어가 임금의 병문안을 하면서 임금을 목 졸라 죽이고 드디어 두 아들 막幕과 평하平夏도 죽였다.

이에 우윤右尹 자간子干은 진晉나라로 달아나고, 궁구윤宮廐尹 자석子晳(黑肱)은 정나라로 달아났다.

공자 위는 태재大宰 백주리를 겹郟에서 죽이고, 임금을 겹에서 장사지낸 다음 겹오郟敖라 불렀으며 사람을 정나라에 보내 그 사실을 알려왔다.

이때 정나라에 가 있던 오거가 부고를 전하러 온 사신에게 왕의 후계자를 어떻게 호칭해야 할지에 대해 묻자 그는 이렇게 대답하였다.

"과대부寡大夫 위라고 칭하면 될 것입니다."

그러나 오거는 그 말을 바꾸어서 이렇게 정나라에 고하였다.

"공왕共王의 아들 위가 가장 연장자이십니다."

초나라 자간子干이 진晉나라로 달아날 때 그가 가지고 온 수레가 다섯이었는데 숙향叔向은 망명중인 진秦나라 공자 후자后子(鍼)와 같은 등급을 주도록 하여 이는 모두가 백 명을 부양할 수 있는 것이었다.

그러자 조문자趙文子가 말하였다.

"진秦나라 공자는 부유합니다."

이에 숙향이 말하였다.

"녹을 제공하기에는 그 사람의 덕으로써 기준을 삼으며 덕이 같을 경우 나이로써 하고 나이가 같을 경우 신분에 따라 구분합니다. 공자의 경우 그 본국의 형세에 따르는 것이지 그의 부유함으로써 기준을 삼는다는 말은 듣지 못하였습니다. 게다가 수레 천 대를 이끌고 본국을 떠났던 이는 위세가 너무 강합니다. 《시》에 '홀아비도 과부도 업신여기지 않고, 위세가 강한 자라 해서 두려워할 것도 없도다'라 하였습니다. 진秦과 초楚 두 나라는 국세가 필적합니다."

그리하여 후자와 자간을 동등하게 대우하도록 하였더니 후자가 이를 이렇게 사양하는 것이었다.

"저(鍼)는 우리나라에서 두려웠고, 초나라 공자는 임금의 뜻을 얻지 못한 것으로 그리하여 모두가 이 나라로 도망쳐 온 것입니다. 그러니 이 나라의 명령을 따를 뿐입니다. 그런데 이미 신하가 된 저와 나그네로 온 그를 동등하게 대우를 한다면 이는 잘못된 것이 아니겠습니까? 사일史佚이 한 말에 '나그네가 아니면 그 누구를 공경하리오?'라 하였습니다."

【公子圍】楚 共王(審)의 아들이며 康王(昭)의 아우. 이름은 熊虔. 당시 令尹이었으며 郟敖를 시해하고 靈王이 되어 B.C.540~529년까지 12년간 재위함.

【黑肱】楚나라 공자 子晳. 公子圍의 아우이며 共王의 아들. 宮廏尹의 벼슬을 맡고 있었음. 당시 黑肱이란 이름은 '팔뚝이 검다'의 뜻으로 宋(公孫黑肱), 魯(成公) 등 여러 나라 公子가 있어 일반적이고 유행했던 이름으로 보임.

【伯州犂】당시 초나라 太宰. 원래 晉나라 伯宗의 아들. 成公 15년에 楚나라로 망명하여 楚나라에서 실력을 키워 태재에 오름.

【犫‧櫟‧郟】《彙纂》에 "犫, 今河南魯山縣東南五十里有犫縣故城; 櫟, 今河南禹縣; 郟, 今河南郟縣"이라 함. 이 세 읍은 원래 정나라 영토였지만 이때는 초나라가 소유하고 있었음. 정나라와 가까워 그 때문에 정나라에서 두려워한 것임.

【子産】公孫僑. 子國(公孫成)의 아들. 子美. 鄭나라의 훌륭한 宰相이 되어 孔子가 자주 칭찬한 인물.

【伍擧】楚나라 대부. 伍奢의 아버지이며 伍子胥의 할아버지. 椒擧라고도 부름. 〈孫叔敖碑〉에는 '五擧'로 되어 있음.

【縊】'絞'와 같음. 줄이나 끈으로 목을 졸라 죽임. 《韓非子》姦劫弑臣篇에 "因入問病, 以其冠纓絞王而殺之"라 하였고 《戰國策》楚策(4)에도 같음.

【幕‧平夏】楚王 郟敖의 두 아들.

【右尹】楚나라 관직 이름. 令尹 아래의 직책.

【子干】楚나라 公子 比. 이름은 訾敖. 共王(審)의 아들이며 康王(昭)과 靈王(圍)의 아우.

【宮廐尹】궁궐 마구간을 담당하는 직책의 우두머리.

【郟敖】熊麇은 B.C.544~541년까지 4년이나 재위하였지만 諡號를 받지 못하고 郟敖라 불렸으며 이는 葬地의 지명을 넣어 부른 것으로 보임. 《史記》楚世家에 의하면 '敖'자를 칭호로 쓴 왕은 若敖(熊儀), 霄敖(熊坎), 杜敖(堵敖), 郟敖(熊麇) 등 넷이나 있음. '敖'는 馬融과 鄭玄은 '獒'와 같으며 이는 초나라 방언으로 '酋長'의 뜻이라 하였으며 顧頡剛은 '丘陵'의 뜻이라 하였음.

【寡大夫】다른 나라에 사신으로 갔을 때 자신 故國의 왕을 '寡君', 大夫를 '寡大夫'라 불렀음. 여기서는 伍擧가 사신으로서 鄭나라에게 公子 圍를 칭할 때 어떻게 불러야 할 것인지를 故國에서 訃告를 알리러 온 사신에게 질문한 것임.

【叔向】晉나라 어진 대부. 羊舌肸, 자는 叔肸, 혹 叔譽라고도 부름.

【秦公子】秦나라에서 망명해 와 있던 겸(鍼). 秦 桓公(榮)의 아들이며 景公의 아우. '后子'로도 부름. 앞 장을 참조할 것.

【百人之餼】《國語》晉語(8)에 "大國之卿, 一旅之田; 上大夫, 一卒之田. 夫二公子者, 上大夫也, 皆一卒可也"라 하였고, 韋昭 注에 "上大夫一命, 百人爲卒, 爲田百畝"라 함.

【趙文子】晉나라 大夫 趙武.

【厎】杜預 注에 "厎, 致也"라 함.

【彊禦】뻣뻣함. '彊梁'과 같음. 위세가 당당하여 복종시키기 어려움.

【詩】《詩經》大雅 烝民篇에 "亦有言, 柔則茹之, 剛則吐之. 維仲山甫, 柔亦不茹, 剛亦不吐, 不侮矜寡, 不畏彊禦. 人亦有言, 德輶如毛, 民鮮克舉之. 我儀圖之, 維仲山甫舉之, 愛莫助之. 袞職有闕, 維仲山甫補之"라 함.
【齒】對等함. 똑같이 竝列로 대우함.
【羈】'羈'와 같음. 羈旅之臣(羈旅之客)의 줄인 말.
【忌】杜預 注에 "忌, 敬也. 欲謙以自別"이라 함.

㊅

楚靈王卽位, 薳罷爲令尹, 薳啓彊爲大宰.
鄭游吉如楚葬郟敖, 且聘立君.
歸, 謂子産曰:「具行器矣. 楚王汏侈, 而自說其事, 必合諸侯, 吾往無日矣.」
子産曰:「不數年未能也.」

초楚 영왕靈王이 즉위하여 위피薳罷가 영윤令尹, 위계강薳啓彊이 태재大宰가 되었다.
정鄭나라 유길游吉이 초나라에 가서 겹오郟敖의 장례에 참석하고, 새로 즉위한 임금을 빙문하였다.
그리고 돌아가 자산子産에게 이렇게 말하였다.
"서둘러 행장을 갖추십시오. 초왕은 너무 거만하여 자신이 일을 맡아 하기를 좋아합니다. 틀림없이 제후들을 모을 것이니 우리가 가야 할 날이 머지않았습니다."
그러자 자산이 말하였다.
"몇 해가 지나기 전까지는 제후들을 모을 수 없을 것이오."

【靈王】郟敖를 弑害하고 왕위에 오른 公子 圍. 이름은 熊虔. 杜預 注에 "靈王, 公子圍也. 卽位易名熊虔"이라 함. B.C.540~529년까지 12년간 재위하고 平王 (熊居)이 그 뒤를 이음. 원래 이듬해가 원년이나 郟敖가 죽어 당시 이미 왕으로 업무를 처리하여 여기에서 거론한 것임.

【蔿罷】'위피'로 읽음. '蔿'는 '蔦'와 같음. 子蕩. 이때에 楚나라 令尹에 오름.
【蔿啓彊】楚나라 대부. 이때에 太宰에 오름.
【游吉】子大叔. 鄭나라 대부. '大叔'은 '太叔'과 같음. 游販의 아우. '世叔'으로도 불리며 公孫蠆의 아들.
【子産】公孫僑. 子國(公孫成)의 아들. 子美. 鄭나라의 훌륭한 宰相이 되어 孔子가 자주 칭찬한 인물.
【汏侈】'汏'는 '汰'와 같음. '驕'의 뜻.
【自說其事】스스로 모든 일을 주재하기를 좋아함. 제후들을 모아 자신이 패자가 되고자 함을 말함.
【不數年未能也】杜預 注에 "爲四年會申傳"이라 함.

傳
十二月, 晉旣烝, 趙孟適南陽, 將會孟子餘.
甲辰朔, 烝于溫; 庚戌, 卒.
鄭伯如晉弔, 及雍乃復.

12월에 진晉나라가 증제烝祭를 지내자 조맹趙孟은 남양南陽으로 가서 맹자여孟子餘의 사당에서 조상들에게 자신도 제사를 올리려 하였다.
갑진甲辰날 초하루, 온溫 사당에서 증제를 지내고, 경술庚戌날에 세상을 떠났다.
정鄭 간공簡公이 진나라에 가서 조맹을 조문하러 나섰다가 옹雍까지 갔다가 되돌아왔다.

【烝】겨울 제사. 杜預 注에 "烝, 冬祭也"라 함.
【趙孟】趙文子. 趙武. 晉나라 대부. 趙朔의 아들. 趙朔과 趙莊姬 사이에 난 아들. 趙氏 집안의 가장 훌륭한 아들로 자라 뒤에 晉六卿으로 자리를 굳힘. 시호는 文子. 그 후손이 戰國시대 邯鄲을 중심으로 七雄의 하나인 趙나라로 크게 발전함.
【會】'禬'와 같음. 제사의 일종. 국가에서의 '烝祭'와 같이 가문에서 지내는 겨울 제사.《說文》에 "禬, 會福祭也"라 함.

【孟子餘】趙衰의 자. 杜預 注에 "孟子餘, 趙衰. 趙武之曾祖"라 함. 그의 사당이 南陽 溫縣에 있었음.
【南陽·溫】南陽은 지금의 河南 濟源. 溫은 南陽에 속한 읍으로 지금의 河南 溫縣. 趙衰의 사당이 있었음.
【庚戌】12월 7일.
【鄭伯】鄭 簡公(嘉).
【雍】지금의 河南 修武縣.
【復】杜預 注에 "弔趙氏, 蓋趙氏辭之而還"이라 함.

❊ 1370(昭元-11)

楚公子比出奔晉.

초楚나라 공자 비比가 진晉나라로 달아났다.

【楚】원래 이 글자는 없으나 〈校勘記〉와 〈金澤文庫〉본에 의해 넣음.
【公子比】子干. 楚나라 公子. 이름은 訾敖. 共王(審)의 아들이며 康王(昭)과 靈王(圍)의 아우. 靈王이 들어서자 위험을 느껴 진나라로 망명함.

183. 昭公 2年(B.C.540) 辛酉

周	景王(姬貴) 5년	齊	景公(杵臼) 8년	晉	平公(彪) 18년	衛	襄公(惡) 4년
蔡	靈公(般) 3년	鄭	簡公(嘉) 26년	曹	武公(滕) 15년	陳	哀公(溺) 29년
杞	文公(益姑) 10년	宋	平公(成) 36년	秦	景公(后伯車) 37년	楚	靈王(虔) 원년
吳	夷末 4년	許	悼公(買) 7년				

✤ 1371(昭2-1)

二年春, 晉侯使韓起來聘.

2년 봄, 진후晉侯가 한기韓起를 우리에게 보내어 예방토록 하였다.

【晉侯】당시 晉나라 군주는 平公(彪)으로 재위 18년째였음.
【韓起】韓宣子. 晉나라 대부. 韓厥의 아들이며 韓無忌의 아우. 시호는 宣子. 그들 후손이 春秋末 晉六卿이었으며 戰國시대 三晉의 하나이며 戰國七雄인 韓나라로 발전함.

傳

二年春, 晉侯使韓宣子來聘, 且告爲政, 而來見, 禮也.
觀書於大史氏, 見《易》·《象》與《魯春秋》, 曰:「周禮盡在魯矣, 吾乃今知周公之德與周之所以王也.」

公享之, 季武子賦〈緜〉之卒章, 韓子賦〈角弓〉.
季武子拜, 曰:「敢拜子之彌縫敝邑, 寡君有望矣.」
武子賦〈節〉之卒章.
旣享, 宴于季氏.
有嘉樹焉, 宣子譽之.
武子曰:「宿敢不封殖此樹? 以無忘〈角弓〉.」
遂賦〈甘棠〉.
宣子曰:「起不堪也, 無以及召公.」
宣子遂如齊納幣. 見子雅.
子雅召子旗, 使見宣子.
宣子曰:「非保家之主也, 不臣.」
見子尾. 子尾見彊, 宣子謂之如子旗.
大夫多笑之, 唯晏子信之, 曰:「夫子, 君子也. 君子有信, 其有以知之矣.」
自齊聘於衛, 衛侯享之.
北宮文子賦淇澳, 宣子賦〈木瓜〉.

2년 봄, 진晉 평공平公이 한선자韓宣子를 보내어 예방하면서 아울러 그가 정치를 맡게 되었음을 알리도록 하였다. 그가 와서 임금을 뵌 것은 예에 맞는 일이었다.

그는 태사씨大史氏를 통해 《역易》과 《상象》, 그리고 《노춘추魯春秋》를 보고 이렇게 말하였다.

"주周나라의 예禮가 모두 이 노魯나라에 그대로 남아있군요. 내 이제야 주공周公의 덕과 주나라가 천자의 나라인 까닭을 알게 되었습니다."

소공昭公이 향연을 베풀어 계무자季武子가 〈면緜〉편 마지막 장을 읊자 한선자는 〈각궁角弓〉편을 읊었다.

계무자가 절을 하며 말하였다.

"그대가 우리의 잘못을 보살펴 주시니 감사드립니다. 우리 임금께서는 희망을 갖게 되었습니다."

그리고 계무자는 〈절節〉편 마지막 장을 읊었다.

이윽고 향연이 끝나고 다시 계무자의 집에서 잔치가 열렸다.

그의 집에는 좋은 나무가 있었는데 한선자는 이를 칭찬하였다.

그러자 계무자가 말하였다.

"제(宿)가 감히 이 나무를 잘 기르지 않을 수 있겠습니까? 그리하여 〈각궁角弓〉편의 시를 잊지 않도록 하겠습니다."

그리고는 〈감당甘棠〉편을 읊자 한선자가 말하였다.

"저(起)는 그 시를 감당할 수 없습니다. 저는 소공召公께 미치지 못합니다."

한선자는 곧 제齊나라로 가서 납폐納幣를 하고 나서 자아子雅를 만났다. 자아는 아들 자기子旗를 불러 한선자를 뵙게 하였다.

선자가 다른 사람에게 이렇게 평하였다.

"그는 가문을 잘 지킬 분이 아닐뿐더러 신하 노릇도 제대로 못할 것입니다."

다시 자미子尾를 만나자 자미 역시 자신의 아들 자강子彊을 불러 그를 뵙게 하였다. 선자는 그도 역시 자기에게 하였던 말과 똑같은 평을 하였다.

많은 대부들이 모두 웃었지만 안자晏子만은 홀로 한선자의 말을 믿으며 이렇게 말하였다.

"그분은 군자이다. 군자에게는 신의가 있으니 그는 무엇인가 알기에 그렇게 말한 것이리라."

선자가 제나라를 떠나 위衛나라를 예방하자 위 양공襄公이 향연을 베풀었다.

이에 북궁문자北宮文子가 〈기욱淇燠〉편을 읊자 선자는 〈목과木瓜〉편을 읊었다.

【韓宣子】韓起. 晉나라 대부. 韓厥의 아들이며 韓無忌의 아우. 시호는 宣子. 魯 昭公의 즉위를 축하함과 아울러 趙武가 죽어 韓起가 晉나라 정치를 맡게 된 것을 아울러 통고하기 위한 것이었음.

【禮】杜預 注에 "代趙武爲政, 雖盟主, 而脩好同盟, 故曰禮"라 함.

【大史氏】太史氏. 문헌을 담당하는 관리.

【易】《周易》은 당시 公子가 아직 완전히 정리하지 않은 상태로 고대 三易, 즉

《歸藏易》,《連山易》,《周易》중《周易》을 가리킴. 64괘와 卦辭 爻辭가 周初에 이루어졌으며 十翼은 공자에 의해 초보적인 정리가 된 것으로 보아 한기가 본 것은 괘사와 효사까지일 것으로 여김.

【象】《象魏》를 가리키는 것으로 봄.《象魏》는《象闕》,《魏闕》, 혹《觀》이라고도 하며 줄여서《象》이라고도 함. 주나라 때 궁문에 높이 걸어 널리 알렸던 法令들. 이를 모은 것이며 그 자료를 본 것으로 여김.

【魯春秋】魯나라 역사 기록의 簡策 자료들. 孔子의《春秋》는 이를 근거로 작성된 것임.《孟子》離婁(河)에 '魯之春秋'라 하여 '春秋'는 역사책을 의미하는 뜻으로 쓰였음.

【周公】周나라 문물제도를 '周禮'라 하며 이는 거의 周公(姬旦)에 의해 모습이 갖추어진 것으로 알려져 있음. 그 때문에 韓起가 周公을 거론한 것임.

【季武子】季孫宿. 魯나라 대부. 季孫行父의 아들.《國語》에는 '季孫夙'으로 되어 있음.

【緜】《詩經》大雅 緜篇 마지막 9장에 "虞芮質厥成, 文王蹶厥生. 予曰有疏附, 予曰有先後, 予曰有奔奏, 予曰有禦侮"라 하여 周 文王에게 네 사람의 어진 신하가 있어 잘 보좌하였다는 것을 칭송하고 있음. 계무자는 이 시를 읊어 晉나라 군주와 韓宣子를 비유하여 칭찬한 것임.

【角弓】《詩經》小雅 角弓篇에 "騂騂角弓, 翩其反矣. 兄弟昏姻, 無胥遠矣. 爾之遠矣, 民胥然矣. 爾之敎矣, 民胥傚矣. 此令兄弟, 綽綽有裕. 不令兄弟, 交相爲瘉. 民之無良, 相怨一方. 受爵不讓, 至于已斯亡. 老馬反爲駒, 不顧其後. 如食宜饇, 如酌孔取. 毋敎猱升木, 如塗塗附. 君子有徽猷, 小人與屬. 雨雪瀌瀌, 見晛曰消. 莫肯下遺, 式居婁驕. 雨雪浮浮, 見晛曰流. 如蠻如髦, 我是用憂"라 함. 角弓은 뿔로 꾸민 아름다운 활로 이 시에서는 형제가 사이좋게 협력함을 말하고 있음.

【彌縫】모자란 것을 기워 보충해 줌. 杜預 注에 "彌縫猶補合也. 謂以兄弟之義"라 함.

【節】《詩經》小雅 節南山을 줄인 말. 그 마지막 장(10)에 "家父作誦, 以究王訩. 式訛爾心, 以畜萬邦"이라 하여 어진 대부가 周王을 잘 보필하였음을 말하고 있음. 季武子는 이 시로써 韓宣子가 진나라 군주를 잘 보필하여 제후들을 이끌기를 바란다는 뜻을 표현한 것임. 杜預 注에 "卒章取「式訛爾心, 以畜萬邦」, 以言晉德可以畜萬邦"이라 함.

【封殖】흙을 잘 북돋워 나무를 잘 기름.

【甘棠】《詩經》召南 甘棠篇에 "蔽芾甘棠, 勿翦勿伐, 召伯所茇. 蔽芾甘棠, 勿翦勿敗, 召伯所憩. 蔽芾甘棠, 勿翦勿拜, 召伯所說"이라 하여 어질었던 召伯(姬奭.

본문의 召公)의 덕을 칭송하고 있음. 계무자가 이 시를 읊어 한선자를 소백과 같이 어진 사람이라고 칭찬하여 자신의 나무를 한선자를 위한 기념으로 하여 하겠다고 하자 한선자가 소백에 비유함을 감당할 수 없다고 한 것임. 杜預 注에 "召伯息於甘棠之下, 詩人思之, 而愛其樹. 武子欲封殖嘉樹如甘棠, 以宣子比召公"이라 함.

【納幣】杜預 注에 "爲平公聘少姜"이라 하여 少姜을 맞이하기 위한 納幣였음을 알 수 있음.

【子雅】齊나라 대부 公孫竈. 齊 惠公의 손자이며 公子 欒堅의 아들. 襄公 28년을 볼 것.

【子旗】齊나라 公孫竈의 아들. 欒施. 杜預 注에 "子旗, 子雅之子"라 함.

【子尾】齊나라 대부 公孫蠆. 齊 惠公의 손자이며 公子 高祈(祈高)의 아들. 鄭나라에도 公孫蠆(子蟜)가 있으며 이는 同名異人임. 襄公 28년을 볼 것.

【子彊】子尾(公孫蠆)의 아들. 이들 子旗와 子彊 두 사람은 韓宣子가 말한 대로 昭公 10년에 내란을 일으킴. 杜預 注에 "爲十年齊欒施·高彊來奔張本"이라 함.

【晏子】晏嬰. 齊나라의 유명한 재상. 자는 平仲. 晏弱(晏桓子)의 아들. 그의 언행을 모아 편찬한 《晏子春秋》가 널리 알려져 있으며 司馬遷은 《史記》 管晏列傳에 그의 전기를 실어 높이 평가하고 있음.

【衛侯】衛 襄公. 獻公(衎)의 아들이며 이름은 惡. B.C.543~535년까지 9년간 재위하였으며 靈公(元)에게 이어짐.

【北宮文子】衛나라 대부. 北宮佗. 北宮括. 자가 '佗'였음.

【淇澳】'기욱'으로 읽음. 《詩經》 衛風 淇澳篇에 "瞻彼淇澳, 綠竹猗猗. 有匪君子, 如切如磋, 如琢如磨. 瑟兮僩兮, 赫兮咺兮. 有匪君子, 終不可諼兮. 瞻彼淇澳, 綠竹靑靑. 有匪君子, 充耳琇瑩, 會弁如星. 瑟兮僩兮, 赫兮咺兮. 有匪君子, 終不可諼兮. 瞻彼淇澳, 綠竹如簀. 有匪君子, 如金如錫, 如圭如璧. 寬兮綽兮, 猗重較兮. 善戱謔兮, 不爲虐兮"라 하여 이 시는 衛 武公을 찬미한 것으로 북궁문자는 한선자가 무공과 같은 덕을 지녔음을 칭찬한 것임. 杜預 注에 "淇澳, 美武公也. 言宣子有武公之德"이라 함.

【木瓜】《詩經》 衛風 木瓜篇에 "投我以木瓜, 報之以瓊琚. 匪報也, 永以爲好也. 投我以木桃, 報之以瓊瑤. 匪報也, 永以爲好也. 投我以木李, 報之以瓊玖. 匪報也, 永以爲好也"라 하여 남녀가 서로 친함을 노래한 것으로 한선자는 이로써 晉과 衛 두 나라가 서로 화목하기를 원하며 후한 보상을 해 줄 것임을 표현한 것임. 杜預 注에 "木瓜亦衛風. 義取於欲厚報以爲好"라 함.

傳

夏四月, 韓須如齊逆女.
齊陳無宇送女, 致少姜.
少姜有寵於晉侯, 晉侯謂之少齊.
謂陳無宇非卿, 執諸中都.
少姜爲之請, 曰:「送從逆班. 畏大國也, 猶有所易, 是以亂作.」

여름 4월, 진晉나라 한수韓須가 제齊나라에 가서 공녀公女를 맞이하였다.

제나라 진무우陳無宇가 공녀를 호송하여 소강少姜을 진나라 궁궐로 들여보냈다.

소강은 평공의 총애를 받아 평공은 그를 소제少齊라 불렀다.

그런데 진무우는 제나라 경卿이 아니라는 이유로 그를 잡아 중도中都에 가두었다.

소강이 그를 풀어줄 것을 청하며 이렇게 말하였다.

"호송하는 자는 맞이하러 나오는 자와 신분이 동등하여야 합니다. 대국 진나라의 예에 벗어날까 두려워 오히려 경이 아닌 신분으로 바꾸었던 것입니다. 그 때문에 예를 어지럽히게 된 것입니다."

【韓須】진나라 대부 韓起(韓宣子)의 아들. 시호는 《史記》韓世家에는 '貞子'로, 〈索隱〉에는 《世本》을 인용하여 '平子'로, 《說苑》敬愼篇에도 '平子'로, 《漢書》古今人表에는 '悼子'로 나오는 등 여러 가지로 나타남.
【陳無宇】齊나라 대부. 陳桓子. 陳完(田完, 敬仲)의 玄孫. 陳文子(陳須無)의 아들.
【送女】護送함. 다음의 '致少姜'의 '致'는 '궁궐까지 호송하여 들여보내다'의 뜻.
【少姜】齊나라 출신으로 平公의 姬妾이 된 여인으로 얼마 뒤 겨울에 죽음. 齊 莊公 嫡夫人 소생이 아닌가 함. 그러나 平公의 正夫人이 된 것은 아님. 平公이 그를 총애하여 '少齊'라 하여 姓氏를 부르지 않고 나라 이름을 부른 것은 지극히 총애함을 표현한 것임.
【非卿】桓公 3년 傳에 "凡公女嫁于敵國, 姊妹則上卿送之, 以禮於先君; 公子, 則下卿送之. 於大國, 雖公子, 亦上卿送之"라 하여 卿이 아닌 陳無宇가 少姜을 호송해 온 것은 예에 맞지 않다고 본 것임.

【中都】지금의 河南 沁陽縣 동남쪽. 江永은 "按《一統志》, 中都城有二, 一在介休東北五十里, 一在楡次縣東十五里, 俱云晉執陳無宇於此.《水經注》沁水篇云:「光溝水逕中都亭南, 又南逕中都亭西, 注於沁水」地在野王縣, 今河南沁陽縣東南, 中都應在此, 正當由齊適晉必經之地"라 함.
【送從逆班】少姜을 맞이하러 나간 韓須가 卿이 아니었으므로 齊나라에서도 卿이 아닌 陳無宇를 보냈던 것이라 간곡하게 설명한 것임.

❈ 1372(昭2-2)

夏, 叔弓如晉.

여름, 노나라 숙궁叔弓이 진晉나라에 갔다.

【叔弓】魯나라 대부. 叔老(子叔齊子)의 아들. 시호는 敬子.

㊁
叔弓聘于晉, 報宣子也.
晉侯使郊勞, 辭曰:「寡君使弓來繼舊好, 固曰『女無敢爲賓』, 徹命於執事, 敝邑弘矣, 敢辱郊使? 請辭.」
致館, 辭曰:「寡君命下臣來繼舊好, 好合使成, 臣之祿也. 敢辱大館!」
叔向曰:「子叔子知禮哉! 吾聞之曰:『忠信, 禮之器也; 卑讓, 禮之宗也.』辭不忘國, 忠信也; 先國後己, 卑讓也.《詩》曰:『敬愼威儀, 以近有德.』夫子近德矣.」

숙궁叔弓이 선자宣子가 노나라를 예방하였던 일에 보답하고자 진晉나라를 예방하러 가게 되었다.
진晉 평공平公이 사람을 교외에 보내어 숙궁을 위로하도록 하자 숙궁은 이렇게 사양하였다.

"우리 임금께서는 저(弓)를 보내어 두 나라의 우호관계를 잇도록 하면서 '네가 감히 손님 대접을 받아서는 안 된다'라고 당부하셨습니다. 집사에게 명령을 내려주시면 우리나라로서는 큰 복이 될 것입니다. 어찌 감히 욕되게 교외에까지 나오도록 할 수 있겠습니까? 청컨대 사양합니다."

그가 숙소에 이르자 이렇게 사양하였다.

"우리 임금께서 저에게 두 나라 예부터의 우호를 이어서 잘 성취시키도록 명하셨습니다. 우호관계가 잘 성사되도록 하면 이것이 저의 복입니다. 감히 욕되게 이렇게 큰 숙소를 묵게 하시니 사양합니다!"

숙향叔向이 말하였다.

"자숙의 아들은 예를 아는구나! 내 듣기로 '충신忠信은 예의 그릇이며, 비양卑讓은 예의 기본'이라 하였다. 사양하면서 자신의 나라를 잊지 않았으니 그것은 충신이며, 나라를 먼저 하고 자신을 뒤로 하였으니 이는 비양이다. 《시》에 '위의를 공경히 하고 신중히 하니 유덕한 사람에 가깝도다'라 하였다. 그분은 유덕한 사람에 가까운 인물이다."

【叔弓】魯나라 大夫. 叔老(子叔齊子)의 아들. 시호는 敬子.
【宣子】韓宣子. 晉나라 大夫. 韓起. 앞서 魯나라를 예방하여 그 때문에 叔弓이 報聘에 나선 것임.
【徹】杜預 注에 "徹 達也"라 함.
【叔向】晉나라 어진 大夫. 羊舌肸, 자는 叔肸. 혹 叔譽라고도 부름.
【先國後己】杜預 注에 "始稱敝邑之弘, 先國也; 次稱臣之祿, 後己也"라 함.
【詩】《詩經》大雅 民勞篇에 "民亦勞止, 汔可小息. 惠此京師, 以綏四國. 無縱詭隨, 以謹罔極. 式遏寇虐, 無俾作慝. 敬愼威儀, 以近有德"이라 함. 楊伯峻의 注에 '生民篇'이라 하였으나 이는 오류임.

✸ 1373(昭2-3)

秋, 鄭殺其大夫公孫黑.

가을, 정鄭나라가 대부 공손흑公孫黑을 죽였다.

【公孫黑】子晳. 鄭나라 대부. 公孫黑은 襄公 30년에 伯有를 친 일이 있었음. 杜預 注에 "襄三十年鄭子晳殺伯有, 背命放誕, 將爲國難. 言子且自憂此, 無爲憂令尹不反戈"라 함.

㊁

秋, 鄭公孫黑將作亂, 欲去游氏而代其位, 傷疾作而不果.
駟氏與諸大夫欲殺之.
子產在鄙, 聞之, 懼弗及, 乘遽而至.
使吏數之, 曰:「伯有之亂, 以大國之事, 而未爾討也. 爾有亂心無厭, 國不女堪. 專伐伯有, 而罪一也; 昆弟爭室, 而罪二也; 薰隧之盟, 女矯君位, 而罪三也. 有死罪三, 何以堪之? 不速死, 大刑將至.」
再拜稽首, 辭曰:「死在朝夕, 無助天爲虐.」
子產曰:「人誰不死? 凶人不終, 命也. 作凶事, 爲凶人. 不助天, 其助凶人乎!」
請以印爲褚師.
子產曰:「印也若才, 君將任之; 不才, 將朝夕從女. 女罪之不恤, 而又何請焉? 不速死, 司寇將至.」
七月戊寅, 縊.
尸諸周氏之衢, 加木焉.

가을, 정鄭나라 공손흑公孫黑이 난을 일으켜 유씨游氏를 없애고 자신이 대신 그 자리를 차지하고자 하였지만 옛날 입은 상처가 도져 뜻을 이루지 못하였다.

그러자 사씨駟氏와 대부들이 그를 죽이려 하였다.

그때 자산子產은 시골에 있다가 이 소식을 듣고 미처 도읍에 이르지 못할까 걱정하여 급히 역마차를 타고 달려갔다.

그리고 관리로 하여금 공손흑을 이렇게 따지도록 하였다.

"백유伯有의 난동 때에는 대국들 일로 인해 미처 너를 치죄治罪하지 않았었다. 너는 나라를 어지럽힐 마음이 한이 없으니 나라는 너를 더 이상 감당할 수가 없다. 네 마음대로 백유를 쳤던 것은 너의 첫 번째 죄이고, 형제끼리 여자를 두고 다툰 것은 너의 두 번째 죄이며, 훈수薰隧의 맹약에서 임금께서 정해주신 네 신분을 속였던 것은 세 번째 죄이다. 죽을죄가 세 가지나 있으니 나라인들 어찌 그냥 둘 수 있겠느냐? 네가 어서 죽지 않는다면 대형大刑이 장차 이르게 될 것이다."

그러자 공손흑은 재배하고 머리를 조아리며 이렇게 핑계를 대었다.

"조석간에 저의 죽음이 닥치겠지요. 하늘을 도와 저를 더 괴롭히지 말아 주십시오."

자산이 말하였다.

"사람이라면 누군들 죽지 않겠는가? 흉한 사람은 제 명에 죽지 못한다. 흉한 짓을 하면 흉한 사람이 된다. 하늘을 돕지도 못하면서 흉한 사람을 도우라는 것인가!"

그러자 공손흑은 자신의 아들 인印에게 저사褚師라는 관직에 임명해 줄 것을 청하였다.

자산이 말하였다.

"인이 만약 재능이 있다면 임금께서 장차 임용하실 것이다. 그러나 재능이 없다면 조만간에 너의 뒤를 따를 것이다. 너의 죄는 뉘우치지도 못하면서 어찌 그러한 청을 하는가? 어서 죽지 않으면 사구司寇가 너에게 이를 것이다."

7월 임인날, 공손흑은 목을 매어 죽었다.

이에 그의 시신을 주씨周氏 큰 거리에 내놓고 그의 죄목을 기록한 판자를 그 위에 얹어놓았다.

【公孫黑】공자 晳. 子晳. 公孫黑은 襄公 30년에 伯有를 친 일이 있었음. 杜預 注에 "襄三十年鄭子晳殺伯有, 背命放誕, 將爲國難. 言子且自憂此, 無爲憂令尹不反戈"라 함.

【游氏】游吉을 가리킴. 游吉(子大叔)은 游氏의 宗主로 그를 없애 유씨 집안을 멸하고자 한 것임.
【傷疾作】지난해 子南에게 입은 상처가 도짐.
【駟氏】원래 公孫黑의 일족이었으나 公孫黑을 반대하여 미워하였음.
【子産】公孫僑. 子國(公孫成)의 아들. 子美. 鄭나라의 훌륭한 宰相이 되어 孔子가 자주 칭찬한 인물.
【遽】傳車. 驛馬車. 驛站 사이를 연결하여 말을 바꾸어 빨리 갈 수 있도록 하는 수레.
【數】죄나 과오를 따짐. 杜預 注에 "數, 責數其罪"라 함.
【伯有之亂】襄公 30년 참조. 伯有(良霄)가 公孫黑의 공격을 받은 사건.
【大國之事】杜預 注에 "務共大國之命, 不暇治女罪"라 함.
【昆弟爭室】徐吾犯의 여동생을 두고 다툰 일. 昭公 元年을 볼 것.
【薰隧之盟】昭公 원년 6월을 볼 것.
【大刑】사형.
【無助天爲虐】자신은 그렇지 않아도 상처의 통증이 심하여 곧 죽을 것인데 하늘의 벌에 더하여 더욱 괴롭게 하지 말라는 뜻.
【不終】'不得善終'과 같음.
【印】公孫黑(子晳)의 아들.
【褚師】市場 商人을 관리하는 직책. 市官.
【壬寅】7월 초하루.
【周氏之衢】桓公 15년과 僖公 33년에 '周氏之汪'이라 하여 같은 곳으로 보임. 큰 거리 이름.
【加木焉】杜預 注에 "書其罪於木, 以加尸上"이라 함.

※ 1374(昭2-4)

冬, 公如晉, 至河乃復.

겨울, 소공이 진晉나라로 가다가 하수河水 근처에 이르러서 이에 되돌아왔다.

【復】杜預 注에 "弔少姜也, 晉人辭之, 故還"이라 함. 少姜이 죽어 그에게 조문을 가려하였으나 晉나라에서 正夫人이 아닌 姬妾의 죽음이라 하여 조문을 사양함. 그 때문에 도중에서 돌아온 것임.

* 1375(昭2-5)

季孫叔如晉.

계손숙季孫宿이 진晉나라로 갔다.

【季孫宿】季武子. 魯나라 대부. 季孫行父의 아들.《國語》에는 '季孫夙'으로 되어 있음.
【如晉】杜預 注에 "致禭服也. 公實以秋行, 冬還乃書"라 함.

㊀
晉少姜卒.
公如晉, 及河, 晉侯使士文伯來辭, 曰:「非伉儷也, 請君無辱.」
公還.
季孫宿遂致服焉.
叔向言陳無宇於晉侯曰:「彼何罪? 君使公族逆之, 齊使上大夫送之, 猶曰不共, 君求以貪. 國則不共, 而執其使. 君刑已頗, 何以爲盟主? 且少姜有辭.」
冬十月, 陳無宇歸.

진晉나라 소강少姜이 세상을 떠났다.
노 소공昭公이 진나라로 가다가 황하黃河에 이르렀을 때, 진晉 경공景公이 사문백士文伯을 소공에게 보내어 이렇게 사양하도록 하였다.

"항려伉儷가 아니니 청컨대 임금께서 욕되게 오시지 마십시오."

그리하여 소공은 되돌아 온 것이다.

함께 가던 계손숙季孫叔은 그대로 진나라로 가서 수의襚衣를 바쳤다.

숙향叔向이 제齊나라 진무우陳無宇의 문제를 평공에게 말하였다.

"그에게 무슨 죄가 있습니까? 임금께서 공족대부에게 소강을 맞아 오도록 하셨기에 제나라에서도 그에 맞는 상대부 진무우로 하여금 소강을 호송하도록 한 것입니다. 그런데도 공경스럽지 못하다고 여기셨으니 임금의 요구는 지나쳤던 것입니다. 제나라가 불공스러운 경우를 저질렀다고 그 사신을 잡아 가두었으니 임금의 형벌은 치우친 것입니다. 그렇게 하고 어찌 맹주노릇을 할 수 있겠습니까? 게다가 소강도 용서해 줄 것을 말한 적이 있습니다."

겨울 10월, 진무우가 제나라로 돌아가게 되었다.

【少姜】 晉 平公이 齊나라로부터 맞이한 여인. 姬妾. 이때 晉나라 韓須가 맞으러 갔으며 齊나라에서는 陳無宇가 호송하였음. 그러나 平公은 진무우가 호송해 온 것은 신분의 격이 예에 맞지 않다고 여겨 진무우를 中都에 잡아 가두었음.
【士文伯】 士匄. 晉나라 대부. 范匄. 伯瑕. 范文子(士燮)의 아들. 시호는 宣子. 范宣子로도 불림. '匄'는 '丐'로도 표기하며 음은 '古害反' '개'로 읽음.
【伉儷】 정실 配匹. 正夫人. 소강은 평공의 姬妾이었음. 姬妾의 죽음에 비록 盟主의 나라라 해도 다른 제후 임금이 조문을 올 필요는 없음.
【致服】 杜預 注에 "致少姜之襚服"이라 함. 公孫宿은 되돌아오지 않고 준비한 襚衣(壽衣)를 가지고 가서 임무를 다함.
【叔向】 晉나라 어진 대부. 羊舌肸. 자는 叔肸, 혹 叔譽라고도 부름.
【陳無宇】 齊나라 대부. 陳桓子. 陳完(田完, 敬仲)의 玄孫. 陳文子(陳須無)의 아들. 당시 平公에 의해 中都에 잡혀 있었음.
【公族】 公族大夫. 당시 韓須는 공족대부였음.
【不共】 '共'은 '恭'과 같음.
【少姜有辭】 4월 傳에 "少姜爲之請, 曰:「送從逆班. 畏大國也, 猶有所易, 是以亂作.」"이라 한 설명을 말함.
【陳無宇歸】 杜預 注에 "晉侯赦之"라 함.

㊀
十一月, 鄭印段如晉弔.

　11월에 정鄭나라 인단印段이 진晉나라로 가서 소강少姜의 죽음에 조문을 하였다.

【印段】鄭나라 대부. 자는 子石(伯石). 諡號는 獻子.
【弔】杜預 注에 "弔少姜"이라 함.

184. 昭公 3年(B.C.539) 壬戌

周	景王(姬貴) 6년	齊	景公(杵臼) 9년	晉	平公(彪) 19년	衛	襄公(惡) 5년
蔡	靈公(般) 4년	鄭	簡公(嘉) 27년	曹	武公(勝) 16년	陳	哀公(溺) 30년
杞	文公(益姑) 11년	宋	平公(成) 37년	秦	景公(后伯車) 38년	楚	靈王(虔) 2년
吳	夷末 5년	許	悼公(買) 8년				

㊅

三年春王正月, 鄭游吉如晉, 送少姜之葬.

梁丙與張趯見之, 梁丙曰:「甚矣哉, 子之爲此來也!」

子大叔曰:「將得已乎! 昔文・襄之霸也, 其務不煩諸侯, 今諸侯三歲而聘, 五歲而朝, 有事而會, 不協而盟. 君薨, 大夫弔, 卿共葬事; 夫人, 士弔, 大夫送葬. 足以昭禮・命事・謀闕而已, 無加命矣. 今嬖寵之喪, 不敢擇位, 而數於守適, 唯懼獲戾, 豈敢憚煩? 少姜有寵而死, 齊必繼室. 今茲吾又將來賀, 不唯此行也.」

張趯曰:「善哉, 吾得聞此數也! 然自今吾子其無事矣. 譬如火焉, 火中, 寒暑乃退. 此其極也, 能無退乎? 晉將失諸侯, 諸侯求煩不獲.」

二大夫退, 子大叔告人曰:「張趯有知, 其猶在君子之後乎!」

3년 봄 정월, 정鄭나라 유길游吉이 진晉나라에 가 소강少姜의 장례식에 참석하였다.

양병梁丙과 장적張趯이 유길을 만나자 양병이 이렇게 말하였다.

"지나치십니다. 그대가 여기에 오신 것은!"

자태숙子大叔(游吉)이 말하였다.

"그만 둘 수가 있겠습니까! 옛날 진晉 문공文公과 양공襄公께서 패자였을 때에는 제후들을 번거롭게 하지 않으셔서 3년에 한 번 사신이 빙례를 올리고 5년에 한 번 제후가 직접 찾아와 조례를 하였으며 유사시에만 회담을 열되 협력하지 않으면 맹약을 맺었습니다. 군주가 훙거하면 대부가 조문을 하였고, 경이 장례식에 참여하였으며, 부인이 돌아가시면 사士가 조문하고 대부들이 장례에 참가하였습니다. 이로써 족히 예의를 밝히고 일을 명하여 빠뜨림이 없이 모책을 세우면 그뿐으로 따로 다른 명령이 추가함이 없었습니다. 그런데 지금은 폐총嬖寵의 상에도 감히 신분을 택하여 보낼 수 없고 임금의 정부인의 경우와 똑같이 예물을 바치면서도 오직 죄를 얻을까 두려워하고 있으니 어찌 감히 번거롭다고 여겨 꺼릴 수 있겠습니까? 소강은 총애를 받다가 죽었으니 제나라에서는 틀림없이 그의 계실繼室을 보낼 것입니다. 그러면 저는 금년에 다시 와서 축하를 드려야 할 것이니 이번에 온 것만으로 끝나지는 것이 아닙니다."

장적이 말하였다.

"훌륭합니다. 내 이렇게 예에 관한 몇 가지 일을 들을 수 있다니! 그러나 이후로는 그대에게 그런 일은 없을 것입니다. 비유컨대 대화성大火星이 화중火中에 있으니 한서寒暑가 물러날 것입니다. 지금 우리는 극도로 국세를 떨치고 있지만 앞으로 쇠퇴하지 않을 수 있겠습니까? 진나라가 장차 제후들을 잃게 되면 제후들을 번거롭게 하고 싶어도 그렇게 할 수 없게 될 것입니다."

두 대부가 물러나자 자태숙은 수행원에게 이렇게 말하였다.

"장적은 앞날을 아는 사람이다. 그는 과연 군자의 뒤를 이을 사람이다."

【子大叔】游吉. 鄭나라 대부. '大叔'은 '太叔'과 같음. 游販의 아우. '世叔'으로도 불리며 公孫蠆의 아들.

【梁丙】晉나라 대부.

【張趯】晉나라 대부.

【甚矣哉】'姬姓 신분인 少姜의 죽음에 그대가 卿의 신분으로 晉나라까지 온 것은 過禮임'을 말한 것. 杜預 注에 "卿共妾葬, 過禮甚"이라 함.
【文·襄】晉 文公(重耳)과 襄公(驩). 이들이 재위하였을 때 晉나라가 패자였음.
【聘·朝】'聘'은 3년에 한 번 盟主에게 사신을 보내어 예방하는 것. '朝'는 제후의 군주가 5년마다 직접 맹주를 찾아뵙는 朝禮. 그러나 昭公 13년 傳 叔向이 말한 "是故明王之制, 使諸侯歲聘以志業, 間朝以講禮, 再朝而會以示威, 再會而盟以顯昭明. 志業於好, 講禮於等, 示威於衆, 昭明於神. 自古以來, 未之或失也" 것과는 다름.
【大夫送葬】30년 傳에 游吉이 말한 "先王之制, 諸侯之喪, 士弔, 大夫送葬"이라 하여 약간 다름.
【不敢擇位】죽은 사람의 신분에 따라 조문하고 그 장례식에 참석할 사람의 신분을 분별해야 하는데도 패자라고 해서 관례적인 예의를 무시하고 따지지 않음.
【守適】임금의 정부인. 適配 궁궐을 내실을 지키는 우두머리라는 뜻으로 군주의 정실부인을 가리킴.
【火中】'火'는 大火星. 心宿(전갈자리)의 두 번째 별. 季夏의 저녁 未方(南南西)의 한가운데에 위치하면 더위가 물러가고 또 季冬의 저녁에 未方의 한가운데에 위치하게 되면 추위가 물러남.
【猶在君子之後乎】군자의 대열에 들어갈 수 있다고 칭찬한 말. 여기서 君子는 大夫를 뜻하며 대부의 반열에 오를 사람이라는 뜻.

❋ 1376(昭3-1)

三年春王正月丁未, 滕子原卒.

3년 봄 주력 정월 정미날, 등자滕子 원原이 죽었다.

【丁未】정월 9일.
【滕子原】滕 成公의 이름. 文公의 아들.《公羊傳》에는 '原'이 '泉'으로 되어 있음. 滕은 周 文王의 아들 叔繡가 받았던 封國. 侯爵이었으며 지금의 山東 滕縣 일대. 戰國시대 齊나라에게 망함.

㊅

丁未, 滕子原卒.
同盟, 故書名.

정미날, 등滕나라 군주 원原이 세상을 떠났다.
등나라는 노나라와 동맹국이었으므로 경經에 그의 이름을 기록한 것이다.

【同盟】魯 桓公 2년에 비로소 滕子가 노나라에 찾아온 이래 莊公 16년 幽盟, 襄公 5년 戚盟, 9년 戲盟, 11년 亳城盟, 19년 杞柯盟, 20년 澶淵盟, 25년 重丘盟 등에 참여하여 동맹국이 됨.

㊅

齊侯使晏嬰請繼室於晉, 曰: 「寡君使嬰曰: 『寡人願事君朝夕不倦, 將奉質幣以無失時, 則國家多難, 是以不獲. 不腆先君之適以備內官, 焜燿寡人之望, 則又無祿, 早世隕命, 寡人失望. 君若不忘先君之好, 惠顧齊國, 辱收寡人, 徼福於大公·丁公, 照臨敝邑, 鎭撫其社稷, 則猶有先君之適及遺姑姊妹若而人. 君若不棄敝邑, 而辱使董振擇之, 以備嬪嬙, 寡人之望也.』」
韓宣子使叔向對曰: 「寡君之願也. 寡君不能獨任其社稷之事, 未有伉儷, 在縗絰之中, 是以未敢請. 君有辱命, 惠莫大焉. 若惠顧敝邑, 撫有晉國, 賜之內主, 豈唯寡君, 擧羣臣實受其貺, 其自唐叔以下實寵嘉之.」
旣成昏, 晏子受禮, 叔向從之宴, 相與語.
叔向曰: 「齊其何如?」
晏子曰: 「此季世也, 吾弗知齊其爲陳氏矣. 公棄其民, 而歸於陳氏. 齊舊四量, 豆·區·釜·鍾. 四升爲豆, 各自其四, 以登於釜. 釜十則鍾. 陳氏三量皆登一焉, 鍾乃大矣. 以家量貸, 而以公量收之. 山木如市, 弗加於山; 魚·鹽·蜃·蛤, 弗加於海. 民參其力, 二入於公, 而衣食其一. 公聚朽蠹, 而三老凍餒, 國之諸市, 屨賤踊貴. 民人痛疾, 而或燠休之. 其愛之如父母, 而歸之如流水. 欲無獲民, 將焉辟之? 箕伯·直柄·虞遂·伯戲, 其相胡公·大姬已在齊矣.」

叔向曰:「然. 雖吾公室, 今亦季世也. 戎馬不駕, 卿無軍行, 公乘無人, 卒列無長. 庶民罷敝, 而宮室滋侈; 道殣相望, 而女富溢尤. 民聞公命, 如逃寇讎. 欒·郤·胥·原·狐·續·慶·伯降在皂隸, 政在家門, 民無所依. 君日不悛, 以樂慆憂. 公室之卑, 其何日之有?〈讒鼎之銘〉曰:『昧旦丕顯, 後世猶怠』, 況日不悛, 其能久乎?」

晏子曰:「子將若何?」

叔向曰:「晉之公族盡矣. 肸聞之:『公室將卑, 其宗族枝葉先落, 則公室從之.』肸之宗十一族, 唯羊舌氏在而已. 肸又無子, 公室無度, 幸而得死, 豈其獲祀?」

初, 景公欲更晏子之宅, 曰:「子之宅近市, 湫隘囂塵, 不可以居, 請更諸爽塏者.」

辭曰:「君之先臣容焉, 臣不足以嗣之, 於臣侈矣. 且小人近市, 朝夕得所求, 小人之利也, 敢煩里旅?」

公笑曰:「子近市, 識貴賤乎?」

對曰:「既利之, 敢不識乎?」

公曰:「何貴? 何賤?」

於是景公繁於刑, 有鬻踊者, 故對曰:「踊貴, 屨賤.」

既已告於君, 故與叔向語而稱之.

景公為是省於刑.

君子曰:「仁人之言, 其利博哉! 晏子一言, 而齊侯省刑.《詩》曰『君子如祉, 亂庶遄已』, 其是之謂乎!」

及晏子如晉, 公更其宅. 反, 則成矣.

既拜, 乃毀之, 而為里室, 皆如其舊, 則使宅人反之, 曰:「諺曰:『非宅是卜, 唯鄰是卜.』二三子先卜鄰矣. 違卜不祥. 君子不犯非禮, 小人不犯不祥, 古之制也. 吾敢違諸乎?」

卒復其舊宅, 公弗許; 因陳桓子以請, 乃許之.

제齊 경공景公이 안영晏嬰을 진晉나라에 보내어 계실을 받아줄 것을 요청하도록 하였다. 이에 안영이 이렇게 말하였다.

"우리 임금께서 저(嬰)로 하여금 '과인은 그대를 조석으로 게으름 없이 잘 섬기고자 합니다. 장차 선물을 받들고 시기를 놓치지 않고 찾아뵈려 하였으나 마침 나라에 어려운 일이 많아 이 까닭으로 뜻을 얻지 못하였습니다. 모자란 저의 선군 정실 딸이 그대의 내관內官이 되어 저의 희망을 훤히 밝혀 주기를 기대하였으나 복이 없어 일찍 죽어 과인을 실망시켰습니다. 임금께서 만약 선대부터의 우호관계를 잊지 않으시어 우리 제나라를 돌아보시어 과인을 거두어 주시며 저의 조상 태공太公과 정공丁公께 복을 빌 수 있도록 하시고, 우리나라를 살피고 우리 사직을 안정시켜주실 생각이시라면 우리나라에는 아직도 선군의 정실 딸과 선군의 자매로 몇 사람이 있습니다. 군주께서 만약 우리를 버리지 않으실 것이라면 신중하게 살펴보시고 택하여 빈장嬪嬙으로 갖추어 주시기를 과인은 희망하고 있습니다'라고 전해 주도록 하였습니다."

한선자가 숙향叔向을 보내어 이렇게 답하도록 하였다.

"이는 우리 임금께서 바라던 바입니다. 우리 임금께서는 홀로 사직의 일을 감당할 수가 없는 터에 아직 짝도 없습니다. 지금 초상을 치르는 중이어서 그 때문에 미처 감히 요청을 드리지 못한 것입니다. 그런데 귀국의 군주께서 명령을 주셨으니 이보다 더 큰 은혜가 없습니다. 만약 우리를 돌아보시어 우리 진나라를 편안케 하여, 우리에게 내주內主를 내려주신다면 이것이 어찌 우리 군주만이 은혜를 입는 것이겠습니까? 실로 이 나라 모든 신하가 그 은혜를 받는 것이니 이는 우리 선조 당숙우唐叔虞 이하 모두가 은총을 입어 찬양할 일입니다."

그리하여 혼사가 이루어지자 안영이 연회를 받게 되었으며 숙향이 이를 따라 주연이 되어 서로 말을 나누게 되었다.

숙향이 물었다.

"제나라 사정은 어떻습니까?"

안영이 대답하였다.

"제나라는 말세입니다. 저는 모든 것을 잘 알지는 못하지만 앞으로 제나라는 진씨陳氏의 세상이 될 것입니다. 지금 임금은 백성들을 버리고 있어 민심이 진씨에게로 귀속되고 있습니다. 우리 제나라는 예로부터 곡식을 재는 단위가 두豆·구區·부釜·종鍾 등 네 가지가 있습니다. 넉 되(升)가 1두, 4두가 1구, 4구가 1부, 10부가 1종鍾이 됩니다. 그런데 세 가지 단위에 각기 하나씩을 더 하여 1종의 양은 국가 지정보다 크게 되었습니다. 그리하여 자신의 집에서 쓰는 단위로 곡물을 꾸어주었다가 받을 때에는 공식 단위로 받습니다. 그런가 하면 산에서 베어내어 시장에 파는 땔감은 산에서 받는 가격에 덧붙이지 않고, 물고기·소금·큰 조개·작은 조개 등도 바다에서 잡을 때 드는 비용 이상을 받지 않습니다. 그런데 백성들은 자신이 참가한 노동의 대가로 받은 것 중 둘은 나라에 바치고 남은 하나로 자신의 의식을 해결합니다. 이렇게 나라에서는 모아들여 물건이 썩어가고 좀이 쏠고 있건만 나라의 삼로三老 같은 어른들조차 얼어 죽고 주려 죽고 있습니다. 그럼에도 나라의 시장에서 파는 신발은 일반 신보다 죄수용 신발이 더 비쌉니다. 백성들이 이렇게 고통을 당하고 있을 때 혹 누군가가 그들을 불쌍히 여겨 '오휴'하고 위로해 준다면 백성들은 그를 부모처럼 여길 것이며 그에게 귀의하기를 마치 물이 낮은 곳으로 흘러드는 것과 같을 것입니다. 그러니 백성들로 하여금 자신을 따르지 않도록 하고자 한들 장차 그들이 피해가겠습니까? 진씨의 먼 선조 기백箕伯·직병直柄·우수虞遂·백희伯戲의 신령들이 호공胡公과 대희大姬를 이미 제나라에서 따라다니며 돕고 있는 것입니다."

그러자 숙향이 말하였다.

"그렇군요. 비록 우리 공실이라 해도 지금 역시 말세입니다. 융마戎馬에 말이 매이지 못하고, 경卿들은 부릴 군사가 없고, 공公들은 전차를 조종할 무사가 정해져 있지 않고, 병졸들에게는 그들을 이끌어 줄 지도가 없습니다. 서민들은 피로에 지쳐있건만 궁실은 갈수록 사치를 부립니다. 길에는 굶어 죽은 시신이 서로를 바라볼 정도이건만 딸을 시집보낸 집은 부유함이 날이 갈수록 더합니다. 백성들이 임금의 명령이라는 말을 듣기만 해도 마치 도적 피하듯이 달아나고 있습니다. 난씨欒氏·극씨郤氏·서씨胥氏·원씨原氏·호씨狐氏·속씨續氏·경씨慶氏·백씨伯氏 들은 모두 몰락하여 조례

皂隷의 노비로 강등되었고 정치는 사사로운 가문에서 나오고 있어 백성들은 의지할 곳이 없습니다. 그렇건만 임금은 뉘우침이 없이 유흥으로 근심을 달래고 있습니다. 공실의 위력이 이토록 낮아져 있으니 어찌 시간이 남아있겠습니까? 〈참정讒鼎〉의 명문銘文에 '어두운 새벽부터 덕을 닦기에 힘써 크게 빛이 날지라도, 그 후손에 가서는 오히려 게을러지게 마련이다'라 하였습니다. 그런데 하물며 하루도 잘못을 고치려 하지 않는데 어찌 오래 갈 수 있겠습니까?"

안자가 물었다.

"그대는 앞으로 어찌하실 것입니까?"

숙향이 말하였다.

"진나라 공족公族은 이미 갈 데까지 갔습니다. 제(肹)가 듣기로 '공실이 장차 약해짐에는 그 공족의 가지와 잎이 먼저 지게 되며 그렇게 되고나서 공실이 그 뒤를 따르는 법'이라 하였습니다. 저의 가문 종족은 열하나의 씨족이었지만 지금은 오직 양설씨羊舌氏만이 남아 있을 뿐입니다. 저에게는 아들조차 없고 게다가 공실이 무도하니 다행히 제 명대로 살다 죽으면 그뿐, 어찌 제사를 받아먹기를 기대하겠습니까?"

당초, 제 경공景公이 안영의 집을 바꾸어 주고자 이렇게 말하였다.

"그대의 집은 시장과 가깝고, 습기가 차고 좁으며 시끄럽고 먼지가 많아 살 수가 없습니다. 청컨대 쾌적하고 높고 습기가 없는 곳으로 바꾸어 주겠습니다."

안영은 이렇게 사양하였다.

"군주의 신하였던 제 부친께서 살던 곳입니다. 제가 그분의 뒤를 잇기에도 부족한데 저에게는 과분합니다. 게다가 소인은 시장이 가까워 아침 저녁으로 구하는 것을 얻을 수 있어 소인으로서는 편리한 곳입니다. 감히 이 일로 다른 사람들을 번거롭게 하실 필요가 있겠습니까?"

경공이 웃으며 말하였다.

"그대는 시장 가까이 살고 있으니 물건 값의 비싸고 싼 것을 아십니까?"

안자가 대답하였다.

"시장 가까이 살아 이미 이익을 얻고 있는데 어찌 모르고 있겠습니까?"

경공이 말하였다.

"그렇다면 무엇이 비싸며 무엇이 쌉니까?"

당시 경공은 형벌을 남용하여 발목이 잘린 자의 의족 신발이 팔리고 있었다. 그 때문에 안자는 이렇게 대답하였다.

"의족 신발이 비싸고 보통 신발은 쌉니다."

이처럼 그는 이전에 이미 그러한 사실을 고하였었으며 그 때문에 숙향에게 그 말을 전하였던 것이다.

경공은 안영의 이 말로 형벌을 줄이게 되었다.

군자가 말하였다.

"어진 사람의 말은 그 이로움이 넓도다! 안자의 말 한마디에 제 경공이 형벌을 줄였다. 《시》에 '군자가 사람들을 즐겁게 하니 나라의 혼란은 급히 사라지리라'라 하였으니 바로 이런 것을 두고 한 말이리라!"

안영이 진나라에 갔을 때 경공은 결국 그 집을 새로 지어 그가 제나라로 돌아왔을 때는 그 집이 다 완성되었다.

그는 배례를 한 다음 그 집을 헐어 마을 사람들의 집으로 만들어 그 집을 짓기 전처럼 다시 되돌려 놓았다. 그리고 전에 살던 집주인들을 돌아가 살게 하며 이렇게 말하였다.

"속담에 '집을 두고 살기를 점치는 것이 아니라 어떤 이웃이 있는가를 두고 점쳐 살 곳을 정한다'라 하였습니다. 그대들은 먼저 이웃을 점쳐 이제껏 살아왔습니다. 그런데 그런 기준을 위배한다는 것은 상서롭지 못한 것입니다. 군자는 예에 어긋난 짓을 범하지 않고 소인은 상서롭지 못한 일을 범하지 않아야 하는 것이 예로부터의 법도입니다. 내 감히 이런 것들을 범하겠습니까?"

그리고 마침내 옛 살던 집으로 다시 들어가려 하였으나 경공이 허락하지 않았다. 이에 진환자陳桓子를 통해 요청하여 허락을 얻어내었다.

【諸侯】 齊 景公(杵臼). 당시 晏子가 재상으로서 그를 모시고 있었음.

【晏嬰】 晏子. 齊나라의 유명한 재상. 자는 平仲. 晏弱(晏桓子)의 아들. 그의 언행을 모아 편찬한 《晏子春秋》가 널리 알려져 있으며 司馬遷은 《史記》 管晏列傳에 그의 전기를 실어 높이 평가하고 있음. 이곳의 고사는 《晏子春秋》에도 실려 있음.

【繼室】晉 平公의 姬妾 少姜(少姜)가 죽자 齊나라에서 그 계실을 보내어 盟主 晉나라와 우호관계를 지속하고자 한 것임. 杜預 注에 "復以女繼少姜"이라 함.
【質幣】선물. 예물.
【不腆】당시 習語로 사용하던 겸사. 넉넉하지 못함. 충분하지 못함.
【先君之適】혹 少姜은 齊 莊公 嫡夫人 소생이 아닌가 함.
【內官】궁중의 여인. 平公의 婦妾으로 삼아줄 것을 희망한 것. 齊나라에서 겸사로 표현한 것.
【焜燿】'혼요'로 읽으며 영광스럽게 해줌.
【大公·丁公】太公은 姜太公, 즉 呂尙으로 齊나라의 시조. 丁公은 齊나라의 제2대 군주.
【若而人】若干의 사람이 있음.
【董振】'董'은 '正', '振'은 '整'의 뜻. 정리하여 따짐.
【嬪嬙】天子나 諸侯의 姬妾. 內官과 같음.
【韓宣子】韓起. 晉나라 대부. 韓厥의 아들이며 韓無忌의 아우. 시호는 宣子.
【叔向】晉나라 어진 대부. 羊舌肸, 자는 叔肸, 혹 叔譽라고도 부름.
【縗絰】'衰絰'로도 쓰며 상복을 의미함. 여기서는 少姜의 喪中임을 말함.
【內主】안주인. 여기에서는 군주의 아내를 말함.
【唐叔】唐叔虞. 周 成王의 아우로써 唐에 봉해졌으며 뒤에 晉나라 공실의 시조가 됨. 杜預 注에 "唐叔, 晉之祖"라 함.
【受禮】晏子가 제나라에 와서 賓禮의 잔치를 받게 됨. 杜預 注에 "受賓享之禮"라 함.
【季世】末世. 末代. 곧 끝이 나게 되는 말기. 衰微之世. 姜氏의 齊나라가 陳氏에게로 넘어갈 것이라는 뜻. 뒤에 姜氏齊는 뒤에 陳氏가 성을 田氏로 바꾸어 陳氏齊(田氏齊)가 되어 戰國시대를 맞게 됨. 이를 晏子가 미리 예견한 것으로 뒤에 정리된 것임.
【四量】곡물을 재는 단위가 넷이었음. 杜預 注에 "四豆爲區, 區, 斗六升. 四區爲釜, 釜, 六斗四升. 登, 成也"라 함. 그러나《周禮》考工記 鄭玄 注에는 "四升曰豆, 四豆曰區, 四區曰䥫, 䥫十曰鍾"이라 함. '䥫'는 '釜'와 같음.
【家量·公量】家量은 陳氏 집에서 쓰는 큰 度量器. 公量은 공식적인 작은 量器. 杜預 注에 "厚貸而收薄"이라 함.
【三老】널리 대우를 받아야 할 노인들을 말함. 杜預 注에는 "三老謂上壽, 中壽, 下壽, 皆八十已上"이라 하였고 孔穎達 疏에는 "三老者, 工老, 商老, 農老"라 함. 그러나 원래 천자가 경륜과 행정경험을 갖춘 이들 중 치사한 노인들을 대우하는 대상이었음.《禮記》樂記에 "食三老五更於大學"이라 하였고 〈文王世子篇〉

에는 "遂設三老五更, 羣老之席位焉"이라 하였으며 鄭玄 注에 "三老五更各一人, 年老更事致仕者也. 天子以父兄養之, 示天下之孝悌也"라 함.

【屨賤踊貴】'屨'는 베나 가죽으로 만든 일반인의 신발. '踊'은 다리를 잘린 형벌을 받은 이가 신는 가죽신, 혹은 나무로 만든 신. 혹은 의족이라고도 함. 여기서는 그러한 형벌을 받은 자가 많음을 비유한 것이라 함.

【燠休】杜預 注에 "燠休, 痛念之聲"이라 하였고, 服虔은 "燠休, 痛其痛而念之, 若今時小兒痛, 父母以口就之曰'噢休', 代其痛也"라 하여 아이가 통증을 호소할 때 부모가 입을 대고 '호'하고 불어주며 통증을 대신하는 것과 같은 것이라 하였음. 그러나 진씨가 백성을 불쌍히 여겨 후하게 救恤함을 뜻하는 것으로 보기도 함.

【箕伯·直柄·虞遂·伯戲】杜預 注에 "四人皆舜後, 陳氏之先"이라 함. 陳氏는 陳完(田完)이 陳나라에서 齊나라로 옮겨 세력을 키운 집안으로 陳나라는 舜의 후손이 봉을 받았으며 뒤에 이들은 齊나라에서 성을 田氏로 바꾸었음.

【胡公·大姬】胡公은 周 文王의 딸 大姬의 남편으로 陳 땅에 봉해져 陳氏의 선조가 되었음. 杜預 注에 "胡公, 四人之後, 周時封陳之祖; 大姬, 其妃也. 言陳氏雖爲人臣, 然將有國, 其先祖鬼神已與胡公共在齊"라 함. 한편 '相'은 孔穎達 疏에는 服虔의 說을 인용하여 "相, 隨也"라 함.

【女富溢尤】딸을 시집보내어 총애를 받을 경우 그 집은 더욱 부유해짐. 杜預 注에 "女, 嬖寵之家"라 함.

【欒·郤·胥·原·狐·續·慶·伯】이들 여덟 씨족은 그 선조들이 卿이나 大夫를 지내었으며 모두가 姬姓들이었음. 欒枝, 郤缺, 胥臣, 先軫(原軫), 狐偃은 卿이었으며 續簡伯, 慶鄭, 伯宗은 모두 대부들이었으나 그 후손들은 지금 몰락하였음을 말함.

【皁隸】奴隸. 고대 노복들은 검은 머리띠를 두르거나 검은 옷을 입어 '皁'라 한 것임.

【悁憂】근심을 시간으로 때움. 《詩經》 唐風 蟋蟀 "日月其悁"의 毛傳에 "悁, 寡也"라 함.

【讒鼎之銘】고대 鼎의 하나로 원래 魯나라에 있었으며 거기에 명문을 새겨 넣었음. 《韓非子》說林(上)에 齊나라가 魯나라를 쳐서 이를 차지함. 《呂氏春秋》審己篇과 《新序》節士篇에는 '岑鼎'으로 되어 있음.

【昧旦】아주 이른 새벽. 매우 근면함을 뜻함.

【丕顯】크게 드러남.

【羊舌】원래는 食邑의 이름. 叔向의 씨족.

【豈其獲祀】자식이 없어 제사를 받지 못함. 이상의 내용은 《晏子春秋》 內篇 問下에도 실려 있음.

【湫隘囂塵】'湫'는 下濕. '隘'는 狹小, '囂'는 喧鬧, '塵'은 塵埃. 아주 열악한 환경임을 말함.
【爽塏】'爽'은 明亮, 밝고 환함. '塏'는 高燥의 뜻.
【里旅】이웃의 다른 사람들. 선물. 다른 기록에는 '里人'으로 되어 있음.
【詩】《詩經》小雅 巧言篇에 "亂之初生, 僭始旣涵. 亂之又生, 君子信讒. 君子如怒, 亂庶遄沮. 君子如祉, 亂庶遄已"라 함.
【陳桓子】陳無宇. 齊나라 대부. 陳桓子는 陳完(田完, 敬仲)의 玄孫. 陳文子(陳須無)의 아들. 당시의 실권자. 참고로 이상의 이야기는 《晏子春秋》內篇 雜下에도 실려 있음.

㊂

夏四月, 鄭伯如晉, 公孫段相, 甚敬而卑, 禮無違者.
晉侯嘉焉, 授之以策, 曰:「子豐有勞於晉國, 余聞而弗忘. 賜女州田, 以胙乃舊勳.」
伯石再拜稽首, 受策以出.
君子曰:「禮, 其人之急也乎! 伯石之汏也, 一爲禮於晉, 猶荷其祿, 況以禮終始乎!《詩》曰:『人而無禮, 胡不遄死?』, 其是之謂乎!」
初, 州縣, 欒豹之邑也.
及欒氏亡, 范宣子·趙文子·韓宣子皆欲之.
文子曰:「溫, 吾縣也.」
二宣子曰:「自郤稱以別, 三傳矣. 晉之別縣不唯州, 誰獲治之?」
文子病之, 乃舍之.
二宣子曰:「吾不可以正議而自與也.」
皆舍之.
及文子爲政, 趙獲曰:「可以取州矣.」
文子曰:「退! 二子之言, 義也. 違義, 禍也. 余不能治余縣, 又焉用州, 其以徼禍也? 君子曰:『弗知實難.』知而弗從, 禍莫大焉. 有言州必死!」
豐氏故主韓氏, 伯石之獲州也, 韓宣子爲之請之, 爲其復取之之故.

여름 4월, 정鄭 간공簡公이 진晉나라에 가면서 공손단公孫段이 보좌가 되었는데 그의 태도가 아주 공경스러웠고 겸손하여 예에 어긋남이 없었다.

진晉 평공平公이 그를 훌륭히 여겨 그에게 이렇게 글을 써서 주었다.

"그대 아버지 자풍子豐은 우리 진나라에 세운 공로가 있었으며 나는 이를 듣고 잊지 않고 있다. 그대에게 주州 땅을 주어 그의 옛 공훈에 보답하노라."

백석伯石(公孫段)은 재배하고 머리를 조아리며 그 글을 받고 나왔다.

군자가 말하였다.

"예는 사람이 급히 서둘러야 할 중요한 것이다! 백석은 교만하였지만 진나라에 이 한 번의 예로써 오히려 그러한 녹을 받았는데 하물며 언제나 예로써 하는 사람이랴! 《시》에 '사람으로서 예가 없으면 어찌 일찍 죽지도 않는고?'라 하였으니 이를 두고 한 말이리라!"

당초 주현州縣은 난표欒豹의 채邑이었다.

난씨가 망하고 범선자范宣子·조문자趙文子·한선자韓宣子 세 사람이 모두 그 땅을 갖고 싶어 하였다.

이에 조문자가 말하였다.

"온溫 땅은 나의 고을입니다."

그러자 범선자와 한선자도 말하였다.

"극칭郤稱이 두 땅을 나눈 이래 이 땅은 세 집안을 거쳐 전해 내려왔습니다. 진나라에서 한 고을이 나누어진 것은 이곳 주현만이 아니었는데 누가 옛 소유를 주장하여 가질 수 있겠습니까?"

조문자는 도리어 이것이 화근이 될 것을 염려하여 포기해버렸다.

그러자 두 선자도 역시 이렇게 말하였다.

"우리가 옳다고 논의를 해 놓고 스스로 그 땅을 차지할 수는 없습니다."

그리하여 모두가 그 땅을 포기하였다.

뒤에 조문자가 정권을 잡게 되자 그 아들 조획趙獲이 말하였다.

"이제는 우리가 주 땅을 차지할 수 있습니다."

그러자 조문자가 말하였다.

"물러가라! 두 분의 말씀이 옳다. 옳은 것을 위배하면 화가 생긴다. 나는 내가 차지한 고을도 제대로 다스리지 못하고 있는데 어찌 다시 주 땅까지 차지하여 재앙을 초래하겠느냐? 군자가 '알지 못하면 난을 당한다'라 하였다. 그런데 알면서 바른 길을 따르지 않으면 그때의 재앙은 그보다 더 큰 것이 없게 된다. 다시 주 땅을 입에 올렸다가는 틀림없이 죽음을 당할 것이다."

풍씨가 한씨의 집에 머물게 되어 백석이 주 땅을 얻게 된 것은 한선자가 그를 위해 임금에게 요청하였기 때문이었으며 이는 한선자가 그 땅을 나중에 다시 갖고자 할 의도에서 비롯된 것이었다.

【鄭伯】鄭 簡公(嘉). 재위 27년째였음.
【公孫段】伯石. 鄭나라 대부. 子豐의 아들. 자는 子石. 매우 거만한 인물이었으나 晉나라 방문 때 예를 지켜 晉 平公으로부터 致賀와 함께 州縣 땅을 받음.
【晉侯】晉 景公(彪). 재위 19년째였음.
【策】杜預 注에 "賜命之書"라 함.
【子豐】鄭 穆公의 아들. 伯石(公孫段)의 아버지. 鄭 僖公이 즉위하자 임금을 모시고 晉나라를 방문하였음. 襄公 7년을 볼 것.
【州田】지금의 河南 沁陽 동남쪽이며 溫縣의 동북쪽. 周 桓王이 鄭나라에 주었으나 뒤에 晉나라가 차지함. 隱公 11년을 볼 것.
【汏】'汰'와 같으며 杜預 注에 "汏, 驕也"라 함.
【詩】《詩經》 鄘風 相鼠篇에 "相鼠有皮, 人而無儀. 人而無儀, 不死何爲. 相鼠有齒, 人而無止. 人而無止, 不死何俟. 相鼠有體, 人而無禮. 人而無禮, 胡不遄死?"라 함.
【欒豹】杜預 注에 "豹, 欒盈族"이라 함. 그가 망한 것은 襄公 23년을 볼 것.
【范宣子】士匄. 晉나라 대부. 伯瑕. 士文伯. 范匄. 范文子(士燮)의 아들. 시호는 宣子. '匄'는 '丐'로도 표기하며 음은 '古害反' 개'로 읽음.
【趙文子】趙武. 趙朔의 아들. 趙朔과 趙莊姬 사이에 난 아들. 趙氏 집안의 가장 훌륭한 아들로 자라 뒤에 晉六卿으로 자리를 굳힘. 시호는 文子. 그 후손이 戰國시대 邯鄲을 중심으로 七雄의 하나인 趙나라로 크게 발전함.
【韓宣子】韓起. 晉나라 대부. 韓厥의 아들이며 韓無忌의 아우. 시호는 宣子. 그들 후손이 春秋末 晉六卿이었으며 戰國시대 三晉의 하나이며 戰國七雄인 韓나라로 발전함.
【溫】杜預 注에 "州本屬溫, 溫, 趙氏邑"이라 함. 뒤에 두 縣으로 분리됨.

【郤稱】晉나라 대부. 州縣이 溫에서 분리된 다음 郤稱이 처음 채읍으로 받았다가 뒤에 趙氏, 欒豹로 이어짐. 그 때문에 三傳이라 한 것임.
【趙獲】趙文子(趙武)의 아들.
【弗知實難】杜預 注에 "患不知禍所起"라 함.
【欒氏亡】欒氏 가문은 襄公 23년에 멸망하였음.

❀ 1377(昭3-2)

夏, 叔弓如滕.

여름, 노나라 숙궁叔弓이 등滕나라에 갔다.

【叔弓】魯나라 대부. 叔老의 아들. 시호는 敬子. 滕 成公(原)의 죽음을 조문하기 위하여 간 것임.

❀ 1378(昭3-3)

五月, 葬滕成公.

5월, 등滕나라 성공成公의 장례를 치렀다.

【滕成公】原(泉).

(傳)
五月, 叔弓如滕, 葬滕成公, 子服椒爲介.
及郊, 遇懿伯之忌, 敬子不入.

惠伯曰:「公事有公利, 無私忌. 椒請先入.」
乃先受館. 敬子從之.

   5월에 노나라 숙궁叔弓이 등滕나라에 가서 등 성공成公의 장례에 참석하러 갈 때 자복초子服椒가 부사가 되었다.
   등나라 도읍의 교외에 이르렀을 때 그날이 마침 자복초의 아버지 의백懿伯의 제삿날이어서 경자敬子(叔弓)가 자복초를 위하여 그날에 등나라 도읍으로 들어가지 않기로 하였다.
   그러자 혜백惠伯(子服椒)이 말하였다.
   "공사公事에는 공적인 이익만 있을 뿐이지 사적인 기일 같은 것은 없습니다. 제(椒)가 청컨대 먼저 들어가겠습니다."
   그가 먼저 들어가 유숙할 곳을 정하자 경자는 들어갔다.

【叔弓】魯나라 대부. 叔老의 아들. 시호는 敬子.
【子服椒】子服惠伯.《禮記》檀弓 孔穎達 疏에《世本》을 인용하여 叔肸이 聲伯 嬰齊를 낳고 嬰齊가 叔老를 낳았으며 叔老가 叔弓을 낳은 것으로 되어 있음.
【懿伯】杜預 注에는 懿伯이 子服椒의 작은아버지라 하였음. 그러나 杜氏《世族譜》에 의하면 懿伯은 子服椒(惠伯椒)의 아버지로 되어 있음.

㊉
晉韓起如齊逆女.
公孫蠆爲少姜之有寵也, 以其子更公女, 而嫁公子.
人謂宣子:「子尾欺晉, 晉胡受之?」
宣子曰:「我欲得齊, 而遠其寵, 寵將來乎?」

   진晉나라 한기韓起가 제齊나라에 가서 공녀를 맞이하였다.
   그런데 공손채公孫蠆는 소강少姜이 총애를 받았던 것을 알고는 자신의 딸을 공녀와 바꾸고 공녀는 다른 곳으로 시집을 보냈다.

어떤 이가 선자宣子(韓起)에게 말하였다.

"자미子尾(公孫蠆)가 진나라를 속이고 있습니다. 진나라에서 어찌 바뀐 여자를 받아주는 것입니까?"

한선자는 이렇게 말하였다.

"우리가 제나라를 우리 편으로 만들고자 하면서 제나라 총신을 멀리한다면 그 총신이 장차 우리를 따라오겠는가?"

【韓起】韓宣子. 晉나라 대부. 韓厥의 아들이며 韓無忌의 아우. 시호는 宣子. 그들 후손이 春秋末 晉六卿이었으며 戰國시대 三晉의 하나이며 戰國七雄인 韓나라로 발전함.
【公女】晉 平公의 姬妾 少姜이 죽어 다시 齊나라로부터 夫人을 맞이함.
【公孫蠆】子尾. 齊나라 대부. 齊 惠公의 손자이며 公子 高祈(祈高)의 아들. 鄭나라에도 公孫蠆(子蟜)가 있으며 이는 同名異人임. 襄公 28년을 볼 것.
【寵】총애를 받는 신하. 齊나라 公孫蠆를 가리킴.

㊧

秋七月, 鄭罕虎如晉, 賀夫人, 且告曰:「楚人日徵敝邑以不朝立王之故. 敝邑之往, 則畏執事其謂寡君而固有外心; 其不往, 則宋之盟云. 進退, 罪也. 寡君使虎布之.」

宣子使叔向對曰:「君若辱有寡君, 在楚何害? 脩宋盟也. 君苟思盟, 寡君乃知免於戾矣. 君若不有寡君, 雖朝夕辱於敝邑, 寡君猜焉. 君實有心, 何辱命焉. 君其往也! 苟有寡君, 在楚猶在晉也.」

張趯使謂大叔曰:「自子之歸也, 小人糞除先人之敝廬, 曰:『子其將來.』今子皮實來, 小人失望.」

大叔曰:「吉賤, 不獲來, 畏大國, 尊夫人也. 且孟曰『而將無事』, 吉庶幾焉.」

가을 7월, 정鄭나라 한호罕虎가 진晉나라에 가서 경공이 부인을 맞이한 일을 축하드리고 나서 이렇게 고하였다.

"초楚나라가 나날이 우리나라에게 자신들 임금이 새로 즉위하였음에도 찾아뵙지 않는 까닭을 문책하고 있습니다. 우리가 초나라에 간다면 귀국 진나라 집사들이 우리 임금에게 진실로 다른 마음으로 품고 있다 할까 두렵고, 그렇다고 초나라에 가지 않으면 송宋나라에서의 맹약에서 약속한 것이 있어 이를 지키지 못하게 됩니다. 진퇴가 모두 죄가 되기에 우리 임금께서 저(虎)로 하여금 이를 알리도록 하였습니다."

한선자韓宣子가 숙향叔向으로 하여금 이렇게 답하도록 하였다.

"그대 임금이 욕되게 우리 임금을 생각하고 계시니 초나라에 간들 우리에게 무슨 해가 되겠습니까? 송나라에서의 맹약을 지키도록 하십시오. 그대 임금께서 진실로 그 맹약을 지킬 생각이라면 우리 임금께서는 이에 허물에서 면하게 됨을 알게 될 것입니다. 그러나 그대 임금께서 우리 임금을 받들 생각이 없다면 비록 조석으로 우리나라를 찾아온다 해도 우리 임금께서는 의심하실 것입니다. 그대 임금께서 진실로 우리를 받을 마음만 가지고 있다면 어찌 우리에게 초나라 찾아가는 일을 알릴 필요가 있겠습니까? 그대 임금은 아무런 걱정 마시고 초나라에 가십시오! 진실로 우리 임금을 받들 마음을 가지고 계시다면 그대 군주가 초나라에 가는 것은 우리 진나라에 온 것과 같습니다."

장적張趯이 사람을 자태숙子大叔에게 보내어 이렇게 말을 전하도록 하였다.

"그대가 돌아가신 이후로 소인은 선대부터 살아온 누추한 집이지만 깨끗이 청소하여 '그분께서는 곧 오시리라'라고 하였습니다. 그런데 지금 자피子皮께서 오셨으니 소인은 실망하였습니다."

그러자 자태숙이 이렇게 대답하였다.

"저(吉)는 신분이 낮아서 가지 못하였습니다. 대국을 두려워하기에 저보다 높은 분을 보내어 새 부인을 존경함을 나타낸 것입니다. 그리고 그대(孟)는 '그대는 장차 할 일이 없을 것입니다'라 하셨기에 저는 그렇게 되기를 바라고 있었습니다."

【罕虎】鄭나라 대부. 子皮. 子展의 아들. 아버지를 이어 上卿이 됨. 杜預 注에 "子皮代父爲上卿"이라 함. 子産(公孫僑)을 도와 나라를 잘 다스림.

【立王】楚나라에 지난해 새로 들어선 靈王(熊虔, 圍)을 위해 鄭나라가 왔어야 함을 추궁하고 있음.
【宋之盟】宋나라 向戌이 '弭兵'을 위해 晉나라 趙文子와 楚나라 令尹 子木을 중심으로 각 나라를 불러 宋나라 蒙門 밖에서 맺은 맹약. 襄公 27년을 볼 것. 이 회담에서 각기 楚나라와 晉나라를 霸者로 인정하여 제후국들이 교차하여 예방하기로 약속하였었음.
【宣子】韓宣子. 韓起. 당시 晉나라 정치를 맡고 있었음.
【叔向】晉나라 어진 대부. 羊舌肸, 자는 叔肸, 혹 叔譽라고도 부름.
【張趯】晉나라 대부.
【子大叔】游吉. 游氏 집안의 宗主였음. 鄭 穆公의 아들 공자 偃의 손자로 정나라 卿. 뒤에 子産을 이어 재상에 오름.
【糞除】청소함.
【孟】張趯을 가리킴. 張趯은 張氏 가문의 장남이어서 '孟'자를 넣은 것으로 보임.

※ **1379(昭 3-4)**

秋, 小邾子來朝.

가을, 소주자小邾子가 내조하였다.

【小邾】齊나라 근처에 있던 작은 나라. 이들은 모두 제나라 명령을 듣고 있었음. 諸侯의 分封이었으므로 '小邾'라 부른 것. 당시 小邾子는 穆公이었음.

傳
小邾穆公來朝, 季武子欲卑之.
穆叔曰:「不可. 曹·滕·二邾實不忘我好, 敬以逆之, 猶懼其貳, 又卑一睦, 焉逆羣好也? 其如舊而加敬焉.《志》曰:『能敬無災.』又曰:『敬逆來者, 天所福也.』」
季孫從之.

소주小邾 목공穆公이 노나라를 찾아왔을 때 계무자季武子가 그를 낮은 격으로 대우하려 하였다.

그러자 목숙叔孫이 말하였다.

"그래서는 안 됩니다. 조曹, 등滕, 그리고 주邾와 소주小邾 등은 실로 우리 나라와의 우호를 잊지 않고 있습니다. 우리가 공경스럽게 맞이한다 해도 우리로부터 두 마음을 가질까 두려워해야 할 판에 친한 한 나라를 한 등급 낮춘다면 이것이 어찌 여러 우호관계 나라를 맞이하는 것이 되겠습니까? 옛날처럼 해 주되 더욱 공경해야 합니다. 옛 책에 '능히 공경을 다하면 재앙이 없다'라 하였습니다. 그리고 또 '찾아온 사람을 공경으로 맞이하면 하늘이 복을 내려 주리라'라 하였습니다."

이에 계손숙은 그의 말을 따랐다.

【季武子】季孫宿. 魯나라 대부. 季孫行父의 아들. 《國語》에는 '季孫夙'으로 되어 있음.
【叔孫穆叔】叔孫豹. 魯나라 대부. 叔孫僑如의 아우. 叔孫穆叔.
【曹·滕·二邾】二邾는 邾와 小邾. 모두 魯나라를 충실히 지지하였던 작은 나라들임. 특히 小邾는 莊公, 僖公, 襄公 때를 거쳐 지금의 昭公 때도 찾아온 것임.

* 1380(昭3-5)

八月, 大雩.

8월, 기우제를 크게 지냈다.

㊝

八月, 大雩, 旱也.

8월에 큰 기우제를 지낸 것은 가뭄이 들었기 때문이었다.

【雹】《春秋》에 '雹'의 기사는 모두 21번 나오며 昭公 때 7번이나 있어 기후 변화가 매우 심하였던 것으로 추정함.

※ 1381(昭3-6)

冬, 大雨雹.

겨울, 우박이 많이 내렸다.

【雹】'박'으로 읽으며 우박. 杜預 注에 "記災"라 함.
＊無傳

※ 1382(昭3-7)

北燕伯款出奔齊.

북연北燕의 군주 관款이 제齊나라로 달아났다.

【北燕】周 武王이 아우 召伯 姬奭을 봉한 나라. 도읍은 薊(지금의 北京)였으며 전국시대 이르러 세력을 키워 戰國七雄의 하나가 됨. 당시 南燕과 北燕이 있었으며 南燕은 姞姓으로 지금의 河南 汲縣 서쪽에 옛 燕城이 있음. 이 때문에 '北燕'이라 표기한 것임.
【款】燕 簡公의 이름.

傳

齊侯田於莒, 盧蒲嫳見, 泣, 且請曰:「余髮如此種種, 余奚能爲?」
公曰:「諾. 吾告二子.」

歸而告之.
子尾欲復之, 子雅不可, 曰:「彼其髮短而心甚長, 其或寢處我矣.」
九月, 子雅放盧蒲嫳于北燕.

제齊 경공景公이 거莒 땅에서 사냥을 하고 있을 때 쫓겨났던 노포별盧蒲嫳이 경공을 뵙고 울면서 청하였다.

"저는 이제 늙어 머리털이 이렇게 엉성하고 짧아졌습니다. 제가 앞으로 무슨 일을 하겠습니까?"

경공이 말하였다.

"알았다. 내 돌아가 두 사람에게 말해 보겠다."

경공이 돌아와 자미子尾와 자아子雅 두 사람에게 이를 고하였다.

그러자 자미는 그를 복귀시키려 하였으나 자아는 반대하며 이렇게 말하였다.

"그가 늙어서 머리털이 짧아졌다고는 하나 그의 마음속 복수심은 도리어 엄청 길어져 있습니다. 돌아오게 하면 그는 우리를 깔고 앉아 죽이려 할지도 모릅니다."

9월, 자아는 노포별을 북연北燕으로 추방하였다.

【盧蒲嫳】襄公 28년 慶封을 도와 난을 일으켰다가 齊나라 동쪽 국경지대로 쫓겨났던 인물.
【種種】머리카락이 엉성해지고 짧아짐.
【子尾】齊나라 대부 公孫蠆. 齊 惠公의 손자이며 公子 高祈(祈高)의 아들. 鄭나라에도 公孫蠆(子蟜)가 있으며 이는 同名異人임. 襄公 28년을 볼 것.
【子雅】齊 惠公의 손자. 公孫竈. 公子 欒堅의 아들.
【寢處】襄公 28년 "譬之如禽獸, 吾寢處之矣"라 한 말을 그대로 다시 사용한 것. 楊伯峻 注에 "古者殺獸, 食其肉而寢其皮"라 함. 子雅와 子尾는 금수처럼 죽음을 당할 것이며 자신들은 그 가죽을 깔고 편히 잠을 자게 될 것임을 뜻함.

(傳)

燕簡公多嬖寵, 欲去諸大夫而立其寵人.

冬, 燕大夫比以殺公之外嬖. 公懼, 奔齊.
書曰「北燕伯款出奔齊」, 罪之也.

연燕 간공簡公은 총애하는 신하가 많아 다른 대부들을 없애고 그 총애하는 신하들을 대부로 삼으려 하였다.
겨울, 연나라 대부들이 서로 짜고 간공의 총신들을 죽이자 간공이 겁을 먹고 제齊나라로 달아난 것이다.
경에 "북연나라 군주인 백작 관款이 제나라로 달아났다"고 기록한 것은 그에게 죄가 있었음을 나타낸 것이다.

【燕簡公】伯爵이며 이름은 款.
【燕】經에는 '北燕'으로 되어 있음. 北燕이 정식 명칭. 北燕은 周 武王이 아우 召伯 姬奭을 봉한 나라. 도읍은 薊(지금의 北京)였으며 전국시대 이르러 세력을 키워 戰國七雄의 하나가 됨. 당시 南燕과 北燕이 있었으며 南燕은 姞姓으로 지금의 河南 汲縣 서쪽에 옛 燕城이 있음.
【比】黨을 이룸. 결탁함. 《論語》爲政篇에 "君子周而不比, 小人比而不周"라 함.
【外嬖】'外寵'과 같으며 총애하는 신하를 가리킴. 여인일 경우 '內嬖'라 함.

㊉
十月, 鄭伯如楚, 子産相.
楚子享之, 賦〈吉日〉.
旣享, 子産乃具田備, 王以田江南之夢.

10월, 정鄭 간공簡公이 초楚나라에 가자 자산子産이 그를 보좌하여 따라갔다.
그때 초楚 영왕靈王이 향연을 베풀어 주고 〈길일吉日〉편을 읊었다.
향연이 끝나자 자산은 곧 사냥에 쓸 도구를 준비하여 영왕은 함께 강남江南의 몽夢에서 사냥을 하였다.

【鄭伯】鄭 簡公(嘉).
【子産】公孫僑. 子國(公孫成)의 아들. 子美. 鄭나라의 훌륭한 宰相이 되어 孔子가 자주 칭찬한 인물.
【楚子】楚 靈王(熊虔, 圍). 즉위 2년째였음. 鄭나라로 하여금 예방을 할 것을 문책하여 간공이 찾아온 것.
【吉日】《詩經》小雅 吉日篇에 "吉日維戊, 旣伯旣禱. 田車旣好, 四牡孔阜. 升彼大阜, 從其群醜. 吉日庚午, 旣差我馬. 獸之所同, 麀鹿麌麌. 漆沮之從, 天子之所. 瞻彼中原, 其祁孔有. 儦儦俟俟, 或群或友. 悉率左右, 以燕天子. 旣張我弓, 旣挾我矢. 發彼小豝, 殪此大兕. 以御賓客, 且以酌醴"라 하여 사냥을 노래한 내용이 들어 있어 그 때문에 子産이 사냥 도구를 준비한 것임.
【江南之夢】雲夢澤. 長江의 남쪽 택지에서 사냥을 한 것임. 杜預 注에 "楚之雲夢跨江南北"이라 함.

㊉
齊公孫竈卒.
司馬竈見晏子, 曰:「又喪子雅矣!」
晏子曰:「惜也! 子旗不免, 殆哉! 姜族弱矣, 而媯將始昌. 二惠競爽猶可, 又弱一个焉, 姜其危哉!」

제齊나라 공손조公孫竈가 세상을 떠났다.
이에 사마조司馬竈가 안자晏子를 만나 이렇게 말하였다.
"우리는 또 자아子雅까지 잃었군요!"
그러자 안자가 말하였다.
"안타까운 일입니다. 그의 아들 자기子旗는 화를 면하지 못할 것이니 위태롭습니다. 강성姜姓의 씨족은 약해졌으나, 규성嬀姓의 씨족은 한창 창성해지고 있습니다. 혜공惠公의 자손인 자아와 자미子美가 있어 서로 왕성함을 다투었을 때에는 그래도 괜찮았는데, 이제 또 한 사람이 죽어 약해졌으니 강성의 씨족은 위태롭게 될 것입니다."

【公孫竈】子雅. 齊나라 대부. 齊 惠公의 손자. 公子 欒堅의 아들.
【司馬竈】齊나라의 또 다른 대부. 杜預 注에 "司馬竈, 齊大夫"라 함.
【晏子】晏嬰. 齊나라의 유명한 재상. 자는 平仲. 晏弱(晏桓子)의 아들. 그의 언행을 모아 편찬한 《晏子春秋》가 널리 알려져 있으며 司馬遷은 《史記》 管晏列傳에 그의 전기를 실어 높이 평가하고 있음.
【子旗】公孫竈의 아들. 지난해 韓起가 방문했을 때 子雅가 아들 子旗를 인사시키자 한기가 "非保家之主"라 하였음.
【姜族】齊나라 왕의 성씨. 姜太公이 이어온 王室.
【嬀】陳氏 집안을 가리킴. 원래 陳나라(嬀姓) 출신으로 田完(陳完)이 齊나라에 와서 세력을 키웠으며 뒤에 田氏로 성을 바꾸고 齊나라를 찬탈하고 田氏齊를 세워 戰國시대 七雄의 반열에 오름.
【二惠】惠公의 손자인 子雅와 子美(公孫蠆)가 그나마 王室 姜氏를 지탱하여 버텼으나 이들이 죽음으로써 강씨는 더욱 쇠미하여 위태롭게 될 것임을 말한 것.

185. 昭公 4年(B.C.538) 癸亥

周	景王(姬貴) 7년	齊	景公(杵臼) 10년	晉	平公(彪) 20년	衛	襄公(惡) 6년
蔡	靈公(般) 5년	鄭	簡公(嘉) 28년	曹	武公(滕) 17년	陳	哀公(溺) 31년
杞	文公(益姑) 12년	宋	平公(成) 38년	秦	景公(后伯車) 39년	楚	靈王(虔) 3년
吳	夷末 6년	許	悼公(買) 9년				

※ 1383(昭4-1)

四年春王正月, 大雨雹.

4년 봄 주력 정월, 우박이 크게 내렸다.

※ 1384(昭4-2)

夏, 楚子·蔡侯·陳侯·鄭伯·許男·徐子·滕子·頓子·胡子·沈子·小邾子·宋世子佐·淮夷會于申.

여름, 초자楚子·채후蔡侯·진후陳侯·정백鄭伯·허남許男·서자徐子·등자滕子·돈자頓子·호자胡子·심자沈子·소주자小邾子·송宋 세자 좌佐·회이淮夷가 신申에서 만났다.

【楚子】楚 靈王이 처음으로 霸者가 되고자 제후들을 불러 모은 것. 杜預 注에 "楚靈王始合諸侯"라 함.
【佐】宋나라 세자. 뒤에 宋 元公이 되어 B.C.531~517년까지 15년간 재위함. 당시 宋나라 군주는 平公(成)으로 재위 38년째였음.
【淮夷】당시 동쪽 바닷가에 살던 夷族의 하나.
【申】지금의 河南 南陽市 북쪽.

(傳)
四年春王正月, 許男如楚, 楚子止之; 遂止鄭伯, 復田江南, 許男與焉. 使椒擧如晉求諸侯, 二君待之.

椒擧致命曰:「寡君使擧曰:『日君有惠, 賜盟于宋, 曰: '晉·楚之從交相見也.' 以歲之不易, 寡人願結驩於二三君, 使擧請間. 君若苟無四方之虞, 則願假寵以請於諸侯.』」

晉侯欲勿許, 司馬侯曰:「不可. 楚王方侈, 天或者欲逞其心, 以厚其毒, 而降之罰, 未可知也. 其使能終, 亦未可知也. 晉·楚唯天所相, 不可與爭. 君其許之, 而修德以待其歸. 若歸於德, 吾猶將事之, 況諸侯乎? 若適淫虐, 楚將棄之, 吾又誰與爭?」

公曰:「晉有三不殆, 其何敵之有? 國險而多馬, 齊·楚多難; 有是三者, 何鄕而不濟?」

對曰:「恃險與馬, 而虞鄰國之難, 是三殆也. 四嶽·三塗·陽城·大室·荊山·中南, 九州之險也, 是不一姓. 冀之北土, 馬之所生, 無興國焉. 恃險與馬, 不可以爲固也, 從古以然. 是以先王務修德音以亨神·人, 不聞其務險與馬也. 鄰國之難, 不可虞也. 或多難以固其國, 啓其疆土; 或無難以喪其國, 失其守宇, 若何虞難? 齊有仲孫之難, 而獲桓公, 至今賴之. 晉有里·丕之難, 而獲文公, 是以爲盟主. 衛·邢無難, 敵亦喪之. 故人之難, 不可虞也. 恃此三者, 而不修政德, 亡於不暇, 又何能濟? 君其許之! 紂作淫虐, 文王惠和, 殷是以隕, 周是以興, 夫豈爭諸侯?」

乃許楚使, 使叔向對曰:「寡君有社稷之事, 是以不獲春秋時見. 諸侯, 君實有之, 何辱命焉?」

椒擧遂請昏, 晉侯許之.

楚子問於子産曰:「晉其許我諸侯乎?」

對曰:「許君. 晉君少安, 不在諸侯. 其大夫多求, 莫匡其君. 在宋之盟又曰如一. 若不許君, 將焉用之?」

王曰:「諸侯其來乎?」

對曰:「必來. 從宋之盟, 承君之歡, 不畏大國, 何故不來? 不來者, 其魯·衛·曹·邾乎! 曹畏宋, 邾畏魯, 魯·衛偪於齊而親於晉, 唯是不來. 其餘, 君之所及也, 誰敢不至?」

王曰:「然則吾所求者無不可乎?」

對曰:「求逞於人, 不可; 與人同欲, 盡濟.」

4년 봄 정월, 허許 도공悼公이 초楚나라에 가자 영왕靈王은 그를 머물게 하고 정鄭 간공簡公도 가지 못하게 하고는 다시 강남江南에서 사냥을 하여 허 도공도 참가하게 되었다.

영왕은 초거椒擧를 진晉나라에 보내어 제후들의 모임을 요구하도록 하여 두 임금은 초나라에서 기다리게 되었다.

초거가 진나라에 가서 이렇게 명을 전하였다.

"우리 임금께서는 저(擧)로 하여금 이렇게 말씀을 올리도록 하였습니다. '지난날에 임금께서 우리 초나라에 은혜를 베푸시어 송나라에서의 맹약에서 「진나라와 초나라를 따르는 제후는 각기 교차하여 상대 임금을 뵙도록 하라」고 하셨습니다. 근래에 어려운 일이 많아 과인은 두세 나라 임금들과 만나 친분을 두텁게 하고자 초거로 하여금 그간의 형편을 여쭙습니다. 지금 그대께서 만약 사방 국경지대의 근심이 없으시다면 원컨대 군주의 총애를 빌려 제후들이 한곳에 모이도록 요청하고자 합니다'라고 말입니다."

진晉 평공平公이 이를 허락하지 않으려 하자 사마후司馬侯가 말하였다.

"안 됩니다. 초왕은 한창 교만을 떨고 있으니 혹 하늘이 그가 하고 싶은 대로 욕심을 드러내어 그 악독함을 더욱 두터워지도록 내버려 두었다가 벌을 내리려는지도 아직 알 수 없습니다. 또 그가 명대로 살다가 능히 좋은 죽음을 맞이하게 할지도 역시 알 수 없는 일입니다. 진나라와 초나라는 다만 하늘이 돕는 대로 할 수밖에 없으니 서로 다투어서는 안 됩니다. 임금께서는 허락하시고, 대신 덕을 닦으시면서 그 귀추를 기다리십시오. 만약 그가 덕이 있는 쪽으로 간다면 우리도 오히려 장차 그를 섬겨야 할 것인데 다른 제후들이야 어떻겠습니까? 그러나 만약 그가 도리에 어긋난 포악한 쪽으로 간다면 초나라 사람들조차 그를 버릴 것인데 우리가 그 누구와 다툴 일이 있겠습니까?"

평공이 말하였다.

"우리 진나라에는 위태로움에 빠지지 않을 세 가지 조건이 있소. 그런데 우리에게 적이 어디 있겠소? 우리 국토는 험준하고 군마가 많이 있으며, 지금 제나라와 초나라에는 어려운 일이 많이 있소. 이 세 가지 조건을 지니고 있는데 어느 쪽으로 일을 치른들 제대로 되지 않을 것이 있겠소?"

사마후가 대답하였다.

"국토의 험준함과 많은 군마를 믿고 이웃 나라의 어려움을 즐거움으로 여긴다는 것은 오히려 나라가 위태롭게 될 세 가지 조건입니다. 사악四嶽·삼도三塗·양성陽城·태실大室·형산荊山·중남中南은 구주九州에 험하기로 이름난 곳이지만 그곳의 주인들은 한 가지 성姓으로 이어오지 못하였습니다. 기주冀州의 북쪽 땅은 말이 생산되는 곳이지만 그 지역에서 흥하였던 나라는 없습니다. 험준함과 많은 군마만 믿고는 나라가 견고하다고 여길 수 없음은 예로부터 그러하였던 것입니다. 이 까닭으로 선왕들은 덕을 닦아 신과 사람들이 흠향해 주기에 힘을 썼지, 험한 지형과 많은 군마를 확보하기에 힘썼다는 말은 들어보지 못하였습니다. 더구나 이웃나라의 어려움을 즐거움으로 삼는 것은 그것이 기회가 된다고 여길 수 없습니다. 혹 어려운 사정으로 인해 그 나라가 더욱 튼튼해져 그 강역을 더욱 넓히는 경우도 있으며, 혹 어려운 사정이 없었는데도 나라를 잃고 사방의 국경을 지키지 못하는 일들이 있는데 어찌하여 이웃 나라의 어려움이 즐거움이 될 수 있다는 것입니까? 제나라에서는 중손仲孫의 난이 있어 그 때문에 환공桓公이 나타나 지금에 이르도록 그의 힘을 입고 있으며, 우리 진나라에서는 이극里克과 비정丕鄭의 난으로 인해 문공文公이 나타나 그 때문에 우리가 맹주가 되었던 것입니다. 그러나 위衛나라와 형邢나라는 아무런 국난이 없었음에도 적이 그 나라들을 멸망시켰습니다. 그러므로 남의 어려움은 즐거움으로 여길 수 없습니다. 이 세 가지를 믿는다고 정치와 덕에 힘쓰지 않았다가는 쉴 틈도 없이 망할 것인데 어찌 하는 일이 잘 되겠습니까? 임금께서는 초나라의 청을 허락하십시오. 은殷나라 주왕紂王은 음학淫虐하였지만 주周 문왕文王은 은혜와 온화함으로 대하였기에 은나라는 결국 쓰러지고 주나라는 흥하게 된 것이니 무릇 어찌 다른 제후들과 다툴 일이 있겠습니까?"

이에 평공은 초나라 사신에게 허락하기로 하고 숙향叔向으로 하여금 이렇게 대답하도록 하였다.

"우리나라 임금께서는 사직의 일이 많아 이 까닭으로 봄가을로 귀국 왕을 찾아뵙지 못하였습니다. 실로 제후들은 초나라가 장악하고 계시는데 제후들 만나는 일을 어찌 우리 임금께 말씀하실 필요가 있겠습니까?"

그러자 초거는 다시 양국의 혼인을 청하니 평공은 이 역시 허락하였다.
한편 영왕은 자산子産에게 이렇게 물었다.
"진나라가 나의 제후들 집합에 대하여 허락해 줄 것 같소?"
자산이 대답하였다.
"허락해 줄 것입니다. 진나라 임금은 조금 편안한 상태로 제후들에게는 뜻을 두고 있지 않습니다. 그 대부들은 요구하는 것은 많으면서 그 임금을 바로 잡아주지 못하고 있습니다. 송나라에서의 맹약도 또한 그대로 지켜야 할 것이니 만약 허락하지 않는다면 그때의 맹약을 어디에 쓰겠습니까?"

영왕이 물었다.
"제후들은 나의 소집에 응하여 올까요?"
자산이 말하였다.
"틀림없이 올 것입니다. 송나라에서의 맹약을 따르는 것이며 그대의 환심을 받아들이는 것이며, 이미 허락한 진나라를 두려워할 필요도 없는데 어찌 오지 않겠습니까? 그러나 오지 않을 나라가 있으니 노魯, 위衛, 조曹, 주邾 등의 나라들일 것입니다! 조나라는 송나라를 두려워하고, 주나라는 노나라를 두려워하며, 노나라와 위나라는 제나라로부터 협박받고 있어 진나라와 친해야 하기 때문에 오직 이들 나라만은 오지 않을 것입니다. 그 밖의 나라들은 모두 그대의 힘이 미치는 나라들이니 누가 감히 오지 않겠습니까?"

영왕이 다시 물었다.

"그렇다면 내가 요구하는 일이 안 되는 일이 없을 것이라는 뜻이오?"

자산이 대답하였다.

"나의 쾌감을 위해 남에게 요구한다면 안 되겠지만 다른 사람과 똑같은 것을 구한다면 모든 일이 잘될 것입니다."

【椒擧】伍擧. 楚나라 대부. 伍奢의 아버지이며 伍子胥의 할아버지. 〈孫叔敖碑〉에는 '五擧'로 되어 있으며 《國語》 楚語에는 '椒擧'로도 표기되어 있음. 《通志》 氏族略에 "伍參食邑於椒, 故其後爲椒氏"라 하였으며 그 뒤 다시 伍氏로도 성을 삼음.

【宋之盟】宋나라 向戌이 '弭兵'을 위해 晉나라 趙文子와 楚나라 令尹 子木을 중심으로 각 나라를 불러 宋나라 蒙門 밖에서 맺은 맹약. 襄公 27년을 볼 것. 이 회담에서 각기 楚나라와 晉나라를 霸者로 인정하여 제후국들이 교차하여 예방하기로 약속하였었음.

【二君】杜預 注에 "二君, 鄭·許"라 함.

【以歲之不易】以歲는 근래. 不易는 쉽지 않은 일. 근래 여러 일이 어려움이 있었음을 말함.

【請閒】틈이 있는지 없는지 형편을 물음.

【假寵】杜預 注에 "欲借君之威寵以致諸侯"라 함. 실제 靈王 자신이 맹주가 되고자 한 것임.

【司馬侯】晉나라 대부. 女齊. 司馬는 관직 이름. 侯는 字. 叔侯로도 부름.

【何鄕而不濟】'鄕'은 '嚮'과 같음. '濟'는 일이 잘 풀림.

【虞】《說文》에 "虞, 樂也"라 함.

【四嶽】東嶽 泰山·西嶽 華山·南嶽 衡山·北嶽 恒山을 가리킴.

【三塗】河南에 있는 山地 이름. 杜預 注에 "在河南陸渾縣南"이라 하며 지금의 伊水 북쪽 三塗山을 가리킴. 《彙纂》에 "在河南省陸渾縣故城東南八十里"라 함. 혹 崖口, 水門 등으로도 부르는 곳이라 함. 그러나 服虔은 太行, 轘轅, 崤澠 세 산을 묶어 三塗라 칭한다고 여기기도 하였음. 《彙纂》에 "在河南省陸渾縣故城東南八十里"라 함.

【陽城】지금의 河南 登封縣 남쪽 속칭 城山嶺, 車嶺山이라 함.《一統志》에 "在今 河南登封縣東南三十八里, 俗名車嶺山"이라 함.
【大室】太室山. 中嶽 嵩山의 가장 높은 봉우리. 嵩山을 가리킴.《一統志》에 "嵩山 在河南登封縣北十里, 有三十六峰, 東曰太室, 西曰少室"이라 함.
【荊山】지금의 湖北 南漳縣에 있는 荊山.
【中南】지금의 陝西 西岸 남쪽의 終南山. 秦山, 秦嶺이라고도 부름.《左傳地名補注》에 "終南山在長安南五十里"라 함.
【冀】고대 冀州. 燕代로 부르던 지역. 良馬 출산지로 유명함. 지금의 河北으로부터 內蒙古 일대 지역.
【音以亨神人】'音'은 '歆', '亨'은 '享'과 같음.
【仲孫之難】莊公 8,9년에 있었던 사건으로 仲孫은 公孫無知를 가리킴. 이 난으로 公子 糾와 小白, 鮑叔과 管仲의 일이 있었으며 桓公(小白)이 임금 자리에 올라 春秋五霸의 首長이 됨.
【里丕之難】僖公 9년에 里克과 丕鄭이 일으켰던 난. 驪姬의 난으로도 알려졌으며 이 때문에 文公(重耳)이 오랜 국외 망명을 거쳐 귀국하여 임금 자리에 올라 春秋五霸의 하나가 됨.
【衛‧邢】閔公 2년에 狄이 衛를 친 일과 僖公 25년에 衛가 邢을 친 일. 杜預 注에 "閔二年狄滅衛, 僖二十五年衛滅邢"이라 함.
【紂作淫虐, 文王惠和】《汲冢周書》序에 "紂作淫亂, 民散無性習常, 文王惠和化服之"라 함.
【叔向】晉나라 어진 대부. 羊舌肸, 자는 叔肸, 혹 叔譽라고도 부름.
【請昏】'昏'은 '婚'과 같음. 杜預 注에 "蓋楚子遣擧時, 兼使求昏"이라 함.
【求逞於人】杜預 注에 "逞, 快也. 求人以快意, 人必違之"라 함.

㊉

大雨雹.

季武子問於申豐曰:「雹可禦乎?」

對曰:「聖人在上, 無雹. 雖有, 不爲災. 古者日在北陸而藏冰, 西陸朝覿而出之. 其藏冰也, 深山窮谷, 固陰冱寒, 於是乎取之. 其出之也, 朝之祿位, 賓‧食‧喪‧祭, 於是乎用之. 其藏之也, 黑牡‧秬黍以享司寒. 其出之也, 桃弧‧棘矢以除其災. 其出入也時. 食肉之祿, 冰皆與焉. 大夫命婦喪浴用冰. 祭寒而藏之, 獻羔而啓之, 公始用之, 火出而畢賦, 自命夫命婦至於老疾, 無不受冰. 山人取之, 縣人傳之, 輿人納之, 隷人藏之. 夫冰以風壯, 而以風出. 其藏之也周, 其用之也徧, 則冬無愆陽, 夏無伏陰, 春無凄風, 秋無苦雨, 雷出不震, 無菑霜雹, 癘疾不降, 民不夭札. 今藏川池之冰棄而不用, 風不越而殺, 雷不發而震. 雹之爲菑, 誰能禦之? 〈七月〉之卒章, 藏冰之道也.」

크게 우박이 내렸다.
계무자季武子가 신풍申豊에게 물었다.
"우박 내리는 것을 막을 수 있습니까?"
신풍이 대답하였다.
"성인이 윗자리에 계실 때엔 우박이 내리지 않았고, 내린다 해도 재해가 되지는 않았습니다. 옛날 해가 북륙北陸 성수星宿에 있을 때에 얼음을 저장하였다가 서륙西陸 성수가 아침에 동방에 나타날 때에 꺼내어 썼습니다. 얼음을 저장할 때에는 깊은 산 깊은 골짜기의 물이 굳게 얼었을 때 이를 채취합니다. 얼음을 꺼낼 때에는 조정의 벼슬 있는 분이나 빈객을 모시거나 잔치, 상례, 제사가 있을 때 이를 사용합니다. 얼음을 저장할 때에는 검은색 숫염소와 검은 수수로 추위를 관장하는 신에게 제사를 올립니다. 그리고 얼음을 꺼낼 때에는 복숭아나무로 만든 활과 가시나무로 만든 화살로 재앙을 제거합니다. 얼음을 저장하고 꺼내는 데에는 때가 정해져 있고 고기를 먹는 녹봉을 받는 자라면 모두 얼음을 제공받습니다. 대부와 대부 부인이 죽어 그들의 몸을 씻을 때에도 얼음을 씁니다. 얼음은 추위를 관장하는 신에게 제사를 올린 다음 저장하고, 염소를 바쳐 제사를 지낸 다음 꺼내어 임금이 맨 먼저 쓰고, 대화성大火星이 나타나는 시기에 꺼내어 이를 두루 나누어줍니다. 그리하여 경대부卿大夫와 그들 부인들로부터 노인과 병자들에 이르기까지 얼음을 받지 않는 이가 없습니다. 산림을 맡는 이가 이를 꺼내어 현縣의 관리가 이를 전달 받아 여인輿人이 이를 도읍으로 들여와 예인隷人이 이를 다시 저장합니다. 무릇 얼음은 찬바람을 맞아 굳어지도록 하고 다시 더운 바람이 불면 꺼냅니다. 이를 저장함에는 주도면밀하게 하고 그것을 쓸 때에는 두루 널리 혜택을 입도록 하면 겨울에는 건양愆陽이 없게 되고 여름에 복음伏陰이 없게 되며, 봄에는 처풍凄風이 없게 되며, 가을에 고우苦雨가 없게 되며, 우레가 치더라도 천둥을 울리지 않으며 서리나 우박의 재앙이 없게 되며, 역질이 번지지 아니하며 백성들이 일찍 죽거나 유행병으로 한꺼번에 죽는 일이 없게 되는 것입니다. 그런데 지금은 개천이나 못의 얼음을 아무렇게나 취하여 저장하였다가 남으면 그대로 버려 쓰지도 않으니, 그리하여 바람이 크게 차지 않은데도 초목을 죽이고, 우레 소리가 나지 않고도 벼락이 떨어지곤 합니다. 이리하여 우박으로 인한 재해를 누가 능히 막을 수 있겠습니까? 〈칠월七月〉편의 마지막 장은 얼음을 저장하는 도리를 말한 것입니다."

【季武子】季孫宿. 魯나라 大夫. 季孫行父의 아들. 《國語》에는 '季孫夙'으로 되어 있음.

【申豐】季氏의 家臣 大夫. 襄公 23년을 볼 것.

【日在北陸】二十八宿의 星宿를 동·서·남·북의 四陸으로 나뉘어 각기 7개의 星宿가 되며, 斗·牛·女·虛·危·室·壁의 7성수는 北陸을 이룸. 지금의 물병자리에 해당함. 태양이 북륙, 특히 허·위의 성수 위치에 가는 때가 小寒과 大寒이며 夏曆으로 12월로 가장 추위가 심한 때임. 周曆으로는 2월에 해당함. 《周禮》 凌人에 "正歲十有二月令斬冰"이라 하였고 《禮記》 月令에도 "季冬, 冰方盛, 水澤腹堅, 命取冰"이라 함. 成公 元年 傳을 볼 것.

【西陸朝覿】昴宿과 畢宿의 황소자리. 절기로는 淸明과 穀雨 시기. 夏曆으로는 4월. 그러나 杜預는 3월, 服虔은 2월이라 하였음.

【冱寒】'冱'는 '沍'와 같음. 얼음이 응고함.

【黑牡】검은색의 숫염소.

【秬黍】검은색의 黍粟. 기장. 얼음을 저장할 때는 북쪽을 상징하는 五行의 五色 중 黑色을 중시함.

【食肉之祿】늘 고기를 먹을 수 있는 俸祿을 받는 사람. 즉 상류층의 귀한 사람.

【火出】大火星이 나타남. 대화성이 4월초 초저녁 전갈자리 동방에 나타남.

【輿人·隸人】輿人은 잡무를 맡는 하급관리. 隸人은 노역을 하는 천한 신분. 杜預 注에 "輿·隸皆賤官"이라 함.

【風壯】杜預 注에 "冰因風寒而堅"이라 함.

【風出】 杜預 注에 "順春風而散用"이라 함.
【愆陽】 겨울에 불필요하게 따뜻함. 杜預 注에 "愆, 過也. 謂冬溫"이라 함.
【伏陰】 여름에 냉온 현상이 나타남. 杜預 注에 "伏陰謂夏寒"이라 함.
【凄風】 杜預 注에 "凄, 寒也"라 함.
【夭札】 '夭'는 너무 어린 나이에 죽는 것. '札'은 유행병으로 한꺼번에 많은 사람이 죽는 것. 《周禮》 大司徒 鄭玄 注에 "札, 大疫病也"라 함.
【七月之卒章】 《詩經》 豳風 七月篇의 마지막 8장에 "二之日鑿冰沖沖, 三之日納于凌陰. 四之日其蚤, 獻羔祭韭. 九月肅霜, 十月滌場. 朋酒斯饗, 曰殺羔羊. 躋彼公堂, 稱彼兕觥, 萬壽無疆"이라 함. 이는 얼음을 채취하여 저장하는 과정을 읊은 것임.

※ 1385(昭4-3)

楚人執徐子.

초楚나라가 서자徐子를 잡았다.

【楚子】 당시 초나라 군주는 靈王(熊虔. 圍)으로 재위 3년째였음.
【徐子】 楚나라 곁에 있던 작은 나라. 지금의 安徽 泗縣 서북쪽에 있었음. 그 군주가 吳나라 출신 여인의 소생으로 靈王이 그를 믿지 못하여 사냥 기간 동안 잡아 억류한 것임.

傳

夏, 諸侯如楚, 魯·衛·曹·邾不會.
曹·邾辭以難, 公辭以時祭, 衛侯辭以疾.
鄭伯先待于申.
六月丙午, 楚子合諸侯于申.
椒擧言於楚子曰:「臣聞諸侯無歸, 禮以爲歸. 今君始得諸侯, 其愼禮矣. 霸之濟否, 在此會也. 夏啓有鈞臺之享, 商湯有景亳之命, 周武有孟津之誓, 成有岐陽之蒐, 康有酆宮之朝, 穆有塗山之會, 齊桓有召陵之師, 晉文有踐土之盟. 君其何用? 宋向戌·鄭公孫僑在, 諸侯之良也, 君其選焉.」

王曰:「吾用齊桓.」

王使問禮於左師與子產.

左師曰:「小國習之, 大國用之, 敢不薦聞?」

獻公合諸侯之禮六.

子產曰:「小國共職, 敢不薦守?」

獻伯子男會公之禮六.

君子謂:「合左師善守先代, 子產善相小國.」

王使椒舉侍於後以規過, 卒事不規.

王問其故, 對曰:「禮, 吾所未見者有六焉, 又何以規?」

宋大子佐後至, 王田於武城, 久而弗見.

椒舉請辭焉.

王使往, 曰:「屬有宗祧之事於武城, 寡君將墮幣焉, 敢謝後見.」

徐子, 吳出也, 以爲貳焉, 故執諸申.

楚子示諸侯侈.

椒舉曰:「夫六王·二公之事, 皆所以示諸侯禮也, 諸侯所由用命也. 夏桀爲仍之會, 有緡叛之. 商紂爲黎之蒐, 東夷叛之; 周幽爲大室之盟, 戎狄叛之, 皆所以示諸侯汰也, 諸侯所由棄命也. 今君以汰, 無乃不濟乎!」

王弗聽.

子產見左師曰:「吾不患楚矣. 汰而愎諫, 不過十年.」

左師曰:「然. 不十年侈, 其惡不遠. 遠惡而後棄. 善亦如之, 德遠而後興.」

여름, 제후들이 초楚나라에 갔으나 노魯·위衛·조曹·주邾나라 임금들은 이 모임에 참가하지 않았다.

조나라와 주나라에서는 국내에 어려운 사정이 있음을, 노 소공昭公은 시제時祭 때문임을, 위 양공襄公은 병을 핑계로 각각 구실을 삼았다.

당시 정鄭 간공簡公은 다른 나라보다 먼저 신申 땅에서 기다리고 있었다.

6월 병오丙午날, 초 영왕이 제후들을 신 땅에 모이도록 하였다.

초거椒擧가 영왕에게 말하였다.

"제가 듣기로 제후들은 의지할 데가 없으니 예의를 지키는 나라에 의지하겠다더군요. 지금 임금께서는 비로소 제후들을 얻으셨으니 삼가 예를 지켜야 합니다. 패업의 성사 여부는 이번 회의에 있습니다. 하왕夏王 계啓는 균대鈞臺에서 제후들을 모아 향연을 베풀었고 상商 탕湯은 경박景亳에서 명령을 내렸으며, 주周 무왕武王은 맹진孟津에서 서약을 맺었으며 성왕成王은 기양岐陽에서 제후를 모았으며 강왕康王은 풍궁酆宮에서 조견朝見을 받았고, 목왕穆王은 도산塗山에서 회맹을 가졌으며, 제齊 환공桓公은 소릉召陵에서 군사를 모았고, 진晉 문공文公은 천토踐土에서 맹약을 맺었습니다. 임금께서는 어떤 방법을 쓰시겠습니까? 송宋나라 상술向戌과 정나라 공손교公孫僑가 와 있는데 그들은 제후들 중 가장 훌륭한 신하입니다. 임금께서는 그들의 의견을 들어 선택하십시오."

영왕이 말하였다.

"나는 제 환공의 방법을 쓰겠소."

영왕은 사람을 보내 좌사左師(向戌)와 자산에게 예에 관한 자문을 구하였다.

좌사가 이렇게 말하였다.

"작은 나라에서 배운 대로 하여 큰 나라에 사용해 본 것인데 제가 어찌 모두 말씀을 드리지 않겠습니까?"

그리고는 공작公爵의 군주가 제후들을 모을 때의 여섯 가지 예를 일러 주었다.

자산은 이렇게 말하였다.

"작은 나라는 공경을 다해 그 직분을 수행하고 있는데 감히 작은 나라들이 지켜야 할 예를 말씀드리지 않겠습니까?"

그리고는 백작伯爵·자작子爵·남작男爵의 나라가 공작의 임금을 만날 때 지켜야 할 여섯 가지 예를 일러 주었다.

군자는 이렇게 말하였다.

"합좌사合左師 상술은 선대로부터의 예를 잘 지켰고 자산은 작은 나라의 임금을 훌륭히 보좌하였다."

영왕은 초거로 하여금 자신의 뒤에 있으면서 모임에서 혹 자신의 잘못이 있으면 고치도록 하였다. 그러나 끝날 때까지 고쳐준 일이 없었다.

영왕이 그 이유를 묻자 초거는 이렇게 대답하였다.

"이번의 예에서 제가 보지 못하였던 여섯 가지를 제가 어찌 고쳐드릴 수 있었겠습니까?"

송나라의 태자 좌佐가 늦게나마 도착하였으나 영왕은 무성武城에서 사냥을 하고 있어 오래도록 그를 만나지 못하였다.

초거가 영왕에게 그를 만나지 못함을 사과하여 일러주도록 청하였다.

영왕은 사람을 보내어 이렇게 전하도록 하였다.

"마침 무성에서 종조宗祧의 행사가 있습니다. 우리 임금께서 장차 그대의 예물을 종묘에 바쳐 올려드릴 것이며 감히 늦게 만나게 됨을 사과드릴 것입니다."

서徐나라 군주는 오吳나라 여인의 소생이었으므로 그가 두 마음을 가지고 있을 것이라 여겨 그 때문에 그를 신 땅에 붙잡아두었던 것이다.

영왕이 제후들에게 교만한 태도를 보이자 초거가 말하였다.

"무릇 여섯 왕과 두 공의 일은 모두 제후들에게 보여준 예로써 제후들은 그러한 예로 인해 명령을 받드는 것입니다. 그러나 하夏나라 걸왕桀王이 잉仍에서 제후들을 모았을 때 유민有緡이 배반하였었고, 상商의 주紂가 여려에서 제후들을 모았을 때는 동이東夷가 배반하였으며, 주周 유왕幽王이 태실太室에서 맹약을 맺을 때에는 융적戎狄이 배반하였습니다. 이는 모두가 교만한 태도를 보였기 때문에 제후들이 그 명령을 저버린 것입니다. 임금께서 지금 교만한 태도를 보이고 계시니 일이 제대로 될 수 없지 않겠습니까?"

영왕은 이 말을 따르지 않았다.

그러자 자산이 좌사 상술을 만나 말하였다.

"나는 초나라를 걱정거리로 여기지 않습니다. 교만할뿐더러 간언도 강퍅하게 물리치는 것을 보니 10년도 넘기지 못할 것입니다."

상술이 말하였다.

"그렇습니다. 그가 10년만 거만하게 굴지 않는다면 그의 악덕은 먼 곳까지 미치지 않을 것입니다. 그의 악덕이 먼 데까지 미치고 나서야 백성들로부터 버림을 받을 것입니다. 선한 일을 한다 해도 또한 이와 같아서 그 선덕善德이 먼 데까지 미쳐야만 흥하게 되는 것입니다."

【時祭】《史記》魯世家에는 "稱病不往"이라 하여 이곳과 다름.
【申】楚나라 지명. 지금의 河南 南陽현 북쪽 20리 申城.
【丙午】6월 16일.
【椒擧】伍擧. 楚나라 대부. 伍奢의 아버지이며 伍子胥의 할아버지. 〈孫叔敖碑〉에는 '五擧'로 되어 있음.
【夏啓】夏나라 啓王. 禹임금의 아들.
【鈞臺】지금의 河南 中部 禹縣 땅.《一統志》에 "鈞臺在禹縣城南十五里, 一稱夏臺"라 함.
【商湯】商(殷)의 시조 湯임금. 太乙로도 부름.
【景亳】지금의 河南 偃師 부근.《方輿紀要》에 "在今河南偃師縣西十四里"라 함. 한편《史記》殷本紀 正義에 "宋州北五十里大蒙城爲景亳, 湯所盟地, 因景山爲名. 河南偃師爲西亳, 帝嚳及湯所都, 盤庚亦徙都之"라 함.
【周武】周 武王(姬發). 武王은 두 번 孟津에서 회맹을 하였음.《尚書》太誓篇을 볼 것.
【孟津】지금의 河南 孟津 부근. 盟津이라고도 표기함.
【成】周 成王. 武王의 아들이며 어려서 왕위에 올라 周公의 섭정을 받음.
【岐陽之蒐】岐陽은 지금의 陝西 岐山縣. 杜預 注에 "周成王歸自奄, 大蒐於岐山之陽"이라 하였고,《國語》晉語(8)에도 "昔成王盟諸侯于岐陽"이라 함. '蒐'는 원래 천자의 봄 사냥으로 그 기회에 군사훈련을 겸하는 것. 여기서는 군사훈련을 하면서 제후들을 모아 회맹을 하였음을 뜻함.《司馬法》仁本篇에 "故國雖大, 好戰必亡; 天下雖安, 忘戰必危. 天下旣平, 天下大愷, 春蒐秋獼; 諸侯春振旅, 秋治兵, 所以不忘戰也"라 함.
【康】西周의 康王(姬釗).
【酆宮】지금의 陝西 鄠縣(戶縣).《一統志》에 "今陝西鄠縣東三十五里有酆宮"이라 함. 周 文王의 사당이 있던 곳임. 古書에 周 康王의 酆宮之朝는 기록이 없으며《竹書紀年》과 鄭樵의《通志》에만 이 사실이 실려 있음.
【穆】周 穆王. 穆天子로도 부르며 西周의 왕. 姬滿. 신화와 전설 등에 많은 일화를 남김.

【塗山】지금의 安徽 懷遠縣.《一統志》에 "在安徽省懷遠縣東南八里"라 함. 이 역시《竹書紀年》에 실려 있음.
【齊桓】齊 桓公. 小白. 春秋五霸의 首長.
【召陵之師】僖公 4년을 볼 것.
【晉文】晉 文公(重耳). 역시 春秋五霸의 하나.
【踐土之盟】僖公 28년을 볼 것.
【向戌】宋나라 대부. '向'은 성씨일 경우 '상'으로 읽음. 당시 左師 벼슬을 하였으며 合邑을 채읍으로 받아 '合左師'로도 부름. 宋之盟을 성사시킨 인물. 襄公 27년을 볼 것.
【公孫僑】子産. 子國(公孫成)의 아들. 子美. 鄭나라의 훌륭한 宰相이 되어 孔子가 자주 칭찬한 인물.
【獻公】向戌이 자신의 나라 宋은 公爵이었으므로 이렇게 말한 것. 杜預 注에 "其禮六儀也. 宋爵公, 故獻公禮"라 함.
【禮六】孔穎達 疏에 "不知六者何謂也"라 하여 구체적으로는 알 수 없음.
【規過】과실을 지적하여 바르게 고침.
【宋大子佐】宋 平公(成)의 아들로 뒤에 元公이 됨.
【武城】초나라 지명. 지금의 河南 南陽.
【宗祧】宗廟에 올리는 제사. 武城에 楚나라 종묘가 있었음.
【墮幣】服虔 注에 "墮, 輸也"라 하였고, 王念孫은 "言將輸受宋之幣於宗廟"라 함.
【六王二公】앞에서 말한 夏啓, 殷湯, 周武王, 成王, 康王, 穆王과 齊 桓公, 晉 文公을 가리킴.
【仍】任. 太昊 風姓의 후예. 지금의 山東 濟寧 부근에 있던 작은 나라.
【有緡】帝舜의 후예로 姚姓의 작은 나라. 지금의 山東 金鄕縣 동북 25리에 緡城阜가 있음. 昭公 11년에 "桀克有緡, 以喪其國"이라 하였음.
【黎】지금의 河南 黎城 부근. 東夷의 나라 이름.《韓非子》十過篇에 "紂爲黎丘之蒐, 而戎狄叛之"라 함.
【大室】산 이름. 嵩山의 太室峰.
【愎】《周書》諡法解 注에 "去諫曰愎"이라 함. 杜預 注에 "爲十三年楚弑其君傳"이라 하여 昭公 13년 靈王은 시해를 당하였으며 이를 미리 연관 지어 거론한 것임.

※ **1386(昭4-4)**

　秋七月, 楚子·蔡侯·陳侯·許男·頓子·胡子·沈子·淮夷伐吳, 執齊慶封, 殺之.
　遂滅賴.

　가을 7월, 초자楚子·채후蔡侯·진후陳侯·허남許男·돈자頓子·호자胡子·심자沈子·회이淮夷가 오吳나라를 쳐서 제齊나라 경봉慶封을 잡아서 죽였다.
　마침내 뇌賴를 멸하였다.

【慶封】齊나라 대부. 자는 子家. 그가 吳나라로 달아났던 사건은 襄公 28년을 볼 것.
【賴】賴國. 桓公 2년을 볼 것. 지금의 湖北 隨縣 동북 厲山店. 《公羊傳》에는 '厲'로 되어 있음.

㊉
　秋七月, 楚子以諸侯伐吳, 宋大子·鄭伯先歸, 宋華費遂·鄭大夫從. 使屈申圍朱方, 八月甲申, 克之, 執齊慶封而盡滅其族.
　將戮慶封, 椒擧曰: 「臣聞『無瑕者可以戮人』. 慶封唯逆命, 是以在此, 其肯從於戮乎? 播於諸侯, 焉用之?」
　王弗聽, 負之斧鉞, 以徇於諸侯, 使言曰: 「無或如齊慶封弑其君, 弱其孤, 以盟其大夫!」
　慶封曰: 「無或如楚共王之庶子圍弑其君, 兄之子麇, 而代之, 以盟諸侯!」
　王使速殺之.
　遂以諸侯滅賴.
　賴子面縛銜璧, 士袒, 輿櫬從之, 造於中軍.
　王問諸椒擧, 對曰: 「成王克許, 許僖公如是. 王親釋其縛, 受其璧, 焚其櫬.」

王從之.

遷賴於鄢.

楚子欲遷許於賴, 使鬪韋龜與公子棄疾城之而還.

申無宇曰:「楚禍之首將在此矣. 召諸侯而來, 伐國而克, 城, 竟莫校, 王心不違, 民其居乎? 民之不處, 其誰堪之? 不堪王命, 乃禍亂也.」

가을 7월, 초楚 영왕靈王 제후들을 이끌고 오吳나라를 칠 때, 송宋나라 태자와 정鄭 간공簡公은 먼저 귀국하고 송나라 화비수華費遂와 정나라 대부들이 그 싸움에 따라나섰다.

초왕이 굴신屈申에게 주방朱方을 포위하도록 하고, 8월 갑신甲申날 이를 함락시켜 제나라 경봉慶封을 잡아 그의 일족을 모두 죽였다.

장차 경봉을 죽이려 하자 초거椒擧가 말하였다.

"제가 듣기로 '흠이 없는 자라야 남을 죽일 수 있다'라 하였습니다. 경봉은 다만 군주의 명령을 어겼을 뿐입니다. 이 때문에 이곳으로 도망쳐 와 있는데 그를 어찌 죽이려 하십니까? 이는 우리의 흠을 제후들에게 퍼뜨리는 일인데 어찌 그런 일을 하십니까?"

영왕은 이를 듣지 않고 경봉에게 도끼를 지고 제후들에게 돌리며 그로 하여금 이렇게 말하도록 하였다.

"혹시라도 제나라의 경봉처럼 그의 군주를 죽이고 임금의 어린 아들을 약하다 여겨 대부들과 맹약하는 일은 없도록 하시오!"

그러자 경봉은 말을 바꾸었다.

"혹시라도 초 공왕共王의 서자 위圍처럼 그의 군주 형의 아들 균麇을 죽이고, 그 대신 왕이 되어 제후들과 맹약을 맺는 일 같은 것은 하지 말라!"

영왕은 곧바로 그를 죽이도록 하였다.

그리고 바로 제후들을 이끌고 뇌賴나라를 쳐서 무찔렀다. 뇌나라 군주는 두 팔을 뒤로 묶고 입에 구슬을 물고 항복하러 나서자 그 나라의 선비들은 저고리를 벗은 채 관을 끌고 군주의 뒤를 따라 중군中軍으로 나갔다.

이에 영왕이 초거에게 묻자 초거가 대답하였다.

"성왕成王께서 허許나라를 쳐서 이겼을 때 허 희공僖公이 이처럼 하였었습니다. 이에 성왕께서는 친히 그 결박을 풀어주고 구슬을 받아내고 나서 관은 불에 태우셨습니다."

영왕은 그 말대로 하였다.

그리고 뇌나라의 도읍을 언鄢 땅으로 옮겼다.

영왕은 허나라 도읍을 뇌로 옮기고자 투위구鬪韋龜와 공자 기질棄疾로 하여금 그곳에 성을 쌓도록 하고 귀환하였다.

신무우申無宇는 이렇게 말하였다.

"초나라 화禍의 시작은 여기에 있다. 제후들을 소집하여 모두들 왔고, 다른 나라를 쳐서 이겼으며, 국경에 성을 쌓는데도 막는 자가 없었다. 초왕의 욕심을 거역함이 없었으니 백성들이 그러한 곳에 살 수 있겠는가? 백성들이 제자리에 안심하고 살지 못하니 그 누가 왕명을 감당해 낼 수 있겠는가? 왕명을 견뎌내지 못하면 이에 환란이 생기는 법이다."

【伐吳】靈王이 申에서 제후들과 회맹하고 곧바로 제후들 군사를 이끌고 자신에게 굴복하지 않고 있던 吳나라를 친 것. 당시 吳나라 군주는 夷末이었음.
【宋大子】宋 太子 佐. 뒤에 元公이 됨.
【華費遂】宋나라 대부. 원공 때 司馬를 지냄.
【屈申】楚나라 대부. 屈蕩의 아들.
【朱方】吳나라 읍. 지금의 江蘇 鎭江市 丹徒鎭. 齊나라의 慶封이 吳나라로 가서 이곳에 정착하였던 일은 襄公 28년을 볼 것.
【以盟其大夫】杜預 注에 "齊崔杼弒君, 慶封其黨也, 故以弒君罪責之"라 함.
【共王】楚 共王(審). 康王(昭)과 靈王(熊虔)의 아버지. B.C.590~560년까지 31년간 재위하고 康王(昭)이 이었으며 그 뒤를 康王의 아들 郟敖(麇)가 이었으나 王子 圍(熊虔, 靈王)에게 시해를 당함.
【庶子圍】楚나라 靈王. 처음 이름은 圍였으나 왕위에 오른 다음 본래 이름 熊虔으로 불림. 康王의 異腹 아우.
【麇】楚王 郟敖. 康王의 아들. B.C.544~541년까지 4년간 재위하고 靈王(圍, 熊虔)에게 시해를 당함.
【賴】나라 이름으로 지금의 湖北 隨縣 紀南城에 있었음.
【面縛銜璧】팔을 뒤로 묶고 입에는 죽은 이에게 물리는 구슬을 물고 나섬. 죄를 인정하거나 항복할 때의 모습.

【輿櫬】 관을 수레에 싣고 그 뒤를 따름. 자신들의 왕이 죽으면 장례를 치르겠다는 뜻.
【中軍】 杜預 注에 "中軍, 王所將"이라 함.
【椒擧】 伍擧. 楚나라 대부. 伍奢의 아버지이며 伍子胥의 할아버지. 〈孫叔敖碑〉에는 '五擧'로 되어 있음.
【成王】 이름은 頵. B.C.671~626년까지 46년간 재위하고 穆王(商臣)이 그 뒤를 이음.
【許】 許나라가 楚나라에게 망할 때 군주는 許 僖公이었음. 이 사건은 僖公 6년을 볼 것. 許나라는 원래 鄭나라의 남쪽에 있었으며 도읍은 지금의 河南 許昌 부근이었음. 당시 초나라에 속해 있었음. 이에 靈王은 허나라를 옛 賴나라 땅으로 옮기려 하였음.
【鬪韋龜】 楚나라 대부. 鬪子文의 玄孫.
【棄疾】 公子 棄疾. 楚 共王(審)에게는 총애하는 다섯 아들이 있었으며 康王(昭), 靈王(公子 圍, 熊虔), 公子 比(子干), 公子 黑肱(子晳), 공자 棄疾이었음. 형 靈王에 의해 蔡나라를 멸망시킨 다음 蔡나라를 다스리는 총책의 임무를 맡아 '蔡公'이라 불림. 그 뒤 형 靈王(熊虔)이 乾谿에 있는 동안 觀從의 모책에 의해 두 형 子干(比)과 子晳(黑肱)을 앞세우고 蔡나라로부터 군사를 이끌고 귀국하여 내란을 일으켜 성공함. 두 형 子干(比)과 子晳(黑肱)까지 자결토록 하고 왕위에 오름. 이가 平王이며 이름을 熊居로 바꿈. B.C.528~516년까지 13년간 재위하고 昭王(軫)이 그 뒤를 이음. 昭公 13년을 볼 것. 子南의 아들 棄疾과는 同名異人임.
【申無宇】 楚나라 대부. 芋尹.
【竟莫校】 '竟'은 '境'과 같음. '校'는 '挍'와 같음. 자신들 국경에 성을 쌓고 있는데도 제후들이 이에 맞서거나 이의를 제기하지 않음.
【居】 生業에 安居함을 뜻함.

※ 1387(昭4-5)

九月, 取鄫.

9월, 증鄫 땅을 차지하였다.

【取】杜預 注에 "傳例曰, 克邑不用師徒曰取"라 함.
【鄫】나라 이름. 鄫은 鄭나라의 읍으로 지금의 河南 睢縣에 속하는 땅이었음. 鄫나라는 姒姓으로 지금의 山東 嶧縣에 있었음. 여기서는 증나라가 있었던 읍을 말함. 鄫나라는 襄公 6년에 莒나라에게 멸망당해 莒나라에 복속되었으나 이해에 莒나라를 배반하고 노나라를 섬겼음.

㊀
九月, 取鄫, 言易也.
莒亂, 著丘公立而不撫鄫, 鄫叛而來, 故曰取.
凡克邑, 不用師徒曰取.

9월, 증鄫나라 땅을 취하였다고 한 것은 쉽게 차지하였음을 말한다.
거莒나라의 혼란에 빠져 저구공著丘公이 즉위하고 나서도 증나라를 제대로 다스리지 못하자, 증나라는 거나라를 배반하고 노나라로 다가왔다. 그 때문에 취하였다고 기록한 것이다.
무릇 외국의 읍을 취하면서 군사를 이용하지 않았을 때에는 '取'라 한다.

【著丘公】鄫나라에 새로 들어선 군주.

㊀
鄭子産作〈丘賦〉, 國人謗之, 曰:「其父死於路, 己爲蠆尾, 以令於國, 國將若之何?」
子寬以告, 子産曰:「何害? 苟利社稷, 死生以之. 且吾聞『爲善者不改其度, 故能有濟也』. 民不可逞, 度不可改.《詩》曰:『禮義不愆, 何恤於人言?』吾不遷矣.」
渾罕曰:「國氏其先亡乎! 君子作法於凉, 其敝猶貪. 作法於貪, 敝將若之何? 姬在列者, 蔡及曹·滕其先亡乎! 偪而無禮. 鄭先衛亡, 偪而無法. 政不率法, 而制於心. 民各有心, 何上之有?」

정鄭나라 자산子産이 〈구부법丘賦法〉을 제정하자 나라 사람들이 그를 이렇게 비방하였다.

"그의 아버지는 길거리에서 죽더니 자신은 전갈의 꼬리가 되어 백성을 호령하니 나라가 장차 어찌 될 것인가?"

자관子寬이 이를 자산에게 전하자 자산은 이렇게 말하였다.

"무슨 방해가 되겠습니까? 진실로 사직을 이롭기만 하다면 생사에 관계없이 이를 행할 것입니다. 게다가 내 듣기로 '선을 행하는 자는 그 법도를 바꾸지 않기 때문에 능히 성사시킬 수 있는 것'이라 하였소. 백성은 뜻대로 할 수 있도록 둘 수 없고 법도는 마구 바꾸는 것이 아닙니다. 《시》에 '예와 의에 허물 살 일 없는데 어찌 남의 말을 걱정하리오?'라 하였습니다. 나는 뜻을 바꾸지 않을 것입니다."

혼한渾罕(子寬)은 이렇게 말하였다.

"국씨國氏가 가장 먼저 망할 것이다! 군자가 법을 정하면서 가볍게 시작해도 그 결과는 오히려 탐욕을 부리게 마련인데 탐욕에 기준을 두고 법을 정하니 그 결과가 장차 어찌 되겠는가? 희성姬姓의 제후국으로는 채蔡·조曹·등滕나라가 먼저 망하리라! 이들은 큰 나라의 압박을 받으면서도 무례하다. 정나라는 위衛나라보다 먼저 망할 것이다. 정나라는 큰 나라의 압박을 받으면서도 바른 법을 시행하지 않고 있다. 정치가 법을 따라가지 않고 마음대로 제도를 만들고 있다. 백성들도 각기 자신의 마음대로 할 것이니 어찌 윗사람의 존재를 인정하겠는가?"

【子産】公孫僑. 子國(公孫成)의 아들. 子美. 鄭나라의 훌륭한 宰相이 되어 孔子가 자주 칭찬한 인물.

【丘賦】軍備를 위한 稅法. 丘는 고대 행정구역 단위. 9夫는 1井, 4정이 1邑, 4읍이 1丘가 되었음. 혹은 매 16井마다 말 1필과 소 3두를 공출하는 제도였다 함.

【其父死於路】襄公 10년의 尉氏의 亂에 子産의 아버지 子國이 조정에서 죽음을 당하였음.

【蠆尾】전갈의 꼬리. 꼬리에 심한 독이 있음. 《孝經緯》에 "蜂蠆垂芒, 其毒在後"라 함.

【子寬】鄭나라 대부. 渾罕.

【詩】《詩經》에 들지 않은 逸詩의 구절. 그러나 《荀子》正名篇에도 이 시가 인용되어 "長夜漫兮, 永思騫兮. 大古之不慢兮, 禮義之不愆兮, 何恤人之言兮?"라 함.
【涼】가벼움. 杜預 注에 "涼, 薄也"라 함.
【敝】그 결과. 後果.

㊉

冬, 吳伐楚, 入棘·櫟·麻, 以報朱方之役.
楚沈尹射奔命於夏汭, 葴尹宜咎城鍾離, 薳啓彊城巢, 然丹城州來.
東國水, 不可以城. 彭生罷賴之師.

겨울, 오吳나라가 초楚나라를 공략하여 극棘·역櫟·마麻읍으로 쳐들어가 주방朱方의 싸움에 보복을 하였다.
초나라 심윤沈尹 석射은 하예夏汭에서 방어하기에 분주하였고, 침윤葴尹 의구宜咎는 종리鍾離에 성을 쌓았으며, 위계강薳啓彊은 소巢에 성을 쌓았고, 연단然丹은 주래州來에 성을 쌓았다.
동쪽 나라 땅은 물이 많은 곳이라 성을 쌓을 수가 없었다.
팽생彭生은 뇌賴 땅에서 군사들의 작업을 멈추었다.

【棘】楚나라 지명. 湖北 壽春 동쪽.
【櫟】'栗'의 假借라 하였으며 《一統志》에 "栗縣故城, 不今夏邑縣治"라 함.
【麻】楚나라 지명. 지금의 安徽 碭山縣 동북 麻城集.
【朱方之役】앞서 가을 楚 靈王이 제후의 군사들을 이끌고 吳나라 朱方을 침략했던 사건.
【沈尹射】'沈'은 고대 沈國. 지금의 安徽 臨泉縣. 뒤에 楚나라에게 망하여 읍이 되었으며 그곳 지방 장관의 이름이 '射'(석)이었음.
【夏汭】지금의 安徽 鳳臺縣 부근의 肥水 유역을 말함.
【葴尹】葴 고을 장관. 〈阮刻本〉에는 '箴尹'으로 되어 있음.
【宜咎】陳나라의 대부였던 鍼宜咎. 그는 襄公 24년 楚나라로 달아났었음. 杜預 注에 "宜咎本陳大夫, 襄二十四年奔楚"라 함.

【鍾離】지금의 安徽 鳳陽縣 부근.
【薳啓彊】楚나라 대부. 당시 太宰였음.
【巢】居巢. 지금의 安徽 壽縣 남쪽 1백리.
【然丹】鄭나라 穆公의 손자. 子革, 鄭丹으로도 불림. 襄公 19년 楚나라로 망명하였음. 杜預 注에 "然丹, 鄭穆公孫, 襄十九年奔楚"라 함.
【州來】安徽 鳳臺縣.
【東國】楚나라 동쪽 일대. 楚나라와 吳나라의 국경지대였음.
【彭生】楚나라 대부 鬪韋龜.

※ 1388(昭4-6)

冬十有二月乙卯, 叔孫豹卒.

겨울 12월 을묘날, 숙손표叔孫豹가 죽었다.

【乙卯】12월 28일.
【叔孫豹】魯나라 대부. 叔孫僑如의 아우. 叔孫穆叔. 叔孫. 叔孫穆子 등으로도 불림.

傳
初, 穆子去叔孫氏, 及庚宗, 遇婦人, 使私爲食而宿焉.
問其行, 告之故, 哭而送之.
適齊, 娶於國氏, 生孟丙·仲壬.
夢天壓己, 弗勝, 顧而見人, 黑而上僂, 深目而豭喙, 號之曰:「牛! 助余!」
乃勝之.
旦而皆召其徒, 無之. 且曰:「志之!」

及宣伯奔齊, 饋之.
宣伯曰:「魯以先子之故, 將存吾宗, 必召女. 召女, 何如?」
對曰:「願之久矣.」
魯人召之, 不告而歸.
旣立, 所宿庚宗之婦人獻以雉.
問其姓, 對曰:「余子長矣, 能奉雉而從我矣.」
召而見之, 則所夢也.
未問其名, 號之曰:「牛!」曰:「唯!」
皆召其徒使視之, 遂使爲豎.
有寵, 長使爲政.
公孫明知叔孫於齊, 歸, 未逆國姜, 子明取之, 故怒, 其子長而後使逆之.
田於丘蕕, 遂遇疾焉.
豎牛欲亂其室而有之, 強與孟盟, 不可.
叔孫爲孟鐘, 曰:「爾未際, 饗大夫以落之.」
旣具, 使豎牛請日.
入, 弗謁; 出, 命之日.
及賓至, 聞鐘聲.
牛曰:「孟有北婦人之客.」
怒, 將往, 牛止之.
賓出, 使拘而殺諸外.
牛又強與仲盟, 不可.
仲與公御萊書觀於公, 公與之環, 使牛入示之.
入, 不示; 出, 命佩之.
牛謂叔孫,「見仲而何?」
叔孫曰:「何爲?」
曰:「不見, 旣自見矣, 公與之環而佩之矣.」
遂逐之, 奔齊.
疾急, 命召仲, 牛許而不召.

杜洩見, 告之飢渴, 授之戈.
對曰:「求之而至, 又何去焉?」
豎牛曰:「夫子疾病, 不欲見人.」
使寘饋于个而退.
牛弗進, 則置虛命徹.
十二月癸丑, 叔孫不食; 乙卯, 卒.
牛立昭子而相之.
公使杜洩葬叔孫, 豎牛賂叔仲昭子與南遺, 使惡杜洩于季孫而去之.
杜洩將以路葬, 且盡卿禮.
南遺謂季孫曰:「叔孫未乘路, 葬焉用之? 且冢卿無路, 介卿以葬, 不亦左乎?」
季孫曰:「然.」
使杜洩舍路.
不可, 曰:「夫子受命於朝而聘於王, 王思舊勳而賜之路, 復命而致之君. 君不敢逆王命而復賜之, 使三官書之. 吾子爲司徒, 實書名; 夫子爲司馬, 與工正書服; 孟孫爲司空以書勳. 今死而弗以, 是棄君命也. 書在公府而弗以, 是廢三官也. 若命服, 生弗敢服, 死又不以, 將焉用之?」
乃使以葬.
季孫謀去中軍, 豎牛曰:「夫子固欲去之.」

당초, 숙손목자叔孫穆子가 숙손씨叔孫氏 가문을 떠나 경종庚宗에 이르렀을 때 한 부인을 만나 사사롭게 그 부인으로 하여금 밥을 짓게 하고 함께 밤을 보내게 되었다.

부인이 그에게 가는 곳을 묻자 그는 사실대로 일러 주었다. 그랬더니 그 여인은 울면서 그를 전송하였다.

그는 제齊나라로 가서 국씨國氏 집안의 아내를 맞이하여 맹병孟丙과 중임仲壬을 낳았다.

그러던 어느 날 꿈에 하늘이 자신을 짓눌러 밀쳐낼 수가 없었다. 둘러

보았더니 사람이 보였는데 검은 모습에 어깨가 굽어 앞으로 튀어 나왔으며 눈은 깊이 패어 있고 돼지주둥이와 같은 입술이었다. 그는 소리쳐 불렀다.

"우牛야! 나 좀 도와다오!"

그리하여 하늘을 밀어 올려 살아날 수 있었다.

아침이 되어 그는 집안사람들을 모두 불러 모았으나 꿈에서 본 사람과 닮은 자는 없었다. 그는 이렇게 말하였다.

"꿈에 본 그런 모습을 기억해 두어라!"

그의 형 선백宣伯도 제나라로 망명해 오자 숙손목자는 그에게 먹을 것을 제공하였다.

그러자 선백이 이렇게 말하였다.

"노나라는 우리 선친의 공을 생각하여 장차 우리 가문을 그대로 존속시킬 것이며 틀림없이 너를 부를 것이다. 너를 부르면 어찌 하겠느냐?"

숙손목자가 대답하였다.

"저는 그렇게 되기를 원해온 지 오래입니다."

과연 노나라가 숙손목자를 부르자 그는 형 선백에게 알리지도 않고 본국으로 돌아갔다.

이윽고 종경이 되자 지난날 경종에서 묵었던 곳의 부인이 와서 꿩을 바쳤다.

목자가 부인에게 아들에 대해 물었더니 부인이 대답하였다.

"제 아들이 이제 다 커서 꿩을 잡아 드릴 수 있게 되었고 저를 따라 함께 왔습니다."

그가 그 아들을 불러 만나보았더니 지난날 꿈에서 본 그 모습이었다.

그는 이름을 묻지도 않고 "우牛야!"라고 불렀더니 그는 "예!"하고 대답하는 것이었다.

그는 집안사람들을 다 불러 그를 살펴보게 한 다음 드디어 그를 자신 곁에 두는 어린 신하로 삼았다.

그는 이 아들을 사랑하여 어른이 되자 가문을 맡아 다스리도록 하였다.

공손명公孫明은 숙손목숙이 제나라에 있을 때 그와 알고 지내는 사이였다. 그런데 숙손목숙이 노나라로 돌아가면서 아내 국강國姜을 데려가지 않자 그를 취하여 아내로 삼아버렸다. 이 일로 목숙은 노하여 두 아들이 자라자 사람을 보내어 아들들을 맞아 오도록 하였다.

목숙이 구유丘蕕에서 사냥을 하다가 그만 병이 나고 말았다.

수우豎牛는 그의 집안을 혼란에 빠뜨려 이를 차지하고자 맹병에게 복종의 맹세를 하도록 강요하였으나 맹병은 거부하였다.

그때 목숙은 아들 맹병을 위해 종鐘을 만들면서 이렇게 말하였다.

"너는 아직 노나라 대부들과 교제가 없었으니 대부들에게 잔치를 베풀면서 이 종을 만들었음을 알리도록 하라."

이윽고 모든 것이 갖추어지자 수우로 하여금 아버지께 날짜를 여쭙도록 하였다.

그러나 수우는 목자에게 들어가 날짜에 대한 것은 알리지도 않은 채 나와 제멋대로 날짜를 말하였다.

그날이 되어 빈객들이 이르러 종소리를 듣게 되었다.

그때 수우는 이렇게 말하였다.

"맹병이 북쪽에 계시는 어머니 부인 국강이 보내신 손님을 맞이하는 중입니다."

이에 목숙이 노하여 빈객들에게 가려 하자 수우가 저지하였다.

빈객들이 모두 돌아가자 사람을 시켜 맹병을 묶어 집밖에서 죽이도록 하였다.

수우는 다시 중임에게 복종의 맹세를 강요하였으나 중임도 거부하였다.

중임은 공어公御 담당의 내서萊書와 친하여 함께 궁 안을 둘러보곤 하였다. 임금이 그에게 옥환玉環을 주자 중임은 수우로 하여금 이를 아버지에게 보여드리도록 하였다.

수우는 들어가 옥환은 보여주지 않고 나와 중임에게 옥환을 차고 다니도록 명하였노라 하였다.

그러고 나서 수우가 목숙에게 이렇게 말하였다.

"중임을 임금께 뵙게 하시면 어떨까요?"

목숙이 말하였다.

"어찌 그렇게 생각하느냐?"

수우가 말하였다.

"정식으로 뵙게 하지 않으셨음에도 그는 이미 스스로 찾아가 뵈었습니다. 그리하여 임금께서 그에게 옥환을 주셨으며 그는 이를 차고 다니고 있습니다."

그리하여 드디어 그를 축출하였으며 중임은 제나라로 달아났다.

목숙은 병이 위독해지자 중임을 불러들이도록 명하였다. 그러나 우는 이를 허락하고는 그를 부르지 않았다.

두설杜洩이 목숙을 뵙자 목숙은 그에게 배가 고프고 목이 마르다고 호소하면서 그에게 창을 주었다.

그러자 두설이 말하였다.

"그를 찾아 그가 오도록 해 놓고 이제 와서 다시 그를 내쫓으려 하십니까?"

수우는 이를 알고 이렇게 말하였다.

"어른께서는 병세가 위중하셔서 사람을 만나려 하지 않으십니다."

그리고는 사람들이 목숙에게 가져온 음식을 방 앞 행랑채에 놓고 물러가도록 하였다.

수우는 이를 목숙에게 올리지 않은 채 그릇을 비운 다음 이를 치우도록 하였다.

12월 계축癸丑날부터 목숙은 아무것도 먹지 못하여 사흘 만인 을묘乙卯날에 세상을 떴다.

수우는 소자昭子를 후계자로 삼아 자신이 그를 돌보겠다고 나섰다.

소공이 두설로 하여금 숙손목숙의 장례를 치르도록 하였다. 그러자 수우는 숙중소자叔仲昭子와 남유南遺에게 뇌물을 주어 계손씨季孫氏에게 두설을 악담하여 제거하도록 하였다.

그때 두설은 대로大路라는 큰 수레를 이용하여 장례를 치러 경卿의 장례 예절을 모두 갖추었다.

그러자 남유가 계손씨에게 말하였다.

"숙손씨 가문은 대로를 사용한 적이 없었는데 장례식에 어찌 이를 사용합니까? 게다가 총경冢卿도 대로를 쓰지 않는데 개경介卿을 이로써 장례를 지내는 것은 그릇된 것이 아닙니까?"

계손씨가 말하였다.

"그렇소."

그리하여 두설로 하여금 대로를 쓰지 말도록 하였다.

두설은 이를 거부하여 이렇게 말하였다.

"그분은 조정으로부터 명을 받고 천자를 예방하였을 때 천자께서는 그의 옛 공로를 생각하시어 대로를 하사하셨습니다. 돌아와 복명하시며 이를 임금께 드렸던 것입니다. 그러자 임금께서는 천자의 명을 감히 어길 수 없다고 여겨 다시 이를 하사하시며 삼관三官으로 하여금 이를 기록해두도록 하셨습니다. 당시 그대는 사도司徒로서 실제 그 이름을 기록하셨고, 돌아가신 어른은 사마司馬로서 공정工正과 함께 거복車服의 품명을 기록하였으며, 맹손孟孫께서는 사공司空으로서 그분의 공훈을 기록하셨습니다. 이제 그분이 돌아가셨다고 이를 사용하지 않는 것은 임금의 명령을 저버리는 것이며 동시에 삼관의 기록을 폐기하는 것이 됩니다. 임금께서 쓰도록 명하신 물품을 살아서도 감히 사용하지 못하고 죽어서도 쓰지 못한다면 이를 어디에 쓰라는 것입니까?"

이에 그대로 장례에 쓰도록 하였다.

그 뒤에 계손씨가 중군中軍 제도를 폐할 것을 계획하자 수우가 말하였다.

"돌아가신 어른께서도 실로 중군을 없애고자 하셨었습니다."

【叔孫穆子】叔孫豹. 魯나라 대부. 叔孫僑如의 아우. 叔孫穆叔. 叔孫. 叔孫穆子 등으로도 불림. 아버지 叔孫得臣이 죽고 叔孫僑如가 宗卿이 되었으나 成公의 어머니 穆姜과 사통하며 季孫行父와 孟孫蔑을 제거하려 하였음. 成公 16년을 참조할 것. 그 뒤 齊나라로 망명함.

【庚宗】지금의 山東 泗水縣.《彙纂》에 "今山東泗水縣東有庚宗亭, 與費縣接界"라 함.

【婦人】《孔子家語》에도 이 고사가 실려 있으며 '寡婦'로 되어 있음. 叔孫豹의 外妻가 되어 '牛'를 낳음.

【孟丙·仲壬】叔孫豹가 齊나라로 망명하여 國氏 부인(國姜)과의 사이에 난 두 아들.

【上僂】어깨와 목 부분 사이가 앞으로 굽어 튀어나옴. 佝僂의 형태를 뜻함.

【豭喙】수퇘지 주둥이와 같음. 杜預 注에 "口象豬"라 함.
【牛】자신도 모르는 이름을 꿈속에서 부른 것. 실제 寡婦와 사이에 난 아들이었음.
【宣伯奔齊】叔孫穆子는 成公 16년에 齊나라로 갔음. 그의 형 叔孫宣伯이 齊나라로 달아난 것도 같은 해였음. 杜預 注에 "宣伯, 僑如, 穆子之兄. 成十六年奔齊. 穆子饋宣伯"이라 함.
【先子】先考. 叔孫 형제의 아버지는 莊叔得臣으로 魯 桓公의 아들이며 노나라에 많은 공헌을 하였음. 杜氏《世譜》에 "莊叔得臣生宣伯僑如及叔孫豹"라 함.
【不告而歸】穆叔이 형 僑如에게 알리지 않은 채 귀국함. 이때 僑如는 이미 齊나라 盛孟子와 사통하고 있어 穆叔은 매우 못마땅히 여기고 있었음.
【雉】古禮에 선비를 부르면 선물로 꿩을 준비하였음. 따라서 穆叔이 庚宗의 과부 사이 난 아들을 부른 것이며 그 부인이 꿩과 아이를 데리고 찾아간 것으로 보임.
【問其姓】《廣雅》와《小爾雅》에 모두 "姓, 子也"라 함. 아들을 뜻함.
【豎】'竪'로도 표기하며 원래는 '더벅머리 어린애'라는 뜻으로 곁에서 잔심부름을 하는 小子. 杜預 注에 "豎, 小臣"이라 하였고,《周禮》天官 序官 內豎 注에는 "豎, 未冠者之官名"이라 하였으며 段玉裁는 "豎之言孺也"라 함. 한편 이 때문에 여기서의 '牛'를 '豎牛'로도 부름.
【公孫明】齊나라 대부 子明. 杜預 注에 "公孫明, 齊大夫子明也. 與叔孫相親知"라 함.
【國姜】叔孫穆叔이 齊나라에서 맞이하여 孟丙과 仲壬을 낳았던 부인. 성은 國氏이고, 제나라 군주의 성이 姜이었음. 국씨는 公室에서 갈려진 씨족이었음.
【丘蕕】노나라 지명. 불명.
【未際】교제를 한 적이 없음. 孟丙을 叔孫氏 가문의 후계로 삼고자 한 것임.
【落】종을 만든 다음 소나 돼지, 양이나 닭의 피를 바르는 것을 '釁'이라 함. 孟子 梁惠王(上) 참조. 그 뒤 이를 종묘에 안치하고 빈객을 초청하여 연회를 베푸는 것을 '落'이라 함. 이로써 孟丙을 후계자로 확정하고자 한 것임.
【請日】수우가 아버지 목숙의 심부름 전담이었으므로 孟丙이 그에게 아버지께 날짜를 여쭙도록 한 것임.
【北婦人之客】'北'은 북쪽 齊나라. 婦人은 孟丙의 어머니 國姜. '客'은 公孫明을 가리킴. 수우가 '맹병이 공손명을 빈객으로 초청하였다'고 거짓으로 말하여 목숙으로 하여금 노하도록 계략을 꾸민 것임.

【使拘而殺諸外】 수우가 거짓으로 목숙의 명령이라 하며 맹병을 묶어 밖에서 살해하도록 한 것임.
【公御】 魯 昭公의 수레를 부리는 담당자.
【萊書】 公御의 이름이며 仲壬과 가까운 친구.
【觀】 仲壬이 친구 萊書를 따라 궁중으로 들어가 궁궐을 游觀함.
【見仲而何】 '仲壬을 군주께 뵙게 하면 어떠할까요?'의 뜻으로 목숙이 중임을 후계로 결정하고자 임금께 미리 안면을 터놓을 것을 건의한 것이며 이미 중임이 독단적으로 임금을 만났음을 죄로 씌울 계략이었음.
【不見, 旣自見矣】 목숙이 직접 임금께 소개를 시키지 않더라도 그는 이미 임금을 만나고 다니며 옥환까지 얻어 차고 다니고 있으니 차라리 정식 소개를 시키는 것이 낫다는 뜻.
【遂逐之】 아버지의 뜻에 관계없이 자신의 병중에 중임이 공공연히 나서서 후계 노릇을 하고 있음을 불쾌히 여겨 그를 축출한 것. 그러나 《韓非子》 內儲說(上)에는 "叔孫怒而殺壬"이라 하여 仲壬을 죽인 것으로 되어 있음.
【杜洩】 叔孫氏의 家宰. 杜預 注에 "杜說, 叔孫氏宰也. 牛不食叔孫, 叔孫怒, 欲使杜說殺之"라 하여 목숙이 그로 하여금 수우를 죽여 없애도록 창을 준 것임.
【又何去焉】 "수우를 불러 총애하여 놓고 다시 그를 죽이려 하는가"의 뜻. 杜預 注에는 "蓋杜洩力不能去, 設辭以免"이라 하였으나 楊伯峻은 "言叔孫嘗求牛其人, 牛已至, 又何故去之. 蓋杜說憤懣語"라 하였음.
【个】 방 앞의 양쪽 행랑채 곁방. 杜預 注에 "个, 東西廂"이라 함.
【癸丑】 12월 26일. 사흘을 절식한 뒤 乙卯(28)날에 죽음.
【昭子】 叔孫穆子의 庶子. 이름은 叔孫婼.
【叔仲昭子】 魯나라 대부. 叔仲帶.
【南遺】 季孫氏의 家臣.
【路】 大路. 수레. 杜預 注에 "路, 王所賜叔孫車"라 함.
【冢卿】 卿 가운데 가장 높은 卿. 季孫氏를 가리킴.
【介卿】 冢卿보다 한 단계 낮은 경.
【左】 '邪, 不正'과 같음. 그릇됨. 잘못됨.
【聘於王】 杜預 注에 "在襄二十四年. 夫子謂叔孫"이라 함.
【不敢逆王名】 《禮記》 玉藻에 "君賜車馬, 乘以拜賜; 衣服, 服以拜賜. 君未有命, 不敢卽乘服也"라 하였고, 鄭玄 注에 "謂卿大夫受賜於天子者, 歸必致於其君, 君有命乃服之"라 함.

【三官】司徒, 司馬, 司空을 가리킴.
【吾子爲司徒】季孫氏를 가리킴.
【工正】벼슬 이름.
【服】穆叔이 천자를 뵙고 하사받은 의복들.
【中軍】魯나라가 三軍을 둔 것은 襄公 11년이었음. 中軍은 叔孫氏가 관장하던 군 조직으로 季孫氏가 이를 폐지하여 자신의 권력을 키우고자 한 것임.
【夫子固欲去之】杜預 注에 "誣叔孫以媚於季孫"이라 하여 季孫에게 빌붙고자 거짓말을 한 것임. 그러나《韓非子》內儲說(上)에는 "叔孫已死, 豎牛因不發喪也, 徙其府庫重寶, 空之而奔齊"라 하여 내용이 다름.

186. 昭公 5年(B.C.537) 甲子

周	景王(姬貴) 8년	齊	景公(杵臼) 11년	晉	平公(彪) 21년	衛	襄公(惡) 7년
蔡	靈公(般) 6년	鄭	簡公(嘉) 29년	曹	武公(滕) 18년	陳	哀公(溺) 32년
杞	文公(益姑) 13년	宋	平公(成) 39년	秦	景公(后伯車) 40년	楚	靈王(虔) 4년
吳	夷末 7년	許	悼公(買) 10년				

※ 1389(昭5-1)

五年春王正月, 舍中軍.

5년 봄 주력 정월, 노나라가 중군中軍 제도를 폐지하였다.

【中軍】魯나라가 三軍을 둔 것은 襄公 11년이었음. 中軍은 叔孫氏가 관장하던 군 조직으로 季孫氏가 이를 폐지하여 자신의 권력을 키우고자 한 것이며 豎牛가 이에 동조하였음. 杜預 注에 "襄十一年始立中軍"이라 함.

㊉
五年春王正月, 舍中軍, 卑公室也.
毀中軍于施氏, 成諸臧氏.
初, 作中軍, 三分公室, 而各有其一.
季氏盡征之, 叔孫氏臣其子弟, 孟氏取其半焉.

及其舍之也, 四分公室, 季氏擇二, 二子各一, 皆盡征之, 而貢于公.
以書使杜洩告於殯, 曰:「子固欲毀中軍, 旣毀之矣, 故告.」
杜洩曰:「夫子唯不欲毀也, 故盟諸僖閎, 詛諸五父之衢.」
受其書而投之, 帥士而哭之.
叔仲子謂季孫曰:「帶受命於子叔孫曰:『葬鮮者自西門.』」
季孫命杜洩, 杜洩曰:「卿喪自朝, 魯禮也. 吾子爲國政, 未改禮而又遷之. 羣臣懼死, 不敢自也.」
旣葬而行.
仲至自齊, 季孫欲立之.
南遺曰:「叔孫氏厚, 則季氏薄. 彼實家亂, 子勿與知, 不亦可乎?」
南遺使國人助豎牛以攻諸大庫之庭, 司宮射之, 中目而死.
豎牛取東鄙三十邑以與南遺.
昭子卽位, 朝其家衆, 曰:「豎牛禍叔孫氏, 使亂大從, 殺適立庶; 又披其邑, 將以赦罪, 罪莫大焉. 必速殺之!」
豎牛懼, 奔齊.
孟·仲之子殺諸塞關之外. 投其首於寧風之棘上.
仲尼曰:「叔孫昭子之不勞, 不可能也. 周任有言曰:『爲政者不賞私勞, 不罰私怨.』《詩》云,『有覺德行, 四方順之.』」
初, 穆子之生也, 莊叔以周易筮之, 遇〈明夷〉☷之〈謙〉☷, 以示卜楚丘.
楚丘曰:「是將行, 而歸爲子祀. 以讒人入, 其名曰牛, 卒以餒死. 〈明夷〉, 日也, 日之數十, 故有十時, 亦當十位. 自王已下, 其二爲公, 其三爲卿. 日上其中, 食日爲二, 旦日爲三. 〈明夷〉之〈謙〉, 明而未融, 其當旦乎, 故曰『爲子祀』. 日之〈謙〉, 當鳥, 故曰『明夷于飛』. 明而未融, 故曰『垂其翼』. 象日之動, 故曰『君子于行』. 當三在旦, 故曰『三日不食』. 離, 火也; 艮, 山也. 離爲火, 火焚山, 山敗. 於人爲言. 敗言爲讒, 故曰『有攸往. 主人有言』, 言必讒也. 純離爲牛, 世亂讒勝, 勝將適離, 故曰『其名曰牛』. 謙不足, 飛不翔, 垂不峻, 翼不廣. 故曰『其爲子後乎』. 吾子, 亞卿也; 抑少不終.」

5년 봄 정월, 노나라가 중군中軍을 폐지하였는데 이는 공실公室을 약하게 하기 위함이었다.

중군을 없애자는 것은 시씨施氏에서 발의가 시작되었고 장씨臧氏에 의해 결정이 났다.

당초, 중군을 두었을 때는 공실을 셋으로 나누어 각기 하나의 군을 통솔하였다.

그리하여 계씨季氏는 자신의 관할의 모든 사람을 자신의 지배하에 두었고, 숙손씨叔孫氏는 자신의 관할 사람들의 자제를 모두 가신으로 삼았으며, 맹씨孟氏는 관할의 자제들 반만 가신으로 삼았다.

중군을 폐지하고 공실의 군사를 4등분하여 계씨가 그중 4분의 2를 차지하고 나머지는 두 집안이 각기 하나씩을 차지하여 자신 관할을 지배하되 군주에게는 각 공실에서 공물을 바치는 제도로 하였다.

계손씨는 이를 문서로 작성하여 두설杜洩로 하여금 죽은 숙손목자의 영전에 이렇게 고하라 하였다.

"그대는 진실로 중군을 없애고자 하였으나 이제야 이를 없애게 되었기에 이에 고합니다."

그러자 두설이 말하였다.

"어른께서는 중군을 없애려 하지 않으셨습니다. 그 때문에 희공僖公의 사당 문에서 맹약을 하였고, 오보五父의 거리에서 맹서하였던 것입니다."

그리고는 그 문서를 받아 내던지고 숙손목자의 가신들을 거느리고 곡을 하였다.

숙중자叔仲子가 계손씨에게 말하였다.

"저(帶)는 돌아가신 숙손으로부터 '제 명대로 살지 못하고 죽은 사람을 장사 지낼 때에는 서문西門으로 상여가 나간다'라 하셨습니다."

그리하여 계손씨가 두설에게 그렇게 하도록 명하자 두설이 말하였다.

"경卿의 장례 행렬은 남문으로 나가는 것이 우리 노나라의 예법입니다. 그대가 나라를 맡아 예법을 고친 일이 없었는데 지금 그 예법을 바꾸신다면 많은 신하들이 죽음을 당할까 두려워할 것입니다. 저는 감히 그 지시를 따를 수 없습니다."

두설은 장례식을 마치고 나서 노나라를 떠났다.

중임仲壬이 제齊나라로부터 돌아오자 계손씨가 그를 숙손씨 가문의 후계자로 세우려 하였다.

그러자 남유南遺가 말하였다.

"숙손씨 가문이 커지면 계손씨 가문이 약화됩니다. 지금 저들 가문은 혼란에 빠져 있으니 어른께서 모르는 체 하시는 것도 역시 좋지 않겠습니까?"

남유는 나라 사람들로 하여금 수우豎牛를 도와 중임을 대고大庫의 마당에서 공격하도록 하여 사궁司宮이 활을 쏘아 중임은 눈을 맞고 죽었다.

수우는 동쪽 변방 숙손씨의 땅 30읍을 떼어서 남유에게 주었다.

숙손소자叔孫昭子는 후계자 자리에 오르자 가문의 사람들을 모아놓고 이렇게 말하였다.

"수우가 우리 숙손씨 가문에 화를 일으켜 난이 그에 따라 커지고 말았다. 적자를 죽이고 나 같은 서자를 후계자로 세웠으며 다시 우리의 땅을 남에게 나누어 주어 자신의 죄를 용서받으려 하고 있으니 죄로써 이보다 더 큰 것이 없다. 모름지기 급히 죽여야 한다!"

수우는 두려움을 느끼고 그만 제나라로 달아나고 말았다.

그러자 맹병孟丙과 중임仲壬의 아들들이 국경 새관塞關 밖에서 기다리고 있다가 그를 죽여 그 목을 영풍寧風의 가시밭 위에 던져버렸다.

중니는 이렇게 말하였다.

"숙손소자는 자신을 세워준 수우의 노고를 인정하지 않았으니 이는 불가능한 일이었다. 주임周任의 말에 '위정자는 사사로운 공로에 상을 주지 않고, 사사로운 원한에 벌을 주지 않는다'라 하였다. 《시》에 '곧은 덕행이 있으니 사방 사람들이 따르도다'라 하였다."

당초, 숙손목자가 태어날 때 아버지 장숙莊叔이 《주역周易》으로 점을 쳤더니 〈명이明夷〉괘가 〈겸謙〉괘로 변하였다. 이를 점복관 초구楚丘에게 보여주었다.

그러자 초구가 이렇게 설명하였다.

"이 아기는 장차 나라를 떠났다가 돌아와 그대 가문을 계승하여 제사를 받들 것입니다. 그러나 참언을 하는 사람을 데리고 들어올 것이니 그의 이름은 우牛일 것이며 마침내 굶주려 죽을 것입니다. 〈명이〉괘는 날짜를 상징하고 날짜에는 열 가지가 있습니다. 그 때문에 십시十時가 있으며 이는 또한 열 가지 등급의 신분에 해당되기도 합니다. 천자이하로 둘째는 제후, 셋째는 경卿입니다. 하루 중에서 일중日中을 맨 위로 삼아 이때가 천자가 되고, 아침식사 때가 둘째 제후의 때이며, 해가 솟아오를 때가 셋째인 경이 됩니다. 〈명이〉괘가 〈겸〉괘로 바뀌는 것은 날이 밝아오되 아직 온전하지 못한 것이니 이는 의당 밝아오는 시각에 해당할 것입니다. 그 때문에 '제사를 받들 수 있다'는 것입니다. 하루의 〈겸〉괘는 새에 해당합니다. 그 때문에 '명이는 나는 것에 있다'라 한 것입니다. 그러나 날이 아직 온전히 밝지 않았기 때문에 '그 날개가 늘어뜨려져 있다'라 한 것입니다. 이는 해가 움직이는 현상을 가리킵니다. 그 때문에 '군자가 떠난다'라고 한 것입니다. 이와 같이 셋째 위치인 경은 날이 밝아오는 때를 상징하기 때문에 '사흘간 먹지 못하여 굶주린다'라고 한 것입니다. 이離는 화火를 상징하고, 간艮은 산山을 상징합니다. 이離가 불이 되어 불이 산을 태우면 산은 어그러지고 맙니다. 이는 사람에게는 말言을 상징하며 말 중에 어그러진 것이 바로 참언이 되는 것입니다. 그 때문에 '가는 곳이 있고 주인이 할 말이 있다'라 한 것이며 여기에서 말이란 틀림없이 참언을 뜻하는 것입니다. 본래 순수한 이離는 소를 상징하며 난세에는 참언이 우세하여 우세하니 만큼 이離(火)의 본성으로 가게 마련입니다. 그 때문에 '그 이름이 우牛'라 한 것입니다. 〈겸〉괘만으로는 부족하여 날고자 하나 날 수가 없고 그 날개는 아래로 늘어뜨려져 높이 날 수가 없고 날개는 넓게 펼 수도 없습니다. 그 때문에 '이 아기는 뒤에 돌아와 후계자가 될 것'이라 한 것입니다. 그대는 아경亞卿이시니 생각건대 이 아이는 조금은 좋은 죽음을 얻지는 못할 것입니다."

【施氏】魯나라 公子 施父의 후손.
【臧氏】公子 子臧의 후손. 당시 臧氏 집안은 司寇 벼슬을 하고 있었음.
【征】徵兵, 勞役, 賦稅 등 일체를 말함.
【僖閎】僖公 사당의 대문.

【五父】 魯나라 거리 이름. 이에 관한 사건은 襄公 11년을 볼 것.
【叔仲子】 叔仲帶. 叔仲昭子. 魯나라 대부. 시호는 昭子.
【葬鮮者】 '鮮者'는 제 명에 죽지 못한 사람을 뜻함.
【西門】 杜預 注에 "不以壽終爲鮮. 西門非魯朝正門"이라 함.
【自朝】 朝廷의 正門, 즉 南門으로 나간다는 뜻.《禮記》 檀弓(下)에 "喪之朝也, 順死者之孝心也. 其哀離其室也, 故至於祖考之廟而後行, 殷朝而殯於祖, 周朝而遂葬"이라 함.
【仲】 仲壬. 叔孫穆子가 齊나라에 망명해 있을 때 國姜과의 사이에 난 아들. 노나라에 왔다가 豎牛의 난을 피해 다시 제나라에 가 있다가 이때 아버지의 죽음을 듣고 귀국한 것. 杜預 注에 "聞喪而來"라 함.
【南遺】 魯나라 대부이며 豎牛를 도와 叔孫氏을 약화시키는 계략을 꾸밈.
【司宮】 宮中 內官. 奄臣(환관)의 일종.
【大庫】 창고의 이름. 魯나라 大庭氏가 살던 땅에 지은 큰 창고. 杜預 注에 "魯城內有大庭氏之虛, 於其上作庫"라 함.
【昭子】 叔孫昭子. 叔孫穆子의 서자. 叔孫婼. 豎牛에 의해 叔孫氏 후계자가 됨.
【孟·仲】 叔孫穆子와 國姜사이에 난 두 아들 孟丙과 仲壬. 한편 이들의 아들들이 齊나라에 살고 있었음.
【塞關】 邊塞의 關門. 즉 魯나라와 齊나라 사이의 국경 관문.
【寧風】 齊나라의 지명.
【周任】 고대의 어진 史官.《論語》 季氏篇을 볼 것.
【詩】《詩經》大雅 抑篇에 "無競維人, 四方其訓之. 有覺德行, 四國順之. 訏謨定命, 遠猶辰告. 敬愼威儀, 維民之則"이라 함. '覺'은 '直'과 같음.
【莊叔】 叔孫得臣. 叔孫穆子의 아버지. 杜預 注에 "莊叔, 穆子父得臣也"라 함.
【明夷】《周易》제 36번째 괘. 地火明夷(離下坤上)로 구성되어 있으며 "明夷: 利艱貞. 彖曰: 明入地中,「明夷」; 內文明而外柔順, 以蒙大難, 文王以之.「利艱貞」. 晦其明也; 內難而能正其志, 箕子以之. 象曰: 明入地中,「明夷」; 君子以莅衆, 用晦而明. 初九, 明夷于飛, 垂直翼; 君子于行, 三日不食. 有攸往, 主人有言. 象曰:「君子于行」, 義不食也. 六二, 明夷, 夷于左股, 用拯馬壯, 吉. 象曰: 六二之吉, 順以則也. 九三, 明夷于南狩, 得其大首; 不可疾, 貞. 象曰: 南狩之志, 乃得大也. 六四, 入于左腹, 獲明夷之心, 于出門庭. 象曰:「入于左腹」, 獲心意也. 六五, 箕子之明夷, 利貞. 象曰: 箕子之貞, 明不可息也. 上六, 不明, 晦; 初登于天, 後入于地. 象曰:「初登于天」, 照四國也;「後入于地」, 失則也"라 하였음.

【兼】《周易》제 15번째 괘. 地山謙(艮下坤上)로 구성되어 있으며 "謙: 亨, 君子有終. 象曰: 謙, 亨. 天道下濟而光明, 地道卑而上行. 天道虧盈而益謙, 地道變盈而流謙, 鬼神害盈而福謙, 人道惡盈而好謙, 謙尊而光, 卑而不可踰: 君子之終也. 象曰: 地中有山, 謙; 君子以裒多益寡, 稱物平施. 初六, 謙謙君子, 用涉大川, 吉. 象曰: 「謙謙君子」, 卑以自牧也. 六二, 鳴謙, 貞吉. 象曰: 「鳴謙貞吉」, 中心得也. 九三, 勞謙君子, 有終, 吉. 象曰: 「勞謙君子」, 萬民服也. 六四, 无不利, 撝謙. 象曰: 「无不利撝謙」, 不違則也. 六五, 不富, 以其鄰, 利用侵伐, 无不利. 象曰: 「利用侵伐」, 征不服也. 上六, 鳴謙, 利用行師征邑國. 象曰: 「鳴謙」, 志未得也; 「可用行師」, 征邑國也"라 함.

【牛】豎牛. 뒤에 齊나라로 망명하는 길에 庚宗의 과부 사이에 난 아들 이름.

【日之數十】十干(甲乙丙丁戊己庚辛壬癸)의 열 단위를 날짜로 삼은 것을 말함.

【十時】하루를 다시 열로 나눈 때. 日中, 食時, 平旦, 鷄鳴, 夜半, 人定, 黃昏, 日入, 晡時, 日昳라고 하며, 혹은 鷄鳴, 昧爽, 旦, 大昕, 日中, 日昃, 夕, 昏, 宵, 夜中으로도 구분함.

【十位】王·公·卿·士·皁·輿·隷·僚·僕·臺의 열 등급의 신분.

【明夷于飛】杜預 注에 "離爲日, 爲鳥, 離變爲謙, 日光不足, 故當鳥. 鳥卑行, 故曰于飛"라 함.

【垂其翼】杜預 注에 "於日爲未融, 於鳥爲垂翼"이라 함.

【君子于行】杜預 注에 "明夷初九, 得位有應, 君子象也. 在明傷之世, 居謙下之位, 故將辟難而行"이라 함.

【主人有言】이는 明夷卦 初九의 "明夷于飛, 垂直翼; 君子于行, 三日不食. 有攸往, 主人有言"을 인용한 것임.

【亞卿】正卿의 다음. 일명 介卿이라고도 함. 叔孫穆叔은 介卿이었음.

✽ 1390(昭5-2)

楚殺其大夫屈申.

초楚나라가 대부 굴신屈申을 죽였다.

【屈申】楚나라 대부. 屈蕩의 아들. 당시 莫敖(초나라 대장군의 칭호)였음.

㊅

楚子以屈申爲貳於吳, 乃殺之.
以屈生爲莫敖, 使與令尹子蕩如晉逆女.
過鄭, 鄭伯勞子蕩于氾, 勞屈生于菟氏.
晉侯送女于邢丘.
子産相鄭伯會晉侯于邢丘.

　초楚 영왕靈王은 굴신屈申이 오吳나라에 마음을 두고 있다고 여겨 그를 죽였다.
　그리고 굴생屈生을 막오莫敖로 삼아 영윤 자탕子蕩과 함께 진晉나라에 가서 부인이 될 진晉나라 공녀公女를 맞이해오도록 하였다.
　그들이 정鄭나라를 지나가게 되자 정 간공簡公은 자탕子蕩을 범氾에서 위로하고 굴생을 도씨菟氏에서 위로하였다.
　진 평공平公이 초나라로 가는 공녀를 형구邢丘까지 전송하였다.
　이때 자산子産은 정 간공을 도와 형구에서 진 평공과 회담을 하였다.

【屈申】원전에는 '屈伸'으로 되어 있으나 昭公 4년, 5년 등에 의해 '屈申'으로 바로잡음.
【屈生】楚나라 대부. 屈建의 아들. 굴신을 이어 莫敖에 오름.
【子蕩】薳罷(위피). 당시 楚나라 令尹.
【氾】鄭나라 땅. 지금의 河南 襄城 남쪽.
【菟氏】鄭나라 지명. 지금의 河南 尉氏縣 서북쪽. '菟'는 '大胡反' '도'로 읽음.
【邢丘】지금의 河南 溫縣 동북.
【子産】公孫僑. 子國(公孫成)의 아들. 子美. 鄭나라의 훌륭한 宰相이 되어 孔子가 자주 칭찬한 인물.

❋ 1391(昭5-3)

公如晉.

소공昭公이 진晉나라에 갔다.

㊉
公如晉, 自郊勞至于贈賄, 無失禮.
晉侯謂女叔齊曰:「魯侯不亦善於禮乎?」
對曰:「魯侯焉知禮!」
公曰:「何爲? 自郊勞至于贈賄, 禮無違者, 何故不知?」
對曰:「是儀也, 不可謂禮. 禮, 所以守其國, 行其政令, 無失其民者也. 今政令在家, 不能取也; 有子家羈, 弗能用也; 奸大國之盟, 陵虐小國; 利人之難, 不知其私. 公室四分, 民食於他. 思莫在公, 不圖其終. 爲國君, 難將及身, 不恤其所. 禮之本末將於此乎在, 而屑屑焉習儀以亟. 言善於禮, 不亦遠乎?」
君子謂:「叔侯於是乎知禮.」

　소공昭公이 진나라에 가서 교외에서 위로받는 일부터 예물을 증송하는 일에 이르기까지 예절에서 벗어남이 없었다.
　진 평공이 여숙제女叔齊에게 이렇게 물었다.
　"노나라 임금은 역시 예를 잘 지키지 않는가?"
　여숙제가 대답하였다.
　"노나라 임금이 어찌 예를 안다고 하리오!"
　평공이 말하였다.
　"어찌 그렇게 말할 수 있는가? 그는 교외에서 위로받던 일부터 예물을 바치는 일에 이르기까지 예에 어긋남이 없었다. 그런데 어찌 예를 모른단 말인가?"
　그러자 여숙제가 답하였다.
　"그것은 의식儀式이지 예라고는 할 수 없습니다. 예란 그 나라를 지켜 내고 그 정령政令을 시행하며 백성을 잃지 않도록 하는 것입니다. 지금 노나라의 정령은 사가私家에 있음에도 이를 되찾지 못하고, 자가기子家羈

라는 사람이 있으나 그를 능히 등용하지 못하고 있으며, 큰 나라와의 맹약은 어기면서 작은 나라를 능멸하여 학대하고 있으며, 남의 환난을 이롭게 여기면서 자신의 사사로운 환난은 알지도 못하고 있습니다. 공실은 땅을 넷으로 나누어 백성들은 군주 아닌 다른 사람들에게 지배당하고 있습니다. 누구도 임금을 생각하는 자가 없어 나라의 끝을 헤아릴 수 없게 되었습니다. 그러한 나라에 군주가 되어 있으면서 장차 환난이 자신에게 미칠 것임에도 이를 걱정도 하지 않고 있습니다. 예의 본말本末은 장차 이러한 것에 구분을 두어야 함에도 그는 자질구레하게 의식을 익히는 일에만 서두르고 있습니다. 그러니 예를 잘 지킨다는 말과 역시 먼 것이 아니겠습니까?"

군자는 이렇게 말하였다.

"숙후叔侯(女叔齊)야말로 예를 알고 있다."

【女叔齊】司馬侯. 晉나라 대부. 당시 晉나라 司馬였으며 '女齊', '叔侯'로도 부름.
【子家羈】莊公의 玄孫으로 성은 子家, 이름은 羈. 시호는 懿伯. 당시 어질기로 이름난 분이었음. 杜預 注에 "羈, 莊公玄孫懿伯也"라 하였으며《荀子》大略篇과《公羊傳》등에는 子家駒로 되어 있음. 羈는 이름. 駒는 자.
【利人之難】昭公 4년에 노나라가 莒나라 사정이 어지러움을 틈타 鄆을 차지하였던 일.
【不知其私】자신의 사사로운 환난은 깨닫지 못함. 杜預 注에 "不自知有私難"이라 함.
【民食於他】백성이 세 가문에 지배되어 군주의 직할 백성이 없다는 것을 말함.
【屑屑】자질구레함. '區區'와 같음.

㊦

晉韓宣子如楚送女, 叔向爲介.
鄭子皮·子大叔勞諸索氏.
大叔謂叔向曰:「楚王汰侈已甚, 子其戒之!」

叔向曰:「汰侈已甚,身之災也,焉能及人?若奉吾幣帛,慎吾威儀;守之以信,行之以禮;敬始而思終,終無不復,從而不失儀,敬而不失威;道之以訓辭,奉之以舊法,考之以先王,度之以二國,雖汰侈,若我何?」

及楚. 楚子朝其大夫, 曰:「晉, 吾仇敵也. 苟得志焉, 無恤其他. 今其來者, 上卿·上大夫也. 若吾以韓起爲閽, 以羊舌肸爲司宮, 足以辱晉, 吾亦得志矣. 可乎?」

大夫莫對.

薳啓彊曰:「可. 苟有其備, 何故不可? 恥匹夫不可以無備, 況恥國乎? 是以聖王務行禮, 不求恥人. 朝聘有珪, 享覜有璋, 小有述職, 大有巡功. 設机而不倚, 爵盈而不飲; 宴有好貨, 飧有陪鼎, 入有郊勞, 出有贈賄, 禮之至也. 國家之敗, 失之道也, 則禍亂興. 城濮之役, 晉無楚備, 以敗於邲. 邲之役, 楚無晉備, 以敗於鄢. 自鄢以來, 晉不失備, 而加之以禮, 重之以睦, 是以楚弗能報, 而求親焉. 旣獲姻親, 又欲恥之, 以召寇讎, 備之若何? 誰其重此? 若有其人, 恥之可也. 若其未有, 君亦圖之! 晉之事君, 臣曰可矣, 求諸侯而麋至; 求昏而薦女, 君親送之, 上卿及上大夫致之. 猶欲恥之, 君其亦有備矣. 不然, 奈何? 韓起之下, 趙成·中行吳·魏舒·范鞅·知盈; 羊舌肸之下, 祁午·張趯·籍談·女齊·梁丙·張骼·輔躒·苗賁皇, 皆諸侯之選也. 韓襄爲公族大夫, 韓須受命而使矣; 箕襄·邢帶·叔禽·叔椒·子羽, 皆大家也. 韓賦七邑, 皆成縣也. 羊舌四族, 皆彊家也. 晉人若喪韓起·楊肸, 五卿·八大夫輔韓須·楊石, 因其十家九縣, 長轂九百, 其餘四十縣, 遺守四千, 奮其武怒, 以報其大恥. 伯華謀之, 中行伯·魏舒帥之, 其蔑不濟矣. 君將以親易怨, 實無禮以速寇, 而未有其備, 使羣臣往遺之禽, 以逞君心, 何不可之有?」

王曰:「不穀之過也, 大夫無辱.」

厚爲韓子禮.

王欲教叔向以其所不知, 而不能, 亦厚其禮.

韓起反, 鄭伯勞諸圉, 辭不敢見, 禮也.

진晉나라 한선자韓宣子가 초나라에 공녀公女를 호송하러 갈 때 숙향叔向이 부사가 되었다.

그들 일행이 정鄭나라를 지나가게 되자 자피子皮와 자태숙子大叔이 그들을 삭씨素氏에서 위로하였다.

그때 자태숙이 숙향에게 말하였다.

"초왕의 거만함이 너무 심하니 그대는 이를 잘 경계하십시오!"

그러자 숙향은 말하였다.

"거만함이 지나친 것은 그 자신에게 재앙이 될 뿐 어찌 남에게까지 미치겠습니까? 만약 내가 폐백을 바칠 때 나의 위의를 삼가고, 신의를 지켜 예에 맞게 행동하고, 공경으로 시작하여 좋은 끝을 맺겠노라 생각하며, 끝까지 이를 거듭하지 않음이 없도록 하고, 순종하되 의표를 잃지 않으며, 공경하되 위엄을 잃지 않고, 옛 사람의 가르침으로 인도하며, 옛 법대로 받들며, 선왕의 가르침을 상고하여 기준을 삼고 두 나라 사정을 살펴 척도로 삼는다면 비록 그가 아무리 거만한들 나에게 어쩌겠습니까?"

이들이 초나라에 이르자 영왕은 대부들을 조정에 모아놓고 이렇게 말하였다.

"진나라는 우리의 원수이며 적이다. 진실로 우리가 뜻을 이룬다면 다른 일을 염려할 것도 없다. 지금 그 나라에서 온 자는 상경上卿과 상대부上大夫이다. 내가 한기에게 발목 끊어 문지기를 삼고, 양설힐羊舌肸를 거세하여 사궁司宮으로 삼으면 족히 진나라에게 치욕을 줄 수 있고 나도 원한을 풀게 될 것이다. 그렇게 해도 되겠는가?"

대부들은 아무 대답도 하지 못하였다.

그때 위계강薳啓彊이 이렇게 말하였다.

"됩니다. 진실로 대비만 되어 있다면 무슨 이유로 불가하겠습니까? 한낱 필부에게 치욕을 가할 때도 대비가 없을 수 없거늘 하물며 나라에 치욕을 가하는 일이라면 더할 나위가 있겠습니까? 이 까닭으로 옛 성왕聖王은 예를 행하기에 힘을 쏟았지 남에게 치욕을 주기를 바라지 않았습니다. 그리하여 조빙에는 규옥珪玉을 드리고, 향연享宴에서 만날 때면 장옥璋玉을 바칩니다. 작게는 제후가 천자를 찾아뵙는 예가 있고, 크게는 천자께서 제후국을 순방하시는 예가 있습니다. 안석이 있더라도 거기에 몸을 기대지 않고, 술잔에 술이 가득 차 있더라도 그 술을 마시지 않으며, 연회에서는 좋은 선물을 교환하고, 만찬에는 좋은 음식을 내오고, 빈객이 자신의 나라로 들어올 때에는 교외에서 위로하고, 일을 마치고 떠날 때에는 선물을 주는 것이 예의 지극함입니다. 나라가 어그러짐은 예를 잃는 데에서 시작되니 그렇게 되면 화란이 일어납니다. 성복城濮 싸움에 이긴 진나라는 그 뒤의 초나라에 대한 대비가 없었기에 그 때문에 필邲에서 패하였고, 필의 싸움을 이긴 초나라는 그 뒤의 진나라에 대한 대비가 없었기에 언鄢에서 패한 것입니다. 언의 싸움 이래로 진나라는 방비를 게을리하지 않았고 게다가 예를 더하여 대하고 화목하게 지내기를 중시하였습니다. 이 때문에 초나라는 진나라에 더 이상 보복할 수가 없어 화친을 요구하였던 것입니다. 이제 진나라와 인척 관계까지 맺는 마당에 다시 치욕을 가하고자 하여 원수 되기를 초래하려 하니 그 뒷일에 대한 대비는 어떻게 되어 있습니까? 어느 것이 이보다 더 중요합니까? 만약 책임질 사람이 있다면 치욕을 주어도 됩니다. 그러나 만약 책임질 사람이 아직 없다면 임금께서도 다시 헤아려 보십시오. 지금 진나라는 그대 임금을 잘 섬기고 있으니 저로서는 이 정도라면 된다고 여깁니다. 임금께서 제후들을 소집하자 진나라는 이들을 무리지어 모이도록 해 주었고, 혼인을 제의하자 공녀를 바치면서 그 임금이 친히 전송까지 해 주면서 상경과 상대부의 높은 신분이 공녀를 모시고 여기까지 왔습니다. 그런데도 도리어 그들에게 치욕을 주고자 하신다면 임금께서는 역시 어떤 준비는 하고 계시겠지요. 그렇지 않고서야 어찌 그렇게 할 수 있겠습니까? 한기의 밑에는 조성趙成·중항오中行吳·위서魏舒·범앙范鞅·지영知盈이 있고, 양설힐의 밑에는 기오祁午·장적張趯·적담籍談·여제女齊·양병梁丙·장격張骼·보력輔躒·묘분황苗賁皇이 있는데 이들은 모두 제후의 신하로서 뛰어난 인물들입니다. 한양韓襄은 공족대부가 되어 있고, 한수韓須는 군주의 명을 받아 외국에 사신으로 나가 있습니다. 그리고 기양箕襄·형대邢帶·숙금叔禽·숙초叔椒·자우子羽는 모두 대가大家의 호족들입니다. 한씨韓氏 가문의 채읍 일곱 고을은 모두 큰 현縣입니다. 거기에 양설씨羊舌氏의 네 씨족은 모두가 강한 가문입니다. 진나라가 만약 한기와 양힐楊肸을 잃는다면 남은 다섯 경들과 여덟 대부들이 한수韓須와 양석楊石을 보좌하여 열 가문의 아홉 고을에서 전차 9백 대를 내고, 그 나머지 40 현을 지키고 있던 4천 대의 전차를 보내어, 용맹스럽게 노기를 떨쳐 일어나 우리로부터 받은 큰 수치를 보복하게 될 것입니다. 이때 백화伯華가 모책을 짜고 중항백中行伯과 위서가 이들을 통솔하면 뜻대로 해내지 못할 일이 없을 것입니다. 임금께서 장차 친히 해야 할 상대를 원수로 바꾸시고, 실제로 무례한 짓으로 원수로 하여금 급히 서두르게 하시면서도 아직 아무런 대비도 없으신 채 신하들로 하여금 가서 그들의 포로가 되게 할지라도 임금의 마음만 후련해지면 그만이라면 어찌 되지 않을 수 있겠습니까?"

영왕이 말하였다.

"나의 잘못이오. 대부께서는 몸을 펴시오."

그리고 한선자를 후한 예우를 하였다.

영왕은 숙향에게 그가 알 수 없는 질문을 하여 그에게 교만을 부리려 하였으나 그렇게 되지 않자 그에게도 역시 후하게 대우하였다.

한기가 돌아가는 길에 정 간공이 그를 어圉에서 위로하려 하였으나 한기는 이를 사양하고 감히 간공을 만나지 않았다. 이는 예에 맞는 것이었다.

【韓宣子】韓起. 晉나라 대부. 韓厥의 아들이며 韓無忌의 아우. 시호는 宣子. 그들 후손이 春秋末 晉六卿이었으며 戰國시대 三晉의 하나이며 戰國七雄인 韓나라로 발전함.

【送女】앞서 "楚子以屈申爲貳於吳, 乃殺之. 以屈生爲莫敖, 使與令尹子蕩如晉逆女"에 따른 것임.

【叔向】晉나라 어진 대부. 羊舌肸, 자는 叔肸, 혹 叔譽라고도 부름.

【子皮】罕虎. 鄭나라 대부. 子展의 아들. 아버지를 이어 上卿이 됨. 杜預 注에 "子皮代父爲上卿"이라 함. 子産(公孫僑)을 도와 나라를 잘 다스림.

【子大叔】游吉. 鄭나라 대부. '大叔'은 '太叔'과 같음. 游販의 아우. '世叔'으로도 불리며 公孫蠆의 아들. 뒤에 子産을 이어 재상에 오름.

【索氏】지금의 河南 滎陽縣(鄭州市) 서쪽.

【楚王】楚 靈王(熊虔). 郟敖를 죽이고 왕이 되어 霸者가 되고자 야심을 가지고 있었음.

【不恤】顧慮할 것이 없음. 만약 그들에게 치욕만 줄 수 있다면 다른 일은 고려할 필요도 없음.
【閽】발목을 자르는 형벌을 내려 그로 하여금 문지기로 삼음.
【司宮】원래 궁중 內官. 주로 去勢를 당한 宦官이 이 업무를 맡음. 羊舌肸을 거세하여 그를 내관으로 삼겠다는 뜻.
【蒍啓彊】楚나라 대부. 당시 太宰였음.
【享覜】'覜'는 '頫'와 같음. 연회석상에서 만남.
【璋】구슬의 일종으로 后夫人이 차는 修飾. 연회석상에서 빈객 부인에게 하는 선물.
【述職】제후들이 천자를 찾아가 자신의 업무를 보고함. 《孟子》梁惠王(下)에 "諸侯朝於天子曰述職. 述職者, 述所職也"라 함.
【巡功】천자가 제후들의 공적을 직접 가서 살펴보고 격려함. '巡狩'와 같음. 《孟子》梁惠王(下)에 "天子適諸侯曰巡狩. 巡狩者, 巡所守也"라 함.
【飧有陪鼎】杜預 注에 "熱食曰飧. 陪, 加也. 加鼎所以厚殷勤"이라 함.
【郊勞】외국 사신이 올 때 교외에까지 나가 먼 길 온 것을 위로함. 杜預 注에 "賓至, 逆勞之於郊"라 함.
【贈賄】杜預 注에 "去則贈之以貨賄"라 함.
【城濮之役】僖公 28년을 볼 것.
【邲之役】宣公 12년을 볼 것.
【敗於鄢】成公 16년을 볼 것.
【麇】'羣'과 같음. 楚나라가 椒擧를 晉나라에 보내어 申에서 회맹을 하겠다고 하자 晉나라는 많은 제후들에게 그 회의에 참가하도록 주선함. 前年의 傳을 볼 것.
【趙成】趙武의 아들. 이하 다섯 사람에 대하여 杜預 注에 "五卿位在韓起之下, 皆三軍之將佐也"라 함.
【中行吳】荀偃의 아들. 中行伯.
【魏舒】晉나라 대부. 魏獻子. 魏絳의 아들.
【范鞅】士鞅. 范獻子. 范叔으로도 불림. 시호는 獻子. 士匄(宣子)의 아들이며 士燮(范文子)의 손자. 范鞅이 欒黶의 핍박을 받아 秦나라로 망명한 사건은 襄公 14년 傳을 볼 것.
【知盈】知朔의 아들. 《史記》趙世家 索隱에 《世本》을 인용하여 "逝遨生莊子首, 首生武子罃, 罃生莊子朔, 朔生悼子盈"이라 함.
【祁午】祁奚의 아들로 아버지를 이어 中軍尉에 오름.
【張趯】晉나라 대부.

【籍談】晉나라 대부. 籍秦의 아버지.

【女齊】司馬侯. 女叔齊. 晉나라 대부. 당시 晉나라 司馬였으며 '女齊', '叔侯'로도 부름.

【梁丙】晉나라 대부.

【張骼】晉나라 대부.

【輔躒】晉나라 대부.

【苗賁皇】원래 楚나라 출신으로 晉나라에 망명해온 인물. 伯賁(伯棼)의 아들. 苗 땅을 받아 苗賁皇이라 부른 것. 宣公 4년 晉나라로 망명하였으며 晉나라 역시 그를 통해 楚나라 정보를 얻고 있었음. 宣公 17년 참조.

【韓襄】韓無忌의 아들. 당시 公族大夫였음.

【韓須】晉나라 대부 韓起(韓宣子)의 아들. 시호는 《史記》韓世家에는 '貞子'로, 〈索隱〉에는 《世本》을 인용하여 '平'子로, 《說苑》敬愼篇에도 '平子'로, 《漢書》古今人表에는 '悼子'로 나오는 등 여러 가지로 나타남. 그는 昭公 3년에 齊 少姜을 맞이하러 出使한 적이 있음.

【箕襄·邢帶】杜預 注에 "二人, 韓氏族"이라 함.

【叔禽·叔椒·子羽】杜預 注에 "皆韓起庶子"라 하였으나 孔穎達 疏에는 劉炫의 설을 인용하여 "韓起之族"이라 하였음.

【賦】賦稅와 賦役 등을 마음대로 할 수 있는 采邑(食邑)을 말함.

【羊舌四族】伯華·叔向·叔魚(鮒)·叔虎의 네 씨족. 杜預 注에 "四族, 銅鞮伯華, 叔向, 叔魚, 叔虎兄弟"라 함.

【楊肸】羊舌肸의 채읍이 '楊'이어서 楊肸로도 부른 것. 楊은 지금의 山西 洪洞縣 동남.

【楊石】羊舌肸(叔向)의 아들. 이름은 食我. 杜預 注에 "石, 叔向子食我也"라 함.

【十家九縣】箕襄에서 子羽까지의 다섯 씨족에 韓氏 씨족에 양설씨 네 씨족을 합한 열 가문을 十家라 하였으며, 다시 韓氏 7현과 楊氏 2현을 합하여 아홉이었음.

【長轂】바퀴통이 긴 戰車.

【其餘四十縣遺守四千】10家의 9縣을 제외한 진나라 40개 고을을 지키는 전차 4천 대를 냄.

【伯華】叔向의 형. 모책을 짜는 데 뛰어났음.

【中行伯】中行吳. 荀偃의 아들.

【大夫無辱】大夫가 군주 앞에서 말할 때에는 平伏을 하여 힘들었음. 엎드려 있지 말고 이제 편한 자세를 취하라는 말. 杜預 注에 "謝邁啓彊"이라 함.

【敖】'傲'와 같음. 오만함을 부림.

【不能】杜預 注에 "言叔向之多知"라 함.
【圍】지금의 河南 杞縣.《明一統志》에 "圍在今河南杞縣南五十里. 今名圍鎭"이라 함. 그러나 江永은《考實》에서 "韓起自楚返晉, 鄭勞諸圍, 其地當近鄭都, 不得經杞縣之圍. 疑非是"라 함.
【辭不敢見】신하 신분으로 군주의 위로를 받는 것은 도리에 어긋나기에 사양하여 피한 것. 陶鴻慶의〈別疏〉에 "不堪當國君親勞, 與六年楚公子棄疾不敢見鄭伯例同"이라 함.

(傳)
鄭罕虎如齊, 娶於子尾氏.
晏子驟見之.
陳桓子問其故.
對曰:「能用善人, 民之主也.」

정鄭나라 한호罕虎가 제齊나라에 가서 자미씨子尾氏의 집안 부인을 맞이하였다.
그때 안자晏子가 그를 자주 찾았다.
진환자陳桓子가 그 까닭을 물었다.
안자는 이렇게 대답하였다.
"그분은 좋은 사람을 잘 등용하여 백성이 우러러보는 주인입니다."

【罕虎】鄭나라 대부. 子皮. 子展의 아들. 아버지를 이어 上卿이 됨. 杜預 注에 "子皮代父爲上卿"이라 함. 子産(公孫僑)을 도와 나라를 잘 다스림.
【子尾氏】子尾는 齊나라 대부 公孫蠆. 齊 惠公의 손자이며 公子 高祈(祈高)의 아들. 鄭나라에도 公孫蠆(子蟜)가 있으며 이는 同名異人임. 襄公 28년을 볼 것.
【晏子】晏嬰. 齊나라의 유명한 재상. 자는 平仲. 晏弱(晏桓子)의 아들. 그의 언행을 모아 편찬한《晏子春秋》가 널리 알려져 있으며 司馬遷은《史記》管晏列傳에 그의 전기를 실어 높이 평가하고 있음.

【陳桓子】陳無宇. 齊나라 대부. 陳完(田完, 敬仲)의 玄孫. 陳文子(陳須無)의 아들.
【能用善人】善人은 子産을 두고 말한 것임. 杜預 注에 "謂授子産政"이라 함. 罕虎가 子産에게 정치를 맡겨 매우 긴밀히 도와주는 분이라는 뜻으로 晏子도 陳無宇에게 자신을 도울 것을 은근히 기대한 것임.

✹ 1392(昭5-4)

夏, 莒牟夷以牟婁及防·茲來奔.

여름, 거莒나라 모이牟夷가 모루牟婁·방防·자茲 땅을 가지고 노나라로 도망쳐왔다.

【牟夷】莒나라 大夫.
【牟婁】지금의 山東 諸城縣 서쪽. 隱公 4년에 "莒人伐杞, 取牟婁"라 한 곳임.
【防·茲】《彙纂》에 "防在今山東省安丘縣西南六十里. 茲在今諸城縣北, 安丘縣稍西而南"이라 하였으며 《山東通志》에는 "防亭在諸城縣東北柴溝社東南之防亭"이라 함.

傳
夏, 莒牟夷以牟婁及防·茲來奔.
牟夷非卿而書, 尊地也.
莒人愬于晉, 晉侯欲止公.
范獻子曰:「不可. 人朝而執之, 誘也; 討不以師, 而誘以成之, 惰也. 爲盟主而犯此二者, 無乃不可乎! 請歸之, 間而以師討焉.」
乃歸公.
秋七月, 公至自晉.

여름, 거莒나라 대부 모이牟夷가 모루牟婁와 방防·자茲 땅을 가지고 노나라로 도망쳐왔다.

모이는 거나라의 경卿이 아닌데도 이름을 경에 기록한 것은 그가 가지고 온 땅을 중히 여겼기 때문이다.

거나라가 이를 진나라에 호소하자 진 평공은 진나라에 와 있었던 노 소공昭公을 잡아두려 하였다.

그러자 범헌자范獻子가 말하였다.

"안 됩니다. 예방하러 찾아 온 사람을 붙잡아 두는 것은 그를 유인한 것이 되고, 죄 있는 나라를 토벌하는 데 군사를 동원하지 않고 사람을 유인하여 뜻을 이루는 것은 군사 행동에 태만한 것입니다. 맹주가 되어 이 두 가지 잘못을 저지른다면 불가한 것이 아니겠습니까! 청컨대 노나라 군주를 돌려보내시고 한가할 때 군사로 치도록 하십시오."

이에 소공을 돌려보냈다.

가을 7월, 소공이 진晉나라에서 돌아왔다.

【慇于晉】 杜預 注에 "慇魯受牟夷"라 하여 도망간 牟夷를 받아준 일을 원망한 것.
【止公】 魯 昭公이 진나라에 간 것은 봄이었고 牟夷가 도망 온 것은 여름이어서 이를 받아 준 것은 魯나라 三桓(三家)이어서 昭公의 결정은 아니었음.
【惰】 '不義를 토벌하는 일에는 게으르다'의 뜻.

※ 1393(昭5-5)

秋七月, 公至自晉.

가을 7월, 소공昭公이 진晉나라에서 돌아왔다.

【自晉】 魯 昭公은 모두 7차례 晉나라를 방문하였으며 그중 한 번은 구류를 당하였고 다섯 번은 黃河까지 갔다가 되돌아왔음. 이번이 처음 정식으로

갔으나 莒나라가 牟夷가 牟婁와 防, 玆을 가지고 노나라로 도망한 문제를 진나라에 거론하여 소공은 다시 구류를 당할 뻔한 것임. 이 때문에 몇 개월 뒤에야 겨우 귀국할 수 있었음.

* **1394**(昭5-6)

戊辰, 叔弓帥師敗莒師于蚡泉.

무진날, 숙궁叔弓이 군사를 이끌고 거莒나라 군사를 분천蚡泉에서 무너뜨렸다.

【戊辰】 7월 14일.
【叔弓】 魯나라 대부. 叔老의 아들. 시호는 敬子.
【蚡泉】 魯나라와 莒나라 경계의 지명.《公羊傳》에는 '濆泉',《穀梁傳》에는 '賁泉'으로 되어 있음.

⑲
莒人來討, 不設備.
戊辰, 叔弓敗諸蚡泉, 莒未陳也.

거莒나라가 노나라로 쳐들어왔을 때 노나라는 아무런 대비를 하지 않고 있었다.
무진戊辰날, 노나라 숙궁叔弓이 분천蚡泉에서 거나라 군사를 패배시켰다. 이는 거나라 군사가 아직 진을 치지 못한 틈을 탄 것이다.

【討】 莒나라가 牟夷를 받아준 魯나라에 대하여 불만을 품고 공격해 온 것. 杜預 注에 "討受牟夷"라 함.

※ 1395(昭5-7)

秦伯卒.

진백秦伯이 죽었다.

【秦伯】秦 景公. 后伯車, 鍾, 既 등 이름이 여러 가지로 나타남.《史記》秦本紀 索隱에 徐廣은《世本》을 인용하여 "景公名后伯車也"라 함. 그러나 같은 곳에 "景公以下, 名又錯亂"이라 하여 이름이 명확하지 않음. B.C.576~537년까지 40년간 재위하고 아우 哀公(后子, 鍼)이 뒤를 이음.
＊無傳

※ 1396(昭5-8)

冬, 楚子·蔡侯·陳侯·許男·頓子·沈子·徐人·越人伐吳.

겨울, 초자楚子·채후蔡侯·진후陳侯·허남許男·돈자頓子·심자沈子·서徐·월越나라가 오吳나라를 쳤다.

(傳)
冬十月, 楚子以諸侯及東夷伐吳, 以報棘·櫟·麻之役.
薳射以繁揚之師會於夏汭.
越大夫常壽過帥師會楚子於瑣.
聞吳師出, 薳啓彊帥師從之, 遽不設備, 吳人敗諸鵲岸.
楚子以馹至於羅汭.
吳子使其弟蹶由犒師, 楚人執之, 將以釁鼓.
王使問焉, 曰:「女卜來吉乎?」
對曰:「吉. 寡君聞君將治兵於敝邑, 卜之以守龜, 曰:『余亞使人犒師, 請行以觀王怒之疾徐, 而爲之備, 尙克知之!』龜兆告吉, 曰: 『克可知也.』君若驩焉好逆使臣, 滋敝邑休怠, 而忘其死, 亡無日矣. 今君奮焉震電馮怒, 虐執使臣, 將以釁鼓, 則吳知所備矣. 敝邑雖羸, 若早脩完, 其可以息師. 難易有備, 可謂吉矣. 且吳社稷是卜, 豈爲一人? 使臣獲釁軍鼓, 而敝邑知備, 以禦不虞, 其爲吉, 孰大焉? 國之守龜, 其何事不卜? 一臧一否, 其誰能常之? 城濮之兆, 其報在邲. 今此行也, 其庸有報志?」

乃弗殺.

楚師濟於羅汭, 沈尹赤會楚子, 次於萊山, 薳射帥繁揚之師先入南懷, 楚師從之, 及汝清.

吳不可入.

楚子遂觀兵於坻箕之山.

是行也, 吳早設備, 楚無功而還, 以蹶由歸.

楚子懼吳, 使沈尹射待命于巢, 薳啓彊待命于雩婁, 禮也.

겨울 10월, 초楚 영왕靈王이 제후 및 동이東夷를 이끌고 오吳나라를 쳐서 극棘·역櫟·마麻에서의 패배를 보복하였다.

이때 위석薳射은 번양繁揚의 군사를 이끌고 하예夏汭에서 영왕과 합세하였다.

그리고 월越나라 대부 상수과常壽過는 군사를 이끌고 쇄瑣에서 영양과 합세하였다.

이들은 오나라가 군사를 출동시켰다는 소식을 듣자 위계강薳啓彊이 군사를 이끌고 이들을 쫓았으나 갑작스러워 제대로 대비하지 못하여 오나라가 이들 군사를 작안鵲岸에서 패배시켰다.

그러자 영왕은 빠른 말을 타고 나예羅汭 땅에 이르렀다.

오나라 군주가 아우 궐유蹶由를 초군에게 보내어 음식을 대접하여 위로하도록 하자 초나라는 이를 잡아 그의 피를 군고軍鼓에 바르려 하였다.

영왕이 우선 사람을 시켜 그에게 물어보도록 하였다.

"너는 점을 쳐 길吉하다고 해서 온 것이냐?"

궐유가 대답하였다.

"길하다 하였습니다. 우리 임금께서 귀국 초나라 임금이 우리나라에 군사를 일으킨다는 소식을 듣고 거북으로 점을 치면서 '내가 급히 초나라 군사에게 음식을 보내어 위로코자 하오니 청컨대 시켜 음식을 보내 초나라 군을 위로하고, 초나라 군사가 이르게 될 날짜를 묻게 하여 초왕이 어느 정도 매우 노하셨는지 살피고 나서 초나라 군사에 대비를 할 것이니 그 사정을 알기를 바라노라!'라 하였더니 거북등의 점괘가 '사정을 알 수 있다'라 하였습니다. 임금께서 만약 오나라 사신 저를 반가이 맞아주신다면 우리나라 사람들은 안심하여 쉬고 태만한 마음이 커져서 죽음이 닥쳐오는 것을 잊을 것이나 그러면 우리 오나라는 망할 날이 얼마 남지 않게 될 것입니다. 그러나 지금 그대께서 천둥 번개처럼 노하시어 저를 붙잡아 학대하면서 피를 군고에 바르신다면 오나라는 이에 대비해야 함을 알게 될 것입니다. 우리나라는 비록 피폐해 있지만 만약 서둘러 완전히 준비를 한다면 가히 적군을 종식시킬 수 있을 것입니다. 어려운 일에나 쉬운 일에나 대비하면 그것을 두고 길하다고 하는 것입니다. 게다가 우리 오나라는 사직의 운명을 점친 것이지 어찌 나 한 사람의 운명을 점친 것이겠습니까? 사신 저의 피가 초나라의 군고에 칠해져 우리가 대비해야 한다는 것을 깨달아 뜻밖의 일에 방어를 한다면 그 길한 것으로써 이보다 더한 것이 있겠습니까? 나라를 지킬 일을 점치는 거북등이 무슨 일인들 점치지 못하겠습니까? 그러나 어느 한쪽이 길하면 다른 한쪽이 그렇지 않은 것이니 누가 항상 길한 쪽 운수만 차지할 수 있겠습니까? 성복城濮 싸움 때 초나라가 길하다는 징조를 얻었으나 그 길하다는 징조는 필邲의 싸움에서야 효과가 나타났던 것입니다. 지금 저의 이번 일의 효험은 어떻게 나타나겠습니까?"

영왕은 그를 죽이지 않았다.

초나라 군사가 나예를 건너자 심윤沈尹 적赤이 초왕의 군사와 합세하여 내산萊山에 주둔하였다. 위석(赤)이 번양의 군사를 이끌고 먼저 남회南懷로 들어가자 초군이 그 뒤를 따라 여청汝淸에 이르렀다.

그러나 오나라 땅으로 들어갈 수가 없었다.

영왕은 곧 저기산坻箕山에서 관병식觀兵式을 행하였다.

이번 출병에서는 오나라가 미리 대비하여 초나라 군이 아무런 공 없이 돌아가면서 다만 궐유를 잡아 함께 귀국하였을 뿐이었다.

영왕은 오나라의 보복이 두려워 심윤沈尹 석射에게 소巢에 머물러 명령을 기다리도록 하고 위계강薳啓彊에게는 우루雩婁에서 명령을 기다리도록 하였다. 이는 예에 맞는 일이었다.

【東夷】淮夷. 당시 지금의 江蘇 淸江으로부터 揚州 사이 바닷가에 분포하던 이민족.
【棘·櫟·麻之役】昭公 4년 傳을 볼 것.
【薳射】楚나라 대부. 薳赤. 당시 沈邑을 다스리던 尹이었음.
【繁揚】定公 6년에 '繁揚', 襄公 4년에는 '繁陽'으로 표기하였음. 지금의 河南 新蔡縣 근방으로 繁水의 북쪽. 《一統志》에 "在今河南省新蔡縣北"이라 함.
【會於夏汭】'會'는 杜預 注에 "會楚子"라 함. '夏汭'는 昭公 4년을 볼 것.
【常壽過】越나라 대부. 常壽는 복성. 過는 이름. 원래 吳나라 仲雍의 후손이라 함.
【瑣】지금의 安徽 霍丘縣 동쪽. 楚나라 땅.
【薳啓彊】楚나라 대부. 당시 太宰였음. 도읍에 있다가 급히 전투에 나선 것임.
【鵲岸】지금의 安徽 無爲縣 남쪽으로부터 銅陵 북쪽 長江 北岸. 《方輿紀要》에 "鵲頭鎭在安徽銅陵縣, 縣北十里有鵲頭山, 楚伐吳敗於鵲岸是也"라 함.
【羅汭】지금의 湖南 汨羅縣. 羅水가 淮水로 흘러드는 지점. 汨羅江이라고도 함. 그러나 高士奇는 "河南羅山縣有舊羅水, 北入淮, 楚子當至此. 當時出師蓋分南北二道, 所以楚子至羅汭也"라 함.
【吳子】당시 吳나라 군주는 夷末(餘昧)로 재위 7년째였음.
【蹶由】오나라 왕 夷末의 아우. 《韓非子》說林(下)에는 沮衛와 蹶融 두 사람을 보냈다 하였으며 그중 蹶融이 바로 蹶由임.
【馮怒】매우 노함. 杜預 注에 "馮, 盛也"라 함.
【息師】杜預 注에 "息楚之師"라 함.
【城濮之兆·其報在邲】城濮의 싸움은 僖公 28년. 그때 초군이 점을 쳐 길하였지만 패하였음. 그 길조는 다음의 邲 싸움에 나타났다는 것임.
【其庸有報志】지금의 자신을 죽이면 그 효험은 吳나라의 승리로 나타날 것임을 말한 것.
【沈尹赤】薳射. 沈邑의 우두머리. 沈은 楚나라 邑 이름.

【次】 군사가 주둔함을 뜻함. 莊公 3년 傳에 "凡師, 一宿爲舍, 再宿爲信, 過信爲次"라 함.
【萊山】 天臺山. 高士奇《春秋地名考略》(9)에 "河南光山縣南一百五十里有天臺山, 或云卽萊山"이라 함.
【南懷·汝淸】《左傳地名補註》에 "汝淸卽汝水入淮之口, 在河南息縣東南, 安徽阜陽縣西南, 固始縣之朱皐鎭, 汝水入淮處, 亦謂之淮口"라 함. 南懷는 그 부근.
【坻箕之山】 坻箕山은 지금의 安徽 巢縣에 있는 踟躕山.《太平寰宇記》에 "安徽巢縣南三十七里之踟躕山, 卽坻箕山"이라 함.
【雩婁】 지금의 安徽 金寨縣 북쪽.
【禮也】 여기에서는 용병할 때의 원칙적인 예를 말함. 杜預 注에 "善有備"라 함.

㊀

秦后子復歸於秦, 景公卒故也.

진秦나라 후자后子가 본국으로 돌아갔다. 이는 진秦나라 경공景公이 세상을 떠났기 때문이었다.

【后子】 秦나라 공자. 后鍼. 桓公(榮)의 아들이며 景公(后伯車)의 아우. 昭公 元年 여름 晉나라로 망명하였다가 이때 귀국한 것임. 뒤에 秦 哀公이 됨.

187. 昭公 6年(B.C.536) 乙丑

周	景王(姬貴) 9년	齊	景公(杵臼) 12년	晉	平公(彪) 22년	衛	襄公(惡) 8년
蔡	靈公(般) 7년	鄭	簡公(嘉) 30년	曹	武公(勝) 19년	陳	哀公(溺) 33년
杞	文公(益姑) 14년	宋	平公(成) 40년	秦	哀公(鍼?) 원년	楚	靈王(虔) 5년
吳	夷末 8년	許	悼公(買) 11년				

※ **1397(昭6-1)**

六年春王正月, 杞伯益姑卒.

6년 봄 주력 정월, 기백杞伯 익고益姑가 죽었다.

【益姑】杞 文公. 杞나라는 姒姓으로 周 武王이 殷을 멸한 다음 禹의 후손 東樓公을 찾아 봉하였음. 지금의 河南 杞縣 일대.

※ **1397(昭6-2)**

葬秦景公.

진秦 경공景公의 장례를 치렀다.

【秦景公】后伯車.

⑲
六年春王正月, 杞文公卒.
弔如同盟, 禮也.

6년 봄 정월에 기杞 문공文公이 세상을 떠났다.
노나라가 동맹국에 상喪이 났을 때와 같이 조문한 것은 예에 맞는 일이었다.

【杞文公】姒益姑.
【禮】杜預 注에 "魯怨杞因晉取其田, 而今不廢喪紀, 故禮之"라 함.

⑲
大夫如秦, 葬景公, 禮也.

대부가 진秦나라에 가서 경공景公의 장례에 참석한 것은 예에 맞는 일이었다.

【禮】杜預 注에 "合先王士弔·大夫宋葬之禮"라 함.

⑲
三月, 鄭人鑄〈刑書〉.
叔向使詒子産書, 曰:「始吾有虞於子, 今則已矣. 昔先王議事以制, 不爲刑辟, 懼民之有爭心也. 猶不可禁禦, 是故閑之以義, 糾之以政, 行之以禮, 守之以信, 奉之以仁; 制爲祿位, 以勸其從; 嚴斷刑罰,以威其淫. 懼其未也, 故誨之以忠, 聳之以行, 敎之以務, 使之以和, 臨之以敬, 涖之以彊, 斷之以剛; 猶求聖哲之上·明察之官·忠信之長· 慈惠之師, 民於是乎可任使也, 而不生禍亂. 民知有辟, 則不忌於上. 並有爭心, 以徵於書, 而徼幸以成之, 弗可爲矣. 夏有亂政, 而作〈禹刑〉; 商有亂政, 而作〈湯刑〉; 周有亂政, 而作〈九刑〉. 三辟之興, 皆叔世也. 今吾子相鄭國, 作封洫, 立謗政, 制參辟, 鑄〈刑書〉, 將以靖民, 不亦難乎?《詩》曰:『儀式刑文王之德, 日靖四方.』又曰:『儀刑文王, 萬邦作孚.』如是, 何辟之有? 民知爭端矣, 將棄禮而徵於書, 錐刀之末, 將盡爭之. 亂獄滋豐, 賄賂並行. 終子之世, 鄭其敗乎! 肸聞之: 『國將亡, 必多制.』其此之謂乎!」

復書曰: 「若吾子之言. 僑不才, 不能及子孫, 吾以救世也. 旣不承命, 敢忘大惠!」

士文伯曰:「火見, 鄭其火乎! 火未出, 而作火以鑄刑器, 藏爭辟焉. 火如象之, 不火何爲?」

3월, 정鄭나라에서 〈형서刑書〉를 주조鑄造하였다.

진晉나라 숙향叔向이 사람을 통해 자산子產에게 이렇게 편지를 전하였다.

"처음에는 내 그대에게 희망을 걸었으나 지금은 그렇지 않습니다. 선왕들께서 일이 생길 때마다 이를 의논하여 제정하되 일정한 형법을 만들어 처리하지는 않은 것은 백성들이 그 형법에 맞서 법에서 애써 벗어나기만을 다투는 마음이 있게 될 것을 두려워하였기 때문이었습니다. 그래도 죄악을 막거나 금할 수가 없게 되자 이 까닭으로 이를 막기에 의義로써 하고, 사람을 바로잡기에 정치로써 하고, 일을 행함에는 예禮로써 하고, 약속을 지킴에 신信으로써 하고, 윗사람을 받들게 하기 위해서는 인仁으로써 하고, 녹위祿位를 제정하여 이를 따르도록 권장하였으며 형벌을 엄단하여 부정을 위엄으로써 다스렸습니다. 그래도 완전하지 못함을 두려워하여 그 때문에 충忠으로써 가르치고, 좋은 행동으로 보여 권장하며, 근면으로써 해야 할 일을 가르치고, 화和로써 백성을 부리고, 경敬으로써 백성에게 임하며 직위를 지킴에는 강함을 견지하며 결단에는 굳셈을 지켜내었습니다. 그렇게 하면서도 오히려 성철聖哲한 군주, 명찰明察한 대신, 충신忠信한 지도자, 자혜慈惠로운 우두머리를 요구하였던 것입니다. 백성들은 이에 임무를 맡기거나 부릴 수 있었으며 대앙이 발생하지 않았던 것입니다. 백성들이 형벌이 있음을 알게 되면 윗사람을 꺼리지 않습니다. 모두가 법에서 벗어나려 다투는 마음만 생겨나고 형법의 문서만 증거로 삼아 요행을 바라면서 자신의 뜻을 이루려 하니 이렇게 해서는 다스려낼 수가 없게 됩니다. 하夏나라는 정치가 혼란해지자 〈우형禹刑〉을 만들었고, 상商나라는 정치가 혼란해지자 〈탕형湯刑〉을 만들었으며, 주周나라는 정치가 혼란하자 〈구형九刑〉을 만들었는데 이 세 가지 형법이 만들어진 것은 모두 숙세叔世였습니다. 지금 그대는 정나라 재상으로서 농지의 경계를 엄격히 하고 백성들의 비방을 듣던 제도를 만들더니 이제 삼벽參辟을 제정하고 〈형서〉를 주조하여 이로써 백성을 안정시키려 하나 역시 어렵지 않겠습니까? 《시》에 '문왕文王의 덕을 법으로 삼아 날로 사방을 안정시키도다'라 하였고, 다시 '문왕을 법으로 삼으니 만방이 이를 따르도다'라 하였습니다. 이같이 한다면 무슨 형법이 필요하겠습니까? 백성들은 단지 다툼의 단서만 알 뿐 장차 예는 버리고 문서에만 증거를 삼을 것이니 그렇게 되면 송곳 끝이나 칼날 같은 작은 일도 모두가 법으로만 다투게 될 것입니다. 혼란스러운 송사는 날로 늘어날 것이요 그에 따라 주고받는 뇌물이 함께 성행할 것입니다. 그리하여 그대의 세상이 끝날 때에는 정나라는 어지러워지고 말 것입니다! 제(肸)가 듣건대 '나라가 망하려 할 때에는 제약이 많다'라 하였으니 이를 두고 하는 말일 것입니다!"

자산은 이렇게 답서를 보내었다.

"그대의 말씀과 같습니다. 저(僑)는 재능이 없어 자손 후대까지는 생각이 미치지 못하고 당장의 세상만 구하려 하였습니다. 말씀하신대로 받들지는 못하겠지만 감히 그 크신 은혜를 어찌 잊겠습니까!"

사문백士文伯이 말하였다.

"화성火星이 나타날 때쯤이면 정나라에 화재가 날 것이다! 화성이 아직 나타나지 않았는데도 불을 일으켜 형벌 기물을 주조하여 사람들이 다툴 근원이 될 형법을 새겨 넣고 있다. 만약 화성이 나타나 그것과 감응하게 되면 불이 나지 않고 어찌 되겠는가?"

【刑書】 刑罰 조항과 규정을 기록한 법률 문서. 이를 鼎에 鑄物하여 常法으로 삼음. 杜預 注에 "鑄刑書於鼎, 以爲國之常法"이라 함. 이를 '刑鼎'이라 함. 孔穎達 疏에 "二十九年傳云「晉趙鞅·荀寅賦晉國一鼓鐵, 以鑄刑鼎, 著范宣子所爲刑書焉」, 彼是鑄之於鼎, 知此亦是鼎也"라 함.

【叔向】 晉나라 어진 대부. 羊舌肸, 자는 叔肸, 혹 叔譽라고도 부름.

【子産】 公孫僑. 子國(公孫成)의 아들. 子美. 鄭나라의 훌륭한 宰相이 되어 孔子가 자주 칭찬한 인물.

【虞】 《廣雅》에 "虞, 望也"라 하여 기대함을 뜻함.

【聳之以行】 바른 실행으로 백성들이 따르도록 獎勵함. 《國語》 楚語(上) "敎之春秋而爲之聳善而抑惡焉, 以戒勸其心"의 韋昭 注에 "聳, 獎也"라 함.

【禹刑】 夏나라 때의 법률. 《尙書》 呂刑篇 序에 "呂命穆王訓夏贖刑, 作呂刑"이라 하여 〈贖刑〉, 〈呂刑〉을 가리키는 것으로 봄.

【湯刑】 殷나라 때의 법률. 《墨子》 非樂篇에 "湯之官刑有之曰, 其恒舞於宮, 是謂巫風, 其刑, 君子出絲二衛"라 하였으며 《呂氏春秋》 孝行覽에 《尙書》를 인용하여 "刑三百, 罪莫重於不孝"라 하였고 高誘 注에 "商湯所制法也"라 하는 등 일부 관련 기록이 보일 뿐임.

【九刑】 周나라 초기의 법률. 《周書》 嘗麥解에 "四年孟夏, 王命大正正刑書, 太史筴刑書九篇以升, 授大正"이라 하였고 文公 18년 傳에도 史克이 "在九刑不忘"이라 말한 것이 있음.

【三辟】 앞에 든 〈禹刑〉, 〈湯刑〉, 〈九刑〉을 가리킴.

【叔世】 季世(末世, 衰世)보다는 앞의 시대. 堯舜(唐虞)과 같은 이상적인 시대가 지나가고 그 다음 말세로 가기 직전의 德이 衰해가는 그나마 조금 나은 시대. 晚時라고도 표현함. 《漢書》 刑法志 顔師古 注에 "叔世言晚時也"라 하였고 다시 "禹承堯舜之後, 自以德衰而制肉刑, 湯武順而行之者, 以俗薄於唐虞也"라 함.

【封洫】 농지의 구획을 바르게 정함. 襄公 30년을 볼 것.

【謗政】 백성들로부터 잘못되었다고 비난과 비방의 논란을 받던 제도를 뜻함. 昭公 4년 子産이 만들었던 〈丘賦法〉을 가리킴.

【參辟】 '參'은 '三'과 같음. '辟'은 '刑'과 같음. 〈刑鼎〉의 내용에 들어있는 세 가지 법률 조항을 뜻하는 것으로 보고 있음.

【詩】 《詩經》 周頌 我將篇에 "我將我享, 維羊維牛, 維天其右之. 儀式刑文王之典, 日靖四方. 伊嘏文王, 旣右享之. 我其夙夜, 畏天之威, 于時保之"라 하여 '德'은 '曲'으로 되어 있음.

【又曰】《詩經》大雅 文王篇에 "無念爾祖, 聿脩厥德. 永言配命, 自求多福. 殷之未喪師, 克配上帝. 宜鑒于殷, 駿命不易. 命之不易, 無遏爾躬. 宣昭義問, 有虞殷自天. 上天之載, 無聲無臭. 儀刑文王, 萬邦作孚"라 함.
【士文伯】士匄. 晉나라 대부. 范匄. 伯瑕. 范文子(士燮)의 아들. 시호는 宣子. 范宣子로도 불림. '匄'는 '丐'로도 표기하며 음은 '古害反' '개'로 읽음.
【火見】火는 심수(心宿)의 별. 저녁때 하늘에 나타나 보이는 것은 周曆 5월이었음. 昭公 17년 傳에 "火出, 於夏爲三月, 於商爲四月, 於周爲五月"이라 함.
【鄭火】이는 다음의 "六月丙戌, 鄭災"를 예견하여 미리 기록한 것임. 다음 장을 볼 것.

※ 1399(昭6-3)

夏, 季孫宿如晉.

여름, 계손숙季孫宿이 진晉나라에 갔다.

【季孫宿】季武子. 魯나라 대부. 季孫行父의 아들. 《國語》에는 '季孫夙'으로 되어 있음.

㊟

夏, 季孫宿如晉, 拜莒田也.
晉侯享之, 有加籩.
武子退, 使行人告曰:「小國之事大國也, 苟免於討, 不敢求貺. 得貺不過三獻. 今豆有加, 下臣弗堪, 無乃戾也?」
韓宣子曰:「寡君以爲驩也.」
對曰:「寡君猶未敢, 況下臣, 君之隸也, 敢聞加貺?」
固請徹加, 而後卒事.
晉人以爲知禮, 重其好貨.

여름, 계손숙季孫宿이 진晉나라에 간 것은 노나라가 거莒나라 땅을 차지하였을 때 진나라가 묵인해 준 것에 사례하기 위함이었다.

진晉 평공平公이 그에게 향연을 베풀어 주었는데 아주 푸짐하였다.

계무자季武子는 자리에서 물러나 행인行人으로 하여금 이렇게 고하도록 하였다.

"작은 나라가 큰 나라를 섬길 때에는 진실로 책망을 면하면 그것만으로 다행인데 감히 크게 내려 주심은 바랄 수 없습니다. 하사하신 것을 받는다 하더라도 다만 술 석 잔의 상차림에 불과할 뿐인데 지금 상차림에는 더 얹어 주시니 낮은 신하로서는 감당할 수가 없습니다. 이는 죄가 되지 않을까요?"

한선자韓宣子가 말하였다.

"우리 임금께서는 이로써 즐겁게 여기십니다."

계손숙이 말하였다.

"우리 임금께서도 오히려 감히 이런 대접을 받을 수 없을 것인데 하물며 이 아래 신하는 임금의 노예로서 감히 이렇게 덧보탠 상차림을 소문에서나 들어볼 수 있겠습니까?"

이처럼 굳이 그처럼 덧보탠 상차림을 물릴 것을 청한 다음에야 향연을 마치게 되었다.

진나라에서는 계손숙이 예를 안다고 여겨 그에게 좋은 선물을 더 많이 주었다.

【莒田】莒나라 牟夷가 읍을 가지고 도망 왔을 때 魯나라가 이를 받은 것을 문제 삼기는 하였지만 결국 잘 해결된 일을 말함. 昭公 5년 經과 傳을 볼 것.
【加籩】杜預 注에 "籩豆之數多於常禮"라 함.
【韓宣子】韓起. 晉나라 대부. 韓厥의 아들이며 韓無忌의 아우. 시호는 宣子. 그들 후손이 春秋末 晉六卿이었으며 戰國시대 三晉의 하나이며 戰國七雄인 韓나라로 발전함.
【寡君猶未敢】杜預 注에 "未敢當此加也"라 함.
【以爲驩】'驩'은 '歡'과 같음. '이렇게 후하게 대접함을 좋아하다'는 뜻. 杜預 注에 "以加禮致驩心"이라 함.

※ **1400(昭6-4)**
　葬杞文公.

　기杞 문공文公의 장례를 치렀다.

【杞文公】 姒益姑.
＊無傳

※ **1401(昭6-5)**
　宋華合比出奔衛.

　송宋나라 화합비華合比가 위衛나라로 달아났다.

【華合比】 宋나라 대부. 右師 벼슬을 하고 있었음.

㊟
宋寺人柳有寵, 大子佐惡之.
華合比曰:「我殺之.」
柳聞之, 乃坎·用牲·埋書, 而告公曰:「合比將納亡人之族, 旣盟于北郭矣.」
公使視之, 有焉, 遂逐華合比.
合比奔衛.
於是華亥欲代右師, 乃與寺人柳比, 從爲之徵, 曰:「聞之久矣.」
公使代之.
見於左師, 左師曰:「女夫也必亡. 女喪而宗室, 於人何有? 人亦於女何有?《詩》曰:『宗子維城, 毋俾城壞, 毋獨斯畏.』女其畏哉!」

송宋나라 시인寺人 유柳는 평공平公의 총애를 받고 있었으며 태자 좌佐는 그를 증오하였다.

화합비華合比가 태자에게 말하였다.

"제가 그를 죽여 없애겠습니다."

유가 이를 듣고 구덩이를 파서 희생물을 넣은 뒤 맹약 문서를 묻고는 평공에게 이렇게 말하였다.

"화합비가 장차 국외로 망명한 무리들을 불러들이려고 이미 북곽北郭에서 맹약을 맺었습니다."

평공이 사람을 보내어 확인하도록 하였더니 과연 그 흔적이 있는 것이었다. 이에 곧바로 화합비를 축출해 버렸다.

화합비는 위衛나라로 달아났다.

이때 화합비 아우 화해華亥는 형 대신 우사右師가 되고 싶어 이에 내시 유와 한패가 되어 그를 위해 이렇게 증언하였다.

"그런 음모를 들어본 지 오래되었습니다."

평공은 화해를 우사로 삼았다.

그가 좌사左師(向戌)를 만나자 좌사가 이렇게 말하였다.

"너 같은 자는 틀림없이 망할 것이다. 너의 종실宗室도 망치는 자가 남에게야 어떻게 하겠는가? 남들 또한 너를 그대로 두겠는가? 《시》에 '종가의 아들은 성城과 같으니 성벽을 무너뜨리지 말라, 네 홀로 두려움에 떨지 않도록 하라'라 하였다. 너는 그러한 두려움에 떨게 될 것이다!"

【寺人】궁중 內官의 벼슬 이름. 뒷날의 內侍, 奄官, 閹人에 해당함. '寺'는 '시'로 읽음.
【柳】寺人의 이름. 宋 平公(成)에게 총애를 받고 있었음.
【大子佐】宋나라 태자. 佐는 그의 이름. 뒤에 元公이 되어 B.C.534~517년까지 15년간 재위함.
【亡人之族】襄公 17년에 陳나라로 달아난 華臣을 말함. 국외로 亡命한 무리들을 불러들여 나라를 어지럽게 하고자 함.
【北郭】송나라 북쪽 외곽 지역.
【華亥】華合比의 아우. 형의 右師 벼슬을 대신하고 싶어 하였음.

【柳比】'柳'는 사인 柳. '比'는 한 패거리가 됨. 《論語》爲政篇에 "君子周而不比, 小人比而不周"라 함.
【左師】向戌. 宋나라 대부. '向'은 성씨일 경우 '상'으로 읽음. 당시 左師 벼슬을 하였으며 合邑을 채읍으로 받아 '合左師'로도 부름.
【女夫】'너 같은 자'. 蔑稱한 것. '而夫'와 같음. 《莊子》 列禦寇篇에 "如而夫者"라 하였고 郭象의 注에 "而夫謂凡夫也"라 함.
【詩】《詩經》 大雅 板篇에 "价人維藩, 大師維垣, 大邦維屏, 大宗維翰, 懷德維寧, 宗子維城. 無俾城壞, 無獨斯畏. 敬天之怒, 無敢戲豫. 敬天之渝, 無敢馳驅. 昊天曰明, 及爾出王. 昊天曰旦, 及爾游衍"이라 함.
【女其畏哉】杜預 注에 "爲二十年華亥出奔傳"이라 함.

㊁

六月丙戌, 鄭災.

병술丙戌날, 정鄭나라에 화재가 났다.

【鄭災】이는 앞서 子産이 〈刑鼎〉을 만들자 士文伯(士匄)이 불이 날 것을 예견한 것에 대한 결과 기록임. 앞 장을 참조할 것. 杜預 注에 "終士文伯之言"이라 함.

㊁

楚公子棄疾如晉, 報韓子也.
過鄭, 鄭罕虎·公孫僑·游吉從鄭伯以勞諸柤, 辭不敢見.
固請, 見之.
見如見王. 以其乘馬八匹私面.
見子皮如上卿, 以馬六匹; 見子産以馬四匹; 見子大叔以馬二匹.
禁芻牧採樵, 不入田, 不樵樹, 不采蓺, 不抽屋, 不强匄.
誓曰:「有犯命者, 君子廢, 小人降!」
舍不爲暴, 主不慁賓.

往來如是, 鄭三卿皆知其將爲王也.
韓宣子之適楚也, 楚人弗逆.
公子棄疾及晉竟, 晉侯將亦弗逆.
叔向曰:「楚辟, 我衷, 若何效辟?《詩》曰:『爾之教矣, 民胥效矣.』從我而已, 焉用效人之辟?《書》曰:『聖作則.』無寧以善人爲則, 而則人之辟乎? 匹夫爲善, 民猶則之, 況國君乎?」
晉侯說, 及逆之.

초楚나라 공자 기질棄疾이 진晉나라에 간 것은 한선자韓宣子가 초나라를 예방하였던 일에 답례하기 위해서였다.

그가 정나라를 지날 때 정나라 한호罕虎·공손교公孫僑·유길游吉이 정鄭 간공簡公을 따라 사柤에서 위로하고자 왔지만 기질은 그들을 사양하여 감히 만나지 않았다.

정나라에서 굳이 요청하여 그들을 만났다.

기질은 이들을 만나 마치 자신의 왕을 뵐 때처럼 예를 갖추고 승마乘馬 여덟 필을 사사롭게 선물하였다. 자피子皮(罕虎)에게는 상경上卿의 대우를 하여 말 여섯 필을 선사하고, 자산子産(公孫僑)에게는 말 네 필을 선사하고, 자태숙子大叔(游吉)에게는 말 두 필을 선사하였다.

그리고 자신의 일행들에게 말먹이 꼴이나 땔나무를 함부로 채취하지 못하게 하고, 논지에 마구 들어가지 못하게 하였으며, 나무를 베지 않도록 하고, 작물을 취하지 못하게 하고 집을 마구 허무는 일이 없게 하고, 그곳 사람들에게 물건을 요구하지 못하도록 하였다.

그리고는 이렇게 서약을 하였다.

"나의 명령을 범하는 자는 높은 신분은 그 지위를 박탈할 것이며 낮은 신분은 그 지위를 한 단계 강등시킬 것이다."

이리하여 머무는 동안 난폭한 짓을 하지 않았고 정나라로서는 지나가는 빈객으로 인해 고통을 받는 일이 없게 되었다.

오고 갈 때 모두 이와 같이 하여 정나라 삼경三卿들은 모두 그가 장차 초나라 왕이 될 것임을 알게 되었다.

지난날 한선자韓宣子가 초나라에 갔을 때에는 초나라는 그를 국경에서 맞이하지 않았었다.

그리하여 이번에 공자 기질이 진나라 국경에 이르렀을 때 진晉 평공平公도 장차 그를 맞이하려 하지 않았다.

숙향叔向이 말하였다.

"초나라가 잘못된 짓을 하였다 해도 우리는 바르게 해야 합니다. 어찌하여 잘못된 짓을 따라 할 수 있겠습니까?《시》에 '그대의 가르침에 백성들 모두가 이를 따라 본받도다'라 하였습니다. 우리의 뜻대로 할 뿐이지 어찌 남의 잘못을 따라 하겠다는 것입니까?《서》에 '성인이 법을 만드셨다'라 하였습니다. 선인善人을 법으로 삼지는 못할지언정 남의 잘못을 본받아서야 되겠습니까? 한낱 필부가 선을 짓더라도 백성들은 이를 모범으로 삼거늘 하물며 한 나라 임금이 그렇게 한다면 두말할 나위가 있겠습니까?"

평공은 기꺼워하며 나가서 그를 맞이하였다.

【棄疾】公子 棄疾. 楚 共王(審)에게는 총애하는 다섯 아들이 있었으며 康王(昭), 靈王(公子 圍, 熊虔), 公子 比(子干), 公子 黑肱(子晳), 공자 棄疾이었음. 형 靈王에 의해 蔡나라를 멸망시킨 다음 蔡나라를 다스리는 총책의 임무를 맡아 '蔡公'이라 불림. 그 뒤 형 靈王(熊虔)이 乾谿에 있는 동안 觀從의 모책에 의해 두 형 子干(比)과 子晳(黑肱)을 앞세우고 蔡나라로부터 군사를 이끌고 귀국하여 내란을 일으켜 성공함. 두 형 子干(比)과 子晳(黑肱)까지 자결토록 하고 왕위에 오름. 이가 平王이며 이름을 熊居로 바꿈. B.C.528~516년까지 13년간 재위하고 昭王(軫)이 그 뒤를 이음. 昭公 13년을 볼 것. 子南의 아들 棄疾과는 同名異人임.
【韓子】韓宣子. 韓起. 晉나라 대부. 韓厥의 아들이며 韓無忌의 아우. 시호는 宣子. 그들 후손이 春秋末 晉六卿이었으며 戰國시대 三晉의 하나이며 戰國七雄인 韓나라로 발전함. 그가 지난해 楚나라에 公女를 호송하여 간 일에 대한 답례로 棄疾이 晉나라를 예방하러 나선 것임.
【罕虎】鄭나라 대부. 子皮. 子展의 아들. 아버지를 이어 上卿이 됨. 杜預 注에 "子皮代父爲上卿"이라 함. 子産(公孫僑)을 도와 나라를 잘 다스림.
【公孫僑】子産. 公孫僑. 子國(公孫成)의 아들. 子美. 鄭나라의 훌륭한 宰相이 되어 孔子가 자주 칭찬한 인물.

【子大叔】游吉. 鄭나라 대부. '大叔'은 '太叔'과 같음. 游販의 아우. '世叔'으로도 불리며 公孫蠆의 아들. 뒤에 子產을 이어 재상에 오름.
【相】鄭나라 지명. 지금의 河南 新鄭縣 남쪽.
【見如見王】杜預 注에 "見鄭伯如見楚王, 言棄疾共而有禮"라 함.
【蓺】'藝'와 같음. 농작물을 뜻함.
【強匄】'匄'는 '丐'와 같음. 구걸하면서 강요함.
【主不慁賓】'慁'은 '흔'으로 읽으며 '患'과 같음. 주인 정나라로서는 빈객인 초나라로 인해 환난을 겪지 않음.
【三卿】杜預 主에 "三卿, 罕虎·公孫僑·游吉"이라 함.
【叔向】晉나라 어진 대부. 羊舌肸, 자는 叔肸, 혹 叔譽라고도 부름.
【楚辟我衷】杜預 主에 "辟, 邪也. 衷, 正也"라 함.
【詩】《詩經》 小雅 角弓篇에 "騂騂角弓, 翩其反矣. 兄弟昏姻, 無胥遠矣. 爾之遠矣, 民胥然矣. 爾之教矣, 民胥傚矣"라 함.
【書】杜預 注에 "逸書, 則. 法也"라 하였으며 지금의 《尚書》(僞古文) 說命篇을 두고 말한 것임.

1402(昭6-6)

秋九月, 大雩.

가을 9월, 기우제를 크게 지냈다.

㊝

秋九月, 大雩, 旱也.

가을 9월에 큰 기우제를 지낸 것은 가뭄 때문이었다.

❋ 1403(昭6-7)

楚薳罷帥師伐吳.

초楚나라 위피薳罷가 군사를 이끌고 오吳나라를 쳤다.

【薳罷】 '위피'로 읽음. '薳'는 '蔿'와 같음. 子蕩. 당시 楚나라 令尹.

㊉
徐儀楚聘于楚, 楚子執之, 逃歸.
懼其叛也, 使薳洩伐徐.
吳人救之.
令尹子蕩帥師伐吳, 師于豫章, 而次于乾谿.
吳人敗其師於房鍾, 獲宮廐尹棄疾.
子蕩歸罪於薳洩而殺之.

서徐나라 의초儀楚가 초楚나라를 예방하자 영왕靈王이 그를 붙잡았으나 그는 도망쳐 돌아갔다.

영왕은 서나라가 배반할 것이 두려워 위설薳洩로 하여금 서나라를 치도록 하였다.

그러자 오吳나라가 서나라를 구원하러 나섰다.

영윤 자탕子蕩이 군사를 거느리고 오나라를 치고자 예장豫章에서 군사를 집결시켜 건계乾谿에서 주둔하였다.

오나라는 그들을 방종房鍾에서 패배시키고 궁구윤宮廐尹 기질棄疾을 붙잡았다.

그러자 영윤 자탕은 패전의 죄를 위설에게 뒤집어씌워 그를 죽였다.

【徐】 지금의 江蘇 泗洪縣 남쪽 洪澤湖 근처에 있었던 옛 나라.
【儀楚】 杜預 注에 "儀楚, 徐大夫"라 하였으나 徐나라 군주로 보고 있음.

【蘧洩】楚나라 대부. 杜預 注에 "蘧洩, 楚大夫"라 함.
【子蕩】蘧罷(위피). 당시 楚나라 令尹.
【豫章】지금의 安徽 霍丘, 六安, 霍山으로부터 河南 光山, 固始 일대.
【次】군사가 주둔함을 뜻함. 莊公 3년 傳에 "凡師, 一宿爲舍, 再宿爲信, 過信爲次"라 함.
【乾谿】지금의 安徽 亳縣.
【房鍾】지금의 安徽 蒙城縣과 淝水 北岸 일대.
【宮廐尹棄疾】宮廐尹은 궁궐 마구간을 관리하는 직책명. 棄疾은 공자 棄疾(熊居)과 同名異人으로 杜預 注에 "鬪韋龜之父"라 함.

※ 1404(昭6-8)

冬, 叔弓如楚.

겨울, 숙궁叔弓이 초楚나라에 갔다.

【叔弓】魯나라 대부. 叔老의 아들. 시호는 敬子.

㊀
冬, 叔弓如楚, 聘, 且弔敗也.

겨울, 숙궁叔弓이 초楚나라에 가서 예방하고 초나라가 오나라와의 싸움에서 패한 것을 위로하였다.

【弔敗】杜預 注에 "弔爲吳所敗"라 함.

1405(昭6-9)

齊侯伐北燕.

제후齊侯가 북연北燕을 쳤다.

【齊侯】당시 齊나라 군주는 景公(杵臼)으로 재위 12년째였음.
【北燕】周 武王이 아우 召伯 姬奭을 봉한 나라. 도읍은 薊(지금의 北京)였으며 전국시대 이르러 세력을 키워 戰國七雄의 하나가 됨. 당시 南燕과 北燕이 있었으며 南燕은 姞姓으로 지금의 河南 汲縣 서쪽에 옛 燕城이 있음. 이 때문에 '北燕'이라 표기한 것임.

傳
十一月, 齊侯如晉, 請伐北燕也.
士匄相士鞅逆諸河, 禮也.
晉侯許之.
十二月, 齊侯遂伐北燕, 將納簡公.
晏子曰:「不入. 燕有君矣, 民不貳. 吾君賄, 左右諂諛, 作大事不以信, 未嘗可也.」

11월, 제齊 경공景公이 진晉나라에 간 것은 북연北燕을 치는 일의 허락을 청하기 위한 것이었다.

이에 사개士匄가 사앙士鞅을 도와 황하黃河 가에서 이를 영접하였는데 이는 예에 맞는 일이었다.

진 평공이 제나라의 청을 허락하였다.

12월, 제 경공이 북연을 쳐서 간공簡公을 본국으로 들여보내려 하였다.

그러자 안자晏子가 말하였다.

"그를 귀국시켜서는 안 된다. 연나라에는 이미 임금이 있고 백성들은 두 마음을 가지고 있지 않다. 우리 임금은 뇌물을 탐내고 임금의 좌우들은 아첨만 하고 있다. 큰일을 할 때 신의로써 하지 않고서 제대로 된 적은 일찍이 없었다."

【如晉】맹주국인 晉나라에 통고하여 허락을 얻기 위한 것임. 杜預 注에 "告盟主"라 함.

【士匄相士鞅逆諸河】士匄는 士文伯. 晉나라 대부. 范匄. 伯瑕. 士文伯. 范文子(士燮)의 아들. 시호는 宣子. 范宣子로도 불림. 杜預 注에 "士匄, 晉大夫. 相, 爲介, 得敬逆來者之禮"라 하였으나 이는 사앙의 아버지로 아버지가 아들의 부사가 되는 것은 이치에 맞지 않음. 이에 〈王肅本〉에는 '王正'으로 되어 있어 오류가 있는 것으로 보임.

【士鞅】范鞅. 范獻子. 范叔으로도 불림. 시호는 獻子. 士匄(宣子)의 아들이며 士燮(范文子)의 손자.

【簡公】北燕의 군주로 昭公 3년 齊나라에 망명해 있었음. 杜預 注에 "簡公, 北燕伯, 三年出奔齊"라 함.

【晏子】晏嬰. 齊나라의 유명한 재상. 자는 平仲. 晏弱(晏桓子)의 아들. 그의 언행을 모아 편찬한 《晏子春秋》가 널리 알려져 있으며 司馬遷은 《史記》管晏列傳에 그의 전기를 실어 높이 평가하고 있음.

【未嘗可也】杜預 注에 "爲明年曁齊平傳"이라 함.

188. 昭公 7年(B.C.535) 丙寅

周	景王(姬貴) 10년	齊	景公(杵臼) 13년	晉	平公(彪) 23년	衛	襄公(惡) 9년
蔡	靈公(般) 8년	鄭	簡公(嘉) 31년	曹	武公(滕) 20년	陳	哀公(溺) 34년
杞	平公(郁釐) 원년	宋	平公(成) 41년	秦	哀公(鍼?) 2년	楚	靈王(虔) 6년
吳	夷末 9년	許	悼公(買) 12년				

● 1406(昭7-1)

七年春王正月, 曁齊平.

7년 봄 주력 정월, 노나라가 제齊나라와 화친을 맺었다

【曁】'及', '與'과 같음.

㊉
七年春王正月, 曁齊平, 齊求之也.
癸巳, 齊侯次于虢.
燕人行成, 曰:「敝邑之罪, 敢不聽命? 先君之敝器請以謝罪.」
公孫晳曰:「受服而退, 俟釁而動, 可也.」
二月戊午, 盟于濡上.

燕人歸燕姬, 賂以瑤罋·玉櫝·斝耳.
不克而還.

7년 봄 정월, 노나라가 제齊나라와 화평을 맺은 것은 제나라가 요구해 왔기 때문이었다.

계사날, 제齊 경공景公이 괵虢에 주둔하였다.

그때 연燕나라가 화친을 제의하며 이렇게 말하였다.

"우리가 죄를 알았으니 감히 명을 받들지 않겠습니까? 선군 때부터 전해 온 우리의 기물을 바쳐 사죄드릴 것을 청합니다."

그러자 공손석公孫晳이 말하였다.

"일단 항복을 받고 물러섰다가 그들의 틈을 기다렸다가 군사를 움직이는 것이 좋겠습니다."

2월 무오날, 두 나라가 유수濡水 가에서 동맹을 맺었다.

연나라 사람은 연나라의 공녀를 제나라 경공에게 시집보내고 옥항아리와 옥 상자, 옥 술잔을 바쳤다.

그리하여 제나라는 뜻을 이루지 못한 채 귀환하였다.

【齊求之】杜預 注에 "齊伐燕, 燕人賂之, 反從求平, 如晏子言"이라 함.
【次】군사가 주둔함을 뜻함. 莊公 3년 傳에 "凡師, 一宿爲舍, 再宿爲信, 過信爲次"라 함.
【虢】燕나라 남쪽 국경의 땅으로 지금의 河北 滄州(任丘) 부근.《方輿紀要》에 "虢與郭通, 在河北任丘縣西十七里"라 함.
【行成】'和解하다'의 뜻.
【公孫晳】杜預 注에 "晳, 齊大夫"라 함. 앞장에서 晏子가 '左右詔諛'라 한 인물임.
【戊午】2월 14일.
【濡】杜預 注에 "濡水出高陽縣東北, 至河間鄚縣入易水"라 함.
【燕姬】燕나라는 昭公(姬奭)의 후손으로 姬姓이었음.
【瑤罋】罋은 甕과 같음. 옥으로 만든 항아리.
【玉櫝】옥으로 만들거나 옥으로 장식한 상자.
【斝耳】'가이'로 읽으며 양쪽에 귀 모양 장식을 한 술잔.
【不克】燕 簡公을 귀국시키는 일을 성사시키지 못함.

傳

楚子之爲令尹也, 爲王旌以田.
芉尹無宇斷之, 曰:「一國兩君, 其誰堪之?」
及卽位, 爲章華之宮, 納亡人以實之.
無宇之閽入焉.
無宇執之, 有司弗與, 曰:「執人於王宮, 其罪大矣.」
執而謁諸王.
王將飲酒, 無宇辭曰:「天子經略, 諸侯正封, 古之制也. 封略之內, 何非君土? 食土之毛, 誰非君臣? 故《詩》曰:『普天之下, 莫非王土; 率土之濱, 莫非王臣.』天有十日, 人有十等. 下所以事上, 上所以共神也. 故王臣公, 公臣大夫, 大夫臣士, 士臣皁, 皁臣輿, 輿臣隸, 隸臣僚, 僚臣僕, 僕臣臺. 馬有圉, 牛有牧, 以待百事. 今有司曰:『女胡執人於王宮?』將焉執之? 周文王之法曰:『有亡, 荒閱』, 所以得天下也. 吾先君文王, 作〈僕區之法〉, 曰『盜所隱器, 與盜同罪』, 所以封汝也. 若從有司, 是無所執逃臣也. 逃而舍之, 是無陪臺也. 王事無乃闕乎? 昔武王數紂人罪以告諸侯曰:『紂爲天下逋逃主, 萃淵藪.』故夫致死焉. 君王始求諸侯而則紂, 無乃不可乎? 若以二文之法取之, 盜有所在矣.」
王曰:「取而臣以往. 盜有寵, 未可得也.」
遂赦之.

초楚 영왕靈王이 영윤令尹이었을 때 왕의 깃발을 들고 사냥을 한 일이 있었다.
우윤芉尹 무우無宇가 그 깃대를 꺾어버리면서 이렇게 말하였다.
"한 나라에 임금이 두 사람이니 누가 이를 감당하겠는가?"
그가 즉위하여 장화궁章華宮을 지어 도망쳐 온 자들로 그곳을 채웠다.
그런데 무우의 문지기가 달아나 그곳으로 들어가 버렸다.
무우가 그자를 잡으러 갔더니 유사有司가 그를 내주지 않으면서 말하였다.
"왕궁에서 사람을 잡는 것은 그 죄가 큽니다."

그리고는 무우를 잡아 왕에게 끌고 갔다.

영왕은 술을 마시려던 참이었다. 무우는 자신의 억울함을 밝혀 말하였다. "천자는 천하를 다스리고 제후는 봉토를 다스리는 것은 예로부터의 제도입니다. 봉토와 천하 안이 어느 곳인들 군주의 땅이 아닌 곳이 있겠습니까? 봉토 안에서 나는 것을 먹고 사는 사람이 어느 누가 임금의 신하가 아니겠습니까? 《시》에 '넓은 하늘 아래가 임금의 땅 아님이 없고, 모든 땅의 사람으로 임금의 신하가 아닌 자 없다'라 하였습니다. 하늘에는 열흘 순서가 있고 사람에게 열 등급이 있습니다. 아랫사람이 윗사람을 섬기는 것은 윗사람이 신을 받들어 모시는 것과 같습니다. 그 때문에 왕은 공公을 신하로 삼고, 공은 대부大夫를, 대부는 사士를, 사는 조皂를, 조는 여輿를, 여는 예隸를, 예는 요僚를, 요는 복僕을, 복은 대臺를 신하로 삼습니다. 말에게는 말 다루는 어인圉人이 있고, 소에게는 목인牧人이 있어 모든 일에는 담당자가 있습니다. 지금 유사가 '네가 어찌 왕궁에서 사람을 잡느냐?'라 하였으니 그러면 달아난 자를 어디에서 잡겠습니까? 주周 문왕文王의 법에 '달아난 자가 있으면 널리 수사하여 잡아라'라 하였습니다. 그 때문에 문왕이 천하를 소유하게 된 것입니다. 우리 선군 문왕文王께서〈복구법僕區法〉을 만들어 '도둑을 위해 훔친 물건을 감추어 주는 자도 그 도둑과 같은 죄로 다스린다'라 하셨습니다. 그 때문에 여수汝水까지 봉토를 넓힐 수 있었던 것입니다. 만약 유사의 말에 따른다면 도망간 신하는 잡을 수가 없는 것이 됩니다. 달아난 자를 내버려둔다면 이는 대라는 직책이 임금을 모실 필요가 없습니다. 그렇게 되면 임금의 일에 잘못이 생기지 않겠습니까? 옛날 주 무왕武王께서 은殷나라 주왕紂王의 죄를 따지시며 제후들에게 '주紂는 천하에 죄 짓고 도망 간 자를 잡아들여 그들의 주인이 되어 그러한 무리를 모아두고 있는 자'라 하였습니다. 그 까닭으로 사람들이 죽음을 무릅쓰고 나섰던 것입니다. 임금께서는 이제 비로소 제후들을 지배하는 패자가 되셨는데 주왕을 본받으신다면 잘못된 것이 아니겠습니까? 만약 주나라 문왕과 우리 문왕의 법으로 도둑을 취한다면 왕께서도 도둑이 되는 것입니다."

영왕이 말하였다.

"너의 부하를 잡아가거라. 도둑인 나는 하늘의 총애를 받고 있으니 나를 잡아갈 수는 없을 것이다."

그리고는 드디어 무우를 용서해 주었다.

【令尹】楚 靈王(熊虔)은 令尹 시절 公子 圍라 불렸음.
【芋尹】芋는 楚나라 邑 이름. 尹은 邑의 우두머리. 《新序》義勇篇에는 '芊尹文'이라 하여 '芋'자를 '芊'자로 잘못 판각하였음.
【無宇】芋尹의 이름. 《新序》에는 '文'이라 하였음.
【章華宮】《史記》楚世家에 의하면 乾谿에 이 궁궐을 지었음. 乾谿는 지금의 安徽 亳縣. 그러나 초나라 도읍과 너무 멀어 지금의 湖北 監利縣 離湖 곁으로 보고 있음. 《彙纂》에 "在湖北監利縣東五里, 有華容城"이라 함.
【亡人】국내외에서 달아난 사람들.
【經略】천자가 천하를 통치함.
【正封】제후가 봉지를 다스림.
【毛】杜預 注에 "毛, 草也"라 하였으나 땅에서 나는 모든 먹을거리. 오곡을 뜻함.
【詩】《詩經》小雅 北山篇에 "陟彼北山, 言采其杞. 偕偕士子, 朝夕從事. 王事靡盬, 憂我父母. 溥天之下, 莫非王土. 率土之濱, 莫非王臣. 大夫不均, 我從事獨賢"이라 함. '普'는 '溥'와 같음.
【天有十日】昭公 5년 傳에 "日之數十"이라 함. 十干으로 날짜의 순서가 있음.
【皂】'皂'는 '皁'와 같으며 원래 '검다'는 뜻으로 검은 옷을 입은 신하. 노예의 한 부류.
【輿】'많다'의 뜻으로 衆庶人.
【隷】죄를 지어 노예가 된 자.
【僚】'僚'는 원래 '役', '勞'의 뜻으로 육체 勞役에 종사하는 자.
【臺】도망하다 잡혀 노예가 된 자라 함.
【圉·牧】杜預 注에 "養馬曰圉, 養牛曰牧"이라 함.
【周文王】姬昌. 西伯. 周나라 초기의 聖王. 武王(姬發)의 아버지.
【荒閱】'荒'은 大, '閱'은 搜索의 뜻.
【先君文王】楚나라 文王. 熊貲. B.C.689~677년까지 13년간 재위함.
【僕區法】형법의 이름. 服虔은 "僕, 隱也; 區, 匿也"라 하여 죄인을 은닉하였을 때의 처벌법으로 보았음.
【盜所隱器】도둑이 도둑질한 것을 숨겨둔 자.

【盜有所在矣】無宇는 초나라 군주에게 도둑을 감추고 있으니 군주 역시 도둑과 같은 죄를 지은 것이라 하였음.

【所以封汝】그 때문에 汝水까지 영토를 넓힐 수 있었음. 杜預 注에 "行善法, 故能啓疆, 北至汝水"라 함.

【逋逃主, 萃淵藪】紂는 천하 도망한 죄인들을 잡아들여 모아들인 자라는 뜻. 죄를 아주 강하게 표현한 것. 杜預 注에 "萃, 集也. 天下逋逃悉以紂爲淵藪澤離歸之"라 함. 이 구절은 《尙書》武成篇에 "惟有道曾孫周王發, 將有大正于商. 今商王受無道, 暴殄天物, 害虐烝民, 爲天下逋逃主, 萃淵藪. 予小子旣獲仁人, 敢祇承上帝, 以遏亂略, 華夏蠻貊罔不率俾. 恭天成命, 肆予東征, 綏厥士女, 惟其士女, 篚厥玄黃, 昭我周王. 天休震動, 用附我大邑周. 惟爾有神, 尙克相予, 以濟兆民, 無作神羞"라 한 것이며 《尙書(僞古文尙書)》의 이 문장은 본 《左傳》을 근거로 한 것으로 보고 있음.

【盜有寵·未可得也】무우가 자신에게도 도둑이라 하였으나 자신은 하늘의 총애를 받고 있는 몸이라 붙잡을 수가 없다고 한 것. 杜預 注에 "盜有寵, 王自謂. 爲葬靈王張本"이라 함.

● 1407(昭7-2)

三月, 公如楚.

3월, 소공昭公이 초楚나라에 갔다.

㊉

楚子成章華之臺, 願與諸侯落之.
大宰薳啓彊曰:「臣能得魯侯.」
薳啓彊來召公, 辭曰:「昔先君成公命我先大夫嬰齊曰:『吾不忘先君之好, 將使衡父照臨楚國, 鎭撫其社稷, 以輯寧爾民.』嬰齊受命于蜀. 奉承以來, 弗敢失隕, 而致諸宗祧. 日我先君共王引領北望, 日月以冀, 傳序相授, 於今四王矣. 嘉惠未至, 唯襄公之辱臨我喪. 孤與其二三臣悼心失圖, 社稷之不皇, 況能懷思君德? 今君若步玉趾, 辱見寡君, 寵靈楚國, 以信蜀之役, 致君之嘉惠, 是寡君既受貺矣, 何蜀之敢望? 其先君鬼神實嘉賴之, 豈唯寡君? 君若不來, 使臣請問行期, 寡君將承質幣而見于蜀, 以請先君之貺.」

公將往, 夢襄公祖.

梓愼曰:「君不果行. 襄公之適楚也, 夢周公祖而行. 今襄公實祖, 君其不行!」

子服惠伯曰:「行! 先君未嘗適楚, 故周公祖以道之; 襄公適楚矣, 而祖以道君. 不行, 何之?」

三月, 公如楚.

鄭伯勞于師之梁.

孟僖子爲介, 不能相儀.

及楚, 不能答郊勞.

초楚 영왕靈王이 장화궁章華宮을 짓고 제후들과 함께 낙성식落成式을 거행하기를 원하였다.

태재太宰 위계강薳啓彊이 말하였다.

"제가 노나라 임금을 오도록 할 수가 있습니다."

위계강이 노나라에 와서 군주 소공昭公을 부르며 이렇게 말하였다.

"옛날 귀국 선군 성공成公께서 우리 선대부先大夫 영제嬰齊에게 '나는 귀국 선군과의 우호관계를 잊을 수 없으니 장차 형보衡父를 초나라를 찾아뵙도록 하여 초나라 사직을 안정시키고 귀국 백성을 편안하게 해드릴 것이오'라고 말씀하셨습니다. 영제는 그 말씀을 촉蜀 땅에서 받들어 감히 조금도 손상이 가지 않도록 하여 이를 우리 종묘에 올렸습니다. 지난번 우리 선군 공왕共王께서는 목을 빼고 북쪽의 노나라를 바라보시며 날로 달로 한 번 오시려나 하고 기다리며 대대로 노나라 임금이 한 번 찾아오시리라 말씀을 전하셨습니다. 그리하여 지금까지 4대째 군주에 이르렀습니다. 그러나 아름다운 혜택은 아직 오지 않았고 오직 양공襄公께서 우리가 상을 당하였을 때에 다녀가셨습니다. 그러나 그때는 우리 상주 겹오郟敖와 몇몇 대신들은 슬픔에 어찌할 바를 몰랐고 나라의 일에 경황이 없었으니 하물며 귀국 임금의 덕을 생각하고 염두에 둘 수 있었겠습니까? 지금 만약 임금께서 우리 초나라에 귀한 발걸음을 하시어 우리 임금을 만나 초나라에게 사랑의 복을 베풀어 촉에서 싸움에서 하신 말씀의 믿음을 주시어 혜택을 내리신다면 이는 우리 임금이 이윽고 큰 고마움을 받는 것이니 어찌 촉 땅의 기대를 감히 더 이상 바라겠습니까? 그렇게 되면 우리 선군의 영혼들이 실로 힘입음을 기뻐할 것이니 어찌 유독 지금의 우리 임금에게만 해당되는 일이겠습니까? 임금께서 만약 오시지 않으시면 사신으로 온 저로서는 행차하실 날짜를 여쭐 것이며 우리 임금께서는 장차 폐백을 가지고 촉 땅으로 가서 만나 뵙고 귀국 선군께서 약속하셨던 것을 실천에 옮기시기를 요청할 것입니다."

이리하여 소공이 장차 초나라로 가려 할 때 소공은 양공이 자신을 위해 전별식을 해 주는 꿈을 꾸게 되었다.

자신梓愼이 말하였다.

"임금께서는 결국 가시지 못할 것입니다. 양공께서 초나라로 가실 때에는 주공周公께서 전별식을 해 주시는 꿈을 꾸었습니다. 지금 양공께서 전별식을 해 주셨다니 임금께서는 가지 마십시오!"

그러자 자복혜백子服惠伯이 말하였다.

"가십시오! 선군 양공께서는 전에 초나라에 가신 적이 없었기에 그 때문에 주공께서 전별을 하여 그 길을 인도해 주신 것입니다. 양공께서는 이처럼 초나라에 가신 적이 있었으므로 전별식을 하시어 길을 인도해 주시는 것입니다. 그런데 가지 않고 어찌겠습니까?"

3월, 소공이 초나라에 갔다.

정鄭 간공簡公이 사지량師之梁에서 소공을 위로하였다.

그때 맹희자孟僖子가 보좌가 되었었는데 제대로 의전을 돕지 못하였다.

초나라에 다다라서도 그는 초나라가 교외에서 영접하는 위로의 자리에서도 제대로 응대를 하지 못하였다.

【章華臺】張華宮. 楚 靈王은 이를 몇 년에 걸쳐 완성하고 나서 제후들을 불러 과시하고 싶어 하였으나 제후들이 별 관심을 보이지 않았음. 그 때문에 원계강이 노나라에게 지난날 蜀에서의 맹세를 들어 겁을 주어 노나라 군주라도 불러들인 것임.《國語》楚語(上)에 "靈王爲章華之臺, 數年乃成, 願得齊侯與始升焉. 齊侯皆距, 無有至者. 而後使大宰啓彊請於魯侯, 懼之以蜀之役, 而僅得以來"라 함.
【薳啓彊】楚나라 대부. 당시 太宰였음.
【召公】'召'는 動詞. 魯 昭公에게 楚나라에 올 것을 초청함.
【成公】魯 成公(黑肱). B.C.590~573년까지 18년간 재위하고 襄公(午)에게 이어짐.
【嬰齊】楚나라 공자 子重. 楚 穆王의 아들이며 莊王의 아우. 일찍이 將軍, 左尹, 令尹 등을 지냄. 宣公 11년 傳을 볼 것. 成公이 嬰齊를 燭에서 만난 것은 成公 2년을 볼 것.
【衡父】公衡. 魯 成公 2년에 楚나라가 노나라 땅인 蜀을 침입하자 성공은 아들 衡父를 인질로 보내어 친하게 지낼 것을 서약하였었음. 그런데 형보는 인질로 가는 도중에 달아나 귀국하였음.
【致諸宗祧】宗祧는 宗廟와 같음. 성공의 약속을 자신들 종묘에 그대로 기록하여 바침. 믿음과 기대를 그대로 지니고 있음을 말함. 杜預 注에 "言奉成公此語以告宗廟"라 함.
【四王】杜預 注에 "四王, 共·康·郟敖及靈王"이라 하여 共王(審), 康王(昭), 郟敖(熊麋), 靈王(熊虔)까지를 말함.
【襄公】魯 襄公(午). 襄公은 28년 楚 康王이 죽었을 때 조문을 위해 처음 갔었음.
【孤】康王이 죽었을 때 喪主였던 郟敖(熊麋)를 가리킴.
【玉趾】임금의 귀한 발걸음을 높여 표현한 것.
【寵靈】'靈'은《廣雅》에 "靈, 福也"라 함.
【何蜀之敢望】지난날 成公 때 蜀에서는 衡父를 인질로 보냈지만 지금은 그러한 것까지는 바라지 않는다는 뜻. 杜預 注에 "言但欲使君來, 不敢望如蜀復有質子"라 함.
【請問行期】노나라 군주에게 蜀으로 행차할 날짜를 물음. 협박에 가까운 요구임.
【祖】祖餞. 餞別. 餞行. 軷祭 등 여러 가지로 불림. 먼 길을 가는 이에게 안녕과 무사함을 빌어 주는 의식. 고대 黃帝의 아들 유조(纍祖)가 먼 길을 떠나 도중에 죽자 사람들이 그를 '路神'으로 여겨 길 떠나는 자를 보호해 달라는 뜻으로 祭를 올리기 시작한 것에서 유래되었다 함.(《四民月令》)《幼學瓊林》에 "請人遠歸, 曰洗塵; 攜酒送行, 曰祖餞"이라 하였고,《詩經》大雅 生民에 "取羝以軷"이라 하여 '軷祭'라고도 함.
【梓愼】魯나라 대부이며 日官. '梓'는 '梓音子'라 하여 '자'로 읽음.

【周公】魯나라 시조 周公(姬旦). 이가 襄公의 꿈에 나타나 처음 楚나라 가는 길을 위해 祖餞의 행사를 해 줌. 周公은 《逸周書》作雒篇에 "武王崩, 周公立, 相成王, 二年作師旅, 凡所征熊·盈族十有七國"이라 하여 楚(熊)나라에 갔던 적이 있었음.
【子服惠伯】孟椒. 子服椒. 孟獻子의 손자. 《禮記》檀弓 孔穎達 疏에 《世本》을 인용하여 叔肸이 聲伯嬰齊를 낳고 嬰齊가 叔老를 낳았으며 叔老가 叔弓을 낳은 것으로 되어 있음.
【鄭伯】당시 鄭나라 군주는 簡公(嘉)으로 재위 31년째였음.
【師之梁】鄭나라 도읍의 西門. 魯나라에서 楚나라를 가기 위해서는 鄭나라를 경유해야 함.
【孟僖子】仲孫貜. 獻子(仲孫蔑)의 아들이며 仲孫速의 아우. 그러나 孝伯羯의 아들이라고도 함.

✽ 1408(昭7-3)

叔孫婼如齊涖盟.

숙손착叔孫婼이 제齊나라에 가서 맹약 맺는 일에 참석하였다.

【叔孫婼】叔孫氏의 후계. 叔孫昭子. 叔孫穆子(叔孫豹)의 庶子. 昭公 4년 12월을 볼 것. 《公羊傳》에는 '叔孫舍'로 되어 있음. 한편 杜預 注에는 "公將遠適楚, 故叔孫如齊尋舊好"라 함.
＊無傳

✽ 1409(昭7-4)

夏四月甲辰朔, 日有食之.

여름 4월 갑진날 초하루, 일식이 있었다.

【甲辰】지금의 천문 계산으로 B.C.535년 3월 18일 皆旣日蝕이 있었다 함.

(傳)
夏四月甲辰朔, 日有食之.
晉侯問於士文伯曰:「誰將當日食?」
對曰:「魯‧衛惡之. 衛大, 魯小.」
公曰:「何故?」
對曰:「去衛地如魯地, 於是有災, 魯實受之. 其大咎其衛君乎! 魯將上卿.」
公曰:「《詩》所謂『彼日而食, 于何不臧』者, 何也?」
對曰:「不善政之謂也. 國無政, 不用善, 則自取謫于日月之災, 故政不可不愼也. 務三而已, 一曰擇人, 二曰因民, 三曰從時.」

여름 4월 초하루 갑진甲辰날, 일식이 있었다.
진 평공이 사문백士文伯에게 물었다.
"누가 장차 일식으로 인한 재앙을 받겠는가?"
사문백이 대답하였다.
"노魯나라와 위衛나라가 해악을 당할 것입니다. 위나라가 크게 당하고 노나라는 작게 당할 것입니다."
평공이 물었다.
"무슨 까닭인가?"
문백이 대답하였다.
"일식이 위나라 땅을 떠나 노나라 땅으로 옮겨왔으니 위나라에 재해가 일어나고 노나라는 실제 이를 뒤이어 받는 것입니다. 그 큰 해는 위나라 임금에게 해당되겠지요! 그리고 장차 노나라 상경上卿에게 갈 것입니다."
평공이 말하였다.
"《시》에 '저 해에 일식이 일어나니 어찌 좋은 일을 아니 하리오'라 한 것은 무슨 뜻인가?"

문백이 말하였다.

"정치가 잘 이루어지고 있지 않음을 말한 것입니다. 나라에 정치가 제대로 행해지지 않아 훌륭한 인재가 등용되지 못하면 저절로 그 벌이 해와 달의 재해를 통해 받게 되는 것입니다. 그러므로 정치란 신중히 하지 않을 수 없습니다. 좋은 정치란 세 가지에 힘쓸 따름입니다. 첫째는 사람을 잘 가려 쓸 것, 둘째는 백성들의 뜻을 따를 것, 셋째는 때에 잘 맞추어 행할 것 등입니다."

【士文伯】士匄. 晉나라 대부. 范匄. 伯瑕. 范文子(士燮)의 아들. 시호는 宣子. 范宣子로도 불림. '匄'는 '丐'로도 표기하며 음은 '古害反' '개'로 읽음.
【去衛地·如魯地】杜預 注에 衛나라에 해당하는 星宿는 豕韋(娵訾), 魯나라에 해당하는 降婁이며 豕韋에서 시작되어 降婁(娵訾)에서의 끝난 것이라 하였음.
【魯實受之】노나라는 그 여파를 받음. 杜預 注에 "災發於衛, 而魯受其餘禍"라 함.
【衛君·上卿】衛君은 衛 襄公(惡)으로 8월에 죽게 되며, 上卿은 魯나라 季孫宿으로 11월에 죽음.
【詩】《詩經》小雅 十月之交篇편에 "十月之交, 朔月辛卯. 日有食之, 亦孔之醜. 彼月而微, 此日而微. 今此下民, 亦孔之哀. 日月告凶, 不用其行. 四國無政, 不用其良. 彼月而食, 則維其常. 此日而食, 于何不臧?"이라 하여 피일이 차일로 되어 있음. 일식이 나타나면 옳지 못한 정치에 경고를 하는 것이니 서둘러 좋은 일, 즉 정치를 개선해야 함을 말한 것.
【因民】민심을 따름. 백성의 뜻을 따름. 杜預 注에 "因民所利而利之"라 함.
【從時】杜預 注에 "順四時之所務"라 함. 이상의 이야기는 《說苑》政理篇에도 전재되어 있으나 일부 加減이 있음.

⑬

晉人來治杞田, 季孫將以成與之.

謝息爲孟孫守, 不可, 曰:「人有言曰:『雖有挈缾之知, 守不假器, 禮也.』夫子從君, 而守臣喪邑, 雖吾子亦有猜焉.」

季孫曰:「君之在楚, 於晉罪也. 又不聽晉, 魯罪重矣. 晉師必至,吾無以待之, 不如與之. 間晉而取諸杞. 吾與子桃, 成反, 誰敢有之? 是得二成也. 魯無憂, 而孟孫益邑, 子何病焉?」

辭以無山, 與之萊·柞.

乃遷于桃.

晉人爲杞取成.

진晉나라가 노나라에 와서 노나라가 차지한 기杞나라의 땅을 자신들이 다스리겠다고 나서자 계손씨季孫氏가 성成 땅을 대신 내어주려 하였다.

당시 사식謝息이 맹손씨孟孫氏 가문을 맡아 지키고 있었는데 그는 이를 거부하며 이렇게 말하였다.

"사람들은 '비록 두레박으로 물을 퍼 올릴 줄 아는 지혜밖에 없다 해도 자신의 물건을 지켜 남에게 빌려주지는 않는 것이 옳다'라 하습니다. 어른이 임금을 따라 국외에 가 있는 사이 이를 지키는 자가 그 읍을 잃는다면 비록 그대라도 역시 의심을 할 것입니다."

그러자 계손씨가 말하였다.

"임금께서 지금 초楚나라에 가 계시는 것은 진나라에 죄가 됩니다. 거기에 진나라의 요청을 들어주지 않는다면 우리 노나라의 죄는 더욱 무거워집니다. 진나라는 틀림없이 쳐들어올 것인데 우리는 아무런 방비도 없이 이를 기다리느니 차라리 주느니만 못합니다. 그러고 나서 진나라의 틈을 엿보았다가 기杞나라에서로부터 다시 빼앗으면 됩니다. 내 그대에게 도桃 땅을 줄 것이니 뒷날 성 땅을 다시 되돌려 받으면 그때는 누가 감히 성 땅을 갖겠다고 나서겠소? 이렇게 되면 두 개의 성 땅을 갖는 셈이 됩니다. 노나라에는 근심이 사라지고 맹손씨에게는 읍이 더 늘어날 것인데 그대는 어찌 걱정을 하오?"

사식이 도桃 땅에는 산이 없다 하여 이를 사절하여 계손씨는 내산萊山과 작산柞山을 더 붙여주었다.

그리하여 사식을 도 땅으로 옮겨주었다.

진나라 사람은 기나라에게 주기 위해서 성 땅을 차지하였다.

【杞田】襄公 29년에 魯나라가 杞나라 땅을 차지하여 뒤에 돌려주었으나 女叔侯가 일부를 남겨두고 있었음. 한편 진나라가 이를 문제 삼은 것은 노 소공이 초나라에 간 것을 못마땅히 여긴 것임. 杜預 注에 "前女叔侯不盡歸, 今公適楚, 晉人恨, 故復來治杞田"이라 함.
【季孫氏】季孫宿. 당시 昭公이 楚나라에 가고 없는 사이 국정을 맡아 다스렸음.
【成】魯나라 읍 이름. '郕'으로도 표기하며 지금의 山東 寧陽縣 동북. 隱公 5년을 볼 것. 이 읍은 孟孫氏의 소유였음.
【謝息】孟孫氏의 家宰이며 成邑을 맡아 지키고 있던 인물.
【挈缾之知】'挈'은 '垂'와 같음. '缾'은 '瓶'으로도 표기하며 두레박(汲器). '知'는 '智'와 같음. 이 구절은 《戰國策》趙策(1)에 上黨의 태수도 인용하고 있음.
【夫子】謝息의 주인. 즉 昭公을 따라 楚나라에 가 있는 孟僖子를 가리킴.
【猜焉】杜預 注에 "言季孫亦將疑我不忠"이라 함.
【桃】魯나라에도 땅이 두 군데 있었으며 여기에서는 지금의 山東 汶上縣의 桃鄕을 가리킴. 江永은 "以桃鄕與萊柞相去不遠, 此年應爲桃鄕, 非桃墟"라 함.
【萊柞】萊山과 柞山의 두 산. 지금의 泰山 萊蕪縣 萊柞邑. 顧棟高의〈大事表〉(8)에 "萊柞在今萊蕪縣. 萊·柞二山名, 蓋邑有二小山也"라 함.
【遷于桃】杜預 注에 "謝息遷也"라 함.

㊝
楚子享公于新臺, 使長鬣者相.
好以大屈, 旣而悔之.
薳啓彊聞之, 見公.
公語之, 拜賀.
公曰:「何賀?」
對曰:「齊與晉·越, 欲此久矣. 寡君無適與也, 而傳諸君. 君其備禦三鄰, 愼守寶矣, 敢不賀乎?」
公懼, 乃反之.

초楚 영왕이靈王이 새로 지은 누대에서 소공에게 향연을 베풀어 주었는데 수염이 길고 건장한 사람에게 소공의 시중을 들게 하였다.

영왕은 잔치 분위기를 좋게 하고자 소공에게 대굴大屈이라는 좋은 활을 선사하고 나서 이내 이를 후회하였다.

위계강薳啓彊이 이를 듣고 소공을 만났다.

소공이 활을 선사받았음을 말하자 위계강은 절하며 축하를 하는 것이었다.

소공이 물었다.

"어찌하여 축하를 하는 것이오?"

위계강이 대답하였다.

"제齊나라와 진晉나라, 그리고 월越나라가 이 활을 갖고 싶어 한 지 오랩니다. 우리 임금께서 누구에게 줄 것인가를 결정하지 못하고 있었는데 지금 임금께 주어진 것입니다. 임금께서는 이 세 이웃나라에 잘 대비하여 지키도록 하십시오. 삼가 보물을 지키게 되셨는데 감히 축하드리지 않을 수 있겠습니까?"

소공은 두려운 생각에 이에 이를 되돌려주었다.

【新臺】새로 지은 章華臺(章華宮)를 가리킴.
【好以大屈】杜預 注에 "宴好之賜. 大屈, 弓名"이라 함. '大曲'이라고도 부르며 楚나라에서 나는 훌륭한 활 이름.
【薳啓彊】楚나라 대부. 당시 太宰였음.
【三鄰】활을 갖고 싶어 하던 이웃 齊·晉·越 세 나라. 杜預 注에 "言齊·晉·越將伐魯而取之"라 함.

㊙

鄭子產聘于晉.

晉侯有疾, 韓宣子逆客, 私焉, 曰:「寡君寢疾, 於今三月矣, 並走羣望, 有加而無瘳. 今夢黃熊入于寢門, 其何厲鬼也?」

對曰:「以君之明, 子爲大政, 其何厲之有? 昔堯殛鯀于羽山, 其神化爲黃熊, 以入于羽淵, 實爲夏郊, 三代祀之. 晉爲盟主, 其或者未之祀也乎!」

韓子祀夏郊.
晉侯有閒, 賜子產莒之二方鼎.

정鄭나라 자산子産이 진晉나라를 예방하였다.
진 평공平公은 병이 나서 한선자韓宣子가 손님을 맞이하며 사사롭게 이렇게 말하였다.
"우리 임금께서 병으로 누워 계신 지 어언 3개월이 되었습니다. 두루 다니며 망제望祭를 올렸으나 더욱 심해질 뿐 차도가 없군요. 지금 황웅黃熊이 임금의 침실 문으로 들어가는 꿈을 꾸었는데 그것은 무슨 여귀厲鬼입니까?"
자산이 답하였다.
"임금께서는 현명하시고 그대는 큰 정치를 하고 계신데 무슨 여귀가 있겠습니까? 옛날 요堯 임금이 우禹의 아버지 곤鯀을 우산羽山에서 죽였더니 그는 황웅으로 변하여 우연羽淵으로 들어갔습니다. 그리하여 하夏나라의 교제郊祭 대상이 되어 삼대를 걸쳐 내려오면서 그에게 제사를 올립니다. 진나라는 지금 맹주로서 혹시 그에게 아직 제사를 지내지 않고 있었던 것은 아닌지요!"
이에 한선자가 하나라 교신郊神에게 제사를 올렸다.
과연 임금의 병은 차도가 있었고 평공은 자산에게 거莒나라에서 헌납한 방정方鼎 두 개를 하사하였다.

【子産】公孫僑. 子國(公孫成)의 아들. 子美. 鄭나라의 훌륭한 宰相이 되어 孔子가 자주 칭찬한 인물. 《國語》晉語(8)와 《說苑》辨物篇에 모두 이 고사가 전재되어 있으며 '公孫成子'가 晉나라에 간 것으로 되어 있음. 子産의 시호가 '成'이었는지는 《左傳》에 전혀 나타나지 않아 별개의 다른 인물로 보임.
【韓宣子】韓子. 韓起. 晉나라 대부. 韓厥의 아들이며 韓無忌의 아우. 시호는 宣子. 그들 후손이 春秋末 晉六卿이었으며 戰國시대 三晉의 하나이며 戰國七雄인 韓나라로 발전함.
【群望】여러 名山大川에 제사를 올림. 원래 天子는 五嶽에 제사를 올리고 齊侯는 자신의 封土 내에 있는 산천에만 제사를 올릴 수 있도록 되어 있음. 이를 '望'이라 함.

【厲鬼】惡鬼. 병이나 죽음을 가져다주는 못된 귀신.

【堯殛鯀】堯임금이 鯀(禹의 아버지)에게 천하 治水의 임무를 맡겼으나 鯀은 물을 막는 방법으로 하여 실패하자 堯가 鯀을 羽山으로 방출하여 죽여 버리고 대신 아들 禹를 기용함. 禹는 물을 소통시키는 방법으로 크게 성공을 거둠. 《山海經》 海內經에 "洪水滔天, 鯀竊帝之息壤以堙洪水, 不待帝命. 帝令祝融殺鯀於羽郊"라 함.

【羽山·羽淵】지금의 山東 蓬萊縣(혹 臨沂縣)에 羽山이 있으며 그 아래에 羽淵이 있었다고 전함. 그러나 《方輿紀要》에 "郯城縣東七十里, 與江南贛楡縣接界處 有羽山, 山前有羽潭, 一名羽池. 《左傳》「鯀化爲黃熊, 入於羽淵」是也"라 함.

【夏郊】夏나라는 禹가 세운 최초의 왕조. 이에 禹의 아버지 鯀과 조상 黃帝를 郊祭의 대상으로 여겨 제사를 올림. 孔穎達 疏에 "《祭法》云:「夏后氏禘黃帝 而郊鯀」言郊祭天而以鯀配, 是夏家郊祭之也. 殷周二代自以其祖配天, 雖復不以 鯀配郊, 鯀有治水之功, 又通在羣神之數, 並亦見祀, 通夏世爲三代祀之也"라 함.

【方鼎】莒나라에서 바친 네모진 솥. 일반 둥근 모양의 鼎(圓鼎)은 三足兩耳의 형태이며 方鼎의 경우 四足兩耳의 형태임. 孔穎達 疏에 "鼎三足則圓, 四足則方" 이라 함.

㊛
子産爲豐施歸州田於韓宣子, 曰:「日君以夫公孫段爲能任其事, 而賜之州田. 今無祿早世, 不獲久享君德. 其子弗敢有, 不敢以聞於君, 私致諸子.」

宣子辭.

子産曰:「古人有言曰:『其父析薪, 其子弗克負荷.』施將懼不能 任其先人之祿, 其況能任大國之賜? 縱吾子爲政而可, 後之人若屬 有疆場之言, 敝邑獲戾, 而豐氏受其大討. 吾子取州, 是免敝邑於戾, 而建置豐氏也. 敢以爲請.」

宣子受之, 以告晉侯.

晉侯以與宣子.

宣子爲初言, 病有之, 以易原縣於樂大心.

자산子産이 풍시豐施를 위해 주州 땅을 한선자韓宣子에게 돌려주며 이렇게 말하였다.

　"지난날 귀국 임금께서는 공손단公孫段이 능히 그 맡은 임무를 잘 할 수 있는 사람이라 여기시어 주 땅을 그에게 하사하셨습니다. 그는 지금 복이 없어 일찍 세상을 떠나 귀국 임금의 덕을 길이 누리지 못하게 되고 말았습니다. 그 아들은 그 땅을 감히 소유할 수 없다고 여겼고 게다가 이를 감히 귀국 임금에게 아뢸 처지도 되지 못하여 이에 사사로이 그대에게 돌려드립니다."

　한선자는 이를 사절하였다.

　그러자 자산은 다시 이렇게 말하였다.

　"옛사람의 말에 '아비가 베어놓은 나무, 그 자식이 다 짊어져 내지 못한다'라 하였습니다. 풍시는 장차 아버지가 누리던 본국에서의 녹祿을 능히 이어 받아 누릴 수 없음을 두려워하고 있는 마당에 하물며 귀국 같은 큰 나라에서 하사하신 땅까지 맡으려 하겠습니까? 그대가 진나라의 정치를 맡고 동안에는 그가 비록 지니고 있어도 괜찮다 할지라도 그대의 후임이 만약 국경에 관한 일을 거론하게 된다면 우리나라가 죄를 지은 것이 될 뿐더러 풍씨豐氏 집안도 큰 성토를 받게 됩니다. 그대가 주 땅을 받아주시는 것은 우리로 하여금 죄에서 벗어나게 하는 것이며 풍씨 집안을 그대로 세워 주시는 것이 됩니다. 감히 청하는 바입니다."

　한선자는 그 땅을 받고 이를 진 평공에게 보고하였다.

　평공은 그 땅을 한선자에게 하사하였다.

　선자는 그 전에 그 땅에 대하여 말이 많았으므로 이를 소유하기를 꺼려 악대심樂大心에게 말하여 원현原縣과 바꾸었다.

【子産】公孫僑. 子國(公孫成)의 아들. 子美. 鄭나라의 훌륭한 宰相이 되어 孔子가 자주 칭찬한 인물.

【豐施】鄭나라 公孫段의 아들. 자는 子旗. 昭公 3년 公孫段이 晉나라에 갔을 때 平公이 공손단의 아버지 자풍이 진나라에 공이 있었고 공손단도 의전을 잘 수행한다고 가상히 여겨 그에게 州 땅을 하사하였음.

【州田】지금의 河南 沁陽 동남쪽이며 溫縣의 동북쪽. 周 桓王이 鄭나라에 주었으나 뒤에 晉나라가 차지함. 隱公 11년을 볼 것.
【韓宣子】晉나라 대부. 韓起. 시호는 宣子. 당시 진나라 실권자였음.
【公孫段】伯石. 鄭나라 대부. 子豐의 아들. 자는 子石. 매우 거만한 인물이었으나 晉나라 방문 때 예를 지켜 晉 平公으로부터 致賀와 함께 州縣 땅을 받음.
【其父析薪, 其子不克負荷】아버지가 이룬 공을 아무리 훌륭한 자식이라도 이 모두 다 이어받아낼 수 없음. 아버지의 성실함과 가족을 위한 희생을 자식은 다 물려받지 못함. 《詩經》 齊風 南山에 "析薪如之何, 匪斧不克. 取妻如之何, 匪媒不得. 旣曰得止, 曷又極止"라 한 것을 비유한 것.
【豐氏】公孫段의 아버지 子豐에서 豐氏가 갈려 豐施의 가문을 이룸.
【爲初言】州 땅을 두고 越文子와 한 말. 昭公 3년을 볼 것.
【原縣】지금의 河南 濟源 부근의 땅. 예전에 宋나라 대부 樂大心에게 주었음.
【樂大心】宋나라 대부 樂嬰齊의 4세손. 송나라 右師를 지냄.

㋄
鄭人相驚以伯有, 曰:「伯有至矣!」則皆走, 不知所往.
鑄〈刑書〉之歲二月, 或夢伯有介而行, 曰:「壬子, 余將殺帶也. 明年壬寅, 余又將殺段也.」
及壬子, 駟帶卒, 國人益懼.
齊·燕平之月, 壬寅, 公孫段卒, 國人愈懼.
其明月, 子産立公孫洩及良止以撫之, 乃止.
子大叔問其故, 子産曰:「鬼有所歸, 乃不爲厲, 吾爲之歸也.」
大叔曰:「公孫洩何爲?」
子産曰:「說也. 爲身無義而圖說, 從政有所反之, 以取媚也. 不媚, 不信. 不信, 民不從也.」
及子産適晉, 趙景子問焉, 曰:「伯有猶能爲鬼乎?」
子産曰:「能. 人生始化曰魄, 旣生魄, 陽曰魂. 用物精多, 則魂魄强, 是以有精爽至於神明. 匹夫匹婦强死, 其魂魄猶能馮依於人, 以爲淫厲, 況良霄, 我先君穆公之冑, 子良之孫, 子耳之子, 敝邑之卿,從政三世矣. 鄭雖無腆, 抑諺曰『蕞爾國』, 而三世執其政柄, 其用物也弘矣, 其取精也多矣, 其族又大, 所馮厚矣, 而强死, 能爲鬼, 不亦宜乎!」

정鄭나라 사람들은 백유伯有의 유령에 놀라 누가 "백유가 나타났다!"라고 하면 모두가 달아나 어디로 갈 바를 모를 지경이었다.
〈형서刑書〉를 주조하던 해 2월, 어떤 사람의 꿈에 백유가 갑옷으로 무장을 한 모습으로 나타나 걸어 다니면서 이렇게 말하더라는 것이었다.
"임자壬子 사대駟帶를 죽일 것이며 내년 임인壬寅날에 공손단公孫段을 죽일 것이다."
과연 임자날에 사대가 죽자 사람들은 두려움에 떨었다.
제齊나라와 연燕나라가 화평을 맺은 달 임인날 공손단이 세상을 떠나자 사람들은 더욱 두려움에 떨었다.
그 다음 달, 자산子産이 공손설公孫洩과 양지良止를 각기 자신들 아버지의 후계자로 삼아 그들 영혼을 위로하도록 하자 유령은 더 이상 나타나지 않았다.
자태숙子大叔이 그 까닭을 묻자 자산은 이렇게 설명하였다.
"귀신은 돌아갈 곳이 있으면 못된 짓을 하지 않습니다. 내 그를 위해 돌아갈 곳을 마련해 준 것입니다."
태숙이 말하였다.
"그런데 공손설은 어찌 후계자로 삼은 것입니까?"
자산이 말하였다.
"그에게 환심을 사기 위한 것입니다. 그 자신들은 의롭지 못한 행동을 하였지만 그들을 즐겁게 해 주고자 하는 의도였습니다. 정치란 상반되는 것이 있게 마련이니 환심부터 사야합니다. 환심을 사지 않으면 믿어주지 않습니다. 믿지 않으면 따르지 않게 되지요."
자산이 진晉나라에 갔을 때 조경자趙景子가 물었다.
"백유가 여전히 유령이 되어 나쁜 짓을 할 수 있습니까?"
자산이 말하였다.
"그럴 수 있습니다. 사람은 태어나면 처음에는 백魄이라는 것을 가지게 되고, 백이 생겨나서 그중에 양陽을 혼魂이라 합니다. 만물에 작용하여 정기가 많아지면 혼백魂魄이 강해집니다. 이로써 정精하고 맑은 기운은 신명神明의 경지에 이르게 됩니다. 필부필부라도 강제로 죽음을 당하게 되면 그 혼백은 능히 남에게 의지하여 붙어 못된 짓을 하게 됩니다. 하물며 양소良霄는 우리 선군 목공穆公의 후손으로 자량子良의 손자이며 자이子耳의 아들입니다. 우리나라의 경卿으로서 3대에 걸쳐 정치에 종사한 사람입니다. 정나라는 비록 풍부한 나라는 아니지만 생각건대 속담에 '작다 해도 나라는 나라다'라 하였습니다. 그런데 그의 가문은 3대에 걸쳐 정권을 잡았으니 그동안 많은 물건이 그에게 작용하였을 것이며 그로 인한 정기 또한 많을 것입니다. 그리하여 그 씨족이 커졌으니 그 혼백이 남에게 붙어 기대는 힘도 역시 클 것입니다. 그러한 자가 강제로 죽음을 당하였으니 능히 귀신이 되는 것도 또한 마땅치 않겠습니까!"

【伯有】良霄. 鄭나라 대부. 公孫輒의 아들. 杜預 注에 "良霄, 公孫輒子伯有也"라 함. 襄公 30년 鄭나라 사람들이 죽였음. 여기서는 그의 冤魂이 귀신으로 나타남을 말함.
【刑書】子産이 〈刑書〉를 주조한 일은 지난해 2월을 볼 것.
【介而行】伯有의 유령이 갑옷을 입은 모습으로 나타나 돌아다님.
【壬子】지난해, 즉 昭公 6년 3월 2일. 백유는 襄公 30년 7월 壬子날에 鄭나라로 들어와 癸丑날에 궁궐로 쳐들어갔다가 駟帶가 子晳을 도와 그를 죽였음. 그 때문에 임자날에 사대를 죽이겠다고 말한 것임.
【駟帶】정나라 대부. 子晳을 도와 伯有를 죽였던 인물. 양공 30년을 볼 것.
【壬寅】금년 정월 28일.
【公孫段】公孫段은 駟帶와 同族으로 駟帶와 함께 伯有를 죽이는 일에 협조하였었음.
【子産】公孫僑. 子國(公孫成)의 아들. 子美. 鄭나라의 훌륭한 宰相이 되어 孔子가 자주 칭찬한 인물.
【公孫洩】子孔의 아들. 子孔은 襄公 19년에 피살되었으며 그 아들을 子孔의 후계로 삼아 대부로 승격시키고 아버지의 영혼을 달래주도록 한 것임.
【良止】伯有(良霄)의 아들. 이를 대부로 삼아 아버지 伯有의 제사를 받들도록 한 것임. 이상 두 집안을 함께 각기 후계를 삼아준 것임.

【子大叔】游吉. 大叔으로도 부름. 游氏 집안의 宗主였음. 鄭 穆公의 아들 공자 偃의 손자로 정나라 卿. 子南(游楚, 公孫楚)은 游吉의 작은아버지였음.
【鬼有所歸】《爾雅》釋訓에 "鬼之爲言歸也"라 하여 '鬼'는 '歸'와 같은 말로 귀신은 돌아갈 곳이 있어야 함.
【公孫洩何爲】"子孔은 유령으로 나타나지 않았는데 어찌 그 아들을 대부로 승격시켜 후계로 삼아주었는가?"의 문제를 의심하여 질문한 것임. 杜預 注에 "子孔 不爲厲, 何爲復立洩"이라 함.
【說】'悅'과 같음. 그들을 즐겁게 해 주고자 한 것임.
【爲身無義而圖說】"伯有와 子孔은 모두 의롭지 못한 행동을 하다가 죽음을 당하여 그들에게는 제사를 올릴 수 없게 되어 있지만 그들이 죽어 귀신이 되었으니 그들을 즐겁게 해 주어 피해가 없도록 하고자 하는 의도"라는 뜻. 이에 伯有만을 위하느니 子孔까지 함께 해 주어 백성들로 하여금 믿음을 사고자 한 것임.
【趙景子】晉나라 대부. 趙成. 趙武의 아들. 당시 中軍佐였음. 시호는 景子.
【魂魄】《說文》에 "魄, 陰神也; 魂, 陽氣也"라 함.
【用物】살아가면서 養生을 위해 많은 物質을 섭취하거나 사용함.
【强死】제명대로 죽지 못하고 횡사나 변사, 혹은 타인에 의해 강제로 죽음을 당함.
【馮依】'빙의'로 읽으며 혼령이 남에게 붙어 의지하고 작용함. 신들림. 귀신들림.
【穆公】鄭 穆公(蘭). 文公(捷)의 아들로 B.C.627~606년까지 22년간 재위하고 靈公(夷)으로 이어짐. 伯有(良霄)는 穆公의 후손이었음.
【子良】鄭나라 公子 去疾. 伯有의 조부.
【子耳】公孫輒. 子良의 아들이며 伯有의 아버지.
【無腆】'腆'은 '厚'의 뜻. 풍부하지 않음. 정나라는 물질이 풍부하지 않은 작은 나라라는 뜻.
【蕞爾】'작고 보잘 것 없음'의 뜻. 杜預 注에 "蕞, 小貌"라 함.

㊀

子皮之族飮酒無度, 故馬師氏與子皮氏有惡.

齊師還自燕之月, 罕朔殺罕魋. 罕朔奔晉.

韓宣子問其位於子產.

子產曰:「君之羈臣, 苟得容以逃死, 何位之敢擇? 卿違, 從大夫之位; 罪人以其罪降, 古之制也. 朔於敝邑, 亞大夫也; 其官, 馬師也,獲戾而逃, 唯執政所寘之. 得免其死, 爲惠大矣, 又敢求位?」
　宣子爲子產之敏也, 使從嬖大夫.

　자피子皮의 씨족들은 술을 마시는 데에 절도가 없어 그 때문에 마사씨馬師氏 집안과 자피씨 집안은 사이가 나빴다.
　제齊나라의 군사가 연燕나라에서 돌아오던 달에 한삭罕朔이 자피의 아우 한퇴罕魋를 죽이고 진晉나라로 달아났다.
　이에 진나라 한선자韓宣子는 한삭에게 어떤 지위를 줄 것인지 자산에게 물었다.
　자산은 이렇게 말하였다.
　"귀국 군주의 기신羈臣으로서 그저 죽음에서 도망한 자를 받아주는 것만으로도 충분한데 어찌 감히 지위까지 얻고자 하겠습니까? 경卿으로 있던 자가 조국을 위배하고 타국으로 가면 대부大夫의 지위를 주고, 죄인이라면 그 죄에 따라 지위를 강등하는 것은 예로부터의 제도입니다. 한삭은 우리나라에서 아대부亞大夫였고 그의 관직은 마사馬師였습니다. 그는 우리 정나라에서 죄를 짓고 달아났으니 오직 정치를 맡은 그대 뜻대로 알아서 처우하시면 됩니다. 그 죽음을 면할 수 있었으니 그 은혜가 이미 큰데 어찌 감히 지위까지 요구할 수 있겠습니까?"
　한선자는 자산의 말이 민첩하다고 여겨 한삭을 폐대부嬖大夫의 지위를 따르게 하였다.

【子皮】子皮는 罕虎를 가리키며. 鄭나라 대부. 子展의 아들. 아버지를 이어 上卿이 됨. 이들 씨족은 鄭 穆公의 자손으로 목공의 아들 子罕이 罕氏의 시조가 되었음.
【馬師氏】말을 관리하는 벼슬의 우두머리 집안. 구체적으로 罕朔을 가리킴. 杜預 注에 "馬師氏, 公孫鉏之子罕朔也. 襄三十年馬師頡出奔, 公孫鉏代之爲馬師, 與子皮俱同一族"이라 함.
【齊師還自燕】금년 2월 齊나라가 北燕을 치러 갔다가 되돌아온 사건.
【罕朔】公孫鉏의 아들. 당시 馬師를 담당하고 있었음. 子皮와는 동족이었음.
【罕魋】公孫鉏. 子展의 아우. 子展이 子皮를 낳고 公孫鉏는 罕朔을 낳아 罕朔과 罕魋는 從父兄弟간이었음.

【韓宣子】韓起. 晉나라 대부. 韓厥의 아들이며 韓無忌의 아우. 시호는 宣子.
【子產】公孫僑. 子國(公孫成)의 아들. 子美. 鄭나라의 훌륭한 宰相이 되어 孔子가 자주 칭찬한 인물. 당시 子產은 晉나라에 사신으로 가 있었음.
【羈臣】외국에서 온 신하. '羈旅之臣'의 줄인 말. 잠시 말을 매어놓고 임시로 벼슬하는 異國 出身 관리. 《玉篇》에 "羈, 旅也, 寄止也"라 함.
【卿違】경의 벼슬을 하다가 다른 나라로 망명함.
【亞大夫】次大夫. 上大夫 다음의 中大夫.
【嬖大夫】下大夫. 亞大夫(中大夫)보다 한 등급 아래.

● **1410(昭7-5)**

秋八月戊辰, 衛侯惡卒.

가을 8월 무진날, 위후衛侯 악惡이 죽었다.

【戊辰】8월 26일.
【衛侯惡】衛 襄公. 이름은 惡. 獻公(衎)을 이어 B.C.543~535년까지 9년간 재위하고 아들 靈公(元)이 그 뒤를 이음. 이는 금년 4월 甲辰 日蝕에 "晉侯問於士文伯曰:「誰將當日食?」對曰:「魯·衛惡之. 衛大, 魯小」公曰:「何故?」對曰:「去衛地如魯地, 於是有災, 魯實受之. 其大咎其衛君乎! 魯將上卿.」"이라 한 것의 결과임.

(傳)

秋八月, 衛襄公卒.

晉大夫言於范獻子曰:「衛事晉為睦, 晉不禮焉, 庇其賊人而取其地, 故諸侯貳.《詩》曰:『鶺鴒在原, 兄弟急難.』又曰:『死喪之威, 兄弟孔懷.』兄弟之不睦, 於是乎不弔; 況遠人, 誰敢歸之? 今又不禮於衛之嗣, 衛必叛我. 是絕諸侯也.」

獻子以告韓宣子.
宣子說, 使獻子如衛弔, 且反戚田.
衛齊惡告喪于周, 且請命.
王使郕簡公如衛弔, 且追命襄公曰:「叔父陟恪, 在我先王之左右, 以佐事上帝, 余敢忘高圉·亞圉?」

가을 8월, 위衛 양공襄公이 세상을 떠났다.
진晉나라의 어떤 대부가 범헌자范獻子에게 말하였다.
"위나라는 우리 진나라를 섬겨 화목하게 지내고 있습니다. 그럼에도 우리 진나라는 그들을 예우하지 않고 그 나라 죄인을 비호하며 그 나라의 땅을 빼앗았습니다. 그 때문에 제후들이 다른 마음을 품게 된 것입니다.《시》에 '할미새 언덕에 바삐 날아도 형제가 위급할 땐 나서서 구하지'라 하였고, '죽음의 두려움에서도 형제를 걱정하네'라 하였습니다. 형제간에 화목하지 않았더라도 세상을 떠난 지금 조문하지 않는다면 하물며 멀리 있는 나라는 그 누가 우리에게 의탁하겠습니까? 지금 다시 위나라의 후계자에게 예를 갖추지 않으면 위나라는 틀림없이 우리를 배반할 것입니다. 이는 제후들을 끊어버리는 것이 됩니다."
범헌자가 이를 한선자에게 고하였다.
선자는 기꺼워하며 범헌자로 하여금 위나라에 가서 조문함과 아울러 전에 빼앗았던 척戚 땅을 되돌려주도록 하였다.
위나라 제오齊惡가 주周나라로 가서 국상이 났음을 알리고 상에 관해 천자가 명을 내려주기를 청하였다.
주경왕景王은 성간공郕簡公을 위나라에 보내어 조문토록 하고 양공을 추모하여 이렇게 명하도록 하였다.
"숙부叔父는 세상을 떠나 우리 선왕들의 곁에서 상제上帝를 섬기실 것이다. 내 감히 우리 조상 고어高圉와 아어亞圉를 잊을 수 있겠는가?"

【范獻子】范鞅. 晉나라 대부. 士鞅. 范叔으로도 불림. 시호는 獻子. 士匄(宣子)의 아들이며 士燮(范文子)의 손자.

【庇其賊人】 賊人은 衛나라 孫林父를 말함. 襄公 26년 그가 晉나라로 도망오자 그를 비호하였음.

【取其田】 襄公 14년 衛나라 孫林父와 甯殖이 獻公(衎)을 축출하고 殤公(剽)을 세웠으며 이때 晉나라 中軍帥 荀偃이 이를 승인하였고, 다시 襄公 26년 甯喜가 殤公(剽)을 시해하자 孫林父가 戚 땅을 가지고 晉나라에 망명함. 獻公이 복위하자 晉나라는 다시 戚田을 빼앗고 아울러 衛나라 서쪽 懿氏 60읍을 孫林父에게 주었음. 당시 趙武가 晉나라 정권을 쥐고 있었음.

【詩】 《詩經》 小雅 常棣篇에 "常棣之華, 鄂不韡韡. 凡今之人, 莫如兄弟. 死喪之威, 兄弟孔懷. 原隰裒矣, 兄弟求矣. 脊令在原, 兄弟急難. 每有良朋, 況也永歎. 兄弟鬩于牆, 外禦其務. 每有良朋, 烝也無戎. 喪亂既平, 既安且寧. 雖有兄弟, 不如友生. 儐爾籩豆, 飲酒之飫. 兄弟既具, 和樂且孺. 妻子好合, 如鼓瑟琴. 兄弟既翕, 和樂且湛. 宜爾室家, 樂爾妻帑. 是究是圖, 亶其然乎!"라 하여 형제 우애의 중요함을 노래한 내용임. '鶺鴒'은 '脊令(鶺鴒)'으로 할미새. 물새의 일종.

【齊惡】 衛나라 대부.

【王】 당시 周나라 천자는 景公(姬貴)으로 재위 10년째였음.

【郕簡公】 周나라 王室의 卿士. 成簡公. 王室의 卿士는 諸侯와 같은 爵位로 불렀음.

【陟恪】 登遐, 昇天, 升天과 같음.

【叔父】 周나라 왕실과 衛나라는 같은 姬姓으로 천자가 제후 군주를 칭할 때 쓰는 말.

【敢忘高圉亞圉】 高圉는 주나라 왕실의 遠祖, 亞圉는 高圉의 아들. 《史記》 周本紀에 "高圉卒, 子亞圉立"이라 하였고, 高圉는 公非의 아들이라 하였음. 〈索隱〉에는 "高圉侯侔"라 하였고, 〈集解〉에는 "亞圉雲都"라 하여 각기 字가 侯侔, 雲都였음을 알 수 있음. 여기에서는 "고어와 아어와 같은 먼 조상도 잊지 못하는데 하물며 나와 같이 文王의 후손이었던 가까운 일가인 衛 襄公을 잊겠는가"의 뜻임.

● 1411(昭7-6)

九月, 公至自楚.

9월, 소공昭公이 초楚나라에서 돌아왔다.

【自楚】금년 3월 楚 靈王이 章華宮을 짓고 昭公을 불러 孟僖子가 모시고 갔다가 6개월 만에 돌아온 것임.

傳

九月, 公至自楚.

孟僖子病不能相禮, 乃講學之, 苟能禮者從之.

及其將死也, 召其大夫, 曰:「禮, 人之幹也. 無禮, 無以立. 吾聞將有達者曰孔丘, 聖人之後也, 而滅於宋. 其祖弗父何以有宋而授厲公. 及正考父, 佐戴·武·宣, 三命茲益共, 故其〈鼎銘〉云:『一命而僂, 再命而傴, 三命而俯, 循牆而走, 亦莫余敢侮. 饘於是, 鬻於是, 以餬余口.』其共也如是. 臧孫紇有言曰:『聖人有明德者, 若不當世, 其後必有達人.』今其將在孔丘乎! 我若獲沒, 必屬說與何忌於夫子, 使事之, 而學禮焉, 以定其位.」

故孟懿子與南宮敬叔師事仲尼.

仲尼曰:「能補過者, 君子也.《詩》曰『君子是則是效』, 孟僖子可則效已矣.」

9월, 소공昭公이 초楚나라에서 돌아왔다.

맹희자孟僖子는 임금을 제대로 보좌하지 못하였음을 부끄럽게 여겨 이에 예禮를 공부하기로 하고 능히 예를 아는 사람을 찾아 그를 따라 배웠다.

그는 죽음에 이르자 그의 대부들을 불러놓고 이렇게 말하였다.

"예란 사람의 근간이다. 예가 없으면 설 수가 없다. 내가 듣기로 앞으로 이에 통달한 자가 있을 것이니 공구孔丘라는 사람이다. 그분은 성인聖人의 후손으로 가문은 송宋나라에서 망하였다. 그의 조상 불보하弗父何는 송나라 군주가 될 인물이었지만 여공厲公에게 넘겨주었다. 불보하의 증손 정고보正考父는 송나라 대공戴公·무공武公·선공宣公 등 세 임금을 보좌하여 상경上卿이 되었으나 더욱 공경을 다하였다. 그 때문에 〈정명鼎銘〉에 '일명一命의 대부가 되어서는 고개를 숙이고, 재명再命의 하경下卿이 되어서는 등을 구부리고, 삼명三命의 상경上卿이 되어서는 몸을 굽혀라. 길을 갈 때 담장 옆으로 재빨리 걸으면 다른 사람이 나를 업신여기는 일이 없으리라. 여기 이 솥으로 된죽을 끓이고 여기에 묽은 죽을 끓여 내 입에 풀칠하며 살면 되느니라'라 하였다. 그분의 공경스러움은 이와 같았던 것이다. 대부 장손흘臧孫紇은 '성인으로서 밝은 덕을 가지고 있으면서 만약 세상에 합당하게 대접을 받지 못하면 그 후손 중에 틀림없이 통달한 자가 나타나게 마련'이라 하였다. 그들 후손이 지금 바로 공구이시다! 내가 만약 이대로 죽게 된다면 반드시 열說과 하기何忌를 그분에게 맡겨 그분을 섬기면서 예를 배우도록 하여 그 지위를 확보할 수 있도록 해 드려라."

그 때문에 남궁경숙南宮敬叔(說)과 맹의자孟懿子(何忌)가 중니仲尼를 스승으로 섬기게 된 것이었다.

중니가 말하였다.

"능히 잘못을 고치는 자가 바로 군자이다. 《시》에 '군자들도 법으로 여기고 그의 본을 우러러 받드네'라 하였는데 맹희자는 가히 법으로 삼아 본받을 만한 인물이로다."

【孟僖子】仲孫貜. 獻子(仲孫蔑)의 아들이며 仲孫速의 아우. 그러나 孝伯羖의 아들이라고도 함. 그가 예를 제대로 몰라 소공을 돕지 못한 것은 앞서 초나라 방문의 고사를 볼 것.
【將死】孟僖子는 昭公 24년에 죽어 앞서 이를 기록한 것임. 杜預 注에 "二十四年 孟僖子卒, 傳終言之"라 함.
【大夫】孟僖子의 家屬 대부.
【孔丘】公子. 仲尼. 공자에 대한 사적은 《左傳》에서 이곳에 처음 나타남. 孟僖子가 죽었을 때 공자는 34세였음.
【聖人之後】公子의 선대 弗父何와 正考父를 가리킴. 그러나 杜預는 殷湯을 가리키는 것이라 하였음.
【滅於宋】杜預 注에 "公子六代祖孔父嘉爲宋督所殺, 其子奔魯"라 함. 《詩》 商頌 那의 疏에는 《世本》을 인용하여 "正考父生孔父嘉, 爲宋司馬, 華督殺之, 而絶其世. 其子木金父降爲士. 木金父生祁父, 祁父生防叔, 爲華氏所偪, 奔魯, 爲防大夫, 故曰防叔. 防叔生伯夏, 伯夏生叔梁紇, 叔梁紇生仲尼"라 함. 孔父嘉가 華督에게 죽음을 당한 것은 桓公 2년을 볼 것.

【弗父何】宋나라 湣公의 아들.《詩》商頌 那의 疏에 服虔의 말을 인용하여 "弗父何, 宋湣公世子, 厲公之兄. 以'有宋'言, 湣公之適嗣當有宋國, 而讓與弟厲公也"라 함. 한편《史記》宋世家〈索隱〉에는 "據《左氏》, 鮒祀卽湣公庶子也. 弑煬公, 欲立太子弗父何, 何讓不受"라 하였음.

【厲公】弗父何의 아우였으나 弗父何가 자리를 양보하여 임금 자리에 오름. 그러나 李貽德의《左傳輯述》에는 "《史記》宋世家云:「湣公共卒, 弟煬公熙立. 湣公子鮒祀弑煬公而自立, 是爲厲公.」按此則厲公實自立, 非弗父何讓之, 與《傳》違異.〈猗那〉詩序疏云:「何是湣公世子, 父卒, 當立, 而煬公篡之, 蓋厲公旣殺煬公, 將立弗父何, 而何讓與厲公也」孔氏之言雖由臆決, 以《傳》所云, 當有其事.《史》不敍讓國者, 以〈世家〉於《春秋》以前諸君, 僅撮世系, 不甚詳事實故也"라 함.

【正考父】弗父何의 증손. 杜預 注에 "弗父何之曾孫"이라 함.

【戴·武·宣】宋나라 세 군주.

【三命】上卿. 杜預 注에 "三命, 上卿也. 言位高益共"이라 함.

【鼎銘】正考父의 사당에 안치된 鼎에 새겨진 銘文. 杜預 注에 "考父廟之鼎"이라 함.

【一命】처음 벼슬에 올라 대부가 됨. 다음의 再命은 二命과 같으며 下卿, 三命은 上卿을 말함.

【循牆】담 곁으로 걸음. 중앙을 걷는 것은 거만함을 뜻함. 모든 일에 공경을 다할 것을 훈계한 것.

【饘鬻】된 죽과 묽은 죽. 거친 음식을 뜻함. '鬻'은 '粥'과 같음.

【餬口】'糊口'와 같음. 그저 입에 풀칠할 정도면 만족함. 욕심을 자제할 것을 훈계한 것임.

【臧孫紇】臧武仲. 魯나라 대부. 臧宣叔(臧孫許)의 아들. 臧文仲의 아우. 臧紇로도 부름.

【說】閱. 공자 제자 南宮敬叔의 이름.

【何忌】孟懿子의 이름.《史記》孔子世家에 "孔子年十七, 孟釐子卒, 懿子與魯人南宮敬叔往學禮焉"이라 함.

【詩】《詩經》小雅 鹿鳴篇에 "呦呦鹿鳴, 食野之蒿. 我有嘉賓, 德音孔昭. 視民不恌, 君子是則是傚. 我有旨酒, 嘉賓式燕以敖"라 함.

㊟
單獻公棄親用羈.
冬十月辛酉, 襄·頃之族殺獻公而立成公.

선헌공單獻公은 친인척들을 버리고 타국에서 온 사람들만 등용하였다. 겨울 10월 신유辛酉날, 선양공單襄公과 선경공單頃公에서 갈려나간 씨족들이 선헌공을 죽이고 그의 아우 성공成公을 세웠다.

【單獻公】 周나라 卿士. 單靖公의 아들이며 單頃公의 손자. 杜預 注에 "獻公, 周卿士, 單靖公之子, 頃公之孫"이라 함. 왕실의 卿士는 諸侯와 같은 작위(公侯伯子男)를 썼음.
【用羈】 타국에서 온 사람을 등용함. 나그네를 씀. '羈'는 羈旅之臣의 줄인 말. 杜預 注에 "羈, 寄客也"라 함.
【辛酉】 10월 20일.
【襄·頃·成公】 杜預 注에 "襄公, 頃公之父. 成公, 獻公弟"라 함.

❈ 1412(昭7-7)

冬十有一月癸未, 季孫宿卒.

겨울 11월 계미날, 계손숙季孫宿이 죽었다.

【癸未】 11월 13일.
【季孫宿】 季武子. 魯나라 대부. 季孫行父의 아들.《國語》에는 '季孫夙'으로 되어 있음. 季孫宿의 죽음은 금년 4월 甲辰 日蝕에 "晉侯問於士文伯曰:「誰將當日食?」 對曰:「魯·衛惡之. 衛大, 魯小」 公曰:「何故?」 對曰:「去衛地如魯地, 於是有災, 魯實受之. 其大咎其衛君乎! 魯將上卿.」"이라 예언한 것의 결과임.

傳
十一月, 季武子卒.
晉侯謂伯瑕曰:「吾所問日食, 從矣. 可常乎?」
對曰:「不可. 六物不同, 民心不壹, 事序不類, 官職不則, 同始異終, 胡可常也?《詩》曰『或燕燕居息, 或憔悴事國』, 其異終也如是.」

公曰:「何謂六物?」
對曰:「歲·時·日·月·星·辰, 是謂也.」
公曰:「多語寡人辰而莫同, 何謂辰?」
對曰:「日月之會是謂辰, 故以配日.」

11월, 계무자季武子가 죽었다.
진晉 평공平公이 백하伯瑕에게 물었다.
"내가 일식에 관해 물었던 일이 과연 맞았소. 그러한 것은 항상 그렇게 맞는 것이오?"
백하가 대답하였다.
"그렇지 않습니다. 육물六物이 늘 같지 않고, 민심이 언제나 한결같지 않고, 사물의 순서가 같지 않으며, 관직이 일정하지 않으며 시작은 같아도 끝이 다른 법인데 어찌 항상 그렇겠습니까? 《시》에 '누구는 편히 쉬는데 누구는 바짝 마르도록 나랏일에 힘드네'라 하였습니다. 그 결과가 다르기는 이와 같은 것입니다."
평공이 물었다.
"무엇을 육물이라 하는가?"
백하가 대답하였다.
"세歲, 시時, 일日, 월月, 성星, 신辰입니다."
평공이 물었다.
"많은 이들이 나에게 신辰에 대하여 말해 주었지만 매번 서로 같지 않으니 무엇을 일러 신이라 하는가?"
백하가 대답하였다.
"해와 달이 한 위치에서 만나는 것을 일러 신이라 합니다. 그러므로 이것을 배합하여 간지干支가 되는 것입니다."

【季武子】季孫宿. 日蝕이 일어났을 때 晉나라 士文伯이 "노나라 대부가 죽을 것임"을 예고한 당사자임. 한편 《禮記》 檀弓(下)에 "季武子寢疾, 蟜固不說齊衰而入見, 曰:「斯道也, 將亡矣; 士唯公門說齊衰.」武子曰:「不亦善乎! 君子表微.」

及其喪也, 會點倚其門而歌"라 하여 그는 魯나라 정권을 독단하여 儒士들로부터 미움을 받았었음.

【伯瑕】士文伯. 士匄. 晉나라 대부. 范匄. 范文子(士燮)의 아들. 시호는 宣子. 范宣子로도 불림. '匄'는 '丐'로도 표기하며 음은 '古害反' '개'로 읽음.

【吾所問日食】앞의 4월의 傳을 참고할 것.

【詩】《詩經》小雅 北山篇에 "或燕燕居息, 或盡瘁事國. 或息偃在牀, 或不已于行. 或不知叫號, 或慘慘劬勞. 或棲遲偃仰, 或王事鞅掌. 或湛樂飮酒, 或慘慘畏咎. 或出入風議, 或靡事不爲"라 하였으며 '憔悴'는 '盡瘁'로 되어 있음.

【歲】두 가지 뜻이 있음. 첫째는 歲星, 즉 木星.《說文》에 "歲, 木星也"라 함. 둘째는 《爾雅》釋天에 "夏曰歲, 商曰祀, 周曰年, 唐虞曰載"라 하여 一年을 가리킴.

【時】四時. 즉 春夏秋冬.

【日月】日은 1旬(10)으로 계산하여 十, 즉 十干을 뜻하며, 月은 1년 12월로 十二支를 뜻함.

【星】杜預 注에 "星, 二十八宿也"라 함.

【辰】여러 가지로 풀이함.《論語》爲政篇의 '北辰'은 北極星을,《公羊傳》昭公 17년에는 "大辰者何? 大火也"라 하여 心宿의 별자리를, 桓公 2년 傳의 "三辰旂旗"는 日月星을, 성공 9년 전의 "浹辰之間"은 12일간으로 子日로부터 亥日까지를, 僖公 5년 전의 "龍尾伏辰"은 해와 달이 만나는 위치를 가리킴. 그러나 결국 날짜를 의미하여 誕辰, 生身 등 60干支를 뜻하기도 함.

【以配日】10干과 12支를 配合시켜 60간지로 하여 이를 날짜와 해의 순서로 삼아 曆法을 만들어졌음을 말함. 즉 모든 運命은 六物 配合의 경우의 수에 따라 각기 다름을 말한 것임.

※ 1413(昭7-8)

十有一月癸亥, 葬衛襄公.

12월 계해날, 위衛 양공襄公의 장례를 치렀다.

【癸亥】12월 23일.
【衛襄公】이름은 惡.

㊅

衛襄公夫人姜氏無子, 嬖人婤姶生孟縶.
孔成子夢康叔謂己,「立元, 余使羈之孫圉與史苟相之.」
史朝亦夢康叔謂己,「余將命而子苟與孔烝鉏之曾孫圉相元.」
史朝見成子, 告之夢, 夢協.
晉韓宣子爲政聘于諸侯之歲, 婤姶生子, 名之曰元.
孟縶之足不良能行.
孔成子以《周易》筮之, 曰:「元尚享衛國, 主其社稷.」
遇屯䷂. 又曰:「余尚立縶, 尚克嘉之.」
遇屯䷂之比䷇. 以示史朝.
史朝曰:「『元亨』, 又何疑焉?」
成子曰:「非長之謂乎?」
對曰:「康叔名之, 可謂長矣. 孟非人也, 將不列於宗, 不可謂長. 且其繇曰:『利建侯.』嗣吉, 何建? 建非嗣也. 二卦皆云, 子其建之! 康叔命之, 二卦告之, 筮襲於夢, 武王所用也, 弗從何爲? 弱足者居. 侯主社稷, 臨祭祀, 奉民人, 事鬼神, 從會朝, 又焉得居? 各以所利, 不亦可乎?」
故孔成子立靈公.
十二月癸亥, 葬衛襄公.

위衛 양공襄公 부인 강씨姜氏는 아이를 낳지 못하였고 폐첩 주압婤姶이 맹집孟縶을 낳았다.
공성자孔成子의 꿈에 위나라 선조 강숙康叔이 나타나 이렇게 말하였다.
"원元을 임금으로 세우도록 하라. 내가 기羈의 손자 어圉와 사구史苟로 하여금 그를 돕게 하겠다."
사조史朝 역시 같은 꿈을 꾸었는데 강숙이 자신에게 이렇게 말하는 것이었다.
"내 장차 너의 아들 구苟와 공증서孔烝鉏의 증손 어圉에게 명하여 원을 돕도록 하겠다."

사조가 공성자를 만나 꿈 이야기를 하였더니 두 사람 꿈이 같은 것이었다.

진나라 한선자（韓宣子）가 집권하여 제후들을 예방하였던 해에 주압이 둘째 아들을 낳아 이름을 '원'이라 하였다.

큰아들 맹집은 발이 잘못되어 제대로 걷지 못하였다.

공성자가 《주역周易》으로 점을 치면서 이렇게 말해 보았다.

"원이 위나라를 이어받아 그 사직을 주재하기를 원합니다."

그러자 둔괘屯卦가 나왔다.

이번에는 말을 바꾸어 이렇게 말해보았다.

"저는 맹집을 세우기를 원합니다. 운이 좋기를 바랍니다."

그러자 둔괘가 비괘比卦로 바뀌는 것이었다.

공성자가 그 점괘를 사조에게 보여주었다.

사조는 이렇게 말하였다.

"'원형元亨'이라 하였으니 무엇을 의심하십니까?"

공성자가 물었다.

"원은 장자를 두고 한 말이 아닐까요?"

그러자 사조는 답하였다.

"강숙께서 부르신 이름이니 가히 그를 두고 '장'이라 한 것입니다. 맹집은 온전하지 못한 사람이니 종가의 반열에 설 수 없으며 그를 '장'이라 부를 수 없습니다. 게다가 그 풀이에 '제후로 세우면 이롭다'라 하였습니다. 나이 순서로 이어받는 것이 길하다면 어찌 '세운다'라는 말을 하였겠습니까? '건'은 이어받는다는 뜻이 아닙니다. 두 괘에 모두 그렇게 말하였으니 그대는 '세운다'는 뜻을 따르십시오! 강숙께서 그렇게 명하셨고 두 괘 또한 그렇게 일러주고 있습니다. 점을 친 것이 꿈과 같은 경우 무왕武王도 이를 따랐습니다. 그대로 따르지 않고 어찌하겠습니까? 발이 약한 맹집은 그대로 앉아 있을 수만 있습니다. 임금은 사직을 주관하고, 제사에 임하며, 백성을 받들고, 귀신을 섬기고, 조회에 나가야 하는데 어찌 그대로 앉아만 있는 자가 해낼 수 있겠습니까? 각기 자신에게 이로운 대로 하는 것이 역시 옳은 것이 아니겠습니까?"

공성자는 영공靈公을 임금으로 세웠다.
12월 계해날, 위 양공의 장례를 치렀다.

【姜氏】衛 襄公의 夫人 宣姜. 齊나라 출신이었음.
【嬀姶】衛 襄公의 嬖妾. '주압'으로 읽음. 孟縶과 元을 낳았으며 元이 靈公이 됨.
【孟縶】襄公과 嬀姶 사이에 난 큰아들. 장애를 가지고 있어 제대로 걷지 못하였음.
【孔成子】孔烝鉏. 衛나라의 豪族. 孔達의 손자.
【康叔】周 成王의 아우. 衛나라에 봉해져 衛나라 始祖가 됨.
【元】양공과 주압 사이에 난 둘째 아들. 孟縶의 아우. 아직 태어나지 않은 때였음. 뒤에 靈公이 됨.
【羈】孔成子(烝鉏)의 아들.
【圉】仲叔圉. 孔文子.《禮記》祭統에는 '文叔'이라 불렀음. 孔成子(烝鉏)의 증손이며 羈의 손자.
【史苟】史朝의 아들. 역시 시호가 文子이며 '史狗'로도 표기함. 襄公 29년을 볼 것.
【史朝】衛나라 대부. 史狗(史苟)의 아버지.
【協】杜預 注에 "協, 合也"라 함. 똑같음.
【韓宣子爲政, 聘于諸侯之歲】昭公 2년을 볼 것.
【尙】희망을 표시함.
【屯】《周易》제 3번째 괘. 水雷屯(震下坎上)로 구성되어 있으며 "屯: 元亨, 利貞; 勿用有攸往, 利建侯. 彖曰: 屯, 剛柔始交而難生; 動乎險中, 大亨貞. 雷雨之動滿盈, 天造草昧; 宜建侯而不寧. 象曰: 雲雷, 屯; 君子以經綸. 初九, 磐桓, 利居貞, 利建侯. 象曰: 雖磐桓, 志行正也; 以貴下賤, 大得民也. 六二, 屯如邅如, 乘馬班如, 匪寇婚媾; 女子貞不字, 十年乃字. 象曰: 六二之難, 乘剛也; 十年乃字, 反常也. 六三, 卽鹿無虞, 惟入于林中; 君子幾不如舍, 往吝. 象曰:「卽鹿无虞」, 以從禽也; 君子舍之, 往吝, 窮也. 六四, 乘馬班如, 求婚媾; 往吉, 无不利. 象曰: 求而往, 明也. 九五, 屯其膏. 小, 貞吉; 大, 貞凶. 象曰:「屯其膏」, 施未光也. 上六, 乘馬班如, 泣血漣如. 象曰:「泣血漣如」, 何可長也?"라 함.
【比】《周易》제 8번째 괘. 水地比(坤下坎上)로 구성되어 있으며 "比: 吉, 原筮, 元永貞, 无咎. 不寧方來, 後夫凶. 彖曰: 比, 吉也; 比, 輔也, 下順從也.「原筮, 元永貞, 无咎」, 以剛中也.「不寧方來」, 上下應也;「後夫凶」, 其道窮也. 象曰: 地上有水, 比; 先王以建萬國, 親諸侯. 初六, 有孚比之, 无咎; 有孚盈缶, 終來有它, 吉. 象曰: 比之初六, 有它吉也. 六二, 比之自內, 貞吉. 象曰:「比之自內」, 不自失也.

六三, 比之匪人. 象曰:「比之匪人」, 不亦傷乎? 六四, 外比之, 貞吉. 象曰: 外比於賢, 以從上也. 九五, 顯比, 王用三驅, 失前禽, 邑人不誡, 吉. 象曰:「顯比」之吉, 位正中也; 舍逆取順, 失前禽也; 邑人不誡, 上使中也. 上六, 比之无首, 凶. 象曰:「比之无首」, 无所終也"라 함.

【元亨】屯卦 첫 머리에 '元亨'이라 하여 '元하고 亨하다'의 뜻.

【非長之謂乎】'元亨'의 '元'이 사람 이름이 아니라 우두머리 즉, 장자 孟縶을 가리키는 말로 해석해야 될 것이 아닌가의 질문.

【可謂長矣】元亨의 元은 으뜸의 뜻. 즉 뛰어난 자를 가리킴. 여기서는 구체적으로 둘째 아들 원을 뜻하는 것으로 해석한 것임.

【孟非人也】孟縶은 온전한 사람이 아님.

【繇】부호를 풀이한 괘사를 뜻함.

【利建侯】屯卦 卦辭와 初九에 각기 두 번이나 '利建侯'라 함.

【嗣吉】'嗣는' 나이 순서로 후계를 물려줌을 뜻함. 그렇게 하는 것이 길함.

【建非嗣】'建'은 새로운 사람(元)을 세우는 것이며 '嗣'는 나이 순서에 따라 후계를 정하는 것(孟縶)을 뜻함. 따라서 孟縶은 아니라는 뜻.

【武王所用也】周 武王이 꿈을 꾼대로 商紂를 치면 틀림없이 이길 것이라 확신하고 행동에 옮긴 것을 말함.《國語》周語(下)에 인용된〈大誓篇〉에 "朕夢協朕卜, 襲於休祥, 戎商必克"이라 한 말을 뜻함.

【各以所利】杜預 注에 "孟縶利居, 元吉利建"이라 함.

【靈公】衛 襄公(惡)의 뒤를 이어 B.C.534~493년까지 42년간 재위하고 出公(輒)으로 이어짐. 靈公은 孔子가 활동하던 시기에 해당함.

189. 昭公 8年(B.C.534) 丁卯

周	景王(姬貴) 11년	齊	景公(杵臼) 14년	晉	平公(彪) 24년	衛	靈公(元) 원년
蔡	靈公(般) 9년	鄭	簡公(嘉) 32년	曹	武公(滕) 21년	陳	哀公(溺) 35년
杞	平公(郁釐) 2년	宋	平公(成) 42년	秦	哀公(鍼?) 3년	楚	靈王(虔) 7년
吳	夷末 10년	許	悼公(買) 13년				

㊉

八年春, 石言于晉魏楡.

晉侯問於師曠曰:「石何故言?」

對曰:「石不能言, 或馮焉. 不然, 民聽濫也. 抑臣又聞之曰:『作事不時, 怨讟動于民, 則有非言之物而言.』今宮室崇侈, 民力彫盡, 怨讟並作, 莫保其性, 石言, 不亦宜乎?」

於是晉侯方築虒祁之宮.

叔向曰:「子野之言君子哉! 君子之言, 信而有徵, 故怨遠於其身; 小人之言, 僭而無徵, 故怨咎及之. 《詩》曰『哀哉不能言, 匪舌是出, 唯躬是瘁. 哿矣能言, 巧言如流, 俾躬處休』, 其是之謂乎! 是宮也成, 諸侯必叛, 君必有咎, 夫子知之矣.」

8년 봄에 진晉나라 위유魏楡에 말을 하는 돌이 있었다.

평공이 사광師曠에게 물었다.

"돌이 어찌 말을 합니까?"

사광이 대답하였다.

"돌은 말을 하지 못합니다. 혹 돌에 무엇이 붙어서 그럴 것입니다. 그렇지 않다면 사람이 잘못 들었을 것입니다. 저는 또한 듣기로 '공사가 때에 맞지 않아 백성들 사이에 원망이 일어나면 말을 할 수 없는 물건이 말을 한다'라 하더이다. 지금 궁을 높고 사치스럽게 짓고 있어 백성들의 힘이 모두 소진되고 원망이 일어나 자신의 본성을 지켜내지 못하고 있으니 돌이 말을 하는 것이 또한 마땅한 일이 아니겠습니까?"

당시 평공은 한창 사기궁虒祁宮을 짓고 있었다.

숙향叔向은 이렇게 말하였다.

"자야子野(師曠)의 말은 군자답다! 군자의 말은 진실하면서도 증거가 있기 때문에 자신을 원망으로부터 멀리 할 수 있는 것이다. 소인의 말은 참람하면서 증거가 없기 때문에 남의 원망이 자신에게 미치게 되는 것이다. 《시》에 '슬프도다, 하고 싶은 말 다 하지 못하네. 혀가 있어도 말을 하지 못하니 이 몸만 병들어 허약해지네. 말 잘하는 이여. 교묘한 말 물 흐르듯 하여 자신의 몸 편하게 하는구나'라 하였으니 이를 두고 한 말이로다! 이 궁궐이 다 지어지면 제후들은 틀림없이 배반할 것이며 임금은 틀림없이 그 허물을 뒤집어 쓸 것임을 그분은 알고 있었던 것이다."

【魏楡】지금의 山西 楡次縣 서북쪽. 彙纂에 "今山西省楡次縣西北, 有楡次故城, 《通典》謂卽晉魏楡邑"이라 함.
【師曠】晉 平公 때 유명한 樂師이며 장님. 字는 子野. 歷史와 故事에 밝았음.
【馮】'憑'과 같으며 '憑依'. 혼령이나 귀신이 붙어 사람이 할 수 없는 일을 하도록 함.
【聽濫】잘못 들음. 杜預 注에 "濫, 失也"라 함.《論衡》紀妖篇에는 '聽偏'으로, 《說苑》辨物篇에는 '聽濫'으로 되어 있음.
【彫盡】'彫'는 '凋'와 같음. 메말라 소진함.《論語》子罕篇 "松柏之後彫"의 '彫'와 같은 뜻임.
【性】'生'과 같음. 본성을 지키며 살아감.
【虒祁宮】虒祁는 지명. 晉나라 도읍 絳(지금의 山西 侯馬市)의 부근에 세운 궁궐 이름.《水經注》汾水에 "汾水西逕虒祁宮北, 橫水有故梁截汾水中, 凡有三十柱, 柱徑五尺, 裁與水平, 蓋晉平公之故梁也. 物在水, 故能持久而不敗也"라 하였고, 澮水에는 "又西南過虒祁宮南, 其宮也背汾面澮, 西則兩川之交會也"라 함.《韓非子》十過篇에는 "晉平公觴之於施夷之臺"라 하여 이 施夷臺가 곧 虒祁宮일

것으로 보고 있음. 한편 《方輿紀要》에는 "宮在今山西曲沃縣西南四十九里, 新絳縣南六里"라 함.
【叔向】晉나라 어진 대부. 羊舌肸, 자는 叔肸, 혹 叔譽라고도 부름.
【詩】《詩經》小雅 雨無正篇에 "哀哉不能言, 匪舌是出, 維躬是瘁. 哿矣能言, 巧言如流, 俾躬處休. 維曰于仕, 孔棘且殆. 云不可使, 得罪于天子. 亦云可使, 怨及朋友"라 함.
【諸侯必叛】昭公 13년 傳에 "晉成虒祁, 諸侯朝而歸者皆有貳心"이라 함.
【君必有咎】杜預 注에 "爲十年晉侯彪卒傳"이라 하여 平公의 죽음을 거론함.

※ 1414(昭8-1)

八年春, 陳侯之弟招殺陳世子偃師.

8년 봄, 진후陳侯의 동생 초招가 진나라 세자 언사偃師를 죽였다.

【陳侯】당시 陳나라 군주는 哀公(溺)으로 재위 35년 마지막 해였음.
【招】公子 招. 陳나라 공자. 昭公 8년에 陳나라 태자를 죽인 인물임. 이름은 招. 《公羊傳》에는 '軒虎'로 되어 있음.
【偃師】悼太子. 陳 哀公의 아들이며 元妃 鄭姬에게서 태어남.

※ 1415(昭8-2)

夏四月辛丑, 陳侯溺卒.

여름 4월 신축날, 진후陳侯 익溺이 죽었다.

【辛丑】4월 3일.
【溺】陳 哀公. 成公(午)의 뒤를 이어 B.C.568~534년까지 35년간 재위하고 이때에 생을 마침. 惠公(吳)이 그 뒤를 이음.

㊀

　陳哀公元妃鄭姬生悼大子偃師, 二妃生公子留, 下妃生公子勝.
　二妃嬖, 留有寵, 屬諸司徒招與公子過.
　哀公有癈疾, 三月甲申, 公子招·公子過殺悼大子偃師而立公子留.
　夏四月辛亥, 哀公縊.
　干徵師赴于楚, 且告有立君.
　公子勝愬之于楚, 楚人執而殺之.
　公子留奔鄭.
　書曰「陳侯之弟招殺陳世子偃師」, 罪在招也;「楚人執陳行人干徵師殺之」, 罪不在行人也.

　진陳 애공哀公의 원비元妃 정희鄭姬는 도태자悼太子 언사偃師를 낳았고, 둘째부인은 공자 유留를 낳았으며, 셋째 부인은 공자 승勝을 낳았다.
　둘째부인이 가장 사랑받아 그가 낳은 유留 또한 총애를 받았으며 애공은 이를 사도司徒 초招와 공자 과過에게 부탁하였다.
　이때 애공은 폐질에 걸려 있었다.
　3월 갑신날, 공자 초와 공자 과가 도태자 언사를 죽이고 공자 유를 후계자로 세웠다.
　여름 4월 신해날, 애공이 목을 매어 죽었다.
　간징사干徵師가 초나라로 가서 애공의 죽음을 알리면서 아울러 새 군주를 세웠음을 알렸다.
　그때 공자 승勝이 초나라에게 진나라의 사건을 호소하자 초나라는 간징사를 잡아 죽였다.
　이에 공자 유는 정鄭나라로 달아났다.
　경經에 '진후陳侯의 아우 초가 진나라 세자 언사를 죽였다'라 기록한 것은 초에게 죄가 있음을 밝힌 것이며, '초나라가 진陳나라 행인 간징사를 붙잡아 죽였다'라 기록한 것은 행인에게는 죄가 없었음을 밝힌 것이다.

【元妃】正夫人. 嫡夫人.

【公子招】哀公(溺)의 아우. 陳나라 공자. 당시 司徒 벼슬에 있었음. 이름은 招. 《公羊傳》에는 '軒虎'로 되어 있음.
【公子過】역시 哀公의 아우. 杜預 注에 "招及過, 皆哀公弟也"라 함.
【癈疾】원본에는 '廢疾'로 되어 있음. 《說文》에 "癈, 固病也"라 함.
【甲申】3월 16일.
【辛亥】經文에는 '辛丑'으로 되어 있음. 孔穎達 疏에는 "經傳異者, 多是傳實經虛"라 하여 經文에 오류가 많다고 하였음.
【干徵師】陳나라 行人(외교관)으로 楚나라에 부고를 알리러 갔다가 죽음을 당함.
【公子勝】哀公의 아들로 셋째 부인 소생. 杜預 注에 "以招·過殺偃師告愬也"라 함.

※ **1416(昭8-3)**

叔弓如晉.

숙궁叔弓이 진晉나라에 갔다.

【叔弓】魯나라 대부. 叔老의 아들. 시호는 敬子.

㊀
叔弓如晉, 賀虒祁也.
游吉相鄭伯以如晉, 亦賀虒祁也.
史趙見子大叔, 曰:「甚哉其相蒙也! 可弔也, 而又賀之.」
子大叔曰:「若何弔也? 其非唯我賀, 將天下實賀.」

숙궁叔弓이 진晉나라에 간 것은 사기궁虒祁宮의 완공을 축하하기 위해서였다.
그때 유길游吉도 정鄭 간공簡公을 보좌하여 진나라에 가서 역시 사기궁의 완공을 축하하였다.
이에 사조史趙가 자태숙子大叔(游吉)을 만나자 이렇게 말하였다.

"심하도다, 서로 속이기를! 가히 위로할 일을 도리어 축하를 하고 있군요."
자태숙이 말하였다.
"어찌 위로하겠습니까? 우리만 축하하는 것이 아니라 장차 천하가 모두 축하할 것입니다."

【子大叔】游吉. 鄭나라 대부. '大叔'은 '太叔'과 같음. 游販의 아우. '世叔'으로도 불리며 公孫蠆의 아들. 뒤에 子産을 이어 재상에 오름.
【史趙】晉나라 대부.
【蒙】杜預 注에 "蒙, 欺也"라 함. 제후들이 속마음을 숨긴 채 晉나라 虒祁宮의 완성을 축하함을 비꼬아 말한 것.
【將天下實賀】장차 다른 나라 제후들도 찾아와 완공을 축하할 것이라는 평범한 뜻을 말하면서 동시에 장차 진나라가 쇠미해 질 것임을 축하하게 될 것이라는 두 가지 微言大義를 가지고 있음.

※ 1417(昭8-4)

楚人執陳行人干徵師殺之.

초楚나라가 진陳나라 행인行人 간징사干徵師를 붙잡아 죽였다.

【行人】외교관. 통역관. 경에 행인임을 밝힌 것은 그에게 죄가 있었던 것이 아님을 말함. 杜預 注에 "稱行人, 明非行人罪"라 함.
【干徵師】陳나라 행인. 사적은 자세히 알 수 없음. 앞 장의 전을 참조할 것.

※ 1418(昭8-5)

陳公子留出奔鄭.

진陳나라 공자 유留가 정鄭나라로 달아났다.

【孔子留】陳나라 公子. 公子 招에 의해 군주로 세워졌으나 公子 勝이 楚나라에 호소하여 楚나라가 哀公의 부고를 알리러 온 行人 干徵師를 죽이자 두려워 즉시 鄭나라로 도피한 것임. 杜預 注에 "留爲招所立, 未成君而出奔"이라 함.

※ 1419(昭8-6)

秋, 蒐于紅.

가을, 홍紅에서 군사 훈련을 하였다.

【紅】魯나라 지명. 지금의 山東 泰安 부근.《方輿紀要》에 "泰安有紅亭, 卽昭公 八年「大蒐於紅」是也"라 함.
【蒐】봄 사냥의 명칭. 원래 蒐·苗·獮·狩 등 계절에 따른 사냥 명칭이 달랐음. 봄에는 새끼를 배지 않은 짐승만 골라잡으며 동시에 군사훈련을 겸함. 여름에는 곡물의 싹을 해치는 것들을 잡음. 가을에도 역시 군사훈련을 겸해 사냥을 하며, 겨울에는 짐승을 포위하여 잡음.《司馬法》仁本篇에 "國雖大, 好戰必亡; 天下雖安, 忘戰必危. 天下旣平, 天下大愷, 春蒐秋獮; 諸侯春振旅, 秋治兵, 所以 不忘戰也"라 함.

㊅
秋, 大蒐于紅, 自根牟至于商·衛, 革車千乘.

가을, 노魯나라는 홍紅에서 군사 훈련을 하였다. 근모根牟로부터 송宋나라와 위衛나라와의 국경에 이르는 지역에 걸쳐 행해졌고 전차 1천 대가 동원되었다.

【根牟】 지금의 山東 莒縣 西南 15리.
【商衛】 宋나라와 衛나라. 宋나라는 商(殷)의 후손으로 商이라 말한 것임.
【革車】 전투용 수레. 가죽으로 사방을 씌우고 덮어 적을 방어할 수 있도록 되어 있어 革車라 부름.

❋ 1420(昭8-7)

陳人殺其大夫公子過.

진陳나라가 그 대부 공자 과過를 죽였다.

【孔子過】 陳 哀公(溺)의 아우. 公子 招와 함께 偃師를 죽인 인물. 杜預 注에 "與招 共殺偃師, 書名, 罪之"라 함.

❋ 1421(昭8-8)

大雩.

기우제를 크게 지냈다.

【雩】 가뭄이 없던 가을에 기우제를 지낸 것은 잘못이었기에 기록한 것이라 함. 杜預 注에 "不旱而秋雩, 過也"라 함.
＊無傳

❈ 1422(昭8-9)

冬十月壬午, 楚師滅陳.
執陳公子招, 放之于越, 殺陳孔奐.

겨울 10월 임오날, 초楚나라 군사가 진陳나라를 멸하였다.
그리고 진나라 공자 초招를 잡아 월越나라로 추방하고 진나라 공환孔奐을 죽였다.

【壬午】11월 17일.
【公子招】陳 哀公의 아우. 이름은 招.《公羊傳》에는 '軒虎'로 되어 있음.
【孔奐】公子 招의 일당.《公羊傳》에는 '公瑗'으로 되어 있음.

❈ 1423(昭8-10)

葬陳哀公.

진陳 애공哀公의 장례를 치렀다.

【陳哀公】溺. 杜預 注에 "嬖人袁克葬之, 魯往會, 故書"라 함. 그러나 孔穎達 疏에는 楚나라가 哀公의 장례를 치러준 것으로 여겼음.

㊉
七月甲戌, 齊子尾卒.
子旗欲治其室, 丁丑, 殺梁嬰.
八月庚戌, 逐子成·子工·子車, 皆來奔, 而立子良氏之宰.
其臣曰:「孺子長矣, 而相吾室, 欲兼我也.」

授甲, 將攻之.
陳桓子善於子尾, 亦授甲, 將助之.
或告子旗, 子旗不信, 則數人告.
將往, 又數人告於道, 遂如陳氏.
桓子將出矣, 聞之而還, 游服而逆之, 請命.
對曰:「聞彊氏授甲將攻子, 子聞諸?」
曰:「弗聞.」
「子盍亦授甲? 無宇請從.」
子旗曰:「子胡然? 彼, 孺子也. 吾誨之, 猶懼其不濟, 吾又寵秩之, 其若先人何? 子盍謂之? 〈周書〉曰『惠不惠, 茂不茂』, 康叔所以服弘大也.」
桓子稽顙曰:「頃·靈福子, 吾猶有望.」
遂和之如初.

7월 갑술날, 제齊나라 자미子尾가 죽었다.

자기子旗가 그의 집안을 갖고자 정축날, 자미의 가신 양영梁嬰을 죽였다. 이어서 8월 경술庚戌날, 자미 가문의 자성子成·자공子工·자거子車를 축출하자 이들은 모두 노魯나라로 도망쳐 와서 자미의 후계자 자량씨子良氏를 위해 가신을 세웠다.

그러자 자량씨 가신들은 이렇게 말하였다.

"어린 주인이 이미 다 자랐는데 우리 가문을 돕는다는 핑계로 우리를 겸병하고자 하는 것이다."

그리하여 무기를 나누어 주고 장차 자기를 공격하려 하였다.

진환자陳桓子는 자미와 친하였다. 그리하여 그 역시 무기를 나누어 주고 장차 자량을 돕기로 하였다.

어떤 이가 자량이 공격할 것임을 자기에게 알려주었으나 자기가 믿지 않자 여러 사람이 와서 알렸다.

이에 자기가 자량에게 가려는 참에 또 사람들이 길에서 하는 말을 듣고 발길을 돌려 곧바로 진환자 집부터 갔다.

당시 진환자는 자량을 돕기 위해 출발하려던 참에 자기가 온다는 말을 듣고는 되돌아가서 무장을 벗고 평복으로 갈아입은 뒤 그를 맞이하자 자기가 명령을 듣겠노라 청하였다.

진환자는 이렇게 말하였다.

"듣기로 강씨彊氏 집안에서 무기를 나누어 주어 장차 그대를 공격하려 한다던데 그대는 들었습니까?"

자기가 말하였다.

"듣지 못하였습니다."

환자가 말하였다.

"그대도 어찌 무기를 나누어 주지 않습니까? 나(無字)도 그대를 따르겠습니다."

자기가 말하였다.

"그대가 어찌 그럴 수 있습니까? 저쪽 자량은 아직 어린 아이입니다. 내가 가르친다 해도 그는 일을 제대로 처리해내지 못할까 걱정을 하고 있던 중입니다. 나는 또한 그를 총애하고 있는데 만약 내가 그들과 싸운다면 우리 선조들이 우리를 어떻게 여기겠습니까? 어찌 그대는 자량에게 이를 일러주지 않았습니까? 〈주서周書〉에 '따르지 않는 자를 따르게 하고, 힘쓰지 않는 자를 힘쓰게 하라'라 하였습니다. 이는 강숙康叔은 이로써 치적을 크게 올릴 수 있었던 것입니다."

진환자는 이마를 땅에 조아리며 말하였다.

"경공頃公과 영공靈公의 신령께서 그대에게 복을 내리시니 나도 그대 덕분에 복 받기를 희망합니다."

이리하여 드디어 두 집안을 예전처럼 화목하게 되도록 하였다.

【甲戌】7월 8일.
【子尾】齊나라 대부 公孫蠆. 齊 惠公의 손자이며 公子 高祈(祈高)의 아들. 高氏 집안이 됨. 鄭나라에도 公孫蠆(子蟜)가 있으며 이는 同名異人임. 襄公 28년을 볼 것.
【子旗】齊나라 公孫竈(子雅)의 아들. 杜預 注에 "子旗, 子雅之子"라 함. 欒施. 杜預 注에 "子旗, 欒施也. 欲並治子尾之家政"이라 함.

【丁丑】7월 11일.
【梁嬰】子尾의 家宰.
【庚戌】8월 14일.
【子成·子工·子車】齊나라 頃公의 아들과 손자들로 子尾 집안사람. 子成(子城, 公孫固), 子工(子公, 公孫鑄)은 형제. 子車(子淵, 公孫捷)는 頃公의 손자. 杜預 注에 "三子, 齊大夫, 子尾之屬. 子成, 頃公子固也; 子工, 成之弟鑄也; 子車, 頃公之孫捷也"라 함. 子車는 《新序》義勇篇에는 '子淵棲'로 되어 있음.
【子良】子尾의 아들. 이름은 高彊. 杜預 注에 "子良, 子尾之子高彊也. 子旗爲子良立宰"라 함. 본 문장 뒤에 '彊氏'라 칭한 것은 그의 이름이 '高彊'이었기 때문임.
【孺子】子尾의 아들 子良을 가리킴.
【陳桓子】陳無宇. 齊나라 대부. 陳完(田完, 敬仲)의 玄孫. 陳文子(陳須無)의 아들.
【子旗不信】子旗는 자신이 子良(高彊)을 세워 잘 해주려고 하는데 子良이 자신을 공격하려 한다는 것을 믿지 않은 것임.
【將往】우선 子良의 집으로 가기로 하였음. 杜預 注에 "將往子良之家"라 함.
【遂如陳氏】발길을 돌려 陳桓子의 집으로 감. 孔穎達 疏에 "不復敢向子良之家, 遂如陳氏"라 함.
【游服】燕游之服. 평상복.
【請命】子旗가 陳桓子에게 사정을 물은 것임.
【彊氏】子良. 高彊.
【諸】'之乎'의 合音字.
【盍】'何不'의 합음자.
【無宇請從】이는 陳桓子(陳無宇)가 子旗의 의중을 떠보고자 한 것임.
【寵秩】사랑함. 자량을 사랑하여 그를 후계로 삼아주고자 함. 杜預 注에 "謂爲之立宰"라 함.
【先人】欒氏와 高氏는 모두 같은 조상 惠公에게서 나온 집안임.
【周書】《尙書》周書 康誥篇에 "王曰:「嗚呼! 小子封. 恫瘝乃身, 敬哉. 天畏棐忱, 民情大可見, 小人難保, 往盡乃心, 無康好逸豫, 乃其乂民. 我聞曰: 『怨不在大, 亦不在小, 惠不惠, 懋不懋.』已汝惟小子. 乃服惟弘王, 應保殷民. 亦惟助王, 宅天命, 作新民.」"이라 하여 衛나라 시조 康叔이 周 成王으로부터 이 말을 교훈으로 받아 큰 치적을 올렸음. 이는 子旗가 子良을 잘 가르치고 은혜를 베풀어 집안을 지켜낼 것이라 비유한 것임.
【稽顙】이마를 땅에 닿도록 조아림. 원래 凶禮에서 가장 중한 예절 표시임. 여기서는 陳桓子가 자신이 크게 잘못하였음을 표시하여 사과한 것.

【頃·靈】惠公이 頃公과 公子欒, 公子高를 낳았으며 頃公이 靈公을 낳음. 公子欒의 아들 公孫竈가 바로 欒施의 아버지 子雅이며 公子高의 아들 公孫蠆가 高彊의 아버지 子尾였음. 靈公과 子雅 및 子尾는 從兄弟였으며, 頃公은 바로 子雅와 子尾의 伯父였음. 이 때문에 頃公과 靈公이 그대에게 복을 내릴 것이라 말한 것임.
【遂和之如初】杜預 注에 "和欒·高二家"라 함.

⟨傳⟩
陳公子招歸罪於公子過而殺之.
九月, 楚公子棄疾帥師奉孫吳圍陳, 宋戴惡會之.
冬十一月壬午, 滅陳.
輿嬖袁克殺馬毀玉以葬.
楚人將殺之, 請寘之, 旣又請私.
私於幄, 加絰於顙而逃.
使穿封戌爲陳公, 曰:「城麋之役不諂.」
侍飮酒於王, 王曰:「城麋之役, 女知寡人之及此, 女其辟寡人乎!」
對曰:「若知君之及此, 臣必致死禮以息楚.」
晉侯問於史趙曰:「陳其遂亡乎!」
對曰:「未也.」
公曰:「何故?」
對曰:「陳, 顓頊之族也, 歲在鶉火, 是以卒滅. 陳將如之. 今在析木之津, 猶將復由. 且陳氏得政于齊而後陳卒亡. 自幕至于瞽瞍無違命, 舜重之以明德, 寘德於遂. 遂世守之, 及胡公不淫, 故周賜之姓, 使祀虞帝. 臣聞『盛德必百世祀』. 虞之世數未也, 繼守將在齊, 其兆旣存矣.」

진陳나라 공자 초招는 모든 죄를 공자 과過에게 뒤집어씌우고 과를 죽였다.
9월, 초나라 공자 기질棄疾이 군사를 이끌고 애공의 손자 오吳를 받들어 진나라를 포위하였을 때 송나라 대악戴惡이 이에 가담하였다.

겨울 11월 임오날, 초나라가 진陳나라를 멸망시켰다.

그때 애공의 총신이었던 원극袁克이 애공이 타던 말을 죽이고 애공이 차던 옥玉을 깨뜨려 남의 수중에 들어가지 않게 하여 애공을 장사지내려 하였다.

초나라 사람이 그를 죽이려 하자 살려 줄 것을 청하더니 잠시 후 다시 소변을 보게 해달라고 청하였다.

그는 장막 안으로 들어가 소변을 보고는 머리에 수질首経을 쓴 채로 달아나버렸다.

초왕은 천봉술穿封戌을 진나라 땅을 맡아 다스리도록 하면서 이렇게 말하였다.

"성균城麇의 싸움에서 그대는 나에게 아첨하지 않았소."

어느 날 천봉술이 초왕을 술자리에서 모시고 있을 때 왕이 말하였다.

"성균의 싸움에서 과인이 지금과 이렇게 왕으로 오를 줄 알았더라면 그대는 그때 나에게 양보하였겠지요!"

그러자 천봉술이 대답하였다.

"만약 임금께서 지금과 같이 되실 줄 알았더라면, 저는 그때 틀림없이 죽음으로써 겹오에게 예를 지켜 그대를 없애고 우리 초나라를 안정시켰을 것입니다."

진晉 평공平公이 사조史趙에게 진陳나라에 대하여 물었다.

"진나라는 결국 망하고 말 것인가?"

사조가 대답하였다.

"아주 망하지는 않을 것입니다."

평공이 물었다.

"어째서인가?"

사조가 대답하였다.

"진나라는 옛 전욱顓頊의 후손입니다. 전욱은 세성歲星이 순화성鶉火星의 위치에 나타났을 때 멸망하였습니다. 진나라도 장차 그렇게 될 것입니다. 세성이 지금 석목析木의 나루에 와 있으니 장차 다시 살아날 것입니다. 그리고 진씨陳氏가 제齊나라에서 정권을 잡은 뒤에야 진나라는 마침내 멸망할 것입니다. 진나라는 선조는 막幕에서 고수瞽瞍에 이르기까지 천명을 어긴 일이 없었습니다. 게다가 순舜이 다시 덕을 밝혀 그 덕이 수遂나라에 자리 잡게 되었습니다. 그 수나라는 대대로 이를 지켜 호공胡公에 이르도록 어긋남이 없었습니다. 그 때문에 주周나라가 그 자손에게 성姓을 하사하고 순 임금의 제사를 모실 수 있게 해 주었던 것입니다. 제가 듣기로 '풍성한 덕을 베푼 집안은 반드시 백대까지 제사를 받는다'라 하였으니 순의 자손은 아직 백대가 되지 않았습니다. 그 혈통은 장차 제나라에서 이어질 것이며 그 징조는 이미 그곳에 나타나고 있습니다."

【公子招】陳나라 공자.《公羊傳》에는 '軒虎'로 되어 있음. 公子 過와 함께 悼太子 偃師를 죽이고 公子 留를 옹립함.
【公子過】陳 哀公의 아우로 公子 招와 함께 悼太子(偃師)를 죽이고 公子 留를 옹립하였으나 본문에서처럼 公子 招로부터 허물을 뒤집어쓰고 죽음을 당함.
【棄疾】公子 棄疾. 楚 共王(審)에게는 총애하는 다섯 아들이 있었으며 康王(昭), 靈王(公子 圍, 熊虔), 公子 比(子干), 公子 黑肱(子晳), 공자 棄疾이었음. 형 靈王에 의해 蔡나라를 멸망시킨 다음 蔡나라를 다스리는 총책의 임무를 맡아 '蔡公'이라 불림. 그 뒤 형 靈王(熊虔)이 乾谿에 있는 동안 觀從의 모책에 의해 두 형 子干(比)과 子晳(黑肱)을 앞세우고 蔡나라로부터 군사를 이끌고 귀국하여 내란을 일으켜 성공함. 두 형 子干(比)과 子晳(黑肱)까지 자결토록 하고 왕위에 오름. 이가 平王이며 이름을 熊居로 바꿈. B.C.528~516년까지 13년간 재위하고 昭王(軫)이 그 뒤를 이음. 昭公 13년을 볼 것. 子南의 아들 棄疾과는 同名異人임.
【吳】悼太子 偃師의 아들. 哀公의 손자였으므로 '孫吳'라 부른 것. 뒤에 陳 惠公이 되어 B.C.533~506년까지 28년간 재위하고 懷公(柳)이 뒤를 이음.
【戴惡】宋나라 대부.
【冬十一月壬午】經文에는 "冬十月壬午"로 되어 있어 서로 맞지 않음.
【滅陳】이해에 진나라는 楚 靈王(熊虔)에게 멸망하였으나 昭公 13년 靈王이 죽고 平王(熊居)이 즉위하여 진나라는 되살아났음. 그리하여 哀公의 손자 吳(惠公)가 진나라 군주가 되었음. 한편 陳나라가 망한 사건은 昭公 11년 叔向을 말을 참조할 것.
【輿嬖】陳 哀公이 총애하던 嬖臣. 顧炎武《日知錄》(27)에 "輿嬖, 嬖大夫也. 言'輿'者, 掌君之乘, 如晉七輿大夫之類"라 함.

【請寘之】살려줄 것을 청함. '寘'는 '置'와 같음. 《說文》에 "置, 赦也"라 함.
【請私】小便을 볼 수 있도록 해 줄 것을 청함.
【絰於顙】머리에 喪巾을 씀. 哀公을 위해 상복을 입고 도망친 것. 絰은 首絰.
【穿封戌】楚나라 대부. 楚나라가 陳나라를 멸망시킨 뒤 그곳을 陳縣으로 삼고 穿封戌을 陳縣의 縣令으로 삼은 것임.
【城麇之役】襄公 26년 楚 靈公(熊虔)이 공자(圍)였을 때 城麇의 전투에서 穿封戌이 皇頡을 사로잡은 일로 공을 다투었음.
【臣必致死禮以息楚國】당신이 군주를 죽이고 국왕이 될 줄 알았더라면 사력을 다하여 당시 군주 郟敖에게 예를 다하여 당신을 없애고 초나라를 안정시켰을 것이라는 뜻. 孔穎達 疏에 "致死禮者, 欲爲郟敖致死殺靈王也"라 함.
【顓頊之族】顓頊 高陽氏의 후손이 陳나라로 이어짐. 杜預 注에 "陳祖舜, 舜出顓頊"이라 함.
【鶉火】僖公 5년을 볼 것. 불을 상징하는 별로 친 것임. 杜預는 顓頊의 씨족은 本性이 水性이어서 불을 상징하는 鶉火星의 위치에 歲星이 나타나면 망한다고 하였음. 한편 孔穎達 疏에는 "顓頊崩年, 歲星宰鶉火之次, 於時猶有書專言之, 故史趙得而知也"라 함.
【析木之津】은하수의 상징적인 나루 이름. 杜預는 주에서 東宮七宿에 속하는 箕星宿와 斗星宿의 중간에 天漢, 즉 銀河水가 있고 箕星宿는 本性이 木이었기에 析木之津이라 하였음. 한편 《爾雅》釋天에는 "釋木之津, 箕斗之間漢津也"라 함.
【陳氏得政于齊】뒤에 과연 陳나라에서 齊나라로 옮겨간 陳完(田完)의 후손이 田氏로 바꾸고 姜氏齊를 멸하고 田氏齊를 세워 戰國時代를 맞이하게 됨. 史記 田敬仲完世家를 참조할 것. 한편 莊公 22년 懿氏가 점을 쳐 敬仲의 八世 뒤에 나라를 차지할 것이라 한 것과 昭公 3년 晏嬰이 齊나라는 陳氏의 손으로 넘어갈 것이라는 예언 등이 있었음.
【幕·瞽瞍·舜】모두 顓頊의 후손. 瞽瞍는 舜(虞舜)임금의 아버지. 顓頊의 후손이 遂·陳의 혈통으로 이어짐. 漢 劉耽의 〈呂梁碑〉에 "
【遂】'虞遂'라고도 부름. 고대 작은 나라. 昭公 3년을 볼 것. 杜預 注에 "遂, 舜後. 蓋殷之興, 存舜之後而封遂. 言舜德乃至於遂"라 함.
【胡公】遂나라의 후예로 이름은 滿. 周 武王을 섬겨 嬀姓을 하사받고 陳나라에 봉해짐. 襄公 25년 傳에 "庸以元女大姬配胡公, 而封諸陳"이라 하였고, 孔穎達 疏에 "《世本》: 舜姓姚氏. 哀元年傳稱夏后少康奔虞, 虞思妻之以二姚, 虞思猶姓姚也. 至胡公, 周乃賜姓爲嬀耳. 〈陳世家〉謂胡公之前已姓嬀矣. 是馬遷之妄也"라 함.

190. 昭公 9年(B.C.533) 戊辰

周	景王(姬貴) 12년	齊	景公(杵臼) 15년	晉	平公(彪) 25년	衛	靈公(元) 2년
蔡	靈公(般) 10년	鄭	簡公(嘉) 33년	曹	武公(滕) 22년		
杞	平公(郁釐) 3년	宋	平公(成) 43년	秦	哀公(鍼?) 4년	楚	靈王(虔) 8년
吳	夷末 11년	許	悼公(買) 14년				

❋ 1424(昭9-1)

九年春, 叔弓會楚子于陳.

9년 봄, 숙궁叔弓이 초楚 영왕靈王과 진陳나라에서 만났다.

【叔弓】魯나라 대부. 叔老의 아들. 시호는 敬子.
【楚子】당시 楚나라 군주는 靈王(熊虔)으로 재위 9년째였음.
【陳】靈王이 陳나라 일을 처리하고자 그곳에 머물고 있어 이를 찾아간 것임. 杜預 注에 "以事往, 非行會禮"라 하였고, 孔穎達 疏에는 "此與宣十五年「公孫歸父會楚子於宋」, 其事同也. 楚子在彼, 魯敬大國, 自往會之"라 함.

⑼

九年春, 叔弓·宋華亥·鄭游吉·衛趙黶會楚子于陳.

9년 봄, 숙궁叔弓·송宋나라 화해華亥·정鄭나라 유길游吉·위衛나라 조염趙黶이 초 영왕과 진陳 땅에서 만났다.

【華亥】宋나라 대부 華合比의 아우. 형의 右師 벼슬을 대신하고 싶어 하였음. 昭公 6년을 볼 것.
【游吉】子大叔. 鄭나라 대부. '大叔'은 '太叔'과 같음. 游眅의 아우. '世叔'으로도 불리며 公孫蠆의 아들.
【趙黶】衛나라 대부.

❀ 1425(昭9-2)

許遷于夷.

허許나라가 도읍을 이夷 땅으로 옮겼다.

【夷】杜預 注에 "許畏鄭欲遷, 故以自遷爲文"이라 함. 夷는 지금의 安徽 亳縣 동남 70리 城父故城. 許나라는 지금의 河南 許昌과 鄢陵縣 사이에 도읍을 삼았으나 鄭나라의 세력 확장에 두려워하여 成公 15년 葉(지금의 葉縣)으로 옮겼다가 다시 夷로 옮겼으며, 18년에는 析(지금의 河南 內鄕縣)으로, 다시 定公 4년에는 容城으로 옮기는 등 4차례 遷都하였다가 결국 楚나라에게 망함.

㊉
二月庚申, 楚公子棄疾遷許于夷, 實城父.
取州來淮北之田以益之, 伍擧授許男田.
然丹遷城父人於陳, 以夷濮西田益之.
遷方城外人於許.

2월 경신날, 초楚나라 공자 기질棄疾이 허許나라를 이夷 땅으로 옮겼는데 그곳은 바로 성보城父이다. 주래州來의 회수淮水 북쪽의 땅을 떼어 이 땅에 보태었으며 이때 오거伍擧가 허나라 임금에게 땅을 넘겨주었다.

연단然丹은 성보에 살고 있었던 사람들을 진陳 땅으로 옮기고, 이夷의 복수濮水 서쪽을 떼어 진陳 땅에다 더해 주었다.

방성方城 밖에 살고 있던 사람들은 허나라 땅으로 옮겼다.

【棄疾】公子 棄疾. 楚 共王(審)에게는 총애하는 다섯 아들이 있었으며 康王(昭), 靈王(公子 圍, 熊虔), 公子 比(子干), 公子 黑肱(子晳), 공자 棄疾이었음. 형 靈王에 의해 蔡나라를 멸망시킨 다음 蔡나라를 다스리는 총책의 임무를 맡아 '蔡公'이라 불림. 그 뒤 형 靈王(熊虔)이 乾谿에 있는 동안 觀從의 모책에 의해 두 형 子干(比)과 子晳(黑肱)을 앞세우고 蔡나라로부터 군사를 이끌고 귀국하여 내란을 일으켜 성공함. 두 형 子干(比)과 子晳(黑肱)까지 자결토록 하고 왕위에 오름. 이가 平王이며 이름을 熊居로 바꿈. B.C.528~516년까지 13년간 재위하고 昭王(軫)이 그 뒤를 이음. 昭公 13년을 볼 것. 子南의 아들 棄疾과는 同名異人임.
【城父】楚나라에는 두 곳의 城父가 있었음. 이곳은 僖公 23년 楚나라가 陳나라를 쳐서 焦와 함께 취한 곳임. 杜預 注에 "夷, 一名城父"라 함.
【州來】지금의 安徽 鳳臺縣. 淮水의 북안. 〈正義〉에 "州來邑民, 有田在淮北者, 許國盡遷于夷, 夷田少, 故取以益之"라 함.
【伍擧】楚나라 대부. 伍奢의 아버지이며 伍子胥의 할아버지. 椒擧라고도 부름. 〈孫叔敖碑〉에는 '五擧'로 되어 있음.
【然丹】鄭나라 穆公의 손자. 子革, 鄭丹으로도 불림. 襄公 19년 楚나라로 망명하였음. 杜預 注에 "然丹, 鄭穆公孫, 襄十九年奔楚"라 함.
【濮西田】杜預 注에 "以夷田在濮水西者, 與城父人"이라 하였고, 《水經注》에는 "夏肥水, 上承河水, 東南逕城父縣故城, 《春秋》所謂夷田, 在濮水西者也"라 함.
【方城外人】杜預 注에 "成十五年許遷於葉, 因謂之許. 今許遷於夷, 故以方城外人實其處. 《傳》言靈王使民不安"이라 함.

㊙

周甘人與晉閻嘉爭閻田.

晉梁丙·張趯率陰戎伐潁.

王使詹桓伯辭於晉, 曰:「我自夏以后稷, 魏·駘·芮·岐·畢, 吾西土也. 及武王克商, 蒲姑·商奄, 吾東土也. 巴·濮·楚·鄧, 吾南土也; 肅愼·燕·亳, 吾北土也. 吾何邇封之有? 文·武·成·康之建母弟, 以蕃屛周, 亦其廢隊是爲, 豈如弁髦, 而因以敝之? 先王居檮杌于四裔, 以禦螭魅, 故允姓之姦居于瓜州. 伯父惠公歸自秦, 而誘以來, 使偪我諸姬, 入我郊甸, 則戎焉取之? 戎有中國, 誰之咎也? 后稷封殖天下, 今戎制之, 不亦難乎? 伯父圖之! 我在伯父, 猶衣服之有冠冕, 木水之有本原, 民人之有謀主也. 伯父若裂冠毀冕, 拔本塞原, 專棄謀主, 雖戎狄, 其何有余一人?」

叔向謂宣子曰:「文之伯也, 豈能改物? 翼戴天下, 而加之以共. 自文以來, 世有衰德, 而暴蔑宗周, 以宣示其侈; 諸侯之貳, 不亦宜乎! 且王辭直, 子其圖之.」

宣子說.

王有姻喪, 使趙成如周弔, 且致閻田與襚, 反潁俘.

王亦使賓滑執甘大夫襄以說於晉, 晉人禮而歸之.

주周나라 감읍甘邑 사람과 진晉나라 염가閻嘉가 염읍閻邑의 토지를 두고 다툼이 벌어졌다.

이에 진나라 양병梁丙과 장적張趯이 음陰 땅의 융戎을 이끌고 주나라 영潁 땅을 쳤다.

그러자 주 경왕景王은 첨환백詹桓伯을 진나라에 보내어 이렇게 따졌다.

"우리 주나라는 하夏나라가 후직后稷을 봉封한 이래로 위魏·태駘·예芮·기岐·필畢 땅이 우리의 서쪽 영토가 되었고, 무왕武王이 상商을 정벌하고 나서는 포고蒲姑·상엄商奄이 우리의 동쪽 땅이 되었으며, 파巴·복濮·초楚·등鄧이 우리의 남방이 되었고, 숙신肅愼·연燕·박亳이 우리의 북방이 되었소. 그런데 우리로부터 너무 멀어서 가까이 할 수 없는 땅이 어디 있겠소? 선군 문왕文王·무왕武王·성왕成王·강왕康王께서는 친형제들을 널리 봉하셔서 우리 주나라 왕실의 울타리고 삼으셨으니 이는 왕실이 피폐하거나

무너질 경우를 대비하기 위한 것이었소. 그런데 어찌 그러한 뜻을 마치 변弁이나 모髦처럼 여겨 쉽게 버릴 수 있겠소? 옛 선왕들은 도올檮杌 같은 흉악한 형상을 사방에 세워 이매螭魅 같은 못된 침략자를 막도록 하였으니 그 때문에 윤성允姓의 간악한 무리들이 과주瓜州에 살고 있었는데 백부伯父의 혜공惠公이 진秦나라로부터 진晉나라로 돌아가는 길에 이들을 유인하여 데리고 와서 우리 희성姬姓들을 괴롭히도록 하여 우리 도읍 교외까지 들어오게 하였는데 융족이 어찌 그 땅을 차지할 수 있었겠소? 융족이 우리 중원을 차지하게 된 것이 누구의 죄요? 후직께서 천하를 개척하여 번성하도록 해 주었는데 지금 이토록 융족이 제압하고 있으니 역시 난처한 일이 아니겠소? 백부께서는 이를 잘 헤아려 주시오! 나에게 백부가 계심은 마치 의복에 관면冠冕이 있는 것과 같고, 나무와 물에 뿌리와 근원이 있는 것과 같으며 백성에게 자신을 위해 애써주는 주인이 있는 것과 같습니다. 그런데 백부께서 만약 면관을 찢어버리고, 뿌리를 뽑고 근원을 막아버리며, 자신을 위해 애써주는 주인을 마구 버린다면 비록 융적인들 어찌 나 한 사람의 존재를 인정하겠습니까?"

숙향叔向이 한선자韓宣子에게 말하였다.

"문공文公께서 패자였을 때에도 어찌 능히 문물제도를 바꿀 수 있었습니까? 천자를 추대하여 천하의 날개 노릇을 해 드렸습니다. 그런데 문공 이래로 세상의 덕이 쇠하여 종실 주 왕실에게 포악하게 굴고 멸시하면서 자신의 거만함을 드러내 과시하였습니다. 그러니 제후들이 우리 진나라에 대해서 두 마음을 품게 된 것은 역시 마땅하지 않겠습니까! 게다가 지금 천자의 말씀은 옳은 것이니 그대는 이를 잘 헤아리십시오."

선자는 기꺼워하였다.

때마침 천자의 인척이 상을 당하자 조성趙成을 주나라에 보내어 조문토록 하고 아울러 염 땅과 수의繸衣를 바치고, 영潁에서 잡힌 포로들을 돌려보내주었다.

그러자 천자 역시 빈활賓滑로 하여금 감읍의 대부 양襄을 붙잡아 진나라로 보내 진나라를 즐겁게 해 주었으며 진나라에서는 그에게 예를 갖추어 다시 돌려보냈다.

【周甘人】 周나라 甘邑의 대부. 이름은 襄. 甘은 지금의 洛陽 서남쪽.
【閻嘉】 晉나라 閻縣의 대부. 閻邑은 구체적으로 알 수 없음.
【梁丙】 晉나라 대부.
【張趯】 역시 晉나라 대부.
【陰戎】 陰 지방에 살던 戎族. 陰은 洛水의 남쪽, 혹은 崇山의 북쪽. 杜預는 陸渾의 戎이라 하였음. 한편 《後漢書》 西羌傳에는 "齊桓公徵諸侯戍周. 後九年, 陸渾戎自瓜州遷於伊川, 允姓戎遷於渭汭, 東及轘轅, 在河南山北者號曰陰戎"이라 함.
【潁】 周나라 직할 읍 이름. 지금의 河南 登封縣 서남.
【詹桓伯】 周나라 대부.
【后稷】 周나라의 始祖. 姬棄. 이 구절 끝의 杜預 注에 "在夏世以后稷功, 受此五國, 爲西土之長"이라 함.
【魏】 지금의 山西 芮城縣과 萬榮縣 사이.
【駘】 '邰'로도 표기하며 지금의 陝西 武功縣 서남.《武功縣志》에 "古邰城, 在今縣南八里, 后稷始封之國也"라 함.
【芮】 지금의 陝西 芮城縣 서쪽.
【岐】 지금의 陝西 岐山縣.
【畢】 지금의 咸陽市 북쪽.
【武王克商】 周 武王(姬發)이 殷(商)의 말왕 紂를 쳐서 없앰.
【蒲姑】 '薄姑'로도 표기하며 지금의 山東 博興縣 동남쪽.
【商奄】 '商蓋'로도 표기하며 지금의 山東 曲阜 동쪽.
【巴】 지금의 四川 重慶 부근.
【濮】 지금의 湖北 石首 지방. 文公 16년에는 '百濮'이라 하였음.
【楚】 楚나라는 지금의 湖北 江陵(郢). 楚나라가 도읍으로 삼았던 곳.
【鄧】 지금의 河南 鄧縣.
【肅愼】 지금의 黑龍江 寧安縣부터 混同江 남북 일대 및 松花江 일대에 있던 고대 肅愼國.
【燕】 北燕. 원래 周 武王의 아우 召公 奭이 봉지로 받았던 곳. 당시 도읍은 薊라 불렀음. 지금의 北京 주위 일대인 大淩河로부터 朝陽, 北票, 承德, 凌原, 寧城 喀左 등의 지역을 관할하였음.
【亳】 고대 '亳'이라는 지명은 매우 많았으며 商族(殷族)은 半遊牧 상태에서 도읍을 옮길 때마다 그 이름을 그대로 가지고 다녀 구체적으로 어느 한 곳인

지는 알 수 없음. 그 때문에 河南 商丘는 南亳, 偃師縣은 西亳, 商丘縣의 북쪽은 北亳이라 하여 여기서 말한 北土는 아님.

【何邇封之有】'어찌 가까운 곳만 봉지로 삼았겠는가?'의 뜻. 거리가 멀다고 해서 周나라가 봉지로 삼지 않은 곳이 없음.

【文武成康】주나라 초기 文王(姬昌), 武王(姬發), 聖王(姬誦), 康王(姬釗). 모두 왕실의 안전을 위해 각지에 봉지를 개척하여 同姓(姬姓)諸侯國 및 異姓諸侯國을 세움.

【母弟】同母弟의 아우들. 文王의 母弟로는 虢仲과 虢叔. 武王의 모제로는 管, 蔡, 郕, 霍, 魯, 衛, 毛, 聃 등이 있었으며 成王의 모제로는 唐叔이 있어 이들을 모두 봉하여 同姓諸侯國을 세움.

【廢隊】'隊'는 '墜'와 같음. 쇠약해짐.

【弁·髦】弁은 成人이 되어 冠禮式을 올릴 때 쓰는 緇衣冠. 髦는 부모 생전에 머리에 붙이는 일종의 장식물로 부모가 세상을 떠나면 떼어버림.

【檮杌】원래 고대 四凶의 하나. 杜預 注에 "言檮杌, 略擧四凶之一. 下言四裔, 則三苗在其中"이라 함. 四凶에 대해서는 文公 18년을 볼 것.

【螭魅】고대 흉한 귀신들.

【允姓】陰戎의 선조 姓氏. 앞의 《後漢書》西羌傳 陰戎에 대한 내용을 볼 것.

【瓜州】杜預는 注에서 지금의 敦煌을 가리킨다고 하였음. 襄公 14년을 볼 것.

【伯父】天子(周王)가 同姓 諸侯國의 임금을 부르는 칭호. 그 항렬에 따라 伯父, 叔父 등으로 부름.

【惠公歸自秦】僖公 9년, 15년, 22년을 볼 것.

【郊甸】杜預 注에 "邑外爲郊, 郊外爲甸. 言戎取周郊甸之地"라 함.

【中國】중원을 가리킴. 夏華族이 살던 黃河 중류 일대.

【雖戎狄, 其何有余一人】楊伯峻은 "言晉本是保護周室之國, 尙心目中無天子, 戎狄更視我若不存在也"라 함.

【叔向】晉나라 어진 대부. 羊舌肸, 자는 叔肸, 혹 叔譽라고도 부름.

【宣子】韓宣子. 韓起. 당시 晉나라 執政大夫였음.

【文之伯也】晉 文公(重耳)은 僖公 24년에 즉위하였고 僖公 32년에 죽었음. 그는 생전에 패자로서 군림하였음. '伯'은 '霸'와 같음.

【豈能改物】문물제도를 고칠 수 없었음. 晉 文公이 패자였을 때 천자(襄王)에게 자신이 죽고 나서 무덤에 隧道(墓道)를 마련할 것을 청하였으나 주왕이 천자의 제도임을 들어 거부함. 僖公 25년을 참조할 것. 당시까지만 해도 천자의 존재를 인정하였음을 말함.

【宗周】 종주국인 주 왕실.
【趙成】 趙景子. 趙武의 아들.
【襚】 襚衣. 죽은 이에게 입히는 壽衣.
【賓滑】 周나라 대부.
【說】 '悅'과 같음. 晉나라를 즐겁게 해줌.

※ 1426(昭9-3)

夏四月, 陳災.

여름 4월, 진陳나라에 화재가 났다.

【災】《公羊傳》과《穀梁傳》에는 '災'가 '火'로 되어 있음.

⑬
夏四月, 陳災.
鄭裨竈曰:「五年陳將復封, 封五十二年而遂亡.」
子産問其故, 對曰:「陳, 水屬也; 火, 水妃也. 而楚所相也. 今火出而火陳, 逐楚而建陳也. 妃以五成, 故曰五年. 歲五及鶉火, 而後陳卒亡, 楚克有之, 天之道也, 故曰五十二年.」

여름 4월, 진陳나라에 화재가 났다.
정鄭나라 비조裨竈가 말하였다.
"5년 뒤에 진나라는 장차 제후국으로 복귀할 것이며, 복귀한 지 52년 뒤에는 망할 것이다."
자산子産이 그 까닭을 묻자 그는 이렇게 설명하였다.
"진나라는 수水에 속합니다. 화火와 수水는 서로 짝이 됩니다. 초나라가 그의 상대입니다. 이제 화성火星이 나타나 진나라에 불이 난 것은 초나라를 몰아내고 진나라를 세워주려는 것입니다. 짝은 오행으로써 이루어지니 그 때문에 5년이라 한 것입니다. 그리고 세성歲星이 다섯 번 순화성鶉火星의 위치에 나타나므로 그렇게 된 뒤에 진나라는 망하고 초나라가 그 땅을 소유하게 되는 것이니 이는 천도天道입니다. 그래서 52년이라고 말한 것입니다."

【裨竈】鄭나라 대부. 예언과 天文 術數에 밝았던 듯함.
【子産】公孫僑. 子國(公孫成)의 아들. 子美. 鄭나라의 훌륭한 宰相이 되어 孔子가 자주 칭찬한 인물.
【陳水屬也】杜預 注에 "陳, 顓頊之後, 故謂水屬"이라 함. 顓頊은 水德으로 임금이 되었다고 여겼음.
【妃】'配'와 같음. 짝이 됨. 《周易》의 '離'는 火에 해당하며 中男을 상징함. '坎'은 水에 해당하고 中女에 해당함. 따라서 서로 짝을 이룸.
【楚所相也】杜預 注에 "相, 治也. 楚之先祝融, 爲高辛氏火正, 主治火事"라 하여 楚는 祝融의 후손으로 축융은 火德으로 임금이 되었다는 설에 따른 것임.
【火出】火星이 心宿에 나타남.
【妃以五成】五行說에서의 五行配合說을 말함. 火와 水, 木과 金, 金과 土, 土와 木, 水와 土가 각자 상대의 짝이 됨을 뜻함.
【五十二年】杜預 注에 "是歲歲在星紀, 五歲及大梁, 而陳復封. 自大梁四歲而及鶉火. 後四周四十八歲, 凡五及鶉火, 五十二年. 天數以五爲紀, 故五及鶉火, 火盛水衰"라 함. 한편 陳나라가 楚나라에게 망하였다가 다시 복위한 것은 召公 13년이며 지난해(召公 8년. B.C.529)부터 이때까지 5년임. 진나라가 초나라에게 완전히 망한 것은 哀公 17년(B.C.478)으로 복위 이후 52년 때임.

⟨傳⟩
晉荀盈如齊逆女, 還, 六月, 卒于戱陽.
殯于絳, 未葬.
晉侯飮酒, 樂.
膳宰屠蒯趨入, 請佐公使尊, 許之.
而遂酌以飮工, 曰:「女爲君耳, 將司聰也. 辰在子‧卯, 謂之疾日,君徹宴樂, 學人舍業, 爲疾故也. 君之卿佐, 是謂股肱. 股肱或虧, 何痛如之? 女弗聞而樂, 是不聰也.」

又飮外嬖嬖叔, 曰:「女爲君目, 將司明也. 服以旌禮, 禮以行事, 事有其物, 物有其容. 今君之容, 非其物也; 而女不見, 是不明也.」

亦自飮也, 曰:「味以行氣, 氣以實志, 志以定言, 言以出令. 臣實司味, 二御失官, 而君弗命, 臣之罪也.」

公說, 徹酒.

初, 公欲廢知氏而立其外嬖, 爲是悛而止.

秋八月, 使荀躒佐下軍以說焉.

진晉나라 순영荀盈이 제齊나라에 가서 제나라 여자를 아내로 맞이하고 돌아가던 도중, 6월 희양戲陽에서 죽었다.

강絳에 빈소를 차리고 아직 장례를 치르지 않고 있었다.

그때 진 평공은 술을 마시며 음악을 듣고 있었다.

그러자 선재膳宰 도괴屠蒯가 달려가 자신이 임금을 도와 술을 올리는 일을 할 수 있게 해 달라고 청하여 허락을 받았다.

그리하여 술잔을 채워 악공樂工에게 마시도록 하면서 이렇게 말하였다.

"그대는 임금의 귀가 되어 그로 하여금 세상의 일을 잘 들으시도록 하는 일을 맡았습니다. 일진日辰이 자子와 묘卯에 있는 날을 질일疾日이라 부릅니다. 이런 날에는 임금은 잔치나 음악을 철거하고 음악을 배우는 사람도 배우기를 그만 두는 것이니 이는 질일이기 때문입니다. 임금의 경卿이나 보좌는 고굉股肱이라 부릅니다. 팔다리가 혹 상해를 입는다면 어느 아픔이 이와 같겠습니까? 그대는 순영이 세상을 떠난 사실을 알려드리지 않은 채 음악을 연주하고 있으니 이는 임금의 귀밝음을 맡은 임무를 제대로 수행하지 못한 것입니다."

이어서 임금의 총애를 받고 있던 폐숙嬖叔에게 술을 올리며 이렇게 말하였다.

"그대는 임금의 눈이 되어 임금께서 세상일을 밝게 보도록 하는 일을 맡고 있습니다. 사람의 복장은 예의를 나타내고, 예의로써 일을 실행하는 것이며 일에는 모두 그에 해당하는 물건이 있고 물건은 그 용태가 있습니다. 지금 임금의 용태는 그 물건에 맞지 않습니다. 그런데도 그대는 이를 발견하지 못하고 있으니 이는 임금의 눈밝음을 맡은 임무를 제대로 수행하지 못한 것입니다."

그리고 스스로 술을 따라 마시며 이렇게 말하였다.

"음식의 맛은 기를 잘 돌게 하며 기는 뜻을 충실하게 하고 뜻은 말을 안정되게 하며 말은 법령을 내리게 합니다. 저는 실제 맛을 맡은 자로서 이 두 사람의 직책을 잃게 하였는데도 임금께서 명령을 내리지 않고 계시니 이는 맛을 담당한 저의 잘못 때문입니다."

평공은 기꺼워하며 술상을 치우도록 하였다.

당초, 평공은 지씨知氏를 폐위시키고 자신이 총애하는 자를 세우려하였으나 이때 이 말을 듣고 중지하였다.

가을 8월, 평공은 순력荀躒을 하군下軍 부장副將으로 삼고 스스로의 죄책감을 풀었다.

【荀盈】知氏. 知盈으로도 부름. 荀罃의 아들. 시호는 悼子. 知悼子라 불렀음. 上卿이었음.

【戲陽】지금의 河南 內黃縣 북쪽.《一統志》에 "在今河南內黃縣北"이라 하였고《河南通志》에는 "在安陽縣東二十五里"라 함.

【絳】晉나라 도읍. 지금의 山西 侯馬市.

【膳宰】주방장. 음식에 관한 일을 주관하는 우두머리.

【屠蒯】晉나라 膳宰(주방장). 忠肝을 잘하였음. 杜預 注에 "屠蒯, 晉侯之膳宰也. 以忠諫見進"이라 함.《禮記》檀弓(下)에도 이 내용이 실려 있으며 그곳에는 '杜蕢'로 되어 있음. '屠'는 屠宰, '蒯'는 庖人을 뜻하여 직책과 함께 이름을 밝힌 것이며 특히 '杜'와 '屠'는 음이 비슷하여 이렇게 부른 것. 馬宗璉의 〈補注〉에 "屠, 音杜,《史記》晉大夫有屠岸賈,《左傳》晉有屠黍, 是屠乃晉大夫之氏"라 함.

【飲工】樂工에게 술을 올림. 杜預는《禮記》檀弓(下)을 근거로 師曠으로 보았음.

【疾日】禁忌하는 날. 忌日. 子日은 商나라 말왕 紂가 멸망하여 죽은 날이며, 卯日은 夏나라 말왕 桀이 죽은 날이어서 당시 이 두 날을 禁忌日로 여겼음.

【學人】여기에서는 음악 공부하는 사람을 말함.

【股肱或虧】股肱은 팔다리. 구체적으로 荀盈의 죽음을 가리킴.
【弗聞】임금에게 荀盈이 죽었음을 알려드리지 않음.
【嬖叔】《禮記》檀弓(下)에는 李調라 이름을 밝혔음.
【非其物】杜預 注에 "有卿佐之喪, 無哀戚之容, 而作樂歡會, 故曰非其物"이라 함.
【氣·志】음식의 조화를 이루어 섭취하면 氣가 溫和해지고 그로 인해 志가 充溢해짐. 杜預 注에 "氣和則志充"이라 함.
【志·言】杜預 注에 "在心爲志, 發口爲言"이라 함.
【知氏】荀盈(知盈)의 가문.
【荀躒】荀盈(知盈)의 아들. 시호는 文子(文伯). 下軍佐에 임명하여 아버지 뒤를 잇도록 하였음. 杜預 注에 "躒, 荀盈之子, 知文子也. 佐下軍, 代父也"라 함.
【以說焉】'說'은 마음에 맺혔던 것을 풀고 안심함. 杜預 注에 "說, 自解說"이라 함.

※ **1427(昭9-4)**

秋, 仲孫貜如齊.

가을, 중손확仲孫貜이 제齊나라에 갔다.

【仲孫貜】孟僖子. 獻子(仲孫蔑)의 아들이며 仲孫速의 아우. 그러나 孝伯羯의 아들이라고도 함. 楚나라에 가서 儀典을 제대로 하지 못하여 돌아온 다음 禮를 배워 孔子가 大聖이 될 것임을 예언한 인물. 昭公 7년을 볼 것.

㊅
孟僖子如齊殷聘, 禮也.

맹희자孟僖子가 齊나라에 가서 많은 예물을 바치며 예방한 것은 예에 맞는 일이었다.

【孟僖子】仲孫貜. 孟獻子의 아들.
【殷聘】예물을 많이 드리고 정중하게 예방함. '殷'은 '풍성하다'의 뜻.《周易》 馬融 注에 "殷, 盛也"라 함.
【禮】孟僖子가 예를 익혀 이때에는 매우 잘 처리하였음을 말한 것임.

❋ 1428(昭9-5)

冬, 築郎囿.

겨울, 낭郎에 유囿를 만들었다.

【郞】지금의 山東 魚臺縣 동북 90리. 혹은 曲阜 근처라고도 함.
【囿】임금의 놀이터이며 휴식터 園囿. 苑囿. 禽獸를 기르며 池沼를 만들고 樹木과 花卉를 심어 꾸밈.

㊋
冬, 築郎囿. 書, 時也.
季平子欲其速成也, 叔孫昭子曰:「《詩》曰:『經始勿亟, 庶民子來』 焉用速成, 其以勤民也? 無囿猶可; 無民, 其可乎?」

겨울, 노나라가 낭郎 땅에 유囿를 만들었다. 경經에 이를 기록한 것은 때에 맞았기 때문이다.
계평자季平子가 그 일을 빨리 이루려 하자, 숙손소자叔孫昭子가 말하였다. "《시》에 '일을 시작하여 급히 서두르지 않으니, 백성들이 부모 위하듯 몰려오네'라 하였습니다. 그런데 급히 이루기를 서둘러 백성들을 노고롭게 하십니까? 원유야 없어도 되지만 백성들이 없다면 되겠습니까?"

【時】농사철을 피하여 공사를 하였음을 뜻함.
【季平子】魯나라 대부 季孫意如. 시호는 平子. 季悼子(季孫紇)의 아들이며 季武子(季孫宿)의 손자. 悼子가 아버지 武子보다 먼저 죽어 나중에 平子가 집안의 후계자가 됨.
【叔孫昭子】叔孫穆子의 서자. 叔孫婼. 豎牛에 의해 叔孫氏 후계자가 된 인물.
【詩】《詩經》大雅 靈臺篇에 "經始靈臺, 經之營之. 庶民攻之, 不日成之. 經始勿亟, 庶民子來. 王在靈囿, 麀鹿攸伏, 麀鹿濯濯, 白鳥翯翯. 王在靈沼, 於牣魚躍"이라 함.
【勴】杜預 注에 "勴, 勞也"라 함.

191. 昭公 10年(B.C.532) 己巳

周	景王(姬貴) 13년	齊	景公(杵臼) 16년	晉	平公(彪) 26년	衛	靈公(元) 3년
蔡	靈公(般) 11년	鄭	簡公(嘉) 34년	曹	武公(滕) 23년		
杞	平公(郁釐) 4년	宋	平公(成) 44년	秦	哀公(鍼?) 5년	楚	靈王(虔) 9년
吳	夷末 12년	許	悼公(買) 15년				

❋ 1429(昭10-1)

十年春王正月.

10년 봄 주력 정월.

⑲
十年春王正月, 有星出于婺女.
鄭裨竈言於子産曰:「七月戊子, 晉君將死. 今玆歲在顓頊之虛, 姜氏·任氏實守其地, 居其維首, 而有妖星焉, 告邑姜也. 邑姜, 晉之妣也. 天以七紀, 戊子逢公以登, 星斯於是乎出, 吾是以譏之.」

10년 봄 주력 정월, 어떤 별이 무녀婺女자리에 나타났다.
그러자 정나라 비조裨竈가 자산子産에게 말하였다.

10. 〈昭公 10年〉 2765

"7월 무자날에 진나라 군주가 죽을 것입니다. 올해는 세성歲星이 옛 임금 전욱顓頊을 상징하는 허성수虛星宿에 자리하고 있는데 허성수가 지배하는 전욱의 근거지는 지금 강씨姜氏와 임씨任氏가 차지하고 있습니다. 그런데 이상한 별이 북방의 성좌星座인 현효玄枵 맨 처음 자리를 차지하고 있는 무녀성수의 자리에 나타났으니, 요망한 별이 나타났다는 것은 읍강邑姜의 자손에게 운명을 알리는 것입니다. 읍강은 진나라 선조 강숙康叔을 낳은 어머니입니다. 하늘의 성좌는 7기紀씩으로 나뉘어 있습니다. 무자날에 봉공逢公이 죽었는데, 그때에도 저 이상한 별이 지금과 같은 위치에 나타났습니다. 저는 이를 점쳐 헤아려 알고 있는 것입니다."

【有星】客星. 떠돌이 별. 彗星(孛星)이 아니었기 때문에 별 이름을 쓰지 않은 것임. 杜預 注에 "客星也. 弗書. 非孛"라 함.

【婺女】물병자리. 28宿 가운데 女宿. 모두 네 개의 별이 있음.

【裨竈】鄭나라 대부. 예언과 天文 術數에 밝았던 듯함.

【子産】公孫僑. 子國(公孫成)의 아들. 子美. 鄭나라의 훌륭한 宰相이 되어 孔子가 자주 칭찬한 인물.

【歲】歲星. 木星. 12년 주기로 태양을 돌아 歲星이라 함.

【顓頊之虛】玄枵, 이십팔수 중에 女, 虛, 危 세 별자리. 물병자리와 마주함.

【姜氏·任氏】齊나라는 姜氏였고 任나라는 薛氏였음. 이들은 하늘 별자리 玄枵와 상응함.

【維首】이십팔수를 7성수씩 동·서·남·북으로 나눈 것을 七紀라 하며 그중 북방의 7기인 玄枵에는 婺女, 虛, 危의 세 성수가 속함. 그리고 무녀자리가 맨 처음에 위치함.

【邑姜】齊 太公望 呂尙의 딸. 晉나라 시조 唐叔의 어머니. 婺女는 이미 시집간 딸을 의미함.

【逢公】太公(呂尙)이 齊나라에 봉을 받은 것은 周初였으며 그 이전 殷나라 때 이미 그곳에 있었던 제후. 杜預 注에 "逢公, 殷諸侯, 居齊地者"라 함. 昭公 20년 傳에 晏嬰이 齊나라 땅이 연혁을 두고 "昔爽鳩氏始居此地, 季荝因之, 有逢伯陵因之, 蒲姑氏因之, 而後大公因之"라 하여 有逢을 가리킴. 한편《國語》周語(下)에도 "則我皇妣大姜之姪, 伯陵之後, 逢公之所憑神也"라 함.

● 1430(昭10-2)

夏, 齊欒施來奔.

여름, 제齊나라 난시欒施가 도망쳐 왔다.

【齊】《公羊傳》에는 '晉'으로 잘못 표기되어 있음.
【欒施】子旗. 齊나라 公孫竈(子雅)의 아들. 杜預 注에 "子旗, 子雅之子"라 함.

傳
齊惠欒·高氏皆耆酒, 信內, 多怨, 彊於陳·鮑氏而惡之.
夏, 有告陳桓子曰:「子旗·子良將攻陳·鮑.」
亦告鮑氏.
桓子授甲而如鮑氏.
遭子良醉而騁, 遂見文子, 則亦授甲矣.
使視二子, 則皆將飲酒.
桓子曰:「彼雖不信, 聞我授甲, 則必逐我. 及其飲酒也, 先伐諸?」
陳·鮑方睦, 遂伐欒·高氏.
子良曰:「先得公, 陳·鮑焉往?」
遂伐虎門.
晏平仲端委立于虎門之外, 四族召之, 無所往.
其徒曰:「助陳·鮑乎?」
曰:「何善焉?」
「助欒·高乎?」
曰:「庸愈乎?」
「然則歸乎?」
曰:「君伐, 焉歸?」
公召之, 而後入.
公卜使王黑以靈姑銔率, 吉, 請斷三尺焉而用之.

五月庚辰, 戰于稷, 欒·高敗, 又敗諸莊.

國人追之, 又敗諸鹿門.

欒施·高彊來奔.

陳·鮑分其室.

晏子謂桓子,「必致諸公! 讓, 德之主也. 讓之謂懿德. 凡有血氣, 皆有爭心, 故利不可強, 思義爲愈. 義, 利之本也. 蘊利生孽. 姑使無蘊乎! 可以滋長.」

桓子盡致諸公, 而請老于莒.

桓子召子山, 私具帷幕·器用·從者之衣屨, 而反棘焉.

子商亦如之, 而反其邑.

子周亦如之, 而與之夫于.

反子城·子公·公孫捷, 而皆益其祿.

凡公子·公孫之無祿者, 私分之邑.

國之貧約孤寡者, 私與之粟.

曰:「《詩》云『陳錫載周』, 能施也. 桓公是以霸.」

公與桓子莒之旁邑, 辭.

穆孟姬爲之請高唐, 陳氏始大.

제齊나라 혜공惠公의 후손 난씨欒氏·고씨高氏는 모두 술을 좋아하고 부인들의 말만 믿어 많은 원망을 듣고 있었다. 이들은 진씨陳氏, 포씨鮑氏의 가문과 대등한 세력으로 그들을 미워하였다.

여름, 어떤 사람이 진환자陳桓子에게 말하였다.

"자기子旗와 자량子良이 장차 진씨와 포씨를 공격할 것입니다."

그는 포씨에게도 이같이 말하였다.

그러자 진환자는 집안사람들을 무장시키고서 포씨 집으로 갔다.

가는 길에 자량이 술에 취해 있는 것을 보고는 포문자鮑文子에게로 달려갔더니 그 집안에서도 역시 무기를 나누어주고 있었다.

그들이 사람을 시켜 두 공자를 살펴보게 하였더니 두 공자는 술을 마시려 하고 있었다.

환자가 말하였다.

"우리를 공격하려 한다는 것은 믿지 못하겠으나 우리가 집사람들에게 무기를 나누어주었다는 것을 저들이 듣는다면 틀림없이 우리를 축출할 것입니다. 그러니 그들이 술을 마시는 틈을 타서 우리가 먼저 그들을 칩시다."

진씨와 포씨는 바야흐로 아주 친한 사이였으므로 드디어 난씨와 고씨를 공격하였다.

공격을 받은 자량이 말하였다.

"우리가 먼저 임금을 차지한다면 진·포씨가 어디로 도망가겠는가?"

그리하여 이들은 호문虎門을 공격하였다.

당시 안평중晏平仲은 조복 차림으로 호문虎門 밖에 서 있었는데 네 씨족이 서로 자신들의 편을 들어 줄 것을 요구하며 불렀지만 그는 어느 쪽으로도 가지 않았다.

이에 그의 부하가 물었다.

"진씨와 포씨를 도울까요?"

안자가 말하였다.

"어찌 그들이 더 훌륭하다고 할 수 있겠는가?"

"그렇다면 난씨와 고씨에게 협조할까요?"

안자가 말하였다.

"그들이 어찌 더 나은 사람들이라고 말할 수 있는가?"

"그러면 집으로 돌아갈까요?"

안자가 말하였다.

"임금께서 공격을 받고 있는데 어찌 돌아갈 수 있겠는가?"

그는 임금이 부른 다음에야 들어갔다.

경공이 왕흑王黑에게 영고피靈姑鉟라는 깃발을 들고 군사를 인솔하도록 하는 일에 점을 쳤더니 길하다는 점괘가 나왔다. 그러자 왕흑은 그 깃발의 길이를 3척尺 정도 자르기를 청하고 이를 사용하였다.

5월 경진날, 직문稷門 거리에서 싸워 난씨와 고씨가 패하였고, 다시 장莊 거리에서 이들을 패배시켰다.

나라 사람들이 이들을 추격하여 다시 녹문鹿門에서 이들을 패배시켰다. 이에 난시欒施와 고강高彊이 노나라로 도망쳐 온 것이다.

진씨와 포씨는 이들 두 집안의 재산을 나누어 가졌다.

그러자 안자가 환자에게 말하였다.

"그 재산은 반드시 임금에게 바쳐야 합니다! 양보는 덕의 주인입니다. 양보하는 것을 일러 의덕懿德이라 합니다. 무릇 혈기가 있는 것이라면 어느 것이나 모두 경쟁하려는 마음을 가지고 있습니다. 그 때문에 이익은 억지로 차지해서는 안 되며 의리를 생각하는 것이 더 좋은 것입니다. 의리는 이익의 근본입니다. 이익이 쌓이면 재앙이 생겨납니다. 우선 이익이 쌓이지 않게 하십시오! 그래야 덕이 더욱 커질 수 있습니다."

환자는 그들 재산을 모두 임금에게 바치고 자신은 거莒 땅에서 늙음을 맞이하겠노라 청하였다.

그리고 환자는 자산子山을 불러들여 사사롭게 그의 집 장막, 기물, 시종들의 의복과 신발까지 다 갖추어 주고 극읍棘邑을 돌려주었다.

다시 자상子商에게도 그와 같이 해 주고 그의 읍을 돌려주었다.

자주子周에게도 역시 그와 같이 해 주고 부우夫于의 읍을 주었다.

자성子城·자공子公·공손첩公孫捷도 귀국시켜 돌아오자 모두에게 이전보다 더 많은 녹을 주었다.

무릇 공자나 공손公孫들 중에 녹을 받지 못하는 자에게는 사사롭게 자신의 읍을 나누어 주었다.

나라 안의 빈한한 자와 고아, 과부에게는 자신의 식량을 나누어 주었다.

그리고 이렇게 말하였다.

"《시》에 '문왕은 널리 베푸시어 주나라 기초 이루셨다네'라 하였으니 이는 능히 은혜를 잘 베풀었음을 말한 것이다. 환공桓公께서도 이렇게 하여 패자가 되신 것이다."

경공이 거 땅 곁의 읍을 주었지만 환자는 이를 사양하였다.

그러자 목맹희穆孟姬는 그를 위해 고당高唐 땅을 줄 것을 청하였으며 진씨는 비로소 세력이 커지기 시작하였다.

【欒·高】欒氏와 高氏는 모두 齊 惠公에서 나왔음. 杜預 注에 "子雅·子尾皆齊惠公之孫也"라 함.
【耆酒】'嗜酒'와 같음.
【信內】부인의 말을 잘 믿고 따름. 杜預 注에 "說婦人之言, 故多怨"이라 함.
【彊】'盛', '當'과 같음. 대등함. 세력이 비슷함.
【惡之】杜預 注에 "惡陳·鮑"라 함.
【陳·鮑】齊나라의 門閥. '陳'은 陳完(田完)의 후손으로 뒤에 齊나라를 이어받아 '田氏齊'를 세운 세력가이며 '鮑'는 鮑叔의 후손으로 역시 제나라에서 큰 문벌이었음. 본 장의 사건 당시에는 陳桓子(陳無宇)와 鮑文子(鮑國)이 대표적인 인물이었음.
【陳桓子】陳無宇. 齊나라 대부. 陳桓子. 陳完(田完, 敬仲)의 玄孫. 陳文子(陳須無)의 아들. 당시의 실권자. 그 후손이 뒤에 '田氏齊'를 세워 戰國七雄의 반열에 오름.
【子旗】欒施. 齊나라 公孫竈의 아들. 杜預 注에 "子旗, 子雅之子"라 함.
【子良】子尾의 아들. 이름은 高彊. 杜預 注에 "子良, 子尾之子高彊也. 子旗爲子良立宰"라 함.
【遭子良醉而騁】杜預 注에 "欲及子良醉, 故騁告鮑文子"라 함. 子良(高彊)이 술에 취해 있음을 보고 즉시 鮑文子(鮑國)에게 가서 그 사실을 알리고 어떤 준비를 하고 있는지 알고자 한 것임.
【鮑文子】鮑國. 齊나라 대부. 鮑氏 가문의 실권자.
【先得公】景公을 먼저 차지하여 나라에 명령을 내림. 杜預 注에 "欲以公自輔佐"라 함.
【虎門】齊 景公의 路寢(正寢)의 남문. 임금을 먼저 접수하고자 들어간 것임. 한편 이들이 虎門을 치고 들어간 것은 杜預 注에 "欲入, 公不聽, 故伐公門"이라 함. 《周禮》鄭玄 注에 "虎門, 路寢門也"라 하였고,《水經注》穀水에 "路門, 一曰畢門, 亦曰虎門也"라 함.
【晏平仲】晏子. 晏嬰. 齊나라의 유명한 재상. 자는 平仲. 晏弱(晏桓子)의 아들. 그의 언행을 모아 편찬한《晏子春秋》가 널리 알려져 있으며 司馬遷은《史記》管晏列傳에 그의 전기를 실어 높이 평가하고 있음.
【端委】'端'은 玄端의 관복, '委'는 委貌라는 冠. 즉 朝服. 정복차림을 하고 있었음을 말함. 杜預 注에 "端委, 朝服"이라 함.
【四族】두 패로 갈라진 네 가문, 杜預 注에 "四族, 欒·高·陳·鮑"라 함.
【王黑】齊나라 대부.

【靈姑銔】 '銔'는 '피'로 읽음. 齊 景公의 깃발 이름. 龍旗. 임금이 행차하였음을 알릴 때 사용함.
【斷三尺】 제후의 깃발은 그 길이가 수레의 軫까지여야 하고 대부의 깃발은 較까지만 내려오도록 조정하여야 함. 그 때문에 王黑이 임금의 깃발을 가지고 나가되 자신의 신분이 대부이므로 그 만큼의 길이를 잘라서 짧게 한 것. 이는 임금에게 공경의 뜻을 보인 것임.
【稷·莊】 稷門과 莊嶽의 거리. 齊나라 도읍 臨淄에서 가장 번화한 대로. '莊'은 《孟子》告子(下)의 "引而置之莊嶽之間"의 '莊嶽'임.
【鹿門】 齊나라 도읍 성의 성문 이름. 魯나라에도 鹿門이 있어 혹 동남쪽의 성문에 대한 일반 명칭으로 보기도 함.
【懿德】 아름답고 떳떳한 덕.
【孼】 재앙. 요해. 杜預 注에 "孼, 妖害也"라 함.
【莒】 제나라 읍. 그러나 《晏子春秋》雜下에는 '劇'으로 되어 있음. 《括地志》에 "故劇城在青州壽光縣南三十一里, 故紀國. 密州莒縣, 故莒子國"이라 함.
【子山】 杜預 注에 "子山·子商·子周, 襄三十一年子尾所逐羣公子"라 하여 子尾(公孫蠆)에 의해 국외로 축출당하였던 공자들임. 陳桓子는 이들을 모두 불러들여 사사롭게 은혜를 베풀어 뒷날 그 후손이 齊나라를 차지하여 '田氏齊'를 마련할 기틀을 만들었던 것임.
【棘】 지금의 臨淄 서북, 稷門 근처. 원래 子山이 영유지였음. 《山東通志》에 "在臨淄縣西北境, 有棘里亭"이라 함.
【夫于】 지금의 山東 長山 근처. 《山東通志》에 "今山東長山縣南三十里, 有夫于村"이라 함.
【子城·子公·公孫捷】 杜預 注에 "三子, 八年子旗所逐"이라 함.
【詩】 《詩經》大雅 文王篇에 "亹亹文王, 令聞不已. 陳錫哉周, 侯文王孫子. 文王孫子, 本支百世. 凡周之士, 不顯亦世"라 함. 周 文王이 널리 베풀어 周나라를 세우게 됨을 노래한 것임.
【桓公】 齊 桓公(小白). 春秋五霸의 수장. 널리 베푸는 것으로써 패자에 오름. 杜預 注에 "齊桓亦能施以致霸"라 함.
【穆孟姬】 魯나라 叔孫僑如의 딸로 齊 靈公(環)의 부인이 되어 景公(杵臼)를 낳음. 杜預 注에 "穆孟姬, 景公母"라 함.
【高唐】 지금의 山東 高唐縣 동쪽.

※ 1431(昭 10-3)

秋七月, 季孫意如·叔弓·仲孫貜帥師伐莒.

가을 7월, 계손의여季孫意如·숙궁叔弓·중손확仲孫貜이 군사를 이끌고 거莒나라를 쳤다.

【季孫意如】魯나라 대부 季平子. 季悼子(季孫紇)의 아들이며 季武子(季孫宿)의 손자. 悼子가 아버지 武子보다 먼저 죽어 나중에 平子가 집안의 후계자가 됨. 《公羊傳》에는 '隱如'로 되어 있음.
【叔弓】魯나라 대부. 叔老의 아들. 시호는 敬子.
【仲孫貜】孟僖子. 獻子(仲孫蔑)의 아들이며 仲孫速의 아우. 그러나 孝伯羯의 아들이라고도 함. 楚나라에 가서 儀典을 제대로 하지 못하여 돌아온 다음 禮를 배워 孔子가 大聖이 될 것임을 예언한 인물. 召公 7년을 볼 것.

㊅
秋七月, 平子伐莒, 取郠.
獻俘, 始用人於亳社.
臧武仲在齊, 聞之, 曰:「周公其不饗魯祭乎! 周公饗義, 魯無義. 《詩》曰:『德音孔昭, 視民不佻.』佻之謂甚矣, 而壹用之, 將誰福哉?」

가을 7월, 평자平子가 거莒나라를 쳐서 경郠 읍을 빼앗았다.
그는 포로를 임금에게 박사亳社에 처음으로 사람을 희생으로 하여 제사를 올렸다.
장무중臧武仲이 제齊나라에 있으면서 이를 듣고 말하였다.
"주공周公께서는 노魯나라의 제사를 받지 않으실 것이다! 주공께서는 의로운 제사만 받으시는데 노나라는 의가 없게 되었다. 《시》에 '덕스러운 말씀 크게 빛나니 백성에게 야박함을 보이지 않는다'라 하였다. 야박한 정도만도 사람들은 심하다 하는데 사람을 동물처럼 여겼으니 장차 누가 복을 주겠는가?"

【平子】魯나라 대부. 季平子. 季孫意如.
【郠】莒나라 읍 이름. 지금의 山東 沂水縣.《彙纂》에 "在今山東沂水縣東境"이라 함.
【用人】이러한 예는 僖公 19년을 볼 것.
【亳社】원래 殷나라 도읍에 있는 사당. 그러나 魯나라가 宋(殷)나라 太廟에 제사를 올리는 것은 전승을 기념하기 위해 그곳에서 周公을 함께 신주로 모셔 올렸을 가능성이 있음.
【臧武仲】魯나라 대부. 臧宣叔(臧孫許)의 아들. 臧孫紇. 臧文仲의 아우. 당시 齊나라에 있다가 이 소식을 들은 것임.
【周公】魯나라의 시조 姬旦.
【詩】《詩經》小雅 鹿鳴篇에 "呦呦鹿鳴, 食野之蒿. 我有嘉賓, 德音孔昭. 視民不恌, 君子是則是傚. 我有旨酒, 嘉賓式燕以敖. 呦呦鹿鳴, 食野之芩. 我有嘉賓, 鼓瑟鼓琴. 鼓瑟鼓琴, 和樂且湛. 我有旨酒, 以燕樂嘉賓之心"이라 함. '恌'는 '박정하다, 야박하다'의 뜻.
【壹】사람을 동물(犧牲用 畜物)과 같은 것으로 취급함. 杜預 注에 "壹, 同也"라 함.

❋ 1432(昭10-4)

戊子, 晉侯彪卒.

무자날, 진후晉侯 표彪가 죽었다.

【戊子】7월 3일.
【彪】晉 平公. 悼公(周)을 이어 B.C.557~532년까지 26년간 재위하고 召公(夷)이 그 뒤를 이음.

❋ 1433(昭10-5)

九月, 叔孫婼如晉.

葬晉平公.

9월, 숙손착叔孫婼이 진晉나라에 갔다.

진晉 평공平公의 장례를 치렀다.

【叔孫婼】叔孫昭子. 叔孫穆子의 서자. 豎牛에 의해 叔孫氏 후계자가 됨.《公羊傳》에는 '叔孫舍'로 되어 있음.

㊉
戊子, 晉平公卒.
鄭伯如晉, 及河, 晉人辭之, 游吉遂如晉.
九月, 叔孫婼·齊國弱·宋華定·衛北宮喜·鄭罕虎·許人·曹人·莒人·邾人·滕人·薛人·杞人·小邾人如晉, 葬平公也.
鄭子皮將以幣行, 子産曰:「喪焉用幣? 用幣必百兩, 百兩必千人. 千人至, 將不行. 不行, 必盡用之. 幾千人而國不亡?」
子皮固請以行.
旣葬, 諸侯之大夫欲因見新君.
叔孫昭子曰:「非禮也.」
弗聽.
叔向辭之, 曰:「大夫之事畢矣, 而又命孤. 孤斬焉在衰絰之中, 其以嘉服見, 則喪禮未畢; 其以喪服見, 是重受弔也, 大夫將若之何?」
皆無辭以見.
子皮盡用其幣.
歸, 謂子羽曰:「非知之實難, 將在行之. 夫子知之矣, 我則不足.《書》曰『欲敗度, 縱敗禮』, 我之謂矣. 夫子知度與禮矣. 我實縱欲, 而不能自克也.」
昭子至自晉, 大夫皆見, 高彊見而退.
昭子語諸大夫曰:「爲人子不可不愼也哉! 昔慶封亡, 子尾多受邑, 而稍致諸君, 君以爲忠, 而甚寵之. 將死, 疾于公宮, 輦而歸, 君親推之. 其子不能任, 是以在此. 忠爲令德, 其子弗能任, 罪猶及之,

難不愼也! 喪夫人之力, 棄德·曠宗, 以及其身, 不亦害乎?《詩》曰
『不自我先, 不自我後』, 其是之謂乎!」

무자날, 진晉 평공平公이 세상을 떠났다.

정鄭 간공簡公이 조문을 위해 진나라에 가다가 황하黃河에 이르렀을 때, 진나라에서 사양하여 유길游吉만 진나라로 갔다.

9월, 숙손착叔孫婼·제齊나라 국약國弱·송宋 화정華定·위衛 북궁희北宮喜· 정나라 한호罕虎·허許, 조曹, 거莒, 주邾, 등滕, 설薛, 기杞, 소주小邾의 사람 등이 진나라로 가서 평공의 장례식에 참가하였다.

정나라 자피子皮는 진나라로 가면서 예물을 가지고 가려 하자 자산子産이 말하였다.

"상례에 어찌 예물을 바치려 하십니까? 굳이 예물을 가지고 가신다면 반드시 수레 1백 대 분량의 물건이 있어야 하고, 1백 대의 물건을 싣고 가려면 반드시 1천 명의 사람이 따라야 합니다. 1천 명이 물건을 가지고 가더라도 그것을 제대로 바치지 못할 것이고, 바치지 못하면 그 물건은 틀림없이 모두 사용하게 될 것입니다. 몇천 명이나 되는 사람이 오간다면 나라가 망하지 않겠습니까?"

그러나 자피는 굳이 예물을 가지고 가기를 청하였다.

이윽고 장례가 끝나자 각 나라에서 온 여러 대부들이 그 기회에 진나라 새 임금을 만나려 하였다.

숙손소자叔孫昭子가 말하였다.

"그것은 예의가 아닙니다."

그러나 대부들은 이를 듣지 않았다.

숙향叔向이 이를 사양하며 말하였다.

"대부들께서 하실 일은 끝났습니다. 그런데도 우리의 새 임금을 만나고자 하십니다. 임금께서는 애통함 속에 최질衰絰을 입고 계십니다. 그런데 외빈을 만나려면 가복嘉服으로 입으셔야 하는데 그렇게 되면 상례가 끝내지 않은 것이 됩니다. 그렇다고 상복을 입으며 이는 거듭 조문을 받는 것이 됩니다. 대부들께서는 장차 어찌하면 좋겠습니까?"

이 말에 대부들은 더 이상 만나자는 말을 하지 못하였다.

자피는 결국 그 예물을 바칠 기회도 얻지 못한 채 모두 허비하고 말았다. 그는 돌아와서 자우子羽에게 이렇게 말하였다.

"아는 것은 실로 어려운 것이 아니었소. 실행하는 것이 어려움이더군요. 자산은 이를 잘 알고 있었고 나는 부족하였소. 《서》에 '욕심은 법도를 그르치고, 방종은 예를 그르친다'라 하였는데 나를 두고 말한 것 같소. 자산은 법도와 예를 알고 있었지만 나는 방종과 욕심만 부리면서 스스로를 절제하지 못하였소."

숙손소자叔孫昭子가 진나라로부터 돌아오자 대부들이 모두 그를 찾아가 만났고 제나라 고강高彊도 그를 찾아보고는 물러갔다.

숙손소자는 대부들에게 이렇게 말하였다.

"사람의 자식 된 자로서는 삼가지 않을 수 없습니다! 지난날 제나라 경봉慶封이 망명하였을 때 자미子尾는 제나라 임금으로부터 많은 읍邑을 받았으나 얼마 후에 임금에게 되돌려 주자 제나라 임금은 그를 충성스럽다 여겨 매우 총애하였습니다. 그가 죽음에 이르렀을 때 궁궐에서 병이 나 수레로 집으로 돌려보내면서 임금이 친히 그 수레를 밀었습니다. 그런데 그 아들은 아버지의 뒤를 능히 이어받지 못하고 이곳에 와 있는 것입니다. 아버지의 충성은 미덕이었지만 그 아들은 그 뒤를 잇지 못하여 그 죄가 아버지에까지 미치고 말았으니 어찌 그리 신중하지 못하였는지요! 아버지 자미의 공을 상실하고 덕을 버리고 문중을 망쳤으니 그 자신에게 재앙이 미치지 않을 수 있었겠습니까? 《시》에 '나의 선조로부터 온 것이 아니요, 나의 후대로부터 온 것도 아닐세'라 하였으니 이를 두고 한 말일 것입니다!"

【鄭伯】 당시 鄭나라 군주는 簡公(嘉)으로 재위 34년째였음.
【晉人辭之】 군주가 직접 오는 것은 예에 맞지 않아 사절한 것. 杜預 注에 "禮, 諸侯不相弔, 故辭"라 함.
【游吉】 子大叔. 鄭나라 대부. '大叔'은 '太叔'과 같음. 游販의 아우. '世叔'으로도 불리며 公孫蠆의 아들.
【叔孫婼】 叔孫昭子. 叔孫穆子의 서자. 豎牛에 의해 叔孫氏 후계자가 됨.
【國弱】 齊나라 卿. 國景子. 이름은 弱. 시호는 景子.

【華定】宋나라 대부. 華椒의 손자.
【北宮喜】衛나라 대부.
【罕虎】鄭나라 대부. 子皮. 子展의 아들. 아버지를 이어 上卿이 됨. 杜預 注에 "子皮代父爲上卿"이라 함. 子産(公孫僑)을 도와 나라를 잘 다스림.
【幣】杜預 注에 "見新君之贄"라 함.
【子産】公孫僑. 子國(公孫成)의 아들. 子美. 鄭나라의 훌륭한 宰相이 되어 孔子가 자주 칭찬한 인물.
【百兩】杜預 注에 "載幣用車百乘"이라 함. '兩'은 '輛'과 같음.
【叔向】晉나라 어진 대부. 羊舌肸, 자는 叔肸, 혹 叔譽라고도 부름.
【慙】'慚'과 같음. 《說文》에 "慚, 痛也"라 함.
【衰絰】'縗絰'과 같음. 喪服.
【嘉服】연회나 외빈 접견 등에 입는 화려한 복장.
【子羽】鄭나라 대부. 公孫揮. 公子. 杜預 注에 "公孫揮, 子羽也"라 함.
【不足】杜預 注에 "言己由子産之戒, 旣知其不可, 而遂行之, 是我之不足"이라 함.
【子尾】齊나라 대부 公孫蠆. 齊 惠公의 손자이며 公子 高祈(祈高)의 아들. 子良(高彊)의 아버지. 鄭나라에도 公孫蠆(子蟜)가 있으며 이는 同名異人임. 襄公 28년을 볼 것.
【書】《尙書》商書 太甲(中)에 "王拜手稽首曰:「予小子不明于德, 自厎不類, 欲敗度, 縱敗禮, 以速戾于厥躬. 天作孽猶可違, 自作孽不可逭. 旣往背師保之訓, 弗克于厥初, 尙賴匡救之德, 圖惟厥終.」"이라 함.
【高彊】齊나라 大夫 子良. 子尾의 아들. 이름은 高彊. 杜預 注에 "子良, 子尾之子高彊也. 子旗爲子良立宰"라 함. 陳桓子(陳無宇)·鮑文子(鮑國)와의 세력다툼에 밀려 노나라에 망명하여 와 있었음. 앞 장을 참조할 것.
【慶封亡】慶封의 망명에 대해서는 襄公 28년을 볼 것.
【疾于公室】杜預 注에 "在公室被疾"이라 함.
【難不愼也】'難'는 '奈何'의 合音字. '나'로 읽음. '어찌 ~인가?'의 문장을 구성함. 따라서 이 구절은 "어찌 삼가지 않았는가?"로 풀이함.
【曠宗】家門을 망침. 顧炎武《日知錄》(27)에 "曠宗, 謂使其廟曠而不祀"라 하여 '가문을 망쳐 그 종묘가 휑하니 황폐해지도록 함'을 뜻함.
【詩】《詩經》小雅 正月篇에 "父母生我, 胡俾我瘉. 不自我先, 不自我後. 好言自口, 莠言自口. 憂心愈愈, 是以有侮"라 하였고, 大雅 瞻卬篇에도 "觱沸檻泉, 維其深矣. 心之憂矣, 寧自今矣. 不自我先, 不自我後. 藐藐昊天, 無不克鞏. 無忝皇祖, 式救爾後"라 하여 두 곳에 실려 있음. 이는 '재앙은 선대의 일이나 후대의 일 때문에 오는 것이 아니라 오직 자신에 의해서 일어남'을 강조한 것임.

※ **1434(昭10-6)**

十有二月甲子, 宋公成卒.

12월 갑자날, 송공宋公 성成이 죽었다.

【甲子】 12월 2일.
【宋公成】 宋 平公. 이름은 成. 《公羊傳》에는 '戌'로 되어 있음. 《博古圖錄》(22)의 〈宋公戌鐘〉의 銘文에 '宋公戌'이라 하여 '戌'이 맞는 것으로 보고 있음. 共公(固)의 뒤를 이어 B.C.575~532년까지 44년간 재위하고 元公(佐)이 그 뒤를 이음.

㊉
冬十二月, 宋平公卒.
初, 元公惡寺人柳, 欲殺之.
及喪, 柳熾炭于位, 將至, 則去之.
比葬, 又有寵.

겨울 12월에, 송宋 평공平公이 세상을 떠났다.
당초, 원공元公은 시인寺人 유柳를 미워하여 그를 죽이려 하였다.
그런데 평공의 상을 당하자 유는 원공의 자리에 숯불을 피워 원공이 들어오면 그 숯불을 치워주었다.
장례식을 거행할 무렵 그는 다시 원공의 총애를 받게 되었다.

【宋平公】 이름은 成.
【元公】 平公의 아들. 이름은 佐. 杜預 注에 "元公, 平公太子佐也"라 함.
【寺人】 내시. 閹宦. 환관의 우두머리.
【柳】 내시의 이름.
【去之】 元公이 들어오기 전에 자리를 따뜻하게 해 놓은 다음 그가 올 즈음에는 이를 치워 편히 앉을 수 있도록 해줌.
【有寵】 杜預 注에 "言元公好惡無常"이라 하여 원공을 부정적으로 여겼음.

192. 昭公 11年(B.C.531) 庚午

周	景王(姬貴) 14년	齊	景公(杵臼) 17년	晉	昭公(夷) 원년	衛	靈公(元) 4년
蔡	靈公(般) 12년	鄭	簡公(嘉) 35년	曹	武公(滕) 24년		
杞	平公(郁釐) 5년	宋	元公(佐) 원년	秦	哀公(鍼?) 6년	楚	靈王(虔) 10년
吳	夷末 13년	許	悼公(買) 16년				

❀ 1435(昭11-1)

十有一年春王二月, 叔弓如宋.

11년 봄 주력 2월, 숙궁叔弓이 송宋나라에 갔다.

【二月】《公羊傳》에는 '正月'로 되어 있음.
【叔弓】魯나라 대부. 叔老의 아들. 시호는 敬子.

❀ 1436(昭11-2)

葬宋平公.

송宋 평공平公의 장례를 치렀다.

【平公】宋나라 군주. 이름은 成(戌). 前年 12월 죽음.

㊀
十一年春王二月, 叔弓如宋, 葬平公也.

11년 봄 2월에 숙궁叔弓이 宋나라에 가서 평공平公의 장례에 참석하였다.

※ 1437(昭 11-3)
夏四月丁巳, 楚子虔誘蔡侯般殺之于申.

여름 4월 정사날, 초자楚子 건虔이 채후蔡侯 반般을 유인하여 신申에서 죽였다.

【丁巳】4월 7일.
【楚子】당시 초나라 군주는 靈王(熊虔, 圍)으로 재위 10년째였음. 《穀梁傳》에는 '虔'이 '乾'으로 되어 있음.
【蔡侯】蔡 靈侯. 이름은 般. 景侯(固)의 뒤를 이어 B.C.542~531년까지 12년간 재위하고 이해에 楚 靈王에게 죽음을 당함. 平侯(廬)가 그 뒤를 이음.
【申】원래 작은 나라였으나 초나라에게 망하여 읍이 됨. 신숙시가 봉지로 받았던 곳. 지금의 河南 氾水縣.

㊀
景王問於萇弘曰:「今玆諸侯何實吉? 何實凶?」
對曰:「蔡凶. 此蔡侯般弑其君之歲也, 歲在豕韋, 弗過此矣. 楚將有之, 然壅也. 歲及大梁, 蔡復, 楚凶, 天之道也.」
楚子在申, 召蔡靈侯.

靈侯將往, 蔡大夫曰:「王貪而無信, 唯蔡於感. 今幣重而言甘, 誘我也, 不如無往.」

蔡侯不可.

三月丙申, 楚子伏甲而饗蔡侯於申, 醉而執之.

夏四月丁巳, 殺之, 刑其士七十人.

公子棄疾帥師圍蔡.

韓宣子問於叔向曰:「楚其克乎?」

對曰:「克哉! 蔡侯獲罪於其君, 而不能其民, 天將假手於楚以斃之, 何故不克? 然肸聞之:『不信以幸, 不可再也.』楚王奉孫吳以討於陳, 曰:『將定而國.』陳人聽命, 而遂縣之. 今又誘蔡, 而殺其君, 以圍其國, 雖幸而克, 必受其咎, 弗能久矣. 桀克有緡, 以喪其國. 紂克東夷, 而隕其身. 楚小·位下, 而亟暴於二王, 能無咎乎? 天之假助不善, 非祚之也, 厚其凶惡而降之罰也. 且譬之如天其有五材, 而將用之, 力盡而斃之, 是以無拯, 不可沒振.」

주周 경왕景王이 장홍萇弘에게 물었다.

"금년에는 제후들 중에 어느 나라가 길하고 어느 나라가 흉하겠소?"

장홍이 대답하였다.

"채蔡나라가 흉합니다. 금년은 바로 채 영후靈侯 반般이 그 임금을 시해하였던 해에 해당합니다. 세성歲星이 시위豕韋자리에 나타났으니 채나라의 흉운은 올해를 넘기지 않을 것입니다. 초나라가 장차 채나라를 차지하여 악을 더욱 쌓게 될 것입니다. 세성이 대량大梁자리로 옮기게 되면 채나라는 다시 복구되고 대신 초나라가 흉운을 만나게 될 것이니 이는 천도天道입니다."

초 영왕이 신申 땅에 머무르며 채 영후靈侯를 불렀다.

영후가 가려 하자 채나라 대부가 말렸다.

"초왕은 탐욕스럽고 신의가 없어 우리 채나라를 빼앗지 못하고 있음을 유감만 가지고 있습니다. 지금 그가 보내온 예물이 많고 말투도 달콤한 것으로 보아 우리를 유인하는 것이니 가지 않느니만 못합니다."

그러나 영후는 가지 않을 수 없다고 하였다.

3월 병신날, 초 영왕은 무장한 병사를 숨겨두고 신에서 영후를 위해 잔치를 열어 술에 취하게 한 뒤 그를 체포하였다.

여름 4월 정사날, 그를 죽이고 그를 따라온 병사 70명을 처형하였다.

한편 초나라 공자 기질棄疾은 군사를 이끌고 채나라를 포위하였다.

한선자韓宣子가 숙향叔向에게 물었다.

"초나라가 일을 잘 해내겠습니까?"

숙향이 대답하였다.

"잘 해낼 것입니다! 채나라 군주는 자신의 임금에게 죄를 지어 그 백성에게 지지를 받을 수가 없습니다. 하늘이 초나라의 손을 빌려 넘어뜨리려 하는데 어찌 잘 해내지 못하겠습니까? 그러나 제(肸)가 듣기로 '신의 없이 요행으로 얻은 것은 두 번 다시 똑같이 행운을 누릴 수 있는 것은 아니다'라 하였습니다. 초왕이 진陳나라 손오孫吳를 받들어 진나라를 토벌하며 '너희 진나라를 안정시키겠다'라 하였습니다. 그 말을 믿고 진나라 사람들이 그를 따른 것인데 초왕은 진나라의 자신들의 현縣으로 삼아버렸습니다. 지금 다시 똑같은 방법으로 채나라를 유인하여 그 군주를 죽이고 그 나라를 포위하였으니 비록 요행으로 일이 성사된다 해도 초왕은 틀림없이 벌을 받을 것이며 오래갈 수도 없을 것입니다. 옛날 하夏 걸왕桀王이 유민씨有緡氏와 싸워 이겼음에도 나라를 잃었고, 은殷의 주왕紂王은 동이東夷를 이겼건만 그 자신을 망쳤습니다. 초나라는 그들보다 작고 지위가 낮은데도 두 왕보다도 더 자주 포악한 짓을 하고 있으니 능히 어찌 벌을 받지 않겠습니까? 하늘이 불선不善한 자를 임시로 돕는 것 같지만 이는 복을 내리는 것이 아닙니다. 마찬가지로 흉악한 자에게 더욱 후하게 하는 것 같지만 이는 벌을 내리는 것입니다. 게다가 비유컨대 하늘이 오재五材를 내려 줌에 사람이 이를 사용하되 그 오재의 쓸모가 다하면 버리는 것과 같습니다. 이 까닭으로 구제되지도 못하며 끝내 다시 떨쳐 이러날 수도 없게 되는 것입니다."

【景王】周나라 천자. 이름은 姬貴. 당시 재위 14년째였음.

【萇弘】周나라 대부이며 術數家. 天文, 曆法, 豫言 등에 뛰어났었으나 뒤에 죽음을 당함. 定公 4년 및 《國語》周語(下), 《淮南子》, 《史記》 封禪書 등에 널리 그

이름이 보임. 《淮南子》氾論訓에 "昔者萇弘, 周室之執數者也, 天地之氣·日月之行·風雨之變·律曆之數, 無所不通, 然而不能自知, 鈹裂而死"라 함.

【蔡侯般弑其君】蔡 靈侯(般)가 그 임금 景侯(固)를 시해하고 자리를 찬탈한 지 만 12년이 지난 해임. 歲星(木星)은 12週期이므로 목성이 그때와 같은 위치에 오게 됨. 반은 B.C.542~531년까지 만 12년 재위하고 楚 靈王에게 죽음을 당함.

【歲在豕韋】歲星(木星)이 豕韋자리에 있음. 豕韋는 營室이라고도 하며 營室은 二十八宿의 실수(室宿). 두 개의 별이 있으며 天馬자리에 해당함. 杜預 注에 "襄三十年蔡世子般弑其君, 歲在豕韋, 至今十三歲, 歲復在豕韋. 般卽靈侯也"라 함.

【不過此矣】금년을 넘기지 못함. 杜預 注에 "言蔡凶不過此年"이라 함.

【壅】그 악을 계속 쌓음. 杜預 注에 "蔡近楚, 故知楚將有之. 楚無德而享大利, 所以壅積其惡"이라 함.

【大梁】12星次의 하나. 黃道 12궁의 金牛宮에 해당하며 二十八宿의 胃, 昴, 畢 세 별자리. 杜預 注에 "楚靈王弑立之歲, 歲在大梁. 到昭十三年, 歲復在大梁. 美惡周必復, 故知楚凶"이라 함.

【召蔡靈侯】《戰國策》楚策(4) 鮑彪 注에는 靈侯를 부른 것은 子發이라 하였으며 그 외 《荀子》彊國篇, 《淮南子》道應訓과 人間訓 등에도 蔡나라를 정벌한 것은 子發로 되어 있음.

【唯蔡於感】'唯恨於蔡'와 같은 뜻임. 杜預 注에 "蔡, 近楚之大國, 故楚常恨其不服順"이라 함.

【三月丙申】'三'은 원전에는 '五'로 되어 있음. 阮元〈校勘記〉에 의해 고침. 丙申은 3월 15일.

【棄疾】公子 棄疾. 楚 共王(審)에게는 총애하는 다섯 아들이 있었으며 康王(昭), 靈王(公子 圍, 熊虔), 公子 比(子干), 公子 黑肱(子晳), 공자 棄疾이었음. 형 靈王에 의해 蔡나라를 멸망시킨 다음 蔡나라를 다스리는 총책의 임무를 맡아 '蔡公'이라 불림. 그 뒤 형 靈王(熊虔)이 乾谿에 있는 동안 觀從의 모책에 의해 두 형 子干(比)과 子晳(黑肱)을 앞세우고 蔡나라로부터 군사를 이끌고 귀국하여 내란을 일으켜 성공함. 두 형 子干(比)과 子晳(黑肱)까지 자결토록 하고 왕위에 오름. 이가 平王이며 이름을 熊居로 바꿈. B.C.528~516년까지 13년간 재위하고 昭王(軫)이 그 뒤를 이음. 昭公 13년을 볼 것. 子南의 아들 棄疾과는 同名異人임.

【韓宣子】韓起. 晉나라 대부. 韓厥의 아들이며 韓無忌의 아우. 시호는 宣子. 그들 후손이 春秋末 晉六卿이었으며 戰國시대 三晉의 하나이며 戰國七雄인 韓나라로 발전함.

【叔向】晉나라 어진 대부. 羊舌肸, 자는 叔肸, 혹 叔譽라고도 부름.
【獲罪於其君】蔡 靈侯(般)는 자신의 아버지 景侯(固)를 시해한 자임. 杜預 注에 "謂弑父而立"이라 함.
【吳】悼太子 偃師의 아들. 哀公의 손자였으므로 '孫吳'라 부른 것. 뒤에 陳 惠公이 되어 B.C.533~506년까지 28년간 재위하고 懷公(柳)이 뒤를 이음. 昭公 8년 傳을 볼 것.
【桀克有緡】昭公 4년 傳에 "夏桀爲仍之會, 有緡叛之"라 하였으며 有緡은 帝舜의 후예로 姚姓의 작은 나라. 지금의 山東 金鄕縣 동북 25리에 緡城阜가 있음. 한편 《國語》晉語(1)에 "昔夏桀伐有施, 有施人以妹喜女焉. 妹喜有寵, 於是乎與伊尹比而亡夏"라 함.
【紂克東夷】殷의 말왕 紂가 東夷를 이김. 역시 昭公 4년에 "商紂爲黎之蒐, 東夷叛之"라 함.
【疧】'瘃'와 같음.
【五材】金木水火土. 사람이 이를 사용하되 그 본래의 쓰임을 다하면 이를 폐기함.
【拯】杜預 注에 "拯, 猶救助也"라 함.
【不可沒振】'沒'은 '終'과 같음. '振'은 '興'과 같음. 끝내 다시 흥할 수 없음.

※ **1438(昭11-4)**

楚公子弃疾帥師圍蔡.

초楚나라 공자 기질弃疾이 군사를 이끌고 채蔡나라를 포위하였다.

【弃疾】楚나라 公子. 棄疾. 平王(熊居). '弃'는 '棄'의 異體字.
【圍蔡】蔡 靈侯(般)가 楚 靈王의 꾐에 申에 갔다가 죽음을 당하자 즉시 棄疾이 蔡나라를 포위한 것임.

❋ **1439(昭11-5)**

五月甲申, 夫人歸氏薨.

5월 갑신날, 부인夫人 귀씨歸氏가 훙거하였다.

【甲申】5월 4일.
【歸氏】魯 襄公의 夫人이며 昭公의 어머니. 胡나라 출신. 襄公 31년 傳을 볼 것. 그는 襄公의 嫡夫人 敬歸의 여동생 齊歸였음. 杜預 注에 "歸氏, 昭公母, 胡女, 歸姓"이라 함.

❋ **1440(昭11-6)**

大蒐于比蒲.

비포比蒲에서 대규모로 군사를 사열하였다.

【蒐】봄 사냥의 명칭. 원래 蒐・苗・獮・狩 등 계절에 따른 사냥 명칭이 달랐음. 봄에는 새끼를 배지 않은 짐승만 골라잡으며 동시에 군사훈련을 겸함. 여름에는 곡물의 싹을 해치는 것들을 잡음. 가을에도 역시 군사훈련을 겸해 사냥을 하며. 겨울에는 짐승을 포위하여 잡음. 《司馬法》仁本篇에 "國雖大, 好戰必亡; 天下雖安, 忘戰必危. 天下旣平, 天下大愷, 春蒐秋獮; 諸侯春振旅, 秋治兵, 所以不忘戰也"라 함.
【比蒲】구체적인 위치는 알 수 없음. 혹 魯나라 東門 밖의 蒲圃라고도 함.

㊉
五月, 齊歸薨.
大蒐于比蒲, 非禮也.

5월, 제귀齊歸가 훙거하였다.
이때 비포比蒲에서 군사 훈련을 크게 한 것은 예에 어긋난 일이었다.

【齊歸】 襄公의 부인이며 昭公의 어머니. 歸氏. 敬歸의 여동생.

※ 1441(昭11-7)

仲孫貜會邾子, 盟于祲祥.

중손확仲孫貜이 주자邾子와 만나 침상祲祥에서 동맹을 맺었다.

【仲孫貜】 孟僖子. 獻子(仲孫蔑)의 아들이며 仲孫速의 아우. 그러나 孝伯羖의 아들이라고도 함. 楚나라에 가서 儀典을 제대로 하지 못하여 돌아온 다음 禮를 배워 孔子가 大聖이 될 것임을 예언한 인물. 昭公 7년을 볼 것.
【邾子】 邾 莊公.
【祲祥】 《公羊傳》에는 '侵羊'으로 되어 있음. 《彙纂》에 "或在今山東曲阜縣境"이라 함.

⑱
孟僖子會邾莊公, 盟于祲祥, 修好, 禮也.
泉丘人有女, 夢以其帷幕孟氏之廟, 遂奔僖子, 其僚從之.
盟于清丘之社, 曰:「有子, 無相弃也!」
僖子使助薳氏之簉.
反自祲祥, 宿于薳氏, 生懿子及南宮敬叔於泉丘人.
其僚無子, 使字敬叔.

맹희자孟僖子가 주邾 장공莊公을 만나 침상祲祥에서 동맹을 맺고 우호 관계를 닦은 일은 예에 맞는 일이었다.

천구泉丘의 어떤 사람에게 딸이 있었다. 그 딸이 어느 날 자기 방의 장막으로 맹씨孟氏 가문의 사당을 덮는 꿈을 꾸었다. 그 여자는 곧바로 맹희자에게 달려갔다. 그때 그 여자의 친구도 따라가 청구淸丘의 사묘社廟에서 맹서하였다.

"우리가 맹씨의 아들을 낳게 되면 서로를 도와주며 버리지 말도록 하자!"

맹희자는 그들로 하여금 위씨薳氏 집안 첩의 일을 돕도록 하였다.

맹희자가 침상에서 돌아와 첩 위씨 집에서 묵으며 천구의 여자에게서 의자懿子와 남궁경숙南宮敬叔을 낳게 되었다.

여자의 친구는 아들을 낳지 못하자 경숙敬叔을 맡아 기르도록 하였다.

【孟僖子】仲孫貜. 獻子(仲孫蔑)의 아들이며 仲孫速의 아우. 그러나 孝伯羯의 아들이라고도 함. 楚나라에 가서 儀典을 제대로 하지 못하여 돌아온 다음 禮를 배워 孔子가 大聖이 될 것임을 예언한 인물. 召公 7년을 볼 것.

【泉丘】노나라 읍 이름. 지금의 山東 寧陽과 泗永 사이의 땅.《彙纂》에 "當在金山東寧陽泗水兩縣間"이라 함.

【奔】여자가 정식 媒婆를 세우지 아니하고 자발적으로 남자를 따라가 혼인하거나 동거하는 것을 '奔'이라 함.

【淸丘】노나라의 도읍인 曲阜 부근. 泉丘와 가까운 곳.

【社】土地神을 모신 사당.

【無相棄也】杜預 注에 "二女自共盟"이라 하였으나 맹희자와 맹세를 한 것으로도 봄.

【薳氏】지명. 혹은 인명 등으로 봄. 沈欽韓의《左傳補注》에 "薳氏當是僖子正室, 使二女箿之, 爲其箿. 或薳氏是僖子別邑, 使二女別居於此爲箿也, 故下宿於薳氏.《小爾雅》廣言:「箿, 倅也.」"라 함.

【箿】'추'로 읽으며 첩을 뜻함. 첩을 '箿室'이라 함. 杜預 注에 "薳氏之女爲僖子副妾, 別居在外, 故僖子納泉丘人女令副助之"라 하였으나 楊伯峻은 '隨文生義'라 함.

【懿子】仲孫何忌. 孟僖子의 후계자가 되었음. 시호는 懿子.

【南宮敬叔】仲孫閱.《禮記》檀弓(上)의 "南宮敬叔反, 必載寶而朝"의 鄭玄 注에 "敬叔, 魯孟僖子之子仲孫閱"이라 함. 孟僖子와 泉丘의 여인 사이에 났으며 이들 두 사람은 杜預 注에 "似雙生"이라 하여 쌍둥이로 여겼음.

【字】杜預 注에 "字, 養也"라 하여 動詞로 '기르다'의 뜻.

㊉

楚師在蔡, 晉荀吳謂韓宣子曰:「不能救陳, 又不能救蔡, 物以無親. 晉之不能亦可知也已. 爲盟主而不恤亡國, 將焉用之?」

초楚나라 군사가 채蔡나라를 점거하고 있을 때 진晉나라 순오荀吳가 한선자韓宣子에게 말하였다.

"우리는 진陳나라를 구출하지 못하였었는데 이제 또 채나라도 구출하지 못한다면 남들은 우리와 친해지려 할 자가 없게 될 것입니다. 그러면 진나라가 맹주가 될 수 없음을 그들은 역시 알게 될 것입니다. 맹주로서 망해가는 나라를 구제하지 못하면 장차 무슨 소용이 있겠습니까?"

【在蔡】 楚나라 公子 棄疾(弃疾)이 蔡나라를 쳐서 이를 점거하고 있음.
【荀吳】 晉나라 대부. 穆子. 中行穆子. 荀偃의 조카. 荀吳의 어머니가 鄭나라 출신이어서 '鄭甥'이라고도 부름. 襄公 19년을 볼 것.
【韓宣子】 韓起. 晉나라 執政大夫.
【物】 顧炎武는 "物, 人也"라 함.

※ 1442(昭 11-8)

秋, 季孫意如會晉韓起·齊國弱·宋華亥·衛北宮佗·鄭罕虎· 曹人·杞人于厥憖.

가을, 계손의여季孫意如가 진晉나라 한기韓起·제齊나라 국약國弱·송宋나라 화해華亥·위衛나라 북궁타北宮佗·정鄭나라 한호罕虎·조曹나라, 기杞나라 사람과 궐은厥憖에서 만났다.

【季孫意如】 魯나라 대부 季平子. 시호는 平子. 季悼子(季孫紇)의 아들이며 季武子(季孫宿)의 손자. 悼子가 아버지 武子보다 먼저 죽어 나중에 平子가 집안의

후계자가 됨.
【韓起】韓宣子. 晉나라 대부. 韓厥의 아들이며 韓無忌의 아우. 시호는 宣子. 그들 후손이 春秋末 晉六卿이었으며 戰國시대 三晉의 하나이며 戰國七雄인 韓나라로 발전함.
【國弱】齊나라 卿. 國景子. 이름은 弱. 시호는 景子.
【華亥】宋나라 대부. 華合比의 아우.
【北宮佗】北宮文子. 衛나라 대부. 北宮括. 자가 '佗'였음.
【罕虎】鄭나라 대부. 子皮. 子展의 아들. 아버지를 이어 上卿이 됨. 杜預 注에 "子皮代父爲上卿"이라 함. 子産(公孫僑)을 도와 나라를 잘 다스림.
【厥憖】《公羊傳》에는 '屈銀'으로 되어 있으며 杜預 注에 "厥憖, 地闕"이라 하였으나 高士奇의《左傳地名考略》(7)에는 "闕憖, 衛地. 或曰在今河南新鄕縣境"이라 함.

傳
秋, 會于厥憖, 謀救蔡也.
鄭子皮將行.
子産曰:「行不遠, 不能救蔡也. 蔡小而不順, 楚大而不德, 天將棄蔡以壅楚, 盈而罰之, 蔡必亡矣. 且喪君而能守者鮮矣. 三年, 王其有咎乎! 美惡周必復, 王惡周矣.」
晉人使狐父請蔡于楚, 弗許.

가을, 궐은厥憖에서 만난 것은 채蔡나라를 구할 일을 논의하기 위해서였다. 정나라 자피子皮가 장차 모임을 위해 떠나려 하였다.
그러자 자산子産이 말하였다.
"이번 행차는 멀지는 않을 것이지만 채나라를 구할 수 없을 것입니다. 채나라는 작으면서도 불순하고, 초나라는 크면서도 부덕합니다. 하늘이 장차 채나라를 버림으로써 초나라는 더욱 부덕함을 쌓으려 하여 초나라의 부덕함이 가득 차면 이에게 벌을 내리고 채나라는 틀림없이 망하고 말 것입니다. 게다가 임금을 잃었으니 능히 그 나라를 지켜낼 자가 적습니다. 3년 뒤 초나라 군주가 벌을 받을 것입니다! 좋은 일과 악한 일은 돌고 돌아 반드시 되풀이되는 것이니 초왕의 악행은 다시 그 주기가 올 것입니다."

진晉나라가 호보狐父로 하여금 채나라를 무너뜨리지 말도록 해 줄 것을 초나라에 요청하였으나 초왕은 이를 허락하지 않았다.

【子皮】罕虎. 鄭나라 대부. 子展의 아들. 아버지를 이어 上卿이 됨. 杜預 注에 "子皮代父爲上卿"이라 함. 子産(公孫僑)을 도와 나라를 잘 다스림.
【子産】公孫僑. 子國(公孫成)의 아들. 子美. 鄭나라의 훌륭한 宰相이 되어 孔子가 자주 칭찬한 인물.
【周必復】歲星(木星)의 週期가 되어 돌아오는 3년 뒤에는 틀림없이 楚나라에게 그 재앙이 돌아올 것임. 杜預 注에 "元年, 楚子弑君而立. 歲在大梁. 後三年, 十三歲, 歲星周復於大梁"이라 함. 大梁은 楚나라 分野임.
【狐父】晉나라 대부.

㊉
單子會韓宣子于戚, 視下, 言徐.
叔向曰:「單子其將死乎! 朝有著定, 會有表, 衣有襘, 帶有結. 會朝之言必聞于表著之位, 所以昭事序也; 視不過結襘之中, 所以道容貌也. 言以命之, 容貌以明之, 失則有闕. 今單子爲王官伯, 而命事於會, 視不登帶, 言不過步, 貌不道容, 而言不昭矣. 不道, 不共; 不昭, 不從. 無守氣矣.」

선자單子가 한선자韓宣子를 척戚에서 만났을 때 선자는 아래만 보면서 말도 느린 것이었다.
숙향叔向이 말하였다.
"선자는 곧 죽을 것이다! 조정에서는 신하에 따라 정해진 위치가 있고, 모임에서는 신분에 따른 의표가 있으며, 옷에는 깃이 있고 띠에는 매는 곳이 있다. 모임이나 조정에서 말을 할 때는 모름지기 그 지위에 따른 의표가 있는 것은 일을 순서를 뚜렷하게 하기 위한 것이다. 그리고 상대를 보는 눈길은 상대편이 띠를 맺는 곳에서 옷깃까지의 범위를 벗어나지 않아야 하는 것은 용모를 바르게 하기 위한 것이다. 말은 명령을 전달하는 것이요 용모는 속마음을 밝히는 것인데 이를 잃으면 일에 빠진 것이 된다. 지금 선자는 왕실의 관리들 중에 대표자로서 이 모임에 명령을 전달하고자 온 것인데 그 눈길이 상대의 띠 위로 올라가지 못하고 말소리는 한 발짝만 떨어져 있어도 들리지 않으며 용모는 자신을 드러내지 못하고, 말은 뚜렷이 전달되지 못하고 있다. 용모가 단정치 못하면 공손한 뜻이 나타나지 못하고, 말이 뚜렷하지 못하면 사람들이 내용을 몰라 명령을 제대로 따를 수 없다. 이는 자신의 기氣를 지켜내지 못하는 것이다."

【單子】單成公. 周 王室의 卿士. 子爵. 杜預 注에 "單子, 單成公"이라 함. 이 모임에 景王의 명을 전달하러 온 것으로 보임. 이해 겨울 單子의 죽음을 숙향이 예고한 것.
【韓宣子】韓起. 晉나라 대부. 韓厥의 아들이며 韓無忌의 아우. 시호는 宣子. 당시 晉나라 執政大臣이었음. 그들 후손이 春秋末 晉六卿이었으며 戰國시대 三晉의 하나이며 戰國七雄인 韓나라로 발전함.
【戚】衛나라 땅. 孫林父의 采邑이었음. 지금의 河南 濮陽縣 북쪽.
【叔向】晉나라 어진 대부. 羊舌肸, 자는 叔肸, 혹 叔譽라고도 부름.
【著定】明示되어 정해진 위치. 《詩經》 齊風 著 "俟我於著乎而"의 毛傳에 "門屛之間曰著"라 함. '著'는 '宁'와 같으며 정해진 위치를 뜻함.
【襘】'괴'로 읽음. '袷'과 같음. 양쪽 옷깃이 만나는 가슴 위쪽 위치. 남을 볼 때는 시선이 허리띠와 襘 사이에 있어야 함. 《禮記》 曲禮(下)에 "天子視, 不上於袷, 不下於帶"라 함.
【容貌以明之】용모로 속마음을 밝힘.
【守氣】자신의 몸을 지켜내는 氣. '氣'는 《孟子》 公孫丑(上)에 "夫志, 氣之帥也; 氣, 體之充也"라 함. 끝에 杜預 注에 "爲此年冬單子卒起本"이라 함.

❋ 1443(昭 11-9)

九月己亥, 葬我小君齊歸.

9월 기해날, 우리 소군 제귀齊歸를 장사지냈다.

【己亥】9월 21일.
【小君】諸侯의 夫人을 부르는 칭호.
【齊歸】魯 昭公의 어머니. 齊는 諡號.

㊁

九月, 葬齊歸, 公不慼.
晉士之送葬者, 歸以語史趙.
史趙曰:「必爲魯郊.」
侍者曰:「何故?」
曰:「歸姓也, 不思親, 祖不歸也.」
叔向曰:「魯公室其卑乎! 君有大喪, 國不廢蒐; 有三年之喪, 而無一日之慼. 國不恤喪, 不忌君也; 君無慼容, 不顧親也. 國不忌君, 君不顧親, 能無卑乎? 殆其失國.」

9월, 제귀齊歸의 장례를 치렀는데 소공은 슬퍼하지 않는 것이었다.
진晉나라 사士들이 장례를 치르고 돌아와 사조史趙에게 그 일을 말하였다.
그러자 사조는 이렇게 말하였다.
"노나라에는 틀림없이 교외에 나가 있게 될 임금이 있게 될 것이다."
시종하는 자가 물었다.
"어찌 그렇습니까?"
사조가 말하였다.
"귀歸는 성이다. 어머니를 그리워하지 않으니 조상이 그를 돌아오지 못하게 할 것이다."
그러자 숙향이 말하였다.
"노나라는 공실이 비천해질 것이다! 임금이 대상을 당했는데도 나라에서는 군사 훈련을 그만두지 않았고, 임금은 삼년상의 예가 있건만 하루도 슬퍼하는 기색이 없다. 나라가 상을 만나 이를 아무렇지도 않게 여기는 것은 임금을 조금도 꺼려하지 않는 것이요, 임금이 슬픈 용모를 하지 않는 것은 그 혈친을 거들떠보지 않는 것이다. 나라가 임금을 두려워하지 아니하고, 임금이 혈친을 돌아보지 않는데 능히 비천해지지 않겠는가? 아마 그는 나라를 잃게 될 것이다."

【慼】어머니 상을 당하여 슬퍼함. 소공의 태도를 말함.
【士】제후 왕의 부인이 죽었을 때는 다른 나라에서 士의 신분을 보내어 장례에 참석하고 조의를 표하는 것이 예였음. 昭公 30년 傳에 "先王之制, 諸侯之喪, 士弔, 大夫送葬"이라 함.
【史趙】晉나라 대부.
【魯郊】杜預 注에 "言昭公必出在郊野, 不能有國"이라 함. 그러나 昭公이 나라를 잃는다기 보다 소공의 후손이 없어 임금 자리를 잇지 못할 것임을 말한 것.《荀子》禮論과《春秋繁露》에 "成王無後者, 寄食于後王之郊. 昭公寄食齊晉, 亦猶此也. 言魯郊者, 魯有郊祭, 擧近者爲言耳"라 하였으며 소공의 후손이 없음을 말함. 昭公은 후사가 없어 襄公의 아들이며 자신의 아우 定公(宋)이 그 뒤를 이음.
【歸姓也】昭公의 어머니의 성이 歸인 것으로 昭公의 운명을 예언한 것임.
【叔向】晉나라 어진 대부. 羊舌肸, 자는 叔肸, 혹 叔譽라고도 부름.
【蒐】봄 사냥의 명칭. 원래 蒐·苗·獮·狩 등 계절에 따른 사냥 명칭이 달랐음. 봄에는 새끼를 배지 않은 짐승만 골라잡으며 동시에 군사훈련을 겸함. 여름에는 곡물의 싹을 해치는 것들을 잡음. 가을에도 역시 군사훈련을 겸해 사냥을 하며. 겨울에는 짐승을 포위하여 잡음.《司馬法》仁本篇에 "國雖大, 好戰必亡; 天下雖安, 忘戰必危. 天下旣平, 天下大愷, 春蒐秋獮; 諸侯春振旅, 秋治兵, 所以不忘戰也"라 함. 여기서는 "五月, 齊歸薨. 大蒐于比蒲, 非禮也"를 말한 것임.
【不忌君】杜預 注에 "忌, 畏也"라 함.
【失國】杜預 注에 "二十五年公孫於齊傳"이라 함.

※ 1444(昭11-10)

冬十有一月丁酉, 楚師滅蔡, 執蔡世子有以歸, 用之.

겨울 11월 정유날, 초楚나라 군사가 채蔡나라를 무찌르고 채나라 세자 유有를 사로잡아 돌아와 희생으로 썼다.

【丁酉】 11월 20일.
【有】 蔡 靈侯(靈公)의 세자의 이름. 隱太子. 蔡 平侯(盧)의 아버지. 《穀梁傳》에는 '友'로 되어 있으며 《史記》 蔡世家 및 〈集解〉에는 《世本》을 인용하여 '友'라 함.
【用】 사람을 죽여 이를 제사에 희생으로 사용함. 《史記》 蔡世家에는 "平侯立而殺隱太子"라 하여 태자 友(有)는 본국에서 살해된 것이며 蔡 平侯는 楚 平王과 같은 시대로 여기서의 靈王과는 시기적으로 맞지 않을뿐더러 그를 희생으로 썼다는 내용은 없음.

⑫

冬十一月, 楚子滅蔡, 用隱大子于岡山.
申無宇曰:「不祥. 五牲不相爲用, 況用諸侯乎! 王必悔之!」

겨울 11월, 초楚 영왕靈王이 채蔡나라를 무찔러 채나라 은태자隱太子를 강산岡山에서 드리는 제사에 희생으로 썼다.
그러자 신무우申無宇가 말하였다.
"이는 상서롭지 못한 일이다. 소, 양, 돼지, 개, 닭의 다섯 가지 가축도 희생으로 쓰일 경우가 일정하게 정해져 있어 그 용도가 바뀌지 않거늘, 하물며 제후를 희생으로 쓴단 말인가? 초왕은 반드시 후회하게 될 것이다."

【隱太子】 蔡 靈侯의 태자 有(友). 隱은 시호. 蔡 平侯(盧)의 아버지.
【岡山】 《方輿紀要》에는 "今河南上蔡縣東十五里有蔡岡, 是爲岡山"이라 함. 그러나 지금의 湖北 保康 부근에 있는 九岡山이라고도 함.
【申無宇】 楚나라 대부. 芋尹.
【五牲不相爲用】 소·양·돼지·개·닭의 다섯 가지 가축이 희생으로 쓰임이 정해져 있어 그 쓰임새가 서로 바뀌지 않음. 杜預 注에 "五牲, 牛·羊·豕·犬·雞"라 함.
【王必悔之】 楚 靈王은 昭公 16년에 그의 아들에게 시해를 당하여 생을 마쳤으며 이를 두고 예언한 것임. 한편 昭公 13년 楚 靈王이 "余殺人子多矣"라 하여 결국 후회함.

㊁
十二月, 單成公卒.

12월에 선성공單成公이 세상을 떠났다.

【單成公】周 王室의 卿士. 왕실의 卿士는 諸侯와 같은 爵號를 썼음. 杜預 注에 "終叔向之言"이라 하여 單子가 韓宣子와 戚에서 만났을 때의 모습을 보고 叔向이 그는 죽을 것이라 예언하였음을 거론함.

㊁
楚子城陳·蔡·不羹, 使弃疾爲蔡公.
王問於申無宇曰:「弃疾在蔡何如?」
對曰:「擇子莫如父, 擇臣莫如君. 鄭莊公城櫟而寘子元焉, 使昭公不立. 齊桓公城穀而寘管仲焉, 至于今賴之. 臣聞『五大不在邊, 五細不在庭. 親不在外, 羈不在內』今棄疾在外, 鄭丹在內, 君其少戒!」
王曰:「國有大城, 何如?」
對曰:「鄭京·櫟實殺曼伯, 宋蕭·亳實殺子游, 齊渠丘實殺無知, 衛蒲·戚實出獻公. 若由是觀之, 則害於國. 末大必折, 尾大不掉, 君所知也.」

초楚 영왕靈王은 진陳나라, 채蔡나라, 불갱不羹에 성을 쌓고 공자 기질弃疾을 채공蔡公으로 삼아 다스리도록 하였다.
그러고 나서 영왕이 신무우申無宇에게 물었다.
"기질이 채나라를 다스리게 된 것은 어떻소?"
신무우가 대답하였다.
"아들을 가려 구별하는 일은 아비만한 이가 없고, 신하를 가려 구별하는 것은 임금보다 나은 이가 없습니다. 정 장공莊公은 역櫟에 성을 쌓아서 그곳에 자원子元을 두어 지키게 하였는데 그는 뒷날 소공昭公을 임금 자리에 오르지 못하게 하였습니다. 제齊 환공桓公은 곡穀에 성을 쌓아 관중管仲을 배치하여 지금까지 그 혜택을 입고 있습니다. 제가 듣기로 '다섯 부류의 큰 자리에 있는 사람은 변방에 배치하지 아니하고 다섯 부류의 소인들은 조정에 두지 아니한다. 임금의 가까운 친척은 외지에 두지 아니하며, 타국에서 온 자는 조정에 두지 않는다'라 하였습니다. 그런데 지금 기질을 외구에 두고 정나라에서 온 공손단公孫丹은 조정 안에 두고 있으니 군주께서는 조금이나마 이를 경계하십시오.”

영왕이 물었다.

"나라가 큰 성을 가지고 있는 것은 어떻소?"

"정鄭나라는 경京과 역櫟에 큰 성을 두어 실로 만백曼伯을 죽였고, 송宋나라는 소蕭와 박亳에 큰 성을 두어 자유子游를 죽였으며, 제齊나라 거구渠丘에 큰 성이 있어 무지無知를 죽였고, 위衛나라 포蒲와 척戚에 큰 성이 있어 헌공獻公이 축출당하였던 것입니다. 이로써 말미암아 보건대 나라 안에 큰 성이 있는 것은 나라에 해가 됩니다. 사물은 말末이 너무 크면 부러지게 마련이며 꼬리가 너무 크면 흔들 수가 없다는 것은 임금께서도 잘 알고 계실 것입니다."

【不羹】《一統志》에 "東不羹在河南舞陽縣西北, 西不羹在襄城縣東南二十里, 俗呼堯城"이라 하여 두 곳이 있었음.

【弃疾】棄疾. 楚나라 공자. '弃'는 '棄'의 異體字. 楚 靈王이 蔡나라를 점령한 다음 기질을 蔡公으로 임명하여 蔡나라를 다스리도록 함. 楚 共王(審)에게는 총애하는 다섯 아들이 있었으며 康王(昭), 靈王(公子 圍, 熊虔), 公子 比(子干), 公子 黑肱(子晳), 공자 棄疾이었음. 형 靈王에 의해 蔡나라를 멸망시킨 다음 蔡나라를 다스리는 총책의 임무를 맡아 '蔡公'이라 불림. 그 뒤 형 靈王(熊虔)이 乾谿에 있는 동안 觀從의 모책에 의해 두 형 子干(比)과 子晳(黑肱)을 앞세우고 蔡나라로부터 군사를 이끌고 귀국하여 내란을 일으켜 성공함. 두 형 子干(比)과 子晳(黑肱)까지 자결토록 하고 왕위에 오름. 이가 平王이며 이름을 熊居로 바꿈. B.C.528~516년까지 13년간 재위하고 昭王(軫)이 그 뒤를 이음. 昭公 13년을 볼 것. 子南의 아들 棄疾과는 同名異人임.

【申無宇】楚나라 대부. 芋尹.

【擇子莫如父, 擇臣莫如君】《管子》大匡篇에 "知子莫如父, 知臣莫如君"이라 하였고, 《國語》晉語(7)에도 "擇臣莫如君, 擇子莫如父"라 하였으며, 《戰國策》 趙策(2)에도 "選子莫如父, 論臣莫如君"이라 하여 당시 널리 쓰이던 격언이었음.

【鄭莊公】西周말부터 春秋초기의 鄭나라 군주. 아들 子元(厲公)을 櫟에 보어 성을 쌓고 지키게 함.

【子元】公子 突. 檀伯. 鄭 厲公. 莊公의 아들. B.C.700~697년까지 4년간 재위하고 昭公이 그 뒤를 이음.

【櫟】지금의 河南 禹縣.

【昭公】鄭나라 군주. B.C.696~695년까지 2년간 재위함.

【齊桓公城穀】莊公 32년을 볼 것. 穀은 지금의 山東 東阿縣 동남쪽 東阿鎭.

【五大】太子·친형제·총애 받는 公子와 公孫·대대로 正卿을 한 집안을 말함. 賈逵는 "五大謂太子·母弟·貴寵公子·公孫·累世正卿也"라 하였고, 孔穎達 疏에는 鄭衆의 말을 인용하여 "太子, 晉申生居曲沃是也; 母弟, 鄭共叔段居京是也; 貴寵公子, 若棄疾在蔡是也; 貴寵公孫, 若無知食渠丘是也; 累世正卿, 衛甯殖居蒲·孫氏居戚是也"라 함. 한편 李貽德의 《輯述》에는 "下文歷引京櫟蕭亳渠丘蒲戚者, 正爲五大之證"이라 함. 杜預 注에는 "五大言五官之長"이라 하였으나 해석이 미흡함.

【五細】천하면서도 귀한 사람을 방해하는 자, 어리면서 나이 많은 사람을 능멸하는 자, 사이가 멀면서도 친근한 사람을 이간시키는 자, 신인이면서 옛 사람을 이간하는 자, 소인이면서 대인인 체 하는 자. 이 다섯 부류의 사람을 말함. 隱公 3년 傳에 "賤妨貴, 少陵長, 遠間親, 新間舊, 小加大"라 함.

【鄭丹】鄭나라 公孫丹. 公子 然의 아들. 자는 革. 그는 襄公 19년 楚나라로 망명한 羈旅之臣이며 五細에 해당하는 부류.

【殺曼伯】桓公 15년 鄭 厲公이 櫟의 대부 曼伯을 죽였음. 혹 曼伯을 昭公의 字로 보기도 하나 이는 오류임. 曼伯은 櫟의 대부 子儀를 가리키는 것으로 보고 있음.

【宋蕭亳】宋나라 蕭와 亳에 성을 두어 子游를 죽게 한 일은 莊公 12년을 볼 것.

【齊渠丘】莊公 9년을 볼 것. 渠丘는 葵丘. 齊나라 無知의 采邑으로 지금의 山東 淄博市 서쪽.

【衛蒲戚】杜預 注에 "蒲, 甯殖邑; 戚, 孫林父邑"이라 함. 이들이 獻公을 축출한 사건은 襄公 14년을 볼 것.

【末大必折】《韓非子》揚權篇에 "枝大本小, 將不勝春風; 不勝春風, 枝將害心"이라 하였고, 《戰國策》秦策(3)에는 "木實繁者披其枝, 披其枝者傷其心"이라 하였으며, 賈誼新書 大都篇에 "本細末大, 弛必至心"이라 함.

【尾大不掉】《說文》에 "掉, 搖也"라 함. 《國語》楚語(上)에는 "夫邊境者, 國之尾也. 譬之如牛馬, 處暑之旣至, 蝱蟲之旣多, 而不能掉其尾"라 함.

【君所知也】杜預 注에 "爲十三年陳蔡作亂傳"이라 함. 이상의 문장은 《國語》 楚語(上)에도 실려 있으며 일부의 출입이 있음.

193. 昭公 12年(B.C.530) 辛未

周	景王(姬貴) 15년	齊	景公(杵臼) 18년	晉	昭公(夷) 2년	衛	靈公(元) 5년
		鄭	簡公(嘉) 36년	曹	武公(滕) 25년		
杞	平公(郁釐) 6년	宋	元公(佐) 2년	秦	哀公(鍼?) 7년	楚	靈王(虔) 11년
吳	夷末 14년	許	悼公(買) 17년				

❋ 1445(昭12-1)

十有二年春, 齊高偃帥師納北燕伯于陽.

12년 봄, 제齊나라 고언高偃이 군사를 이끌고 북연백北燕伯을 양陽 땅으로 들여보냈다.

【高偃】高鄎. 杜預 注에 "高偃, 高傒(敬仲)玄孫"이라 하였고 孔穎達 疏에는 《世本》을 인용하여 "敬仲生莊子, 莊子生傾子, 傾子知孫鄎"이라 함. 襄公 29년을 볼 것.
【北燕伯】北燕의 군주. 簡公. 이름은 款. 昭公 3년 齊나라로 도망하여 6년 齊나라가 강제로 복위시키려 하였으나 성공하지 못하자 다시 제나라 힘을 빌려 겨우 陽 땅까지만 들어감. 宋 高閌의 《春秋集註》에 "三年, 北燕伯出奔齊, 六年, 齊將納之而不果. 款播越在外蓋十年矣, 不能自復, 而藉齊之力, 僅能納之於別邑而已"라 함. 昭公 3년과 6년을 볼 것.
【陽】杜預 注에 "陽卽唐"이라 함. 지금의 河北 完縣 서쪽 唐縣 동북쪽.

㊉
十二年春, 齊高偃納北燕伯款于唐, 因其衆也.

12년 봄에 제齊나라 고언高偃이 북연北燕의 군주 관款을 당唐으로 들여보낸 것은 그곳에 그를 따르는 사람이 많았기 때문이다.

【唐】經文에는 '陽'이라 하였음. '唐'과 '陽'은 같은 땅의 이름. 북연의 지명으로 지금의 河北 完縣과 唐縣 사이.
【因其衆】그곳 北燕 사람들이 簡公 款을 믿고 따르고자 함.

✹ 1446(昭12-2)

三月壬申, 鄭伯嘉卒.

3월 임신날, 정백鄭伯 가嘉가 죽었다.

【壬申】3월 27일.
【鄭伯嘉】鄭 簡公. 이름은 嘉. 鄭 僖公(髠頑)의 뒤를 이어 B.C.565~530년까지 36년간 재위하고 定公(寧)이 그 뒤를 이음.

㊉
三月, 鄭簡公卒.
將爲葬除, 及游氏之廟, 將毁焉.
子大叔使其除徒執用以立, 而無庸毁, 曰:「子産過女, 而問何故不毁, 乃曰:『不忍廟也. 諾, 將毁矣.』」
旣如是, 子産乃使辟之.
司墓之室有當道者, 毁之, 則朝而窆; 弗毁, 則日中而窆.

子大叔請毁之, 曰:「無若諸侯之賓何?」
　　子產曰:「諸侯之賓能來會吾喪, 豈憚日中? 無損於賓, 而民不害, 何故不爲?」
　　遂弗毁, 日中而葬.
　　君子謂子產於是乎知禮. 禮, 無毁人以自成也.

　　3월, 정鄭 간공簡公이 세상을 떠났다.
　　안장할 때 장례 행렬이 지나갈 통로를 내면서 유씨游氏 가문의 사당을 헐게 되었다.
　　그때 자태숙子大叔이 그 일을 하는 사람들에게 도구를 손에 쥔 채 가만히 서서 헐지 말도록 하고는 이렇게 말하였다.
　　"자산子産이 너희 앞을 지나면서 어찌하여 사당을 헐지 않고 있느냐고 묻거든 '이 사당을 차마 헐지 못하겠습니다. 헐도록 승낙을 해 주시면 헐겠습니다'라 하고 말하라."
　　일하는 사람들이 그가 시키는 대로 하였더니 자산은 곧 그 사당을 피하여 길을 내도록 하였다
　　그런데 이번에는 사묘司墓의 집이 그 길을 가로막게 되었다. 헐면 아침나절에 장례를 끝낼 수 있고 헐지 않으면 한낮에야 장례를 마치게 되는 것이었다.
　　이에 자태숙이 그 집을 헐기를 요청하며 말하였다.
　　"제후국의 손님들을 기다리게 하느니 보다 낫지 않습니까?"
　　자산이 말하였다.
　　"각 제후국으로부터 오신 손님들이 우리의 장례에 참가하고 있는데 어찌 한낮까지 기다리기를 꺼려하겠습니까? 손님들에게 손해날 일이 없고 백성들에게 해가 되는 일이 없다면 어찌 그렇게 하지 않겠습니까?"
　　그리고는 헐지 않고 길을 돌려내어 한낮이 되어서야 장례를 마쳤다.
　　군자는 이렇게 말하였다.
　　"자산은 예를 아는 자로다. 예란 남에게 해를 끼치면서 자신의 뜻을 이루지는 않는다."

【爲葬除】장례 행렬의 수레가 지나갈 통로를 냄. '除'는 除道. 길을 청소하고 장애물을 없애 장례 행렬이 지나갈 수 있도록 함.
【游氏】穆公의 아들 공자 偃(子游)의 가문으로 子大叔(游吉)은 그의 손자였음.
【子大叔】游吉. 鄭나라 대부. '大叔'은 '太叔'과 같음. 游販의 아우. '世叔'으로도 불리며 公孫蠆의 아들. 뒤에 子産을 이어 鄭나라 재상에 오름.
【執用】用은 道具. 도구를 손에 잡음.
【子産】公孫僑. 子國(公孫成)의 아들. 子美. 鄭나라의 훌륭한 宰相이 되어 孔子가 자주 칭찬한 인물.
【司墓】公室의 陵墓를 관리하는 官長. 杜預 注에 "簡公別營葬地, 不在鄭先公舊墓, 故道有臨時迂直也. 司墓之室, 鄭之掌公墓大夫徒屬之家"라 하였고, 孔穎達 疏에는 《周禮》: 「墓大夫, 下大夫二人, 中士八人, 掌凡邦墓之地域, 爲之圖, 令國民族葬.」 鄭之司墓亦當如彼, 此是掌公墓大夫也"라 함.
【堋】棺을 묻어 흙을 덮음. '堋', '窆'과 같음. 곧 장례를 마침을 뜻함.

※ 1447(昭 12-3)

夏, 宋公使華定來聘.

여름, 송공宋公이 화정華定을 노나라로 보내어 예방하도록 하였다.

【宋公】당시 宋나라 군주는 元公(佐)으로 재위 2년째였음.
【華定】杜預 注에 "定, 華椒孫"이라 함.

⟨傳⟩
夏, 宋華定來聘, 通嗣君也.
享之, 爲賦〈蓼蕭〉, 弗知, 又不答賦.
昭子曰:「必亡. 宴語之不懷, 寵光之不宣, 令德之不知, 同福之不受, 將何以在?」

여름, 송宋나라 화정華定이 우리나라를 예방한 것은 새로 대를 이은 군주가 즉위하였음을 통고해 주기 위한 것이었다.

소공昭公이 그를 위해 향연을 베풀고 〈육소蓼蕭〉편의 시를 읊었으나 그는 그 뜻을 알지 못하였고 또한 시로써 답도 하지 못하였다.

소자昭子가 말하였다.

"그는 틀림없이 망할 것이다. 연회에서 할 말을 생각지 못하였고, 칭찬을 받고도 대답을 하지 못하였으며 아름다운 덕이 무엇인가를 알지 못하였고 복을 남과 함께 받지도 못하였으니 장차 어떻게 몸을 보존하겠는가?"

【嗣君】平公(成)의 뒤를 이은 元公(佐)을 가리킴. 杜預 注에 "宋元公新卽位"라 함.
【蓼蕭】'蓼'는 '蓼音六' '륙'으로 읽음.《詩經》小雅 蓼蕭篇에 "蓼彼蕭斯, 零露湑兮. 旣見君子, 我心寫兮. 燕笑語兮, 是以有譽處兮. 蓼彼蕭斯, 零露瀼瀼. 旣見君子, 爲龍爲光. 其德不爽, 壽考不忘. 蓼彼蕭斯, 零露泥泥. 旣見君子, 孔燕豈弟. 宜兄宜弟, 令德壽豈. 蓼彼蕭斯, 零露濃濃. 旣見君子, 鞗革沖沖. 和鸞雝雝, 萬福攸同"이라 함.
【昭子】叔孫昭子. 叔孫婼. 叔孫穆子의 서자. 豎牛에 의해 叔孫氏 후계자가 됨.
【宴語之不懷】〈蓼蕭〉편 제1장은 主客이 속을 털어 놓고 이야기함을 말하고 있음. 그러나 華定은 시에 지식이 없어 그 내용을 알지 못하였음.
【寵光之不宣】〈蓼蕭〉편 제2장은 손님을 칭찬하는 내용. 화정은 그것을 읊어 준 것을 영광으로 여긴다는 감사 인사를 드릴 줄 몰랐음.
【令德之不知, 同福之不受】〈蓼蕭〉편 제3, 4장에는 사람의 美德과 축복을 말하고 있음. 華定은 이에 아무런 대답을 못하였음. 그 때문에 다른 이와 복을 나누어 받지 못한다고 말한 것임.

✸ 1448(昭12-4)

公如晉, 至河乃復.

소공昭公이 진晉나라로 가다가 하수河水에 이르러 되돌아왔다.

【乃復】杜預 注에 "晉人以莒故辭公"이라 하여 莒나라 사건을 이유로 입국을 거절한 것임.

㊅
齊侯·衛侯·鄭伯如晉, 朝嗣君也.
公如晉, 至河, 乃復.
取鄆之役, 莒人愬于晉, 晉有平公之喪, 未之治也, 故辭公.
公子憖遂如晉.
晉侯享諸侯, 子産相鄭伯, 辭於享, 請免喪而後聽命.
晉人許之, 禮也.
晉侯以齊侯宴, 中行穆子相.
投壺, 晉侯先, 穆子曰:「有酒如淮, 有肉如坻. 寡君中此, 爲諸侯師.」
中之.
齊侯擧矢, 曰:「有酒如澠, 有肉如陵. 寡人中此, 與君代興.」
亦中之.
伯瑕謂穆子曰:「子失辭. 吾固師諸侯矣, 壺何爲焉, 其以中儁也? 齊君弱吾君, 歸弗來矣.」
穆子曰:「吾軍帥彊禦, 卒·乘競勸, 今猶古也, 齊將何事?」
公孫傁趨進, 曰:「日旰君勤, 可以出矣!」
以齊侯出.

제齊 경공景公, 위衛 영공靈公, 정鄭 정공定公이 새 군주를 뵙기 위해 진晉나라에 갔다.

소공昭公도 진晉나라에 가기 위해 하수河水까지 이르렀으나 이내 되돌아왔다.

경鄆의 싸움에서의 억울함을 거莒나라 사람이 진나라에 호소하여 진나라에서는 평공의 상을 당하여 그 문제를 아직 처리하지 못하고 있었으므로 그 때문에 소공의 방문을 사절한 것이었다.

그리하여 공자 은憖이 진나라에 가게 되었다.

진나라 소공昭公이 제후들에게 향연을 열었을 때 자산子産이 정鄭 정공定公을 보좌하였는데 그는 향연에 참석하기를 사양하고 간공簡公의 상을 치르고 난 뒤에야 진나라에서 명하는 대로 따르겠다고 청하였다.

진나라에서 이를 허락하였다. 이는 예에 맞는 일이었다.

진 소공이 제齊 경공景公과 함께 잔치를 열었을 때 중항목자中行穆子가 진 소공을 보좌하고 있었다.

두 임금이 투호投壺를 하기로 하여 진 소공이 먼저 던지게 되자 중항목자가 말하였다.

"술은 회수淮水의 물처럼 많고, 고기는 언덕처럼 쌓였습니다. 우리 임금께서 던져 맞추시면 제후들의 지도자가 되는 것입니다."

그리하여 던진 화살이 들어갔다.

이어서 제 경공이 화살을 들고 말하였다.

"술은 승수澠水의 물처럼 많고, 고기는 구름만큼 많습니다. 내가 이를 던져 들어간다면 그 뒤를 이어 제후들을 거느리게 되는 것입니다."

그리하여 던진 화살도 역시 들어갔다.

백하伯瑕가 중항목자에게 말하였다.

"그대의 말은 잘못되었습니다. 우리가 진실로 제후들을 거느리는 지도자인데 투호에서 화살을 맞히어 넣는 것과 무슨 관계입니까? 제나라 임금은 우리를 얕볼 것이며 돌아가서 다시는 찾아오지 않을 것입니다."

그러자 중항목자가 말하였다.

"우리의 장군들이 용감하고 병졸과 수레는 다투어 서로 돕고 있음은 지금도 옛날과 똑같습니다. 제나라가 장차 무슨 일을 하겠습니까?"

공손수公孫傁가 앞으로 달려 나와 말하였다.

"날이 이미 저물었고 임금께서 피로하시니 그만 나가셔도 되겠습니다!"

그리고는 제나라 군주를 모시고 그 자리를 떠났다.

【齊侯】당시 齊나라 군주는 景公(杵臼)으로 재위 18년째였음.
【衛侯】당시 衛나라 군주는 靈公(元)으로 재위 5년째였음.

【鄭伯】당시 鄭나라는 簡公(嘉)이 앞서 3월 27일 죽고 定公(寧)이 뒤를 이었으나 아직 즉위하지는 않았음. 定公은 이듬해(B.C.529)를 즉위 원년으로 삼음. 子産은 定公을 모시고 晉나라에 간 것임.
【嗣君】晉 平公(彪)을 이어 새로 군주에 오른 昭公(夷).
【鄭之役】昭公 10년 秋七月을 볼 것.
【公子憖】魯나라 공자. 자는 子仲. 《公羊傳》에는 '整'으로 되어 있음.
【子産】公孫僑. 子國(公孫成)의 아들. 子美. 鄭나라의 훌륭한 宰相이 되어 孔子가 자주 칭찬한 인물.
【免喪】杜預 注에 "簡公未葬"이라 함. 당시 定公(寧)은 아버지 簡公(嘉)의 喪을 아직 마치지 않았음.
【齊侯宴】〈十三經〉本에는 '齊侯晏'으로 되어 있음.
【中行穆子】荀吳. 晉나라 대부. 荀偃의 조카. 荀吳의 어머니가 鄭나라 출신이어서 '鄭甥'이라고도 부름. 襄公 19년을 볼 것.
【投壺】실내에서 하는 놀이로 主客이 차례로 작은 화살을 병 속에 던져 넣는 놀이. 《大戴禮記》와 《禮記》에 각각 投壺篇이 있음.
【淮·坁】淮는 淮水. 강 이름. 江蘇 북부를 흐름. '坁'는 杜預 注에 '山名'이라 하였으나 桂馥은 《札樸》(2)에서 "坁當爲阺, 《說文》: 「秦謂陵阪曰阺」. 傳下文云「有肉如陵」, 則知坁當作陵阪之阺矣"라 하여 '阺'(언덕)로 보았음.
【澠】강 이름으로 山東 북부를 흐름. 杜預 注에 "澠水出齊國, 臨淄縣北入時水"라 함. 지명일 경우 '민(면)'으로, 물 이름일 경우 '승'으로 읽음. '澠音繩'이라 함.
【陵】杜預 注에 "陵, 大阜也"라 함.
【儁】儁異. 뛰어나게 특이함. 杜預 注에 "言投壺中, 不足爲儁異"라 함.
【彊禦】매우 강함. 《詩經》 大雅 烝民에 "不畏彊禦"라 함.
【競勸】朱彬의 《經傳考證》에 "競, 爭也; 勸, 勉也, 助也"라 함.
【公孫傁】杜預 注에 "傁, 齊大夫"라 함.

※ 1449(昭 12-5)

五月, 葬鄭簡公.

5월, 정鄭 간공簡公의 장례를 치렀다.

※ 1450(昭 12-6)

楚殺其大夫成熊.

초楚나라가 대부 성웅成熊을 죽였다.

【成熊】楚나라 대부.《穀梁傳》에는 '成虎'로 되어 있으며 傳에도 역시 '成虎'로 되어 있음. 그러나《公羊傳》에는 '成然'으로 되어 있음. 한편 본 장은 杜預 注에 "傳在葬簡公上, 經從赴"라 하여 시간 순서에 문제가 있음을 지적하였음.

⑬

楚子謂成虎, 若敖之餘也, 遂殺之.
或譖成虎於楚子, 成虎知之, 而不能行.
書曰:「楚殺其大夫成虎」, 懷寵也.

초楚 영왕靈王은 성호成虎를 약오씨若敖氏의 잔당으로 여겨 드디어 그를 죽이고 말았다.

어떤 이가 성호를 영왕에게 헐뜯어 말하였을 때, 성호는 이를 알고 있었으나 달아날 수가 없었다.

경經에 '초나라가 그 대부 성호를 죽였다'고 기록한 것은 그가 총애를 기대한 것임을 밝힌 것이다.

【楚子】楚 靈王(熊虔). 재위 11년째였음.
【成虎, 若敖之餘】成虎(成熊)는 令尹 子玉의 손자. 若敖氏 혈통의 사람이었음. 杜預 注에 "令尹子玉之孫, 與鬪氏同出於若敖. 宣四年鬪椒作亂, 今楚子信譖, 而託討若敖之餘"라 함. 若敖氏가 망한 것은 宣公 4년으로 이미 70여년이 흘러 영왕이 거짓 가탁한 것임을 알 수 있음.
【懷寵】임금의 총애를 믿고 죽이지 않을 것임을 기대함.

㊉
六月, 葬鄭簡公.

6월, 정鄭 간공簡公의 장례를 치렀다.

【六月】經文에는 '五月'로 되어 있음. 이에 대해 惠棟의 〈補注〉에는 '五月'을 맞은 것으로 보아 "古文《左傳》當在「齊侯·衛侯·鄭伯如晉」之前"이라 함. 그러나 姚範의《援鶉堂筆記》에는 "經書五月葬鄭簡公, 傳言六月, 或策書·簡書並有其文, 抑或五月·六月, 月有互異. 傳書之以志其參差"라 함.

※ **1451**(昭 12-7)
秋七月.

가을 7월.

㊉
晉荀吳僞會齊師者, 假道於鮮虞, 遂入昔陽.
秋八月壬午, 滅肥, 以肥子緜皋歸.

진晉나라 순오荀吳는 제齊나라 군사와 만나는 것으로 속이고 선우鮮虞에게 길을 빌려 석양昔陽으로 쳐들어갔다.
가을 8월 임오날, 비肥를 멸망시키고 비나라 군주 면고緜皋를 데리고 귀환하였다.

【荀吳】晉나라 대부. 中行穆子. 荀偃의 조카. 荀吳의 어머니가 鄭나라 출신이어서 '鄭甥'이라고도 부름. 襄公 19년을 볼 것.

【鮮虞】白狄의 별종.《史記》趙世家 索隱에는 中山國이 옛날에는 鮮虞라 불렸으며 姬姓이었다 하였음. 그러나 錢大昕의 《通鑑注》에는 《姓譜》를 인용하여 "武王封箕子於朝鮮, 支子仲食采於于, 因以鮮于爲氏. 是鮮虞與鮮于, 是一非二矣. 初封爲子姓國, 其後晉滅子姓之鮮虞而封以姬姓, 故曰先子姓, 後姬姓耳"라 함.
【昔陽】지금의 河北 晉縣 서쪽. 원래 鮮虞의 속국이었던 鼓國의 도성.
【壬午】8월 10일.
【肥】나라 이름. 鼓와 肥는 모두 선우의 속국으로 보임. 지금의 河北 藁城 부근. 《彙纂》에 "卽今河北藁城縣西南七里之肥累城是也"라 함. 혹 지금의 山西 昔陽縣 東冶頭鎭이라고도 함.
【肥子】肥나라 군주, 자작. 이름은 緜皋. 지금의 河北 盧龍縣에 肥如城이 있고, 山東에 肥城縣이 있는 것으로 보아 이들이 晉나라에 망한 뒤 각지로 흩어졌음을 알 수 있음.

㊀
周原伯絞虐, 其輿臣使曹逃.
冬十月壬申朔, 原輿人逐絞, 而立公子跪尋.
絞奔郊.

주원백周原伯 교絞가 포악하여 그의 신하들이 그들의 동료를 달아나게 하여 그의 죄를 폭로하도록 하였다.
　겨울 10월 임신날 초하루, 신하들이 교를 쫓아내고 공자 궤심跪尋을 세웠다.
　교는 교외로 달아났다.

【原伯絞】周 王室의 대부. 杜預 注에 "原伯絞, 周大夫原公也"라 함.
【輿臣】杜預 注에 "輿, 衆也"라 함.
【曹】杜預 注에 "曹, 羣也"라 함.
【跪尋】原伯 絞의 아우. 杜預 注에 "跪尋, 絞弟"라 함.

㊉

甘簡公無子, 立其弟過.

過將去成·景之族.

成·景之族略劉獻公, 丙申, 殺甘悼公, 而立成公之孫鰍.

丁酉, 殺獻大子之傅庚皮之子過, 殺瑕辛于市, 及宮嬖綽·王孫沒·劉州鳩·陰忌·老陽子.

감간공甘簡公에게는 아들이 없어 동생 과過를 후계자로 세웠다.

과는 장차 성공成公과 경공景公의 일족을 제거하려 하였다.

그리하여 성공과 경공의 일족이 유헌공劉獻公에게 뇌물을 주어 병신날, 감도공甘悼公을 죽이고, 성공의 손자 추鰍를 후계로 세웠다.

정유날, 주나라는 유헌공 태자의 스승 유피庚皮의 아들 과過를 죽이고, 대부 하신瑕辛를 기시棄市하였으며 아울러 왕실의 총신 작綽, 왕손王孫 몰沒, 유주구劉州鳩, 음기陰忌, 노양자老陽子를 죽였다.

【甘簡公】周나라 왕실의 卿士. 杜預 注에 "甘簡公, 周卿士"라 함.
【過】甘簡公의 아우. 시호는 悼公.
【成·景】杜預 注에 "成公·景公, 皆過之先君"이라 함.
【劉獻公】周나라 卿士로 劉定公의 아들. 杜預 注에 "欲使殺過. 劉獻公亦周卿士, 劉定公子"라 함.
【丙申】6월 25일.
【鰍】甘平公. 杜預 注에 "鰍, 平公"이라 함.
【庚皮之子過】庚皮는 獻太子(劉獻公의 아들)의 스승. 過는 庚皮의 아들. 杜預 注에 "過, 劉獻公大子之傅"라 하여 獻太子의 스승이 庚皮일 수도 있고, 庚皮의 아들 過(庚過)가 獻太子의 스승일 수도 있음.
【瑕辛·宮嬖綽·王孫沒·劉州鳩·陰忌·老陽子】모두 周나라 大夫들로서 劉獻公이 고발한 甘悼公과 黨을 이룬 인물들로 여겨짐. 杜預 注에 "六子, 周大夫, 及庚過, 皆甘悼公之黨"이라 함.

❋ **1452(昭12-8)**

冬十月, 公子憖出奔齊.

겨울 10월, 공자 은憖이 제齊나라로 달아났다.

【憖】魯나라 공자. 昭公의 아우. 자는 子仲.《公羊傳》에는 '整'으로 되어 있음.

⟨傳⟩
季平子立, 而不禮於南蒯.
南蒯謂子仲,「吾出季氏, 而歸其室於公, 子更其位, 我以費爲公臣.」
子仲許之.
南蒯語叔仲穆子, 且告之故.
季悼子之卒也, 叔孫昭子以再命爲卿.
及平子伐莒克之, 更受三命.
叔仲子欲構二家, 謂平子曰:「三命踰父兄, 非禮也.」
平子曰:「然.」
故使昭子.
昭子曰:「叔孫氏有家禍, 殺適立庶, 故婼也及此. 若因禍以斃之, 則聞命矣. 若不廢君命, 則固有著矣.」
昭子朝, 而命吏曰:「婼將與季氏訟, 書辭無頗.」
季孫懼, 而歸罪於叔仲子.
故叔仲小·南蒯·公子憖謀季氏.
憖告公, 而遂從公如晉.
南蒯懼不克, 以費叛如齊.
子仲還, 及衛, 聞亂, 逃介而先.
及郊, 聞費叛, 遂奔齊.
南蒯之將叛也, 其鄉人或知之, 過之而歎, 且言曰:「恤恤乎, 湫乎攸乎! 深思而淺謀, 邇身而遠志, 家臣而君圖, 有人矣哉!」

南蒯枚筮之, 遇坤☷之比☵☷曰:「黃裳元吉」, 以爲大吉也.
示子服惠伯, 曰:「卽欲有事, 何如?」
惠伯曰:「吾嘗學此矣, 忠信之事則可, 不然, 必敗. 外彊內溫, 忠也; 和以率貞, 信也, 故曰『黃裳元吉』. 黃, 中之色也; 裳, 下之飾也; 元, 善之長也. 中不忠, 不得其色; 下不共, 不得其飾; 事不善, 不得其極. 外內倡和爲忠, 率事以信爲共, 供養三德爲善, 非此三者弗當. 且夫《易》, 不可以占險, 將何事也? 且可飾乎? 中美能黃, 上美爲元, 下美則裳, 參成可筮. 猶有闕也, 筮雖吉, 未也.
將適費, 飮鄕人酒.
鄕人或歌之曰:「我有圃, 生之杞乎! 從我者子乎, 去我者鄙乎, 倍其鄰者恥乎! 已乎已乎! 非吾黨之士乎!」
平子欲使昭子逐叔仲小.
小聞之, 不敢朝.
昭子命吏謂小待政於朝, 曰:「吾不爲怨府.」

계평자季平子가 가문의 후계자가 되고 나서 남괴南蒯를 예우해 주지 않았다. 그러자 남괴가 자중子仲에게 말하였다.

"제가 계평자를 몰아내고 그의 가산을 공실에 귀속시킬 것이니 공자께서는 그의 자리를 대신하십시오. 저는 계씨 소유인 비費 고을을 차지하고 공신公臣이 되겠습니다."

자중이 이를 허락하였다.

남괴는 이를 숙중목자叔仲穆子에게 알리고 아울러 그 이유를 설명하였다.

계평자의 아버지 계도자季悼子가 세상을 떠났을 때 숙손소자叔孫昭子가 재명再命으로 경卿이 되었고, 계평자가 거莒나라를 쳐서 승리 하였을 때에 숙손소자는 다시 삼명三命의 자리를 받았다.

숙중목자는 두 가문이 싸움을 유도하고자 계평자에게 이렇게 말하였다.

"숙손소자가 삼명의 자리를 받은 것은 부형의 지위를 넘어서는 것이니 예에 어긋납니다."

그러자 계평자가 말하였다.

"그렇습니다."

이에 숙손소자를 스스로 물러나도록 하였다.

그러자 숙손소자가 말하였다.

"우리 숙손씨 가문은 환난이 있어 적자를 죽이고 서자를 세웠다. 그 때문에 내(婼)가 지금 이 지위에 이른 것이다. 만약 화를 일으켜 나를 거꾸러뜨리고자 한다면 나는 그의 명령을 듣겠다. 그러나 만약 임금의 명령을 폐하지 않아야 한다면 나는 나의 지위를 굳게 지킬 것이다."

그리고 조정에 나아가 관리에게 명하였다.

"나는 장차 계씨季氏와 소송을 벌이게 될 것이니 문서에 치우침이 없도록 하라."

계손씨는 두려워하며 그 책임을 숙중목자에게 덮어씌웠다.

그 때문에 숙중소叔仲小·남괴·공자 은憗이 계손씨를 치기로 모의하게 되었다.

그런데 공자 은이 임금에게 이를 고하고 곧 임금을 따라 진晉나라로 갔다.

남괴는 성공을 거두지 못할까 두려워 비읍費邑을 근거로 계손씨를 배반하고 제齊나라로 가버렸다.

자중子仲(憗)이 진나라에서 돌아오다가 위衛나라에 이르렀을 때 노나라 안에서 반란이 일어났다는 소식을 듣고 부사 일행에서 빠져나와 먼저 귀국하였다.

도읍의 교외에 이르러서는 비읍에서 반란이 일어났다는 말을 듣고는 바로 제나라로 달아났다.

남괴가 계손씨를 배반하려 할 때 그 마을 어느 사람이 이를 알아차리고 남괴의 집 앞을 지나면서 이렇게 탄식하였다.

"불쌍하도다, 안타깝도다! 안되었어. 뜻은 깊으나 천박한 계책이다. 가까이 모시면서 뜻은 멀리 하였으며 그 집의 가신이면서 임금의 의도를 맞추어 주려하고 있으니 어찌 이런 사람이 있을 수 있는가!"

남괴가 속마음을 숨기고 점을 쳤더니 곤괘坤卦가 비괘比卦로 변하는 것이었다. 그 효사爻辭에는 '노란 치마가 가장 길하다'라 하여 그는 크게 길할 것이라 여겼다.

이에 이를 자복혜백子服惠伯에게 보이면서 말하였다.
"어떤 일을 하고자 한다면 어떻겠습니까?"
혜백이 말하였다.
"내 일찍이 이를 배운 적이 있소. 충忠과 신信에 관한 일이라면 되겠지만 그런 일이 아니라면 틀림없이 실패할 거요. 밖으로 강하고 안으로 온화함이 충이요, 화평으로써 하되 곧은 길로 나가는 것이 신입니다. 그 때문에 '노란 치마가 가장 길하다'라 한 것입니다. 노란색은 중앙의 색이며, 치마는 몸의 아래를 꾸미는 것이며, 원元, 선善의 으뜸입니다. 중앙이 충성스럽지 못하면 황색에 해당할 수 없고, 아랫사람이 공손하지 못하면 치마가 될 수 없고, 하는 일이 선하지 못하면 그 지극함을 얻을 수 없는 것입니다. 안팎이 서로 이끌고 화합해야 충이 되는 것이요, 일을 함에는 믿음을 공손함으로 여겨야 하며 충·신·공 이 세 가지 덕을 갖추어 받들고 모셔야 선이 되는 것인데 이 세 가지를 갖추지 않고서는 그 길하다는 것에 해당되지 않습니다. 게다가 《역》으로는 위험한 일을 점칠 수 없는 것인데 당차 무슨 일을 하고자 하십니까? 아랫사람으로서 공손함을 다할 수 있는 일입니까? 중심이 아름다워야 황색에 해당하고, 위가 아름다워야 으뜸이 되며, 아래가 아름다워야 치마의 상징이 되는 것이니 이 세 가지가 이루어졌다면 가히 점을 칠 수 있습니다. 만약 하나라도 빠뜨린 것이 있다면 점을 쳐서 비록 길하다 해도 아직 아닙니다."

남괴가 비읍으로 가면서 고향 사람들에게 술을 대접하였다.
그때 마을의 어느 사람이 이런 노래를 불렀다.
"나의 채소밭에 구枸나무가 자라고 있네! 우리를 따르는 이는 좋은 사람이요, 우리를 버리는 사람은 비루한 자요, 이웃을 배반하는 것은 부끄러운 짓이로다! 그만 두어라, 그만 두어라, 그대는 우리 고을의 선비가 아닌가!"
계평자가 숙손소자로 하여금 숙중소叔仲小를 쫓아내도록 하고자 하였다.
숙중소는 그 소식을 듣고 감히 조정에 나가지 못하였다.
그러자 숙손소자가 관리에게 명하여 숙중소에게 정사를 논의할 것이 있으니 조정에 나와 기다리라고 전하도록 하면서 이렇게 말하였다.
"나는 남의 원망을 받는 몸이 되지는 않겠노라."

【季平子】魯나라 대부 季孫意如. 시호는 平子. 季悼子(季孫紇)의 아들이며 季武子(季孫宿)의 손자. 悼子가 아버지 武子보다 먼저 죽어 나중에 平子가 집안의 후계자가 됨.

【南蒯】南遺의 아들. 당시 季氏의 費邑을 관리하고 있던 邑宰였음. 杜預 注에 "蒯, 南遺之子, 季氏費邑宰"라 함.

【子仲】昭公의 아우 공자 憖.

【其位】여기서는 季平子를 몰아내고 그를 대신하여 卿이 될 것을 제의한 것.

【公臣】자신은 季平子의 私臣이나 公室의 신하가 되겠다는 뜻.

【叔仲穆子】杜預 注에 "穆子, 叔仲帶之子, 叔仲小也"라 함.

【且告之故】南蒯의 아버지 南遺는 叔孫氏 가문의 사환 牛가 昭公 4, 5년에 일으킨 사건 때에 季孫氏 가문을 위하여 공을 세웠으나 이제 와서 季平子가 박대하자 원한을 품었음. 여기에서는 그 사정을 말하였다는 것임. 杜預 注에 "語以欲出季氏以不見禮故"라 함.

【季悼子】季孫紇. 季武子(季孫宿)의 아들이며 季平子(季孫意如)의 아들. 이 悼子가 아버지 武子보다 먼저 죽어 나중에 平子가 집안의 후계자가 된 것임.

【叔孫昭子】叔孫婼. 叔孫穆子의 서자. 豎牛에 의해 叔孫氏 후계자가 됨.

【再命】二命과 같으며 下卿을 뜻함.

【平子伐莒】昭公 10년에 季孫意如, 叔弓, 仲孫貜이 군사를 이끌고 莒를 친 일. 그러나 이때 季孫意如만이 공을 세운 것이 아님. 이에 杜預 注에는 "昭子不伐莒, 亦以例加爲三命"이라 함.

【三命】上卿을 말함.

【叔仲子】叔仲小.

【二家】季平子와 叔孫昭子 두 집안이 싸우도록 유도함.

【故使昭子】여기서는 술어가 빠져 있음. 杜預 注에 "使昭子自貶黜"이라 함.

【殺適立庶】이에 대한 자세한 내용은 昭公 4년과 5년의 전을 볼 것.

【聞命】杜預 注에 "言因亂討己, 不敢辭"라 함.

【南蒯懼不克】姚鼐의 〈補注〉에 "公子憖與蒯蓋初謀假晉援以去季氏, 故憖從公如晉. 值晉拒公不得入, 蒯所以懼不克而更叛附齊"라 함.

【恤恤乎, 湫乎攸乎】兪樾의 《平議》에 "恤, 憂也. 湫卽愁之假字. 攸卽悠之假字. 愁, 憂也; 悠, 憂也. 恤恤乎愁乎悠乎三句一意, 深憂之, 故重言之"라 함.

【枚筮之】兪樾은 '枚는 微와 같으며 하며 숨기다의 뜻'으로 보았음.

【坤】《周易》제2번째 괘. 坤爲地(坤下坤上)로 구성되어 있으며 "坤: 元亨, 利牝馬

之貞. 君子有攸往, 先迷, 後得主, 利. 西南得朋, 東北喪朋, 安貞吉. 象曰: 至哉坤元, 萬物資生, 乃順承天. 坤後載物, 德合无疆; 含弘光大, 品物咸亨. 牝馬地類, 行地无疆, 柔順利貞. 君子攸行, 先迷失道. 後順得常. 西南得朋, 乃與類行; 東北喪朋, 乃終有慶. 安貞之吉, 應地无疆. 象曰: 地勢坤; 君子以厚德載物. 初六, 履霜, 堅冰至. 象曰:「履霜堅冰」, 陰始凝也; 馴致其道, 至堅冰也. 六二, 直方大, 不習无不利. 象曰: 六二之動, 直以方也;「不習无不利」, 地道光也. 六三, 含章可貞; 或從王事, 无成有終. 象曰:「含章可貞」, 以時發也;「或從王事」, 知光大也. 六四, 括囊, 无咎无譽. 象曰:「括囊无咎」, 愼不害也. 六五, 黃裳, 元吉. 象曰:「黃裳元吉」, 文在中也. 上六, 龍戰于野, 其血玄黃. 象曰:「龍戰于野」, 其道窮也. 用六, 利永貞. 象曰: 用六「永貞」, 以大終也」라 함.

【比】《周易》제8번째 괘. 水地比(坤下坎上)로 구성되어 있으며 "比: 吉, 原筮, 元永貞, 无咎. 不寧方來, 後夫凶. 象曰: 比, 吉也; 比, 輔也, 下順從也. 「原筮, 元永貞, 无咎」, 以剛中也. 「不寧方來」, 上下應也; 「後夫凶」, 其道窮也. 象曰: 地上有水, 比; 先王以建萬國, 親諸侯. 初六, 有孚比之, 无咎; 有孚盈缶, 終來有它, 吉. 象曰: 比之初六, 有它吉也. 六二, 比之自內, 貞吉. 象曰:「比之自內」, 不自失也. 六三, 比之匪人. 象曰:「比之匪人」, 不亦傷乎? 六四, 外比之, 貞吉. 象曰: 外比於賢, 以從上也. 九五, 顯比, 王用三驅, 失前禽, 邑人不誡, 吉. 象曰:「顯比」之吉, 位正中也; 舍逆取順, 失前禽也; 邑人不誡, 上使中也. 上六, 比之无首, 凶. 象曰:「比之无首」, 无所終也"라 함.

【黃裳元吉】坤卦의 爻辭. 黃은 五行에서 중앙의 색으로 中庸의 덕을 상징하고, 裳은 치마로 순종을 나타냄. 따라서 黃裳은 君子가 겸손한 태도를 견지하여 平安無事하면 크게 길할 것임을 상징함.

【子服惠伯】孟獻子(仲孫蔑)의 손자. 子服椒. 자는 湫.

【黃中之色也】五行에서 中央은 土, 黃色, 信에 대응됨.

【元善之長也】《周易》乾卦의 爻辭로 元은 善德의 으뜸임을 뜻함.

【生之杞乎】杞는 杞柳. 물가에 자라는 나무의 일종. 혹 拘杞나무라고도 함. 채소밭에 구나무가 자라고 있는 것은 정당하지 못한 것으로 남괴가 선한 사람들 사이에서 엉뚱한 짓을 하지 말도록 권한 것임.

【怨府】남의 원망을 모아 간직하고 있는 창고. 季平子는 스스로 叔仲小를 축출하지 않고 叔孫昭子로 하여금 이를 축출하게 하자 叔孫昭子가 자신이 그런 원망 살 일을 담당하지는 않겠다는 뜻임. 杜預 注에 "言不能爲季氏逐小, 生怨禍之聚. 爲明年叔弓圍費傳"이라 함.

1453(昭12-9)

楚子伐徐.

초楚 영왕靈王이 서徐나라를 쳤다.

【楚子】楚 靈王(熊虔).
【徐】지금의 江蘇 泗洪縣 남쪽 洪澤湖 근처에 있었던 옛 나라.

⑱

楚子狩于州來, 次于潁尾, 使蕩侯·潘子·司馬督·囂尹午·陵尹喜帥師圍徐以懼吳.

楚子次于乾谿, 以爲之援.

雨雪, 王皮冠, 秦復陶, 翠被, 豹舃, 執鞭以出.

僕析父從.

右尹子革夕, 王見之, 去冠·被, 舍鞭, 與之語, 曰:「昔我先王熊繹與呂伋·王孫牟·燮父·禽父並事康王, 四國皆有分, 我獨無有. 今吾使人於周, 求鼎以爲分, 王其與我乎?」

對曰:「與君王哉! 昔我先王熊繹辟在荊山, 篳路藍縷以處草莽, 跋涉山林以事天子, 唯是桃弧·棘矢共禦王事. 齊, 王舅也; 晉及魯·衛, 王母弟也. 楚是以無分, 而彼皆有. 今周與四國服事君王, 將唯命是從, 豈其愛鼎?」

王曰:「昔我皇祖伯父昆吾, 舊許是宅. 今鄭人貪賴其田, 而不我與. 我若求之, 其與我乎?」

對曰:「與君王哉! 周不愛鼎, 鄭敢愛田?」

王曰:「昔諸侯遠我而畏晉, 今我大城陳·蔡·不羹, 賦皆千乘, 子與有勞焉, 諸侯其畏我乎?」

對曰:「畏君王哉! 是四國者, 專足畏也. 又加之以楚, 敢不畏君王哉!」

工尹路請曰:「君王命剝圭以爲鏚柲, 敢請命.」

王入視之.

析父謂子革,「吾子, 楚國之望也. 今與王言如響, 國其若之何?」

子革曰:「摩厲以須, 王出, 吾刃將斬矣.」

王出, 復語.

左史倚相趨過, 王曰:「是良史也, 子善視之! 是能讀《三墳》·《五典》·《八索》·《九丘》.」

對曰:「臣嘗問焉, 昔穆王欲肆其心, 周行天下, 將皆必有車轍馬跡焉. 祭公謀父作祈招之詩以止王心, 王是以獲沒於祗宮. 臣問其詩而不知也. 若問遠焉, 其焉能知之?」

王曰:「子能乎?」

對曰:「能. 其《詩》曰:『祈招之愔愔, 式昭德音. 思我王度, 式如玉, 式如金. 形民之力, 而無醉飽之心.』」

王揖而入, 饋不食, 寢不寐, 數日, 不能自克, 以及於難.

仲尼曰:「古也有志,『克己復禮, 仁也.』信善哉! 楚靈王若能如是, 豈其辱於乾谿?」

초楚 영왕靈王이 주래州來에서 사냥을 하고 영미潁尾에 주둔하면서 탕후蕩侯·반자潘子·사마독司馬督·효윤囂尹 오午·능윤陵尹 희喜로 하여금 군사를 이끌고 서徐나라를 포위하여 오吳나라에게 두려움을 주도록 하였다.

그리고 자신은 건계乾谿에 주둔하여 이들을 후원하였다.

이때 눈이 내려 왕은 가죽 모자를 쓰고, 진秦나라에서 생산되는 모직으로 짠 옷을 입고, 비취翡翠의 날개로 만든 겉옷을 걸치고, 표범 가죽으로 만든 신을 신고, 채찍을 손에 쥐고 밖으로 나섰다.

시종관 석보析父가 왕을 따랐다.

그때 우윤右尹 자혁子革이 저녁 인사를 하러 찾아오자 영왕이 그를 보고는 관과 겉옷을 벗고 손에 쥔 채찍을 놓아두고 그와 말을 나누면서 이렇게 말하였다.

"옛날 우리 선왕 웅역熊繹께서는 여급呂級·왕손모王孫牟·섭보燮父·금보禽父와 함께 주 강왕康王을 섬길 때, 다른 네 나라는 보물을 나누어 받았으나 우리나라만은 받지 못하였었소. 지금 나는 사람을 주나라에 보내어 구정九鼎을 나누어 달라고 요구하려 하오. 주나라 왕께서 그것을 나에게 주겠소?"

이에 자혁이 대답하였다.

"왕께서 주실 것입니다! 옛날 우리의 선왕 웅역께서 형산荊山에 계실 때, 대나무로 만든 거친 수레를 타시고 남루한 옷을 입으시며 풀밭에서 지내셨습니다. 산림을 오가며 천자를 위하여 일하시되 복숭아나무로 만든 활과 가시나무로 만든 화살만으로 왕의 일에 온 힘을 바치셨습니다. 제齊나라 천자의 외삼촌이었고, 진晉나라 및 노나라·위나라는 천자와 친형제였습니다. 우리 초나라는 그 때문에 보물을 받지 못한 것이며 저들은 모두가 받았던 것입니다. 그런데 지금 주나라는 물론 다른 네 나라도 모두 우리 임금에게 복종하여 섬기면서 장차 오직 그대의 명령만을 따르고 있는데 어찌 구정 따위를 아까워하겠습니까?"

영왕이 말하였다.

"옛날 우리 조상의 백부 곤오昆吾께서는 허許나라의 옛 땅에 살았소. 그런데 지금 정鄭나라가 그 땅을 탐내어 차지하고는 우리에게 돌려주지 않고 있소. 내가 만약 그 땅을 요구한다면 그들은 땅을 우리에게 돌려주겠소?"

자혁이 말하였다.

"임금께 돌려드릴 것입니다! 주나라 왕실이 구정을 아까워하지 않는 마당에 정나라가 감히 땅을 아까워하겠습니까?"

영왕이 말하였다.

"지난날 제후들은 우리를 멀리하고서 진晉나라를 두려워하였었소. 지금 나는 진陳나라·채나라·불갱不羹에 큰 성을 쌓아 각기 1천 대의 전차를 내게 되어 있소. 그대가 이 일에 많은 노고가 있었소. 제후들이 우리나라를 두려워하겠소?"

자혁이 대답하였다.

"제후들은 군주를 두려워하고 있을 것입니다! 이들 네 나라만으로도 제후들을 두렵게 하기에 충분합니다. 그리고 여기에 우리 초나라를 더한다면 감히 임금을 두려워하지 않을 수 있겠습니까?"

이때 공윤工尹 노路가 왕에게 이렇게 청하였다.

"임금께서 규옥圭玉을 깎아 도끼자루를 꾸미도록 명하셨는데 어느 정도의 크기로 할 것인지 말씀해 주십시오."

왕이 들어가 살펴보았다.

그 사이 석보가 자혁에게 말하였다.

"그대는 초나라에 명망이 있으신 분이십니다. 그런데 지금 임금과의 대화에는 마치 메아리처럼 맞장구만 치고 계시니 나라가 장차 어찌 되겠습니까?"

그러자 자혁이 말하였다.

"나는 칼을 갈며 기다렸다가 임금의 그릇된 말이 나오면 내 그 칼날로 싹둑 끊어버리려는 것입니다."

임금이 나와 다시 이야기를 나누게 되었다.

그때 좌사左史 의상倚相이 그들 앞을 달려 지나가자 왕이 말하였다.

"이는 훌륭한 사관이니 그대는 잘 보아두시오! 그는 《삼분三墳》·《오전五典》·《팔색八索》·《구구九丘》의 옛 책들을 모두 능히 읽은 분이오."

자혁이 대답하였다.

"제가 일찍이 저 사람에게 물어본 적이 있었습니다. 옛날에 주 목왕穆王께서 하고 싶은 대로 마음껏 다해보고자 천하를 두루 돌아다니며 가는 곳마다 수레바퀴 자국을 남기겠다 하였습니다. 그때 제공모보祭公謀父가 〈기초祈招〉편의 시를 지어 목왕의 마음을 저지시켰습니다. 목왕은 이 때문에 그나마 지궁祗宮에서 생을 마칠 수 있었던 것입니다. 제가 그 시를 저 사람에게 물어보았더니 그는 알지 못하더군요. 만약 그보다 먼 옛일을 물었다면 그 사람인들 어찌 알 수 있겠습니까?"

왕이 물었다.

"그대는 그 시를 아는가?"

자혁이 대답하였다.

"압니다. 그 시는 '기초祈招는 부드럽고 부드러워, 밝은 덕을 드러내네. 우리 왕의 법도를 생각하여, 옥과 같이 여기고, 금과 같이 여기네. 우리 왕께서는 우리 백성의 어려움을 헤아려, 사사로운 욕심에 취하는 마음 전혀 없으시도다'라 하였습니다."

왕은 자혁에게 읍을 하고 들어가 음식도 먹지 않고 잠자리에서 잠들지도 못하였지만 며칠을 두고 자신의 욕심을 억누르지 못하여 결국 환난을 당하게 되었던 것이다.

중니는 이렇게 말하였다.

"옛 책에 '자신을 이겨내어 예로 돌아감이 인이다'라 하였다. 진실로 훌륭한 말이로다! 초 영왕이 만약 능히 이렇게 하였었더라면 어찌 건계에서 모욕을 당하였겠는가?"

【狩】 杜預 注에 "狩, 冬獵也"라 함. 겨울 사냥. 원래 蒐·苗·獮·狩 등 계절에 따른 사냥 명칭이 달랐음. 봄에는 새끼를 배지 않은 짐승만 골라잡으며 동시에 군사 훈련을 겸함. 여름에는 곡물의 싹을 해치는 것들을 잡음. 가을에도 역시 군사 훈련을 겸해 사냥을 하며, 겨울에는 짐승을 포위하여 잡음.《司馬法》仁本篇에 "國雖大, 好戰必亡; 天下雖安, 忘戰必危. 天下旣平, 天下大愷, 春蒐秋獮; 諸侯春振旅, 秋治兵, 所以不忘戰也"라 함.

【州來】 지금의 安徽 鳳臺縣. 淮水의 북안.

【次】 군사가 주둔함을 뜻함. 莊公 3년 傳에 "凡師, 一宿爲舍, 再宿爲信, 過信爲次"라 함.

【潁尾】 지금의 安徽 正陽關 북쪽. 潁口라고도 함.

【蕩侯·潘子·司馬督·囂尹午·陵尹喜】 杜預 注에 "五子, 楚大夫. 徐, 吳與國, 故圍之以偪吳"라 함. 潘子는 叔黨의 아들. '囂'와 '陵'은 지명. '尹'은 그곳의 지방 장관.

【懼吳】 徐나라로 하여금 吳나라에게 겁을 주도록 한 것은 서나라와 오나라가 舅甥 관계였기 때문임. 昭公 4년 傳에 "徐子, 吳出也"라 함.

【乾谿】 지금의 安徽 亳縣 동남쪽.

【秦復陶】 杜預 注에 "秦所遺羽衣也"라 하여 秦나라에서 보내준 羽衣라 하였으나 모직물의 일종으로 여김.

【翠被】 비취 날개로 장식한 겉옷으로 어깨를 감싸 防寒하는 것.

【豹舃】 杜預 注에 "以豹皮爲履"라 함.

【僕析父】 '僕'은 太僕. 임금의 좌우에서 시중을 드는 관직. 析父는 그의 이름.

【子革】 鄭丹, 然丹으로도 불림. 楚나라 대부. 당시 右尹의 벼슬이었음.

【夕】 저녁에 문안 인사를 드리는 것.

【熊繹】周 康王 때 처음 楚나라에 봉해진 군주. 杜預 注에 "楚始封君"이라 함.

【呂伋】齊나라의 丁公. 太公望(姜子牙, 呂尙)의 아들. 齊나라 두 번째 임금.

【王孫牟】衛나라 康叔의 아들 康伯.《世本》에 "衛康伯名髦"이라 하였으며 宋衷은 "卽王孫牟也"라 함. 한편 '康'은 나라 이름으로 管叔을 멸하고 衛侯를 세운 제후국.

【燮父】晉나라 唐叔의 아들.

【禽父】魯나라 伯禽. 周公 姬旦의 아들.

【康王】姬釗. 西周 成王(姬誦)의 아들. 武王(姬發), 成王을 이어 왕이 되었으며 昭王(姬瑕)이 그 뒤를 이음.

【四國皆有分】齊, 晉, 魯, 衛 네 나라가 周나라 康王으로부터 왕실의 보물을 분배 받음. 그러나 定公 4년 傳에 魯, 衛, 晉 삼국이 보물을 분배받은 것으로 되어 있으며 齊나라는 거론하지 않았음.

【鼎】九鼎. 夏禹 때 鑄造하여 이어온 王位를 상징하는 三足兩耳의 큰 솥. 모두 아홉 개가 있었음.

【我先王熊繹】楚나라 군주의 선조에 대해서는 宣公 12년을 볼 것.

【荊山】熊繹은 丹陽에 도읍을 정하였으며 丹陽은 지금의 湖北 秭歸縣 동쪽 이었음. 荊山은 그 위쪽의 험준한 산.

【齊王舅也】齊나라 군주 呂伋(丁公)은 康王(姬釗)의 외삼촌. 成王의 어머니는 齊나라 太公望(呂尙)의 딸이었음. 따라서 정공은 성왕의 외삼촌이었음.

【王母弟】武王(姬發)과 魯 周公(姬旦), 衛 康叔은 같은 어머니(文王의 처)였으며 唐叔(姬虞)은 成王(姬誦)과 같은 어머니였음.

【皇祖伯父昆吾】杜預 注에 옛날에 陸終氏에게 여섯 아들이 있어 장남은 昆吾. 막내아들 季連(芈姓)이 초나라 군주의 선조가 되었음. 다라서 곤오는 초나라 군주 선조의 백부가 되고 그는 許나라의 옛 땅에 살았었다고 함.

【舊許】許나라 옛 땅. 지금의 河南 許昌. 許나라는 뒤에 葉으로 옮겼으며 당시 鄭나라가 차지하고 있었음.《國語》鄭語에 "昆吾爲夏伯矣"라 하였고, 韋昭 注에 "其後夏衰, 昆吾爲夏伯, 遷於舊許"라 함.

【四國】陳·蔡·不羹의 세 나라 땅을 이름. '四國'은 '三國'의 오기로 여기고 있음.《國語》楚語(上)에 "今吾城三國"이라 함. 그러나 賈誼《新書》大都篇에는 "大城陳·蔡·葉與不羹"이라 하여 '葉'(許나라의 수도)이 누락된 것이라고도 함.

【爲鍼柲】鍼은 도끼(戚), '柲'는 도끼자루. 여기에서는 군주의 권위를 나타내는 도끼자루에 圭玉을 깎아 장식하는 일을 맡아 만들고 있었음을 말함.

【如響】메아리처럼 상대편의 말을 조금도 거스르는 것 없이 오직 긍정적으로 응답함.

【吾刃將斬矣】杜預 注에 "以己喩鋒刃, 欲自摩厲以斬王之淫慝"이라 함.

【倚相】楚나라의 史官.《國語》楚語에도 거론되고 있음.

【三墳·五典·八索·九丘】옛 책이름.《三墳》은 三皇시대의 역사를 기록한 책.《五典》은 五帝 때의 일을 기록한 책.《八索》은 八卦에 대해서 쓴 것,《九丘》는 洪範九疇에 관한 내용이었다고 함. 그러나 이미 사라져 억측이 구구할 뿐임. 蘇軾의〈李君山房藏書記〉에 "象犀珠玉珍怪之物, 有悅於人之耳目, 而不適於用, 金石草木絲麻五穀六材, 有適於用, 而用之則弊, 取之則竭, 悅於人之耳目而適於用, 用之而不弊, 取之而不竭, 賢不肖之所得, 各因其才, 仁智之所見, 各隨其分, 才分不同, 而求無不獲者, 惟書乎. 自孔子聖人, 其學必始於觀書. 當是時, 惟周之柱下史老聃, 爲多書, 韓宣子適魯然後, 見《易象》與《魯春秋》, 季札聘於上國然後, 得聞詩之風雅頌, 而楚獨有左史倚相, 能讀《三墳》·《五典》·《八索》·《九丘》, 士之生於是時, 得見六經者蓋無幾, 其學可謂難矣, 而皆習於禮樂, 深於道德, 非後世君子所及"이라 함.

【昔穆】周 穆王 姬滿. 昭王(姬瑕)을 이어 천자에 오름. 西周의 天子. 穆天子로 널리 알려짐. 신선 방술에 관심이 깊어 八駿馬를 몰고 천하를 두루 돌아다니며 많은 神話와 傳說을 남김. 汲冢書에《穆天子傳》이 전하고 있으며《山海經》,《竹書紀年》,《列子》,《史記》,《孔子世家》등에 널리 그의 神怪之事가 실려 있음.

【祭公謀父】祭公은 시호, 謀父는 이름. 周公의 孫子. 雷學淇의《竹書紀年義證》에 "祭公謀父者, 周公之孫. 其父武公與昭王同沒于漢. 謀父, 其名也"라 함.《逸周書》에 祭公篇이 있음.

【祈招】杜預 注에는 인명으로 보았으나 樂曲 이름으로 보는 것이 타당함.

【祇宮】周 穆王의 궁전 이름.《穆天子傳》注에《竹書紀年》을 인용하여 "穆王元年築祇宮于南鄭"이라 함. 南鄭은 지금의 陝西 華縣 북쪽.

【形民之力】《孔子家語》에는 '形'이 '刑'으로 되어 있음.

【克己復禮】《論語》顔淵篇에 "顔淵問仁. 子曰:「克己復禮爲仁. 一日克己復禮, 天下歸仁焉. 爲仁由己, 而由人乎哉?」顔淵曰:「請問其目.」子曰:「非禮勿視, 非禮勿聽, 非禮勿言, 非禮勿動.」顔淵曰:「回雖不敏, 請事斯語矣.」"라 함.

※ 1454(昭 12-10)

晉伐鮮虞.

진晉나라가 선우鮮虞를 쳤다.

【鮮虞】白狄의 別種. 지금의 河北 正定縣 북쪽 新城鋪에 도읍을 두고 있었으며 戰國시대 中山國으로 발전함. 戰國 초 魏文侯에게 망하였다가 다시 顧(지금의 河北 定縣)를 거쳐 靈壽(지금의 河北 平山縣 三汲公社)로 도읍을 옮김.

㊅
晉伐鮮虞, 因肥之役也.

진晉나라가 선우鮮虞를 친 것은 비肥나라를 공격하였던 기회를 이용한 것이었다.

【肥之役】肥를 멸하고 귀환하는 길에 鮮虞를 정벌한 것.

194. 昭公 13年(B.C.529) 壬申

周	景王(姬貴) 16년	齊	景公(杵臼) 19년	晉	昭公(夷) 3년	衛	靈公(元) 6년
蔡	平公(廬) 원년	鄭	定公(寧) 원년	曹	武公(滕) 26년	陳	惠公(吳) 원년
杞	平公(郁釐) 7년	宋	元公(佐) 3년	秦	哀公(鍼?) 8년	楚	靈王(虔) 12년
吳	夷末 15년	許	悼公(買) 18년				

※ 1455(昭13-1)

十有三年春, 叔弓帥師圍費.

13년 봄, 숙궁叔弓이 군사를 이끌고 비읍費邑을 포위하였다.

【叔弓】魯나라 대부. 叔老의 아들. 시호는 敬子.
【費】季孫氏의 읍. 南蒯(南遺의 아들)가 邑宰였음. 杜預 注에 "蒯, 南遺之子, 季氏費邑宰"라 함.

㊝
十三年春, 叔弓圍費, 弗克, 敗焉.
平子怒, 令見費人執之, 以爲囚俘.
冶區夫曰:「非也. 若見費人, 寒者衣之, 飢者食之, 爲之令主, 而共其乏困, 費來如歸, 南氏亡矣. 民將叛之, 誰與居邑? 若憚之以威, 懼之以怒, 民疾而叛, 爲之聚也. 若諸侯皆然, 費人無歸, 不親南氏, 將焉入矣?」

平子從之, 費人叛南氏.

13년 봄, 숙궁叔弓이 남괴南蒯가 반란을 일으킨 비읍費邑을 포위하였으나 이기지 못하고 패배하였다.

계평자季平子(季孫意如)가 노하여 비읍費邑 사람을 보기만 하면 모두 잡아 포로로 삼도록 명하였다.

그러자 야구부冶區夫가 말하였다.

"그래서는 안 됩니다. 만일 비 고을 사람들을 만나면 추위에 떠는 자에게는 옷을 입히고 굶주린 자에게는 먹을 것을 주어 그들을 위한 좋은 주인이 되어 그들의 빈궁한 처지를 구해주어야 합니다. 그러면 비 고을 사람들은 집 나갔던 사람들이 자기 집으로 돌아가듯 할 것이니 남씨南氏는 곧 망할 것입니다. 백성이 배반하게 된다면 그 누구와 더불어 비읍에서 살겠습니까? 그대께서 만일 비읍 사람들을 무력으로 협박하고 분노로써 그들을 두려움에 떨게 하신다면, 비읍 사람들은 그대를 미워하며 배반하고 남씨를 위해 뭉칠 것입니다. 제후들 또한 모두 그들을 그렇게 대한다면 비읍 사람들은 귀착할 데가 없으니, 남씨를 친히 대하지 않고서 앞으로 어디로 갈 수 있겠습니까?"

이 말을 들은 계평자가 그의 말대로 따르자, 비 고을 사람들이 남씨를 배반하였다.

【敗焉】杜預 注에 "爲費人所敗, 不書, 諱之"라 함.
【平子】季平子. 魯나라 대부 季孫意如. 시호는 平子. 季悼子(季孫紇)의 아들이며 季武子(季孫宿)의 손자. 悼子가 아버지 武子보다 먼저 죽어 나중에 平子가 집안의 후계자가 됨.
【冶區夫】魯나라 조정의 官員.
【如歸】費人으로서 季氏에게 투항한 자는 마치 자신의 집에 온 것처럼 편안히 여김.

【令主】좋은 주인.
【費人叛南氏】費人들이 南蒯에게 반기를 듦. 杜預 注에 "費叛南氏在明年, 傳善
區夫之謀, 終言其效"라 함.

※ 1456(昭 13-2)

夏四月, 楚公子比自陳歸于楚, 弑其君虔于乾谿.

여름 4월, 초楚나라 공자 비比가 진晉나라에서 초나라로 돌아와 군주 건虔을 건계乾谿에서 죽였다.

【楚子】楚 靈王(熊虔).
【公子比】子干. 楚나라 公子. 이름은 訾敖. 共王(審)의 아들이며 康王(昭)과 靈王(圍)의 아우. 靈王이 들어서자 위험을 느껴 晉나라로 망명했다가 돌아와 靈王(熊虔. 圍)을 죽인 것임.
【乾谿】《穀梁傳》에는 '乾溪'로 되어 있음.

※ 1457(昭 13-3)

楚公子弃疾殺公子比.

초楚나라 공자 기질弃疾이 공자 비比를 죽였다.

【弃疾】公子 棄疾. 楚 共王에게는 총애하는 다섯 아들이 있었으며 康王(昭), 靈王(公子 圍, 熊虔), 公子 比(子干), 公子 黑肱(子晳), 공자 棄疾이었음. 형 靈王에 의해 蔡나라를 멸망시킨 다음 蔡나라를 다스리는 총책의 임무를 맡아 '蔡公'이라 불림. 그 뒤 형 靈王(熊虔)이 乾谿에 있는 동안 觀從의 모책에 의해 두 형 子干

(比)과 子晳(黑肱)을 앞세우고 蔡나라로부터 군사를 이끌고 귀국하여 내란을 일으켜 성공함. 두 형 子干(比)과 子晳(黑肱)까지 자결토록 하고 왕위에 오름. 이가 平王이며 이름을 熊居로 바꿈. B.C.528~516년까지 13년간 재위하고 昭王(軫)이 그 뒤를 이음. 昭公 13년을 볼 것. 子南의 아들 棄疾과는 同名異人임.
【殺】《公羊傳》에는 '弒'로 되어 있음.
【公子比】子干. 楚나라 公子. 이름은 訾敖. 共王(審)의 아들이며 康王(昭)과 靈王(圍)의 아우. 靈王이 들어서자 위험을 느껴 晉나라로 망명했다가 돌아와 靈王(熊虔. 圍)을 죽였었음.

⑱

楚子之爲令尹也, 殺大司馬蔿掩, 而取其室.
及卽位, 奪蔿居田; 遷許而質許圍.
蔡洧有寵於王, 王之滅蔡也, 其父死焉, 王使與於守而行.
申之會, 越大夫戮焉.
王奪鬪韋龜中犫, 又奪成然邑, 而使爲郊尹.
蔿成然故事蔡公.
故蔿氏之族及蔿居·許圍.
蔡洧·蔿成然, 皆王所不禮也, 因羣喪職之族啓越大夫常壽過作亂, 圍固城, 克息舟, 城而居之.
觀起之死也, 其子從在蔡, 事朝吳, 曰:「今不封蔡, 蔡不封矣. 我請試之.」
以蔡公之命召子干·子晳, 及郊, 而告之情, 强與之盟, 入襲蔡.
蔡公將食, 見之而逃.
觀從使子干食, 坎, 用牲, 加書, 而速行.
己徇於蔡, 曰:「蔡公召二子, 將納之, 與之盟而遣之矣, 將師而從之.」
蔡人聚, 將執之.
辭曰:「失賊成軍, 而殺余, 何益?」
乃釋之.
朝吳曰:「二三子若能死亡, 則如違之, 以待所濟. 若求安定, 則如與之, 以濟所欲. 且違上, 何適而可?」

眾曰:「與之!」

乃奉蔡公, 召二子而盟于鄧, 依陳·蔡人以國.

楚公子比·公子黑肱·公子棄疾·蔓成然·蔡朝吳帥陳·蔡·不羹·許·葉之師, 因四族之徒, 以入楚.

及郊, 陳·蔡欲為名, 故請為武軍.

蔡公知之, 曰:「欲速, 且役病矣, 請藩而已.」

乃藩為軍.

蔡公使須務牟與史猈先入, 因正僕人殺大子祿及公子罷敵.

公子比為王, 公子黑肱為令尹, 次于魚陂.

公子棄疾為司馬, 先除王宮, 使觀從師于乾谿, 而遂告之, 且曰:「先歸復所, 後者劓.」

師及訾梁而潰.

王聞羣公子之死也, 自投于車下, 曰:「人之愛其子也, 亦如余乎?」

侍者曰:「甚焉, 小人老而無子, 知擠于溝壑矣.」

王曰:「余殺人子多矣, 能無及此乎?」

右尹子革曰:「請待于郊, 以聽國人.」

王曰:「眾怒不可犯也.」

曰:「若入於大都, 而乞師於諸侯.」

王曰:「皆叛矣.」

曰:「若亡於諸侯, 以聽大國之圖君也.」

王曰:「大福不再, 祇取辱焉.」

然丹乃歸于楚.

王沿夏, 將欲入鄢.

芋尹無宇之子申亥曰:「吾父再奸王命, 王弗誅, 惠孰大焉? 君不可忍, 惠不可棄, 吾其從王.」

乃求王, 遇諸棘闈以歸.

夏五月癸亥, 王縊于芋尹申亥氏.

申亥以其二女殉而葬之.

觀從謂子干曰:「不殺棄疾,雖得國,猶受禍也.」
子干曰:「余不忍也.」
子玉曰:「人將忍子,吾不忍俟也.」
乃行.
國每夜駭曰:「王入矣!」
乙卯夜,棄疾使周走而呼曰:「王至矣!」
國人大驚.
使蔓成然走告子干·子晳曰:「王至矣,國人殺君司馬,將來矣.君若早自圖也,可以無辱.衆怒如水火焉,不可爲謀.」
又有呼而走至者,曰:「衆至矣!」
二子皆自殺.
丙辰,棄疾卽位,名曰熊居.
葬子干于訾,實訾敖.
殺囚,衣之王服,而流諸漢,乃取而葬之,以靖國人.
使子旗爲令尹.
楚師還自徐,吳人敗諸豫章,獲其五帥.
平王封陳·蔡,復遷邑,致羣賂,施舍·寬民,宥罪·擧職.
召觀從,王曰:「唯爾所欲.」
對曰:「臣之先佐開卜.」
乃使爲卜尹.
使枝如子躬聘于鄭,且致犫·櫟之田.
事畢弗致.
鄭人請曰:「聞諸道路,將命寡君以犫·櫟,敢請命.」
對曰:「臣未聞命.」
旣復,王問犫·櫟,降腹而對,曰:「臣過失命,未之致也.」
王執其手,曰:「子毋勤! 姑歸,不穀有事,其告子也.」
他年,芋尹申亥以王柩告,乃改葬之.
初,靈王卜曰:「余尚得天下!」
不吉.

投龜, 詬天而呼曰:「是區區者而不余畀, 余必自取之.」

民患王之無厭也, 故從亂如歸.

初, 共王無冢適, 有寵子五人, 無適立焉.

乃大有事于羣望, 而祈曰:「請神擇於五人者, 使主社稷.」

乃徧以璧見於群望, 曰:「當璧而拜者, 神所立也, 誰敢違之?」

旣, 乃與巴姬密埋璧於大室之庭, 使五人齊, 而長入拜.

康王跨之, 靈王肘加焉, 子干·子晳皆遠之.

平王弱, 抱而入, 再拜, 皆厭紐.

鬬韋龜屬成然焉, 且曰:「棄禮違命, 楚其危哉!」

子干歸, 韓宣子問於叔向曰:「子干其濟乎!」

對曰:「難.」

宣子曰:「同惡相求, 如市賈焉, 何難?」

對曰:「無與同好, 誰與同惡? 取國有五難, 有寵而無人, 一也; 有人而無主, 二也; 有主而無謀, 三也; 有謀而無民, 四也; 有民而無德, 五也. 子干在晉, 十三年矣. 晉·楚之從, 不聞達者, 可謂無人. 族盡親叛, 可謂無主. 無釁而動, 可謂無謀. 爲羈終世, 可謂無民. 亡無愛徵, 可謂無德. 王虐而不忌, 楚君子干, 涉五難以弒舊君, 誰能濟之? 有楚國者, 其棄疾乎! 君陳·蔡, 城外屬焉. 苛慝不作, 盜賊伏隱, 私欲不違, 民無怨心. 先神命之, 國民信之. 芈姓有亂, 必季實立, 楚之常也. 獲神, 一也; 有民, 二也; 令德, 三也; 寵貴, 四也; 居常, 五也. 有五利以去五難, 誰能害之? 子干之官, 則右尹也; 數其貴寵, 則庶子也; 以神所命, 則又遠之. 其貴亡矣, 其寵棄矣. 民無懷焉, 國無與焉, 將何以立?」

宣子曰:「齊桓·晉文不亦是乎?」

對曰:「齊桓, 衛姬之子也, 有寵於僖; 有鮑叔牙·賓須無·隰朋以爲輔佐; 有莒·衛以爲外主; 有國·高以爲內主; 從善如流, 下善齊肅; 不藏賄, 不從欲, 施舍不倦, 求善不厭. 是以有國, 不亦宜乎? 我先君文公, 狐季姬之子也, 有寵於獻; 好學而不貳, 生十七年, 有士五人. 有先大夫子餘·子犯以爲腹心, 有魏犨·賈佗以爲股肱, 有齊·宋·秦·楚以爲外主, 有欒·郤·狐·先以爲內主, 亡十九年, 守志彌篤.

惠・懷棄民, 民從而與之. 獻無異親, 民無異望. 天方相晉, 將何以代文? 此二君者, 異於子干. 共有寵子, 國有奧主; 無施於民, 無援於外; 去晉而不送, 歸楚而不逆, 何以冀國?」

초楚 영왕靈王이 영윤이었을 때 대사마大司馬 위엄蔿掩을 죽이고 그의 재산을 빼앗았다.

임금으로 즉위해서는 위거蔿居의 땅을 빼앗았고, 허許나라를 다른 곳으로 옮기고 허나라 대부 위圍를 인질로 삼았다.

채蔡나라 유洧는 초 영왕의 총애를 받았으나 영왕이 채나라를 멸망시킬 때에 그의 아버지가 전사하였음에도 영왕은 그에게 조정을 지키는 일을 부여하고 자신은 건계로 떠났다.

신申 땅에서 제후들과 회담을 할 때 월越나라 대부가 수치를 당하였다.

영왕은 투위구鬭韋龜의 중주中犫 땅을 빼앗고 다시 만성연蔓成然이 가지고 있던 읍을 빼앗고 그를 교외의 고을 지방 수령으로 삼았다.

만성연은 원래 채공蔡公을 섬기고 있었다.

위씨蔿氏 씨족과 위거・허나라 위圍・채나라 유洧・만성연 등은 모두 영왕으로부터 제대로 예우를 받지 못하던 사람들로서 그들은 관직을 박탈당한 다른 씨족들을 끌어들이고 월越나라 대부 상수과常壽過를 유인하여 반란을 일으켜 고성固城을 포위하고 식주息舟를 쳐서 이긴 다음 그곳에 성을 쌓고 차지하였다.

관기觀起가 죽었을 때 그의 아들 관종觀從은 채나라에서 조오朝吳를 섬기고 있었다. 그는 조오에게 이렇게 말하였다.

"지금 채나라가 다시 회복되지 않으면 채나라는 다시는 일어설 수 없습니다. 제가 청컨대 시험해 보겠습니다."

그리고는 채공蔡公(棄疾)의 명령이라고 하여 초나라 자간子干과 자석子晳을 불러들이면서 그들이 교외에 이르자 관정이 사정을 일러주며 강제로 그들과 동맹을 맺은 다음 채나라를 습격해 들어갔다.

그때 채공은 마침 식사를 하려던 참이었는데 습격해 오는 이들을 보자 달아났다.

관종은 자간으로 하여금 채공의 자리에 앉아 식사를 하도록 하면서 구덩이를 파고 맹약의 문서를 그 위에 올려놓고는 급히 떠나도록 하였다.

그리고 자신은 채나라를 두루 돌아다니며 이렇게 말하였다.

"채공이 두 공자를 불러들여 장차 초나라 본국으로 들여보내려고 그들과 맹약을 맺은 다음 이들을 보냈으며 장차 채공은 군사를 이끌고 그들 뒤를 따라 초나라로 쳐들어갈 것이다."

채나라 사람들이 모여들어 관종을 잡으려 하였다.

관종은 이렇게 변명을 하였다.

"도적인 두 공자를 놓치고 채공이 반란군을 편성하고 있는데 나를 죽인다고 무슨 이익이 되겠는가?"

그리하여 사람들은 그를 풀어 주었다.

조오가 말하였다.

"여러분이 만약 능히 초왕을 위하여 목숨을 바칠 수 있다면 채공의 반란군 편성을 반대하고 일이 되어가는 것을 기다리는 것이 좋겠지만, 만약 나라의 안정을 바란다면 채공의 편이 되어 그가 하고자 하는 바를 성공할 수 있도록 하십시오. 게다가 윗사람 채공에게 거역한다면 어디로 간들 살아남을 수 있겠습니까?"

그러자 사람들이 말하였다.

"채공의 편이 되겠습니다!"

이에 이들은 채공을 받들고 두 공자 자간과 자석을 불러내어 등鄧에서 맹약을 맺고 진陳나라와 채나라 사람들이 나라를 되찾을 마음을 의지하여 일을 벌이게 되었다.

초나라 공자 비比, 공자 흑굉黑肱, 공자 기질棄疾, 만성연蔓成然, 채나라 조오朝吳가 진陳·채蔡·불갱不羹·허許·섭葉의 군사를 이끌고, 네 씨족 무리의 도움으로 초나라로 들어갔다.

이들이 교외郊外에 이르자 진과 채 두 나라 사람들이 초나라를 쳐들어 갔다는 공적을 남기고자 기념 무군武軍 표시의 기념물을 만들기를 청하였다.

채공은 이를 알아차리고 말하였다.

"서둘러야 하며 게다가 따르는 일꾼들이 지쳐 있으니 그저 울타리만 치는 정도로 할 것을 청한다."

그리하여 울타리를 쳐서 기념물로 삼았다.

채공은 수무모須務牟와 사패史猈를 먼저 초나라로 들여보내어 정복인 正僕人을 통해 태자 녹祿과 공자 파적罷敵을 죽이도록 하였다.

그리고 공자 비比가 초왕이 되고 공자 흑굉이 영윤令尹이 되어 어피 魚陂에 주둔하였다.

공자 기질은 사마司馬가 되어 먼저 왕궁으로 들어가 영왕의 무리들을 깨끗하게 정리하고 관종으로 하여금 군사들을 따라 건계乾谿에 가서 영왕에게 이러한 사실을 알리며 이렇게 말하도록 하였다.

"빨리 돌아오는 자는 본래의 관직에 복직시킬 것이나 뒤에 처지는 자에게는 의형劓刑에 처할 것이다."

그러자 영왕이 이끌던 군사들은 자량訾梁에 이르자 뿔뿔이 흩어지고 말았다.

영왕은 공자들이 죽었다는 말을 듣자 스스로 수레에서 밑으로 몸을 던져 뛰어내리며 이렇게 말하였다.

"다른 사람이 자신의 자식을 사랑하는 마음도 나와 같을까?"

그러자 시종이 말하였다.

"더 심합니다. 소인은 늙도록 자식이 없으니 구렁텅이에 쳐 박혀 죽게 될 것임을 압니다."

왕이 말하였다.

"내가 남의 자식을 많이 죽였으니 어찌 이런 지경에 이르지 않을 수가 있겠는가?"

우윤右尹 자혁子革이 말하였다.

"청컨대 교외에서 기다리면서 사람들로부터 나라의 사정을 들어 보시기 바랍니다."

왕이 말하였다.

"민중이 노기에 차 있으니 그들을 건드릴 수 없소."

자혁이 말하였다.

"큰 도시로 들어가 머물면서 제후들에게 군사를 내달라고 요청하면 어떨지요."

왕이 말하였다.

"제후들도 모두 나를 배반하고 있소."

자혁이 말하였다.

"그러면 다른 제후국으로 망명하셨다가 큰 나라가 군주를 어떻게 대우할 것인가를 들어보시지요."

왕이 말하였다.

"큰 복은 두 번 다시 오지 않소. 그렇게 하면 단지 치욕만 얻을 뿐이오."

이에 연단然丹(子革)은 영왕을 버리고 초나라로 돌아갔다.

영왕은 하수夏水를 따라 장차 언鄢 땅으로 들어가려 하였다.

그러자 우윤芋尹 신해申亥가 말하였다.

"나의 아버지는 두 번이나 왕명을 어겼건만 왕께서는 벌을 내리지 않았으니 은혜로서 이보다 더 큰 것이 어디 있겠는가? 임금의 딱한 사정을 차마 보고만 있을 수 없고, 입은 은혜를 저버릴 수도 없으니 나는 왕을 따르리라."

그리고는 영왕을 찾아 나섰다가 극위棘闈에서 만나 모시고 돌아왔다.

여름 5월 계해날, 영왕은 우윤 신해의 집에서 목을 매어 죽었다.

신해는 왕을 위하여 그의 두 딸을 순장시켜 왕의 장례를 치렀다.

관종이 자간子干(比)에게 말하였다.

"기질을 죽이지 않으면 비록 나라를 얻어 군주가 된다 하더라도 화를 입게 될 것입니다."

자간이 말하였다.

"나는 차마 그럴 수 없소."

그러자 자옥子玉(觀從)이 말하였다.

"남들이 그대를 차마 하고 싶은 대로 할 텐데 나는 차마 그때를 기다리고 있을 수 없습니다."

그리고는 초나라를 떠나버렸다.

그 무렵 초나라에는 매일 밤 사람들을 놀라게 하며 소리치는 말이 있었다.

"영왕게서 도읍 안으로 들어오신다!"

을묘날 밤, 기질이 사람을 시켜 두루 뛰어다니며 이렇게 외치도록 하였다.
"왕이 들어오셨다!"
나라 사람들은 크게 놀랐다.
이에 기질은 만성연으로 하여금 자간과 자석子晳(黑肱)에게 달려가 이렇게 알리도록 하였다.
"영왕이 도읍으로 들어오셨습니다. 나라 사람들이 새로 된 임금 및 사마를 죽이려 장차 몰려올 것입니다. 임금께는 급히 서둘러 스스로 대책을 세우시면 욕된 일이 없을 것입니다. 군중의 분노는 물불과 같아서 어떻게 수를 쓸 수가 없습니다."
그때 또 다른 사람이 소리치면서 그들에게로 달려왔다.
"군중이 몰려옵니다!"
그 말을 듣자 자간과 자석 두 공자는 모두 자살하였다.
병진날, 공자 기질이 임금 자리에 올라 이름을 웅거熊居라 하였다.
이어서 자간子干을 자訾에 장지를 삼았으며 이가 실로 자오訾敖이다.
그리고 죄수를 죽여 그 시신에 영왕의 옷을 입혀 한수漢水에 띄워 놓았다가 이를 건져 장례를 치르면서 나라 사람들을 안심시켰다.
그는 자기子旗(蔓成然)를 영윤으로 삼았다.
출동 중이던 초나라 군사가 서徐로부터 귀환하던 길에 오吳 나라가 이들을 예장豫章에서 패배시키고 초나라 장수 다섯 명을 붙잡았다.
초 평왕平王(棄疾)은 진陳·채蔡 두 나라를 재건하고 본래의 도읍으로 옮겨주었으며 여러 사람에게 재물을 주고 널리 베풀며 백성을 너그럽게 대하였으며, 죄인을 용서하고 폐지시켰던 관직을 복원시켜주었다.
그리고 관종을 불러 평왕은 이렇게 말하였다.
"그대가 원하는 대로 해 주겠다."
그러자 관종이 대답하였다.
"저의 선대는 점치는 일을 돕는 직분이었습니다."
그리하여 그에게 복윤卜尹의 일을 하도록 해 주었다.
그리고 지여자궁枝如子躬으로 하여금 정나라를 예방하도록 하면서 아울러 주犫·역櫟 땅을 정나라에 되돌려주도록 하였다.

그러나 지여자궁은 정나라에 가서 예방을 마치고서도 그 땅을 돌려주지 않았다.

 정나라가 이렇게 청하며 말하였다.

 "길에서 떠도는 말을 듣건대 장차 우리 임금에게 주와 역 땅을 돌려주도록 명하셨다 합니다. 감히 그 명령을 청합니다."

 지여자궁이 대답하였다.

 "저는 아직 그러한 명령을 듣지 못하였습니다."

 이윽고 그가 초나라로 돌아와 평왕이 주·역 땅을 돌려주었는지 묻자 그는 관을 벗고 이렇게 대답하였다.

 "저는 과오로 임금의 명령을 지키지 못하여 아직 돌려주지 못하였습니다."

 그러자 평왕은 그의 손을 잡고 이렇게 말하였다.

 "그대는 괴로워하지 마시오! 잠시 집에 돌아가 있으시오. 내 필요한 일이 있으면 그대에게 알려드리겠소."

 몇 년 뒤 우윤 신해가 영왕의 관棺을 모시고 평왕에게 고하여 평왕은 다시 장례를 치렀다.

 일찍이 영왕이 점을 치면서 소원을 말하였었다.

 "나는 천하를 차지하였으면 합니다!"

 그러자 불길하다는 점괘가 나타났다.

 그는 거북껍질을 내던지며 큰소리로 하늘에 욕설을 퍼부으며 말하였다.

 "이 보잘것없는 천하임에도 내가 차지할 수 없게 한다면 나는 반드시 내 스스로 취하고 말 것이다."

 나라 사람들은 임금의 욕심이 끝이 없음을 두고 걱정을 하였다. 그 때문에 반란을 일으킨 이들을 따르기를 마치 집으로 돌아가듯이 여겼던 것이다.

 당초, 공왕共王에게는 적자가 없이 총애하는 아들 다섯이 있어 후계자로 적당한 자가 없었다.

 이에 공왕은 여러 명산대천에 큰 제사를 드리며 이렇게 기도하였다.

 "청컨대 신께서 다섯 아들 중에 선택해 주시어 그로 하여금 사직을 주관하게 해주십시오."

그리고 명산대천의 신령에게 벽옥을 두루 보이면서 이렇게 말하였다.

"이 벽옥에서 신에게 절하는 아들이 있으면 신께서 세워주시는 것으로 여기겠습니다. 그렇게 하면 누가 감히 신의 뜻을 어기겠습니까?"

이윽고 왕은 애첩 파희巴姬와 함께 벽옥을 태실大室의 뜰에 몰래 묻고 다섯 아들로 하여금 재계하고 큰아들부터 차례로 종묘의 뜰에 들어와 참배하도록 하였다. 맏이 강왕康王은 벽옥을 넘어갔고, 둘째 영왕은 팔이 벽옥을 스쳤고, 셋째 자간과 넷째 자석은 벽옥과는 거리가 먼 데서 절을 하였다.

그런데 다섯째 평왕平王은 어려 사람이 안고 들어가 두 번 절을 하는데 모두 머리가 벽옥의 볼록 튀어 나온 부분에 닿는 것이었다.

이에 투위구는 아들 만성연에게 공자 기질을 모시도록 부탁하고 아들에게 말하였다.

"명산대천과 종묘에 올린 제례를 버리거나 신의 명령을 위배하면 초나라는 위태해질 것이다."

자간(比)이 초나라로 돌아갈 때 진나라 한선자韓宣子가 숙향叔向에게 물었다.

"자간이 그 일을 잘 해내겠지요!"

숙향이 대답하였다.

"어려울 것입니다."

선자가 물었다.

"영왕을 미워하는 자들이 한마음이 되어 서로 찾기를 마치 시장에서 이익을 다투는 것과 같이 하는데 어찌 어렵겠습니까?"

숙향이 대답하였다.

"그러나 한 마음으로 받들어 모실 대상이 없으니 누가 한 마음으로 영왕을 미워할 수 있겠습니까? 나라를 차지하는 데에는 다섯 가지 어려움이 있습니다. 총애를 받고 있으나 도와주는 사람이 없는 경우가 그 첫째이며, 사람은 있으나 자신의 의지할 윗사람이 없는 것이 그 둘째이며, 의지할 사람은 있으나 계책을 세워줄 사람이 없는 것이 그 셋째이며, 계책은 있으나 따르는 백성이 없는 경우가 그 넷째이며, 따르는 백성은 있으나 자신이 덕을 갖추지 못한 경우가 그 다섯째입니다. 자간은 우리 진나라에 13년 동안이나 있었습니다. 그럼에도 진나라·초나라 사람들로서 그를 따르는 자 중에 통달한 자가 있다는 소문을 듣지 못하였으니 이는 그에게는 사람이 없다고 말할 수 있습니다. 또한 같은 족속이 모두 없어졌고 친척끼리도 배반하고 있으니 의지할 데가 없다고 말할 수 있습니다. 기회가 오지 않았는데도 행동에 나섰으니 이는 모책을 제대로 세우지 못한 것이라 말할 수 있습니다. 게다가 그는 나그네로 일생을 마치겠노라 하였으니 그에게는 따르는 백성이 없다고 말할 수 있습니다. 그리고 그는 망명 생활 중에 본국에서 그를 찾은 적이 없었으니 덕을 갖춘 사람은 아니라 말할 수 있습니다. 지금 영왕은 포학하여 꺼리는 바가 없이 굴고 있는 이때에 초나라 사람들이 자간을 임금으로 세우고자 한다면 그는 이 다섯 가지 어려움을 극복하여 임금을 시해해야 하는데 누가 능히 그 일을 해내겠습니까? 초나라를 차지할 사람은 공자 기질일 것입니다! 그는 진·채 두 나라에 군림하고 있으며 성 밖은 무두 그에게 소속되어 있습니다. 그는 가혹한 짓을 하지 않았고 도적들도 자취를 감추었습니다. 사욕을 부리거나 어긋난 짓을 하지 않아 백성들은 그를 조금도 원망함이 없습니다. 앞서 신이 명령하였고 나라의 백성들은 그를 믿고 있습니다. 미성羋姓은 난을 일으켰을 때 반드시 막내아들이 임금 자리에 오른 경우가 초나라의 상례가 되었습니다. 그는 신으로부터 천명을 얻었으니 이것이 첫째 이유요, 따르는 백성이 있으니 이것이 둘째 이유이며, 아름다운 덕을 갖추고 있으니 이것이 셋째 이유요, 총애와 귀함을 얻고 있으니 이것이 넷째 이유이며, 상례로 보아 막내인 것이 다섯째 이유입니다. 이러한 다섯 가지 이로운 점을 가지고 있으니 다섯 가지 어려움을 가지고 있는 자간을 제거한다면 누가 능히 그를 방해할 수 있겠습니까? 자간은 직책이 우윤이었고, 신분의 귀천을 따지면 서자입니다. 또한 신께서 명하신 바로 보더라도 역시 먼 사람입니다. 그는 신분도 귀하지 않고, 총애도 버려진 상태입니다. 백성들은 그를 염두에 두지도 않고 있으며 나라에서 그의 편을 들어주지도 않는데 장차 어찌 그런 자가 임금이 되겠습니까?"

선자가 물었다.

"제齊 환공桓公이나 우리 진晉 문공文公께서도 역시 그러한 경우가 아니었습니까?"

숙향이 대답하였다.

"제 환공은 위희衛姬의 아들로서 제 희공僖公의 총애를 받았고, 포숙아鮑叔牙, 빈수무賓須無, 습붕隰朋 등이 그를 보좌하였습니다. 또한 거莒나라와 위衛나라가 밖에서 그의 의지가 되어 주었고, 나라 안에서는 국씨國氏와 고씨高氏가 있어 안에서의 의지가 되어 주었습니다. 선을 따르기를 물 흐르듯이 하였고, 선한 사람에게 겸손하기를 엄숙하게 하였고, 뇌물을 쌓아두지 않았고, 사욕을 부리지 않았으며, 남에게 베풀기를 게을리하지 않았고, 선을 구하기를 싫증을 내지 않았습니다. 이 까닭으로 나라를 차지하게 된 것이니 이는 역시 당연하지 않겠습니까? 그리고 우리의 선군 문공께서는 호계희狐季姬의 아들로서 헌공獻公의 사랑을 받으셨고, 학문을 좋아하여 다른 마음을 품지 않으셨습니다. 그는 17살에 이미 인재 다섯을 거느리셨으니 선대부 자여子餘와 자범子犯이 심복이셨고, 위주魏犨와 가타賈佗는 그의 고굉股肱이 되셨으며 게다가 제나라·송나라·진秦나라·초나라가 밖에서 그의 의지가 되어주었고, 난欒·극郤·호狐·선先의 사씨四氏가 나라 안에서 그의 의지가 되어 주었습니다. 그는 19년의 망명생활에 뜻을 지켜 갈수록 독실해지셨으며 혜공惠公과 회공懷公이 백성을 버리게 되자 백성들은 그를 따르며 한 편이 되었던 것입니다. 게다가 헌공의 자손이 모두 없어지자 백성들은 문공 이외에 달리 희망을 걸 데가 없었습니다. 그런 상황에서 하늘 역시 진나라를 도우려 하였으니 장차 문공 대신 누가 군주의 자리에 오를 수 있었겠습니까? 이 두 임금은 초나라 자간과는 다릅니다. 초나라 공왕에게는 사랑하는 공자들이 있고, 궁중에는 이미 하늘이 정한 군주가 있습니다. 자간은 백성에게 혜택을 베푼 적도 없고, 밖으로부터의 후원이 없으며, 우리 진나라를 떠날 때 그 누구도 전송해 주지 않았고, 초나라로 들어갈 때도 누구 하나 그를 맞이해 준 자도 없습니다. 그런데 어찌 나라를 차지하기를 바랄 수 있겠습니까?"

【楚子】楚 靈王(熊虔). 왕위에 오르기 전에 楚나라 令尹(公子 圍)이었음.
【殺大司馬蒍掩】蒍掩을 죽인 사건은 襄公 30년을 볼 것.
【奪蒍居田】杜預 注에 "居, 掩之族. 言蒍氏所以怨"이라 함.

【遷許】昭公 9년 許나라의 도읍을 옮기도록 함.
【圍】許나라 대부.
【蔡洧】蔡나라 출신으로 초나라에서 벼슬을 하고 있던 羈旅之臣. 杜預 注에 "楚滅蔡在十一年. 洧仕楚, 其父在國, 故死"라 하였고, 馬宗璉의 〈補注〉에는 "父死, 故怨王"이라 함.
【與於守而行】洧의 아버지가 죽었음에도 아무런 위로도 없이 洧로 하여금 국내 (楚)를 지키도록 명하고 靈王 자신은 乾谿로 떠나버림. 杜預 注에 "使洧守國, 王行至乾谿"라 함.
【申之會】申에서의 회담은 昭公 4년을 볼 것.
【越大夫戮焉】'戮'은 '僇'과 같으며 '辱'의 뜻. 越大夫는 常壽過를 가리킴. 《史記》 楚世家에 "楚, 靈王會兵於申, 僇越大夫常壽過"라 하였고, 索隱에 "僇, 辱也"라 함. 常壽過에 대한 기사는 昭公 5년을 볼 것.
【鬪韋龜】楚나라 令尹 子文의 玄孫.
【中犫】'中犨'로도 표기하며 지명. 혹 지금의 河南 南陽 근처일 것으로 추정함.
【成然】蔓成然. 鬪成然. 鬪韋龜의 아들. 자는 子旗. 《通志》氏族略(3)에 "楚有鬪成然, 食采于蔓, 曰蔓成然"이라 함. 공자 棄疾(平王, 熊居)에 의해 초나라 令尹에 오름.
【郊尹】郊外를 다스리는 지방 수령. 杜預 注에 "郊尹, 治郊竟大夫"라 함.
【蔡公】왕자 棄疾(弃疾)을 가리킴. 杜預 注에 "蔡公, 棄疾也. '故'猶'舊'也. 韋龜 以棄疾有當璧之命, 故使成然事之"라 함.
【喪職之族】靈王으로부터 직책을 상실당한 씨족들. '喪'은 '失'과 같음.
【啓】'導'와 같음. 誘導함. 誘引함.
【越大夫常壽過】申之會에서 영왕에게 모욕을 당했던 인물. 그러나 《史記》 楚世家에는 "起子從亡在吳, 乃勸吳王伐楚, 爲間越大夫常壽過而作亂"이라 하여 내용이 다름.
【固城】杜預 注에 "城之堅固者"라 하였으나 읍 이름이라고도 보기도 함. 지금의 河南 息縣에 固城集이라는 곳이 있음.
【息舟】固城 부근의 땅이름으로 보고 있음.
【觀起】楚나라 庶人 이름. 子南의 총애를 받았으며 그의 아들이 觀從이었음. 觀起의 죽음은 襄公 22년을 볼 것.
【從】觀從. 觀起의 아들. 자는 子玉.
【朝吳】蔡나라 대부. 聲子의 아들. 杜預 注에 "朝吳, 故蔡大夫聲子之子"라 함.
【蔡不封矣】지금의 채나라 회복을 도모하지 않으면 채나라는 영원히 다시 일어설 수 없음을 뜻함.

【試之】杜預 注에 "觀從以父死怨楚, 故欲試作亂"이라 하여 觀從이 난을 일으켜 채나라 사람들의 의중을 떠보겠다는 뜻으로 보았으나 楊伯峻은 "此說不確, 觀從在報父仇, 朝吳尤在恢復祖國"이라 함.
【子干】公子 比. 이름은 訾敖. 共王(審)의 아들이며 靈王(熊虔)의 아우. 昭公 원년 형 公子 圍(熊虔)가 왕위에 오르자(靈王) 두려움을 느껴 晉나라로 망명함. 본문에서처럼 영왕이 乾谿에 있는 동안 觀從의 조종에 의해 채나라를 거쳐 초나라에 진입, 내란을 일으켜 성공하자 잠시 王位에 올랐으나 막내아우 棄疾의 간계에 의해 자살함.
【子晳】公子 黑肱. 역시 楚 靈王의 아우이며 共王(審)의 아들. 鄭나라로 망명하였다가 觀從에 의해 자간과 함께 초나라에 진입, 내란을 성공시켜 사마에 올랐으나 기질의 간계에 의해 자결함. 杜預 注에 "二子皆靈王弟, 元年, 子干奔晉, 子晳奔鄭"이라 함. 楚 共王에게는 총애하는 다섯 아들이 있었으며 康王(昭), 靈王(公子 圍, 熊虔), 公子 比(子干), 公子 黑肱(子晳), 공자 棄疾이었음.
【蔡公】公子 棄疾. 형 靈王에 의해 蔡나라를 멸망시킨 다음 蔡나라를 다스리는 총책의 임무를 맡아 '蔡公'이라 불림. 그 뒤 본문 내용처럼 兄 靈王(熊虔)이 乾谿에 있는 동안 觀從의 모책에 의해 두 형 子干(比)과 子晳(黑肱)을 앞세우고 蔡나라로부터 군사를 이끌고 귀국하여 내란을 일으켜 성공함. 두 형 子干(比)과 子晳(黑肱)까지 자결토록 하고 왕위에 오름. 이가 平王이며 이름을 熊居로 바꿈. B.C.528～516년까지 13년간 재위하고 昭王(軫)이 그 뒤를 이음.
【將納之】장차 이 두 사람 子干과 子晳을 초나라 도읍 궁궐로 들여보낼 것임.
【將師而從之】杜預 注에 "詐言蔡公將以師助二子"라 하여 棄疾이 두 왕자를 도와 군사를 일으켜 그 뒤를 따라 초나라로 들어갈 것이라 거짓 소문을 퍼뜨림.
【將執之】관종을 잡으려 함. 杜預 注에 "執觀從"이라 함.
【失賊成軍】杜預 注에 "賊謂子干·子晳也. 言蔡公已成軍, 殺己不解罪"라 함.
【以待所濟】'濟'는 성취의 여부를 뜻함. 杜預 注에 "言若能爲靈王死亡, 則可違蔡公之命, 以待成敗所在"라 함.
【違上】蔡公의 명령을 거역함. 杜預 注에 "言不可違上也. 上謂蔡公"이라 함.
【鄧】지금의 河南 漯河市 동남쪽. 蔡나라의 舊都는 지금의 上蔡縣 서북쪽이었음.
【依陳·蔡人以國】'依'는 '의뢰하다. 그들의 의견을 근거나 구실로 삼다'의 뜻. 즉 陳나라, 蔡나라 사람들이 자신들의 조국을 회복하겠다는 심정을 근거로 내세워 일을 진행함.
【公子棄疾】蔡公.
【四族】杜預 注에 "四族, 薳氏·許圍·蔡洧·蔓成然"이라 함.

【武軍】壁壘를 쌓아 깃발을 세움. 고대 出征에서 자신들이 지나간 길을 증명하고 武功을 자랑하기 위하여 기념물을 세우는 것을 뜻함. 宣公 12년에 "君盍築武軍而收晉尸以爲京觀"이라 하였고, 襄公 23년에는 "張武軍於熒庭"이라 함. 杜預 注에는 "築壁壘"라 함.
【役病】이번 출정에 매우 지쳐있음.
【須務牟·史猈】杜預 注에 "須務牟·史猈, 楚大夫, 蔡公之黨也"라 함.
【正僕人】正은 長. 僕人은 侍從. 즉 侍從長. 杜預 注에 "正僕, 太子之近官"이라 함. 僕人의 長.
【大子祿】楚 靈王의 태자.
【公子罷敵】楚 靈王의 공자. 罷는 '비', '피', '파' 등 여러 음이 있음. 여기서는 잠정적으로 '파'로 읽음.
【次】군사가 주둔함을 뜻함. 莊公 3년 傳에 "凡師, 一宿爲舍, 再宿爲信, 過信爲次"라 함.
【魚陂】지금의 湖北 天門縣 서북쪽.
【告之】杜預 注에 "從乾谿之師, 告使叛靈王"이라 함. 지난해 靈王이 徐나라를 치고자 군사를 이끌고 乾谿에 주둔하고 있었음.
【劓】코를 베는 형벌.
【訾梁】지금의 河南 信陽縣 부근.
【潰】靈王이 군사를 이끌고 급히 귀환하고자 자량에 이르렀을 때 신하와 군사들이 靈王의 군주답지 못함에 반기를 든 것이며 觀從의 말을 듣고 급히 귀국하여 옛 관직을 되찾고자 흩어진 것임. 杜預 注에 "靈王還至訾梁而衆散"이라 함.
【羣公子之死】太子 祿과 公子 罷敵이 正僕에 의해 죽음을 당함.
【擠】'墜', '排'와 같음. 죽어 시신이 구렁텅이에 밀쳐 넣어져 버려짐.
【子革】然丹. 鄭나라 穆公의 손자. 子革으로도 불림. 襄公 19년 楚나라로 망명하였음. 杜預 注에 "然丹, 鄭穆孫, 襄十九年奔楚"라 함.
【聽國人】靈王이 도읍 郢의 교외에 머물며 백성들이 누구를 왕으로 선택할 것인지를 들어본 다음 자신을 배제하면 그 때 다른 길을 택할 것을 권유한 것.
【大都】《史記》楚世家에는 '大縣'으로 되어 있음. 林堯叟의 〈解〉에 "如陳·蔡·不羹·許·葉之屬"이라 함.
【沿夏, 將欲入鄢】夏는 夏水. 漢水의 다른 이름. 杜預 注에 "夏, 漢別名. 順流謂沿. 順漢水南至鄢"이라 함. 鄢은 楚나라 別都로 지금의 湖北 宜城縣 서남 鄢水 북쪽에 있음.
【芋尹】芋는 지명. 尹은 지방 장관.

【無宇】申無宇. 楚나라 대부이며 芋尹이었음.

【申亥】申無宇의 아들.

【再奸王命】申無宇가 두 번이나 靈王의 명령을 어김. 杜預 注에 "謂斷王族, 執人於章華宮"이라 함. 昭公 7년 傳을 볼 것.

【棘闈】원전에는 '棘圍'로 되어 있음. 阮元〈校勘記〉에 의해 바로잡음. 杜預 注에 "棘, 里名. 闈, 門也"라 함. 따라서 棘 고을의 里門을 뜻함.

【夏五月癸亥】5월 25일. 經文에는 '夏四月'로 되어 있으며 이에 대해 杜預 注에는 "癸亥在乙卯·丙辰後, 傳終言之. 經書四月, 誤"라 함. 그러나 阮芝生의《杜註拾遺》에는 "經書四月, 從赴也. 平王殺囚以欺國人, 自必詭爲日月以赴列國. 芋尹未以柩告之先, 靈王之定死與否尙未知. 日以四月, 地以虔谿(乾谿), 一皆平王假設以赴者. 及其得其實, 又無重赴之理, 故列國所書俱仍初告之日月耳"라 함.

【縊】목을 매어 죽음. 楚 靈王의 죽음에 대해《國語》吳語에 "昔楚靈王不君, 其臣箴諫以不入. 乃築臺於章華之上, 闕爲石郭, 陂漢, 以象帝舜. 罷弊楚國, 以閒陳·蔡. 不修方城之內, 踰諸夏而圖東國, 三歲於沮·汾以服吳·越. 其民不忍饑勞之殃, 三軍叛王於乾谿. 王親獨行, 屛營仿偟於山林之中, 三日乃見其涓人疇. 王呼之曰:『余不食三日矣』 疇趨而進, 王枕其股以寢於地. 王寐, 疇枕王以璞而去之. 王覺而無見也, 乃匍匐將入於棘闈, 棘闈不納, 乃入芋尹申亥氏焉. 王縊, 申亥負王以歸, 而土埋之其室. 此志也, 豈邃忘於諸侯之耳乎?"라 하였고,《史記》楚世家에는 "遇王饑于釐澤, 奉之而歸"라 함. 한편 賈誼《新書》大都篇에는 "靈王, 遂死於乾谿芋尹申亥之井"이라 하였고,《淮南子》泰族訓에는 "餓于乾谿, 食莽飮水, 枕壞而死"라 하여 일부 기록이 다름.

【二女殉】《國語》吳語에는 "王縊, 申亥負王以歸而土埋之其室"이라 하여 두 딸을 순장한 기록은 없음.

【王入矣】당시 초나라 국내에서는 靈王의 생사 여부를 알지 못하고 있었음.

【乙卯】5월 17일.

【周走而呼】杜預 注에 "周, 徧也"라 함. 사방을 두루 뛰어 돌아다니며 외치도록 함. 이는 棄疾이 子干과 子晳에게 겁을 주어 자결토록 하기 위한 것이었음.《史記》楚世家에는 "棄疾使船人從江上走呼曰"이라 하여 章炳麟은 "此太史公讀傳文「周」爲「舟」也"라 함.

【丙辰】5월 18일.

【熊居】棄疾이 왕위(平王)에 오른 다음 이름을 '熊居'라 함. 平王(熊居, 棄疾)은 이처럼 靈王(熊虔)의 뒤를 이어 B.C.529~516년까지 13년간 재위하고 昭王(軫)이 그 뒤를 이음. 한편《史記》楚世家에 의하면 楚나라 군주의 이름은 '熊'자를

사용하여 鬻熊, 熊麗, 熊狂, 熊繹, 熊艾, 熊揚, 熊鉏, 熊渠, 熊延, 熊勇, 熊嚴, 熊霜, 熊徇, 熊儀, 熊坎 등이 있었으며 春秋 이후에는 熊通(武王), 熊貲(文王), 熊惲(成王) 등이 있었음. 〈曾侯鐘〉銘에는 '楚王熊章'이 보이며 隨縣 출토의 〈楚王鎛〉의 銘文에는 '熊章'을 '酓章'으로 썼음. '酓'은 楚나라 방언으로 '熊'에 해당함.

【訾】 지금의 河南 信陽縣 근처.

【訾敖】 楚나라 임금은 諡號가 없을 경우 葬地를 앞에 쓰고 그 다음에 '敖'자를 넣어 廟號로 삼음. 杜敖, 若敖, 郟敖 등이 그 예임.

【以靖國人】 靈王의 죽음에 대하여 전혀 알지 못하여 여론이 어수선하자 棄疾(平王)이 꾀를 내어 죄수를 죽여 靈王의 옷을 입혀 강에 띄운 다음 다시 건져 영왕이라 하여 장례를 치른 것. 楊樹達의 〈讀左傳〉에 "時靈王之柩未出, 恐國人疑靈王未死, 或有異志, 故爲此使國人安定也"라 함.

【豫章】 楚나라 지명. 昭公 6년을 볼 것.

【五帥】 다섯 장수. 昭公 12년 徐나라 정벌에 나섰던 蕩侯·潘子·司馬督·囂尹午·陵尹喜를 가리킴.

【平王】 棄疾, 熊居. 共王(審)의 막내아들이며 康王(昭)과 靈王(熊虔)의 아우. 子干(比)과 子晳(黑肱)의 아우이기도 함.

【致羣賂】 처음 擧事할 때 주기로 한 賞功의 예물. 杜預 注에 "始擧事時所貨賂"라 함.

【施舍】 널리 베풀어줌.

【擧職】 폐지한 관직을 부활시킴. 杜預 注에 "修廢官"이라 함.

【佐開卜】 開는 契와 같으며 龜占을 칠 때 글씨를 새기는 것. 그러나 鄭玄은 "開, 開出其占書也"라 하여 '占書를 펴서 열다'의 뜻으로 보았음.

【卜尹】 卜師. 大夫. 점을 맡은 직책의 우두머리.

【枝如子躬】 枝如는 複姓. 子躬은 이름.

【犫·櫟】 杜預 注에 "犫·櫟本鄭邑, 楚中取之. 平王新立, 故還以賂鄭"이라 함.

【聞諸道路】 정확한 근거를 대지 않고 빗대어 이르는 말.

【降服】 杜預 注에 "降服, 如今解冠也. 謝違命"이라 함. 죄를 청함을 뜻함.

【不穀】 '孤', '寡人'과 더불어 임금이 자신을 낮추어 부르는 칭호.《老子》39장에 "故貴以賤爲本, 高以下爲基. 是以侯王自謂孤·寡·不穀, 此非以賤爲本邪? 非歟?"라 함.

【其告子也】 杜預 注에 "王善其有權, 有事將復使之"라 함. 한편 石韞玉의 《讀左卮言》에 "大夫出疆, 苟利社稷, 專之可也"라 함.

【余尚得天下】 '尚'은 '庶幾'와 같음. 희망을 나타내는 부사. 杜預 注에 "尚, 庶幾"라 함.

【區區】 杜預 注에 "區區, 小天下"라 함. 천하를 작게 여김.

【冢適】嫡子. 正夫人에게서 난 아들. 楚 共王(審)의 正夫人은 襄公 12년 傳에 "秦嬴歸于楚. 楚司馬子庚聘于秦, 爲夫人寧"이라 하여 공공의 適配는 秦嬴이었으며 아들을 낳지 못함.

【五人】共王(審)의 다섯 아들. 康王(昭), 靈王(熊虔), 公子 圍), 子干(訾敖, 公子 比), 子皙(公子 黑肱), 棄疾(平王, 熊居).

【群望】여러 명산대천에 祭禮를 올림. '望'은 제후가 자신의 영토 내의 명산대천에 올리는 제사를 뜻하며 이를 '望祭'라 함.

【巴姬】巴나라 출신의 共王 애첩. 杜預 注에 "巴姬, 共王妾"이라 함.

【大室】太室과 같으며 조상의 위패를 모신 祖廟. 宗廟.

【齊】'齋'와 같음. 齋戒함.

【厭紐】'厭'은 '壓'과 같으며 '닿아 누르다'의 뜻. '紐'는 옥의 볼록하게 장식하여 코처럼 융기된 부분.《廣雅》釋器에 "印謂之璽, 紐謂之鼻"라 함.

【屬】'囑'과 같음. 부탁함. 위촉함. 棄疾이 왕이 될 것을 알고 아들에게 平王을 잘 모실 것을 부탁한 것.

【韓宣子】韓起. 晉나라 대부. 韓厥의 아들이며 韓無忌의 아우. 시호는 宣子. 당시 晉나라 執政大臣이었음. 그들 후손이 春秋末 晉六卿이었으며 戰國시대 三晉의 하나이며 戰國七雄인 韓나라로 발전함.

【叔向】晉나라 어진 대부. 羊舌肸, 자는 叔肸, 혹 叔譽라고도 부름.

【同惡】초 영왕을 미워하는 이들이 서로 한마음이 됨.

【市賈】시장의 장사꾼이 서로 이익을 위해 일하듯 지향하는 바가 일치함.

【十三年】子干(公子 比)은 昭公 원년 楚나라로부터 망명하여 晉나라에 머문 지 13년째였음.

【達者】훌륭한 인재. 杜預 注에 "晉·楚之士從子干游, 皆非達人"이라 함.

【無釁】'釁'은 틈. 초나라에 틈이 생겨 자간에게 유리한 기회가 되어야 하나 이러한 경우가 아니었음. 杜預 注에 "召子干時, 楚未有大釁"이라 함.

【愛徵】고국 초나라에서 자간을 사랑하여 그가 돌아오기를 고대함. 자간에게는 그러한 경우가 없었음을 말함. 杜預 注에 "楚人無愛念之者"라 함.

【虐而不忌】俞樾〈平議〉에 "靈王雖暴虐, 而尙不忌刻, 觀其赦芋尹無宇及使穿封戌爲陳公二事, 殊有君人之度"라 하여 '忌'를 '忌刻'의 의미로 보았음. 따라서 아직은 영왕을 제거할 단계가 아니었음을 뜻함.

【君陳蔡】陳과 蔡의 옛 땅을 다스리어 군림함. 기질은 채공이 되어 그곳에서 각박한 정치를 하지 않았음을 강조한 것.

【城外屬焉】《史記》楚世家에는 "方城外屬焉"이라 하여 方城 밖은 모두 棄疾에게 소속되어 있다는 뜻으로 보았으며 杜預 注에도 "城, 方城. 時穿封戌旣死, 棄疾並令陳·蔡"라 함.
【芉】楚나라 國姓.
【楚之常】文公 元年 傳에 "楚國之擧, 恒在少子"라 하였고 棄疾은 共王의 막내아들이었음.
【齊桓·晉文】春秋五霸의 뛰어난 임금들이었던 齊 桓公(小白)과 晉 文公(重耳). 服虔은 "皆庶子而出奔"이라 하여 상황과 처지가 같았음을 말함.
【衛姬】齊 桓公 小白은 齊 僖公과 衛姬 사이에 태어남.
【僖】齊 僖公(祿父). 春秋 초기 齊 桓公의 아버지.
【鮑叔牙·賓須無·隰朋】齊 桓公을 도운 뛰어난 보필들. 《管子》小匡篇 등에 "管仲曰:「升降揖讓進退閑習, 辯辭之剛柔, 臣不如隰朋, 請立爲大行. 決獄折中, 不殺不辜, 不誣無罪, 臣不如賓須無, 請立爲大司理.」"라 함. 鮑叔牙는 管鮑之交로 널리 알려진 인물.
【國·高】제나라의 귀족 성씨. 杜預 注에 "國氏·高氏, 齊上卿"이라 함.
【狐季姬】晉 獻公의 아내이며 重耳(文公)의 어머니.
【獻】晉 獻公(詭諸, 佹諸). 驪姬를 맞이하여 내란을 조성함. 重耳의 부친.
【有五人】僖公 23년을 볼 것. 重耳를 따랐던 狐偃(子犯)·趙衰(子餘)·顚頡·魏犨·司空季子를 말한 것이라 봄.
【外主】重耳가 망명할 때 밖에서 聲援하고 도와준 나라들. 杜預 注에 "齊妻以女, 宋贈以馬, 楚王享之, 秦伯納之"라 함.
【欒·郤·狐·先】欒枝, 郤縠, 狐突, 先軫 네 사람을 가리킴.
【獻無異親】晉 獻公에게는 아홉 아들이 있었으나 당시 重耳(文公)만 남음. 僖公 24년 傳을 볼 것.
【奧主】깊고 신비하여 들여다 볼 수 없이 이미 하늘이 지명한 군주. 여기서는 棄疾을 가리킴. 杜預 注에 "奧主, 棄疾也"라 함.

⁕ 1458(昭13-4)

秋, 公會劉子·晉侯·齊侯·宋公·衛侯·鄭伯·曹伯·莒子·邾子·滕子·薛伯·杞伯·小邾子于平丘.

가을, 소공昭公이 유자劉子·진후晉侯·제후齊侯·송공宋公·위후衛侯·정백鄭伯·조백曹伯·거자莒子·주자邾子·등자滕子·설백薛伯·기백杞伯·소주자小邾子와 평구平丘에서 만났다.

【滕】周 文王의 아들 叔繡가 받았던 封國. 侯爵이었으며 지금의 山東 滕縣 일대. 戰國시대 齊나라에게 망함.
【平丘】지금의 河南 封丘縣 동쪽이며 長垣縣의 남쪽.

⁕ 1459(昭13-5)

八月甲戌, 同盟于平丘, 公不與盟.

8월 갑술날, 제후들이 평구平丘에서 동맹을 맺었으나 소공昭公은 그 맹약에 참여하지 않았다.

【甲戌】8월 7일.

⁕ 1460(昭13-6)

晉人執季孫意如以歸.

진晉나라가 노나라 계손의여季孫意如를 붙잡아 데리고 돌아갔다.

【季孫意如】季平子. 魯나라 대부. 시호는 平子. 季悼子(季孫紇)의 아들이며 季武子(季孫宿)의 손자. 悼子가 아버지 武子보다 먼저 죽어 나중에 平子가 집안의 후계자가 됨.

傳

晉成虒祁, 諸侯朝而歸者皆有貳心.
爲取郠故, 晉將以諸侯來討.
叔向曰:「諸侯不可以不示威.」
乃幷徵會, 告于吳.
秋, 晉侯會吳子于良, 水道不可, 吳子辭, 乃還.
七月丙寅, 治兵于邾南.
甲車四千乘.
羊舌鮒攝司馬, 遂合諸侯于平丘.
子產‧子大叔相鄭伯以會, 子產以幄‧幕九張行.
子大叔以四十, 旣而悔之, 每舍, 損焉.
及會, 亦如之.
次于衛地, 叔鮒求貨於衛, 淫芻蕘者.
衛人使屠伯饋叔向羹與一篋錦, 曰:「諸侯事晉, 未敢攜貳; 況衛在君之宇下, 而敢有異志? 芻蕘者異於他日, 敢請之.」
叔向受羹反錦, 曰:「晉有羊舌鮒者, 瀆貨無厭, 亦將及矣. 爲此役也, 子若以君命賜之, 其已.」
客從之, 未退而禁之.
晉人將尋盟, 齊人不可.
晉侯使叔向告劉獻公曰:「抑齊人不盟, 若之何?」
對曰:「盟以底信, 君苟有信, 諸侯不貳, 何患焉? 告之以文辭, 董之以武師, 雖齊不許, 君庸多矣. 天子之老請帥王賦: 『元戎十乘, 以先啓行』, 遲速唯君.」
叔向告于齊, 曰:「諸侯求盟, 已在此矣. 今君弗利, 寡君以爲請.」

對曰:「諸侯討貳, 則有尋盟. 若皆用命, 何盟之尋?」

叔向曰:「國家之敗, 有事而無業, 事則不經; 有業而無禮, 經則不序; 有禮而無威, 序則不共; 有威而不昭, 共則不明. 不明棄共, 百事不終, 所由傾覆也. 是故明王之制, 使諸侯歲聘以志業, 間朝以講禮, 再朝而會以示威, 再會而盟以顯昭明. 志業於好, 講禮於等, 示威於眾, 昭明於神. 自古以來, 未之或失也. 存亡之道, 恒由是興. 晉禮主盟, 懼有不治; 奉承齊犧, 而布諸君, 求終事也. 君曰『余必廢之』, 何齊之有? 唯君圖之. 寡君聞命矣.」

齊人懼, 對曰:「小國言之, 大國制之, 敢不聽從? 既聞命矣, 敬共以往, 遲速唯君.」

叔向曰:「諸侯有間矣, 不可以不示眾.」

八月辛未, 治兵, 建而不旆.

壬申, 復旆之, 諸侯畏之.

邾人·莒人愬于晉曰:「魯朝夕伐我, 幾亡矣. 我之不共, 魯故之以.」

晉侯不見公.

使叔向來辭曰:「諸侯將以甲戌盟, 寡君知不得事君矣, 請君無勤.」

子服惠伯對曰:「君信蠻夷之訴, 以絕兄弟之國, 棄周公之後, 亦唯君. 寡君聞命矣.」

叔向曰:「寡君有甲車四千乘在, 雖以無道行之, 必可畏也. 況其率道, 其何敵之有? 牛雖瘠, 僨於豚上, 其畏不死? 南蒯·子仲之憂, 其庸可棄乎? 若奉晉之眾, 用諸侯之師, 因邾·莒·杞·鄫之怒, 以討魯罪, 間其二憂, 何求而弗克?」

魯人懼, 聽命.

甲戌, 同盟于平丘, 齊服也.

令諸侯日中造于除.

癸酉, 退朝. 子產命外僕速張於除, 子大叔止之, 使待明日.

及夕, 子產聞其未張也, 使速往, 乃無所張矣.

及盟, 子產爭承, 曰:「昔者天子班貢, 輕重以列. 列尊貢重, 周之制也. 卑而貢重者, 甸服也. 鄭伯, 男也, 而使從公侯之貢, 懼弗給也,敢以爲請. 諸侯靖兵, 好以爲事. 行理之命無月不至, 貢之無藝, 小國有闕, 所以得罪也. 諸侯修盟, 存小國也. 貢獻無極, 亡可待也. 存亡之制, 將在今矣.」

自日中以爭, 至于昏, 晉人許之.

既盟, 子大叔咎之曰:「諸侯若討, 其可瀆乎?」

子產曰:「晉政多門, 貳偸之不暇, 何暇討? 國不競亦陵, 何國之爲?」

公不與盟.

晉人執季孫意如, 以幕蒙之, 使狄人守之.

司鐸射懷錦, 奉壺飮冰, 以蒲伏焉.

守者御之, 乃與之錦而入.

晉人以平子歸, 子服湫從.

子產歸, 未至, 聞子皮卒, 哭, 且曰:「吾已! 無爲爲善矣. 唯夫子知我.」

仲尼謂子產,「於是行也, 足以爲國基矣.《詩》曰:『樂只君子, 邦家之基.』子產, 君子之求樂者也.」

且曰:「合諸侯, 藝貢事, 禮也.」

진晉나라 사기궁虒祁宮이 완공되어 제후들이 찾아가 축하하고 돌아온 이들은 모두가 두 마음을 품게 되었다.

노나라가 거莒나라 땅 경鄆을 차지한 일로 진나라는 제후들 군사를 이끌고 노나라를 토벌하려 하였다.

숙향叔向이 말하였다.

"제후들에게 위력을 보여주지 않을 수 없다."

이에 제후들을 불러 회의를 여고 오吳나라에게도 이를 알렸다.

가을, 진 소공은 오나라 임금과 양良에서 만나기로 하였으나 수로水路가 통하지 못하다 하여 오나라 임금이 만나기를 사절하여 진 소공은 되돌아오고 말았다.

7월 병인날, 제후의 군사들이 주邾나라 남쪽 땅에 모였다.

전차가 4천 대나 되었다.

양설부羊舌鮒가 사마司馬의 업무를 하여 드디어 제후들이 평구平丘에서 모였다.

자산子産과 자태숙子大叔이 정鄭 정공定公을 도와 그 모임에 참석하였으며 그 행차에 자산은 야영용 천막 9벌을 가지고 갔다.

자태숙은 40벌이나 가지고 갔다가 이를 후회하고는 매번 야영을 할 때마다 덜어 없앴다.

그리하여 모임 장소에 이르렀을 때에는 자산의 것과 같은 수가 되었다.

제후들 군사가 위衛나라 땅에 주둔하여 숙부叔鮒(羊舌鮒)는 위나라에게 재화를 구하며 말과 소에게 먹일 풀과 땔나무를 마구 베었다.

위나라 사람이 도백屠伯으로 하여금 갱羹과 비단 한 상자를 숙향에게 보내면서 이렇게 말을 전하도록 하였다.

"제후들은 진나라를 섬기면서 감히 다른 마음을 품지 않고 있었습니다. 하물며 우리 위나라는 귀국 임금의 처마 밑에 있는데 감히 다른 뜻을 품을 수 있었겠습니까? 그런데 지금 군사들이 풀과 땔나무 베면서 다른 때와 다르니 감히 삼가주시기를 청합니다."

숙향은 국 요리는 받고 비단은 돌려주면서 말하였다.

"진나라에 양설부라는 사람이 있어 재화에 대한 욕심이 한이 없습니다. 장차 그는 화를 당할 것입니다. 이번 일에 그대가 만약 위나라 임금의 명령이라 하면서 그에게 이것을 준다면 그는 그 행동을 그칠 것입니다."

도백이 그의 말대로 하자 도백이 물러나기도 전에 양설부는 군사들의 그러한 행동을 금지시켰다.

진晉나라가 제후들과의 맹약을 다시 다지려 하였으나 제齊나라가 거부하였다. 진 소공이 숙향으로 하여금 유헌공劉獻公에게 이렇게 고하도록 하였다.

"제나라가 맹약에 참여하지 않겠다고 하니 이를 어찌 하면 좋겠습니까?"

유헌공이 대답하였다.

"맹약은 신의로써 이루는 것인데 임금께서 진실로 신의를 가지고 있다면 제후들은 두 마음을 품지 않을 것이니 어찌 걱정을 하십니까? 그들에게 좋은 말로 타이르시고 군사의 위력으로써 이를 독려하신다면 비록 제나라가 허락하지 않는다 해도 그대 임금의 위세는 충분히 떨쳐질 것입니다.

천자를 모시는 이 늙은이가 천자의 군사를 이끌겠다고 청하여 '열 대의 전차를 이끌고 앞장서서 길을 열겠습니다.' 그 출군 시기의 지속遲速은 오직 임금께 맡기겠습니다."

숙향이 제나라에게 이렇게 통고하였다.

"제후들이 맹약을 맺기 위해 이미 이곳에 모였습니다. 지금 귀국의 임금께서는 이익될 것이 없다고 여기시지만 우리 임금께서는 군주께서 참석하시기를 청하고 계십니다."

제나라 측에서 대답하였다.

"제후들이 배반한 나라를 치고자 한다면 지난날의 맹약을 다시 굳게 다져야 하지만 만약 제후들이 모두 패자의 명령을 따르기만 할 일이라면 무엇 때문에 옛 맹약을 다시 다질 필요가 있겠습니까?"

숙향이 말하였다.

"나라가 패망하는 경우란, 제후들에게 만날 일은 있으되 공납물이 없으면 그러한 만남은 도리에 맞지 않은 것이요, 공납물은 있으나 예가 없으면 그러한 경우에는 질서가 없어지게 되는 것입니다. 또 예로써 만나되 위엄이 없으면 서열에 공경함이 없게 될 것이요, 위엄은 있으면서 그 위엄이 명확히 나타나지 않으면 공경스러움이 분명해지지 못합니다. 위엄이 분명하지 않으면 맹주에 관한 제후들의 공경심이 없어질 것이요, 모든 일은 좋은 결과를 얻을 수 없게 되어 결국 이 때문에 나라는 엎어지고 마는 것입니다. 이 까닭으로 명왕明王의 제도에는 제후들로 하여금 매년 예방하여 공물을 바치도록 하고 그 중간 3년마다 찾아와 예를 행하며 두 번째 조견인 6년마다에는 위엄을 보이고, 두 번째 조회인 12년마다에는 맹약을 맺어 제후들로 하여금 성의를 밝히도록 하는 것입니다. 공물을 바치는 일을 예방할 때 실천하며 등급에 따라 그 예를 닦으며 여러 사람 앞에서는 천자의 위엄을 드러내어 보이며 신에게는 구분을 명확히 밝히는 것입니다. 예로부터 지금에 이르도록 이러한 과정은 빠뜨린 적이 없었습니다. 국가 존망의 길은 항상 이로써 확실히 나타나는 것입니다. 우리 진나라는 예로써 동맹을 주재하면서 잘 다스려지지 않으면 어쩌나 두려워하고 있습니다. 이제 우리는 깨끗한 희생을 받들고 이를 귀국 군주에게 선포하여 일을 마무리 짓고자 합니다. 그런데 귀국 임금께서 '나는 이 일을 반드시 폐기시키고 말겠다'라 하시니 무슨 재계가 필요하겠습니까? 오직 군주께서 헤아리십시오. 우리 군주께서는 그 명령을 듣겠습니다."

제나라가 두려워하며 이렇게 답하였다.

"작은 나라가 무슨 말을 해도 큰 나라가 결정을 내리면 감히 그대로 따르지 않을 수 있겠습니까? 우리는 이미 귀국 임금의 명령을 들었으니 공경을 다하여 맹약하러 길을 나서겠습니다. 늦고 빠름은 오직 귀국 임금에게 달려 있습니다."

숙향이 진나라 사람들에게 말하였다.

"제후들과 우리 사이에 틈이 벌어졌으니 우리 군사의 위세를 보여주지 않을 수 없다."

8월 신미날, 진나라 군사들은 전열을 정비하고 깃발을 세우되 실전에 쓰는 깃발은 달지 않았다.

임신날, 다시 실전의 깃발을 올리자 제후들은 모두 두려워하였다.

주邾나라와 거莒나라가 진晉나라에 호소하였다.

"노魯나라가 조석으로 우리를 침공하니 거의 망할 지경입니다. 우리가 그대 진나라에게 공물을 바치지 못하는 것은 노나라 때문입니다."

진 소공은 노 소공을 만나지 않을 생각이었다.

이에 숙향으로 하여금 노나라에게 이렇게 사절하도록 하였다.

"제후들이 갑술날에 동맹을 맺으려 하는데, 우리 임금께서는 그대를 어떻게 모셔야 할지 모르고 계십니다. 그러나 청컨대 귀국 군주께서는 오지 않도록 하십시오."

노나라의 자복혜백子服惠伯이 대답하였다.

"귀국 군주께서는 만이蠻夷의 호소를 믿고 형제 나라를 끊으시어 주공周公의 후손을 버리시는군요. 오직 귀국 임금의 마음에 달렸습니다. 우리 임금께서는 명령을 따를 뿐입니다."

숙향이 말하였다.

"우리 임금께서는 지금 전차 4천 대를 가지고 있으며 비록 무도한 이유로 이를 쓴다 해도 틀림없이 모두가 두려워할 것인데 하물며 정당한 도리로써 하신다면 누가 감히 대적할 수 있겠습니까? 소가 비록 말랐다 할지라도 돼지 위에 쓰러진다면 그 돼지는 깔려 죽지 않을 수 있겠습니까? 귀국은 남괴南蒯와 자중子仲(憖)으로 인한 근심이 있는데 어찌 이러한 일에 무관할 수 있겠습니까? 만약 우리 진나라의 많은 군사를 이끌고, 제후들의 군사를 사용하며 주·거·기杞·증鄫나라의 노기를 이유로 귀국 노나라의 죄를 성토하며 남괴와 자중으로 근심하는 때를 노린다면 우리가 어떠한 행동을 해도 제대로 되지 않을 것이 있겠습니까?"

노나라는 이를 두려워하여 진나라의 명령을 듣기로 하였다.

갑술날, 평구에서 제후들이 동맹을 맺은 것은 제나라가 굴복하였기 때문이었다.

진 소공이 제후들에게 정오에 회의 장소에 모이도록 명령을 내렸다.

그 전날 계유일癸酉日에 진나라 昭公을 뵙고 물러나온 정나라 자산子産은 바깥일을 하는 종자從者에게 빨리 식장에 천막을 치라고 명하였다. 그러나 자태숙子大叔은 맹약하는 날을 기다려서 치라고 하였다. 저녁때에 자산은 자태숙이 천막을 치지 않았다는 말을 듣고 속히 천막을 치러 가라고 하였으나, 그때는 이미 천막을 칠 장소가 없었다.

맹약을 맺을 때 자산은 공물의 차등에 대해 논쟁하였다.

"옛날에 천자께서는 공물을 신분의 서열에 따라 경중을 정하였습니다. 서열이 높을수록 공물이 많음은 주周나라의 제도입니다. 신분이 낮으면서도 공물이 많은 것은 전복甸服에 해당하는 나라들이었습니다. 우리 정나라는 백작伯爵과 자작子爵일 뿐인데 공작公爵이나 후작侯爵처럼 하도록 하니 풍족히 공급할 수 없을까 두렵습니다. 감히 다시 정해 주시기를 청합니다. 제후들은 전쟁을 그치고 서로 사이좋게 지내려 힘쓰고 있습니다. 그런데 진나라에서 공물을 바치라고 내려오는 명령은 쉬는 달이 없으며 공물의 기준도 없으니 작은 나라들은 빠뜨리는 것이 있어 그 때문에 죄를 얻게 되는 것입니다. 제후들이 맹약을 맺는 것은 작은 나라를 존속시키기 위함입니다. 그런데 바칠 공물의 양이 끝이 없으니 망하기를 기다릴 수밖에 없습니다. 존망에 대한 제도는 지금 결정되어야 합니다."

자산의 이러한 논쟁이 대낮부터 시작하여 저녁때까지 이어지자 진나라에서는 결국 그의 요구를 들어주게 되었다.

이윽고 맹약이 성사되자 자태숙은 이를 탓하면서 이렇게 말하였다.

"제후들이 만약 우리나라를 친다면 가히 속죄할 수 있겠습니까?"

자산이 말하였다.

"진나라 정치는 여러 사람들이 장악하여 서로 의견이 어긋나 구차스럽기 그지없으니 어느 겨를에 남을 치겠습니까? 지금 이를 다투지 않았다가는 역시 남의 능멸을 당할 것인데 그렇게 되면 어찌 나라가 되겠습니까?"

노 소공은 이 맹약에 참여하지 못하였다.

진나라가 계손의여季孫意如를 붙잡아 천막에 가두고 적인狄人들로 하여금 이를 지키도록 하였다.

사탁석司鐸射이 비단을 품에 숨기고 병에 젓과 얼음을 들고 기어서 찾아갔다.

그리하여 지키던 자가 막아서자 그에게 비단을 주고 안으로 들어갔다.

진나라 사람이 계평자季平子(季孫意如)를 데리고 돌아가자 자복추子服湫가 그를 따라갔다.

자산이 돌아가는 도중 아직 도읍에도 닿지 않았을 때 자피子皮가 세상을 떠났다는 소식을 듣고 통곡하며 이렇게 말하였다.

"나는 이제 끝이로구나! 선한 일을 하도록 도와 줄 사람이 없어졌구나. 오직 그분만이 나를 알아주었는데."

중니가 자산을 두고 이렇게 말하였다.

"이때의 행차에서 그는 나라의 기초를 튼튼히 다질 수 있었다. 《시》에 '화락한 군자여, 나라의 터전이시네'라 하였다. 자산이야말로 군자로서 화락함을 구한 사람이었다."

그리고 이렇게 덧붙였다.

"제후들이 모임 때 공물에 관한 기준을 세운 것은 예에 맞는 일이었다."

【虒祁】虒祁는 지명. 晉나라 도읍 絳(지금의 山西 侯馬市)의 부근에 세운 궁궐 이름. 昭公 8년을 볼 것.

【貳心】杜預 注에 "賤其奢也"라 함. 晉나라가 맹주국으로서 지나치게 사치를 부린 것을 보고 복종할 마음이 없어진 것임.

【鄆】魯나라가 莒나라 鄆 땅을 차지하여 갈등을 일으킨 것은 昭公 10년을 볼 것.
【叔向】晉나라 어진 대부. 羊舌肸, 자는 叔肸, 혹 叔譽라고도 부름.
【示威】杜預 注에 "知晉德薄, 欲以威服之"라 하였으나 의미가 명확하지 않음.
【良】宋나라 지명. 杜預 注에 지금의 江蘇 邳縣 동남쪽이라 함.《方輿紀要》에 "今江蘇邳縣北六十里有良城故城"이라 함.
【水道不可】吳나라 도읍 지금의 江蘇 蘇州에서 배로 淮水를 거슬러 泗水에 오르는 길이 통하지 못함.
【丙寅】7월 29일.
【羊舌鮒】叔向(羊舌肸)의 동생. '叔鮒'로도 불림.
【攝司馬】'攝'은 임시로 그 일을 맡음. '司馬'는 연합군의 군사를 총괄하는 책임의 직책.
【平丘】지금의 河南 封丘縣 동쪽이며 長垣縣의 남쪽.《長垣縣志》에 "平丘城在今縣城西南五十里"라 함.
【子産】公孫僑. 子國(公孫成)의 아들. 子美. 鄭나라의 훌륭한 재상이 되어 孔子가 자주 칭찬한 인물.
【子大叔】游吉. 大叔으로도 부름. 游氏 집안의 宗主였음. 鄭 穆公의 아들 공자 偃의 손자로 정나라 卿. 子南(游楚, 公孫楚)은 游吉의 작은아버지였음. 뒤에 子産을 이어 鄭나라 재상에 오름.
【鄭伯】당시 鄭나라 군주는 鄭 定公(寧) 원년이었음.
【幄·幕】杜預 注에 "幄幕, 軍旅之帳"이라 하였고 孔穎達 疏에는《周禮》幕人의 鄭玄 注를 인용하여 "在旁曰帷, 在上曰幕, 皆以布爲之, 四合象宮室曰幄, 王所居之張也. ……幄幕九帳, 蓋九幄九幕也"라 함.
【次】군대가 주둔함을 뜻함. 莊公 3년 傳에 "凡師, 一宿爲舍, 再宿爲信, 過信爲次"라 함.
【淫】마구 나쁜 행동을 함.《文選》李善 注에 "淫, 侵也"라 하였고 楊樹達의 〈讀左傳〉에는 "淫, 縱也"라 함.
【芻蕘】소와 말에게 먹일 꼴과 취사와 난방을 할 땔나무.
【屠伯】衛나라 신하.
【在君之宇下】晉나라 군주의 궁궐 처마 아래에 있는 것처럼 가까이서 보호받고 있다는 뜻.
【劉獻公】천자국 周나라 卿士. '劉子'로도 부름.
【不經】도리에 맞지 않음.

【氐】杜預 注에 "氐, 致也"라 함.
【董】杜預 注에 "董, 督也"라 함.
【庸】杜預 注에 "庸, 功也. 討之有辭, 故功多也"라 함.
【王賦】왕, 즉 천자의 군사.
【元戎十乘, 以先啓行】《詩經》 小雅 六月에 "四牡脩廣, 其大有顒. 薄伐玁狁, 以奏膚功. 有嚴有翼, 共武之服. 共武之福, 以定王國. 玁狁匪茹, 整居焦穫. 侵鎬及方, 至于涇陽. 織文鳥章, 白旆央央. 元戎十乘, 以先啓行"을 인용한 것임.
【遲速唯君】杜預 注에 "欲佐晉討齊"라 함.
【業】공물을 바쳐야 하는 의무. 杜預 注에 "業, 貢賦之業"이라 함.
【志業】杜預 注에 "志, 職也. 歲聘以修其職業"이라 함.
【間朝】해마다 예방하는 중간의 해, 즉 3년 만의 해에는 군주 자신이 직접 찾아감. 杜預 注에 "三年而一朝, 正班爵之義, 率長幼之序"라 함.
【再朝而會】3년마다 찾아뵙는 일을 두 번 하는 6년 만에는 제후들이 만남. 杜預 注에 "六年而一會, 以訓上下之則, 制財用之節"이라 함.
【再會而盟】6년마다 하는 모임을 두 번 하는 12년 만에는 새로 동맹을 맺음. 杜預 注에 "十二年而一盟, 所以昭信義也. 凡八聘·四朝·再會, 王一巡守, 盟於方嶽之下"라 함.
【志業·講禮·示威·昭明】각기 차례대로 '聘', '朝', '會', '盟'을 가리킴.
【齊犧】'齊'는 '齋'와 같음. 齋戒하고 희생을 깨끗이 준비함.
【辛未】8월 4일.
【建而不旆】'旆'는 '패'로 읽음. 杜預 注에 "建立旌旗, 不曳其旆. 旆 游也"라 하였으며 '游'는 '旒'와 같음. 실제 전투를 알리는 先鋒의 깃발이라 함. 그러나 이에 대해서는 여러 설이 있음.
【壬申】8월 5일.
【朝夕伐我】鄆과 鄟을 탈취한 사건 등을 말함.
【無勤】맹약에 참석하지 말도록 사절한 것. 杜預 注에 "託謙辭以絕魯"라 함.
【子服惠伯】魯나라 대부. 孟椒. 子服椒. 孟獻子의 손자. 《禮記》 檀弓 孔穎達 疏에 《世本》을 인용하여 叔肸이 聲伯嬰齊를 낳고 嬰齊가 叔老를 낳았으며 叔老가 叔弓을 낳은 것으로 되어 있음.
【蠻夷】杜預 注에 "蠻夷謂邾·莒"라 함.
【南蒯·子仲】昭公 12년 傳을 참조할 것.
【邾·莒·杞·鄫】杜預 邾에 "四國近魯, 數以小事相忿. 鄫已滅, 其民猶存, 故並以恐魯"라 함.

【除】회의 장소. 杜預 注에 "除地爲墠, 盟會處"라 함.
【癸酉】6일.
【無所張矣】杜預 注에 "地已滿也. 傳言子產每事敏于大叔"이라 함.
【承】杜預 注에 "承, 貢賦之次"라 함.
【甸服】天子의 周圍 畿內에 봉을 받아 비교적 부유한 제후들. 杜預 注에 "甸服謂天子畿內共職貢者"라 함. 《禮記》 王制에는 "千里之內曰甸"이라 하였고 《尙書》 禹貢에는 "五百里甸服"이라 함. 한편 周禮 夏官 職方氏에 의하면 侯服, 甸服, 南服, 采服, 衛服, 蠻服, 夷服, 鎭服, 藩服 등 九服이 있어 京師로부터 5백 리씩 멀리 이러한 구분을 두었음.
【靖兵】杜預 注에 "靖, 息也"라 함.
【瀆】杜預 注에는 "瀆, 易也"라 하였고, 孔穎達 疏에는 "輕易"라 하였으나 章炳麟은 "瀆借爲贖. 若晉率齊侯討罪, 雖增貢以爲賄賂, 其可贖今之罪乎?"라 하여 贖罪의 의미로 보았음. 즉 "이 일로 죄를 입어 진나라로부터 토벌을 당한다면 나중에 더 많은 속죄금을 준다 해도 용서받을 수 있겠는가?"의 뜻임.
【國不競亦陵, 何國之爲】"지금 이 일을 다투지 않았다가는 우리가 능멸을 당하여 나라꼴이 될 수 없음." 杜預 注에 "不競爭則爲人所侵陵, 不成爲國"이라 함.
【不與盟】魯 昭公은 邾와 莒 두 나라의 하소연에 의해 회맹의 참가에 거부를 당한 것임.
【季孫意如】魯나라 대부 季平子. 季悼子(季孫紇)의 아들이며 季武子(季孫宿)의 손자. 悼子가 아버지 武子보다 먼저 죽어 나중에 平子가 집안의 후계자가 됨. 《公羊傳》에는 隱如로 되어 있음.
【司鐸射】魯나라 대부. 司鐸은 官名이 성씨가 된 것. '射'은 이름. '석'으로 읽음.
【蒲伏】'엉금엉금 기다'의 雙聲連綿語. '匍匐'과 같음.
【冰】杜預 注에 "冰, 箭筩蓋, 可以取飮"이라 하여 '冰'은 '筩'과 같고 '筩'은 다시 '挷'의 假借字로서 '화살을 넣는 통'으로 보았음. 즉 얼음이 아니라 화살통을 들고 들어간 것임. 그러나 明 陸粲의 〈左傳附注〉에는 "此夏至六月, 晉人以幕蒙季孫, 故當不堪其熱, 而飮之以冰, 不當以爲箭筩也"라 하여 실제 얼음을 가지고 들어간 것이라 하였음.
【子服湫】子服惠伯. 子服椒. '椒'와 '湫'는 고대 음이 같아 통용한 것. 杜預 注에 "湫, 子服惠伯, 從至晉"이라 함.
【子皮】罕虎. 鄭나라 대부. 子展의 아들. 아버지를 이어 上卿이 됨. 杜預 注에 "子皮代父爲上卿"이라 함. 子產(公孫僑)을 도와 나라를 잘 다스림.
【無爲】沈彤의 〈小疏〉에 "無爲, 無助也. 言無人助我爲善矣"라 함.

【詩】《詩經》小雅 南山有臺篇에 "南山有臺, 北山有萊. 樂只君子, 邦家之基. 樂只君子, 萬壽無期. 蘭山有桑, 北山有楊. 樂只君子, 邦家之光. 樂只君子, 萬壽無疆. 南山有杞, 北山有李. 樂只君子, 民之父母. 樂只君子, 德音不已. 南山有栲, 北山有杻. 樂只君子, 遐不眉壽. 樂只君子, 德音是茂. 南山有枸, 北山有楰. 樂只君子, 遐不黃耈. 樂只君子, 保艾爾後"라 함.

✲ 1461(昭 13-7)

公至自會.

소공이 모임에서 돌아왔다.

【會】平丘의 회의.
＊無傳

傳

鮮虞人聞晉師之悉起也, 而不警邊, 且不修備.
晉荀吳自著雍以上軍侵鮮虞, 及中人, 驅衝競, 大獲而歸.

선우鮮虞가 진晉나라 군사가 제후들이 모임 장소로 모두 출동하였다는 소식을 듣고 변방 경비를 소홀히 하고 게다가 방비를 갖추지 않았다.
진나라의 순오荀吳가 저옹著雍을 출발하여 상군上軍을 이끌고 선우를 쳐들어가서 중인中人에 이르러 충거衝車를 몰아 전투를 벌여 많은 노획물을 거두어 귀환하였다.

【荀吳】晉나라 대부. 穆子. 中行穆子. 荀偃의 조카. 荀吳의 어머니가 鄭나라 출신이어서 '鄭甥'이라고도 부름. 襄公 19년을 볼 것.

- 【鮮虞】狄 오랑캐의 나라로 지금의 河北 新樂 근방을 도읍으로 삼았음.
- 【著雍】晉나라 읍. 지금의 河南 修武縣.
- 【中人】지금의 河北 唐縣 中山城.《方輿紀要》에 "中山城在唐縣西北十三里, 一名 中人亭"이라 함.
- 【衝】衝車. 杜預 注에 "驅衝車與敵爭逐"이라 하였고,《呂氏春秋》召類篇 高誘 注에 "衝車, 所以衝突敵之軍能陷破之也"라 함.
- 【大獲】杜預 注에 "爲十五年晉伐鮮虞起"라 함.

✱ 1462(昭13-8)

蔡侯廬歸于蔡.

陳侯吳歸于陳.

채후蔡侯 여廬가 채蔡나라로 돌아갔다.
진후陳侯 오吳가 진陳나라로 돌아갔다.

- 【蔡侯】당시 蔡나라 군주는 隱太子(有)의 아들 平公(廬)이며 재위 2년째였음. 蔡나라는 지금의 河南 新蔡縣.《漢書》地理志 班固 注에 "蔡平公自蔡徙此, 後二世 徙下蔡"라 함.
- 【陳侯】당시 陳나라 군주는 悼太子 偃師의 아들 惠公(吳)이며 재위 5년째였음.

⟨傳⟩
楚之滅蔡也, 靈王遷許·胡·沈·道·房·申於荊焉.
平王卽位, 旣封陳·蔡, 而皆復之, 禮也.
隱大子之子廬歸于蔡, 禮也.
悼大子之子吳歸于陳, 禮也.

초楚나라가 채蔡나라를 멸하고 초 영왕靈王은 허許·호胡·심沈·도道·방房·신申 땅의 백성들을 모두 형荊 땅으로 옮겼다.

평왕平王이 즉위하여 다시 진陳·채 두 나라를 봉하고 이들을 복구시켜 준 것은 예에 맞는 것이었다.

채나라 은태자隱太子의 아들 여廬를 채나라로 돌려보냈으니 이는 예에 맞는 일이었다.

진나라 도태자悼太子의 아들 오吳를 진나라로 돌려보냈으니 이는 예에 맞는 일이었다.

【靈王】楚 靈王(熊虔). 공자 때의 이름은 圍. B.C.540~529년까지 12년간 재위하고 平王(熊居, 棄疾)이 그 뒤를 이음. 부정적으로 기술된 초나라 왕.
【許·胡·沈·道·房·申】모두 楚 靈王에게 의해 멸망을 당하였던 나라들. 杜預 注에 "滅蔡在十一年. 許·胡·沈, 小國也. 道·房·申, 皆故諸侯, 楚滅以爲邑"이라 함. 胡는 歸姓으로 지금의 安徽 阜陽縣 일대에 있었으며, 沈은 姬姓으로 지금의 河南 沈丘縣 동남 沈丘城에 있었음. 道는 僖公 5년을 볼 것. 房은 옛 제후국으로 지금의 河南 遂平縣에 있었으며. 申은 姜姓으로 지금의 河南 南陽市에 있었음.
【荊】楚나라의 별칭. 멸망한 나라 백성들을 초나라 內地로 이주시켜 살 수 있도록 해 줌.
【平王】楚 平王. 棄疾, 熊居. 靈王의 뒤를 이어 바른 정치를 펴고자 노력하였음. B.C.528~516년까지 13년간 재위하고 昭王(軫)으로 이어짐.
【隱太子】蔡나라 태자 有. 그의 아들이 廬이며 廬가 蔡 平侯(平公)가 되어 도읍을 新蔡로 옮김. 앞 장 참조.
【悼太子】陳나라 태자 偃師. 그의 아들이 吳이며 陳 惠公이 됨.

✽ 1463(昭 13-9)

冬十月, 葬蔡靈公.

겨울 10월, 채蔡 영공靈公의 장례를 치렀다.

【蔡靈公】蔡 靈侯. 이름은 般. B.C.542~530년까지 13년간 재위하고 平侯(廬)에게 이어짐.

㊉

冬十月, 葬蔡靈公, 禮也.

겨울 10월, 채蔡 영공靈公의 장례를 치렀는데 이는 예에 맞는 일이었다.

【禮】杜預 注에 "國復, 成禮以葬也"라 함.

※ 1464(昭 13-10)

公如晉, 至河乃復.

소공昭公이 진晉나라에 가다가 하수河水에 이르러 다시 되돌아왔다.

【乃復】杜預 注에 "晉人辭公"이라 함.

㊉

公如晉.
荀吳謂韓宣子曰:「諸侯相朝, 講舊好也. 執其卿而朝其君, 有不好焉, 不如辭之.」
乃使士景伯辭公于河.

소공이 진晉나라에 갔다.
순오荀吳가 한선자韓宣子에게 말하였다.

"제후들이 서로 찾아뵙는 것은 이전의 우호를 두텁게 다지기 위한 것입니다. 그런데 그 나라의 경卿을 붙잡아 놓고 그 임금을 찾아오게 하는 것은 좋지 못한 일입니다. 그러니 노나라 임금이 오는 것을 사양하느니만 못합니다."

그리하여 사경백士景伯으로 하여금 하수에서 소공이 진나라로 들어오는 것을 사절하도록 하였다.

【荀吳】晉나라 대부. 穆子. 中行穆子. 荀偃의 조카. 荀吳의 어머니가 鄭나라 출신이어서 '鄭甥'이라고도 부름. 襄公 19년을 볼 것.
【韓宣子】韓起. 晉나라 대부. 韓厥의 아들이며 韓無忌의 아우. 시호는 宣子. 당시 晉나라 執政大臣이었음. 그들 후손이 春秋末 晉六卿이었으며 戰國시대 三晉의 하나이며 戰國七雄인 韓나라로 발전함.
【執其卿】晉나라가 魯나라 季孫意如(季平子)를 붙잡아 晉나라로 끌고 간 일. 앞 장 참조.
【士景伯】士文伯의 아들 彌牟. 晉나라 대부. 杜預 注에 "景伯, 士文伯之子彌牟也"라 함.

※ 1465(昭 13-11)

吳滅州來.

오吳나라가 주래州來를 멸하였다.

【州來】지금의 安徽 鳳臺 부근을 차지하였던 작은 나라로 吳나라와 楚나라 사이에 있었음. 杜預 注에 "州來, 楚邑. 用大師焉曰滅"이라 함.

傳

吳滅州來, 令尹子旗請伐吳.

王弗許, 曰:「吾未撫民人, 未事鬼神, 未修守備, 未定國家, 而用民力, 敗不可悔. 州來在吳, 猶在楚也. 子姑待之.」

오吳나라가 주래州來나라를 멸망시키자 영윤 자기子旗가 오나라를 칠 것을 요청하였다.
평왕은 이를 허락하지 않으면서 이렇게 말하였다.
"내 아직 백성을 위무하지 못하였고 귀신도 제대로 받들지 못하였으며, 아직 국방도 완전히 갖추지 못하였고 국가의 기틀을 안정시키지도 못하였소. 그런데도 백성을 동원하여 싸우다가 패하기라도 한다면 뉘우쳐도 소용이 없소. 주래 땅이 오나라 수중에 있는 것은 초나라에 있는 것과 같으니 그대는 잠시 기다려주시오."

【州來】지금의 安徽 鳳臺 부근을 차지하였던 작은 나라로 오나라와 초나라 사이에 있었음. 뒤에 延陵季子(季札)의 식읍이 됨.
【子旗】蔓成然. 鬪成然. 鬪韋龜의 아들. 자는 子旗.《通志》氏族略(3)에 "楚有鬪成然, 食采于蔓, 曰蔓成然"이라 함. 공자 棄疾(平王, 熊居)에 의해 초나라 令尹에 오름.
【王】楚 平王(熊居, 棄疾).

(傳)
季孫猶在晉, 子服惠伯私於中行穆子曰:「魯事晉, 何以不如夷之小國? 魯, 兄弟也, 土地猶大, 所命能具. 若爲夷棄之, 使事齊·楚, 其何瘳於晉? 親親·與大, 賞共·罰否, 所以爲盟主也. 子其圖之! 諺曰:『臣一主二.』吾豈無大國?」
穆子告韓宣子, 且曰:「楚滅陳·蔡, 不能救, 而爲夷執親, 將焉用之?」
乃歸季孫.
惠伯曰:「寡君未知其罪, 合諸侯而執其老. 若猶有罪, 死命可也. 若曰無罪而惠免之, 諸侯不聞, 是逃命也, 何免之爲? 請從君惠於會.」
宣子患之, 謂叔向曰:「子能歸季孫乎?」

對曰:「不能. 鮒也能.」
乃使叔魚.
叔魚見季孫, 曰:「昔鮒也得罪於晉君, 自歸於魯君, 微武子之賜, 不至於今. 雖獲歸骨於晉, 猶子則肉之, 敢不盡情? 歸子而不歸, 鮒也聞諸吏, 將爲子除館於西河, 其若之何?」
且泣. 平子懼, 先歸. 惠伯待禮.

노나라 계손季孫(季平子)이 아직 진晉나라에 억류되어 있을 때 자복혜백子服惠伯이 진나라의 대부 중항목자中行穆子(荀吳)에게 사사롭게 말하였다.

"우리 노나라가 그대 진나라를 섬기는 것이 어찌 작은 이적夷狄들보다 못하다는 것입니까? 노나라는 진나라의 형제이고 토지는 그들보다 커서 귀국이 명하는 바는 모두 갖추어 드렸습니다. 만약 이적을 위하 우리를 버림으로써 우리로 하여금 제齊나라나 초楚나를 섬길 수밖에 없도록 한다면 그것이 어찌 진나라에게 도움이 되는 일이겠습니까? 친척을 친하게 여기고, 큰 나라와 사이좋게 지내고, 공물을 바치는 나라를 포상하고, 그렇지 못한 나라를 주벌하는 것이 바로 맹주의 나라가 할 일입니다. 그러니 그대께서는 잘 헤아려 주십시오! 속담에 '신하는 하나인데 군주는 둘이다'라는 말이 있습니다. 우리 노나라가 기댈 큰 나라가 어찌 진나라 뿐이겠습니까?"

중항목자가 이 말을 한선자韓宣子에게 고하면서 이렇게 말하였다.

"초나라가 진陳·채蔡 두 나라를 멸망시켰을 때 우리는 그들을 구출하지 못하고 도리어 이적을 위해 친척 나라 사람을 붙잡아두고 있으니 이를 장차 무엇에 쓰려는 것입니까?"

이에 계손씨를 노나라로 돌려보내기로 하였다.

그러자 자복혜백이 말하였다.

"우리 임금께서는 그 죄를 알지도 못하고 있는데 귀국은 제후들을 모아 놓고 우리의 원로를 감금하였습니다. 만약 죄가 있다면 죽으라는 명령을 받아도 마땅하지만 만약 죄가 없으면서 은혜를 베푸는 척하여 용서하더라도 제후들이 그 사실을 듣지 못한다면, 이는 맹주의 명령을 어기고 도망가는 것이 됩니다. 그렇게 되면 어찌 용서받았다고 할 수 있겠습니까? 청컨대 제후들이 모인 자리에서 진나라 군주의 은혜를 받게 해주십시오."

이에 한선자는 걱정하며 숙향叔向에게 자문을 구하였다.

"그대는 능히 계손씨를 돌려보낼 수 있습니까?"

숙향이 대답하였다.

"저는 할 수 없지만 저의 동생 부鮒(羊舌鮒, 叔魚)는 능히 해낼 수 있을 것입니다."

그리하여 숙어叔魚(羊舌鮒)에게 그 일을 맡겼다.

숙어가 계손을 만나 말하였다.

"지난날 내(羊舌鮒)가 우리 진나라 임금께 죄를 지어 스스로 노나라 임금께 의지하였을 때에, 그대의 조부 계무자季武子(季孫宿)가 아니었더라면 나는 지금 이 자리에 없었을 것입니다. 비록 나의 뼈는 이 진나라로 돌아왔지만 그대의 집안에서 나에게 살을 붙여준 것과 같으니 감히 내가 정성을 다하지 않을 수 있겠습니까? 그대를 돌아가도록 하였지만 그대는 지금 돌아가지 않고 있습니다. 제가 관리에게 듣건대 그대를 위해 서하西河의 객관을 잘 청소해 두었다고 합니다. 그대는 어찌 하시겠습니까?"

그리고는 우는 것이었다.

그러자 계평자는 두려워하여 자복혜백보다 먼저 돌아왔다.

그러나 자복혜백은 진나라가 예를 갖추기를 기다리며 대기하였다.

【季孫】季孫意如. 季平子. 晉나라에 의해 平丘에서 晉나라에 붙들려와 있었음.
【子服惠伯】孟椒. 子服椒. 孟獻子의 손자. 《禮記》檀弓 孔穎達 疏에 《世本》을 인용하여 叔肸이 聲伯嬰齊를 낳고 嬰齊가 叔老를 낳았으며 叔老가 叔弓을 낳은 것으로 되어 있음.
【中行穆子】荀吳. 穆子. 晉나라 대부. 荀偃의 조카. 荀吳의 어머니가 鄭나라 출신이어서 '鄭甥'이라고도 부름. 襄公 19년을 볼 것.
【瘳】'추'로 읽으며 '낫다, 병이 호전되다' 등의 뜻.
【韓宣子】韓起. 晉나라 대부. 韓厥의 아들이며 韓無忌의 아우. 시호는 宣子. 그들 후손이 春秋末 晉六卿이었으며 戰國시대 三晉의 하나이며 戰國七雄인 韓나라로 발전함.

【老】卿을 뜻함. 老臣. 遠路. 여기서는 季孫意如(季平子)를 가리킴.
【叔向】晉나라 어진 대부. 羊舌肸, 자는 叔肸, 혹 叔譽라고도 부름.
【叔魚】羊舌鮒. 叔魚. 叔向의 아우. 그가 노나라에 망명하였던 일은 襄公 21년을 볼 것. 杜預 注에 "蓋襄二十一年坐叔虎與欒氏黨, 幷得罪"라 함.
【武子】季武子. 季孫宿. 魯나라 대부. 季孫行父의 아들이며 季平子의 조부.《國語》에는 '季孫夙'으로 되어 있음.
【不歸】자신의 죄가 없음을 진나라에서 모든 제후들에게 밝혀줄 것을 강하게 요구하며 그 일이 이루어지기 전에는 귀국할 수 없다고 버틴 것.
【西河】지금의 陝西 大荔縣과 華陰縣 일대. 黃河의 서쪽이어서 西河라 칭한 것.
【待禮】杜預 注에 "待見遣之禮"라 함.

195. 昭公 14年(B.C.528) 癸酉

周	景王(姬貴) 17년	齊	景公(杵臼) 20년	晉	昭公(夷) 4년	衛	靈公(元) 7년
蔡	平公(廬) 2년	鄭	定公(寧) 2년	曹	武公(滕) 27년	陳	惠公(吳) 2년
杞	平公(郁釐) 8년	宋	元公(佐) 4년	秦	哀公(鍼?) 9년	楚	平王(熊居) 원년
吳	夷末 16년	許	悼公(買) 19년				

※ 1466(昭14-1)

十有四年春, 意如至自晉.

14년 봄, 의여意如(季孫意如)가 진晉나라에서 돌아왔다.

【季孫意如】魯나라 大夫 季平子. 季悼子(季孫紇)의 아들이며 季武子(季孫宿)의 손자. 悼子가 아버지 武子보다 먼저 죽어 나중에 平子가 집안의 후계자가 됨. 《公羊傳》에는 '隱如'로 되어 있음.

㊅
十四年春, 意如至自晉, 尊晉·罪己也.
尊晉·罪己, 禮也.

14년 봄, 의여(意如)가 진(晉)나라에서 돌아왔다고 한 것은 진나라를 높이고, 노나라 자신에게 죄가 있음을 밝힌 것이다.

진나라를 높이고 노나라 자신에 죄가 있다고 여긴 것은 예에 맞는 것이다.

【季平子】魯나라 대부 季孫意如. 시호는 平子. 季悼子(季孫紇)의 아들이며 季武子(季孫宿)의 손자. 悼子가 아버지 武子보다 먼저 죽어 나중에 平子가 집안의 후계자가 됨.
【尊晉罪己也】經文에 '季孫意如'라 쓰지 않고 '季孫'의 성씨를 생략하여 '意如'라 쓴 것이 진나라를 높이고 노나라에 죄가 있었다는 것을 나타낸 기록이라고 여긴 것임. 杜預 注에 "以舍族爲尊晉, 罪己"라 함.

❋ 1467(昭 14-2)

三月, 曹伯滕卒.

3월, 조백(曹伯) 등(滕)이 죽었다.

【曹伯】曹 武功. 이름은 滕. B.C.554~528년까지 27년간 재위하고 이해에 죽음. 平公(須)이 그 뒤를 이음.
＊無傳

❋ 1468(昭 14-3)

夏四月.

여름 4월.

※ 1469(昭14-4)

秋, 葬曹武公.

가을, 조曹 무공武公의 장례를 치렀다.

【曹武公】이름은 滕.
＊無傳

(傳)
南蒯之將叛也, 盟費人.
司徒老祁·慮癸偽廢疾, 使請於南蒯曰:「臣願受盟而疾興. 若以君靈不死, 請待間而盟.」
許之.
二子因民之欲叛也, 請朝衆而盟.
遂劫南蒯曰:「羣臣不忘其君, 畏子以及今, 三年聽命矣. 子若弗圖, 費人不忍其君, 將不能畏子矣. 子何所不逞欲? 請送子.」
請期五日, 遂奔齊.
侍飲酒於景公.
公曰:「叛夫!」
對曰:「臣欲張公室也.」
子韓晳曰:「家臣而欲張公室, 罪莫大焉.」
司徒老祁·慮癸來歸費, 齊侯使鮑文子致之.

남괴南蒯가 장차 반란을 일으키려 하면서 비읍費邑 사람들과 동맹을 맺었다.
사도司徒 노기老祁와 여계慮癸는 거짓 병을 핑계로 사람을 남괴에게 보내어 이렇게 청하도록 하였다.
"저는 맹약을 받아들이기를 원하였으나 마침 병이 들었습니다. 만일 그대의 덕택으로 죽지 않는다면 병이 낫기를 기다려 동맹을 맺기를 청합니다."

남괴는 이들의 뜻을 허락하였다.

그런데 그 두 사람은 비읍 백성들이 남괴를 배반하려 하는 것을 근거로 군중을 모아 맹약을 맺기를 요청하였다.

드디어 남괴를 이렇게 협박하였다.

"비읍의 여러 신하들은 옛 주인을 잊지 못하고 있었으나 그대가 두려워 지금에 이르도록 이미 3년을 그대 명령을 들었소. 만약 그대가 잘 헤아려 행동하지 않는다면 우리 비읍 백성들은 차마 옛 주인을 잊지 못하고 장차 그대를 두려워하지 않을 것이오. 그대는 어디를 간들 마음먹은 대로 하지 못하겠소? 우리는 그대를 그대로 보내주겠소."

남괴는 5일간의 말미를 청하였다가 드디어 제齊나라로 달아났다.

그가 제 경공景公을 술자리에서 모시게 되었다.

경공이 말하였다.

"배반자여!"

그러자 남괴가 대답하였다.

"저는 제나라 공실을 강하게 해드리고자 한 것입니다."

이에 자한석子韓晳이 말하였다.

"대부의 가신이 공실을 강하게 하려 한 것은 그 죄가 매우 크다."

비읍의 사도 노기와 여계가 노나라 조정으로 와서 비읍을 반환하자 제 경공은 포문자鮑文子를 보내어 비읍을 정식으로 노나라에 돌려주도록 하였다.

【南蒯】魯나라 대부 南遺의 아들. 당시 季氏의 費邑을 관리하고 있던 邑宰였음. 杜預 注에 "蒯, 南遺之子, 季氏費邑宰"라 함.
【老祁】당시 비읍의 사도 벼슬을 하던 인물. 邑의 司徒는 흔히 '小司徒'라 불렸음.
【慮癸】역시 비읍의 대부.
【君】여기서는 비읍의 옛 城主인 季氏를 가리킴. 費邑은 대대로 季氏의 채읍이었음.
【叛夫】杜預 注에 "戲之"라 함.
【張】杜預 注에 "張, 强也"라 함.
【子韓晳】齊나라 대부. 公孫晳의 字가 아닌가 함.

【致之】南蒯가 費邑을 齊나라에 바친 것으로 보이며 이를 齊나라가 정식으로 다시 魯나라에게 돌려준 것.

傳
夏, 楚子使然丹簡上國之兵於宗丘, 且撫其民.
　分貧, 振窮; 長孤幼, 養老疾; 收介特, 救災患; 宥孤寡, 赦罪戾; 詰姦慝, 擧淹滯; 禮新, 敍舊; 祿勳, 合親; 任良, 物官.
　使屈罷簡東國之兵於召陵, 亦如之.
　好於邊疆.
　息民五年, 而後用師, 禮也.

　여름, 초楚 평왕平王이 연단然丹에게 종구宗丘에서 상국上國의 군사를 간열簡閱하고 아울러 그곳 백성들을 위무하도록 하였다.
　이에 빈곤한 자들에게 재물을 나누어 주고, 곤궁한 자를 진휼하며 어린 고아들을 기르고, 늙은이와 병자들을 돌보고, 의지할 곳이 없는 사람들을 거두어 주고, 재난을 당한 자들을 구제하고, 고아와 과부들에게는 부세를 감면해 주며 죄인들을 사면하고, 간특한 짓을 한 자는 힐책하고 등용이나 승진 길이 막힌 이들은 거용하고 외국에서 온 자들을 예우하고, 오래된 이들에게는 서훈을 베풀며 공훈을 세운 이들에게는 관록을 주고, 친척들을 화합시키고 훌륭한 인재에게 임무를 주고 능력에 따라 직책을 주었다.
　굴피屈罷로 하여금 소릉召陵에서 동국의 군사를 간열하도록 하면서도 역시 이와 같이 하였다.
　변경 국경에 맞닿은 이웃나라들과 우호관계를 맺었다.
　이렇게 5년 동안 백성들을 편히 쉬게 한 후에야 군사로 이용하였으니 이는 예에 맞는 것이었다.

【然丹】鄭나라 穆公의 손자. 子革, 鄭丹으로도 불림. 襄公 19년 楚나라로 망명하였음. 杜預 注에 "然丹, 鄭穆公孫, 襄十九年奔楚"라 함.

【簡】簡閱. 軍備의 전반에 걸쳐 適宜와 군의 대표되는 자들을 簡擇하여 검열함.
【上國】東國과 상대되는 지역 이름으로 초나라 도읍 郢의 서쪽 長江 상류지역. 杜預 注에 "上國, 在國都之西. 西方居上流, 故謂之上國"이라 함.
【宗丘】《彙纂》에 "今湖北秭歸縣"이라 함.
【介特】杜預 注에 "介特, 單身民也. 收聚不使流散"이라 함.
【宥】杜預 注에 "寬其賦稅"라 함.
【禮新】杜預 注에 "新, 羈旅也"라 하여 羈旅之臣을 뜻함.
【物官】人才를 適材適所에 배치함. 賈逵는 "物官, 量能授官也"라 함.
【屈罷】楚나라 대신.
【東國】상국에 상대되는 지역 명칭. 초나라 동쪽 바닷가 제나라와 맞닿는 곳. 杜預 注에 "兵在國都之東者"라 함.
【召陵】지금의 河南 偃城縣 동쪽.

❋ 1470(昭 14-5)

八月, 莒子去疾卒.

8월, 거자莒子 거질去疾이 죽었다.

【莒子去疾】莒나라 著丘公. 이름은 莒疾. 재위 14년 만에 죽고 아들 郊公이 뒤를 이음. 《彙纂》에 "在位十四年. 子郊公嗣"라 함.

(傳)
秋八月, 莒著丘公卒, 郊公不慼, 國人弗順, 欲立著丘公之弟庚輿.
蒲餘侯惡公子意恢, 而善於庚輿; 郊公惡公子鐸, 而善於意恢.
公子鐸因蒲餘侯而與之謀, 曰:「爾殺意恢, 我出君而納庚輿.」
許之.

가을 8월, 거莒나라의 저구공著丘公이 세상을 떠났다. 그의 아들 교공郊公이 아버지의 죽음에 슬퍼하는 기색을 보이지 않자 나라 사람들이 그를 따르지 않게 되었고, 저구공의 아우 경여庚輿를 군주로 삼고자 하였다.

대부 포여후蒲餘侯는 공자 의회意恢를 미워하였으며 경여와 친한 사이였고, 교공은 공자 탁鐸을 미워하였으며 공자 의회와는 친한 관계였다.

공자 탁은 포여후에게 의지하여 그와 함께 이렇게 모의하였다.

"그대는 의회를 죽이시오. 나는 군주를 내쫓고 나서 경여를 맞아들일 것이오."

포여후는 그의 말에 허락하였다.

【著丘公】 去疾. 莒나라 군주.
【郊公】 著丘公(莒疾)의 아들이며 庚輿(共公)의 형.
【庚輿】 莒나라 著丘公(去疾)의 아들이며 郊公의 아우. 뒤에 莒나라 共公이 됨. 원본에는 '庚與'로 되어 있으나 阮元의 〈校勘記〉 등에 의해 수정함.
【蒲餘侯】 莒나라 대부. 이름은 玆夫.
【意恢】 莒나라 여러 공자 중의 하나.
【公子鐸】 역시 莒나라 여러 공자 중의 하나.

㊉
楚令尹子旗有德於王, 不知度, 與養氏比, 而求無厭.
王患之.
九月甲午, 楚子殺鬪成然, 滅養氏之族.
使鬪辛居鄖, 以無忘舊勳.

초나라 영윤 자기子旗는 평왕平王을 세운 공이 있다 하여 분수를 넘는 짓을 하면서 양씨養氏와 한패가 되어 탐욕부리는 일이 끝이 없었다.

평왕은 이를 걱정하였다.

9월 갑오날, 투성연鬪成然(子旗)을 죽이고 양씨의 무리를 모두 없앴다.

그리고 투성연의 아들 투신鬪辛을 운鄖 땅에 머무르게 하여 그 아버지의 공이 헛되지 않게 하였다.

【子旗】成然. 蔓成然. 鬪成然. 鬪韋龜의 아들. 자는 子旗.《通志》氏族略(3)에 "楚有鬪成然, 食采于蔓, 曰蔓成然"이라 함. 공자 棄疾(平王, 熊居)의 즉위에 공을 세워 초나라 令尹에 오름.
【有德】 공이 있었음. 子旗는 平王이 군주가 되는 과정에 큰 도움이 되었음을 말함. 前年의 전을 볼 것.
【養氏】養由基의 후손. 杜預 注에 "養氏, 子旗之黨, 養由基之後"라 함.
【甲午】 9월 3일.
【鬪辛】蔓成然(鬪成然)의 아들. 鄖公이 됨. 杜預 注에 "辛, 子旗之子鄖公辛"이라 함.
【鄖】 지금의 湖北 鍾祥 부근.

✸ 1471(昭14-6)

冬, 莒殺其公子意恢.

겨울, 거莒나라가 공자 의회意恢를 죽였다.

【意恢】 莒나라 公子 이름.

傳
冬十二月, 蒲餘侯茲夫殺莒公子意恢.
郊公奔齊.
公子鐸逆庚輿於齊, 齊隰黨·公子鉏送之, 有賂田.

겨울 12월, 포여후蒲餘侯 자부茲夫가 거莒나라 공자 의회意恢를 죽였다.
교공郊公은 제齊나라로 달아났다.
공자 탁鐸이 경여庚輿를 제나라에서 맞이하였으며, 제나라 습당隰黨과 공자 서鉏가 이를 호송하자 거나라는 제나라에 뇌물로 토지를 떼어 주었다.

【蒲餘侯玆夫】蒲는 성, 玆夫는 이름, 餘侯는 그에 대한 통칭이었음.
【庚輿於齊】당시 庚輿는 齊나라에 있었음.
【隰黨】齊나라 대부.
【公子鉏】齊나라 공자.
【賂田】杜預 注에 "莒賂齊以田"이라 함.

傳

晉邢侯與雍子爭鄐田, 久而無成.
士景伯如楚, 叔魚攝理.
韓宣子命斷舊獄, 罪在雍子.
雍子納其女於叔魚, 叔魚蔽罪邢侯.
邢侯怒, 殺叔魚與雍子於朝.
宣子問其罪於叔向.
叔向曰:「三人同罪, 施生戮死可也. 雍子自知其罪, 而賂以買直; 鮒也鬻獄; 邢侯專殺, 其罪一也. 己惡而掠美爲昏, 貪以敗官爲墨, 殺人不忌爲賊.〈夏書〉曰:『昏·墨·賊, 殺』, 皋陶之刑也, 請從之.」
乃施邢侯而尸雍子與叔魚於市.
仲尼曰:「叔向, 古之遺直也. 治國制刑, 不隱於親. 三數叔魚之惡, 不爲末減. 曰義也夫, 可謂直矣! 平丘之會, 數其賄也, 以寬衛國, 晉不爲暴. 歸魯季孫, 稱其詐也, 以寬魯國, 晉不爲虐. 刑侯之獄, 言其貪也, 以正刑書, 晉不爲頗. 三言而除三惡, 加三利. 殺親益榮, 猶義也夫!」

진晉나라 형후邢侯와 옹자雍子가 축鄐 땅을 놓고 다투어 오랫동안 해결을 보지 못하였다.

사경백士景伯이 초楚나라에 가고 없어 숙어叔魚(羊舌鮒)가 그의 일을 대신하여 처리하고 있었다.

한선자韓宣子가 숙어에게 그 오래된 소송을 심리하여 판정하도록 명하면서 죄는 옹자에게 있다고 여겼다.

옹자가 자신의 딸을 숙어에게 바치자 숙어는 그 죄를 형후에게 씌웠다. 그러자 형후가 노하여 숙어와 옹자를 조정에서 죽였다.

선자가 그 죄를 숙향에게 물었다.

숙향은 이렇게 말하였다.

"세 사람의 죄가 같으니 살아있는 사람에게는 사형에 처하고 죽은 자는 그 시신을 공개하는 것이 좋겠습니다. 옹자는 자신의 죄를 알고 있으면서 뇌물을 써서 자신이 옳은 것처럼 하였고, 부鮒는 재판을 물건을 사고파는 것처럼 여겼으며, 형후는 사람을 제멋대로 죽였으니 그들의 죄는 똑같습니다. 자신이 악하면서도 미명美名을 약탈하는 것은 혼昏이며, 탐욕을 부려 관직의 권위를 손상시키는 것은 묵墨이며, 사람을 죽이고도 거리낌이 없는 것을 적賊이라 합니다. 〈하서夏書〉에 '혼, 묵, 적은 죽여 없앤다'라 한 것은 고요皐陶가 정한 형법이었습니다. 청컨대 이를 따르기를 바랍니다."

그리하여 형후는 사형에 처하고 옹자와 숙어의 시신은 저자에 공개하였다.

중니仲尼는 이렇게 말하였다.

"숙향은 옛 사람의 유풍을 곧게 지켜내었다. 나라를 다스리고 형벌을 제정함에 친족이라 하여 사사롭게 감추지 않았다. 세 가지를 들어 숙어의 악함을 따져 조금도 그의 잘못을 줄여주지 않았다. 의롭기 때문에 할 수 있는 일이니 가히 곧다고 할 수 있으리라! 평구平丘의 회담에서도 숙어가 뇌물을 받은 일을 책망하며 위衛나라를 너그럽게 대하여 이로써 진나라가 포학한 일을 하지 못하게 하였던 것이다. 그는 노나라 계손季孫을 본국으로 돌려보낼 때에는 숙어가 거짓말에 능숙한 것을 이용하여 노나라에 관용을 보여 이로써 진나라가 포학한 일을 하지 않도록 유도하였다. 형후의 재판에서는 숙어가 재물을 탐냈음을 말하여 형법을 정당하게 적용하여 이로써 진나라가 치우친 일을 하지 않도록 하였다. 세 번 이러한 말을 통해 세 번 악을 없애면서 거기에 세 번의 이로움이 있게 하였다. 친족을 죽여 그의 영예를 더욱 높였으니 의롭기 때문에 할 수 있는 일이었도다!"

【邢侯】楚나라 申公巫臣의 아들.
【雍子】楚나라 사람. 杜預 注에 "邢侯, 楚申公巫臣之子也. 雍子, 亦故楚人"이라 함.

【鄐】지금의 河南 修武縣. 邢侯와 雍子가 함께 가지고 있던 읍이며 襄公 26년 傳에 "雍子奔晉, 晉人與之鄐"이라 하여 둘 모두 초나라 출신으로 진나라에 망명하여 받았던 땅임.

【士景伯】士文伯의 아들 彌牟. 晉나라 대부. 杜預 注에 "景伯, 士文伯之子彌牟也"라 함. 당시 理官(判官)으로서 그 일의 처리를 맡았었으나 도중에 초나라에 갈 일이 있어 사건 처리가 중단됨.

【叔魚】晉나라 대부. 羊舌鮒. 叔向의 아우. 才謀에 능하였음.

【韓宣子】韓起. 晉나라 대부. 韓厥의 아들이며 韓無忌의 아우. 시호는 宣子. 당시 晉나라 執政大臣이었음. 그들 후손이 春秋末 晉六卿이었으며 戰國시대 三晉의 하나이며 戰國七雄인 韓나라로 발전함.

【叔向】晉나라 어진 대부. 羊舌肸, 자는 叔肸, 혹 叔譽라고도 부름.

【鬻獄】재판의 일을 돈을 주어 매수하여 자신에게 유리하도록 함.

【昏】杜預 注에 "昏, 亂也"라 함.

【墨】杜預 注에 "墨, 不潔之稱"이라 함.

【夏書】지금은 전해지지 않는 《尚書》의 逸書.

【皐陶】堯·舜 임금 때의 司法長官.

【平丘之會】昭公 13년 平丘의 모임에서 "晉有羊舌鮒者, 瀆貨無厭, 亦將及矣. 爲此役也, 子若以君命賜之, 其已"라 한 일을 말함.

【歸魯季孫】昭公 13년 전을 볼 것. 魯나라 季平子가 晉나라에 감금되었을 때 귀국을 허락하였으나 자신의 죄명을 씻기 전에는 갈 수 없다고 버티자 叔向은 속임수에 능한 자신의 아우(羊舌鮒)를 내세워 설득시킨 일을 말함.

【曰義也夫】王引之는 "曰義也夫當作由義也夫. 與下之猶義也夫相呼應"이라 함. 이상의 이야기는 《國語》 晉語(9)와 《列女傳》 羊叔姬傳에도 실려 있음.

196. 昭公 15年(B.C.527) 甲戌

周	景王(姬貴) 18년	齊	景公(杵臼) 21년	晉	昭公(夷) 5년	衛	靈公(元) 8년
蔡	平公(廬) 3년	鄭	定公(寧) 3년	曹	平公(須) 원년	陳	惠公(吳) 3년
杞	平公(郁釐) 9년	宋	元公(佐) 5년	秦	哀公(鍼?) 10년	楚	平王(熊居) 2년
吳	夷末 17년	許	悼公(買) 20년				

❋ 1472(昭 15-1)

十有五年春王正月, 吳子夷末卒.

15년 봄 주력 정월, 오자吳子 이말夷末이 죽었다.

【夷末】吳나라 군주. 《公羊傳》에는 '夷昧'로 되어 있음. 餘祭의 뒤를 이어 왕위에 올랐음. B.C.543~527년까지 21년간 재위함. 그러나 기록마다 달라 《吳越春秋》에는 餘昧(夷末)이 4년 재위한 것으로 되어 있음. 楊伯峻은 재위 기간이 17년이라 하였으며 《中國歷史紀年表》(華西出版社)에는 餘祭가 B.C.547~531년까지 17년간 재위하고 餘昧가 B.C.530년~527년까지 4년간 재위한 것으로 되어 있음.
＊無傳

❋ 1473(昭 15-2)

二月癸酉, 有事于武宮.

籥入, 叔弓卒.
去樂, 卒事.

2월 계유날, 노나라 무궁武宮에서 제사가 있었다.
제사 때 피리를 불자 숙궁이 죽었다.
이에 음악을 멈추고 제사를 마쳤다.

【癸酉】 2월 15일.
【武宮】 魯나라 武公의 모신 사당. 武公은 魯나라 제10대 임금. 《禮記》 明堂位에 "魯公之廟, 文世室也; 武公之廟, 武世室也"라 하였고, 鄭玄의 注에 "此二廟象周有文王·武王之廟也. 世室者, 不毁之名. 魯公, 伯禽也; 武公, 伯禽之玄孫也, 名敖"라 함.
【籥入】 孔穎達 疏에 "祭必有樂, 樂有文舞·武舞. 文執羽籥, 武執干鍼. 其入廟也, 必先文而後武. 當籥始入, 叔弓暴卒"이라 함.
【叔弓】 魯나라 대부. 叔老의 아들. 시호는 敬子.
【去樂】 음악은 연주하지 아니한 채로 제사를 진행하여 마침.

⟨傳⟩
十五年春, 將禘于武公, 戒百官.
梓愼曰:「禘之日其有咎乎! 吾見赤黑之祲, 非祭祥也, 喪氛也. 其在涖事乎!」
二月癸酉, 禘.
叔弓涖事, 籥入而卒.
去樂, 卒事, 禮也.

15년 봄, 노나라 무공武公에게 체제禘祭를 지내기 위해 백관들을 목욕재계하도록 하였다.
자신梓愼이 말하였다.

"체제를 지내는 날에 변괴가 있을 것이다! 나에게 붉고 검은 요기가 보였는데 이는 제사에 길조가 아니고 상을 당할 기미이다. 그 상은 제사에 참여하는 이에게 있을 것이다!"

2월 계유날, 체제를 올렸다.

숙궁叔弓이 제사에 참여하였는데 피리 부는 악대가 사당으로 들어서자 갑자기 죽었다.

이에 음악을 멈추고 제사를 마쳤으니 이는 예에 맞는 것이었다.

【禘】 조상에게 드리는 큰 제사. 禘祭.《禮記》祭儀에 "春禘秋嘗"이라 하여 봄에 조상의 사당에 올리는 제사를 가리킴.
【梓愼】 魯나라 대부. '梓'는 '梓音子'라 하여 '자'로 읽음. 日官이었으며 豫言에 뛰어났던 인물.
【祲】 杜預 注에 "妖惡之氣"라 함.
【涖事】 '涖'는 '臨'과 같음. 그 일에 참여하여 주관하는 사람.
【叔弓】 魯나라 대부. 叔老의 아들. 시호는 敬子.
【去樂】 杜預 注에 "大臣卒, 故爲之去樂"이라 함.

● **1474(昭15-3)**

夏, 蔡朝吳出奔鄭.

여름, 채蔡나라 조오朝吳가 정鄭나라로 달아났다.

【朝吳】 蔡나라 대부. 聲子의 아들. 杜預 注에 "朝吳, 故蔡大夫聲子之子"라 함.《公羊傳》에는 '昭吳'로 되어 있음. 楚 平王의 즉위에 도움을 주었음.

(傳)
楚費無極害朝吳之在蔡也, 欲去之, 乃謂之曰:「王唯信子, 故處子於蔡. 子亦長矣, 而在下位, 辱, 必求之, 吾助子請.」

又謂其上之人曰:「王唯信吳, 故處諸蔡, 二三子莫之如也, 而在其上, 不亦難乎? 弗圖, 必及於難.」

夏, 蔡人逐朝吳, 朝吳出奔鄭.

王怒, 曰:「余唯信吳, 故寘諸蔡. 且微吳, 吾不及此. 女何故去之?」

無極對曰:「臣豈不欲吳? 然而前知其爲人之異也. 吳在蔡, 蔡必速飛. 去吳, 所以翦其翼也.」

초楚나라 비무극費無極은 조오朝吳가 채나라에 있으면 방해가 된다고 여겨 그를 없애고자 그에게 이렇게 말하였다.

"초나라 군주께서는 그대만을 믿고 계십니다. 그 때문에 그대를 채나라에 배치하신 것입니다. 그대는 이제 나이도 많으시면서 아래 자리에 있는 것은 욕되는 일입니다. 꼭 더 높은 자리를 요구하십시오. 저도 그대를 도와 요청하겠습니다."

그리고 다시 조오의 윗자리에 있는 사람들에게 말하였다.

"왕께서는 오직 조오만 믿고 계십니다. 그래서 그를 채나라에 배치해 주신 것입니다. 여러분은 그보다 모자라면서도 그의 윗자리에 있으니 어렵지 않겠습니까? 대비하지 않았다가는 틀림없이 환난에 빠질 것입니다."

여름, 채나라가 조오를 축출하자 조오는 정鄭나라로 달아났다.

그러자 평왕이 노하여 말하였다.

"나는 오직 조오만을 믿었다. 그래서 그를 채나라에 배치하였던 것이다. 나에게 조오가 없었더라면 나는 지금 이 자리에 있을 수 없었을 것이다. 그런데 네가 무슨 이유로 그를 축출하였는가?"

비무극이 대답하였다

"제가 어찌 조오를 친히 하려 하지 않았겠습니까? 그러나 저는 전부터 그의 사람됨이 다른 사람과 다름을 알고 있었습니다. 조오가 채나라에 있으면 채나라는 틀림없이 곧 강해질 것입니다. 조오를 없앤 것은 채나라가 새라면 그 날개를 끊은 것이 됩니다."

【費無極】費無忌. 楚나라 대부.《史記》楚世家와 伍子胥列傳 및《淮南子》등에는 모두 '費無忌'로 되어 있음. 杜預 注에 "朝吳, 蔡大夫, 有功於楚平王, 故無極恐其有寵, 疾害之"라 함.
【王】楚 平王(熊居, 棄疾)을 가리킴.
【蔡必速飛】蔡나라를 새에 비유하여 채나라가 금세 자라 강해지면 초나라를 배반할 것이라는 뜻. 杜預 注에 "以鳥喩也. 言吳在蔡, 必能使蔡速强而背楚"라 함.

※ **1475(昭 15-4)**

六月丁巳朔, 日有食之.

6월 정사날 초하루, 일식이 있었다.

【日食】B.C.527년 4월 18일 金環日蝕이 있었다 함.
＊無傳

㊙
六月乙丑, 王大子壽卒.

6월 을축날, 주왕周王의 태자大子 수壽가 세상을 떠났다.

【乙丑】6월 9일.
【大子壽】周 景王(姬貴)의 태자. 이름은 壽.

㊙
秋八月戊寅, 王穆后崩.

가을 8월 무인날, 천왕의 목후穆后가 붕어하였다.

【戊寅】 8월 22일.
【穆后】 周 景王(姬貴)의 王后이며 태자 壽의 어머니. 杜預 注에 "大子壽之母也. 傳爲晉荀躒如周葬穆后起"라 함.

1476(昭15-5)

秋, 晉荀吳帥師伐鮮虞.

가을, 진晉나라 순오荀吳가 군사를 이끌고 선우鮮虞를 쳤다.

【荀吳】 晉나라 대부. 穆子. 中行穆子. 荀偃의 조카. 荀吳의 어머니가 鄭나라 출신이어서 '鄭甥'이라고도 부름. 襄公 19년을 볼 것.
【鮮虞】 白狄의 별종. 《史記》 趙世家 索隱에는 中山國이 옛날에는 鮮虞라 불렀으며 姬姓이었다 하였음. 그러나 錢大昕의 《通鑑注》에는 《姓譜》를 인용하여 "武王封箕子於朝鮮, 支子仲食采於于, 因以鮮于爲氏. 是鮮虞與鮮于, 是一非二矣. 初封爲子姓國, 其後晉滅子姓之鮮虞而封以姬姓, 故曰先子姓, 後姬姓耳"라 함.

傳

晉荀吳帥師伐鮮虞, 圍鼓.
鼓人或請以城叛, 穆子弗許.
左右曰:「師徒不勤, 而可以獲城, 何故不爲?」
穆子曰:「吾聞諸叔向曰:『好惡不愆, 民知所適, 事無不濟.』或以吾城叛, 吾所甚惡也; 人以城來, 吾獨何好焉? 賞所甚惡, 若所好何? 若其弗賞, 是失信也, 何以庇民? 力能則進, 否則退, 量力而行. 吾不可以欲城而邇姦, 所喪滋多.」

使鼓人殺叛人而繕守備.
圍鼓三月, 鼓人或請降.
使其民見, 曰:「猶有食色, 姑修而城.」
軍吏曰:「獲城而弗取, 勤民而頓兵, 何以事君?」
穆子曰:「吾以事君也. 獲一邑而教民怠, 將焉用邑? 邑以賈怠, 不如完舊. 賈怠無卒, 棄舊不祥. 鼓人能事其君, 我亦能事吾君. 率義不爽, 好惡不愆, 城可獲而民知義所, 有死命而無二心, 不亦可乎?」
鼓人告食竭·力盡, 而後取之.
克鼓而反, 不戮一人, 以鼓子鳶鞮歸.

진晉나라 순오荀吳가 군사를 이끌고 선우鮮虞를 치고 고鼓나라 도읍을 포위하자 고나라 어떤 사람이 도읍 안의 사람들을 이끌고 고나라를 배반하고는 진나라를 따르겠다고 하였으나 목자穆子(荀吳)는 이를 허락하지 않았다.
그러자 좌우가 말하였다.
"군사들이 수고하지 않고도 성을 얻을 수 있는데 무슨 이유로 허락하지 않습니까?"
목자가 말하였다.
"내 숙향叔向에게 듣건대 '호오好惡가 정당하면 백성들은 갈 곳을 알게 되어 제대로 되지 않을 일이 없다'라 하더이다. 혹자가 나의 성을 가지고 배반을 한다면 나는 그를 심히 미워할 것입니다. 남이 자신들의 성을 가지고 나에게 온다는데 나 홀로 어찌 이를 좋다고 여길 수 있겠습니까? 미움 받을 자에게 상을 준다면 훌륭한 일을 한 사람에게는 어떻게 할 수 있겠습니까? 만약 미운 자라 해서 그가 공을 이루었는데도 상을 주지 않는다면 이는 믿음을 잃는 것이니 어찌 백성을 보호할 수 있겠습니까? 내 힘으로 능히 할 수 있으면 전진하는 것이요, 그렇지 않으면 물러나는 것이니 힘을 헤아려 실행에 옮길 뿐입니다. 나는 성을 갖고자 간악한 자를 가까이 할 수는 없습니다. 그랬다가는 잃는 것이 더 많아집니다."
그리고 고나라 사람에게 그 배반자를 죽이고 성을 수비할 시간을 주었다.
고를 포위한 지 3개월 만에 고나라의 어떤 사람이 항복을 청해왔다.

목자는 그를 오도록 하여 만났다. 그리고 이렇게 말하였다.

"그대 얼굴을 보니 아직 밥을 먹은 기색이 남아 있구나. 좀 더 성을 수리하여 지키도록 하라."

그러자 군리軍吏가 물었다.

"성을 얻게 되는데도 차지하지 않고, 백성을 수고롭게 하고 군사를 피로하게 하시니 그렇게 하는 것이 어찌 임금을 섬기는 것이라 할 수 있겠습니까?"

목자가 말하였다.

"이것이 바로 내가 임금을 섬기는 것입니다. 읍 하나를 얻고서 백성을 태만하도록 한다면 그런 읍이 장차 어디에 쓰겠습니까? 읍 하나로써 백성들의 게으름을 산다면 본래 가지고 있던 것이나 지켜내느니만 못합니다. 게으름으로써 읍을 사면 좋은 결과를 얻지 못하며, 옛것을 버리는 것은 상서롭지 못한 것입니다. 고나라 사람들은 자신의 군주를 잘 섬겨야 하고, 나 역시 우리 군주를 잘 섬겨야 합니다. 의리를 좇아 어긋나지 않게 하고, 호오가 도리에 벗어나지 않도록 하면 성도 얻을 수 있을 뿐만 아니라 백성들도 의義의 소재를 알게 되어 죽음을 무릅쓰면서도 두 마음을 갖지 않게 될 것이니 역시 좋은 것이 아닙니까?"

고나라 사람들이 먹을 것이 다 떨어지고 나라의 힘이 다하였음을 알려 오자 그제야 그 성을 차지하였다.

이렇게 고나라에게 승리를 거두고 돌아가면서 한 사람도 죽이지 않았고, 다만 고나라 군주 연제鳶鞮만 데리고 귀환하였다.

【鼓】鮮虞나라에 딸린 작은 나라. 子爵의 祁姓. 鼓邑으로 지금의 河北 晉縣.
【叔向】晉나라 어진 대부. 羊舌肸, 자는 叔肸, 혹 叔譽라고도 부름.
【愈】지나침. 잘못됨.
【猶有食色】아직 밥을 먹은 기색이 있음. 성을 지킬 힘을 가지고 있음.
【無卒】有終의 美를 거둘 수 없음. 杜預 注에 "卒, 終也"라 함.
【民知義所】杜預 注에 "知義所在也. 苟吳必其能獲, 故因以示義"라 함.
【鳶鞮】鼓나라 군주 이름. 杜預 注에 "鳶鞮, 鼓君名"이라 함. '鳶'은 '鳶'과 같음.

※ 1477(昭 15-6)

冬, 公如晉.

겨울, 소공昭公이 진晉나라에 갔다.

【公】魯 昭公이 平丘 모임에서의 일과 季孫(季平子)을 풀어준 일에 감사하기 위해 晉나라를 직접 찾아간 것임.

㊅

冬, 公如晉, 平丘之會故也.

겨울, 소공昭公이 진晉나라에 간 것은 평구平丘에서의 모임 때문이었다.

【平丘之會故也】昭公 13년 平丘의 모임에서 季孫氏가 체포되고, 14년에 용서받아 귀국한 일 등에 대하여 晉나라에 고마움을 표하기 위하여 간 것임.

㊅

十二月, 晉荀躒如周, 葬穆后, 籍談爲介.
旣葬, 除喪, 以文伯宴, 樽以魯壺.
王曰:「伯氏, 諸侯皆有以鎭撫王室, 晉獨無有, 何也?」
文伯揖籍談.
對曰:「諸侯之封也, 皆受明器於王室, 以鎭撫其社稷, 故能薦彝器於王. 晉居深山, 戎狄之與鄰, 而遠於王室, 王靈不及, 拜戎不暇, 其何以獻器?」
王曰:「叔氏, 而忘諸乎! 叔父唐叔, 成王之母弟也, 其反無分乎? 密須之鼓與其大路, 文所以大蒐也; 闕鞏之甲, 武所以克商也, 唐叔受之, 以處參虛, 匡有戎狄. 其後襄之二路, 鏚鉞·秬鬯·彤弓·虎賁,文公受之, 以有南陽之田, 撫征東夏, 非分而何? 夫有勳而不廢, 有績而載, 奉之以土田, 撫之以彝器, 旌之以車服, 明之以文章, 子孫不忘, 所謂福也. 福祚之不登, 叔父焉在? 且昔而高祖孫伯黶司晉之典籍, 以爲大政, 故曰籍氏. 及辛有之二子董之晉, 於是乎有董史. 女, 司典之後也, 何故忘之?」

籍談不能對.

賓出, 王曰:「籍父其無後乎! 數典而忘其祖.」

籍談歸, 以告叔向.

叔向曰:「王其不終乎! 吾聞之:『所樂必卒焉.』今王樂憂, 若卒以憂, 不可謂終. 王一歲而有三年之喪二焉, 於是乎以喪賓宴, 又求彝器, 樂憂甚矣, 且非禮也. 彝器之來, 嘉功之由, 非由喪也. 三年之喪, 雖貴遂服, 禮也. 王雖弗遂, 宴樂以早, 亦非禮也. 禮, 王之大經也. 一動而失二禮, 無大經矣. 言以考典, 典以志經. 忘經而多言, 舉典, 將焉用之?」

12월, 진晉나라 순력荀躒이 주周나라 목후穆后의 장례식에 갈 때 적담籍談이 부사가 되었다.

장례를 마치고 상복을 벗을 때 경왕景王이 문백文伯(荀躒)을 위해 잔치를 베풀면서 노나라에서 보낸 술병을 사용하였다.

그러면서 경왕은 이렇게 말하였다.

"백씨伯氏여, 다른 제후들은 누구나 왕실에 기물을 헌납하는데 유독 진나라만은 헌납하지 않으니 무슨 까닭이오?"

문백이 적담에게 읍을 하자 적담이 대신 대답하였다.

"제후들을 봉할 때 모두가 왕실에서 하사하시는 기물을 받아 이로써 각기 자신들의 사직에 이를 바치며 그 때문에 그들은 다신 천자에게 이기彝器를 헌납할 수 있는 것입니다. 우리 진나라는 깊은 산중에 자리하여 융적戎狄의 무리와 이웃하고 있으며 왕실에서도 멀리 떨어져 있어 천자의 은덕을 입지 못하고 있습니다. 이적을 굴복시키기에도 겨를이 없는데 어떻게 기물을 바칠 수 있겠습니까?"

그러자 경왕이 말하였다.

"숙씨여, 그대는 잊고 있소! 우리 선조의 숙부이며 그대 진나라의 시조 당숙_{唐叔}은 주나라 성왕_{成王}의 친형제였소. 그런데 어찌 왕실의 기물을 나누어 주지 않았겠는가? 밀수_{密須}의 북과 대로_{大路}는 문왕_{文王}께서 크게 군사 훈련을 하여 얻은 것이며, 궐공_{闕鞏}의 갑옷은 무왕_{武王}께서 상_商나라를 정벌하여 얻은 것으로 당숙께서는 이를 받아 삼성_{參星}의 분야에 자리를 잡아 융적_{戎狄}을 정벌해서 영토를 넓힌 것이오. 그 뒤에 양왕_{襄王} 때에는 수레 두 대, 척월_{鏚鉞}, 거창_{秬鬯}, 동궁_{彤弓}, 호분_{虎賁}을 진 문공_{文公}이 받아 남양_{南陽} 땅을 소유하게 됨으로써 동방 제후들을 위무하고 정벌하게 되었던 것이오. 이들은 주나라 왕실에서 하사한 것이 아니고 무엇이오? 무릇 우리 왕실은 훈공이 있는 자를 버려두지 않았으며, 공적이 있으면 기록하였고 토지를 주어 높이고 이기를 주어 위로하였으며, 거복_{車服}을 주어 표창하였으며, 깃발을 주어 널리 밝혀 자손들이 이를 잊지 않도록 하였소. 이를 일러 복이라 하는 것이오. 그러한 복조_{福祚}를 기록에 올리지 않았다면, 어찌 숙부가 지금 이 자리에 있을 수 있겠소? 게다가 옛날에 그대의 손백염_{孫伯黶}이 진나라 전적의 기록을 맡았고 그로써 큰 정치를 펼 수 있었기에 그 때문에 적씨_{籍氏}라 하였던 것이오. 주나라 신유_{辛有}의 둘째아들 동_董이 진나라에 가서 기록의 일을 하게 되니 이에 진나라에는 동씨_{董氏}의 사관이 있게 된 것이오. 그대는 바로 진나라 전적을 담당하던 이의 후손으로서 어찌 옛일들을 잊고 있단 말이오?"

적담은 아무런 대답을 하지 못하였다.

빈객들이 물러나자 경왕이 말하였다.

"적담의 후손은 이어지지 못할 것이다! 기록하는 일을 맡고 있으면서도 그 선조를 잊고 있기 때문이다."

적담이 진나라로 돌아와 그 일을 숙향_{叔向}에게 고하였다.

그러자 숙향이 말하였다.

"왕은 좋은 죽음을 맞지 못할 것입니다! 내 듣기로 '즐거움에만 빠지면 반드시 그에 의해 죽는다'라 하였습니다. 지금 천자는 슬퍼할 처지인데도 즐기고 있으니 만약 근심할 처지에서 세상을 떠난다면 이는 좋은 죽음이라 말할 수 없습니다. 천자께서는 한 해 동안 삼년상을 두 차례나 치르셨는데 그러한 속에 빈객에게 주연을 베풀면서 제후들에게 보물까지 요구하고 있으니 슬퍼할 처지에서 즐기는 것이 심한 것이며 게다가 예에도 맞지 않습니다. 보물을 바치는 일은 공이 있을 때 하는 것이지 상을 당하였을 때에는 하지 않는 것입니다. 삼년상이란 비록 귀한 분일지라도 상복을 끝까지 입고 마치는 것이 예입니다. 천자께서 비록 삼년상을 다 지키지 않을 수 있다 해도 주연을 베풀어 즐기기에는 아직 이르니 역시 예가 아닙니다. 예는 천자께서 지켜야 할 큰 벼리인데도 한 번의 행동으로 두 가지 예를 어기셨으니 큰 벼리를 갖추고 있지 못한 것입니다. 말로써 고전의 기록을 상고한다 하나 고전이란 벼리를 기록한 것입니다. 그 벼리를 잊고 말만 많았으니 고전의 기록을 거론했다 하나 장차 이를 어디에 쓰겠습니까?"

【荀躒】 晉나라 대부. 荀盈(知盈)의 아들. 시호는 文子(文伯). 下軍佐에 임명하여 아버지 뒤를 잇도록 하였음. 杜預 注에 "躒, 荀盈之子, 知文子也. 佐下軍, 代父也"라 함.
【穆后】 周 景王(姬貴)의 王后이며 태자 壽의 어머니. 杜預 注에 "大子壽之母也. 傳爲晉荀躒如周葬穆后起"라 함. 금년 가을 8월에 세상을 떠났음.
【籍談】 晉나라 대부. 籍秦의 아버지.
【除喪】 姚鼐의 〈左傳補注〉에 "古人喪服, 由重受輕, 皆曰除喪. 故曰「期而除喪, 道也」. 此除喪是除疏衰四升, 受以成布七升, 及除麻, 服葛. 齊景公卒于哀五年, 《公羊傳》於哀六年曰除景公之喪"이라 함.
【魯壺】 노나라에서 바친 술병. 杜預 注에 "魯壺, 魯所獻壺樽"이라 함. 이를 晉나라 사신에 보여주어 그들이 바치지 않음을 간접적으로 지적한 것.
【伯氏】 천자가 자신과 동성(姬姓)인 자를 칭하는 말. 景王이 여기서는 荀躒을 伯氏로, 籍談을 叔氏로 칭하여 자신과 같은 성씨임을 나타낸 것.
【鎭撫】 杜預 注에 "感魯壺而言也. 鎭撫王室謂貢獻之物"이라 함.
【揖】 杜預 注에 "文伯無辭, 揖籍談使對"라 함.
【彛器】 宗廟에 사용하는 좋은 그릇. 《說文》에 "彛, 宗廟常器也"라 함.
【王靈】 왕의 영험함. 왕의 도움으로 복을 받음.

【拜戎】戎(狄人)을 굴복시킴. 焦循 〈左傳補疏〉에 "拜, 服也. 拜戎不暇謂服戎不暇也"라 함.

【唐叔】成王의 아우이며 晉나라의 시조.

【忘諸】姚鼐 〈左傳補注〉에 "晉世家載曲沃武公伐晉侯緡, 滅之, 盡以其寶器賄獻於周釐王, 釐王命武公爲晉君, 則唐叔昔之分器, 當籍談時, 晉已無有矣. 故談忘之"라 함.

【密須】나라 이름. 지금의 甘肅 靈臺縣 서쪽. 姞姓이며 周 文王에게 멸망함. 《尙書大傳》에 "文王受命, 三年伐密須"라 함.

【大路】큰 수레. '路'는 수레를 뜻함. '輅'와 같음.

【蒐】봄 사냥의 명칭. 원래 蒐·苗·獮·狩 등 계절에 따른 사냥 명칭이 달랐음. 봄에는 새끼를 배지 않은 짐승만 골라잡으며 동시에 군사훈련을 겸함. 여름에는 곡물의 싹을 해치는 것들을 잡음. 가을에도 역시 군사훈련을 겸해 사냥을 하며. 겨울에는 짐승을 포위하여 잡음. 《司馬法》仁本篇에 "國雖大, 好戰必亡; 天下雖安, 忘戰必危. 天下旣平, 天下大愷, 春蒐秋獮; 諸侯春振旅, 秋治兵, 所以不忘戰也"라 함.

【闕鞏】지금의 河南 鞏縣에 있던 나라. 훌륭한 갑옷을 생산하였음.

【參虛】杜預 注에 "參虛, 實沈之次, 晉之分野"라 함. '虛'는 '墟'와 같음. 혹 '虛'를 별자리로 보기도 함.

【二路】두 종류의 수레. 杜預 注에 "周襄王所賜晉文公大路·戎路"라 함.

【鏚鉞】도끼류. 杜預 注에 "鏚, 斧也; 鉞, 金鉞也"라 함.

【秬鬯】秬鬯酒. 鬱鬯酒. 杜預 注에 "秬, 黑黍; 鬯, 香酒"라 함. '秬'(찰기장)라는 곡류로 빚은 술. 제사에 흔히 쓰임.

【彤弓·虎賁】周 襄王이 이를 하사한 일은 僖公 28년을 볼 것.

【南陽】지금의 河南 濟源 부근.

【東夏】동쪽의 華夏族 제후들. 齊, 魯, 鄭, 宋 등을 가리킴.

【文章】杜預 注에 "文章, 旌旗"라 함.

【高祖孫伯黶】籍談의 선조. 이름은 孫伯黶. 孔穎達 疏에 《世本》을 인용하여 "黶生司空頡, 頡生郞里叔子, 子生叔正官伯, 伯生司徒公, 公生曲沃正少襄, 襄生司功大伯, 伯生侯季子, 子生籍游, 游生談, 談生秦"이라 하였고, 王符 《潛夫論》에는 "孫黶, 晉姬姓也"라 함.

【辛有】周 平王 때의 史官. 僖公 22년 전을 볼 것.

【二子】둘째 아들.

【董史】董狐. 宣公 2년을 볼 것. 晉나라의 유명한 사관. 그러나 董氏는 대대로 晉나라 사관을 지내어 그 집안을 뜻하는 것으로 봄. 沈欽韓의 〈補注〉에 "〈晉語〉(四)「晉伯納公子, 董因迎公于河」, 韋昭注:「董因, 晉大夫, 周太史辛有之後. 《傳》曰:『辛有之二子董之晉, 故晉有董史』, 則'董'是人名顯然"이라 하였고, 章炳麟의 《左傳讀》(7)에도 "董氏世爲晉史官. 〈晉語〉(九), 董安于曰「方臣之少也, 進秉筆贊爲名命, 稱於前世, 立義於諸侯」是也. 不止一董狐"라 함.
【無後】籍談의 아들 籍秦이 죽어 그 후손이 이어지지 못함. 孔穎達 疏에 "定十四年, 晉人敗范·中行氏之師於潞, 獲籍秦. 秦卽談之子, 是無後"라 함.
【叔向】晉나라 어진 대부. 羊舌肸, 자는 叔肸, 혹 叔譽라고도 부름.
【數典】典籍의 기록을 담당함.
【三年之喪二】太子 壽와 穆后의 죽음이 같은 해에 일어남.

197. 昭公 16年(B.C.526) 乙亥

周	景王(姬貴) 19년	齊	景公(杵臼) 22년	晉	昭公(夷) 6년	衛	靈公(元) 9년
蔡	平公(廬) 4년	鄭	定公(寧) 4년	曹	平公(須) 2년	陳	惠公(吳) 4년
杞	平公(郁釐) 10년	宋	元公(佐) 6년	秦	哀公(鍼?) 11년	楚	平王(熊居) 3년
吳	吳王(僚) 원년	許	悼公(買) 21년				

㊉

十六年春王正月, 公在晉, 晉人止公. 不書, 諱之也.

16년 주력 정월, 소공이 진晉나라에 머물렀는데 이는 진나라에서 소공을 돌아가지 못하게 막아서였다.
이를 경經에 기록하지 않은 것은 그러한 사실을 꺼렸기 때문이다.

【不書】經에는 이 사실을 기록하지 않았음을 말함.

● 1478(昭16-1)

十有六年春, 齊侯伐徐.

16년 봄, 제후齊侯가 서徐나라를 쳤다.

【齊侯】당시 齊나라 군주는 景公(杵臼)으로 재위 22년째였음.
【齊侯伐徐】이 네 글자는 다음의 "二月丙申" 뒤에 이어져야 함. 石韞玉의 《讀左卮言》에 "「齊侯伐徐」四字應接「二月丙申」之文, 中間楚取蠻氏一段, 別是一事而錯簡在此. 經文本不相蒙, 傳亦無所蟬聯也"라 함.

1479(昭16-2)

楚子誘戎蠻子殺之.

초자楚子가 융만戎蠻의 군주를 유인하여 죽였다.

【楚子】당시 楚나라 군주는 平王(熊居, 棄疾)으로 재위 3년째였음.
【戎蠻子】戎蠻의 군주. 이름은 嘉. 《公羊傳》에는 '戎曼子'로 되어 있음. 蠻氏는 成公 6년 傳을 볼 것. 그 나라는 지금의 河南 汝陽縣 동남쪽에 있었음.

(傳)
齊侯伐徐.
楚子聞蠻氏之亂也與蠻子之無質也, 使然丹誘戎蠻子嘉殺之, 遂取蠻氏.
旣而復立其子焉, 禮也.
二月丙申, 齊師至于蒲隧, 徐人行成.
徐子及郯人·莒人會齊侯, 盟于蒲隧, 賂以甲父之鼎.
叔孫昭子曰:「諸侯之無伯, 害哉! 齊君之無道也, 興師而伐遠方, 會之, 有成而還, 莫之亢也, 無伯也夫!《詩》曰:『宗周旣滅, 靡所止戾. 正大夫離居, 莫知我肄』, 其是之謂乎!」

제齊 경공景公이 서徐나라를 쳤다.

초楚 평왕平王은 만蠻나라에 난이 일어났으며 그 군주에게 신의가 없다는 것을 듣자, 연단然丹으로 하여금 융만戎蠻의 군주 가嘉를 유인하여 죽이게 하였다.

그리하여 만나라를 차지하였다가 그 뒤에 다시 가의 아들을 군주로 세워 복구시켰다. 그것은 예에 맞는 일이었다.

2월 병신날, 제나라 군사가 포수蒲隧 땅에 이르자 서나라가 화평을 제의하였다.

서나라 군주와 담郯나라, 거莒나라가 제 경공과 만나 포수에서 동맹을 맺었으며 그때 서나라 군주는 갑보甲父의 솥을 기증하였다.

이 일을 두고 숙손소자叔孫昭子가 말하였다.

"제후국들 간에 패자가 없는 것은 해로운 일이로다! 제 경공은 무도하게 군사를 일으켜 먼 나라를 치고, 회맹까지 가졌으며 화평이 이루고 돌아가도 누구하나 이를 저지할 자가 없었으니 이는 패자가 없기 때문이다! 《시》에 '주周나라 종실이 이윽고 쇠퇴하여 살 곳이 없어지니, 정대부正大夫 조차 흩어져 나의 노고를 알아주지 못하도다'라 하였으니 이를 두고 이른 말이로다!"

【無質】 믿음이 없음. 杜預 注에 "質, 信也"라 함.

【然丹】 鄭나라 穆公의 손자. 子革, 鄭丹으로도 불림. 襄公 19년 楚나라로 망명하였음. 杜預 注에 "然丹, 鄭穆公孫, 襄十九年奔楚"라 함.

【嘉】 戎蠻의 군주 이름.

【禮也】 「楚子聞蠻氏」부터 이곳까지 38자는 별도의 한 傳이어야 하며 錯簡된 것임.

【二月丙申】 2월 14일. 앞의 「齊侯伐徐」가 이곳으로 옮겨져야 함.

【蒲隧】 지금의 安徽 泗縣. 《彙纂》에 "在今安徽省泗縣西北"이라 함. 그러나 楊伯峻 주에는 지금의 江蘇 睢寧縣 西南쪽이라 하였음.

【甲父之鼎】 甲父는 고대 국가 이름. 《淸一統志》에 의하면 지금의 山東 金鄕縣 남쪽이라 하였고, 《山東通志》에는 金鄕縣 서북쪽이라 하였음. 杜預 注에 "徐人得甲父鼎, 以賂齊"라 함.

【叔孫昭子】魯나라 대부. 叔孫婼. 叔孫氏의 후계. 시호는 昭子. 叔孫穆子(叔孫豹)의 庶子. 昭公 4년 12월을 볼 것.《公羊傳》에는 '叔孫舍'로 되어 있음. 한편 杜預 注에는 "公將遠適楚, 故叔孫如齊尋舊好"라 함.
【詩】《詩經》小雅 雨無止에 "浩浩昊天, 不駿其德. 降喪饑饉, 斬伐四國. 旻天疾威, 弗慮弗圖. 舍彼有罪, 旣伏其辜. 若此無罪, 淪胥以鋪. 周宗旣滅, 靡所止戾. 正大夫離居, 莫知我勩. 三事大夫, 莫肯夙夜. 邦君諸侯, 莫肯朝夕. 庶曰式臧, 覆出爲惡"이라 함. '宗周'는 원문에는 '周宗'으로 되어 있음.
【其詩之謂乎】杜預 注에 "傳言晉之衰"라 함.

㊀
三月, 晉韓起聘于鄭, 鄭伯享之.
子産戒曰:「苟有位於朝, 無有不共恪!」
孔張後至, 立於客間, 執政禦之; 適客後, 又禦之; 適縣間.
客從而笑之.
事畢, 富子諫曰:「夫大國之人, 不可不愼也, 幾爲之笑, 而不陵我? 我皆有禮, 夫猶鄙我. 國而無禮, 何以求榮? 孔張失位, 吾子之恥也.」
子産怒曰:「發命之不衷, 出令之不信, 刑之頗類, 獄之放紛, 會朝之不敬, 使命之不聽, 取陵於大國, 罷民而無功, 罪及而弗知, 僑之恥也. 孔張, 君之昆孫子孔之後也, 執政之嗣也, 爲嗣大夫; 承命以使, 周於諸侯; 國人所尊, 諸侯所知. 立於朝而祀於家, 有祿於國, 有賦於軍, 喪‧祭有職, 受脈‧歸脈. 其祭在廟, 己有著位. 在位數世, 世守其業, 而忘其所, 僑焉得恥之? 辟邪之人而皆及執政, 是先王無刑罰也. 子寧以他規我.」

3월, 진晉나라 한기韓起가 정鄭나라를 예방하자 정 정공定公이 그에게 향연을 베풀어 주었다.
그때 정나라 자산子産이 사람들에게 이렇게 경계시켰다.
"조정에 관직을 가지고 있는 이는 공경스럽지 못한 행동이 없도록 하시오!"

그런데도 공장孔張이 늦게 나타나 빈객들 사이에 서 있자 집정자가 그를 막았다. 그가 다시 빈객들 뒤로 가니 역시 막자 그는 걸어놓은 악기들 사이로 옮겨갔다.

빈객을 따르던 사람이 이를 보고 웃었다.

향연이 끝난 뒤 부자富子가 자산에게 간언하였다.

"무릇 대국에서 온 사람은 신중히 대접하지 않으면 안 됩니다. 그런데 거의 비웃음을 사고 말았으니 그들이 우리를 깔보지 않겠습니까? 우리가 모든 예를 잘 지킨다 해도 오히려 우리를 낮추어 볼 판인데 나라로서 예가 없이 하였으니 그렇게 하고서도 어찌 영광스러움을 얻을 수 있겠습니까? 공장이 서 있을 자리를 잃은 것은 그대로서의 수치였습니다."

그러자 자산이 노하여 말하였다.

"명령을 잘못 내린다든지, 내린 법령이 믿음을 주지 못한다든지, 형벌이 치우친다든지, 판결이 마구 뒤얽힌다든지, 조회에서 공경스럽지 못하여 명령이 제대로 전달되지 못한다든지, 대국으로부터 능멸을 당한다든지, 백성들을 피폐하게 하면서도 아무런 성과를 이루지 못한다든지, 죄를 짓고도 이를 알아차리지 못한다든지 하는 등의 일이라면 이는 나(僑)의 수치이다. 그러나 공장은 임금 형의 손자였던 자공子孔의 후손이며 집정을 지낸 분의 후사後嗣이다. 게다가 나라의 사명을 받고 사신으로 두루 제후국을 다녀왔던 자이기에 나라 사람들도 그를 존경하고 제후들도 모두 그를 잘 알고 있다. 나아가 조정에서는 설 자리가 있고 집에서는 제사가 있으며, 나라에 녹을 받고 자신이 거느리는 군사도 있다. 상례와 제례 때는 그를 돕는 가신을 거느리고 있으며 나라 제사 뒤에는 임금으로부터 제물을 하사받기도 하고, 또 자신의 제사를 마치고 나서는 그 제물을 임금께 드리기도 하고, 공실 사당 제사에 참석함에는 자신이 차지할 자리가 있다. 그리고 여러 대를 거쳐 지위를 가지고 있고 대대로 그 업무를 지켜오고 있다. 그러한 자가 자신이 지켜야 할 바를 잊고 있었으니 그것이 어찌 나의 수치라는 것인가? 사람들이 저지른 잘못을 모두 정사를 맡은 사람에게 책임을 돌린다면 이는 선왕先王의 형벌이 전혀 사용되지 않고 있는 것이다. 그대는 차라리 다른 일로 나를 바로잡아 훈계하라."

【三月】 원전에는 '二月'로 되어 있음.
【韓起】 韓宣子. 晉나라 대부. 韓厥의 아들이며 韓無忌의 아우. 시호는 宣子. 그들 후손이 春秋末 晉六卿이었으며 戰國시대 三晉의 하나이며 戰國七雄인 韓나라로 발전함.
【鄭伯】 鄭 定公. 이름은 寧. 당시 재위 4년째였음.
【子産】 公孫僑. 子國(公孫成)의 아들. 子美. 鄭나라의 훌륭한 宰相이 되어 孔子가 자주 칭찬한 인물.
【孔張】 公孫申. 자는 子張. 鄭 穆公의 증손. 子孔의 손자. 公孫洩의 아들. 昭公 7년을 볼 것.
【執政】 여기에서는 儀式을 맡은 관리를 말함.
【富子】 鄭나라 대부. 杜預 注에 "富子, 鄭大夫, 諫子産也"라 함.
【子孔】 杜預 注에 "子孔, 鄭襄公兄, 孔張之祖父. 子孔嘗執鄭國之政"이라 함.
【刑罰】 杜預 注에 "言爲過謬者, 自應用刑罰"이라 함.
【規】 杜預 注에 "規, 正也"라 함.

㊅

宣子有環, 其一在鄭商.

宣子謁諸鄭伯, 子産弗與, 曰:「非官府之守器也, 寡君不知.」

子大叔·子羽謂子産曰:「韓子亦無幾求, 晉國亦未可以貳. 晉國·韓子不可偸也. 若屬有讒人交鬪其間, 鬼神而助之, 以興其凶怒, 悔之何及? 吾子何愛於一環, 其以取憎於大國也? 盍求而與之?」

子産曰:「吾非偸晉而有二心, 將終事之, 是以弗與, 忠信故也. 僑聞: 『君子非無賄之難, 立而無令名之患.』 僑聞: 『爲國非不能事大·字小之難, 無禮以定其位之患.』 夫大國之人令於小國, 而皆獲其求, 將何以給之? 一共一否, 爲罪滋大. 大國之求, 無禮以斥之, 何饜之有? 吾且爲鄙邑, 則失位矣. 若韓子奉命以使, 而求玉焉, 貪淫甚矣, 獨非罪乎? 出一玉以起二罪, 吾又失位, 韓子成貪, 將焉用之? 且吾以玉賈罪, 不亦銳乎?」

韓子買諸賈人, 旣成賈矣.

商人曰:「必告君大夫!」
韓子請諸子產曰:「日起請夫環, 執政弗義, 弗敢復也. 今買諸商人, 商人曰『必以聞』, 敢以爲請.」
子產對曰:「昔我先君桓公與商人皆出自周, 庸次比耦以艾殺此地, 斬之蓬·蒿·藜·藋, 而共處之; 世有盟誓, 以相信也, 曰:『爾無我叛, 我無强賈, 毋或匄奪. 爾有利市寶賄, 我勿與知』恃此質誓, 故能相保, 以至于今. 今吾子以好來辱, 而謂敝邑强奪商人, 是敎敝邑背盟誓也, 毋乃不可乎! 吾子得玉, 而失諸侯, 必不爲也. 若大國令, 而共無藝, 鄭鄙邑也, 亦弗爲也. 僑若獻玉, 不知所成. 敢私布之.」
韓子辭玉, 曰:「起不敏, 敢求玉以徼二罪? 敢辭之.」

한선자韓宣子는 옥환玉環 한 쌍이 있었는데, 그중 하나는 정鄭나라 상인의 손에 있었다.
선자가 정나라 사신으로 갔을 때 그가 정鄭 정공定公에게 그 한쪽마저 가질 수 있도록 해 줄 것을 청하자 자산子產이 나서서 주지 않으면서 이렇게 말하였다.
"그것은 우리 관부官府에 간수하고 있는 것이 아니어서 임금도 알지 못합니다."
그러자 자태숙子大叔과 자우子羽가 자산에게 말하였다.
"한선자는 그 외 다른 것을 요구한 것도 아니며 우리가 진나라를 역시 아직 배반할 수도 없습니다. 우리는 진나라와 한씨를 매정하게 대할 수 없습니다. 만약 못된 마음을 가진 자가 그 중간에서 싸움을 붙이고, 귀신이 그를 돕는다면 흉하게 노하는 일이 벌어지고 말 것이니 그때 후회한들 어찌 미치겠습니까? 그대께서는 어찌 옥환 하나를 아깝게 여겨 큰 나라에게 미움을 사려 하십니까? 어찌 그 옥환을 구하여 한씨에게 주지 않습니까?"
그러자 자산이 말하였다.
"나는 진나라를 박정하게 대하거나 두 마음을 가진 것이 아니라 끝까지 잘 섬기려는 것입니다. 그 까닭으로 주지 않는 것이니 이는 충성과 믿음 때문입니다. 내(僑)가 듣기로 '군자는 재물이 없음을 걱정하지 않고, 자리에 서되 훌륭한 이름이 없음을 걱정한다'라 하였고, 또 듣기로 '나라를 다스림에는 큰 나라를 잘 섬기고 작은 나라를 잘 보살필 수 없는 것이 걱정이 아니라, 예로써 자신의 위치를 안정되게 지켜내지 못함을 걱정한다'라 하였습니다. 무릇 큰 나라 사람이 작은 나라에 명령을 내려 모든 것을 다 얻는다면 장차 그 요구를 어찌 모두 들어줄 수 있겠습니까? 한 번은 들어주고 한 번은 들어주지 않는다면 오히려 그 죄가 더욱 커져갈 것입니다. 그렇다고 큰 나라의 요구에 예로써 물리치지 않는다면 그 끝없는 욕심을 어찌하겠습니까? 우리는 게다가 변방의 나라이니 결국 그 지위를 잃게 될 것입니다. 만약 한자가 진나라 군주의 명을 받들고 온 사신으로써 옥을 요구하는 것이라면 이는 탐욕이 심한 것이니 그의 죄가 어찌 되겠습니까? 옥 하나 내어주어 두 가지 죄를 짓게 되는 것이니 나는 또한 지위를 잃게 되고 한자는 탐욕스러운 사람이 되는 것입니다. 그랬다가 장차 어찌 되겠습니까? 게다가 내가 옥 때문에 미움을 산다면 이는 역시 아주 작은 일이 아니겠습니까?"

한선자는 정나라 상인으로부터 그 옥환을 사기로 하여 이미 그 가격이 결정되었다.

그러자 상인이 말하였다.

"이 일은 반드시 군사부께 알려야 합니다!"

이리하여 한선자는 자산에게 이렇게 청하였다.

"지난번 제(起)가 옥환을 요청하였을 때 집정관께서는 의롭지 않다 하셨기에 감히 다시 말씀드리지 못하였습니다. 이제 상인에게서 옥환을 사기로 하였는데 그 상인이 '이 일을 반드시 집정관에게 알려야 한다'라 하더이다. 감히 이를 알려드립니다."

그러자 자산이 답하였다.

"옛날 우리 선군 환공桓公께서 상인들과 함께 주周나라를 떠나 이 땅으로 와 서로 힘을 모아 이 땅을 개척하였습니다. 그리하여 쑥과 여러 야생 잡초들을 베어내고 터를 잡아 함께 이곳에 살게 되었습니다. 그리고 대대로 지킬 맹세를 하여 이를 믿음으로 삼았습니다. 그 맹약에 '너희는 나를 배반함이 없고, 나는 너희들의 것을 강제로 사들이거나 혹 억지로 구걸하여 빼앗는 일이 없을 것이다. 너희는 이익이 되는 물건을 사고 판다 해도 나는 알고자 하지 않을 것이다'라 하였습니다. 우리는 이러한 맹약을 바탕으로 하여 그 때문에 서로 보호할 수 있는 것이며 지금에 이르도록 잘 지켜오게 된 것입니다. 지금 그대가 양국의 우호를 위해 오셔서 상인의 옥환을 억지로 빼앗아 달라고 한다면, 이는 우리에게 맹약을 어기도록 가르치는 것이니 옳지 않은 사례가 아니겠습니까? 그대는 옥을 얻음으로써 제후를 잃는 일은 틀림없이 하지 않을 것입니다. 만일 대국의 명령으로 법에도 없는 것을 바치라 한다면 우리 정나라는 비록 작은 나라라 해도 역시 그런 요구를 들어주지 않을 것입니다. 제가 그 옥환을 바친다면 어떤 일이 생길지는 알 수 없습니다. 감히 사사롭게 의견을 펴 보여 드린 것입니다."

한선자는 옥환을 사양하면서 말하였다.

"제가 불민하였습니다. 감히 옥환을 요구하여 두 가지 죄를 짓겠습니까? 감히 사양합니다."

【宣子】韓起. 韓宣子. 晉나라 대부. 韓厥의 아들이며 韓無忌의 아우. 시호는 宣子. 그들 후손이 春秋末 晉六卿이었으며 戰國시대 三晉의 하나이며 戰國七雄인 韓나라로 발전함.

【謁諸鄭伯】杜預 注에 "謁, 請也"라 함. 이때 韓宣子(韓起)는 鄭나라에 사신으로 와 있었으며 당시 鄭나라 군주는 定公(寧)이었음.

【子産】公孫僑. 子國(公孫成)의 아들. 子美. 鄭나라의 훌륭한 宰相이 되어 孔子가 자주 칭찬한 인물.

【子大叔】游吉. 大叔은 太叔과 같음. 游氏 집안의 宗主였음. 游販의 아우. '世叔'으로도 불리며 公孫蠆의 아들. 鄭 穆公의 아들 공자 偃의 손자로 정나라 卿. 子南(游楚, 公孫楚)은 游吉의 작은아버지였음. 뒤에 子産을 이어 鄭나라 재상에 오름.

【子羽】鄭나라 대부. 公孫揮. 公子. 杜預 注에 "公孫揮, 子羽也"라 함.

【偸晉】晉나라를 소홀히 대함. '偸'는 '薄情하게 대하다'의 뜻. 杜預 注에 "偸, 薄也"라 함.

【交鬪】두 나라 사이를 이간시킴.

【字小】작은 나라에 혜택을 베풂.

【不亦銳乎】'역시 보잘것없는 일이 아니겠는가?'의 뜻. 杜預 注에 "銳, 細小也"라 함.

【成賈】 가격이 정해짐. 매매가 이루어짐.
【必告君大夫】 반드시 집정관인 대부에게 알려야 함. 君大夫는 집정관을 말함. 한선자가 싼값으로 옥을 사려 하자 상인은 자산이 잘 해결해 줄 것이라 믿고, 집정관인 자산에게 이 사실을 알리도록 한 것임.
【桓公】 周厲王의 막내아들이며 宣王의 아우 姬友. 鄭나라에 봉해져 시조가 됨. 《國語》 鄭語 韋昭 注에 "桓公, 鄭始封之君, 周厲王之少子, 宣王之弟桓公友也"라 함. 처음 봉지는 畿內였으나 幽王의 난 때 虢과 鄶의 중간으로 옮겼다가 다시 商人들의 도움으로 지금의 河南 新鄭으로 옮겨옴. 杜預 注에 "桓公東遷, 並與商人俱"라 함.
【庸次比耦】 차례대로 짝을 이루어 힘을 합함. 공동합작을 뜻함.
【艾殺】 刈殺과 같음. 풀과 잡초, 나무 등을 베어 없애고 깨끗이 정리함.
【蓬·蒿·藜·藋】 蓬과 蒿는 쑥의 일종. 藜는 여뀌. 조(藋)는 명아주 풀. 여기서는 각종 잡초를 뜻함.
【匄奪】 구걸하거나 빼앗음.
【有利市寶賄】 값에 이익이 나도록 하여 보배로운 상품을 매매함. 상인들이 마음 놓고 흥정하여 돈을 벌도록 함.
【無藝】 법칙이나 규정 등이 없음.

㊉
夏四月, 鄭六卿餞宣子於郊.
宣子曰:「二三君子請皆賦, 起亦以知鄭志.」
子齹賦〈野有蔓草〉.
宣子曰:「孺子善哉! 吾有望矣.」
子産賦鄭之〈羔裘〉.
宣子曰:「起不堪也.」
子大叔賦〈褰裳〉.
宣子曰:「起在此, 敢勤子至於他人乎?」
子大叔拜.
宣子曰:「善哉! 子之言是! 不有是事, 其能終乎?」

子游賦〈風雨〉, 子旗賦〈有女同車〉, 子柳賦〈蘀兮〉.

宣子喜, 曰:「鄭其庶乎! 二三君子以君命貺起, 賦不出鄭志, 皆昵燕好也. 二三君子, 數世之主也, 可以無懼矣.」

宣子皆獻馬焉, 而賦〈我將〉.

子產拜, 使五卿皆拜, 曰:「吾子靖亂, 敢不拜德!」

宣子私覲於子產以玉與馬, 曰:「子命起舍夫玉, 是賜我玉而免吾死也, 敢不藉手以拜!」

여름 4월, 정鄭나라 육경六卿이 교외에서 진晉나라 한선자韓宣子를 전별餞別하는 연회를 베풀었다.

그 자리에서 한선자가 말하였다.

"여러분, 모두 각자 시를 읊어 주십시오. 그러면 제(起)가 정나라의 시를 알 수 있게 될 것입니다."

자차子蟜가 〈야유만초野有蔓草〉편을 읊었다.

선자가 말하였다.

"젊은 분이 훌륭하십니다! 저는 기대를 걸겠습니다."

자산子產은 정풍鄭風 〈고구羔裘〉편을 읊었다.

선자가 말하였다.

"저로서는 그 시를 감당할 수가 없습니다."

자태숙子大叔은 정풍 〈건상褰裳〉편을 읊었다.

선자가 말하였다.

"제가 이 나라에 와 있는데 감히 그대가 고생스럽게 남을 의지하도록 하겠습니까?"

자태숙이 절을 하였다.

선자가 말하였다.

"훌륭하십니다! 그대의 말이 옳습니다! 그 말과 같이 하지 않는다면 어찌 우리 두 나라가 끝까지 사이좋게 지낼 수 있겠습니까?"

자유子游는 정풍의 〈풍우風雨〉편을 읊고, 자기子旗는 〈유녀동거有女同車〉편을, 자류子柳는 〈탁혜蘀兮〉편을 읊었다.

선자가 기뻐하며 말하였다.

"정나라는 희망이 있습니다! 여러 군자들께서 임금의 명을 받아 저를 전송하고 계시는데, 정나라 시는 정나라 뜻을 벗어날 수 없는 것이었으며 모두가 친밀함을 나타내는 것이었습니다. 여러분은 여러 대를 이어온 가문의 주인공들이시며, 여러분으로 인해 정나라는 걱정할 것이 없을 것입니다."

선자는 모두에게 말을 선물하고 자신은 〈아장我將〉편을 읊었다.

자산은 절을 하고 나서 다른 다섯 경들에게도 절을 하도록 하면서 말하였다.

"그대가 어지러운 세상을 안정시키겠다고 하시니 그 덕에 감히 절을 하지 않을 수 있겠습니까?"

그때 한선자는 자산과 사사로이 만나 옥과 말을 선사하며 말하였다.

"그대는 저로 하여금 옥환을 포기하도록 하셨습니다. 이는 나에게 진짜 옥 같은 말씀을 주신 것이며 나를 죽음에서 면하게 해 주신 것입니다. 감히 이를 직접 손으로 받쳐 올려드리며 절하지 않을 수 있겠습니까!"

【餞】祖餞의 줄인 말. 餞別. 餞行. 軷祭 등 여러 가지로 불림. 먼 길을 가는 이에게 안녕과 무사함을 빌어 주는 의식. 고대 黃帝의 아들 유조(纍祖)가 먼 길을 떠나 도중에 죽자 사람들이 그를 '路神'으로 여겨 길 떠나는 자를 보호해 달라는 뜻으로 祭를 올리기 시작한 것에서 유래되었다 함.《四民月令》《幼學瓊林》에 "請人遠歸, 曰洗塵; 攜酒送行, 曰祖餞"이라 하였고《詩經》大雅 生民에 "取羝以軷"이라 하여 '軷祭'라고도 함.

【宣子】韓宣子. 韓起. 晉나라 대부. 韓厥의 아들이며 韓無忌의 아우. 시호는 宣子. 그들 후손이 春秋末 晉六卿이었으며 戰國시대 三晉의 하나이며 戰國七雄인 韓나라로 발전함.

【鄭志】정나라의 음악. 정나라의 민요.《詩經》중의 鄭風에 실려 있는 시를 통해 정나라의 정서나 백성들의 염원 등을 알 수 있으리라는 뜻. 杜預 注에 "詩言志也"라 함.

【子齹】鄭나라 子皮의 아들. 이름은 嬰齊. 子皮는 昭公 13년에 죽고 子齹가 뒤를 이었으나 아직 삼년상이 끝나지 않았으므로 韓起가 그를 '孺子'라 부른 것임.

【野有蔓草】《詩經》鄭風에 "野有蔓草, 零露漙兮. 有美一人, 淸揚婉兮. 邂逅相遇, 適我願兮. 野有蔓草, 零露瀼瀼. 有美一人, 婉如淸揚. 邂逅相遇, 與子偕臧"이라 하여 정답고 좋은 사람을 만날 수가 있어 기쁘다는 뜻이 들어 있음.

【子産】公孫僑. 子國(公孫成)의 아들. 子美. 鄭나라의 훌륭한 宰相이 되어 孔子가 자주 칭찬한 인물.

【羔裘】《詩經》鄭風과 唐風에 同一한 제목이 있어 그 때문에 앞에 '鄭'자를 넣은 羔裘如濡, 洵直且侯. 彼其之子, 舍命不渝. 羔裘豹飾, 孔武有力. 彼其之子, 邦之司直. 羔裘晏兮, 三英粲兮. 彼其之子, 邦之彦兮"라 하여 신의가 두터움을 칭송하는 내용임.

【子大叔】游吉. 大叔은 太叔과 같음. 游氏 집안의 宗主였음. 游販의 아우. '世叔'으로도 불리며 公孫蠆의 아들. 鄭 穆公의 아들 공자 偃의 손자로 정나라 卿. 子南(游楚, 公孫楚)은 游吉의 작은아버지였음. 뒤에 子産을 이어 鄭나라 재상에 오름.

【褰裳】《詩經》鄭風에 "子惠思我, 褰裳涉溱. 子不我思, 豈無他人. 狂童之狂也且. 子惠思我, 褰裳涉洧. 子不我思, 豈無他士. 狂童之狂也且"라 하여 '만약 당신이 그런 생각이 없다면, 당신 외에 또 다른 사람이 있다'는 뜻이 들어 있음. 자태숙은 이 시에 의탁하여 진나라가 맹주로서 노력해 주기를 바란다는 뜻을 나타낸 것임.

【子游】鄭나라 대부. 駟帶의 아들 駟偃.

【風雨】《詩經》鄭風에 "風雨淒淒, 雞鳴喈喈. 旣見君子, 云胡不夷. 風雨瀟瀟, 雞鳴膠膠. 旣見君子, 云胡不瘳. 風雨如晦, 雞鳴不已. 旣見君子, 云胡不喜"라 하여 군자를 찬양하고, 그에게 기대를 한다는 뜻이 들어 있음.

【子旗】鄭나라 대부. 公孫段의 아들 豐施.

【有女同車】《詩經》鄭風에 "有女同車, 顔如舜華. 將翱將翔, 佩玉瓊琚. 彼美孟姜, 洵美且都. 有女同行, 顔如舜英. 將翱將翔, 佩玉將將. 彼美孟姜, 德音不忘"이라 하여 좋은 인물을 알았고 그 덕을 잊지 않겠다는 뜻이 들어 있음.

【子柳】鄭나라 대부 印段의 아들 印癸.

【蘀兮】《詩經》鄭風에 "蘀兮蘀兮, 風其吹女. 叔兮伯兮, 倡予和女. 蘀兮蘀兮, 風其漂女. 叔兮伯兮, 倡予要女"라 하여 바람으로 시든 나뭇잎을 산산이 날린다는 뜻이 있으며 宣子가 倡導하면 따르겠다는 뜻을 나타낸 것임. 杜預 注에 "言宣子倡, 己將和從之"라 함.

【我將】《詩經》周頌에 "我將我享, 維羊維牛, 維天其右之. 儀式刑文王之典, 日靖四方. 伊嘏文王, 旣右享之. 我其夙夜, 畏天之威, 于時保之"라 하여 天命을 받들어, 주야로 힘써 천하의 안녕을 유지한다는 뜻이 들어 있음. 이에 子産이 한선자가 세상의 어지러움을 안정시킨다는 말을 하였다 하여 절한 것임.

【賜我玉】여기에서의 玉은 옥처럼 귀중한 義를 말한 것임.
【藉手】'손으로 직접 받쳐들다'의 뜻.

* **1480(昭16-3)**

夏, 公至自晉.

여름, 소공이 진晉나라에서 돌아왔다.

【自晉】杜預 注에 "晉人聽公得歸"라 함.

㊉
公至自晉, 子服昭伯語季平子曰:「晉之公室其將遂卑矣. 君幼弱, 六卿彊而奢傲, 將因是以習, 習實爲常, 能無卑乎!」
平子曰:「爾幼, 惡識國?」

소공이 진晉나라에서 돌아오자 자복소백子服昭伯이 계평자季平子에게 말하였다.
"진나라의 공실은 장차 쇠할 것입니다. 군주는 어리고, 육경六卿의 세력이 강한 데다가 오만하기 그지없습니다. 그것은 그들의 습성이 될 것입니다. 그런데 능히 비천해지지 않겠습니까!"
그러자 계평자가 말하였다.
"자네는 아직 어린 나이에 어찌 나랏일을 알겠는가?"

【子服昭伯】子服回. 子服惠伯의 아들. 이름은 回, 시호는 昭伯. 杜預 注에 "隨公 從晉還"이라 함.
【季平子】季孫意如.

❀ 1481(昭16-4)

秋八月己亥, 晉侯夷卒.

가을 8월 기해날, 진후晉侯 이夷가 죽었다.

【己亥】 8월 20일.
【晉侯夷】 晉 昭公. 이름은 夷. 平公(彪)을 이어 B.C.531~526년까지 6년간 재위하고 頃公(去疾)이 그 뒤를 이음.

㊉
秋八月, 晉昭公卒.

가을 8월, 진晉 소공昭公이 세상을 떠났다.

❀ 1482(昭16-5)

九月, 大雩.

9월, 기우제를 크게 지냈다.

㊉
九月, 大雩, 旱也.
鄭大旱, 使屠擊·祝款·豎柎有事於桑山, 斬其木, 不雨.
子産曰:「有事於山, 蓺山林也; 而斬其木, 其罪大矣.」
奪之官邑.

9월, 노나라가 큰 기우제를 지낸 것은 가뭄이 들었기 때문이었다.

정鄭나라에 큰 가뭄이 들어 도격屠擊·축관祝款·수부豎柎들로 하여금 상산桑山에서 제를 올리도록 하였는데, 그들이 산의 나무를 베었더니 비는 오지 않는 것이었다.

자산이 말하였다.

"산에서 제사를 지내는 것은 산림을 무성케 하려는 것인데 나무를 베었으니 그 죄는 크다."

그리고서는 그들의 벼슬과 식읍을 빼앗아버렸다.

【屠擊·祝款·豎柎】셋 모두 정나라 대부. 杜預 注에 "三子, 鄭大夫"라 함. 《荀子》宥坐篇의 "子産誅鄧析·史付"의 '史付'가 '豎柎'가 아닌가 함.
【桑山】鄭나라 산 이름. 지금의 河南 新鄭縣 서쪽.
【子産】公孫僑. 子國(公孫成)의 아들. 子美. 鄭나라의 훌륭한 宰相이 되어 孔子가 자주 칭찬한 인물.
【蓺】'잘 가꾸다'의 뜻. 杜預 注에 "蓺, 養護令繁殖"이라 함.

🟔 1483(昭 16-6)

季孫意如如晉.

계손의여季孫意如가 진晉나라에 갔다.

【季孫意如】魯나라 대부 季平子. 季悼子(季孫紇)의 아들이며 季武子(季孫宿)의 손자. 悼子가 아버지 武子보다 먼저 죽어 나중에 平子가 집안의 후계자가 됨.

※ **1484(昭 16-7)**

冬十月, 葬晉昭公.

겨울 10월, 진晉 소공昭公의 장례를 치렀다.

⟨傳⟩
冬十月, 季平子如晉葬昭公.
平子曰:「子服回之言猶信. 子服氏有子哉!」

겨울 10월, 계평자季平子가 진晉나라에 가서 소공昭公의 장례에 참석하였다.
계평자는 이렇게 말하였다.
"자복회子服回의 말이 역시 옳았다. 자복씨는 어진 아들을 두었구나!"

【子服回】子服昭伯. 子服惠伯의 아들. 그가 나이가 어리다고 "爾幼, 惡識國?"이라 하였으나 晉나라에 가서 직접 보고 그의 말이 옳음을 감탄한 것. 杜預 注에 "自往見之, 乃信回言"이라 함.
【有子】杜預 注에 "有子, 有賢子也"라 함.

198. 昭公 17年(B.C.525) 丙子

周	景王(姬貴) 20년	齊	景公(杵臼) 23년	晉	頃公(去疾) 원년	衛	靈公(元) 10년
蔡	平公(盧) 5년	鄭	定公(寧) 5년	曹	平公(須) 3년	陳	惠公(吳) 5년
杞	平公(郁釐) 11년	宋	元公(佐) 7년	秦	哀公(鍼?) 12년	楚	平王(熊居) 4년
吳	吳王(僚) 2년	許	悼公(買) 22년				

✺ **1485(昭17-1)**

十有七年春, 小邾子來朝.

17년 봄, 소주자小邾子가 노나라에 내조하였다.

【小邾子來朝】小邾의 穆公. 元 汪克寬의 〈左傳纂疏〉에 "魯旣卑矣, 小國猶有朝者; 晉亦卑矣, 齊侯猶有往者. 此不畏其君, 而畏彊臣耳"라 함.

㉔
十七年春, 小邾穆公來朝, 公與之燕.
季平子賦采叔, 穆公賦菁菁者莪.
昭子曰:「不有以國, 其能久乎?」

17년 봄, 소주小邾의 목공穆公이 예방해 오자 소공昭公이 그를 위해 향연을 베풀었다.

계평자季平子가 〈채숙采菽〉편을 읊자 목공은 〈청청자아菁菁者莪〉편을 읊었다. 소자昭子가 말하였다.

"목공께서 읊은 시의 내용처럼 정성으로 나라를 다스리지 않는다면 나라가 오래갈 수 있겠는가?"

【季平子】魯나라 대부 季孫意如. 시호는 平子. 季悼子(季孫紇)의 아들이며 季武子(季孫宿)의 손자. 悼子가 아버지 武子보다 먼저 죽어 나중에 平子가 집안의 후계자가 됨.

【采菽】采菽.《詩經》小雅 采菽篇에 "采菽采菽, 筐之筥之. 君子來朝, 何錫予之. 雖無予之, 路車乘馬. 又何予之, 玄袞及黼. 觱沸檻泉, 言采其芹. 君子來朝, 言觀其旂. 其旂淠淠, 鸞聲嘒嘒. 載驂載駟, 君子所屆. 赤芾在股, 邪幅在下. 彼交匪紓, 天子所予. 樂只君子, 天子命之. 樂只君子, 福祿申之. 維柞之枝, 其葉蓬蓬. 樂只君子, 殿天子之邦. 樂只君子, 萬福攸同. 平平左右, 亦是率從. 汎汎楊舟, 紼纚維之. 樂只君子, 天子葵之. 樂只君子, 福祿膍之. 優哉游哉, 亦是戾矣"라 함.

【菁菁者莪】《詩經》小雅 菁菁者莪에 "菁菁者莪, 在彼中阿. 旣見君子, 樂且有儀. 菁菁者莪, 在彼中沚. 旣見君子, 我心則喜. 菁菁者莪, 在彼中陵. 旣見君子, 錫我百朋. 汎汎楊舟, 載沉載浮. 旣見君子, 我心則休"라 함.

【昭子】魯나라 대부. 叔孫昭子. 叔孫穆子의 서자. 叔孫婼. 豎牛에 의해 叔孫氏 후계자가 됨.

【不有以國】'만약 치국의 인재가 없다면'의 뜻. 杜預 注에 "嘉其能答賦, 言其賢, 故能久有國"이라 하여 小邾 穆公이 즉시 시로써 답을 할 수 있었던 능력을 칭찬한 것.

※ **1486(昭 17-2)**

夏六月甲戌朔, 日有食之.

여름 6월 갑술날 초하루, 일식이 있었다.

【日有食之】이해에는 천문 계산으로 보아 일식이 일어나지 않았다 함. 착간일 가능성이 있음.

㊉

夏六月甲戌朔, 日有食之.

祝史請所用幣.

昭子曰:「日有食之, 天子不擧, 伐鼓於社; 諸侯用幣於社, 伐鼓於朝, 禮也.」

平子禦之, 曰:「止也. 唯正月朔, 慝未作, 日有食之, 於是乎有伐鼓·用幣, 禮也. 其餘則否.」

大史曰:「在此月也. 日過分而未至, 三辰有災, 於是乎百官降物; 君不擧, 辟移時; 樂奏鼓, 祝用幣, 史用辭. 故〈夏書〉曰『辰不集于房, 瞽奏鼓, 嗇夫馳, 庶人走』, 此月朔之謂也. 當夏四月, 是謂孟夏.」

平子弗從.

昭子退, 曰:「夫子將有異志, 不君君矣.」

여름 6월 갑술날 초하루, 일식이 있었다.

축사祝史가 폐백을 올려 기도할 물품을 요청하였다.

이에 그 자리에서 소자昭子가 말하였다.

"일식 때에는 천자는 음식을 줄이고 사社에서 북을 칩니다. 제후는 사에서 폐백을 드려 기도하고 조정에서 북을 칩니다. 이것이 예입니다."

그러자 계평자季平子는 그것을 막으면서 말하였다.

"그만두십시오. 오직 정월 초하루에 음기가 일어나지 않는데도 그날 일식이 있으면 그때에는 북을 치고 폐백을 드려 기도하는 것이 예에 맞습니다. 그 밖의 경우에는 그렇게 하지 않는 것입니다."

태사大史가 말하였다.

"이 달이 바로 6월이니 그렇게 해야 합니다. 춘분이 지나 아직 하지에 이르지 않았는데, 삼신三辰에 재앙이 생겼으니 이러한 때에는 조정의 백관이 복장의 장식물을 떼고, 임금은 음식을 줄이고, 거처를 옮겨 일식 시간이 지나면 악인樂人은 북을 치고, 축사는 폐백을 드리고, 사관史官은 제문을 지어서 읽어야 합니다. 그 때문에 〈하서夏書〉에 '해와 달이 제자리를 잃으면, 고瞽는 북을 치고, 색부嗇夫는 수레를 몰고, 서인庶人은 달린다'라 하였으니 이는 지금과 같은 6월 초하루에 일식이 있는 경우를 말한 것입니다. 이 달은 하력夏曆으로는 4월에 해당하며 이를 맹하孟夏라 부릅니다."

그러나 계평자는 그 말에 따르지 않았다.

소자가 자리에서 물러나오며 말하였다.

"계평자는 장차 다른 마음을 품을 것이다. 임금을 임금으로 여기지 않고 있다."

【祝史】 산천 종묘 등의 제사를 담당한 관원. 杜預 注에 "禮, 正陽之月日食, 當用幣於社, 故請之"라 함. 正陽은 夏曆으로 4월을 가리키며 周曆으로는 6월이 됨.

【昭子】 魯나라 대부. 叔孫昭子. 叔孫穆子의 서자. 叔孫婼. 豎牛에 의해 叔孫氏 후계자가 됨.

【不擧】 음식을 풍성하게 들지 않음. 杜預 注에 "不擧盛饌"이라 함.

【社】 土地神을 모신 사당. 여기에 북을 치는 것은 杜預 注에 "責群陰"이라 하였고 다음의 朝廷에서 북을 치는 것은 "退自責"이라 함.

【季平子】 叔孫意如.

【正月】 正陽之月. 杜預 注에 "正月謂建巳正陽之月也, 於周爲六月, 於夏爲四月. 慝, 陰氣也. 四月純陽用事, 陰氣未動而侵陽, 災重, 故有伐鼓用幣之禮也. 平子以爲六月非正月, 故大史答言'在此'月也"라 하여 季平子는 正陽을 4월로 여긴 것이며 大史(太史)는 6월로 여겨 두 사람 사이에 착오가 벌어진 것임.

【分, 至】 '分'은 春分, '至'는 夏至. 杜預 注에 "過春分而未夏至"라 함.

【三辰】 杜預 注에 "三辰, 日·月·星也. 日月相侵, 又犯是宿, 故三辰皆爲災"라 함.

【史用辭】 太史가 글을 지어 自責함. 杜預 注에 "用辭以自責"이라 함.

【夏書】 지금의 《尙書》 胤正篇에 "惟時義和, 顚覆厥德, 沈亂于酒, 畔官離次, 俶擾天紀, 遐棄厥司, 乃季秋月朔, 辰弗集于房, 瞽奏鼓, 嗇夫馳, 庶人走. 義和尸厥官, 罔聞知, 昏迷于天象, 以干先王之誅. 政典曰:「先時者殺無赦. 不及時者殺無赦.」"라 함.

【不集于房】 杜預 注에 "集, 安也. 房, 舍也. 日月不安其舍, 則食"이라 함.

【瞽】 樂師. 고대 악사는 주로 장님이 맡아 하였음.

【嗇夫】司空의 속관. 백성의 일을 檢束하는 職責이었다 함.
【不君君矣】일식은 고대의 군주가 가장 중요시하는 일이었음. 그런데도 季平子는 이를 대수롭지 않게 여겼기에 군주를 군주로 여기지 않는다고 한 것임. 杜預 注에 "安君之災, 故曰有異志"라 하였고, 孔穎達 疏에는 "日食, 陰侵陽, 臣侵君 之象. 救日食, 所以助君抑臣也. 平子不肯救日食"이라 함.

※ 1487(昭 17-3)

秋, 郯子來朝.

가을, 담자郯子가 내방하러 왔다.

【郯子】郯나라 군주. 郯은 己姓, 혹 嬴姓으로 지금의 山東 郯城縣에 있던 작은 나라.

⟨傳⟩

秋, 郯子來朝, 公與之宴.
昭子問焉, 曰:「少皥氏鳥名官, 何故也?」
郯子曰:「吾祖也, 我知之. 昔者黃帝氏以雲紀, 故爲雲師而雲名; 炎帝氏以火紀, 故爲火師而火名; 共工氏以水紀, 故爲水師而水名; 大皥氏以龍紀, 故爲龍師而龍名. 我高祖少皥摯之立也, 鳳鳥適至, 故紀於鳥, 爲鳥師而鳥名, 鳳鳥氏, 曆正也; 玄鳥氏, 司分者也; 伯趙氏, 司至者也; 青鳥氏, 司啓者也; 丹鳥氏, 司閉者也. 祝鳩氏, 司徒也; 鴡鳩氏, 司馬也; 鳲鳩氏, 司空也; 爽鳩氏, 司寇也; 鶻鳩氏, 司事也. 五鳩, 鳩民者也. 五雉爲五工正, 利器用・正度量, 夷民者也. 九扈爲九農正, 扈民無淫者也. 自顓頊氏以來, 不能紀遠, 乃紀於近. 爲民師而命以民事, 則不能故也.」

仲尼聞之, 見於郯子而學之.
旣而告人曰:「吾聞之:『天子失官, 官學在四夷』, 猶信.」

가을, 담郯나라 임금이 노나라를 찾아와 소공이 그를 위해 연회를 베풀었다.
그 자리에서 소자昭子가 물었다.
"소호씨少皡氏 시대에 새 이름으로 관직의 명칭을 삼은 것은 무슨 까닭입니까?"
담나라 임금이 대답하였다.
"나의 조상이시니 제가 알고 있습니다. 옛날 황제씨黃帝氏는 구름을 벼리로 삼아 그 때문에 운사雲師라 하여 구름으로 관직 이름을 삼았습니다. 염제씨炎帝氏는 불을 벼리로 삼아 그 때문에 화사火師라 하여 불로써 관직 이름을 삼았습니다. 그리고 공공씨共工氏는 물을 벼리로 삼아 그 때문에 수사水師라 하여 물로써 관직 이름을 삼았습니다. 태호씨大皡氏는 용을 벼리로 하여 용사龍師라 하여 용을 관직 이름으로 삼았습니다. 나의 선조 소호지少皡摯께서 임금이 되었을 때 마침 봉황새가 날아왔습니다. 그 때문에 조사鳥師라 하여 새를 관직 이름을 삼았습니다. 그리하여 봉조씨鳳鳥氏는 역정曆正이 되었고 현조씨玄鳥氏는 춘분과 추분의 시기를 구별하는 일을 맡았으며, 백조씨伯趙氏는 하지와 동지를 구별하는 일을 맡았고, 청조씨靑鳥氏는 양기가 열리는 때를 맡았고, 단조씨丹鳥氏는 음기가 만물을 폐쇄하는 일을 맡았습니다. 축구씨祝鳩氏는 사도司徒, 저구씨鴡鳩氏는 사마司馬, 시구씨鳲鳩氏는 사공司空, 상구씨爽鳩氏는 사구司寇, 골구씨鶻鳩氏는 사사司事의 직책을 맡았습니다. 이처럼 오구五鳩들은 백성을 모아 이끌었고, 오치五雉들은 다섯 분야의 공인工人을 맡은 우두머리가 되어 기용器用을 만들고 도량度量을 바르게 하여 백성들이 편히 살 수 있도록 하였던 것입니다. 구호九扈들은 아홉 가지 농사일을 맡은 우두머리가 되어, 백성이 나쁜 짓을 하지 않도록 이끌었습니다. 전욱씨顓頊氏 시대 이래로 사람들은 멀리 있는 것을 벼리로 삼지 못하여 늘 가까이 보는 것으로써 벼리를 삼았던 것입니다. 그리하여 임금은 백성의 지도자가 되어 백성의 일로써 관직의 이름을 명명하였으니 이는 그 밖의 것은 어쩔 수 없었기 때문입니다."

중니仲尼가 이를 듣고 담나라 임금을 찾아가 그에게 이를 배웠다.

이윽고 공자는 다른 사람에게 이렇게 말하였다.

"내 듣기로 '천자가 옛 관제를 잃고 나자 관직에 대한 학문은 사이四夷에게나 있게 되었다'라 하였는데 과연 믿을 만하도다."

【昭子】魯나라 대부. 叔孫昭子. 叔孫穆子의 서자. 叔孫婼. 豎牛에 의해 叔孫氏 후계자가 됨.

【少皞氏】少昊로도 표기하며 金天氏. 고대 전설 속의 帝王. 少皞 부락의 우두머리. 魯나라는 고대 소호씨가 살던 터에 자리를 잡고 있었으며 郯子는 少皞氏의 後裔였음. 그 때문에 昭子가 궁금하여 물은 것임.

【鳥名官】관직의 명칭을 새 이름으로 명명함. 少皞氏 집단은 새를 토템으로 하고 있었음. 고대 부락사회 때에는 精靈信仰을 믿어 각 부락마다 토템, 수호신, 상징물을 믿고 있었으며 그에 따라 명칭이 생겨났음을 알 수 있음.

【黃帝】고대 五帝의 하나. 軒轅氏 부락의 領袖. 姬姓의 조상. 杜預 注에 "黃帝, 姬姓之祖也. 黃帝受命有雲瑞, 故以雲紀事, 百官師長皆以雲爲名號. 縉雲氏蓋其一官也"라 하였고, 《史記》五帝本紀 集解에 應劭의 설을 인용하여 "黃帝受命有雲瑞, 故以雲紀事也. 春官爲靑雲, 夏官爲縉雲, 秋官爲白雲, 冬官爲黑雲, 中官爲黃雲"이라 하여 五行과 五色의 이름을 덧붙임.

【炎帝】神農氏. 烈山氏라고도 하며 농사일을 개발하였고 약초를 감별함. 杜預 注에 "炎帝, 神農氏, 姜姓之祖也. 亦有火瑞, 以火紀事, 名百官"이라 하였고, 孔穎達 疏에 服虔의 설을 인용하여 "炎帝以火名官, 春官爲大火, 夏官爲鶉火, 秋官爲西火, 冬官爲北火, 中官爲中火"라 함. 五行과 方位를 맞추어 官名을 정한 것.

【共工】神農氏 이전이며 太皞(伏羲氏) 이후의 부락. 杜預 注에 "共工以諸侯霸有九州者, 在神農前, 大皞後, 亦受水瑞以水名官"이라 하였고, 孔穎達 疏에 服虔의 설을 인용하여 "共工以水名官, 春官爲東水, 夏官爲南水, 秋官爲西水, 冬官爲北水, 中官爲中水"라 함. 역시 五行과 方位를 맞추어 官名을 정한 것.

【大皞】太皞(太昊) 伏羲(伏犧, 庖犧, 宓義)氏. 杜預 注에 "大皞, 伏犧氏, 風姓之祖也. 有龍瑞, 故以龍名官"이라 하였고, 孔穎達 疏에 服虔의 설을 인용하여 "大皞以龍名官, 春官爲靑龍氏, 夏官爲赤龍氏, 秋官爲白龍氏, 冬官爲黑龍氏, 中官爲黃龍氏"라 하여 역시 五行說에 대응시킴.

【少皞摯】摯는 이름. 少皞氏의 조상. 卜辭에는 '高祖夒', '高祖亥', '高祖乙' 등의 이름이 보임.

【鳳鳥氏曆正】冊曆을 관장하여 날짜를 정하는 일의 책임자. 杜預 注에 "鳳鳥 知天時, 故以命曆正之官"이라 함.

【玄鳥氏司分】 '分'은 春分과 秋分. 이는 제비가 돌아왔다가 돌아가는 시기이므로 玄鳥(燕)氏가 맡아 관장한 것.

【伯趙氏司至】伯趙는 새 이름. 伯勞. 일명 博勞, 혹 격(鵙)이라고도 하며 白舌鳥 라고도 함. 이 새는 夏至 때부터 아주 큰 소리로 울기 시작하여 冬至 때 그침. 그 때문에 이를 司至(夏至와 冬至를 담당하는 관원)로 삼은 것이라 함. 杜預 注에 "以夏至鳴, 冬至止"라 함.

【靑鳥氏司啓】靑鳥는 鶬鶊(鶬鴰)이라는 새. 啓는 立春에 울기 시작하여 立夏에 그침. 그 때문에 그 기간의 농사일 등을 맡음. 杜預 注에 "靑鳥, 鶬鴰也, 以立 春鳴, 立夏止"라 하였고, 孔穎達 疏에 "立春·立夏謂之啓"라 함. 한편《文選》西京賦 李善 注에는 杜預 注를 인용하여 "靑鳥, 鶬鶊也"라 하여 '鶬鴰'을 '鶬鶊' 으로 바꾸었으며 鶬鶊(倉庚)은 속칭 黃鶯(黃雀, 꾀꼬리)임.

【丹鳥氏司閉】丹鳥는 鷩雉. 지금의 錦鷄, 혹 天鵝라 하여 고니의 일종. 閉는 앞의 啓에 상대하여 立秋부터 入冬 사이 계절이 닫혀 마감하는 시기를 말함. 杜預 注에 "丹鳥, 鷩雉也. 以立秋來, 立冬去. 入大水爲蜃"이라 함. 한편 杜預 注에 "上四鳥皆曆正之屬官"이라 하여 이상 네 직책은 역정의 속관임.

【祝鳩氏司徒】杜預 注에 "祝鳩, 鷦鳩也. 鷦鳩孝, 故爲司徒, 主敎民"이라 하여 祝鳩(鷦鳩, 鵓鴣, 鵓鴣, 雛)라는 새는 孝誠이 있어 이 때문에 司徒로 삼아 백성을 교화토록 한 것임. 이 새가 효성이 있다 한 것은 근거는 찾을 수 없음.

【鴡鳩氏司馬】杜預 注에 "鴡鳩, 王鴡也. 鷙而有別, 故爲司馬, 主法制"라 하여 맹금류로서 표독하나 변별력이 있어 그 때문에 司馬(軍政責任)로 삼아 법을 주관하도록 하였다 함. 한편 王鴡은 鵰, 鶚이라 하여 猛禽類 수리(무수리)의 일종.

【鳲鳩氏司空】杜預 注에 "鳲鳩, 鴶鵴也. 鳲鳩平均, 故爲司空, 平水土"라 하여 사물의 평균에 능하여 토목공사를 맡은 사공으로 삼음. 한편〈毛傳〉에는 "鳲鳩 之養其子, 朝從上下, 莫從下上, 平均如一"이라 함. 鳲鳩는 布穀(撥穀, 뻐꾹새) 으로 穀雨 때 울기 시작하여 夏至에 그쳐 농민들은 이로써 농사의 파종 등 기준을 삼아 候鳥라 함.

【爽鳩氏司寇】杜預 注에 "爽鳩, 鷹也. 鷙, 故爲司寇, 主盜賊"이라 하여 매로써

맹금류(鷙)의 표독함이 있어 司寇로 삼아 도적을 다스리도록 함.

【鶻鳩氏司事】 杜預 注에 "鶻鳩, 鶻鵰也. 春來冬去"라 하여 송골매, 혹 수리의 일종. 일 년 농사의 모든 일을 포괄적으로 책임지는 司事로 삼음. 鵰(수리)는 鳩(멧비둘기)의 오기가 아닌가 함.

【五鳩】 이상 다섯 직책, 즉 祝鳩, 鴡鳩, 鳲鳩, 爽鳩, 鶻鳩를 가리키며 모두 '鳩'자를 넣은 것은 杜預 注에 "鳩, 聚也. 治民上聚, 故以鳩爲名"이라 함.

【五雉】 杜預 注에 "五雉, 雉有五種, 西方曰鷷雉, 東方曰鶅雉, 南方曰翟雉, 北方曰鵗雉, 伊洛之南曰翬雉"라 하여 五方에 새 이름을 넣은 지방관을 둠.

【五工正】 賈逵는 攻木之工, 搏埴之工, 攻金之工, 攻皮之工, 設五色之工 등이라 하여 木工, 美匠工, 冶金工, 皮工, 塗色工 등 각기 공업의 분야를 맡은 최고 책임자라 하였으나 이는 《爾雅》 釋鳥와 《周禮》 考工記를 배합하여 漢代에 견강부회하여 설명한 논리임.

【夷下民】 '雉'자를 넣어 관직 이름을 삼은 것은 孔穎達 疏에 "雉聲近夷, 雉訓夷, 夷爲平, 故以雉名工正之官, 使其利便民之器用, 正丈尺之道, 斗斛之量, 所以平均下民也"라 함.

【九扈爲九農正】 沈欽韓 〈左傳補注〉에 "扈, 《說文》作雇, 蔡邕 《獨斷》: 「春扈氏農正, 趣民耕種; 夏扈氏農正, 趣民芸除; 秋扈氏農正, 趣民收斂; 冬扈氏農正, 趣民蓋藏; 棘扈氏農正, 常爲茅氏, 一曰掌人百果; 行扈氏農正, 晝爲民驅鳥; 宵扈氏農正, 夜爲民驅獸; 桑扈氏農正, 趣民養蠶; 老扈氏農正, 趣民收麥.」"이라 하여 아홉 扈氏(雇氏)들이 각 계절, 업무, 작물, 작업 등에 따라 임무를 나누어 아홉 農正이 있었다 하였음.

【扈民無淫者】 사람들을 안정시켜 나쁜 짓을 하지 못하도록 제지함. 杜預 注에 "扈, 止也. 止民使不淫放"이라 함.

【顓頊】 高陽氏. 少皞氏를 이어 천하를 다스리며 관직 이름을 토템에 의하지 아니하고 일의 성격에 따라 모두 새롭게 바꿈. 《國語》 楚語(下)에 "少皞之衰也, 九黎亂德, 顓頊受之, 乃命南正重司天以屬神, 命火正黎司地以屬民"이라 함.

【仲尼】 이때 공자는 나이 27세였다 함.

【四夷】 토템을 徽志나 官名으로 삼는 風俗은 변방 小國들에게만 남아있고 中原에는 이미 사라져 없음을 말함. 여기서 '夷'는 '夷狄'을 가리키는 말이 아닌 것으로 봄. 宋 家鉉翁의 《春秋詳說》에 "所謂'夷', 非'夷狄'其人也. 言周·魯俱衰, 典章闕壞, 而遠方小國之君乃知前古官名之沿革, 蓋錄之也"라 함.

※ **1488**(昭 17-4)

八月, 晉荀吳帥師滅陸渾之戎.

8월, 진晉나라 순오荀吳가 군사를 이끌고 육혼陸渾의 융戎을 멸하였다.

【荀吳】 晉나라 대부. 穆子. 中行穆子. 荀偃의 조카. 荀吳의 어머니가 鄭나라 출신이어서 '鄭甥'이라고도 부름. 襄公 19년을 볼 것.
【陸渾】 지금의 河南 崇縣 북방. 그 무렵 주나라의 서울과 인접하여 융족이 많이 살았음. 《公羊傳》에는 '賁渾戎'이라 하였음.

㊝
晉侯使屠蒯如周, 請有事於雒與三塗.
萇弘謂劉子曰: 「客容猛, 非祭也, 其伐戎乎! 陸渾氏甚睦於楚, 必是故也. 君其備之!」
乃警戒備.
九月丁卯, 晉荀吳帥師涉自棘津, 使祭史先用牲于雒.
陸渾人弗知, 師從之.
庚午, 遂滅陸渾, 數之以其貳於楚也.
陸渾子奔楚, 其眾奔甘鹿.
周大獲.
宣子夢文公攜荀吳而授之陸渾, 故使穆子帥師, 獻俘于文宮.

진晉 경공景公이 도괴屠蒯를 주周나라로 보내어 낙수雒水와 삼도산三塗山에서 제사를 지내게 해 줄 것을 요청하도록 하였다.
그러자 장홍萇弘이 유자劉子(劉獻公)에게 말하였다.
"빈객이 사나운 얼굴 기색을 띠고 있으니 제사를 지내려는 것이 아니라 융족을 치려는 속셈인 것 같습니다! 육혼씨는 초楚나라와 화목하게 지내고 있으니 틀림없이 이 까닭일 것입니다. 그대는 미리 대비하십시오!"

이에 융족에게 대비를 강화하도록 경계해 주었다.

9월 정묘날, 진나라의 순오荀吳가 군사를 이끌고, 물을 건너 극진棘津으로부터 제관祭官으로 하여금 먼저 희생을 낙수雒水에 바치도록 하였다.

그러나 육혼 사람들은 이를 알지 못한 채 그들의 군사를 따르고 있었다.

경오날, 드디어 육혼을 멸하고 그들이 초나라와 친밀하게 지내면서 진나라를 배반한 것을 따졌다.

육혼의 군주는 초나라로 달아났고, 그 백성들은 감록甘鹿 땅으로 달아났다.

주나라는 이들을 많이 사로잡았다.

그때 한선자韓宣子의 꿈에 진나라 문공文公이 순오의 손을 잡고 그에게 육혼 땅을 주겠다고 하는 것이었다. 그 때문에 목자穆子(荀吳)로 하여금 군사를 거느리도록 한 것이며 포로들을 문공의 사당에 바쳤던 것이다.

【晉侯】당시 晉나라 군주는 頃公(去疾) 元年이었음.
【屠蒯】晉나라 膳宰(주방장). 忠肝을 잘하였음. 杜預 注에 "屠蒯, 晉侯之膳宰也. 以忠諫見進"이라 함. 《禮記》檀弓(下)에도 이 내용이 실려 있으며 그곳에는 '杜蕢'로 되어 있음. '屠'는 屠宰, '蒯'는 庖人을 뜻하여 직책과 함께 이름을 밝힌 것이며 특히 '杜'와 '屠'는 음이 비슷하여 이렇게 부른 것. 馬宗璉의〈補注〉에 "屠, 音杜,《史記》晉大夫有屠岸賈,《左傳》晉有屠黍, 是屠乃晉大夫之氏"라 함.
【雒】강 이름. 雒水. 지금은 洛水로 표기함. 이에 대해 張華《博物志》(6)에 "舊洛陽字作水邊各. 漢, 火行也, 忌水, 故去水而加隹. 又魏於行次爲土, 水得土而流, 上得水而柔, 故復去隹加水, 變'雒'爲'洛'焉"이라 함.
【三塗】산 이름. 지금의 河南 嵩縣 서남쪽에 있는 산. 杜預 注에 "在河南陸渾縣南"이라 하며 지금의 伊水 북쪽 三塗山을 가리킴.《彙纂》에 "在河南省陸渾縣故城東南八十里"라 함. 혹 崖口, 水門 등으로도 부르는 곳이라 함. 그러나 服虔은 太行, 轘轅, 崤澠 세 산을 묶어 三塗라 칭한다고 여기기도 하였음.《彙纂》에 "在河南省陸渾縣故城東南八十里"라 함.
【萇弘】周나라 대부이며 術數家. 天文, 曆法, 豫言 등에 뛰어났었으나 뒤에 죽음을 당함. 定公 4년 및《國語》周語(下),《淮南子》,《史記》封禪書 등에 널리 그 이름이 보임.《淮南子》氾論訓에 "昔者萇弘, 周室之執數者也, 天地之氣·日月之行·風雨之變·律曆之數, 無所不通, 然而不能自知, 鈹裂而死"라 함.

【劉子】劉獻公. 周나라 卿士. 劉文公의 아들. 이름은 摯.
【丁卯】9월 24일.
【荀吳】晉나라 대부. 穆子. 中行穆子. 荀偃의 조카. 荀吳의 어머니가 鄭나라 출신이어서 '鄭甥'이라고도 부름. 襄公 19년을 볼 것.
【棘津】지금의 河南 汲縣 남쪽에 있는 黃河 나루.
【祭史】祝史와 같음. 祭祀와 祝願을 맡은 관원.
【庚午】9월 27일.
【數】'따지다, 질책하다, 죄를 조목조목 나열하다' 등의 뜻.
【甘鹿】지금의 河南 宜陽縣 부근.
【周大獲】杜預 注에 "先警戎備, 故獲"이라 함.
【宣子】진나라 대부 韓宣子. 韓起. 晉나라 대부. 韓厥의 아들이며 韓無忌의 아우. 시호는 宣子. 당시 晉나라 執政大臣이었음. 그들 후손이 春秋末 晉六卿이었으며 戰國시대 三晉의 하나이며 戰國七雄인 韓나라로 발전함.
【文公】晉 文公(重耳). 春秋五霸의 하나이며 꿈에 나타나 韓宣子를 도운 것.
【文宮】文公을 모시는 祠堂. 杜預 注에 "欲以應夢"이라 함.

✤ 1489(昭17-5)

冬, 有星孛于大辰.

겨울, 패성孛星이 대진大辰 자리에 나타났다.

【孛】彗星과 같음. 彗星은 꼬리가 있는 掃帚星, 즉 빗자루 모양을 한 것이며 孛星은 사방으로 그 빛이 퍼져나가는 별이라 함. 〈釋文〉에 "孛音佩, 一音勃"이라 하여 '패', 혹은 '발'로 읽음.
【大辰】大火星. 二十八宿에서 房・心・尾 세 星宿를 합하여 大辰의 자리라 함.

(傳)
冬, 有星孛于大辰, 西及漢.

申須曰:「彗所以除舊布新也. 天事恆象, 今除於火, 火出必布焉, 諸侯其有火災乎!」

梓愼曰:「往年吾見之, 是其徵也. 火出而見, 今兹火而章, 必火入而伏, 其居火也久矣, 其與不然乎? 火出, 於夏爲三月, 於商爲四月, 於周爲五月. 夏數得天, 若火作, 其四國當之, 在宋·衛·陳·鄭乎! 宋, 大辰之虛也; 陳, 大皞之虛也; 鄭, 祝融之虛也; 皆火房也. 星孛及漢, 漢, 水祥也. 衛, 顓頊之虛也, 故爲帝丘, 其星爲大水, 水, 火之牡也. 其以丙子若壬午作乎! 水火所以合也. 若火入而伏, 必以壬午, 不過其見之月.」

鄭裨竈言於子產曰:「宋·衛·陳·鄭將同日火. 若我用瓘斝玉瓚, 鄭必不火.」

子產弗與.

겨울, 패성彗星이 대화성大火星 자리 서쪽에 떠서 은하수를 넘나들었다. 그러자 노나라 대부 신수申須가 말하였다.

"혜성은 묵은 것을 없애고 새로운 것을 펴는 것이다. 천문天文 현상은 언제나 징조를 보이는데 지금 혜성이 대화성 자리를 침범하고 있다. 대화성이 출현하게 되는 시기에 틀림없이 새로운 일이 나타날 것이다. 제후국에 화재가 일어날 것이다!"

자신梓愼도 이렇게 말하였다.

"나는 지난해에도 발성을 보았는데 지금과 같은 징조였다. 그때는 대화성이 나타나는 때에 보였고, 올해는 대화성이 나타난 뒤에 밝게 빛나고 있다. 대화성이 들어가면 발성은 틀림없이 자취를 감출 것이다. 그 별이 대화성의 자리에 있은 지 오래되었으니 어찌 화재가 없겠는가? 대화성이 나타나는 것은 하력夏曆으로는 3월, 상력商曆으로는 4월, 주력으로는 5월이다. 그중에서도 하력이 천문과 잘 맞아떨어지니, 만약 화재가 난다면 네 나라가 이에 해당할 것이다. 바로 송宋, 위衛, 진陳, 정나라일 것이다! 송나라는 대화성大火星의 분야에 해당하며, 진나라는 태호성大皞星의 분야이며, 정나라는 축융성祝融星의 분야로써 모두가 화방火房이다. 그 패성이 나타나

은하에 다가서고 있다. 은하는 물을 상징한다. 위나라는 전욱顓頊이 있었던 터이다. 그래서 제구帝丘라 불렸으며 그 땅에 해당하는 별은 대수大水다. 물은 불의 짝이다. 불은 병자丙子날이나 임오壬午날에 일어나리라! 수水와 화火가 만나는 날이기 때문이다. 만일 그 별이 대화성이 들어가 숨어버린다면 틀림없이 임오날일 것이며 화재의 발생은 혜성이 나타난 그 달을 넘기지 않을 것이다."

그러자 정나라의 비조裨竈가 자산子産에게 말하였다.

"송, 위, 진, 정나라에는 장차 같은 날에 불이 날 것이지만 만약 우리가 관가瓘斝와 옥찬玉瓚을 써서 이를 막는다면 우리 정나라에는 틀림없이 불이 나지 않을 것입니다."

그러나 자산은 그 말을 따르지 않았다.

【漢】 銀河水. 天河.
【申須】 魯나라 대부. 術數學에 뛰어난 占星家.
【恆常】 언제나 떳떳하게 그 자리를 지킴. 吉象을 받들면 길해지고 凶象을 섬기면 흉하다는 뜻.
【火】 大火星. 孛星으로 인해 이 별이 보이지 않게 됨.
【梓愼】 魯나라 대부이며 日官. '梓'는 '梓音子'라 하여 '자'로 읽음.
【虛】 별자리와 지역을 연결시키는 것을 分野라 하며 이로써 길흉 등을 설명함.
【大皞】 太皞(太昊) 伏犧氏. 陳나라는 太皞의 후손 舜의 후예임.
【祝融】 杜預 注에 "祝融, 高辛氏之火正, 居鄭"이라 하여 鄭나라는 祝融이 살던 곳임.
【顓頊】 顓頊 高陽氏가 도읍으로 정했던 곳이 帝丘이며 이는 衛나라에 해당함. 지금의 河南 濮陽縣 서남 顓頊城.
【大水】 杜預 注에 "衛星營室. 營室, 水也"라 함.
【牡】 짝을 이룸. 水는 雄, 火는 雌에 해당함.
【丙午・壬子】 杜預 注에 "丙午, 火; 壬子, 水. 水火合而相薄, 水少而火多, 故水不勝火"라 함. 午는 낮 11~1시 사이로 南에 해당하며 火를, 子는 밤 11~1시사이로 北에 해당하며 水를 상징함.
【裨竈】 鄭나라 대부. 예언과 天文 術數에 밝았던 듯함.

【瓚斝玉瓚】瓚斝는 玉으로 만든 술잔. 玉瓚은 宗廟 제사에 쓰는 옥으로 만든 술잔이나 주걱, 혹은 그 자루를 옥으로 장식한 것. 이러한 祭器로써 鬱鬯酒를 부어 재앙을 미리 제거함.
【子産】公孫僑. 子國(公孫成)의 아들. 子美. 鄭나라의 훌륭한 宰相이 되어 孔子가 자주 칭찬한 인물. 杜預 注에 "爲明年宋衛陳鄭災傳"이라 하여 미리 내년의 화재를 예견하여 기록한 것이며《春秋左傳》에서 災異說의 기본 서술방법임.

※ 1490(昭17-6)

楚人及吳戰于長岸.

초楚나라와 오吳나라가 장안長岸에서 싸웠다.

【戰】宋 陳傅良의《春秋後傳》에 "五年, 吳嘗敗楚於鵲岸, 不書; 六年, 敗楚於房鍾, 不書, 書'伐吳'而已. 於是始書'戰', 則以吳楚敵言之也"라 함.
【長岸】楚나라 땅.《彙纂》에 "今安徽省當塗縣西南三十里, 有西梁山, 與東梁山夾江相對, 如門之闕, 亦曰天門山.〈郡國志〉: 天門山, 一名峨眉山, 春秋楚獲吳乘舟餘皇處也"라 함.

傳
吳伐楚, 陽匄爲令尹, 卜戰, 不吉.
司馬子魚曰:「我得上流, 何故不吉? 且楚故, 司馬令龜, 我請改卜.」
令曰:「鲂也以其屬死之, 楚師繼之, 尚大克之!」
吉.
戰于長岸, 子魚先死, 楚師繼之, 大敗吳師, 獲其乘舟餘皇.
使隨人與後至者守之, 環而塹之, 及泉, 盈其隧炭, 陳以待命.
吳公子光請於其衆, 曰:「喪先王之乘舟, 豈唯光之罪? 衆亦有焉.

請藉取之以救死.」
　衆許之.
　使長鬣者三人潛伏於舟側, 曰:「我呼『餘皇』, 則對.」
　師夜從之, 三呼, 皆迭對.
　楚人從而殺之, 楚師亂.
　吳人大敗之, 取餘皇以歸.

　오吳나라가 초楚나라를 치자 양개陽匃가 영윤令尹이 되어 전쟁에 대한 점을 쳤더니 불길하다는 것이었다.
　그러자 사마司馬 자어子魚가 말하였다.
　"우리는 상류에 있는데 어찌 불길하다는 것입니까? 게다가 초나라의 전례에 사마가 거북에게 축원하였으니 청컨대 제가 다시 점을 치겠습니다."
　자어가 점을 치면서 축원하였다.
　"제(魴, 子魚)가 나가서 죽고 그 뒤를 우리 초나라 군사가 따를 것이니 크게 이기도록 해주십시오!"
　그러자 점괘가 길하다고 나왔다.
　장안長岸에서 전투가 벌어져 자어가 먼저 죽고, 초나라 군사가 그 뒤를 이어 오나라 군사를 크게 패배시키고 오나라 왕이 타고 있던 여황餘皇이라는 배를 빼앗았다.
　그리고는 수隨나라 사람들과 나중에 도착한 사람들로 하여금 이를 지키게 하고는 그 둘레에 참호를 파서 샘물이 나도록 하여 숯으로 그 배까지 통하는 굴을 채워 놓고 진을 치고 기다리도록 하였다.
　그때 오나라 공자 광光이 무리에게 이렇게 청하였다.
　"선왕이 타셨던 배를 잃었으니 이것이 어찌 오직 나만의 죄이겠는가? 여러분에게도 역시 죄가 있다. 그러니 청컨대 여러분의 힘으로 배를 되찾아서 죽을죄를 면하기를 청하노라."
　무리들이 이를 허락하였다.
　이에 장대한 세 사람으로 하여금 배 옆으로 몰래 가서 숨도록 하면서 이렇게 일러두었다.

"우리가 '여황'이라고 소리치면 너희는 대답하라."

오나라 군사는 밤에 행동을 시작하여 세 번 소리를 치자 숨어 있던 자들이 번갈아 가며 답하였다.

초나라 사람들이 그 소리를 따라 추격해오자 오나라 군사가 이들을 죽여 나갔고 이로 인해 초나라 군사가 혼란스러워졌다.

오나라 사람들이 이 틈을 타 공격하여 초나라 군사를 대패시켜 여황을 빼앗아 돌아갔다.

【陽匄】楚 穆王의 증손 子瑕. 당시 슈尹에 오름. 孔穎達 疏에 《世本》을 인용하여 "穆王生王子揚, 揚生尹, 尹生슈尹匄"라 함.

【子魚】楚나라 司馬. 公子 魴. 杜預 注에 "子魚, 公子魴也."라 함.

【上流】楚나라는 長江 上流에 있었으며 吳나라는 下流(지금의 蘇州)에 있었음. 수전을 벌여야 하며 이 경우 상류 쪽이 훨씬 유리함. 杜預 注에 "順江而下, 易用勝敵"이라 함.

【슈】'축원하다'로 풀이됨.

【餘皇】吳나라 왕이 탔던 배 이름.

【長岸】楚나라 지명. 지금의 安徽 當塗 부근.

【隨】지금의 湖北 隨縣에 있던 작은 나라. 隋나라 楊堅이 隨國公에 봉해져 나라를 세운 다음 국호를 '隨'라 하였으나 이 글자가 '따르다, 일정하지 않다'의 뜻이 있어 나라 이름으로 옳지 않다하여 '辶'을 생략하고 '隋'자를 만든 것임.

【隱炭】초나라가 여황을 지키기 위해 둘레에 샘이 나오도록 깊은 도랑을 파고 그 밑에 굴(隧)을 판 것이며 그곳이 땅이 질어 숯을 채워 넣고 대비한 것임.

【光】吳나라 公子光. 杜預 注에 "諸樊子闔廬"라 하였으나 이는 杜預가 《史記》 吳世家를 따라 잘못 판단한 것이며 光은 夷末의 아들이었음. 襄公 32년 傳을 볼 것. 뒤에 吳나라 강력한 군주 闔廬가 됨.

【長鬣】'鬣'은 말의 갈기. 여기서는 수염이 더부룩한 건장한 사나이를 말함.

【楚人從而殺之】초나라 군사가 대답소리가 나는 곳을 찾아 추격해 쫓아오자 오나라 군사가 이들 초나라 사람을 중간에서 차례로 죽여 없앰.

199. 昭公 18年(B.C.524) 丁丑

周	景王(姬貴) 21년	齊	景公(杵臼) 24년	晉	頃公(去疾) 2년	衛	靈公(元) 11년
蔡	平公(廬) 6년	鄭	定公(寧) 6년	曹	平公(須) 4년	陳	惠公(吳) 6년
杞	平公(郁釐) 12년	宋	元公(佐) 8년	秦	哀公(鍼?) 13년	楚	平王(熊居) 5년
吳	吳王(僚) 3년	許	悼公(買) 23년				

㊀

十八年春王二月乙卯, 周毛得殺毛伯過, 而代之.
萇弘曰:「毛得必亡. 是昆吾稔之日也, 侈故之以. 而毛得以濟侈 於王都, 不亡, 何待?」

18년 봄 주력 2월 을묘날, 주周나라 모득毛得이 모백과毛伯過를 죽이고 대신 그 자리를 차지하였다.
장홍萇弘이 말하였다.
"모득은 틀림없이 망할 것이다. 이날은 하夏나라 곤오昆吾가 악행이 가득하여 망한 날로서 이는 곤오가 오만하였기 때문이었다. 그런데 모득도 왕도王都에서 악한 짓을 하였으니 망하지 않고 무엇을 기다릴 것인가?"

【乙卯】 2월 15일.
【毛得】 周나라 대부.

【毛伯過】毛氏 宗中의 후계자. 이름은 過. 毛 땅을 채읍으로 하였으며 작위는 伯爵.
【萇弘】周나라 대부이며 術數家. 天文, 曆法, 豫言 등에 뛰어났었으나 뒤에 죽음을 당함. 定公 4년 및 《國語》周語(下), 《淮南子》, 《史記》 封禪書 등에 널리 그 이름이 보임. 《淮南子》 氾論訓에 "昔者萇弘, 周室之執數者也, 天地之氣·日月之行·風雨之變·律曆之數, 無所不通, 然而不能自知, 鈹裂而死"라 함.
【昆吾】夏나라 때의 사람. 지극히 포악하였다고 함. 《國語》 鄭語 "昆吾爲夏伯矣"의 韋昭 注에 "昆吾, 祝融之孫, 陸終第一子"라 함.
【稔】杜預 注에 "稔, 熟也. 侈惡積熟"이라 함.
【王都】천자 왕이 있는 도읍에서 포악한 짓을 저지름.
【何待】毛得은 昭公 26년에 결국 楚나라로 달아남. 杜預 注에 "爲二十六年毛伯奔楚傳"이라 함.

※ **1491(昭 18-1)**

十有八年春王三月, 曹伯須卒.

18년 봄 주력 3월, 조백曹伯 수須가 죽었다.

【曹伯須】曹 平公. 이름은 須. 武公(滕)의 뒤를 이어 B.C.527~524년까지 4년간 재위하고 이때에 죽은 것이며 悼公(午)이 그 뒤를 이음.

㊙
三月, 曹平公卒.

3월에 조曹나라 평공平公이 세상을 떠났다.

【平公卒】杜預 注에 "爲下會葬見原伯起本"이라 함.

❋ 1492(昭 18-2)

夏五月壬午, 宋·衛·陳·鄭災.

여름 5월 임오날, 송宋·위衛·진陳·정鄭나라에 불이 났다.

【壬午】5월 13일. 壬午는 火氣가 가장 성한 날이었음. 午는 낮 11~1시 사이로 火(南)를 상징함.
【災】前年 겨울 孛星의 출현으로 豫見된 일이 실제로 일어난 것임.

㊧

夏五月, 火始昏見. 丙子, 風.
梓愼曰:「是謂融風, 火之始也; 七日, 其火作乎!」
戊寅, 風甚.
壬午, 大甚.
宋·衛·陳·鄭皆火.
梓愼登大庭氏之庫以望之, 曰:「宋·衛·陳·鄭也.」
數日皆來告火.
裨竈曰:「不用吾言, 鄭又將火.」
鄭人請用之, 子産不可.
子大叔曰:「寶以保民也. 若有火, 國幾亡. 可以救亡, 子何愛焉?」
子産曰:「天道遠, 人道邇, 非所及也, 何以知之? 竈焉知天道? 是亦多言矣, 豈不或信?」
遂不與, 亦不復火.
鄭之未災也, 里析告子産曰:「將有大祥, 民震動, 國幾亡. 吾身泯焉, 弗良及也. 國遷, 其可乎?」
子産曰:「雖可, 吾不足以定遷矣.」
及火, 里析死矣, 未葬, 子産使輿三十人遷其柩.
火作, 子産辭晉公子·公孫于東門, 使司寇出新客, 禁舊客勿出於宮.

使子寬·子上巡睪屛攝, 至于大宮.
使公孫登徙大龜, 使祝史徙主祏於周廟, 告於先君.
使府人·庫人各儆其事.
商成公儆司宮, 出舊宮人, 寘諸火所不及.
司馬·司寇列居火道, 行火所焮.
城下之人伍列登城.
明日, 使野司寇各保其徵, 郊人助祝史, 除於國北, 禳火于玄冥·回祿, 祈于四鄘.
書焚室而寬其征, 與之材.
三日哭, 國不市.
使行人告於諸侯.
宋·衛皆如是.
陳不救火, 許不弔災, 君子是以知陳·許之先亡也.

여름 5월에 대화성大火星이 처음으로 저녁때에 나타났고, 병자날에 바람이 불었다.

자신梓愼이 말하였다.

"이를 융풍融風이라 하며 화재의 시초이다. 이레 뒤에 불이 날 것이다."

무인날, 바람이 심하게 불었다.

임오날, 더욱 심하게 불었다.

이날 송宋, 위衛, 진陳, 정鄭나라에서 모두 불이 났다.

자신이 대정씨大庭氏의 도읍 터에 지은 창고 위로 올라가서 하늘을 바라보며 이렇게 말하였다.

"송, 위, 진, 정나라로다."

며칠 뒤, 네 나라의 사람이 모두 화재가 일어났다고 알려왔다.

그러자 비조裨竈가 말하였다.

"내 말을 듣지 않으면 정나라에 또다시 장차 화재가 날 것이다."

정나라 사람들이 그의 말대로 하자고 요청하였으나 자산子産은 이를 불가하다고 하였다.

그러자 자태숙子大叔이 말하였다.

"나라의 보물은 백성을 지키기 위한 것입니다. 만일 불이 난다면 나라가 거의 망하게 될 것입니다. 나라가 망하는 것을 구할 수 있다는데 그대는 어찌 그것을 아까워하십니까?"

자산이 말하였다.

"하늘의 도는 멀리 있고, 사람의 도리는 가까이 있어 천도는 미칠 수 있는 것이 아니니 어찌 그것을 알겠습니까? 비조가 어찌 천도를 안다는 것입니까? 그는 역시 말이 많은 사람이니 그 중 어쩌다가 혹 믿을 말도 있는 것일 뿐이 아니겠습니까?"

자산은 끝내 보물을 내주지 않았고 역시 불은 다시 일어나지도 않았다. 정나라에 아직 화재가 일어나지 않았을 때 이석里析이 자산에게 알렸다.

"앞으로 큰 불이 일어나 민심이 흔들리고 나라는 거의 망하게 될 것입니다. 나는 그때 이미 죽어서 없을 것이니 실로 그것을 겪지 않게 될 것입니다. 도읍을 다른 곳으로 옮기면 되지 않을까요?"

그러자 자산이 말하였다.

"비록 그것이 좋다 해도 나는 국도를 다른 곳으로 정할 수는 없습니다."

그 뒤 화재가 일어나려 할 때 이석은 이미 죽었고 아직 장례를 치르기도 전이었으며 자산은 인부 30명으로 하여금 그의 영구를 다른 곳으로 옮기도록 하였다.

화재가 나자 자산은 진晉나라에서 온 공자公子와 공손公孫들을 동문東門으로 대피시키고 사구司寇로 하여금 새로 찾아온 빈객들은 성 밖으로 내보내고 전부터 있던 빈객들은 자신들의 집에서 나오지 모하도록 금하였다.

그리고 자관子寬과 자상子上에게는 여러 사당을 순시하며 살피되 태궁大宮까지 책임지도록 하였다.

다시 공손등公孫登에게 점치는 거북등을 옮기게 하고, 축사祝史에게는 역대 군주의 신주를 여왕厲王의 사당으로 옮기고 이를 선군의 신령에게 고하도록 하였다.

그리고 부인府人과 고인庫人에게는 각기 맡은 일을 잘 지키도록 하였다.

상성공商成公은 공궁을 잘 지키도록 하고 나이 든 궁인들은 밖으로 내보내어 불길이 미치지 않을 곳에 있게 하였다.

사마司馬와 사구에 소속된 사람들은 불길 닿는 곳에 늘어서서 불길이 번지는 것을 막도록 하였다.

성 아래 사람들은 대열을 지어 성 위로 올라가 경비하도록 하였다.

화재가 난 다음날, 야사구野司寇에게는 각기 자신들이 맡은 징집자들을 잘 보호하도록 하였으며 교인郊人은 축사를 도와 북쪽 지역을 깨끗이 청소하여 현명玄冥과 회록回祿에게 화기를 없애달라고 빌며, 사방의 신에게 기도하도록 하였다.

불에 탄 집들을 기록하여 그들의 세금을 면제해주고, 집 지을 자재를 제공해 주었다.

3일간 애곡하며 도읍 안의 시장을 열지 않았다.

그리고 행인行人을 각 제후국에 보내어 불이 난 사실을 알리도록 하였다. 송, 위 두 나라도 모두 이처럼 하였다.

그러나 진나라는 불길을 제대로 잡지 않았고, 허許나라는 불이 난 나라들을 위로하지 않았다.

군자는 이 일로써 진나라와 허나라가 다른 나라들보다 먼저 망할 것임을 알았다.

【火】大火星. 心宿의 별자리.
【丙子】5월 7일. 子는 밤 11~1시 사이로 水性이 강한 때임.
【梓愼】魯나라 대부이며 日官. '梓'는 '梓音子'라 하여 '자'로 읽음.
【融風】《淮南子》地形訓에 "東北曰炎風"이라 하였고 高誘 注에 "艮氣所生也, 一曰融風"이라 하였으며, 張晏은 "融風, 立春木風也, 火之母也, 火所始生也"라 함. 동북풍으로 木性의 바람이며 이는 五行說에 木이 火의 母胎이므로 융풍은 곧 불을 가져오는 바람이라는 뜻.
【大庭氏之庫】大庭은 옛 나라 이름. 노나라 도읍 안에 대정 나라 도읍의 옛터가 있었고, 그 자리에 창고를 높이 지었음. 杜預 注에 "大庭氏, 古國名, 在魯城內, 魯於其處作庫, 高顯, 故登而望氣"라 함.
【裨竈】鄭나라 대부. 예언과 天文 術數에 밝았던 인물.

【子産】公孫僑. 子國(公孫成)의 아들. 子美. 鄭나라의 훌륭한 宰相이 되어 孔子가 자주 칭찬한 인물.

【子大叔】游吉. 大叔은 太叔과 같음. 游氏 집안의 宗主였음. 游販의 아우. '世叔'으로도 불리며 公孫蠆의 아들. 鄭 穆公의 아들 공자 偃의 손자로 정나라 卿. 子南(游楚, 公孫楚)은 游吉의 작은아버지였음. 뒤에 子産을 이어 鄭나라 재상에 오름.

【吾言】裨竈가 지난해 瓘斝로써 제사를 올릴 것을 제의하였었음. 杜預 注에 "前年裨竈欲用瓘斝禳火, 子産不聽, 今復請用之"라 함.

【或信】많은 예언을 하다보면 그중 우연히 맞을 수도 있을 뿐임.

【子寬】子大叔(游吉)의 아들 游速.

【子上】鄭나라 대부. 구체적으로는 알 수 없음. 駟帶는 昭公 6년에 죽어 동명이인임. 杜預 注에 "二子, 鄭大夫"라 함.

【屏攝】여러 祠堂의 제사를 받드는 神位. 杜預 注에 "屏攝, 祭祀之位"라 함.

【大宮】太宮. 太廟. 宗廟.

【周廟】鄭나라 군주인 周 厲王을 모신 사당.

【公孫登】杜預 注에 "開卜大夫"라 하여 점치는 일을 맡은 관원 이름.

【大龜】점을 치기 위해 미리 저장해둔 거북 껍질.

【祏】廟主의 石函.

【商成公】鄭나라 대부.

【司宮】궁궐의 안전을 맡은 직책. 杜預 注에 "巷伯·寺人之官"이라 함.

【野司寇】杜預 注에 "野司寇, 縣士也. 火之名日, 四方乃聞火, 故戒保所徵役之人"이라 하였고, 孔穎達 疏에는 "《周禮》司寇屬官有縣士, 各掌其縣之民數而聽其獄訟. 若邦有大役, 聚衆庶"라 함.

【國北】북쪽은 陰氣와 水를 상징하므로 화재를 면하게 해 줄 것을 비는 것. 杜預 注에 "爲祭處於國北者, 就大陰禳火"라 함.

【玄冥】水神의 이름.

【回祿】火神의 이름. 杜預 注에 "玄冥, 水神; 回祿, 火神"이라 함.

【四鄘】도성 안 四方의 神. 杜預 注에 "鄘, 城也. 城積土, 陰氣所聚, 故祈祭之. 以禳火之餘災"라 함.

【先亡】哀公 17년 楚나라가 陳나라를 멸하였고, 定公 6년 鄭나라가 許나라를 멸망시켰음.

❋ **1493(昭18-3)**

六月, 邾人入鄅.

6월, 주邾나라가 우鄅나라로 쳐들어갔다.

【邾】당시 邾나라 군주는 莊公이었음.
【鄅】顧棟高〈大事表〉에 의하면 鄅나라는 妘姓이며 子爵으로 지금의 山東 臨沂縣 북쪽 15리에 있었다 함. 이듬해 宋나라가 鄅나라와 혼인을 맺으면서 邾를 벌하자 邾나라가 그때의 포로를 모두 송환하여 다시 나라를 존속시킴. 뒤에 鄅나라는 魯나라에 편입됨.

㊑
六月, 鄅人藉稻, 邾人襲鄅.
鄅人將閉門, 邾人羊羅攝其首焉, 遂入之, 盡俘以歸.
鄅子曰:「余無歸矣!」
從帑於邾, 邾莊公反鄅夫人, 而舍其女.

6월, 우鄅나라 군주가 벼농사를 살피러 나라 안을 돌고 있을 때 주邾나라가 우나라를 습격하였다.
우나라 사람이 성문을 닫으려 하자 주나라 양라羊羅가 성문을 닫으려는 자의 머리를 잡아당겼고, 그 사이에 사람들이 성 안으로 들어가 우나라 사람들을 모두 포로로 하여 돌아갔다.
우나라 군주가 탄식하며 말하였다.
"나는 이제 돌아갈 곳이 없구나!"
그가 잡혀가는 처자의 따라 주나라로 가자, 주 장공莊公은 그의 부인은 돌려주었으나 딸만은 붙잡아 두었다.

【藉稻】杜預 注에 "其君自出藉稻, 蓋履行之"라 하였고, 孔穎達 疏에는 "藉, 踐履

之義. 故謂履行之"라 하여 임금이 직접 농사 현장을 방문하고 순시하는 것으로 여김. 그러나 일부 임금으로써 농사일에 직접 참여하는 親耕 행사를 한 것이 아닌가 여기기도 함.

【羊羅】邾나라 사람 이름.

【攝其首】杜預 注에 "斬得閉門者頭"라 하였고, 孔穎達 疏에도 "攝, 訓爲持也, 斬得閉門者首而持其頭"라 하여 '문을 닫는 자의 머리를 베어 가지다'의 뜻으로 보았으나, 焦循은 〈補疏〉에는 "攝首者, 手提其頭"라 하였고, 兪樾의 〈平議〉에는 "此蓋以手相搏, 以攝持其頭, 非斬之也. 閉門者旣爲所持, 不能自脫, 邾衆遂乘間而入耳"라 하여 여러 해석을 내놓고 있음. "문을 닫으려는 자의 머리를 잡아당겨 그 머리가 닫히는 문에 걸려 더 이상 닫을 수 없게 되자 그 틈에 邾人이 밀고 들어가다"의 뜻으로 보아야 할 것임.

【帑】'孥'와 같음. 아내.

【邾莊公】당시 邾나라 군주.

● 1494(昭 18-4)

秋, 葬曹平公.

가을, 조曹 평공平公의 장례를 치렀다.

【曹平公】이름은 須. 이해 3월에 세상을 떠남.

㊝

秋, 葬曹平公.
往者見周原伯魯焉, 與之語, 不說學.
歸以語閔子馬.
閔子馬曰:「周其亂乎! 夫必多有是說, 而後及其大人. 大人患失而惑, 又曰:『可以無學, 無學不害.』不害而不學, 則苟而可, 於是乎下陵上替, 能無亂乎? 夫學, 殖也. 不學, 將落, 原氏其亡乎!」

가을, 조曹 평공平公의 장례를 치렀다.

그곳에 간 노나라 사람이 주周나라 원백原伯 노魯를 만나 이야기를 나누게 되었는데 그는 학문을 좋아하지 않았다.

그 사람이 돌아와 민자마閔子馬에게 그 이야기를 전해주었다.

그러자 민자마가 말하였다.

"주나라는 혼란스러워질 것입니다! 무릇 이처럼 학문을 경시하는 말들이 많으며 그러한 영향은 뒤에 대인大人들게 미치게 될 것입니다. 대인들은 자신의 지위를 잃을 것을 걱정하여 혹하게 될 것이며 게다가 '배우지 않아도 된다. 학식이 없어도 해로울 것이 없다'고 말할 것입니다. 해로울 것이 없다고 해서 학문을 닦지 않는다면 그저 구차스러운 대로 살아가도 된다고 여길 것이니 그렇게 되면 아랫사람이 윗사람을 능멸하여 자꾸 쇠퇴하고 말 것이니 능히 혼란이 없겠습니까? 무릇 학문이란 초목을 증식시키는 것과 같으니 학문을 하지 않으면 지엽이 모두 조락할 것이니 원씨原氏는 망하게 될 것입니다!"

【原伯魯】周나라 대부. 原 땅을 다스리는 책임자이며 이름은 魯.
【說】'悅'과 같음.
【閔子馬】魯나라 대부. 구체적으로는 알 수 없음.
【大人】높은 계급의 사람. 사회를 이끌어나가는 지도층. 杜預 注에 "大人, 在位者"라 함.
【殖·落】孔穎達 疏에 "夫學如殖草木也, 不學則才知日退, 將如草木之邌(墜)落枝葉也"라 함. 이는 왕실의 혼란과 29년 原伯魯의 아들이 죽음을 당할 것임을 미리 예견한 것임.

㊟
七月, 鄭子産爲火故, 大爲社, 祓禳於四方, 振除火災, 禮也.

乃簡兵大蒐, 將爲蒐除.

子大叔之廟在道南, 其寢在道北, 其庭小, 過期三日, 使除徒陳於道南廟北, 曰:「子産過女, 而命速除, 乃毁於而鄕.」

子産朝, 過而怒之. 除者南毀.
子産及衝, 使從者止之, 曰:「毀於北方.」
火之作也, 子産授兵登陴.
子大叔曰:「晉無乃討乎?」
子産曰:「吾聞之, 小國忘守則危, 況有災乎? 國之不可小, 有備故也.」
旣, 晉之邊吏讓鄭曰:「鄭國有災, 晉君·大夫不敢寧居, 卜筮走望, 不愛牲玉. 鄭之有災, 寡君之憂也. 今執事撊然授兵登陴, 將以誰罪? 邊人恐懼, 不敢不告.」
子産對曰:「若吾子之言, 敝邑之災, 君之憂也. 敝邑失政, 天降之災, 又懼讒慝之間謀之, 以啓貪人; 荐爲敝邑不利, 以重君之憂. 幸而不亡, 猶可說也; 不幸而亡, 君雖憂之, 亦無及也. 鄭有他竟, 望走在晉. 旣事晉矣, 其敢有二心?」

7월, 정鄭나라 자산子産은 화재가 있었던 일로 인해 사社에서 큰 제사를 지내고 사방의 신에게 빌어 화재의 액을 털어내었으니 이는 예에 맞는 일이었다.

이에 군사를 간련簡練시켜 크게 훈련을 거행하고자 장차 훈련할 장소를 소제하였다.

자태숙子大叔 집안의 사당이 군사가 지나가야 할 길 남쪽에 있었고, 그의 집은 길 북쪽에 있었다. 그런데 집 뜰이 좁았다. 헐어내어야 할 기한이 사흘이 지나고서야 자태숙은 일꾼들을 길의 남쪽, 사당의 북쪽에 줄을 세워 놓고 이렇게 말하였다.

"자산께서 너희 앞을 지나면서 너희에게 속히 헐어버리라고 명하시거든 너희 쪽을 향하고 있는 사당을 헐도록 하라."

자산이 조정으로 가는 길에 그 앞을 지나면서 아직도 일을 마치지 않은 것을 보고 화를 내자 일꾼들이 남쪽의 사당을 헐었다.

자산은 큰 길에 이르러, 종자로 하여금 그 일을 멈추게 하면서 이렇게 말하였다.

"북쪽을 헐게 하라."

불이 일어나자 자산은 병사들에게 무기를 나누어 주고 성 위에 올라 지키도록 하였다.
그러자 자태숙이 말하였다.
"진晉나라가 쳐들어오지 않을까요?"
자산이 말하였다.
"내 듣기에 작은 나라가 수비를 잊고 살면 위험하다라 하였는데 하물며 화재가 난 마당에 어찌겠습니까? 나라가 작다고 무시당하지 않는 것은 수비를 하고 있기 때문입니다."
이윽고 진나라 변방 관리가 정나라에 이의를 제기하며 따졌다.
"정나라가 불이 났을 때 우리 진나라 임금과 대부들은 감히 편안히 있지 못하여, 복서卜筮로 점을 치면서 내닫고 살펴보고 희생과 옥을 아까워하지 않고 있습니다. 이처럼 정나라의 화재는 우리 임금의 근심이기도 합니다. 그런데 지금 귀국 집사께서 거칠게도 군사에게 무기를 주어 성에 올라 지키도록 하니 이는 장차 누구에게 잘못을 덮어씌우고자 하는 것입니까? 변방을 지키는 사람들이 두려워 하니 감히 말씀드리지 않을 수 없습니다."
이에 자산이 대답하였다.
"그대 말씀대로라면 우리나라의 화재는 귀국 임금의 근심거리입니다. 우리나라는 정치를 잘못하여 하늘이 재앙을 내린 마당에 게다가 참특讒慝한 자가 중간에서 모략을 꾸며 탐욕한 자의 길을 열어주고, 우리나라에 불리함을 더하여 귀국 임금에게 근심을 거듭 가중시킬까 두렵습니다. 다행히 우리가 망하지 않는다면 그나마 변명할 수 있지만, 불행히도 망한다면 귀국 군주께서 걱정해 주신다 해도 이미 때가 늦고 맙니다. 정나라는 다른 나라들과도 국경을 접하고 있으나 무슨 일이 생겼을 때 믿고 달려갈 곳은 진나라입니다. 우리나라는 이제까지 진나라를 섬겨 왔는데 어찌 감히 다른 마음을 가질 수 있겠습니까?"

【子産】公孫僑. 子國(公孫成)의 아들. 子美. 鄭나라의 훌륭한 宰相이 되어 孔子가 자주 칭찬한 인물.
【爲社】社廟에 제사를 올림. '爲'는 '제사지내다'의 代動詞.

【振除】'振'은 賑恤. '除'는 '다스리다'의 뜻.
【簡兵】군사를 뽑아 연습시킴. 簡練의 뜻.
【蒐】봄 사냥의 명칭. 원래 蒐·苗·獮·狩 등 계절에 따른 사냥 명칭이 달랐음. 봄에는 새끼를 배지 않은 짐승만 골라잡으며 동시에 군사훈련을 겸함. 여름에는 곡물의 싹을 해치는 것들을 잡음. 가을에도 역시 군사훈련을 겸해 사냥을 하며. 겨울에는 짐승을 포위하여 잡음.《司馬法》仁本篇에 "國雖大, 好戰必亡; 天下雖安, 忘戰必危. 天下旣平, 天下大愷, 春蒐秋獮; 諸侯春振旅, 秋治兵, 所以 不忘戰也"라 함. 여기서는 재난을 대비하여 군사훈련을 실시함을 뜻함.
【子大叔】游吉. 大叔은 太叔과 같음. 游氏 집안의 宗主였음. 游販의 아우. '世叔'으로도 불리며 公孫蠆의 아들. 鄭 穆公의 아들 공자 偃의 손자로 정나라 卿. 子南 (游楚, 公孫楚)은 游吉의 작은아버지였음. 뒤에 子産을 이어 鄭나라 재상에 오름.
【陳】줄을 세움.
【乃毀於而鄕】태숙은 사당을 헐 수 없다는 생각으로 일부러 사당을 헐게 하고 자산이 이를 멈출 것을 기대한 것임.
【授兵】진나라와 접경하고 있는 곳의 사람들에게 무기를 내어 주어 경비시킨 것이었음. 이 때문에 자태숙이 晉나라의 항의를 받을 것을 거론한 것임. 杜預 注에 "辭晉公子公孫, 而授兵, 似若叛晉"이라 함.
【牲玉】晉나라가 鄭나라 재앙을 막아주기 위해 제사를 올리면서 그에 사용하는 희생과 옥을 아까워하지 않음.
【攔然】孔穎達 疏에 服虔의 설을 인용하여 "攔然, 猛貌也"라 함.
【荐】거듭. 杜預 注에 "荐, 重也"라 함.
【望走在晉】顧炎武《日知錄》(27)에 "言鄭有他竟之憂也, 則望晉走晉以救助之"라 함.

※ 1495(昭 18-5)

冬, 許遷于白羽.

겨울, 허許나라가 백우白羽로 옮겨갔다.

【許】지금의 河南 許昌에 있던 나라로 成公 15년 葉으로 옮겨 그곳을 도읍으로 하였다가 昭公 9년 夷로, 11년 다시 楚나라 영토 내로 이주하였다가 13년 平王이 복위한 후 다시 葉으로 옮김. 이번에 다시 白羽로 옮긴 것임.
【白羽】지금의 河南 西峽縣(內鄕縣) 서쪽. 《一統志》에 "析縣故城在河南內鄕縣 西北, 春秋時, 楚白羽地"라 함.

㊓
楚左尹王子勝言於楚子曰:「許於鄭, 仇敵也, 而居楚地, 以不禮 於鄭. 晉·鄭方睦, 鄭若伐許, 而晉助之, 楚喪地矣. 君盍遷許? 許不專 於楚, 鄭方有令政, 許曰:『余舊國也.』鄭曰:『余俘邑也.』葉在楚國, 方城外之蔽也. 土不可易, 國不可小, 許不可俘, 讎不可啓, 君其圖之!」
楚子說.
冬, 楚子使王子勝遷許於析, 實白羽.

초楚나라 좌윤左尹 왕자 승勝이 초 평왕平王에게 말하였다.
"허許나라는 정鄭나라를 원수로 여기고 있습니다. 그들은 초나라 영내에 있으면서 정나라에 예의를 지키지 않고 있습니다. 지금 진나라와 정나라는 한창 화목한 사이이니 만약 정나라가 허나라를 치고 진나라가 이를 돕는다면 우리 초나라는 결국 땅을 잃게 될 것입니다. 그런데 임금께서는 어찌 허나라를 다른 곳으로 옮기지 않습니까? 허나라는 우리 초나라에만 충성을 다하고 있지도 않으며, 정나라는 바야흐로 훌륭한 정치를 펴고 있습니다. 허나라는 '정나라는 우리 옛 땅'이라 하고, 정나라는 '허나라는 우리의 포로가 되었던 나라'라 하고 있습니다. 섭葉 땅은 초나라에 있어서 방성方城 북방을 방위하는 울타리입니다. 그 땅은 쉽게 여길 수 없고, 정나라가 작다고 얕잡아 볼 수도 없으며, 허나라를 다른 나라의 포로가 되게 할 수도 없으며, 적이 우리 변경을 열고 들어올 수 있도록 놓아둘 수도 없습니다. 임금께서는 잘 헤아리십시오!"
평왕은 기꺼워하였다.

겨울, 초왕은 왕자 승으로 하여금 허나라를 석析 땅으로 옮기게 하였으니, 그곳은 원래 백우白羽였다.

【王子勝】楚나라 왕자. 이름은 勝이었으며 당시 左尹 벼슬에 있었음.
【楚子】당시 楚나라 군주는 平王(熊居, 棄疾) 재위 5년째였음.
【令政】훌륭한 정치. 정치가 안정되어 국력이 신장함.
【舊國】許나라는 許昌을 도읍으로 하고 있었으나 뒤에 鄭나라에게 그 땅을 빼앗김.
【俘邑】許나라는 隱公 11년에 鄭나라에게 한때 멸망되었다가 鄭나라가 다시 복구시켜 도읍을 옮겨가도록 하고 대신 그 땅을 차지함.
【葉】이해에 楚나라는 許를 析으로 천도시키고 대신 沈諸梁을 葉公으로 임명하였으며 이가《論語》에 보이는 '葉公'임.
【方城】楚나라 最北端 요새지. 지금의 河南 葉縣 남쪽.
【析】白羽의 새로운 지명. 지금의 河南 西峽縣(內鄕縣) 서쪽.《一統志》에 "析縣故城在河南內鄕縣西北, 春秋時, 楚白羽地"라 함.

200. 昭公 19年(B.C.523) 戊寅

周	景王(姬貴) 22년	齊	景公(杵臼) 25년	晉	頃公(去疾) 3년	衛	靈公(元) 12년
蔡	平公(廬) 7년	鄭	定公(寧) 7년	曹	悼公(午) 원년	陳	惠公(吳) 7년
杞	平公(郁釐) 13년	宋	元公(佐) 9년	秦	哀公(鍼?) 14년	楚	平王(熊居) 6년
吳	吳王(僚) 4년	許	悼公(買) 24년				

⑲

十九年春, 楚工尹赤遷陰于下陰, 令尹子瑕城郟.

叔孫昭子曰:「楚不在諸侯矣, 其僅自完也, 以持其世而已.」

19년 봄, 초楚나라 공윤工尹 적赤이 음陰 고을 사람들을 하음下陰으로 옮기고, 영윤令尹 자하子瑕는 겹郟에 성을 쌓았다.

그러자 숙손소자叔孫昭子가 말하였다.

"초나라는 제후국들을 합치려는 데에 있지 아니하고 겨우 자신만을 온전히 하여 세대를 지탱해 나가려는 뜻이 있을 뿐이다."

【工尹赤】工尹은 초나라 관직 이름. 赤은 그의 이름.
【遷陰于下陰】陰 고을에는 戎族이 살고 있었음. 楚나라는 戎族을 편리하게 다스리기 위해 이들을 下陰으로 옮긴 것임. 下陰은 지금의 湖北 光化縣 부근이었음. 《方輿紀要》에 "湖北光化縣西, 漢水北岸, 古陰縣城, 春秋曰下陰"이라 함. 陰戎은 昭公 9년을 볼 것.

【子瑕】陽匄. 楚 穆王의 증손. 당시 令尹에 오름. 孔穎達 疏에《世本》을 인용하여 "穆王生王子揚, 揚生尹, 尹生令尹匄"라 함.
【郟】지금의 河南 郟縣.《彙纂》에 "今河南省郟縣"이라 함.
【叔孫昭子】魯나라 대부. 叔孫婼. 叔孫氏의 후계. 叔孫穆子(叔孫豹)의 庶子. 昭公 4년 12월을 볼 것.《公羊傳》에는 '叔孫舍'로 되어 있음.

㊉

楚子之在蔡也, 郟陽封人之女奔之, 生大子建.
及卽位, 使伍奢爲之師, 費無極爲少師, 無寵焉, 欲讒諸王, 曰: 「建可室矣.」
王爲之聘於秦, 無極與逆, 勸王取之.
正月, 楚夫人嬴氏至自秦.

초楚 평왕平王이 채蔡나라에 있을 때, 채나라 격양郟陽의 봉인封人의 딸이 사분私奔하여 그와 만나 태자 건建을 낳았다.
평왕이 왕으로 즉위하여 오사伍奢를 태자의 사師로, 비무극費無極을 소사少師로 삼았더니 비무극이 태자에게 신임을 얻지 못하자, 태자를 헐뜯고자 평왕에게 이렇게 말하였다.
"태자 건을 결혼을 시킬 만합니다."
평왕은 태자를 위해 진秦나라에서 여자를 맞이하기로 하여 비무극도 여자를 맞이하러 나간 일행에 들어 평왕에게 그 여자를 왕이 차지하도록 권하였다.
정월, 평왕의 새 부인 영씨嬴氏가 진秦나라에서 왔다.

【楚子之在蔡】楚子는 平王 熊居(棄疾)를 가리킴. 왕에 오르기 전 蔡나라에 蔡公으로 있을 때를 말함. 昭公 12년을 볼 것. 그러나 그곳에서 낳은 아들(建)은 나이로 보아 너무 어려 기질이 대부였을 때 낳은 것으로 보고 있음. 〈正義〉에 "賈逵云: 「楚子在蔡爲公時也.」杜以楚子十一年爲蔡公, 十三年而卽位, 生子唯一二歲耳, 未堪立師傅也. 至今七年, 未得云「建可室矣」, 故疑爲大夫時聘蔡也"라 함.

【鄀陽】蔡나라 읍 이름. 지금의 河南 新蔡縣 부근.《彙纂》에 "在今河南新蔡縣境"이라 함.
【奔】私奔. 여자가 중매 없이 남자를 만나 정을 통하는 것을 뜻하는 말. '姘居'(평거)라고도 함.
【太子建】平王과 鄀陽女 사이에 난 아들. 뒤에 태자에 오름. 자는 子木. 白公 勝의 아버지. 뒤에 費無極으로 인해 온갖 고초를 겪다가 鄭나라에서 죽음을 당함.
【伍奢】伍擧(椒擧)의 아들이며 伍員의 아버지. 杜預 注에 "伍奢, 伍擧之子, 伍員之父"라 함.《史記》伍子胥列傳 참조.
【費無極】費無忌. 楚나라 대부.《史記》楚世家와 伍子胥列傳 및《淮南子》등에는 모두 '費無忌'로 되어 있음. 杜預 注에 "朝吳, 蔡大夫, 有功於楚平王, 故無極恐其有寵, 疾害之"라 함.
【夫人】杜預 注에 "王自取之, 故稱夫人至. 爲下拜夫人起"라 함.
【嬴氏】秦나라 國姓.

❋ 1496(昭 19-1)

十有九年春, 宋公伐邾.

19년 봄, 송공宋公이 주邾나라를 쳤다.

【宋公】당시 宋나라 군주는 元公(佐) 9년째였음.
【伐邾】鄅나라를 위해 邾나라를 친 것임. 앞 장 참조.

㊝
鄅夫人, 宋向戌之女也, 故向寧請師.
二月, 宋公伐邾, 圍蟲.
三月, 取之, 乃盡歸鄅俘.

우邾나라 군주 부인夫人은 송宋나라 상술向戌의 딸이었으므로 그 때문에 상술의 아들 상녕向寧이 주邾나라를 치기 위한 군사를 낼 것을 요청하였던 것이다.
　2월, 송 원공元公이 주나라를 쳐서 충蟲 땅을 포위하였다.
　3월, 충을 차지하자 주나라는 우나라의 포로들을 모두 돌려보냈다.

【邾夫人】邾나라가 鄅나라를 쳐서 모두 포로로 할 때 鄅夫人이 포로가 되어 邾나라에 붙잡혀 갔었음.
【向戌】宋나라 대부. '向'은 성씨일 경우 '상'으로 읽음. 당시 左師 벼슬을 하였으며 合邑을 채읍으로 받아 '合左師'로도 부름.
【向寧】向戌의 막내아들. 鄅夫人의 아우. 杜預 注에 "寧, 向戌子也. 請於宋公伐邾"라 하였고, 程公說의 《春秋分紀》에 "戌生五子, 曰勝, 曰宣, 曰鄭, 曰行, 曰寧"이라 함.
【蟲】邾나라 읍 이름. 지금의 山東 濟寧 부근.《彙纂》에 "今山東濟寧縣境"이라 함.

※ **1497(昭19-2)**

夏五月戊辰, 許世子止弑其君買.

여름 5월 무진날, 허許나라 세자 지止가 그의 군주 매買를 죽였다.

【戊辰】5월 5일.
【世子止】許 悼公의 아들. 아버지 悼公을 弑害한 것임.
【買】許 悼公. 이름은 買.

傳
夏, 許悼公瘧.
五月戊辰, 飮大子止之藥卒.

大子奔晉.
書曰「弒其君」, 君子曰:「盡心力以事君, 舍藥物可也.」

여름, 허許 도공悼公이 학질에 걸렸다.
5월 무진날, 도공은 태자 지止가 올린 약을 마시고 세상을 떠났다.
태자는 진晉나라로 달아났다.
경經에 '태자가 그의 군주를 시해하였다'고 기록하였으며 이를 두고 군자가 말하였다.
"마음과 힘을 다하여 임금을 섬기는 데에는 약은 올리지 않는 것이 옳다."

【許悼公】이름은 買.
【舍藥物可也】'舍'는 '捨'와 같음. 服虔은 "禮, 醫不三世不便. 君有疾, 飲藥, 臣先嘗之; 親有疾, 飲藥, 子先嘗之. 公疾未瘳, 而止進藥, 雖嘗而不由醫而卒, 故國史書'弒'告於諸侯"라 하였고, 萬斯大의《學春秋隨筆》에는 "夫瘧非必死之疾, 治瘧無立斃之劑. 今藥出自止, 飲之卽卒, 是有心毒殺之也"라 함.

1498(昭19-3)

己卯, 地震.

기묘날, 지진이 있었다.

【己卯】5월 16일.
＊無傳

(傳)
邾人·郳人·徐人會宋公.
乙亥, 同盟于蟲.

주인邾人, 예인郳人, 서인徐人이 송宋 원공元公과 만났다.
을해날, 충蟲에서 동맹을 맺었다.

【郳】 고대 작은 나라. 《山東黃縣志》에 "縣南十里有歸城, 土人曰恢城, 齊遷萊于郳, 卽此"라 함.
【宋公】 宋 元公. 郳나라를 위해 邾나라를 쳐서 蟲 땅을 빼앗음. 徐는 지금의 江蘇 泗洪縣 남쪽 洪澤湖 근처에 있었던 옛 나라.
【同盟】 杜預 注에 "終宋公伐邾事"라 함.

傳
楚子爲舟師以伐濮.
費無極言於楚子曰:「晉之伯也, 邇於諸夏, 而楚辟陋, 故弗能與爭. 若大城城父, 而寘大子焉, 以通北方, 王收南方, 是得天下也.」
王說, 從之.
故大子建居于城父.
令尹子瑕聘于秦, 拜夫人也.

초楚 평왕平王이 수군을 편성하여 복濮을 쳤다.
그때 비무극費無極이 초왕에게 건의하였다.
"진晉나라가 패자가 된 것은 중원의 여러 제후국과 가까이 있었기에 이루어진 것입니다. 우리 초나라는 중원에서 떨어진 벽지에 있으므로 진나라와 패자를 다툴 수가 없습니다. 만일 성보城父에 큰 성을 쌓아, 그곳에 태자를 두어 북방과 통하게 하시고, 군주께서는 남방을 장악하신다면 천하를 얻게 될 것입니다."
이 말을 들은 초왕은 기뻐하며 그의 말을 따르기로 하였다. 그래서 태자 건은 성보에 머물게 되었다.
초나라 영윤 자하子瑕가 진秦나라를 예방하여 부인을 보내준 일에 사례하였다.

【舟師】水軍.
【濮】南夷. 고대 작은 나라. 지금의 湖北 石首縣 일대. 文公 16년 '百濮'을 참조할 것.
【費無極】費無忌. 楚나라 대부.《史記》楚世家와 伍子胥列傳 및《淮南子》등에는 모두 '費無忌'로 되어 있음. 杜預 注에 "朝吳, 蔡大夫, 有功於楚平王, 故無極恐其有寵, 疾害之"라 함.
【城父】지금의 河南 襄城 부근. 그러나 江永은 "城父應作父城"이라 하였고, 王先謙의《漢書》注에는 "父城在寶豊縣東四十里"라 함. 지금은 父城保라 함.
【大子】太子 建. 平王과 鄅陽女 사이에 난 아들.
【子瑕】陽匄. 楚 穆王의 증손. 당시 令尹에 오름. 孔穎達 疏에《世本》을 인용하여 "穆王生王子揚, 揚生尹, 尹生令尹匄"라 함.

❋ 1499(昭 19-4)

秋, 齊高發帥師伐莒.

가을, 제齊나라 고발高發이 군사를 이끌고 거莒나라를 쳤다.

【高發】齊나라 大夫.
【伐莒】杜預 注에 "莒不事齊故"라 함.

㊝
秋, 齊高發帥師伐莒, 莒子奔紀鄣.
使孫書伐之.
初, 莒有婦人, 莒子殺其夫, 已爲嫠婦.
及老, 託於紀鄣, 紡焉以度而去之.
及師至, 則投諸外.
或獻諸子占, 子占使師夜縋而登.

登者六十人, 縋絶.
師鼓譟, 城上之人亦譟.
莒共公懼, 啓西門而出.
七月丙子, 齊師入紀.

가을, 제齊나라 고발高發이 군사를 이끌고 거莒나라를 치자 공공共公은 기장紀鄣으로 달아났다.
고발은 손서孫書로 하여금 그들을 치도록 하였다.
당초, 거나라에 한 여자가 있었는데 공공이 그 남편을 죽여 과부가 되었다.
그 여자는 늙어서 기장으로 가 몸을 의지하면서, 삼으로 성 높이를 재어 실로 꼬아 간직해 두고 있었다.
제나라 군사가 쳐들어오자 그는 실을 성 밖으로 던졌다.
어떤 이가 그 줄을 자점子占(孫書)에게 바치자 자점은 군사들로 하여금 밤중에 그 줄을 따라 성 위로 오르도록 하였다.
성 위로 오른 자가 60명이 되었을 때 그 줄이 끊어지고 말았다.
그러자 성 아래의 군사들이 북을 치며 고함을 질러 시끄럽게 하고, 성 위에 올라간 자들 또한 소리쳐 시끄럽게 하였다.
거나라 공공은 두려워하며 서문西門을 열고 달아났다.
7월 병자날, 제나라 군사가 기紀나라에 입성하였다.

【莒子】莒나라 共公.
【紀鄣】紀나라의 도읍 鄣. 鄣은 지금의 江蘇 贛楡縣 북쪽.
【孫書】陳無宇의 아들. 子占. 杜預 注에 "孫書, 陳無宇之子子占也"라 함.
【嫠婦】寡婦. 杜預 注에 "寡婦爲嫠"라 함.
【投諸外】孔穎達 疏에 "當是繫繩城上而投其所垂於外"라 함.
【縋而登】줄을 따라 올라감. 杜預 注에 "緣繩登城"이라 함.
【丙子】7월 14일.
【紀】孔穎達 疏에 "此紀卽上紀鄣也.《釋例土地名》於莒地有紀鄣·紀二名"이라 함.

● 1500(昭19-5)

冬, 葬許悼公.

겨울, 허許 도공悼公의 장례를 치렀다.

【許悼公】이름은 買. 아들 止에 의해 毒殺당함.
＊無傳

⑲
是歲也, 鄭駟偃卒.
子游娶於晉大夫, 生絲, 弱, 其父兄立子瑕.
子産憎其爲人也, 且以爲不順, 弗許, 亦弗止.
駟氏聳.
他日, 絲以告其舅.
冬, 晉人使以幣如鄭, 問駟乞之立故.
駟氏懼, 駟乞欲逃, 子産弗遣; 請龜以卜, 亦弗予.
大夫謀對, 子産不待而對客曰:「鄭國不天, 寡君之二三臣札瘥夭昏, 今又喪我先大夫偃. 其子幼弱, 其一二父兄懼隊宗主, 私族於謀, 而立長親. 寡君與其二三老曰:『抑天實剝亂是, 吾何知焉?』諺曰『無過亂門』, 民有亂兵, 猶憚過之, 而況敢知天之所亂? 今大夫將問其故, 抑寡君實不敢知, 其誰實知之? 平丘之會, 君尋舊盟曰:『無或失職!』若寡君之二三臣, 其卽世者, 晉大夫而專制其位, 是晉之縣鄙也, 何國之爲?」
辭客幣而報其使, 晉人舍之.

이해에 정鄭나라 사언駟偃이 세상을 떠났다.
자유子游(駟偃)는 진晉나라 대부의 딸을 아내로 맞이하여 아들 사絲를 낳았으나 사가 아직 어렸으므로 그 가문의 부형들이 사의 숙부 자하子瑕(駟乞)를 후계자로 삼았다.

자산子産은 자하의 사람됨을 미워하였으며 게다가 그가 온순하지도 않다고 여겨 허락하지도 않았지만 그렇다고 막지도 않았다.

사씨駟氏 가문 사람들은 이를 두려워하였다.

뒷날 사사駟絲는 진晉나라의 외숙外叔에게 그 사정을 말하였다.

겨울, 진나라가 사람을 보내 선물을 가지고 정나라로 가서, 사걸駟乞이 사씨 가문의 후계자가 된 까닭을 물었다.

이에 사씨 가문에서는 두려움을 느끼게 되었고 사걸은 달아나려 하였으나 자산이 놓아주지 않자 거북점을 쳐 보겠노라 청하였지만 이 역시 허락하지 않았다.

그때 정나라 대부들은 진나라에서 온 사신에게 답변할 것을 상의하고 있었다. 그런데 자산은 그들의 결론을 기다리지 않고 바로 진나라 사자에게 이렇게 답변을 하였다.

"우리 정나라는 하늘의 복을 받지 못하여 우리 임금의 몇몇 신하가 여러 가지 병으로 죽었는데 지금 또 우리 선대부 사언이 죽었습니다. 그의 아들은 아직 어려 그 집안 한두 어른들이 종가가 무너질까 걱정하여 사사롭게 모두가 상의하여 나이가 높으면서 가장 가까운 사람을 후계자로 삼은 것입니다. 우리 임금께서 그 몇몇 원로들에게 '생각건대 하늘이 실로 이에 어지럽게 할 것 같은데, 내 어찌 알려고 들겠는가?'라고 하셨습니다. 속담에 '혼란스러운 집안의 문 앞은 지나가지 말라'라 하였습니다. 민간에서 흉기로 난동을 부려도 사람들은 오히려 그 앞을 지나기를 꺼려하는 법인데 하물며 하늘이 어지럽히는 집안의 일을 어찌 감히 알려고 들겠습니까? 지금 대부께서는 그 이유를 캐묻고 계시지만 그것은 우리 임금조차도 감히 알려고 하지 않으시니 누가 사실대로 알 수 있겠습니까? 평구平丘의 모임에서 귀국 임금께서는 전에 맺은 맹약을 다지며 '각자 직분을 게을리 하지 말라!'라 하셨습니다. 우리 임금의 몇몇 신하가 세상을 떠난 일로 진나라의 대부가 그 후계자 문제를 마음대로 간섭한다면 정나라를 진나라의 변방 고을쯤으로 여기는 것이니 어찌 나라로써 제 구실을 할 수 있겠습니까?"

그리고는 진나라 사신이 가지고 온 예물을 사양하여 돌려보내고, 대신 그 사신을 보내준 답례로 사람을 보내자 진나라에서는 이 문제를 더 이상 캐묻지 않게 되었다.

【駟偃】鄭나라 대부. 子游. 鄭나라 公孫夏의 아들.
【子瑕】駟乞. 子瑕는 駟偃의 아우이며 駟絲의 숙부. 孔穎達 疏에 《世本》을 인용하여 "子游·子瑕並公孫夏之子"라 함. 한편 《世族譜》에는 "子瑕, 駟乞, 獻子"라 함.
【子産】公孫僑. 子國(公孫成)의 아들. 子美. 鄭나라의 훌륭한 宰相이 되어 孔子가 자주 칭찬한 인물.
【聳】杜預 注에 "聳, 懼也"라 함.
【舅】외삼촌. 駟絲가 어머니 나라인 晉나라 외삼촌에게 자신이 후계자가 되지 못하였음을 알린 것.
【不天】하늘의 복을 받지 못함. 杜預 注에 "不獲天福"이라 함.
【札瘥夭昏】賈逵는 "大死曰札, 小疫曰瘥, 短折曰夭, 未名曰昏"이라 함. '昏'으로도 표기함.
【隊】'墜'와 같음. 몰락함. 끊어짐.
【剝亂】각박한 昏亂. 심한 변란.
【平丘之會】昭公 13년을 볼 것.
【卽世】죽음. 去世. 逝世와 같음.

㊞
楚人城州來, 沈尹戌曰:「楚人必敗. 昔吳滅州來, 子旗請伐之. 王曰: 『吾未撫吾民.』今亦如之, 而城州來以挑吳, 能無敗乎?」
侍者曰:「王施舍不倦, 息民五年, 可謂撫之矣.」
戌曰:「吾聞撫民者, 節用於內, 而樹德於外, 民樂其性, 而無寇讎. 今宮室無量, 民人日駭, 勞罷死轉, 忘寢與食, 非撫之也.」

초楚나라가 주래州來에 성을 쌓자 심윤沈尹 술戌이 말하였다.
"초나라 사람들은 반드시 패할 것이다. 지난날 오吳나라가 주래를 멸망시키자 자기子旗가 오나라를 칠 것을 요청하였다. 그때 왕께서 '나는 나의 백성들을 안정시키지 못하였다'라 하셨다. 지금 역시 그때와 같은데 주래에 성을 쌓아 오나라에 도전하니 능히 패하지 않을 수가 있겠는가?"

그의 시자侍者가 말하였다.

"임금께서는 백성들에게 베푸는 데 게을리하지 않으셨고 5년 동안이나 백성들을 쉬게 하셨으니 안정시켰다고 할 수 있습니다."

그러자 술이 말하였다.

"내 듣기로 백성을 안정시키는 자는 안으로는 씀씀이를 절약하고, 밖으로는 덕을 심어 백성들이 본성대로 즐겁게 살아갈 수 있도록 하며 더 이상 적이 없도록 하는 것이라 하였다. 지금 초나라는 궁궐 짓는 일이 끝이 없고, 백성은 날로 무슨 일이 일어날까 놀라고 있으며, 피로에 지쳐 죽은 시신이 나뒹굴고 있으며, 잠도 먹는 일도 잊고 있으니 이는 안정된 것이 아니다."

【州來】지금의 安徽 壽縣 땅. 成公 7년을 볼 것.
【沈尹戌】楚 莊王의 曾孫이며 葉公 沈諸梁의 부친. 그러나 杜預 注에 "莊王曾孫, 葉公諸梁父也"라 하였고, 《潛夫論》에는 "左司馬戌者, 莊王之曾孫, 葉公諸梁者, 戌之第三弟也"라 하였고, 《呂氏春秋》 高誘 注에는 "沈尹戌, 莊王之孫, 沈諸梁, 葉公子高之父也"라 하여 각기 다름.
【吳滅州來】昭公 13년을 볼 것.
【子旗】成然. 蔓成然. 鬭成硏. 鬭韋龜의 아들. 자는 子旗. 《通志》 氏族略(3)에 "楚有鬭成然, 食采于蔓, 曰蔓成然"이라 함. 공자 棄疾(平王, 熊居)에 의해 초나라 슈尹에 오름.
【非撫之也】杜預 注에 "傳言平王所以不能霸"라 함.

⟨傳⟩

鄭大水, 龍鬭于時門之外洧淵, 國人請爲禜焉.

子産弗許, 曰:「我鬭, 龍不我覿也; 龍鬭, 我獨何覿焉? 禳之, 則彼其室也. 吾無求於龍, 龍亦無求於我.」

乃止也.

정鄭나라에 크게 홍수가 나자 용들이 시문時門 밖의 유연洧淵에서 싸우는 일이 벌어지자 나라 사람들이 이를 몰아내는 액막이를 하자고 요청하였다.

자산子産은 이를 허락하지 않으면서 말하였다.

"용은 우리 인간들의 싸움을 모르는 체 하는데, 용의 싸움에 우리가 어찌 끼어들 것인가? 몰아낸다 해도 유연 저쪽은 용이 사는 곳이다. 우리가 용에게 요구할 것이 없고, 용 또한 우리에게 요구할 것이 없다."

그래서 그만두었다.

【時門】鄭나라 성문 이름.
【洧淵】洧水와 溱水가 합쳐지는 곳. 成公 17년을 볼 것. 《方輿紀要》에 "洧水經密縣東北, 入新鄭縣境, 會溱水, 爲雙泊河, 卽洧淵也"라 하였고, 《水經注》洧水에 "洧水又東爲洧淵水, 《春秋傳》曰「龍鬪于時門之外洧淵」, 卽此潭也"라 함.
【子産】公孫僑. 子國(公孫成)의 아들. 子美. 鄭나라의 훌륭한 宰相이 되어 孔子가 자주 칭찬한 인물.
【禜】'영'으로 읽으며 제사나 기도 등을 통해 액막이를 함. 孔穎達 疏에 "禜, 祭名. 元年傳曰:「山川之神, 則水旱癘疫之不時, 於是乎禜之.」"라 함.
【彼其室】그곳은 용의 집임. 顧炎武〈補正〉에 "言淵固龍之室也, 豈能禳而去之"라 함.

㊙

令尹子瑕言蹶由於楚子, 曰:「彼何罪? 諺所謂『室於怒市於色』者, 楚之謂矣. 舍前之忿可也.」

乃歸蹶由.

초楚나라 영윤 자하子瑕가 오吳나라 궐유蹶由에 대해 평왕平王에게 이렇게 말하였다.

"궐유에게 무슨 죄가 있습니까? 속담에 '집에서 화난 일을 시장에서 노한 얼굴색을 드러낸다'는 것은 우리 초나라의 경우를 두고 말하는 것입니다. 이제 예전의 분노를 버려야 합니다."

이에 궐유를 돌려보냈다.

【子瑕】陽匄. 楚 穆王의 증손. 당시 令尹이었음. 孔穎達 疏에 《世本》을 인용하여 "穆王生王子揚, 揚生尹, 尹生令尹匄"라 함.
【楚子】平王(熊居, 棄疾).
【蹶由】吳王의 아우. 昭公 5년 楚 靈王에게 잡혀 억류되어 있었음. 杜預 注에 "蹶由, 吳王弟, 五年, 靈王執而歸"라 함.
【諺】《戰國策》韓策(2)에 "怒于室者色于市"라 한 것을 倒置하여 인용한 것. 杜預 注에 "言靈王怒吳子而執其弟, 猶人忿於室家而作色於市人"이라 함.

201. 昭公 20年(B.C.522) 己卯

周	景王(姬貴) 23년	齊	景公(杵臼) 26년	晉	頃公(去疾) 4년	衛	靈公(元) 13년
蔡	平公(廬) 8년	鄭	定公(寧) 8년	曹	悼公(午) 2년	陳	惠公(吳) 8년
杞	平公(郁釐) 14년	宋	元公(佐) 10년	秦	哀公(鍼?) 15년	楚	平王(熊居) 7년
吳	吳王(僚) 5년	許	許男(斯) 원년				

❋ **1501(昭20-1)**

二十年春王正月.

20년 봄 주력 정월.

㊛

二十年春王二月己丑, 日南至.
梓愼望氛, 曰:「今玆宋有亂, 國幾亡, 三年而後弭. 蔡有大喪.」
叔孫昭子曰:「然則戴·桓也. 汏侈, 無禮已甚, 亂所在也.」

20년 봄 2월 기축날, 해가 정남正南에 이르렀다.
노나라 대부 자신梓愼이 이를 살펴보고 이렇게 말하였다.
"금년에 송宋나라에는 난이 일어나 나라가 거의 망하게 될 것이며, 3년 뒤에야 그치게 될 것이다. 채蔡나라에는 큰 상喪이 날 것이다."

그러자 숙손소자叔孫昭子가 말하였다.

"그렇다면 송나라에서 난을 일으킬 자는 대씨戴氏와 환씨桓氏일 것이다. 그들은 거만하고 무례함이 심하니 난은 그들에게서 비롯될 것이다."

【己丑】 2월 2일. 그러나 전년에 착오로 윤달을 두지 않아 2월 2일이 아니라 正月 2일이어야 한다고 보았음. 孔穎達 疏에 "曆法十九年爲一章, 章首之歲必周之正月朔旦冬至. 僖五年「正月辛亥朔日南至」, 是章首之歲年也. 計僖五年至往年合一百三十三年, 是爲七章. 今年復爲章首, 故云是歲朔日冬至歲也. 朔日冬至, 謂正月之朔, 當言正月己丑朔日南至. 今傳乃云「二月己丑日南至」, 曆之正法, 往年十二月宜置閏月, 卽此年正月當是往年閏月; 此年二月乃是正月, 故朔日己丑日南至也. 時史失閏, 往年錯不置閏, 閏更在二月之後, 傳於八月之下乃云「閏月戊辰殺宣姜」, 是閏在二月後也"라 함. 그외 何幼琦의 〈左氏日南至辨惑論〉을 참조할 것.
【南至】 冬至를 뜻함.
【梓愼】 魯나라 대부이며 日官으로 豫言에 뛰어났음. '梓'는 '梓音子'라 하여 '자'로 읽음.
【望氛】 杜預 注에 "氛, 氣也"라 함.
【叔孫昭子】 魯나라 대부. 叔孫婼. 叔孫氏의 후계. 시호는 昭子. 叔孫穆子(叔孫豹)의 庶子. 昭公 4년 12월을 볼 것.《公羊傳》에는 '叔孫舍'로 되어 있음.
【宋有亂·蔡有大喪】 杜預 注에 "爲宋華·向出奔, 蔡侯卒傳"이라 함.
【戴·桓】 宋나라 戴公에서 갈려진 華氏와 桓公에서 갈려진 向氏를 말함. 杜預注에 "戴族, 華氏; 桓族, 向氏"라 함.

❋ 1502(昭20-2)

夏, 曹公孫會自鄸出奔宋.

여름, 조曹나라 공손회公孫會가 몽鄸으로부터 송宋나라로 달아났다.

【公孫會】 曹 宣公의 손자이며 子臧의 아들. 子臧은 欣時(喜時).《新序》節士篇에 "曹公子喜時, 字子臧, 曹宣公子也. 宣公與諸侯伐秦, 卒於師, 曹人使子臧迎喪,

使公子負芻, 與太子留守, 負芻殺太子而自立, 子臧見負芻之當主也, 宣公旣葬, 子臧將亡, 國人皆從之. 負芻立, 是爲曹成公, 成公懼, 告罪, 且請子臧, 子臧乃反. 成公遂爲君. 其後, 晉侯會諸侯, 執曹成公, 歸之京師, 將見子臧於周天子而立之. 子臧曰:「前記有之:『聖達節, 次守節, 下不失節.』爲君非吾節也, 雖不能聖, 敢失守乎?」遂亡奔宋. 曹人數請, 晉侯謂:「子臧反國, 吾歸爾君.」於是子臧反國, 晉乃言天子歸成公於曹. 子臧遂以國致成公, 成公爲君, 子臧不出, 曹國乃安. 子臧讓千乘之國, 可謂賢矣. 故春秋賢而襃其後"라 하였으며 成公 15年을 참조할 것.
【鄍】《穀梁傳》에는 '夢'으로 되어 있음. 杜預 注에 "鄍, 曹邑"이라 하였고, 《山東通志》에 "在今山東荷澤縣西北三里"라 함.
＊無傳

⑰

費無極言於楚子曰:「建與伍奢將以方城之外叛, 自以爲猶宋·鄭也, 齊·晉又交輔之, 將以害楚, 其事集矣.」

王信之, 問五奢.

伍奢對曰:「君一過多矣, 何信於讒?」

王執伍奢, 使城父司馬奮揚殺大子.

未至, 而使遣之.

三月, 大子建奔宋.

王召奮揚, 奮揚使城父人執己以至.

王曰:「言出於余口, 入於爾耳, 誰告建也?」

對曰:「臣告之. 君王命臣曰:『事建如事余.』臣不佞, 不能苟貳. 奉初以還, 不忍後命, 故遣之. 旣而悔之, 亦無及已.」

王曰:「而敢來, 何也?」

對曰:「使而失命, 召而不來, 是再奸也. 逃無所入.」

王曰:「歸, 從政如他日.」

無極曰:「奢之子材, 若在吳, 必憂楚國, 盍以免其父召之? 彼仁, 必來. 不然, 將爲患.」

王使召之, 曰:「來, 吾免而父.」

棠君尙謂其弟員曰:「爾適吳, 我將歸死. 吾知不逮, 我能死, 爾能報. 聞免父之命, 不可以莫之奔也; 親戚爲戮, 不可以莫之報也. 奔死免父, 孝也; 度功而行, 仁也; 擇任而往, 知也; 知死不辟, 勇也. 父不可棄, 名不可廢, 爾其勉之! 相從爲愈.」
伍尙歸.
奢聞員不來, 曰:「楚君·大夫其旰食乎!」
楚人皆殺之.
員如吳, 言伐楚之利於州于.
公子光曰:「是宗爲戮, 而欲反其讎, 不可從也.」
員曰:「彼將有他志, 余姑爲之求士, 而鄙以待之.」
乃見鱄設諸焉, 而耕於鄙.

비무극費無極이 초楚 평왕平王에게 말하였다.

"태자 건建과 오사伍奢는 방성方城에서 장차 북방의 세력을 이끌고 배반하려 합니다. 그들은 자신들이 송宋나라나 정鄭나라 쯤 되는 것으로 여기고 있습니다. 그리하여 제齊나라와 진晉나라도 거기에 서로 도와 우리 초나라를 해치려 합니다. 그러한 계획은 이미 모두 이루어져 있습니다."

평왕은 이를 믿고 오사에게 물었다.

오사가 대답하였다.

"임금께서는 지난번 한 번의 과오로 이미 많은 것입니다. 어찌 참언에 믿음을 두십니까?"

평왕은 오사를 체포하고 성보城父의 사마司馬인 분양奮揚에게 태자를 죽이도록 하였다.

그러나 분양은 성보에 닿기 전에 태자로 하여금 그 자리를 떠나도록 하였다.

3월, 태자 건은 송나라로 달아났다.

평왕이 분양을 부르자 분양은 성보의 대부에게 자기를 체포하여 왕에게 가도록 하였다.

평왕이 분양에게 물었다.

"내 입에서 나와서 너의 귀에 들어간 말을 누가 건에게 알렸느냐?"
분양이 답하였다.
"제가 알렸습니다. 왕께서 저에게 '태자 건 섬기기를 나를 섬기듯이 하라' 하셨습니다. 저는 똑똑하지 못하여 진실로 두 마음을 가질 수 없었습니다. 처음의 명령을 받들어 지금까지 지켜왔는데 차마 뒤에 명하신 것은 행할 수가 없어 그 때문에 그 자리를 떠나도록 한 것입니다. 이윽고 후회하였지만 역시 어쩔 수가 없었습니다."
왕이 말하였다.
"그런데 감히 나를 찾아왔으니 무슨 이유냐?"
분양이 대답하였다.
"사명을 받고도 명대로 하지 못하였는데 부르심에 오지 않는다면 이는 두 번 간악한 짓을 하는 것이 됩니다. 그리고 달아난다 해도 갈 곳도 없습니다."
평왕이 이렇게 말하였다.
"돌아가라. 가서 지난날 하던 일을 그대로 하라."
비무극이 왕에게 말하였다.
"오사의 아들들은 인재입니다. 그들이 만약 오吳나라에 있게 된다면 틀림없이 우리 초나라에 근심거리가 될 것입니다. 어찌 아비를 용서한다는 구실로 그들을 부르지 않으십니까? 저들은 어진 사람들이니 틀림없이 올 것입니다. 그렇게 하시지 않으면 장차 근심거리가 될 것입니다."
평왕은 사람을 보내어 그들을 불렀다.
"그대들이 오면 내가 그대들의 아비를 용서할 것이다."
당군棠君인 큰아들 오상伍尙이 아우 오원伍員에게 말하였다.
"너는 오나라로 가거라. 나는 돌아가서 죽겠다. 나는 너에게 미치지 못하니 나는 능히 죽을 수 있고, 너는 능히 복수할 수 있다. 아버지의 죽음을 면하게 된다는 말을 듣고 달려가지 않을 수 없고, 육친이 살육을 당한다면 복수하지 않을 수 없다. 죽음의 길로 달려가 아버지의 죽음을 면하게 하는 것은 효孝요, 성공을 헤아려 실행에 옮기는 것은 인仁이며, 자신에게 맞는 임무를 위해 가는 것은 지知이며, 죽을 것을 알면서도 피하지 않는 것은 용勇이다. 아버지는 버릴 수 없는 것이요, 명분도 폐기할 수 없는 것이다. 너는 너의 임무에 힘쓰도록 하여라! 서로 그렇게 하는 것이 낫다.'

오상은 도읍으로 돌아갔다.

아버지 오사는 오원이 오지 않았다는 말을 듣고 이렇게 말하였다.

"초나라 임금과 대부들은 제때에 밥을 먹지 못할 것이다."

그러자 초나라에서는 이들 둘을 모두 죽였다.

오원이 오나라에 가서 오나라 임금 주우州于에게 초나라를 치면 이로울 것이라 하였다.

그러자 공자 광光이 말하였다.

"이는 자신의 부형이 살육당하여 그 원수를 갚으려는 것이니, 그의 말을 따를 수 없습니다."

이에 오원은 말하였다.

"저 사람은 장차 다른 일을 저지를 뜻을 품고 있다. 나는 잠시 저를 위해 용사를 구해 주고 물러나 때를 기다리리라."

이에 전설제鱄設諸를 그에게 소개시키고 자신은 시골에서 농사를 지었다.

【費無極】費無忌. 楚나라 대부.《史記》楚世家와 伍子胥列傳 및《淮南子》등에는 모두 '費無忌'로 되어 있음. 杜預 注에 "朝吳, 蔡大夫, 有功於楚平王, 故無極恐其有寵, 疾害之"라 함.

【建】太子 建. 平王과 蔡나라 郹陽女 사이에 난 아들. 자는 子木.

【伍奢】太子 建의 太傅. 伍擧(椒擧)의 아들이며 伍員의 아버지. 杜預 注에 "伍奢, 伍擧之子, 伍員之父"라 함.《史記》伍子胥列傳 참조.

【方城】楚나라 最北端 요새지. 지금의 河南 葉縣 남쪽.

【集】杜預 注에 "集, 成也"라 함.

【一過】杜預 注에 "一過, 納建妻"라 함. 태자 建을 위해 秦나라 嬴氏를 며느리로 맞고자 하였으나 費無極이 이를 平王의 아내로 삼도록 한 사건. 19년을 볼 것.

【城父】지금의 河南 襄城 부근. 그러나 江永은 "城父應作父城"이라 하였고, 王先謙의《漢書》注에는 "父城在寶豐縣東四十里"라 함. 지금은 父城保라 함.

【奮揚】城父의 司馬 벼슬을 하던 인물.《通志》氏族略에 "奮氏, 高辛氏才子八元伯奮之後. 楚有奮揚"이라 함.

【城父人】杜預 注에 "城父人, 城父大夫也"라 함.

【如他日】종전과 같이 함. 城父의 司馬 직책을 그대로 유지함. 杜預 注에 "善其言, 舍使還"이라 함. 이상의 구절은 《說苑》立節篇에도 실려 있음.
【棠君】〈釋文〉에는 "君, 或作尹"이라 함. 伍奢의 큰 아들 伍尙은 棠邑의 관리였음. 棠은 지명으로 《路史》國名紀(3)에는 지금의 江蘇 南京市의 六合縣이라 하였으나 《方興紀要》에는 河南 遂平縣 서북쪽이라 하였음.
【伍員】伍擧(椒擧)의 손자이며 伍奢의 아들. 伍尙의 아우. 伍子胥. 楚 平王과 아버지 伍奢가 太子 建의 혼인 문제에 비열함을 저지른 費無極의 참언으로 인해 멸족을 당하자 吳나라로 망명하여 춘추 말 吳楚戰鬪, 吳越鬪爭 등 많은 일화와 사건을 남긴 인물임. 《國語》吳語에는 '申胥'라 하였으며 申은 氏, 자는 子胥로 여겨짐. 《史記》伍子胥列傳 참조. 한편 '員'은 '員音云'이라 하여 '운'으로 읽어야 하나 일반적인 관례에 의해 그대로 '오원'(伍員)으로 읽음.
【知】'智'와 같음.
【相從】'從'을 '縱'의 뜻으로 보기도 함. 각기 서로의 뜻을 강요하지 않음.
【其旰食乎】'旰'은 '晚'과 같음. '제때에 밥을 먹지 못하다'는 뜻. 오나라에 의해 고통을 당할 것이라는 뜻.
【員如吳】伍員은 다른 기록에 의하면 宋, 鄭, 許 등 여러 나라를 輾轉하여 吳나라에 이르렀으나 여기에서는 이를 기록하지 않음. 《史記》伍子胥列傳, 《呂氏春秋》異寶篇·首時篇, 《吳越春秋》, 《越絶書》 등을 참조할 것.
【州于】吳王 僚. 吳나라는 시호를 쓰지 않아 吳子勝은 壽夢, 諸樊은 遏, 光은 闔閭(闔廬) 등으로 부름. 州于(僚)는 《史記》吳世家에 夷末의 아들이라 하였으나 《公羊傳》(29)에는 壽夢의 庶長子라 하였음.
【公子光】吳나라 公子. 杜預 注에 "諸樊子闔廬"라 하였으나 이는 杜預가 《史記》吳世家를 따라 잘못 판단한 것이며 光은 夷末의 아들이었음. 襄公 32년 傳을 볼 것. 뒤에 州于(僚)를 죽이고 자립하여 강력한 군주 闔廬가 됨.
【他志】杜預 注에 "光欲殺僚, 不利員用事, 故破其議, 而員亦知之"라 함.
【求士】杜預 注에 "計未得用, 故進勇士以求入於光"이라 함.
【鄙以待之】'鄙'는 '卑'와 같음. 자신을 낮추어 때를 기다림. 자신의 의견을 강하게 내세우지 않고 물러나 때를 기다림. 王念孫은 "鄙以待之, 謂退處於野以待之也"라 함.
【鱄設諸】《史記》, 《公羊傳》, 《吳越春秋》 등 다른 기록에는 모두 '專諸'로 되어 있음. 光을 위해 伍子胥가 추천한 자객 이름. 뒤에 光(闔廬)을 위해 생선구이 속에 칼을 숨겨 州于(僚)를 살해함. '專諸'는 '전저'로 읽음.
【鄙】도읍에서 멀리 떨어진 시골을 뜻함.

㊀

宋元公無信多私, 而惡華·向.

華定·華亥與向寧謀曰:「亡愈於死, 先諸?」

華亥僞有疾, 以誘羣公子.

公子問之, 則執之.

夏六月丙申, 殺公子寅·公子御戎·公子朱·公子固·公孫援·公孫丁, 拘向勝·向行於其廩.

公如華氏請焉, 弗許, 遂劫之.

癸卯, 取大子欒與母弟辰·公子地以爲質.

公亦取華亥之子無慼·向寧之子羅·華定之子啓, 與華氏盟, 以爲質.

송宋 원공元公은 믿음도 없고 사사로운 짓을 잘 하였으며 화씨華氏와 상씨向氏를 미워하였다.

이에 화정華定과 화해華亥, 상녕向寧이 모여 이렇게 모의하였다.

"망명하는 것이 죽는 것보다 낫습니다. 우리가 먼저 나설까요?"

그리고는 화해가 거짓 병을 핑계로 여러 공자公子를 유인하였다.

공자들이 병문안을 오자 공자들을 잡아 가두었다.

여름 6월 병신날, 공자 인寅·공자 어융御戎·공자 주朱·공자 고固, 공손公孫 원援·공손 정丁을 죽이고 상승向勝과 상행向行은 곡식 창고에 가두었다.

원공은 화씨 집으로 가서 이들을 풀어 줄 것을 청하였으나 화씨들은 이를 듣지 않고 오히려 원공을 협박하였다.

계묘날, 태자 난欒과 아우 신辰, 공자 지地를 인질로 삼았다.

그러자 원공 역시 화해의 아들 무척無慼과 상녕의 아들 상라向羅와 화정의 아들 화계華啓를 잡아, 화씨와 동맹을 맺고 이들을 인질로 삼았다.

【宋元公】宋나라 군주. 이름은 佐. 平公(成)을 이어 B.C.531-517년까지 15년간 재위하고 景公(欒)이 그 뒤를 이음.

【華定】宋나라 대부. 華椒의 손자.

【華亥】宋나라 대부. 華合比의 아우.

【向寧】向戌의 막내아들. 鄝夫人의 아우. 杜預 注에 "寧, 向戌子也. 請於宋公伐邾"라 하였고, 程公說의 《春秋分紀》에 "戌生五子, 曰勝, 曰宣, 曰鄭, 曰行, 曰寧"이라 함.
【先諸】'先之乎'의 줄인 말. 杜預 注에 "恐元公殺己, 欲先作亂"이라 함.
【丙申】6월 9일.
【御戎】'禦戎'으로도 표기함. 《通志》 氏族略(3)에 "宋平公子御戎字子邊"이라 하였으며 그 외 8명에 대해서는 杜預 注에 "八子皆公黨"이라 함. 向勝과 向行은 向寧의 注를 볼 것. 이 두 사람은 向寧과 형제였지만 元公의 편을 들어 죽이지는 않고 창고에 구금한 것임.
【公如華氏, 請焉】公子와 公孫들이 이미 죽었는데도, 元公은 그 사실을 모르고 풀어달라고 청원한 것임.
【癸卯】6월 16일.
【大子欒】뒤에 宋 景公이 되어 B.C.516년부터 春秋末까지 재위함. 《史記》 宋世家에는 이름을 頭曼이라 하였음.
【辰·公子地】辰은 太子欒의 同母弟. 公子地는 辰의 형. 둘 모두 元公의 아우. 杜預 注에 "欒, 景公也. 辰及地, 皆元公弟"라 하였으나 注에 "按: 公子辰是景公之母弟, 地是辰兄, 皆當爲元公之子, 今注皆作元公弟, 誤耳"함.
【無慼·向羅·華啓】각기 華亥의 아들, 向寧의 아들, 華定의 아들.

※ 1503(昭20-3)

秋, 盜殺衛侯之兄縶.

가을, 도적이 위후衛侯의 형 집縶을 죽였다.

【衛侯】당시 衛나라 군주는 靈公(元) 재위 13년째였음.
【縶】公孟縶(輒). 衛 靈公의 형. 《公羊傳》과 《穀梁傳》에는 모두 '輒'으로 되어 있음. 이에 대해 王夫之는 《稗說》에서 "出公不應與伯祖父同名, 左氏爲是"라 함.

㊀

衛公孟縶狎齊豹,奪之司寇與鄑.

有役則反之,無則取之.

公孟惡北宮喜‧褚師圃,欲去之.

公子朝通于襄夫人宣姜,懼,而欲以作亂.

故齊豹‧北宮喜‧褚師圃‧公子朝作亂.

初,齊豹見宗魯於公孟,為驂乘焉.

將作亂,而謂之曰:「公孟之不善,子所知也,勿與乘,吾將殺之.」

對曰:「吾由子事公孟,子假吾名焉,故不吾遠也.雖其不善,吾亦知之;抑以利故,不能去,是吾過也.今聞難而逃,是僭子也.子行事乎,吾將死之,以周事子;而歸死於公孟,其可也.」

丙辰,衛侯在平壽.

公孟有事於蓋獲之門外,齊子氏帷於門外,而伏甲焉.

使祝鼃寘戈於車薪以當門,使一乘從公孟以出;使華齊御公孟,宗魯驂乘.

及閎中,齊氏用戈擊公孟,宗魯以背蔽之,斷肱,以中公孟之肩.

皆殺之.

公聞亂,乘,驅自閱門入.

慶比御公,公南楚驂乘.

使華寅乘貳車.

及公宮,鴻騮魋駟乘于公.

公載寶以出.

褚師子申遇公于馬路之衢,遂從.

過齊氏,使華寅肉袒,執蓋以當其闕,齊氏射公,中南楚之背,公遂出.

寅閉郭門,踰而從公.

公如死鳥.

析朱鉏宵從竇出,徒行從公.

齊侯使公孫青聘于衛.

既出,聞衛亂,使請所聘.

公曰:「猶在竟內, 則衛君也.」

乃將事焉, 遂從諸死鳥.

請將事, 辭曰:「亡人不佞, 失守社稷, 越在草莽, 吾子無所辱君命.」

賓曰:「寡君命下臣於朝曰:『阿下執事.』臣不敢貳.」

主人曰:「君若惠顧先君之好, 照臨敝邑, 鎮撫其社稷, 則有宗祧在.」

乃止.

衛侯固請見之.

不獲命, 以其良馬見, 為未致使故也.

衛侯以為乘馬.

賓將揶, 主人辭曰:「亡人之憂, 不可以及吾子; 草莽之中, 不足以辱從者. 敢辭.」

賓曰:「寡君之下臣, 君之牧圉也. 若不獲扞外役, 是不有寡君也. 臣懼不免於戾, 請以除死.」

親執鐸, 終夕與於燎.

齊氏之宰渠子召北宮子.

北宮氏之宰不與聞, 謀殺渠子, 遂伐齊氏, 滅之.

丁巳晦, 公入, 與北宮喜盟于彭水之上.

秋七月戊午朔, 遂盟國人.

八月辛亥, 公子朝·褚師圃·子玉霄·子高魴出奔晉.

閏月戊辰, 殺宣姜.

衛侯賜北宮喜諡曰貞子, 賜析朱鉏諡曰成子, 而以齊氏之墓予之.

衛侯告寧于齊, 且言子石.

齊侯將飲酒, 徧賜大夫曰:「二三子之教也.」

苑何忌辭, 曰:「與於青之賞, 必及於其罰. 在〈康誥〉曰:『父子兄弟, 罪不相及』, 況在羣臣? 臣不敢貪君賜以干先王?」

琴張聞宗魯死, 將往弔之.

仲尼曰:「齊豹之盜, 而孟縶之賊, 女何弔焉? 君子不食姦, 不受亂, 不為利疚於回, 不以回待人, 不蓋不義, 不犯非禮.」

위衛나라 공맹집公孟縶은 제표齊豹를 무시하여 그의 사구司寇 직책과 채읍 견鄄 땅을 빼앗았다.

그리하여 일이 있을 때에는 돌려주고, 일이 없으면 다시 빼앗곤 하였다.

공맹집은 북궁희北宮喜와 저사포褚師圃를 미워하여 그들을 없애려 하였다.

당시 공자 조朝는 선군 양공襄公의 부인 선강宣姜과 간통하고 있었으며 일이 발각될까 두려워 난을 일으킬 준비를 하고 있었다.

그 때문에 제표, 북궁희, 저사포, 공자 조가 난을 일으킨 것이다.

당초, 제표는 종로宗魯를 공맹집에게 추천하여 종로는 공맹집의 수레 곁에 함께 타고 경호하는 임무를 맡게 되었다.

제표가 장차 난을 일으키려 하면서 종로에게 이렇게 일러주었다.

"공맹집이 선하지 못함은 그대도 잘 알고 있을 것이오. 앞으로 공맹집과 함께 수레를 타지 마시오. 내 장차 그를 죽일 것이오."

그러자 종로가 대답하였다.

"나는 그대로 말미암아 공맹집을 섬기게 되었고 그대는 나를 좋은 사람이라 칭찬하였기에 공맹집이 나를 멀리하지 않고 있는 것이오. 그가 비록 좋지 않다는 것은 나 역시 알고 있지만 생각건대 이익 때문에 그를 떠나지 못하고 있는 것은 나의 과실이기는 하오. 그러나 지금 재난이 닥칠 것이란 말을 듣고 그를 떠난다면 이는 그대가 나를 칭찬하였던 말에 믿음을 주지 못하는 것이 되오. 그대는 그 일을 실행하시오. 나는 장차 그 일로 죽어 그대의 일을 하도록 하면서 공맹집에게 의탁하다가 죽는 것이 옳은 일이라 여기겠소."

병진날, 위 영공은 평수平壽에 가 있었다.

공맹집은 개획문蓋獲門 밖에서 제사를 지내게 되자 제씨齊氏 집안사람들은 그 성문 밖에 장막을 치고 복병을 숨겨두었다.

그리고 축와祝鼃ㅇ에게 땔나무를 실은 수레에 창을 감추어 그 수레를 성문 앞을 가로막도록 하고, 다른 수레 한 대는 공맹이 집에서 나올 때 그 뒤를 따르도록 하고, 화제華齊로 하여금 공맹집의 수레를 조종하도록 하였으며, 종로가 공맹집의 오른쪽에서 경호하였다.

이들이 굽은 문으로 들어서자 제씨의 한 사람이 창으로 공맹집을 공격하자, 종로가 이를 등으로 막다가 팔이 잘리고 그 창은 공맹의 어깨에 맞았다.

이리하여 두 사람 모두 죽고 말았다.

위 영공은 난이 일어났다는 소식을 듣고 수레를 몰고 달려와 열문閱門을 통해 들어갔다.

경비慶比가 영공의 수레를 조종하고, 공남초公南楚가 군주의 오른쪽에 타고 경호하고 있었다.

그리고 화인華寅에게는 시종하는 수레를 몰도록 하였다.

궁궐에 다다라 홍류퇴鴻駵魋가 임금 수레에 넷이 함께 타고 호위하였다.

영공은 보물을 싣고 궁궐을 빠져나왔다.

저사씨褚師氏의 아들 신申은 길 네거리에서 영공을 만나자 드디어 영공을 따랐다.

이들이 제씨 집 앞을 지날 때 화인이 윗옷을 벗어 맞설 의사가 없음을 보이고 수레의 포장을 벗겨 아무런 무기도 없음을 확인시켜 주었으나, 제씨 측에서는 이들을 향해 활을 쏘아 공남초의 어깨에 맞았으며 그 틈에 영공은 탈출할 수 있었다.

화인은 외곽 성문을 닫고 성을 넘어서 영공을 따랐다.

영공은 사조死鳥로 갔다.

그때 석주서析朱鉏는 밤에 성 밑의 수채 구멍을 통해 빠져나와 걸어서 영공을 따라갔다.

제齊 경공景公이 공손청公孫靑에게 위나라를 예방하도록 하였다.

그는 이미 출발하고 나서 위나라에 난이 일어났다는 소식을 듣고는 위나라의 누구를 찾아가야 할 지를 경공에 물었다.

경공은 이렇게 말하였다.

"위나라 임금이 아직 나라 안에 있거든 위나라 임금을 찾아가 만나라."

그리하여 임금이 있는 곳으로 갔으며 드디어 사조로 찾아갔다.

장차 예방의 절차를 밟겠다고 청하자 영공은 이렇게 사절하였다.

"도망쳐온 나는 불민하여 사직을 지켜내지 못한 채 잡초 우거진 곳을 넘어 머물고 있소. 그대는 귀국 임금의 명령을 욕되게 하지 마시오."

공손청이 말하였다.

"우리 임금께서 저에게 명하여 '위나라를 위해 아래에 처하며 모셔드려라'라고 하셨습니다. 신은 감히 그 명령을 어길 수 없습니다."

영공이 말하였다.

"그대 임금께서 은혜롭게도 선대로부터의 우호관계를 돌아보아 우리를 보살펴 주셔서 우리 사직을 진무해 주신다면 종묘가 있는 도읍에서 예를 받겠습니다."

이에 공손청은 영공 만나기를 중지하고 말았다.

그런데 위 영공은 굳이 제나라 사자를 만나보기를 청하였다.

공손청은 사신의 사명을 다하지 못하였으므로 양마良馬를 선사하고 만났다. 이는 사신의 예를 행하지 못하였으므로 그렇게 한 것이었다.

영공은 이를 수레 끄는 말로 삼았다.

제나라 사자들이 밤에 야경을 돌겠다고 하자 영공이 사절하며 말하였다.

"도망쳐온 나의 근심이 그대에게 미쳐서는 안 되고, 이 잡초가 우거진 곳은 그대를 욕되게 할 만한 곳이 아니니 감히 사절하겠습니다."

이에 공손청이 말하였다.

"우리 임금의 신하로서 저는 그대의 목어牧圉인 셈입니다. 만약 바깥을 지키는 일을 얻지 못하면 이는 제가 우리 임금을 무시하는 일이 됩니다. 신은 죄를 면하지 못할까 두려워, 죽음을 면하고자 그런 일을 청하는 것입니다."

그리고는 직접 목탁木鐸을 치며 밤새도록 모닥불 옆에서 경비하였다.

제씨 집안의 가재 거자渠子가 북궁자北宮子를 부르러 갔다.

그러자 북궁씨의 가재가 그의 말을 듣지 아니하고 모의하여 거자를 죽이고 드디어 제씨 집안을 토벌하여 멸하고 말았다.

정사날 그믐, 영공은 도읍으로 들어가 북궁희北宮喜와 팽수彭水에서 맹약을 맺었다.

가을 7월 무오날 초하루, 드디어 나라 사람들과 맹약을 맺었다.

8월 신해날, 위나라 공자 조, 저사포, 자옥소子玉霄, 자고방子高魴이 진晉나라로 달아났다.

윤달 무진날, 선강을 죽였다.

영공은 북궁희에게 정자貞子라는 시호를 내리고, 석주서에게는 성자成子라는 시호를 내렸으며, 제씨 가문의 묘지를 그들에게 하사하였다.
　영공이 나라가 안정되었음을 제나라에 알리고, 아울러 자석子石이 훌륭하게 사신의 역할을 다한 것도 거론하였다.
　당시 제 경공은 마침 술을 마시고 있었는데 여러 대부들에게 술을 내리며 이렇게 말하였다.
　"여러분이 공손청을 잘 가르친 덕택이오."
　이에 원하기苑河忌가 사양하며 이렇게 말하였다.
　"저희가 공손청과 함께 칭찬을 받는다면 틀림없이 그가 벌을 받을 때에도 함께 받게 될 것입니다. 〈강고康誥〉에 '부자와 형제 사이라도 죄가 서로 연루되지 않는다'라 하였습니다. 하물며 조정의 백관들 사이에서야 더 할 나위가 있겠습니까? 저희들이 어찌 감히 임금께서 하사하시는 것을 탐내어, 선왕의 가르침을 어기겠습니까?"
　금장琴張은 종로宗魯가 죽었다는 소식을 듣고 장차 조문을 가려 하였다.
　공자는 이렇게 말하였다.
　"제표가 도적질을 하고 공맹집이 적해를 입었는데 너는 어찌 조문을 가려 하는가? 군자는 간악한 자의 식록을 먹지 않으며, 난을 수용해서도 안 된다. 이익에 끌려 사악함 말려드는 일이 없도록 하고 악으로 남을 대하지 않으며, 불의를 덮어주지 않으며, 예가 아닌 것은 범하지 않아야 한다."

【孔孟縶】公孟縶. 衛 靈公의 형. 《公羊傳》과 《穀梁傳》에는 모두 '輒'으로 되어 있음.
【狎】무시함. 경시함. 杜預 注에 "狎, 輕也"라 함.
【齊豹】齊惡의 아들. 衛나라 司寇.
【鄄】齊豹의 채읍. 지금의 山東 鄄城縣 서북쪽.
【北宮喜】衛나라 대부. 北宮貞子. 시호는 貞子.
【褚師圃】衛나라 대부.
【公子朝】衛나라 공자.
【襄夫人宣姜】衛 襄公의 부인이며 靈公의 친모. 齊나라 출신이었음. 杜預 注에 "宣姜, 靈公嫡母"라 함.
【宗魯】衛나라 勇士.

【僭子】杜預 注에 "使子言不信也"라 함.
【以周事子】그대의 일을 마치도록 해줌. 杜預 注에 "周猶終竟也"라 함. 그러나 '周'를 '密'과 같은 用例로 보아 '비밀을 지켜주겠노라'의 뜻으로도 풀이함.
【平壽】읍 이름. 당시 衛나라 도읍은 帝丘(지금의 河南 濮縣)이었으며 平壽는 그 남쪽이었음.
【有事】杜預 注에 "有事, 祭也"라 함.
【蓋獲】杜預 注에 "蓋獲, 衛郭門"이라 함.
【祝鼃】제사를 맡은 祝官. '鼃'는 '蛙'와 같음.
【閈中】杜預 注에 "閈中, 曲門中"이라 함. 섶을 실은 수레가 문을 가로막아 曲門으로 나온 것임.
【公南楚】이름은 荊. 원래 公孫이었으며 公南으로 씨를 삼음.
【鴻駵魋】인명. 《通志》 氏族略(4)에 "鴻氏, 大鴻氏之後也"라 함.
【肉袒】윗옷을 벌려 어깨를 드러냄. 杜預 注에 "肉袒示不敢與齊氏爭"이라 하였으나 顧炎武는 "肉袒示必死"라 하여 반대의 뜻으로 보았음.
【死鳥】지명. 濮陽 동남쪽 교외. 顧棟高는 "死鳥當是郭門外東向適齊之地也"라 함.
【析朱鉏】衛나라 대부. 杜預 注에 "朱鉏, 成子, 黑背孫"이라 함. 魯나라에도 析朱鉏가 있으나 동명이인임. 哀公 8년을 볼 것.
【公孫青】자는 子石. 齊 頃公의 손자. 孔穎達 疏에 《世本》을 인용하여 "頃公生子夏勝, 勝生子石青"이라 함.
【阿下執事】아래의 신하처럼 여김. '阿'는 가까이 모심, '下'는 겸양을 갖춤.
【宗祧】宗廟. 杜預 注에 "言受聘當在宗廟也"라 함.
【乃止】杜預 注에 "止不行聘事"라 함.
【未致使】사신의 예절을 올리지 않은 채 만나기 때문에 말을 선사함 것. 杜預 注에 "未致使, 故不敢以客禮見"이라 함.
【乘馬】수레를 끄는 말. 杜預 注에 "喜其敬己, 故貴其物"이라 함.
【掫】'추'로 읽으며 《說文》에 "掫, 夜戒有所擊也"라 함.
【牧圉】가축을 치거나 우리를 지키는 일.
【鐸】군사의 호령을 전하거나 밤에 경계를 시킬 때, 혹은 법령을 널리 알릴 때 치는 큰 방울. 《說文》에 "鐸, 大鈴也"라 함.
【燎】모닥불, 화톳불. 杜預 注에 "設火燎以備守"라 함.
【渠子】齊豹 집안의 家臣長. 家宰.
【北宮子】北宮喜.
【丁巳晦】6월 30일.

【北宮喜】시호는 貞子. 杜預 注에 "喜本與齊氏同謀, 故公先與喜盟"이라 함.
【彭水】위나라 도읍 근처를 흐르는 강.
【辛亥】8월 25일.
【子玉霄】《通志》氏族略(3)에 "子玉氏, 姬姓, 衛大夫子玉霄之後"라 함.
【子高魴】杜預 注에 "皆齊氏黨"이라 함.
【宣姜】杜預 注에 "與公子朝通謀故"라 함.
【賜北宮喜諡曰貞子】북궁희가 죽은 뒤에 貞子라는 시호를 내림. 析朱鉏에게도 마찬가지였고, 그들에게 묘지를 준 것도 그들이 죽은 뒤의 일이었음.
【子石】杜預 注에 "子石, 公孫青, 言其有禮"라 함.
【苑何忌】杜預 注에 "何忌, 齊大夫. 言青若有罪, 亦當並受其罰"이라 함.
【康誥】《尙書》康誥篇에는 인용된 문장이 없으며 그 전체 뜻을 말한 것임.
【干先王】'父子兄弟, 罪不相及'은 周 成王이 康叔을 위나라에 봉하면서 한 말로 여겨 성왕의 말을 어길 수 없다는 뜻임.
【琴張】杜預 注에 "孔子弟子琴牢"라 하였으나 오류로 봄. 당시 孔子는 31세였고 《史記》仲尼弟子列傳에 의하면 子張은 공자보다 40여세 아래라 하여 시기적으로 맞지 않음. 《莊子》大宗師편에 琴張은 子張이라 하였음.
【女何弔焉】杜預 注에 "言齊豹所以爲盜, 孟縶所以見賊, 蓋由宗魯"라 함. '女'는 '汝'와 같음.
【食姦】杜預 注에 "如公孟不善而受其祿, 是食姦也"라 함.
【不受亂】杜預 注에 "許豹行事, 是受亂也"라 함.
【疢於回】杜預 注에 "疢, 病; 回, 邪也. 以利故不能去, 是病身於邪"라 함.
【非禮】杜預 注에 "以二心事縶, 是非禮"라 함.

1504(昭20-4)

冬十月, 宋華亥·向寧·華定出奔陳.

겨울 10월, 송宋나라 화해華亥·상녕向寧·화정華定이 진陳나라로 달아났다.

【華亥】宋나라 대부. 華合比의 아우.

【向寧】向戌의 막내아들. 鄝夫人의 아우. 杜預 注에 "寧, 向戌子也. 請於宋公伐邾"라 하였고, 程公說의 《春秋分紀》에 "戌生五子, 曰勝, 曰宣, 曰鄭, 曰行, 曰寧"이라 함. 《公羊傳》에는 '向甯'으로 되어 있음.

【華定】宋나라 대부. 華椒의 손자.

㊉

宋華·向之亂, 公子城·公孫忌·樂舍·司馬彊·向宜·向鄭·楚建·郳甲出奔鄭.

其徒與華氏戰于鬼閻, 敗子城.

子城適晉.

華亥與其妻, 必盟而食所質公子者而後食.

公與夫人每日必適華氏, 食公子而後歸.

華亥患之, 欲歸公子.

向寧曰:「唯不信, 故質其子. 若又歸之, 死無日矣.」

公請於華費遂, 將攻華氏.

對曰:「臣不敢愛死, 無乃求去憂而滋長乎! 臣是以懼, 敢不聽命?」

公曰:「子死亡有命, 余不忍其詢.」

冬十月, 公殺華·向之質而攻之.

戊辰, 華·向奔陳, 華登奔吳.

向寧欲殺大子.

華亥曰:「干君而出, 又殺其子, 其誰納我? 且歸之有庸.」

使少司寇牼以歸, 曰:「子之齒長矣, 不能事人. 以三公子爲質, 必免.」

公子旣入, 華牼將自門行.

公遽見之, 執其手, 曰:「余知而無罪也, 入, 復而所.」

송宋나라 화씨華氏와 상씨向氏의 난에 공자 성城·공손기公孫忌·악사樂舍·사마강司馬彊·상의向宜·상정向鄭·초나라 태자 건建·예갑郳甲이 정鄭나라로 달아났다.

그들은 화씨華氏와 귀엽鬼閻에서 싸웠으나 화씨들은 공자 성을 대패시켰다.

공자 성은 진晉나라로 갔다.

화해華亥와 그의 아내는 반드시 손을 씻고 인질이 된 공자公子들에게 밥을 먹이고 나서 자신들이 식사를 하였다.

송宋 원공元公과 그의 부인도 매일 반드시 화씨의 집으로 가서 먹을 것을 공자들에게 먹인 뒤에야 돌아갔다.

화해는 이를 걱정하고 공자들을 돌려보내려 하였다.

그러자 상녕向寧이 말하였다.

"우리는 임금을 믿지 못해서 그들을 인질로 삼은 것입니다. 만약 그들을 다시 돌려보낸다면 우리는 언제 죽을지 모릅니다."

원공이 화비수華費遂에게 청하여 장차 화씨를 공격하자고 하였다.

이에 화비수가 말하였다.

"저는 감히 죽음을 아까워하는 것이 아닙니다. 그러나 이는 걱정거리를 없애려다가 오히려 걱정을 더 키우는 것이 아니겠습니까! 저는 이를 걱정하는 것이지 감히 명령을 듣지 않는 것이겠습니까?"

그러자 원공이 말하였다.

"아들들의 죽음은 천명에 달려 있소. 나는 수치를 참을 수 없소."

겨울 10월, 원공은 화씨와 상씨의 인질들을 죽이고 그들을 공격하였다.

무진날, 화씨와 상씨는 진陳나라로 달아나고, 화등華登은 오吳나라로 달아났다.

상녕이 인질로 잡혀있던 태자를 죽이려 하였다.

그러자 화해가 말하였다.

"군주를 거역하고서 국외로 달아나는 마당에 그 아들까지 죽인다면 장차 누가 우리를 받아주겠습니까? 아들들을 돌려보내는 것이 오히려 나을 것입니다."

그리고 소사구少司寇 화경華牼으로 하여금 이들을 돌려보내도록 하면서 이렇게 말하였다.

"그대는 연세가 많으시니 남을 섬길 수 없는 처지입니다. 세 공자를 데리고 가서 믿음을 보이면 틀림없이 화를 면할 것입니다."

공자들이 이윽고 궁궐로 들어가자 화경이 장차 궁문을 통해 스스로 나가려 하였다.

원공은 급히 그를 불러 만나 손을 잡고 말하였다.

"나는 그대가 죄 없음을 알고 있소. 그대는 조정으로 들어가 본래의 관직에 복귀하시오."

【華亥】 宋나라 대부. 華合比의 아우.
【公子城】 宋 平公의 아들. 《通志》 氏族略(3)에는 자가 子邊이라 하였음.
【樂舍】 樂喜의 손자.
【向宜·向鄭】 向戌의 아들.
【楚建】 宋나라로 망명해 있던 초나라 태자 建. 楚 平王(棄疾, 熊居) 아들.
【郳甲】 郳나라 공자 甲. 小邾 穆公의 아들로, 郳는 小邾임. 본문의 여덟 명에 대해 杜預 注에는 "八子, 宋大夫, 蓋公黨, 辟難出"이라 함.
【鬼閻】 宋나라 지명. 지금의 河南 西華縣. 《彙纂》에 "在今河南西華縣東北三十里"라 함.
【子城適晉】 杜預 注에 "子城爲華氏所敗, 別走至晉. 爲明年子城以晉師至起本"이라 함.
【華亥】 宋나라 대부. 華合比의 아우.
【質公子】 인질로 잡혀 있던 太子 欒과 그 친형 辰 및 公子 地.
【公】 宋 元公(佐). 재위 10년째였음.
【華費遂】 大司馬. 華氏의 일족이었음.
【滋長】 杜預 注에 "恐殺大子, 憂盆長"이라 함.
【詢】 杜預 注에 "詢, 恥也"라 함.
【戊辰】 10월 13일.
【華登】 華費遂의 아들이며 華氏의 일당.
【向寧】 向戌의 막내아들. 鄭夫人의 아우. 杜預 注에 "寧, 向戌子也. 請於宋公伐邾"라 하였고, 程公說의 《春秋分紀》에 "戌生五子, 曰勝, 曰宣, 曰鄭, 曰行, 曰寧"이라 함.
【有庸】 杜預 注에 "可以爲功善"이라 함.
【牼】 華牼. 華亥의 庶兄. 자는 牛.
【事人】 나이가 들어 다른 나라로 망명하여 남의 신하가 될 수도 없음.
【三公子爲質】 杜預 注에 "質, 信也. 送公子歸. 可以自明不叛之信"이라 함.

⑲

齊侯疥,遂痁,期而不瘳.

諸侯之賓問疾者多在.

梁丘據與裔款言於公曰:「吾事鬼神豐,於先君有加矣.今君疾病,爲諸侯憂,是祝‧史之罪也.諸侯不知,其謂我不敬,君盍誅於祝固‧史嚚以辭賓?」

公說,告晏子.

晏子曰:「日宋之盟,屈建問范會之德於趙武.趙武曰:『夫子之家事治;言於晉國,竭情無私.其祝‧史祭祀,陳信不愧;其家事無猜,其祝‧史不祈.』建以語康王.康王曰:『神‧人無怨,宜夫子之光輔五君以爲諸侯主也.』」

公曰:「據與款謂寡人能事鬼神,故欲誅于祝‧史,子稱是語,何故?」

對曰:「若有德之君,外內不廢,上下無怨,動無違事,其祝‧史薦信,無愧心矣.是以鬼神用饗,國受其福,祝‧史與焉.其所以蕃祉老壽者,爲信君使也,其言忠信於鬼神.其適遇淫君,外內頗邪,上下怨疾,動作辟違,從欲厭私,高臺深池,撞鐘舞女.斬刈民力,輸掠其聚,以成其違,不恤後人.暴虐淫從,肆行非度,無所還忌,不思謗讟,不憚鬼神.神怒民痛,無悛於心.其祝‧史薦信,是言罪也;其蓋失數美,是矯誣也.進退無辭,則虛以求媚.是以鬼神不饗其國以禍之,祝‧史與焉.所以夭昏孤疾者,爲暴君使也,其言僭嫚於鬼神.」

公曰:「然則若之何?」

對曰:「不可爲也,山林之木,衡鹿守之;澤之萑蒲,舟鮫守之;藪之薪蒸,虞候守之;海之鹽‧蜃,祈望守之.縣鄙之人,入從其政;偪介之關,暴征其私;承嗣大夫,強易其賄.布常無藝,徵欲無度;宮室日更,淫樂不違.內寵之妾,肆奪於市;外寵之臣,僭令於鄙.私欲養求,不給則應.民人苦病,夫婦皆詛.祝有益也,詛亦有損.聊‧攝以東,姑‧尤以西,其爲人也多矣.雖其善祝,豈能勝億兆人之詛?君若欲誅於祝‧史,修德而後可.」

公說,使有司寬政,毀關,去禁,薄斂,已責.

제齊 경공景公이 옴이 나고 부스럼이 생기는 병에 걸려 1년이 지나도 낫지 않았다.

제후국에서 문병하러 찾아오는 빈객들이 많았다.

이에 양구거梁丘據와 예관裔款이 경공에게 말하였다.

"우리나라가 신을 섬기며 성대하게 차리는 것은 선대 군주 때보다 더합니다. 지금 군주의 병환이 제후들의 근심거리가 되고 있으니 이는 축관祝官과 제관祭官의 죄입니다. 제후들은 그 사실을 모르고 우리가 신에게 공경스럽지 않기 때문이라고 말합니다. 군주께서는 어찌하여 축관 고固와 제관 은黶을 처형하시어 찾아오는 외국 손님들에게 변명하지 않으십니까?"

경공이 기뻐하며 안자晏子에게 이를 고하였다.

안자가 말하였다.

"지난날 송宋나라에서의 맹약 때, 초나라 굴건屈建이 진晉나라 범회范會의 덕에 관해 조무趙武에게 묻자 조무는 '그분께서는 집안을 잘 다스리고, 나랏일에 대해서라면 정성을 다하여 사심이 없었습니다. 그리하여 축관과 제관이 나라 제사를 지낼 때 그의 진실을 신께 진술해도 부끄러울 것이 없었고, 그의 집안일에도 의아스러운 것이 없어 그의 집 축관이나 제관이 달리 기도할 것도 없습니다'라고 말하였습니다. 굴건이 그런 내용을 초 강왕康王에게 고하자 강왕은 '신과 사람들이 원망함이 없으니, 그가 자신의 나라 다섯 군주를 빛나게 도와 제후들을 거느리는 패자로 만들기에 마땅하도다'라고 하였습니다."

그러자 경공은 이렇게 물었다.

"양구거와 예관은 내가 신령을 잘 섬겨야 한다고 하였소. 그래서 내가 축관과 제관을 처형하려는 것이오. 그대가 이 말을 하는 까닭은 무엇이오?"

이에 안자가 답하였다.

"만약 덕 있는 군주가 있어, 나라 안팎의 일을 잘 처리하고 상하가 원망이 없으며 어떤 행동을 해도 일에 위배됨이 없다면 축관이나 제관이 그러한 일을 진술하여 올린다 해도 마음에 아무런 부끄러움이 없을 것입니다. 이 까닭으로 귀신은 그 제물을 흠향하며 나라는 그 복을 받는 것이니 축관과 제관도 그 일에 함께 복을 받게 되는 것입니다. 그 번져가는 복으로 인해 장수를 누리게 되는 것은, 그들은 임금을 위해 사실을 진언하는 심부름을 하면서 충성과 믿음으로 귀신에게 진언을 하기 때문입니다. 그러나 부덕한 군주를 만나면 나라 안팎이 치우치고 사벽하며 위아래가 서로 원망하고 질시하며 움직이는 일마다 위배되며 욕심대로 하여 사사로움에 빠져들며, 높은 누대와 깊은 못을 파고, 악기를 울리며 무녀들이나 들끓게 됩니다. 이리하여 민력을 베어버리며 남이 모아둔 재물을 약탈하여 그 위배됨을 더욱 키워나가 뒷사람을 염두에 두지도 않습니다. 어긋난 행동은 법도가 없으며 금기할 것도 없다고 여기며 백성의 비방도 아랑곳하지 않고 귀신도 꺼리지 않게 됩니다. 신은 노하고 백성은 고통에 시달리는데도 마음에 조금도 개전의 정이 없습니다. 그럴 때 축관과 제관이 그 사실을 신에게 고하면 이는 임금의 죄를 신에게 말해주는 것이 됩니다. 그렇다고 잘못을 덮어두고 좋다고만 고한다면 이는 그들이 거짓을 저지르는 것이 됩니다. 이렇게도 못하고 저렇게도 못하여 신에게 고할 말이 없으면, 결국은 없는 일을 거짓으로 꾸며 신께 아첨하는 것이 됩니다. 이러한 이유로 귀신은 그러한 제사를 받지 않게 되고 나라는 재앙을 입게 되며 축관과 제관도 함께 재앙을 입게 되는 것입니다. 어려서 죽고 부모를 잃어 외로운 신세가 되며 병에 걸리는 것은 축관과 제관이 포악한 군주에게 부림을 받아 귀신에게 올리는 진언이 거짓과 위선으로 가득차기 때문입니다."

경공이 말하였다.

"그렇다면 어찌 해야 되겠소?"

안자가 대답하였다.

"축관과 제관을 처형해서는 안 됩니다. 산림의 나무는 형록衡鹿이 지키고, 못의 완포萑蒲는 주교舟鮫가 지키며, 수풀의 땔감은 우후虞候가 지키고, 바닷가의 소금과 조개는 기망祈望이 지킵니다. 그래서 시골 사람들로서 도읍에 들어와 정사에 종사하는 자는 도읍으로 들어오는 관문에서 통과하는 자들에게서 무리한 세금을 징수하며, 세습 대부들은 상인들의 물건을 강제로 바꾸고, 일상의 정치에 정해진 궤도가 없으며, 징세에는 일정한 법이 없습니다. 궁실은 날로 새로 단장되며, 음란한 음악이 떠나지 아니하고, 군주의 총애를 받는 여인들은 시장에서 제멋대로 물건을 빼앗으며, 군주의 총애를 받는 신하는 명령을 속여 시골에서 마구 못된 짓을 합니다. 그리하여 사사롭게 자신의 요구를 채우려 하며 주지 않으면 죄를 뒤집어씌우고 있습니다. 이 때문에 백성들은 고통과 질병에 시달리며 부주가 모두 저주하고 있습니다. 축관이 빌면 유익함이 있듯이 이들이 저주하면 손해남이 있게 마련입니다. 요聊와 섭攝 지방 동쪽과 고수姑水와 우수尤水 서쪽에는 많은 사람들이 살고 있습니다. 그러니 제사에 비록 잘 빈다 해도 어찌 그 많은 억조의 저주를 이겨낼 수 있겠습니까? 군주께서 만약 축관과 제관을 처형하려 하신다면, 그것은 군주께서 덕을 닦으신 연후에라야 할 수 있습니다."

경공은 기뻐하며, 유사有事로 하여금 정치를 관대하게 하고 관문을 없애며 금지하던 법을 제거하고 세금으로 줄여주며 채무를 탕감하도록 하였다.

【齊侯】齊 景公(杵臼). 당시 재위 26년째였으며 晏子(晏嬰)가 재상이 되어 모시고 있었음.
【梁丘據】齊나라 대부. 景公이 총애하던 신하. 자는 子猶.
【裔款】역시 齊나라 대부. 杜預 注에 "皆景公所寵幸之大夫"라 함.
【祝固】祝은 巫祝. 신에게 제사를 올려 병을 치료하는 임무를 맡은 자. 이름은 固.
【史嚚】史는 祝史. 제사를 맡은 관원. 이름은 嚚. 服虔은 '固'를 '固陋하다', '嚚'은 '嚚闇하다'의 뜻으로 풀었으나 이는 오류로 보고 있음.
【晏子】晏嬰. 齊나라의 유명한 재상. 자는 平仲. 晏弱(晏桓子)의 아들. 그의 언행을 모아 편찬한 《晏子春秋》가 널리 알려져 있으며 司馬遷은 《史記》 管晏列傳에 그의 전기를 실어 높이 평가하고 있음.
【宋之盟】宋나라 向戌이 '弭兵'을 위해 晉나라 趙文子와 楚나라 令尹 子木을 중심으로 각 나라를 불러 宋나라 蒙門 밖에서 맺은 맹약. 襄公 27년을 볼 것. 이 회담에서 각기 楚나라와 晉나라를 霸者로 인정하여 제후국들이 교차하여 예방하기로 약속하였었음.
【屈建】子木. 楚나라 공자. 宋之盟에서 초나라 영윤으로서 참석하여 갑옷 속에 무기를 숨겨 들여왔음.
【范會】士會. 晉나라 대부. 隨季, 隨會, 士季, 季武子 등 여러 이름으로 불림. 士蔿의 손자이며 士縠과 형제. 隨땅을 채읍으로 하여 '隨會', 혹 '隨武子'라고도 불렀으며 다시 范땅을 채읍으로 하여 '范武子'로도 불림. 한때 秦나라로 망명하는 등

우여곡절을 겪기도 함. 武子는 諡號. 그 후손이 뒤에 晉나라 六卿의 하나인 范氏로 발전함.

【趙武】晉나라 대부. 趙朔의 아들. 趙文子. 趙朔과 趙莊姬 사이에 난 아들. 趙氏 집안의 가장 훌륭한 아들로 자라 뒤에 晉六卿으로 자리를 굳힘. 시호는 文子. 그 후손이 戰國시대 邯鄲을 중심으로 七雄의 하나인 趙나라로 크게 발전함.

【家事無猜】杜預 注에 "家無猜疑之事, 故祝史無求於鬼神"이라 함.

【康王】楚나라 임금. 이름은 昭. B.C.559~545년까지 15년간 재위하고 熊麇(郟敖)이 뒤를 이음.

【五君】杜預 注에 "五君, 文, 襄, 靈, 成, 景"이라 함.

【薦信】축관과 사관이 제사에서 귀신에게 올리는 進言. 사실을 고하고 아울러 기원을 청하는 말의 내용들.

【無愧】杜預 注에 "君有功德, 祝史陳說之, 無所愧"라 함.

【斬刈】백성을 양육하지 않고 도리어 초목의 싹을 자르듯이 잘라버림.

【僭嫚】거짓과 僞善. 詐欺와 輕侮.

【衡鹿】衡麓과 같음. 山麓을 맡은 관원.

【萑蒲】'萑'는 원음이 '추'이나 '완'으로 읽음. 《詩經》 豳風 七月에 "八月萑葦"라 하여 갈대의 일종. 이로써 지붕을 잇는 이엉으로 사용함.

【舟鮫】舟虞, 舟漁와 같음. 못의 동식물을 관리하는 직책.

【薪蒸】땔감들. 섶과 나무들.

【虞候】산의 나무를 관리하는 직책.

【祈望】바다의 소금과 어패류를 관리하는 직책.

【偪介】원문에는 '偪尒'로 되어 있으며 '아주 가깝다'의 뜻.

【承嗣大夫】世襲大夫.

【藝】準則. 基準.

【淫樂不違】'違'는 '離'와 같은 뜻임.

【不給則應】杜預 注에 "所求不給, 則應之以罪"라 함.

【聊·攝】杜預 注에 "聊·攝, 齊西界也"라 하였으며 聊는 지금의 山東 聊城縣 서북, 攝은 聶과 같으며 聊城縣 경내.

【姑·尤】杜預 注에 "姑·尤, 齊東界也"라 하였으며 姑는 지금의 大姑河. 尤는 小姑河. 모두 山東 경내를 흐르는 물.

【已責】'已'는 '그치다', '責'은 '債'와 같음. 빚은 탕감해줌. 杜預 注에 "除逋責"이라 함. 이상의 내용은 《晏子春秋》 外篇(上)에도 실려 있음.

1505(昭20-5)

十有一月辛卯, 蔡侯廬卒.

11월 신묘날, 채후蔡侯 여廬가 죽었다.

【辛卯】11월 7일.
【蔡侯廬】蔡 平侯(平公). 이름은 '廬'. 靈侯(靈公, 般)을 이어 B.C.529~522년까지 8년간 재위하고 悼侯(悼公, 東國)가 그 뒤를 이음. 원전에는 '盧'로 되어 있으나 〈石經本〉에 의해 바로잡음.
＊無傳

傳
十二月, 齊侯田于沛, 招虞人以弓, 不進.
公使執之.
辭曰:「昔我先君之田也, 旃以招大夫, 弓以招士, 皮冠以招虞人. 臣不見皮冠, 故不敢進.」
乃舍之.
仲尼曰:「守道不如守官.」
君子韙之.

12월, 제齊 경공景公이 패沛에서 사냥을 하면서 활을 가지고 우인虞人을 부르자 그가 임금 앞으로 나오지 않는 것이었다.
경공이 그를 체포하였다.
우인은 그 사유를 이렇게 말하였다.
"옛날 우리 선군께서 사냥하실 때에는 깃발로써 대부를 부르고, 활로는 사士를 부르고, 피관皮冠으로 우인을 부르셨습니다. 저는 임금께서 피관으로 부르시는 것을 보지 못하여 감히 나아가지 않은 것입니다."
그리하여 그를 놓아주었다.

이를 두고 중니는 이렇게 말하였다.
"신하의 도리를 지킴에 관직대로 지키는 것보다 더한 것은 없다."
군자는 우인의 태도가 옳다고 여겼다.

【沛】 사냥 장소의 이름. 杜預 注에 "沛, 澤名"이라 함. 《史記》 齊世家 莊公 8년에는 沛丘라는 사냥 장소가 나옴. 패구는 '貝丘'와 동일함. 패구는 지금의 山東 博興縣 남쪽. 그러나 江永의 〈考釋〉에는 "《水經注》,「時水至梁鄒城, 入於沛」, 則沛亦近齊國都之水名"이라 함.
【虞人】 사냥터를 관리하는 관원. 杜預 注에 "虞人, 掌山澤之官"이라 함.
【皮冠】 임금이 사냥할 때 쓰는 가죽 모자. 孔穎達 疏에 "《周禮》, 孤卿建旃, 大夫尊, 故麾旃以招之也. 逸詩「翹翹車乘, 招我以弓」, 故者聘士以弓, 故弓以招士也. 諸侯服皮冠以田, 虞人掌田獵, 故皮冠以招虞人也"라 함. 그러나 《孟子》 萬章(下)에는 "以皮冠. 庶人以旃, 士以旂, 大夫以旌. 以大夫之招招虞人, 虞人死不敢往. 以士之招招庶人, 庶人豈敢往哉? 況乎以不賢人之招招賢人乎?"라 하여 다름.
【韙】 '바르다, 정당하다'의 뜻.

傳

齊侯至自田, 晏子侍于遄臺, 子猶馳而造焉.
公曰:「唯據與我和夫!」
晏子對曰:「據亦同也, 焉得爲和?」
公曰:「和與同異乎?」
對曰:「異. 和如羹焉, 水·火·醯·醢·鹽·梅, 以烹魚肉, 燀之以薪, 宰夫和之, 齊之以味, 濟其不及, 以洩其過. 君子食之, 以平其心. 君臣亦然. 君所謂可而有否焉, 臣獻其否以成其可; 君所謂否而有可焉, 臣獻其可以去其否, 是以政平而不干, 民無爭心. 故《詩》曰:『亦有和羹, 旣戒旣平. 鬷嘏無言, 時靡有爭.』先王之濟五味·和五聲也, 以平其心, 成其政也. 聲亦如味, 一氣, 二體, 三類, 四物, 五聲, 六律, 七音, 八風, 九歌, 以相成也; 淸濁·小大·短長·疾徐·哀樂·剛柔·

遲速・高下・出入・周疏, 以相濟也. 君子聽之, 以平其心. 心平, 德和. 故《詩》曰『德音不瑕』. 今據不然. 君所謂可, 據亦曰可; 君所謂否, 據亦曰否. 若以水濟水, 誰能食之? 若琴瑟之專壹, 誰能聽之? 同之不可也如是.」

飮酒樂.

公曰:「古而無死, 其樂若何!」

晏子對曰:「古而無死, 則古之樂也, 君何得焉? 昔爽鳩氏始居此地, 季䬫因之, 有逢伯陵因之, 蒲姑氏因之, 而後大公因之. 古若無死, 爽鳩氏之樂, 非君所願也.」

제齊 경공景公이 사냥에서 돌아와 안자晏子가 천대遄臺에서 옆에 모시고 있었을 때, 자유子猶가 수레를 몰고 찾아왔다.

경공이 말하였다.

"양구거梁丘據(子猶)만이 나의 마음에 '화和'하는구나!"

그러자 안자가 대꾸하였다.

"양구거의 행동은 '동同'이지 어찌 '화'의 경지를 얻었으리오?"

경공이 말하였다.

"'화'와 '동'은 다른 것이오?"

안자는 대답하였다.

"다르지요. 화란 마치 국을 만드는 것과 같습니다. 물, 불, 초, 장, 소금, 매실을 써서 물고기나 고기를 삶고, 나무를 때어 삶아 요리사가 조화시키며, 조미료로 맛을 내어, 부족함은 채우고 지나침은 덜어냅니다. 그리하여 어른이 이를 드시면 그 마음에 평온함을 느끼게 되는 것입니다. 임금과 신하 사이도 또한 이와 같습니다. 임금이 옳다 하더라도 그렇지 않은 경우가 있으면 신하는 그 잘못된 점을 말씀드려 옳은 것으로 성취시키도록 하고, 임금이 그르다 하더라도 혹 옳은 것이 있으면 신하는 그 옳은 것으로써 그른 것을 제거해 주어야 합니다. 이로써 정치는 평온해지고 도에 벗어나는 일이 없게 되어 백성은 다투는 마음이 사라지게 되는 것입니다. 그 때문에 《시》에 '고깃국은 온갖 재료가 조화되어 이윽고 평온한 맛을 이루었네. 신령이 조용히 강림하시니 시끄럽게 다투는 사람이 아예 없다네'라 한 것입니다. 선왕들께서 오미五味를 갖추게 하고, 오성五聲의 화음을 갖추도록 한 것은, 사람의 마음을 평온하게 하여 그 정치를 성취시키기 위해서였습니다. 음악 역시 음식의 맛과 같습니다. 일기一氣, 이체二體, 삼류三類, 사물四物, 오성五聲, 육률六律, 칠음七音, 팔풍八風, 구가九歌, 이 모든 것이 서로 도와 이루어지는 것입니다. 그리고 청탁淸濁, 소대小大, 단장短長, 질서疾徐, 애락哀樂, 강유剛柔, 지속遲速, 고하高下, 출입出入, 주소周疏가 조화를 이루어 성취되는 것입니다. 이에 군자가 음악을 들으면 그 마음이 평온해지는 것입니다. 마음이 평온해지면 덕이 화평해집니다. 그 때문에 《시》에 '덕 있는 음성에는 티가 없네'라 하였던 것입니다. 그런데 지금 양구거는 그렇지 않습니다. 임금께서 옳다고 말하면 양구거 역시 옳다고 맞장구를 치고, 임금께서 그르다 하시면 양구거 역시 그르다고 맞장구를 칩니다. 이는 마치 물로써 물을 조리하는 것과 같으니 누가 능히 맛있다 여겨 이를 먹겠습니까? 마찬가지로 금슬琴瑟 하나로만 음악을 연주한다면 누가 듣겠습니까? '동'만으로는 불가함이 이와 같습니다."

경공이 술을 마시고 즐기면서 말하였다.

"예로부터 죽는 일이 없었다면 그 즐거움은 어떠리오!"

그러자 안자가 대답하였다.

"예로부터 죽음이라는 것이 없었다면 그것은 옛날 사람이 즐거움을 이어 왔을 것이니 임금께서 어떻게 이 즐거움을 누릴 수 있겠습니까? 옛날 상구씨爽鳩氏가 처음으로 이 땅을 차지하여 살았고, 계즉씨季荝氏가 그 뒤를 이어받았고, 유봉백릉有逢伯陵이 다시 이어받았으며, 또다시 포고씨蒲姑氏가 이어받았고, 그 뒤에 태공太公께서 이어받아 차지하였습니다. 만일 예로부터 죽는 일이 없었다면, 오늘날까지 모두 즐거움을 상구씨가 차지하여 누리고 있을 것이며 임금께서는 바랄 수도 없는 것이 되었을 것입니다."

【晏子】晏嬰. 齊나라의 유명한 재상. 자는 平仲. 晏弱(晏桓子)의 아들. 그의 언행을 모아 편찬한《晏子春秋》가 널리 알려져 있으며 司馬遷은《史記》管晏列傳에 그의 전기를 실어 높이 평가하고 있음.

【遄臺】지금의 臨淄에 있던 지명. 沈欽韓의 〈地名補注〉에 "《肇城志》: 遄臺在臨淄縣東一里.《通志》: 在縣西五十里, 今名歇馬亭"이라 함.

【子猶】梁丘據. 齊 景公의 총신.

【和·同】'和'는 조화를 이루어 이상적인 합의를 이루는 것. '同'은 사리나 분위기에 따라 무조건 찬동하여 맞장구를 치는 것.《論語》子路篇에 "子曰:「君子和而不同, 小人同而不和.」"라 함.

【醯】《說文》에 "醯, 酢也"라 함. '酢'는 '醋'와 같음.

【醢】肉醬.

【宰夫】요리사. 주방장.

【齊之以味】'齊'는 '劑'와 같음. 調劑한 조미료 등.

【不干】'干'은 '干犯'. 政令 따위를 위배함.

【詩】《詩經》商頌 烈祖篇에 "嗟嗟烈祖, 有秩斯祜. 申錫無疆, 及爾斯所. 旣載淸酤, 賚我思成. 亦有和羹, 旣戒旣平. 鬷假無言, 時靡有爭. 綏我眉壽, 黃考無疆. 約軧錯衡, 八鸞鶬鶬. 以假以享, 我受命溥將. 自天降康, 豐年穰穰. 來格來饗, 降福無疆. 顧予烝嘗, 湯孫之將"이라 함.

【五味】辛, 酸, 鹹, 苦, 甘의 다섯 가지 맛.

【五聲】宮, 商, 角, 徵, 羽의 다섯 가지 음계.

【一氣】杜預 注에 "須氣以動"이라 함.

【二體】杜預 注에 "舞者有文·武"라 하여 羽籥으로 추는 文舞와 干戚으로 추는 武舞를 가리킴.

【三類】杜預 注에 "風·雅·頌"이라 함.

【四物】杜預 注에 "雜用四方之物以成器"라 하였고, 孔穎達 疏에는 "樂有所用八音之器, 金, 石, 絲, 竹, 匏, 土, 革, 木, 其物非一處能備, 故雜用四方之物以成器"라 함.

【六律】律呂를 가리킴. 杜預 注에 "黃鍾, 大簇, 姑洗, 蕤賓, 夷則, 無射也. 陽聲爲律, 陰聲爲呂"라 함.

【七音】五音(宮商角徵羽)에 變宮과 변치(變徵)를 더한 것.

【八風】杜預 注에 "八方之音"이라 함. 한편《呂氏春秋》古樂篇에는 "顓頊登爲帝, 惟天之合, 正風乃行, 其音若熙熙淒淒鏘鏘, 帝顓頊好其音, 乃令飛龍作效八風之音"이라 함.

【九歌】杜預 注에 "九功之德皆可歌也. 六府三事謂之九功"이라 함.

【淸濁】淸音(無聲音)과 濁音(有聲音).

【疾徐】疾急함과 徐緩함.

【周疏】周密함과 疏略함.

【詩】《詩經》豳風 狼跋篇에 "狼跋其胡, 載疐其尾. 公孫碩膚, 赤舃几几. 狼疐其尾, 載跋其胡. 公孫碩膚, 德音不瑕"라 함.

【琴瑟之專壹】琴瑟 한 가지 악기만으로 연주하여 조화로운 음악을 이루지 못함.

【爽鳩氏】전설시대의 少皞氏(少皞氏, 金天氏) 아래에서 司寇였던 豪族이라 함. 杜預 注에 "爽鳩氏, 少皞氏之司寇也"라 함.

【季荝】堯·舜·禹시대의 호족이었던 제후. 杜預 注에 "季荝, 虞·夏諸侯, 代爽鳩氏者"라 함.

【有逢伯陵】有는 접두사. 逢伯陵은 殷나라 때의 제후였다 함. 杜預 注에 "逢伯陵, 殷諸侯, 姜姓"이라 하였으며《山東通志》에 의하면 逢陵城이 지금의 山東 臨淄川 서남쪽에 있다 하였음.

【蒲姑氏】薄姑로도 표기하며 殷나라 때의 제후였다 함. 지금의 山東 臨淄 서북 50리에 유적이 있다 함.

【大公】姜太公. 呂尙, 子牙. 齊나라 시조.《漢書》地理志(下) 顔師古 注에 "武王封太公于齊, 初未得爽鳩氏之地, 成王以益之也"라 함. 이상은《晏子春秋》에도 실려 있으며 하반부 역시《韓詩外傳》(10),《列子》(力命篇) 등에 널리 실려 있음.

㊉

鄭子產有疾, 謂子大叔曰:「我死, 子必爲政. 唯有德者能以寬服民, 其次莫如猛. 夫火烈, 民望而畏之, 故鮮死焉; 水懦弱, 民狎而翫之, 則多死焉, 故寬難.」

疾數月而卒.

大叔爲政, 不忍猛而寬.

鄭國多盜, 取人於萑苻之澤.

大叔悔之, 曰:「吾早從夫子, 不及此.」

興徒兵以攻萑苻之盜, 盡殺之, 盜少止.

仲尼曰:「善哉! 政寬則民慢, 慢則糾之以猛. 猛則民殘, 殘則施之以寬. 寬以濟猛, 猛以濟寬, 政是以和.《詩》曰『民亦勞止, 汔可小康;

惠此中國, 以綏四方』, 施之以寬也. 『毋從詭隨, 以謹無良; 式遏寇虐,
慘不畏明』, 糾之以猛也. 『柔遠能邇, 以定我王』, 平之以和也. 又曰
『不競不絿, 不剛不柔, 布政優優, 百祿是遒』, 和之至也.」

及子産卒, 仲尼聞之, 出涕曰:「古之遺愛也.」

정鄭나라 자산子産이 병이 들자 자태숙子大叔에게 말하였다.
"내가 죽으면 그대가 틀림없이 정치를 맡게 될 것입니다. 오직 덕 있는 사람만이 너그러운 정치로 백성을 감복시킬 수 있으며, 그 다음가는 정도라면 엄하게 다스리는 것보다 좋은 방법이 없습니다. 불은 격렬하기에 때문에 백성들은 그것을 바라보면서도 무서워합니다. 그 때문에 불을 범하다가 죽는 일은 적습니다. 그러나 물은 연약하기에 백성들은 친근히 여겨 즐길 대상으로 여기다가 물에 빠져 죽는 자가 많습니다. 그러므로 너그러운 정치로 백성들을 굴복시키기는 어려운 것입니다."

자산은 그 뒤 몇 달을 앓다가 세상을 떠났다.

자태숙이 정치를 맡았으나 차마 엄격한 정치를 하지 못하고 너그럽게 하였다.

그러자 정나라에는 도둑이 많아져 환부萑苻의 택지에서는 사람을 모아 도둑떼를 짓는 경우까지 있었다.

태숙은 뉘우치며 이렇게 말하였다.

"내 일찍이 자산의 말씀을 따랐더라면, 이 지경에 이르지는 않았을 텐데."

그리고는 보병을 출동시켜 환부 지역의 도둑떼를 토벌하여 모두 잡아 죽였다. 그러자 도둑이 조금씩 줄어들게 되었다.

중니가 말하였다.

"훌륭하도다! 정치가 너그러우면 백성이 거만해진다. 거만해지면 엄하게 다스려서 고쳐야 한다. 그러나 엄하게 하면 백성이 잔폐해지고 잔폐해지면 이를 다시 너그러움으로 베풀어야 한다. 관대함으로써 엄함을 늦추고, 엄함을 가지고 너그러움을 죄어야 한다. 정치는 이처럼 조화로써 하는 것이다. 《시》에 '백성들이 지쳐있으니, 잠시 쉬게 하노라. 중원에 먼저 은혜 베풀고, 나아가 사방을 평안케 하도다' 라 하였으니 이는 관대한 베풂을 말한 것이다.

또 '아첨하는 자를 따르지 말고, 선량하지 못한 자를 경계하고, 나라를 어기거나 백성을 학대하며 바른 도를 두려워하지 않는 자를 없애버린다'라 하였으니 이는 엄하게 하여 바로 잡음을 말한 것이다. 그리고 '멀리 있는 자를 부드럽게 하고 가까이 있는 자를 이끌어 우리 왕정을 안정시키리'라 하였으니 이는 조화를 이루어 공평하게 함을 말한 것이다. 또 '다투지도 않고, 급히 굴지도 않으며, 강하게도 하지 않고, 부드럽게도 하지 않되, 정치를 훌륭하게 펴시니 온갖 복이 이에 따르네'라 하였으니 이는 조화의 지극함을 말한 것이다."

자산이 세상을 떠나자 중니가 이를 듣고 눈물을 흘리며 말하였다.
"그는 옛 사람의 사랑을 남겨주신 분이다."

【子産】公孫僑. 子國(公孫成)의 아들. 子美. 鄭나라의 훌륭한 宰相이 되어 孔子가 자주 칭찬한 인물.

【子大叔】游吉. 大叔은 太叔과 같음. 游氏 집안의 宗主였음. 游販의 아우. '世叔'으로도 불리며 公孫蠆의 아들. 鄭 穆公의 아들 공자 偃의 손자로 정나라 卿. 子南(游楚, 公孫楚)은 游吉의 작은아버지였음. 뒤에 子産을 이어 鄭나라 재상에 오름.

【數月而卒】子産은 襄公 30년 子皮의 뒤를 이어 재상에 오른 다음 이때에 죽어 21여 년이 되었음. 《呂氏春秋》에는 자산이 정나라를 18년 다스렸다 하였으나 이는 오류임. 자산의 무덤은 陘山, 즉 지금의 河南 新鄭縣 서남쪽에 있으며 《晉書》(杜預傳), 《水經注》, 《太平寰宇記》, 《韓詩外傳》(3) 등에는 자산이 죽자 정나라 사람들이 모두 나와 부녀자들은 비녀를 풀고 울었다 하였음.

【取人】'取'는 '聚'와 같음. 사람들을 모아 도둑떼를 조직함. 혹은 '取人'은 '聚' 한 글자가 잘못 전해져 두 글자로 분리되어 오류를 범한 것이라고도 함.

【萑苻之澤】지금의 河南 中牟 부근의 택지. 萑浦와 같은 지역이 아닌가 함. '萑'은 "萑音丸"이라 하여 '환'으로 읽음.

【詩】차례로 인용된 세 곳은 《詩經》 大雅 民勞篇에 "民亦勞止, 汔可小康. 惠此中國, 以綏四方. 無縱詭隨, 以謹無良. 式遏寇虐, 憯不畏明. 柔遠能邇, 以定我王. 民亦勞止, 汔可小休. 惠此中國, 以爲民逑. 無縱詭隨, 以謹惛怓. 式遏寇虐, 無俾民憂. 無棄爾勞, 以爲王休. 民亦勞止, 汔可小息. 惠此京師, 以綏四國. 無縱詭隨, 以謹罔極. 式遏寇虐, 無俾作慝. 敬愼威儀, 以近有德. 民亦勞止, 汔可小愒. 惠此

中國, 俾民憂泄. 無縱詭隨, 以謹醜厲. 式遏寇虐, 無俾正敗. 戎雖小子, 而式弘大. 民亦勞止, 汔可小安. 惠此中國, 國無有殘. 無縱詭隨, 以謹繾綣. 式遏寇虐, 無俾正反. 王欲玉女, 是用大諫"의 부분 구절들임.

【又曰】이는《詩經》商頌 長發篇 "受小球大球, 爲下國綴旒. 何天之休, 不競不絿, 不剛不柔, 敷政優優, 百祿是遒. 受小共大共, 爲下國駿厖. 何天之龍, 敷奏其勇, 不震不動, 不戁不竦, 百祿是總"의 구절임.

【遺愛】子産의 仁愛는 옛 사람의 진실한 사랑을 깨달아 알았던 것이라는 뜻. 王念孫은 "愛卽仁也, 謂子産之仁愛, 有古人之遺風"이라 함.

202. 昭公 21年(B.C.521) 庚辰

周	景王(姬貴) 24년	齊	景公(杵臼) 27년	晉	頃公(去疾) 5년	衛	靈公(元) 14년
蔡	悼公(東國) 원년	鄭	定公(寧) 9년	曹	悼公(午) 3년	陳	惠公(吳) 9년
杞	平公(郁釐) 15년	宋	元公(佐) 11년	秦	哀公(鍼?) 16년	楚	平王(熊居) 8년
吳	吳王(僚) 6년	許	許男(斯) 2년				

(傳)

二十一年春, 天王將鑄無射, 泠州鳩曰:「王其以心疾死乎! 夫樂, 天子之職也. 夫音, 樂之輿也; 而鐘, 音之器也. 天子省風以作樂, 器以鍾之, 輿以行之. 小者不窕, 大者不摦, 則和於物. 物和則嘉成. 故和聲入於耳而藏於心, 心億則樂. 窕則不咸, 摦則不容, 心是以感, 感實生疾. 今鐘摦矣, 王心弗堪, 其能久乎!」

21년 봄, 주周 경왕景王이 무역無射의 종을 주조하려 하자 악관 주구州鳩가 말하였다.

"왕께서는 마음의 병을 얻어 돌아가실 것이다! 무릇 음악은 천자께서 장악하시는 것이다. 그리고 소리는 음악을 싣는 것이고, 종은 그 소리를 내는 기구이다. 천자께서는 세상의 풍속을 살펴보시어 음악을 짓고, 악기로써 그 소리를 모으며, 그 소리에 그 음악을 실어 실행하는 것이다. 작은 소리가 너무 희미하지 않고 큰 소리가 너무 시끄럽지 않으면 사물에 조화를 이루게 된다. 사물과 조화를 이루면 훌륭한 음악이 이루어진다.

그 때문에 조화된 음악소리는 귀로 들어가 마음에 담기는 것이다. 마음이 편안하게 되면 그것이 즐거움이 된다. 너무 희미하면 두루 들을 수 없고, 너무 시끄러우면 수용할 수가 없다. 이 때문에 마음이 불안해지게 되고 불안하게 되면 실로 병이 생기게 한다. 지금 그토록 크고 시끄러운 소리를 내는 종을 만드신다면 왕의 마음은 감당해 낼 수 없을 것이니 어찌 오래 살 수 있겠는가!"

【天王】周 景王(姬貴)으로 재위 24년째였음.
【無射】종 이름. 원래는 六律(黃鍾, 大簇, 姑洗, 蕤賓, 夷則, 無射) 중에 無射의 음을 내는 종. '射'은 '역'으로 읽음. 한편 景王 초 王城에서 주조한 종을 敬王이 洛陽으로 옮겼으며 이 종은 秦나라가 周나라를 멸한 다음 咸陽으로 옮겼다가 漢晉을 거치면서 西安에 있었음. 뒤에 南朝(宋) 劉裕가 姚泓을 멸하고 다시 建業(南京)으로 옮겼으며 宋, 齊, 梁, 陳을 거쳐 그곳에 있었음. 東魏 때 魏收가 梁나라에 갔을 때 〈聘游賦〉를 지어 "珍是淫器, 無射高縣"이라 한 것이 바로 이 종이었음. 隋나라가 陳나라를 평정하여 통일을 이루고 이를 西安으로 옮겨 太常寺에 두었다가 15년 훼멸시켰다 함.
【泠州鳩】'泠'은 '伶'으로도 표기하며 樂官. '州鳩'는 그의 이름.
【興】杜預 注에 "興, 樂因音而行"이라 함.
【器以鍾之】'鍾'은 원전에는 '鐘'으로 되어 있으나 阮元〈校勘記〉에 의해 '鍾'으로 고침. '鍾'은 동사로 '모으다, 集鍾하다'의 뜻. 杜預 注에 "鍾, 聚也. 以器聚音"이라 함.
【窕】소리가 너무 작음. 杜預 注에 "窕, 細不滿"이라 함.
【摦】'화'로 읽으며 너무 큼. 杜預 注에 "摦, 橫大不入"이라 함.
【心億】마음이 편안함. 杜預 注에 "憶, 安也"라 함. 雙聲互訓임.
【其能久乎】杜預 注에 "爲明年天王崩傳"이라 하여 이듬해 景王(姬貴)의 죽음을 예고한 것이라 하였으며 이상의 내용은 《國語》周語(下)에도 실려 있음.

❀ 1506(昭21-1)

二十有一年春王三月, 葬蔡平公.

21년 봄 주력 3월, 채蔡 평공平公의 장례를 치렀다.

【蔡平公】蔡 平侯. 이름은 '廬', 혹 '盧'로 표기된 기록도 있음. 靈侯(般)의 뒤를 이어 B.C.529~522년까지 8년간 재위하고 그 뒤를 悼侯(東國)가 이음.

㊉
三月, 葬蔡平公.
蔡大子朱失位, 位在卑.
大夫送葬者歸, 見昭子.
昭子問蔡故, 以告.
昭子歎曰:「蔡其亡乎! 若不亡, 是君也必不終.《詩》曰:『不解于位, 民之攸墍.』今蔡侯始卽位, 而適卑, 身將從之.」

3월, 채蔡 평공平公의 장례를 치렀다.
채나라 태자 주朱가 장례식에서 자신의 위치를 잃고 아랫자리로 가 자리를 잡았다.
노나라의 대부들로서 장례에 참석하였던 이들이 귀국하여 소자昭子를 찾아뵈었다.
소자가 채나라의 사정을 묻자 태자의 일을 일러주었다.
소자는 탄식하며 이렇게 말하였다.
"채나라는 망할 것이로다! 만약 망하지 않는다면 이 임금은 틀림없이 제 명대로 살지 못할 것이다.《시》에 '군주가 제자리에 태만함이 없으니 백성이 그를 따라 의지하도다'라 하였다. 지금 채나라 군주는 그 위치를 잃고 낮은 자리로 갔으니 그의 자신도 장차 그렇게 될 것이다."

【昭子】叔孫婼. 叔孫昭子. 叔孫穆子의 서자. 豎牛에 의해 叔孫氏 후계자가 됨.
【失位】장례식에서 어린 아이가 앉을 자리에 가서 앉음. 杜預 注에 "不在適子位, 以長幼齒"라 함.《儀禮》士喪禮와 旣夕禮 및《禮記》喪服大記 등에 의하면 부친의 상에 적자가 있을 위치가 정해져 있음.
【詩】《詩經》大雅 假樂篇에 "假樂君子, 顯顯令德. 宜民宜人, 受祿于天. 保右命之,

自天申之. 干祿百福, 子孫千億. 穆穆皇皇, 宜君宜王. 不愆不忘, 率由舊章. 威儀抑抑, 德音秩秩. 無怨無惡, 率由群匹. 受福無疆, 四方之綱. 之綱之紀, 燕及朋友. 百辟卿士, 媚于天子. 不解于位, 民之攸墍"라 함.
【身將從之】杜預 注에 "爲蔡侯朱出奔傳"이라 함.

● 1507(昭21-2)

夏, 衛侯使士鞅來聘.

여름, 진후晉侯가 사앙士鞅을 노나라로 보내 예방하게 하였다.

【晉侯】당시 晉나라 군주는 頃公(去疾)으로 재위 5년째였음.
【士鞅】晉나라 대부. 范鞅. 范獻子. 范叔으로도 불림. 시호는 獻子. 士匄(宣子)의 아들이며 士燮(范文子)의 손자.
【聘】《彙纂》에 "書聘止此"라 함.

(傳)
夏, 晉士鞅來聘, 叔孫爲政.
季孫欲惡諸晉, 使有司以齊鮑國歸費之禮爲士鞅.
士鞅怒, 曰:「鮑國之位下, 其國小, 而使鞅從其牢禮, 是卑敝邑也, 將復諸寡君.」
魯人恐, 加四牢焉, 爲十一牢.

여름, 진晉나라 사앙士鞅이 노나라를 예방하러 왔으며 이때는 숙손씨叔孫氏가 다스리고 있었다.
그때 계손씨季孫氏가 숙손씨를 진나라로부터 밉게 보이도록 하고자, 유사에게 제齊나라 포국鮑國이 비費 땅을 반환하러 왔을 때 대접하였던 예로써 사앙을 대접하도록 하였다.

사앙이 노하여 말하였다.

"제나라 포국은 나보다 지위가 낮고 그 나라는 우리나라보다 작은데도, 그를 대접하였던 예에 따라 나(鞅)를 대접하는 것은 우리나라를 무시하는 짓이니 나는 귀국해서 우리 군주께 이 일을 보고할 것이오."

노나라 사람들은 두려워하여 사뢰四牢를 더하여 십일뢰十一牢의 예로써 대접하였다.

【叔孫氏】 叔孫婼. 叔孫昭子. 叔孫穆子의 서자. 豎牛에 의해 叔孫氏 후계자가 됨.
【季孫氏】 季平子. 魯나라 대부 季孫意如. 시호는 平子. 季悼子(季孫紇)의 아들이며 季武子(季孫宿)의 손자. 悼子가 아버지 武子보다 먼저 죽어 나중에 平子가 집안의 후계자가 됨.
【鮑國歸費】 昭公 14년의 일. 杜預 注에 "鮑國歸費在十四年. 魯人失禮, 爲鮑國七牢"라 하여 士鞅을 鮑國에게 했듯이 七牢로써 대접한 것임. '牢'는 잔치나 향연에 牛, 羊, 鷄의 숫자에 따라 小牢, 太牢 등으로 나뉨. 哀公 11년 吳나라가 魯나라에게 이 일로 百牢를 요구한 일이 있음.

※ 1508(昭21-3)

宋華亥·向寧·華定自陳入于宋南里以叛.

송宋나라 화해華亥·상녕向寧·화정華定이 진陳나라에서 송나라 남리南里로 들어가 반란을 일으켰다.

【華亥】 宋나라 대부. 華合比의 아우.
【向寧】 向戌의 막내아들. 鄎夫人의 아우. 杜預 注에 "寧, 向戌子也. 請於宋公伐邾"라 하였고, 程公說의 《春秋分紀》에 "戌生五子, 曰勝, 曰宣, 曰鄭, 曰行, 曰寧"이라 함.

【華定】宋나라 대부. 華椒의 손자.
【南里】杜預 注에 "南里, 宋城內里名"이라 함.
【叛】《公羊傳》에는 '畔'으로 되어 있음.

㊅

宋華費遂生華貙‧華多僚‧華登.
貙爲少司馬, 多僚爲御士, 與貙相惡, 乃譖諸公曰:「貙將納亡人.」
亟言之, 公曰:「司馬以吾故, 亡其良子. 死亡有命, 吾不可以再亡之.」
對曰:「君若愛司馬, 則如亡. 死如可逃, 何遠之有?」
公懼, 使侍人召司馬之侍人宜僚, 飲之酒, 而使告司馬.
司馬歎曰:「必多僚也. 吾有讒子, 而弗能殺, 吾又不死. 抑君有命, 可若何?」
乃與公謀逐華貙, 將使田孟諸而遣之.
公飲之酒, 厚酬之, 賜及從者.
司馬亦如之.
張匄尤之, 曰:「必有故.」
使子皮承宜僚以劍而訊之.
宜僚盡以告.
張匄欲殺多僚, 子皮曰:「司馬老矣, 登之謂甚, 吾又重之, 不如亡也.」
五月丙申, 子皮將見司馬而行, 則遇多僚御司馬而朝.
張匄不勝其怒, 遂與子皮‧臼任‧鄭翩殺多僚, 劫司馬以叛, 而召亡人.
壬寅, 華‧向入. 樂大心‧豐愆‧華牼禦諸橫.
華氏居盧門, 以南里叛.
六月庚午, 宋城舊鄘及桑林之門而守之.

송宋나라 화비수華費遂는 화추華貙, 화다료華多僚, 화등華登 등 삼형제를 낳았다.

화추는 소사마少司馬 벼슬에 올랐고, 화다료는 어사御士가 되어 그는 형

화추와 서로 사이가 좋지 않았다. 이에 원공元公에게 이렇게 헐뜯었다.

"화추가 국외로 망명하였던 자들을 불러들이려 합니다."

화다료가 이 말을 자주 하자 원공이 말하였다.

"그대 아버지 사마司馬는 나 때문에 좋은 자식을 국외로 내보냈다. 사람의 죽음은 천명에 달려 있는 것이니 나는 그대 아버지의 자식을 또다시 국외로 보낼 수는 없다."

그러자 화다료는 답하였다.

"임금께서 만약 저희 아버지 사마를 아끼신다면, 차라리 그를 국외로 망명시키느니만 못합니다. 죽음을 피할 수 있으면 어찌 먼 곳을 따지겠습니까?"

이에 원공은 두려워하며 시종에게 사마 화비수의 시종 의료宜僚를 불러오도록 하여 그에게 술을 먹이고 사마 화비수에게 군주의 심중을 알리도록 하였다.

그러자 사마 화비수는 이렇게 탄식하여 말하였다.

"틀림없이 다료가 거짓말을 하여 이런 일을 저지르고 있을 것이다. 나는 참언하는 자식이 있으면서도 그를 죽일 수가 없고, 나 또한 죽지 못하고 있다. 그러나 임금의 명령이 내렸으니 이를 어쩌면 좋겠는가?"

이에 원공과 상의하여 화추를 국외로 쫓아내고자 장차 맹제孟諸에서 사냥을 하다가 그길로 떠나보내도록 하려 하였다.

원공은 화추에게 술을 먹이면서 후한 예물을 주고, 그를 따르고 있는 자들에게까지도 선물을 내려주었다.

사마 화비수도 역시 그와 같이 해주었다.

그러자 장개張匃가 이를 괴이히 여겨 이렇게 말하였다.

"이는 틀림없이 까닭이 있을 것입니다."

그리고 자피子皮(華貙)로 하여금 의료를 칼로 협박하여 캐묻도록 하였다. 의료가 사실대로 고하였다.

장개가 화다료를 죽이려 하자 자피가 말하였다.

"아버지 사마께서는 늙으신 처지에 동생 화등華登이 국외로 망명한 것만으로도 슬픔이 클 것이다. 내가 또다시 거듭 일을 저지르느니 차라리 내가 망명하느니만 못하다."

5월 병신날, 자피가 아버지 사마를 뵙고 떠나려 할 때, 아버지 사마를 수레에 모시고 조정으로 나가려는 다료와 마주쳤다.

장개는 분노를 이기지 못하여, 결국 자피, 구임曰任, 정편鄭翩과 함께 나서서 화다료를 죽이고 사마를 협박하여 반란을 일으켜 국외로 망명해 있던 사람들을 불러들였다.

임인날, 화씨華氏와 상씨向氏가 국내로 들어오자 악대심樂大心과 풍건豐愆과 화경華牼이 이들을 횡橫에서 막았다.

화씨는 노문盧門 근처에 살았는데 남리南里를 근거지로 삼아 반란을 일으켰다.

6월 경오날, 송나라는 옛날 용鄘나라의 성터에 성을 쌓아 상림문桑林門까지 이어지게 하여 수비하였다.

【華費遂】 宋나라 司馬.
【華貙·華多僚·華登】 華費遂의 아들 삼형제. '貙'는 反切로 「勅俱反」 '추'로 읽음. 華貙는 자가 子皮였음.
【御士】 杜預 注에 "公御士也"라 하여 임금을 가까이 모시는 직책.
【亡人】 杜預 注에 "亡人, 華亥等"이라 함.
【亡其良子】 華費遂의 아들 華登이 吳나라로 망명해 있었음. 昭公 20년 傳을 볼 것.
【如亡】 망명하는 것이 더 좋음. 杜預 注에 "言若愛大司馬, 則當亡走失國"이라 함.
【何遠之有】 杜預 注에 "言亡可以逃死, 勿慮其遠, 以恐動公"이라 함.
【宜僚】 大司馬 華費遂의 시종.
【孟諸】 지명. 사냥터 이름.
【張匄】 華貙의 신하.
【尤】 괴이히 여김. 杜預 注에 "尤, 怪賜之厚"라 함.
【丙申】 5월 14일.
【曰任·鄭翩】 杜預 注에 "任·翩亦貙家臣"이라 함.
【壬寅】 5월 20일.
【樂大心】 宋나라 대부 樂罌齊의 4세손. 송나라 右師를 지냄.
【豐愆】 역시 宋나라 대부.
【華牼】 華亥의 庶兄. 자는 牛.

【橫】지명. 지금의 河南 商丘縣 서남.《方輿紀要》에 "橫城在今河南商丘縣西南"이라 함.
【庚午】6월 19일.
【盧門·桑林之門】宋나라 도읍의 성문 이름. 상림은 고대 湯이 비가 오기를 기도하던 곳.
【南里】宋나라 도읍 근처의 땅 이름.
【舊鄘】옛날의 鄘나라. 여기에서는 옛 鄘나라 성터를 말함.

※ 1509(昭21-4)

秋七月壬午朔, 日有食之.

가을 7월 임오날 초하루, 일식이 있었다.

【日有食之】천문 계산으로 B.C.522년 6월 10일 皆旣日食이 있었다 함.

※ 1510(昭21-5)

八月乙亥, 叔輒卒.

8월 을해날, 숙첩叔輒이 죽었다.

【乙亥】8월 25일.
【叔輒】子叔. 叔弓의 아들 伯張.《公羊傳》에는 '叔痤'로 되어 있음.

㊙
秋七月壬午朔, 日有食之.

公問於梓愼曰:「是何物也? 禍福何爲?」
對曰:「二至二分, 日有食之, 不爲災. 日月之行也, 分, 同道也; 至, 相過也. 其他月則爲災, 陽不克也, 故常爲水.」
於是叔輒哭日食.
昭子曰:「子叔將死, 非所哭也.」
八月, 叔輒卒.

가을 7월 임오날 초하루, 일식이 있었다.
소공이 자신梓愼에게 물었다.
"이는 무슨 일인가? 화와 복은 어떻게 나타나겠는가?"
자신이 답하였다.
"하지와 동지, 그리고 춘분과 추분에 일식이 있는 것은 재앙이 되지 않습니다. 해와 달의 운행에서, 춘분과 추분에는 같이 황도黃道에 있고, 하지와 동지에는 서로 남과 북의 끝에 있습니다. 그러나 그 밖의 달에 일식이 있으면 재앙이 있게 됩니다. 그것은 양기가 음기를 이기지 못하기 때문입니다. 그 때문에 항상 수재가 일어나게 됩니다."
이때 숙첩叔輒이 이 일식에 곡哭을 올렸다.
그러자 소자昭子가 말하였다.
"자숙子叔(叔輒)은 장차 죽을 것이다. 일식에는 곡을 하는 것이 아니다."
8월, 숙첩이 세상을 떠났다.

【梓愼】魯나라 대부이며 日官으로 豫言에 뛰어났었음. '梓'는 '梓音子'라 하여 '자'로 읽음.
【二至二分】동지와 하지. 그리고 춘분과 추분.
【同道·相過】談遷의 《國榷》에 明 李天經을 설을 인용하여 "太陽行黃道中線, 迨二分而黃道與赤道相交, 是謂同道. 二至則過赤道內外各二十三度, 是謂相過"라 함.
【叔輒】子叔. 叔弓의 아들 伯張.《公羊傳》에는 '叔痤'로 되어 있음.
【昭子】魯나라 대부. 叔孫昭子. 叔孫婼. 叔孫穆子의 서자. 竪牛에 의해 叔孫氏 후계자가 됨.

㊉

　冬十月,華登以吳師救華氏.

　齊烏枝鳴戍宋,廚人濮曰:「《軍志》有之:『先人有奪人之心,後人有待其衰.』盍及其勞且未有定也伐諸?若入而固,則華氏眾矣,悔無及也.」

　從之.

　丙寅,齊師‧宋師敗吳師于鴻口,獲其二帥公子苦雂‧偃州員.

　華登帥其餘以敗宋師.

　公欲出,廚人濮曰:「吾小人,可藉死,而不能送亡,君請待之.」

　乃徇曰:「揚徽者,公徒也.」

　眾從之.

　公自揚門見之,下而巡之,曰:「國亡君死,二三子之恥也,豈專孤之罪也?」

　齊烏枝鳴曰:「用少莫如齊致死,齊致死莫如去備.彼兵多矣,請皆用劍.」

　從之.

　華氏北,復卽之.

　廚人濮以裳裹首,而荷以走,曰:「得華登矣!」

　遂敗華氏于新里.

　翟僂新居于新里,旣戰,說甲于公而歸.

　華妸居于公里,亦如之.

　十一月癸未,公子城以晉師至.

　曹翰胡會晉荀吳‧齊苑何忌‧衛公子朝救宋.

　丙戌,與華氏戰于赭丘.

　鄭翩願爲鸛,其御願爲鵝.

　子祿御公子城,莊堇爲右.

　干犨御呂封人華豹,張匄爲右.

　相遇,城還.

　華豹曰:「城也!」

城怒, 而反之.
將注, 豹則關矣.
曰:「平公之靈, 尚輔相余!」
豹射, 出其間.
將注, 則又關矣.
曰:「不狎, 鄙.」
抽矢.
城射之, 殪.
張匄抽殳而下, 射之, 折股.
扶伏而擊之, 折軫. 又射之, 死.
干犨請一矢, 城曰:「余言汝於君.」
對曰:「不死伍乘, 軍之大刑也. 干刑而從子, 君焉用之? 子速諸!」
乃射之, 殪.
大敗華氏, 圍諸南里.
華亥搏膺而呼, 見華貙, 曰:「吾爲欒氏矣!」
貙曰:「子無我迋, 不幸而後亡.」
使華登如楚乞師, 華貙以車十五乘·徒七十人犯師而出, 食於睢上, 哭而送之, 乃復入.
楚薳越帥師將逆華氏, 大宰犯諫曰:「諸侯唯宋事其君. 今又爭國, 釋君而臣是助, 無乃不可乎!」
王曰:「而告我也後, 旣許之矣.」

겨울 10월, 화등華登이 오吳나라 군사를 이끌고 본국의 화씨를 구원하였다.

제齊나라 오지명烏枝鳴이 송宋나라 도읍을 지키고 있었는데, 이때 주읍廚邑 사람인 복濮이 오지명에게 말하였다.

"《군지軍志》에 '상대보다 먼저 행동하려면 상대의 마음을 빼앗아야 하고, 상대보다 뒤에 행동하려면 그 세력이 쇠약해짐을 기다려야 한다'라고 하였습니다. 그런데 어찌 저들이 지쳐있고 아직 대열을 정비하지 못한 때에 치지 않으십니까? 저들이 들어와 견고해지면 화씨편은 수가 많아질 것이니 그때는 뉘우쳐도 소용이 없습니다."

그리하여 그의 말을 따랐다.

병인날, 제나라 군사와 송나라 군사가 오나라 군사를 홍구鴻口에서 패배시키고 오나라의 두 장수 공자 고감苦雉과 언주원偃州員을 사로잡았다.

화등은 나머지 무리를 이끌고 송나라 군사를 패배시켰다.

송 원공이 국외로 달아나려 하자 주읍 사람 복이 말하였다.

"저희 소인들은 군주를 위해 죽을지언정, 군주께서 망명하시도록 보낼 수는 없습니다. 청하건대 군주께서는 기다리십시오."

그리고는 군사 대열 속을 돌아다니며 외쳤다.

"휘장을 높이 올리는 사람이 군주의 편이다."

무리들이 그의 말을 따랐다.

원공은 양문揚門에서 그 모습을 보고 아래로 내려가 그들을 순시하면서 이렇게 말하였다.

"나라가 망하고 군주가 죽는 것은 그대들의 수치다. 그것이 어찌 오직 나 혼자만의 죄가 되겠는가?"

제나라 오지명이 말하였다.

"수가 적은 세력으로 싸울 때는 다 같이 죽을 각오로 싸우는 것보다 더 좋은 수가 없고, 다 같이 죽는 데에는 모든 장비를 다 버리는 것보다 더 좋은 수는 없습니다. 상대는 병사들이 많으니 우리는 모두 칼만 가지고 싸우기를 청합니다."

그리하여 그의 제안을 따르기로 하였다.

화씨가 패하여 달아나자 이들은 다시 그들을 뒤쫓았다.

주읍 사람 복이 죽은 병사의 머리를 치마로 싸서 등에 메고 다니면서 외쳤다.

"화등을 잡았도다!"

이리하여 드디어 화씨를 신리新里에서 패배시켰다.

당시 적루신翟僂新은 신리에 살고 있었는데 싸움이 끝나자 갑옷을 벗고 원공에게로 돌아갔다.

그리고 화투華妵는 공리公里에서 살다가 그도 역시 그렇게 하였다.

11월 계미날, 송나라 공자 성城이 진晉나라의 군사를 이끌고 송나라에 이르렀다.

조曹나라 한호翰胡가 진晉나라 순오荀吳, 제나라 원하기苑何忌, 위衛나라 공자 조朝와 만나 송나라를 구조하러 나섰다.

병술날, 자구赭丘에서 송나라 화씨와 싸웠다.

그때 화씨 편의 정편鄭翩이 관진법鸛陣法을 쓰기를 원하였으나 그의 전차를 모는 자는 아진법鵝陣法을 쓸 것을 원하였다.

자록子祿이 공자公子 성城이 탄 전차를 조종하고 장근莊堇이 그의 오른쪽 전사였다.

그때 간주干犨는 여呂 땅 봉인封人 화표華豹의 전차를 몰고 장개張匄가 그의 오른쪽 전사였다.

그들은 공자 성이 본국으로 돌아가는 길에 만나게 되었다.

그러자 화표가 이렇게 소리쳤다.

"성아!"

그러자 공자 성은 노하여 가던 방향을 돌렸다.

그리고 활에 화살을 메기려 하였을 때 화표는 이미 활을 당기고 있었다.

이에 공자 성이 말하였다.

"평공平公의 신령이시여, 저를 도와주소서!"

화표가 활을 쏘자 화살은 공자 성과 자록 사이를 비껴 지나갔다.

이번에는 공자 성이 다시 활에 화살을 메기려 하는데, 화표는 또 다시 활시위를 당기고 있었다.

그러자 공자 성이 말하였다.

"활쏘기를 교대로 하지 않는 것은 비루한 짓이다."

그러자 화표는 화살을 활에서 빼내었다.

공자 성이 활을 쏘았다.

화표가 화살을 맞고 거꾸러졌다.

장개가 창을 빼들고 전차에서 뛰어내리자 공자 성은 활을 쏘아 장개의 다리를 맞혀 다리가 부러졌다.

장개는 엉금엉금 기면서 추격하여 공자 성의 수레 뒷부분을 끊었다.

이에 다시 활을 쏘자 장개는 죽고 말았다.

화표의 전차를 몰던 간주가 자신에게도 활을 쏘아 죽여 줄 것을 청하자 공자 성이 말하였다.

"내 너를 임금께 잘 말해주겠다."

간주가 대답하였다.

"같은 전차에 탄 사람들과 함께 죽지 않는 것은 군법상 대죄입니다. 그러한 죄를 범하고 그대를 따른다면 임금께서 저를 어찌 써 주겠습니까? 그대는 어서 나를 쏘십시오!"

이에 활을 쏘자 간주는 그대로 거꾸러졌다.

이들은 화씨를 대패시키고 남리에서 포위작전을 폈다.

화해華亥는 가슴을 치면서 크게 외치더니 화추華貙를 보자 이렇게 말하였다.

"나는 진晉나라 난씨欒氏의 꼴이 되었네!"

화추가 말하였다.

"그대는 나에게 겁을 주지 마시오. 불행해진 이후에야 죽게 되는 것입니다."

그리고 화등에게 초나라에 가서 군사를 요청하도록 하고 화추 자신은 전차 15승과 보병 70명을 이끌고 포위를 빠져나가 수수睢水 가에서 식사하고, 울면서 화등을 떠나보낸 뒤에 다시 들어갔다.

초나라 위월薳越이 군사를 이끌고 장차 화씨를 맞이하러 나서자 태재大宰 자범子犯이 초왕에게 이렇게 간언하였다.

"제후들 중에 오직 송나라만 자신들의 임금을 잘 섬기고 있습니다. 지금 그들은 다시 나라 안에서 다툼을 벌이고 있는데 그 나라 임금을 버려두고 신하를 돕는다면 이는 잘못된 것이 아니겠습니까?"

평왕이 말하였다.

"그대가 나에게 일러주는 말은 너무 늦었다. 나는 이미 화씨를 돕는 것을 허락하였다."

【華登】大司馬 華費遂의 아들로 吳나라에 망명해 있었음.
【烏枝鳴】齊나라 대부. 宋나라를 돕기 위해 와 있었음.
【廚】읍 이름. 지금의 商丘縣 북쪽.
【濮】주 땅 사람. 廚邑의 大夫.
【軍志】고대의 兵法書.
【丙寅】10월 17일.
【鴻口】宋나라 지명. 지금의 河南 商丘縣 동쪽이며 虞城縣 서북.《方輿紀要》에 "商丘縣東有鴻口亭, 卽昭公二十一年, 齊師敗吳師處"라 함.
【公子苦雂】吳나라 공자로 華登을 따라 宋나라 공격에 나섰던 인물. '雂'은 반절로 「古舍反」'감'으로 읽음. 원음은 '금'.
【偃州員】吳나라 대부. '員'은 「員音云, 又音圓」이라 하여 '운', 혹은 '원'으로 읽음.
【揚徽】군복 肩章이나 胸章 등의 徽章을 높이 들어 廚人 濮의 제안에 찬동을 표시함.
【揚門】宋나라 도읍의 성문 이름. 杜預 注에 "見國人皆揚徽. 睢陽正東門名揚門"이라 함. 원전에는 '楊門'으로 되어 있으나 〈宋本〉에 의해 고침.
【去備】다른 방어 시설이나 軍裝을 모두 버림. 杜預 注에 "示之以不整以誘之"라 함.
【得華登矣】사기를 북돋우기 위해 거짓으로 소리친 것임.
【新里】지금의 河南 開封 부근. 杜預 注에 "新里, 華氏所取邑"이라 함.
【翟僂新】新里에 살던 사람. 처음에는 어쩔 수 없이 華登을 도왔으나 싸움이 끝나자 華登의 편을 들지 않고 宋 元公의 편을 들어 갑옷을 벗고 원공에게 온 것임.
【說甲】'說'은 '脫'과 같음.
【華妵】公里에 살던 사람으로 자신은 華氏의 일족이었으나 華登의 편을 들지 않은 것임. '妵'는 反切로 「他口反」'투'로 읽음.
【公里】송나라 도읍 商丘 근처의 땅 이름.
【癸未】11월 4일.
【公子城】송나라 공자. 平公(成)의 아들이며 元公(佐)의 아우. 杜預 注에 "城以前年奔晉, 今還救宋"이라 함.
【翰胡】曹나라 대부. 조나라 군사를 이끌고 송나라를 구원하러 왔음.
【荀吳】晉나라 대부. 中行穆子. 穆子. 荀偃의 조카. 荀吳의 어머니가 鄭나라 출신이어서 '鄭甥'이라고도 부름. 襄公 19년을 볼 것.
【苑何忌】齊나라 대부.

【公子朝】衛나라 공자. 지난해 晉나라로 망명하였다가 이때 이미 衛나라에 와 있었음.
【丙戌】11월 7일.
【赭丘】지금의 河南 西華縣 부근.《淸一統志》에 "赭丘, 在今河南西華縣十八里"라 하였고 江永은 "華氏以南里叛, 南里在宋城門, 救宋之師, 戰于赭丘, 其地蓋近宋都, 長平之赭丘, 在陳鄭之間, 去宋遠, 同名耳, 非其地"라 함.
【鄭翩】華氏(華登)의 일당.
【鸛·鵝】군사 布陣法 명칭. 宋 陸佃의《埤雅》釋鳥에 "鵝自然有行列, 故〈聘禮〉曰「出如舒鴈」. 古者兵有鸛·鵝之陳也. 舊說江淮謂群鸛旋飛爲鸛井, 則鸛善旋飛, 盤薄霄漢, 與鵝之成列正異, 故古之陳法或願爲鸛也"라 함.
【子祿】杜預 注에 "子祿, 向宜"라 함.
【莊堇】公子 城(平公의 아들)의 전차 오른쪽 담당 병사.
【干犨】華豹의 전차를 몰던 병사.
【呂】지금의 江蘇 銅山 부근.《江南通志》에 "呂城, 在今徐州市北五十里"라 함.
【封人】그곳을 봉지로 받아 다스리는 임무를 맡은 자.
【華豹】杜預 注에 "呂封人華豹, 華氏黨也"라 함.
【關】활 시위를 잡아당겨 곧 쏘려하는 자세를 말함.
【平公】宋나라 군주. 이름은 成. 公子 城의 아버지. B.C.575~532년까지 44년간 재위함.
【不狎】杜預 注에 "狎, 更也"라 하여 '狎'은 '차례를 지키다', 혹은 '다시 화살을 메기다'의 뜻이라 하였음. 孔穎達 疏에는 "城謂豹, 女頻射我, 不使我得更遞, 是爲鄙也. 豹服此言, 故抽矢而止"라 함.
【殳】자루가 긴 창의 일종.
【扶伏】'匍匐'과 같음. '엉금엉금 기다'의 雙聲連綿語.
【軍之大刑】같은 전차에 탄 이들은 생사를 함께 해야 함.《尉繚子》兵教(上)에 "凡伍臨陳, 若一人有不進死於敵, 則教者如犯法者之罪"라 함.
【南里】華亥, 向寧, 華定 등이 반란을 일으킨 근거지.
【華亥】宋나라 대부. 華合比의 아우.
【華貙】華多僚, 華登과 함께 華費遂의 아들 삼형제. '貙'는 反切로 「勅俱反」'추'로 읽음. 華貙는 자가 子皮였음.
【吾爲欒氏矣】晉나라 欒盈이 망명하였다가 본국으로 들어가 반란을 일으켰으나 실패한 사건과 같음. 杜預 注에 "晉欒盈還入, 作亂而死, 事在襄二十三年"이라 함.

【迋】 '공포를 주다. 두렵게 하다. 겁을 주다'의 뜻. 杜預 注에 "迋, 恐也"라 함.
【不幸而後亡】 王引之〈述聞〉에 "言子母以是言恐懼我, 今日之事, 不幸而後死亡, 幸猶不亡也"라 함.
【睢上】 睢水 강가. 睢水는 지금의 商丘縣 서남쪽을 흐르며 원래 㵹蕩渠의 지류. 지금은 惠濟河만 남아 있으며 泗水로 흘러들어감.
【蒍越】 楚나라 장수. '蒍'는 '위'로 읽음.
【氾】 子氾. 楚나라 太宰.
【宋事其君】 당시는 이미 春秋 후기로 각 제후국들의 권력 중심은 임금에게 있지 않고 卿大夫들에게 下向하여 각기 자신의 임금보다는 경대부를 모시는 상황이었음. 이를테면 魯나라는 三桓, 晉나라는 六卿, 齊나라는 陳(田)氏 등이었음. 이들은 뒤에 戰國시대를 맞으며 제후국으로 부상함. 그러나 당시 宋나라만은 그래도 권력이 아직 卿大夫들에게 이동되지 않고 임금을 모시고 있었음을 강조한 것임.
【既許之矣】 杜預 注에 "爲明年華·向出奔楚傳"이라 함.

1511(昭21-6)

冬, 蔡侯朱出奔楚.

겨울, 채후蔡侯 주朱가 초楚나라로 달아났다.

【蔡侯朱】 정식 군주로 즉위하지 못한 채 초나라로 달아난 蔡 平侯의 아들. 《穀梁傳》에는 '東'(東國)이라 하였으나 이는 오류임. 東國은 平侯(廬)를 이어 왕위에 오른 悼侯로 이름이 東國이었으며 B.C.523~519년까지 3년간 재위하고 昭侯(申)로 이어짐. '朱'는 平侯가 죽고 왕위에 오르게 되어 있었으나 미처 즉위하지 못하고 楚나라로 달아난 왕자였음. 《史記》蔡世家에는 이에 대해 "靈侯般之孫東國攻平侯子而自立, 是爲悼侯"라 하여 '平侯子'라고만 하고 이름을 밝히지 않았으며 이가 '朱'일 것으로 봄.

㊁

蔡侯朱出奔楚.

費無極取貨於東國, 而謂蔡人曰:「朱不用命於楚, 君王將立東國. 若不先從王欲, 楚必圍蔡.」

蔡人懼, 出朱而立東國.

朱愬于楚, 楚子將討蔡.

無極曰:「平侯與楚有盟, 故封; 其子有二心, 故廢之. 靈王殺隱大子, 其子與君同惡, 德君必甚. 又使立之, 不亦可乎! 且廢置在君, 蔡無他矣.」

채蔡나라 군주 주朱가 초楚나라로 달아났다.

비무극費無極은 동국東國으로부터 뇌물을 받고 채나라 사람에게 이렇게 말하였다.

"주가 우리 초나라의 명을 듣지 않아 우리 임금께서는 동국을 채나라 임금으로 세우려 하십니다. 만약 우선 우리 임금의 뜻부터 따르지 않는다면, 초나라는 틀림없이 채나라를 포위할 것입니다."

채나라 사람들은 두려워하며, 주를 국외로 내쫓고 동국을 군주로 세웠다.

주가 초나라에게 그 사실을 호소하자 초 평왕이 채나라를 치고자 하였다.

그러자 비무극이 말하였다.

"채 평후平侯는 우리 초나라와 동맹을 맺었던 일이 있었습니다. 그 때문에 우리가 그 나라를 봉해주었던 것입니다. 그런데 그의 아들 주가 두 마음을 품고 있기에 그 때문에 폐위시켰던 것입니다. 우리 초나라 영왕靈王께서 채나라의 태자 은隱을 죽였던 일로, 은태자의 아들 동국과 당신 모두 영왕을 미워하기는 똑같습니다. 동국은 당신을 덕으로 여김이 지극합니다. 그러니 그를 임금으로 세우는 것이 역시 옳지 않겠습니까? 게다가 채나라 군주의 존치存置 여부는 당신에게 달렸으니 채나라로서는 달리 어쩔 수도 없습니다."

【蔡侯】여기서는 정식 즉위를 거치지 않고 도망 나온 朱를 가리킴.
【費無極】費無忌. 楚나라 대부.《史記》楚世家와 伍子胥列傳 및《淮南子》등에는 모두 '費無忌'되어 있음. 杜預 注에 "朝吳, 蔡大夫, 有功於楚平王, 故無極恐其有寵, 疾害之"라 함.
【東國】蔡나라 隱太子의 아들. 平公(平侯, 廬)의 아우이며, 朱의 숙부. 杜預 注에 "東國, 隱大子之子, 平侯廬之弟, 朱叔父也"라 함. 그는 朱를 쫓아내고 군주가 되었음. 蔡 悼公(悼侯)이 되어 B.C.521~491년까지 28년간 재위하고 成侯(成公) 朔이 뒤를 이음.
【有盟】杜預 注에 "盟于鄧, 依陳蔡人以國"이라 함.
【靈王】楚 靈王(熊虔). B.C.540~529년까지 12년간 재위하고 棄疾에게 시살됨. 그 뒤를 棄疾(平王, 熊居)이 이음.
【與君同惡】영왕은 동국의 아버지 은태자를 죽였고, 초 평왕은 영왕을 죽임. 이로써 동국과 그대(평왕)는 다 같이 영왕을 미워하는 것이며 특히 그대(평왕)가 영왕을 죽여줌으로써 동국은 아버지 원수를 대신 갚았다고 여겨 그대를 덕스럽게 받들고 있음.
【廢置】蔡나라 임금을 폐위시키거나 혹 세워주는 일. 이는 모두 楚나라가 그 칼자루를 쥐고 있는 것과 같음. 그 때문에 蔡나라로서는 다른 마음을 가질 수 없음. 杜預 注에 "言權在楚, 則蔡無他心"이라 함.

❋ 1512(昭21-7)

公如晉, 至河乃復.

소공昭公이 진晉나라에 가다가 황하에 이르러 다시 돌아왔다.

【乃復】杜預 注에 "晉人辭公, 故還"이라 함.

㊉

公如晉, 及河.
鼓叛晉, 晉將伐鮮虞, 故辭公.

소공이 진晉나라에 가기 위해 하수河水에 이르렀다.
그런데 고鼓나라가 진晉나라를 배반하여, 진나라는 장차 선우鮮虞를 치고자 하여 그 때문에 소공의 예방을 사절한 것이었다.

【鼓·鮮虞】모두 나라 이름. 昭公 12년·15년을 볼 것.
【鼓叛晉】杜預 注에 "叛晉屬鮮虞"라 함.

203. 昭公 22年(B.C.520) 辛巳

周	景王(姬貴) 25년	齊	景公(杵臼) 28년	晉	頃公(去疾) 6년	衛	靈公(元) 15년
蔡	悼公(東國) 2년	鄭	定公(寧) 10년	曹	悼公(午) 4년	陳	惠公(吳) 10년
杞	平公(郁釐) 16년	宋	元公(佐) 12년	秦	哀公(鍼?) 17년	楚	平王(熊居) 9년
吳	吳王(僚) 7년	許	許男(斯) 3년				

※ 1513(昭22-1)

二十有二年春, 齊侯伐莒.

22년 봄, 제후齊侯가 거莒나라를 쳤다.

【齊侯】당시 齊나라 군주는 景公(杵臼) 28년째였음.

傳
二十二年春王二月甲子, 齊北郭啓帥師伐莒.
莒子將戰, 苑羊牧之諫曰:「齊帥賤, 其求不多, 不如下之, 大國不可怒也.」
弗聽, 敗齊師于壽餘.
齊侯伐莒, 莒子行成.
司馬竈如莒涖盟; 莒子如齊涖盟, 盟于稷門之外.
莒於是乎大惡其君.

22년 봄 2월 갑자날, 제齊나라 북곽계北郭啓가 군사를 이끌고 거莒를 쳤다. 거나라 군주가 나가 싸우려 하자 원양목지苑羊牧之가 간언하였다.

"제나라 장수는 지위가 낮습니다. 그의 요구가 많지 않을 것이니 그에게 낮추어 큰 나라가 노하지 않게 하느니만 못합니다."

거나라 군주는 이 말을 듣지 않고, 제나라 군사를 수여壽餘에서 패배시켰다.

제 경공景公이 거나라를 쳐 거나라 군주가 화평을 청하였다.

그리하여 제나라 사마조司馬竈가 거나라에 가서 맹약에 참가하고, 거나라 군주는 제나라에 가 맹약에 참가하였는데 제나라 도읍의 성문인 직문稷門 밖에서 동맹을 맺었다.

거나라는 이 일로 자신의 임금을 크게 미워하게 되었다.

【甲子】 2월 16일.
【北郭啓】 齊나라 大夫 北郭佐의 후손.
【苑羊牧之】 莒나라 대부. 王引之〈周秦名字解詁〉에 "昭二十年有苑何忌, 則苑乃其氏, 名牧之, 字羊. 古姓名與字並稱者, 恆先字而後名"이라 함.
【壽餘】 지금의 山東 安邱縣 부근. 顧棟高〈大事表〉(7)에 "在今山東省安邱縣境"이라 함.
【司馬竈】 齊나라 대부.
【稷門】 齊나라 도읍 臨淄의 남쪽 성문 이름.
【大惡其君】 杜預 注에 "爲明年莒子來奔傳"이라 함.

● 1514(昭22-2)

宋華亥·向寧·華定自宋南里出奔楚.

송宋나라 화해華亥·상녕向寧·화정華定이 송나라 남리南里에서 초楚나라로 달아났다.

【華亥】宋나라 대부. 華合比의 아우.
【向寧】向戌의 막내아들. 鄝夫人의 아우. 杜預 注에 "寧, 向戌子也. 請於宋公伐邾"라 하였고, 程公說의 《春秋分紀》에 "戌生五子, 曰勝, 曰宣, 曰鄭, 曰行, 曰寧"이라 함.
【華定】宋나라 대부. 華椒의 손자.
【南里】宋나라 도읍 商丘에서 가까운 곳이며 이들이 반란의 근거지로 삼았다가 패한 곳. 전년을 참조할 것.

⟨傳⟩

楚蔿越使告于宋曰:「寡君聞君有不令之臣爲君憂, 無寧以爲宗羞? 寡君請受而戮之.」

對曰:「孤不佞, 不能媚於父兄, 以爲君憂, 拜命之辱. 抑君臣日戰, 君曰『余必臣是助』, 亦唯命. 人有言曰:『唯亂門之無過.』君若惠保敝邑, 無亢不衷, 以獎亂人, 孤之望也. 唯君圖之!」

楚人患之.

諸侯之戍謀曰:「若華氏知困而致死, 楚恥無功而疾戰, 非吾利也. 不如出之, 以爲楚功, 其亦無能爲也已. 救宋而除其害, 又何求?」

乃固請出之, 宋人從之.

己巳, 宋華亥·向寧·華定·華貙·華登·皇奄傷·省臧·士平出奔楚. 宋公使公孫忌爲大司馬, 邊卬爲大司徒, 樂祁爲司城, 仲幾爲左師, 樂大心爲右師, 樂輓爲大司寇, 以靖國人.

초楚나라 위월蔿越이 송宋나라에 사신을 보내어 이렇게 고하였다.

"우리 임금께서 귀국에 나쁜 신하가 있어 임금께 걱정을 끼치고 있다는 말을 들었습니다. 어찌 임금의 종묘에 치욕을 주는 일이 아니겠습니까? 우리 임금께서 청컨대 그러한 자들을 받아 없애줄 것임을 청합니다."

그러자 송 원공元公이 대답하였다.

"내가 똑똑하지 못하여 우리나라 어른들에게 사랑을 받지 못하여 귀국 임금에게 걱정을 끼쳐 이렇게 욕되게 명령을 내리도록 하였군요. 생각건대 임금과 신하가 날마다 싸우고 있을 때 그대 임금께서 '내 반드시 그쪽 신하들 편을 들리라'라고 하신다면 역시 명령을 따를 수밖에 없습니다. 그러나 어떤 사람은 '난이 일어난 집안의 문 앞은 지나가지 말라'라 하였습니다. 귀국의 임금께서 만약 우리나라를 보호하는 은혜를 베풀어주실 양이면, 옳지 못한 자를 보호하여 난을 일으킨 자를 장려하는 일은 없도록 해 주시기 바랍니다. 이것이 저의 바람입니다. 임금께서는 잘 헤아려 주십시오!"

원공의 이 말에 초나라 사람들은 걱정하였다.

송나라를 수비하고 있던 제후국의 사람들이 이렇게 모책을 마련하였다.

"만약 화씨華氏들이 곤란함을 알고 죽을 각오로 버티고, 초나라는 공을 세우지 못한 것을 수치로 여겨 급히 공격해 온다면 이는 우리에게 이롭지 않습니다. 그러니 화씨들을 풀어주어 이를 초나라의 공으로 삼도록 해 주느니만 못합니다. 그렇게 되면 화씨들도 어찌할 수가 없을 것입니다. 송나라를 구해 내고 해가 되는 자들을 제거하면 그만일 뿐 그 이상 무엇을 더 바라겠습니까?"

그리하여 화씨 쪽 사람들을 내보내기를 굳이 요청하자 송나라에서는 그 의견을 따랐다.

기사날, 송나라 화해華亥·상녕向寧·화정華定·화추華貙·화등華登·황엄상皇奄傷·성장省臧·사평士平 등이 초나라로 달아났다.

송 원공은 공손기公孫忌를 대사마大司馬로, 변공邊卬을 대사도大司徒로, 악기樂祁를 사성司城으로, 중기仲幾를 좌사左師로, 악대심樂大心을 우사右師로, 악만樂輓을 대사구大司寇로 삼아 나라 사람들을 안정시켰다.

【薳越】楚나라 장수. '薳'는 '위'로 읽음. 宋나라 華氏와 向氏의 난을 토벌하기 위해 송나라에 갔던 인물.
【宗羞】杜預 注에 "言華氏爲宋宗廟之羞恥"라 함.
【父兄】杜預 注에 "華·向, 公族也, 故稱父兄"이라 함.
【唯亂門之無過】19년 傳에 "無過亂門"이라 함.
【亢】막아주거나 보호해 줌. 元年 傳의 "吉不能亢身, 焉能亢族"의 '亢'과 같음.
【楚人患之】杜預 注에 "患宋以義距之"라 함. 자신들의 영향권에서 멀어질 것을 걱정한 것임.

【無能爲】杜預 注에 "言華氏不能復爲宋患"이라 함.
【己巳】 2월 21일.
【華亥】 宋나라 대부. 華合比의 아우.
【向寧】 向戌의 막내아들. 鄅夫人의 아우. 杜預 注에 "寧, 向戌子也. 請於宋公 伐邾"라 하였고, 程公說의 《春秋分紀》에 "戌生五子, 曰勝, 曰宣, 曰鄭, 曰行, 曰寧"이라 함.
【華定】 宋나라 대부. 華椒의 손자.
【華貙】 華多僚, 華登과 함께 華費遂의 아들 삼형제. '貙'는 反切로 「勅俱反」 '추'로 읽음. 華貙는 자가 子皮였음.
【華登】 華費遂의 아들이며 華貙의 아우.
【皇奄傷·省臧·士平】 華向之亂에 참가하였던 宋나라 사람들. 杜預 注에 "華貙 以下五子不書, 非卿也"라 함.
【公孫忌】 華費遂 대신 大司馬가 되었음.
【邊卭】 宋 平公의 曾孫으로, 華定 대신 大司徒가 되었음.
【樂祁】 樂祁犁. 宋나라 子罕의 손자이며 溷의 아버지. 자는 子梁. 司城子梁 으로도 불림.
【仲幾】 仲江의 玄孫으로 向寧 대신 左師가 되었음.
【樂大心】 宋나라 대부 樂嬰齊의 4세손. 華亥 대신 右師가 되었음.
【樂輓】 子罕의 손자. 大司寇에 오름.
【以靖國人】 杜預 注에 "終梓愼之言, 三年而後弭"라 함.

● 1515(昭22-3)

大蒐于昌間.

노나라가 창간昌間에서 크게 군사 훈련을 하였다.

【蒐】 봄 사냥의 명칭. 원래 蒐·苗·獮·狩 등 계절에 따른 사냥 명칭이 달랐음. 봄에는 새끼를 배지 않은 짐승만 골라잡으며 동시에 군사훈련을 겸함. 여름 에는 곡물의 싹을 해치는 것들을 잡음. 가을에도 역시 군사훈련을 겸해 사냥을

하며. 겨울에는 짐승을 포위하여 잡음. 《司馬法》仁本篇에 "國雖大, 好戰必亡; 天下雖安, 忘戰必危. 天下旣平, 天下大愷, 春蒐秋獮; 諸侯春振旅, 秋治兵, 所以不忘戰也"라 함.
【昌間】《公羊傳》에는 '昌姦'으로 되어 있음. 江永의 〈春秋考實〉에 "〈括地志〉: 「昌平山在泗水縣南六十里, 有昌平鄕, 故山爲名.」 然則昌間其在泗水縣境歟?" 라 함.
＊無傳

✹ 1516(昭22-4)

夏四月乙丑, 天王崩.

여름 4월 을축날, 주周 천왕天王이 붕어하였다.

【乙丑】4월 18일.
【天王】周 景王(姬貴). 靈王(姬泄心)의 뒤를 이어 B.C.544~520년까지 25년간 재위하고 이때에 생을 마침. 頃王(姬匄)이 그 뒤를 이음.

㊉
  王子朝·賓起有寵於景王, 王與賓孟說之, 欲立之.
  劉獻公之庶子伯蚠事單穆公, 惡賓孟之爲人也, 願殺之; 又惡王子朝之言, 以爲亂, 願去之.
  賓孟適郊, 見雄雞自斷其尾.
  問之, 侍者曰:「自憚其犧也.」
  遽歸告王, 且曰:「雞其憚爲人用乎! 人異於是. 犧者實用人, 犧實難, 己犧何害?」

王弗應.
夏四月, 王田北山, 使公卿皆從, 將殺單子·劉子.
王有心疾, 乙丑, 崩于榮錡氏.
戊辰, 劉子摯卒, 無子, 單子立劉蚠.
五月庚辰, 見王, 遂攻賓起, 殺之, 盟羣王子于單氏.

주周나라 왕자 조朝와 빈기賓起는 천자 경왕景王에게 총애를 받았으며 경왕과 빈맹賓孟은 왕자 조를 좋아하여, 그를 태자로 삼으려 하였다.

유헌공劉獻公의 서자 백분伯蚠은 선목공單穆公을 섬기면서 빈맹의 사람됨을 미워하여 죽이기를 원하였고, 또 왕자 조가 하는 말은 난을 일으키는 짓이라 하여 역시 미워하여 없애기를 원하였다.

빈맹이 교외로 나갔다가 수탉이 스스로 꼬리를 물어뜯어 뽑고 있는 것을 보고 시종에게 그 까닭을 묻자 시종이 이렇게 설명하는 것이었다.

"제물의 희생이 되기를 꺼려하기 때문입니다."

빈맹은 급히 돌아가 경왕에게 그 일을 일러주면서 이렇게 말하였다.

"닭은 제물로 쓰이는 것을 싫어하지만 사람은 그와 다릅니다. 희생이란 실로 남에게 쓰이는 것입니다. 그러한 희생이 되기는 실로 어렵지만 자신이 희생이 되고나서 사랑과 권력을 쥐게 된다면 그 다음에는 무슨 해가 있을 수 있겠습니까?"

그러나 경왕은 그 말에 응답하지 않았다.

여름 4월, 경왕이 북산北山으로 사냥을 나서면서 공경들도 모두 따라 나서도록 하여 그 기회에 선자單子와 유자劉子를 죽여 없앨 참이었다.

그런데 심장 질환이 일어나 을축날 영기씨榮錡氏의 집에서 붕어하고 말았다.

무진날, 유자 지摯가 세상을 떠나자 그에게는 적자가 없어 선자는 유분을 후계자로 삼아주었다.

5월 경진날, 유분은 새로 즉위한 도왕悼王(子猛)을 찾아뵙고 드디어 빈기를 공격하여 죽이고 여러 왕자들과 선씨 집에서 맹약을 맺었다.

【王子朝】周 景王의 長庶子. 漢書 古今人表와 五行志에는 모두 '王子鼌'로 되어 있음. 〈釋文〉에는 "或云朝錯(鼌錯)是王子朝之後"라 함.
【賓起】賓孟. 周나라 卿士이며 王子 朝의 師傅. 杜預 注에 "王於賓孟, 欲立子朝 爲大子"라 함.
【欲立之】周 景王은 昭公 15년에 태자 壽를 잃고 그의 아우 猛(悼王)을 후계자로 정하였으나 이때에는 庶長子 朝를 태자로 삼으려 하였음.
【劉獻公】周나라 왕실의 卿士. 이름은 劉摯.
【伯蚠】劉蚠. 劉獻公의 庶子. 뒤에 劉獻公의 뒤를 이어 卿士가 됨. 杜預 注에 "子朝有欲位之言, 故劉蚠惡之"라 함.
【單穆公】역시 주 왕실의 경사. 單旗. 伯蚠을 劉氏 후계자로 세워줌.
【憚其犧】온전한 닭이 아니면 희생에 쓰이지 않음을 뜻함.《周禮》地官 牧人의 鄭玄 注에 "犧牲, 毛羽完具也. 授充人者, 當殊養之"라 함.
【人異於是】가축은 희생물로 낙점이 되면 사랑을 받고 장식을 하지만 끝내 죽음을 당함. 그러나 사람은 총애를 입어 현달하여 권력을 쥐면 그 다음에는 더 이상 해코지를 당하지 않음. 빈맹이 왕자 조를 서둘러 후계로 삼을 것을 종용한 것. 杜預 注에 "雞犧雖見寵飾, 然卒當見殺. 若人見寵盛, 則當貴盛, 故言異於雞"라 함.
【王弗應】杜預 注에 "十五年大子壽卒, 王立子猛, 後復欲立子朝而未定. 賓孟感雞, 盛稱子朝, 王心許之, 故不應"이라 함.
【北山】洛陽 북쪽의 北芒山. 杜預 注에 "北山, 洛北芒也. 王知單·劉不欲立子朝, 欲因田獵先殺之"라 함.
【榮錡氏】榮錡는 周나라 대부의 이름. 그의 집에서 죽음을 맞음. 杜預 注에 "河南 鞏縣有榮錡澗"이라 함.
【戊辰】4월 21일.
【庚辰】5월 4일.
【見王】여기서의 '王'은 王子 猛을 가리킴. 景王이 죽고 순서에 따라 왕위에 오를 차례였기에 왕이라 부른 것이며 미처 1년이 되지 않아 죽어 世系에는 오르지 못함. 悼王으로 불림.
【盟群王子】杜預 注에 "王子猛次正, 故單·劉立之, 懼諸王子或黨子朝, 故盟之"라 함.

㊉

晉之取鼓也, 旣獻而反鼓子焉.
又叛於鮮虞.
六月, 荀吳略東陽, 使師偽糴者負甲以息於昔陽之門外, 遂襲鼓, 滅之, 以鼓子鳶鞮歸, 使涉佗守之.

진晉나라가 고鼓나라를 차지하여 이를 종묘에 보고한 다음 고나라 군주를 돌려보냈다.

그런데 그들이 다시 그는 선우鮮虞에 귀속되어 진나라를 배반하는 것이었다.

6월, 순오荀吳가 동양東陽 땅을 순행하면서 군사들로 하여금 거짓으로 양식을 메고 날라 옮기는 것처럼 하되 실제로는 갑옷을 메고 석양昔陽의 성문 밖에서 쉬고 있도록 하였다. 그리고는 드디어 고나라를 습격하여 멸망시키고 고나라 군주 연제鳶鞮를 데리고 돌아가면서 섭타涉佗로 하여금 그 땅을 지키도록 하였다.

【取鼓】쯥나라가 鼓나라를 취한 것은 15년을 볼 것.
【鮮虞】鼓와 鮮虞는 같은 白狄이었음.
【荀吳】晉나라 대부. 中行穆子. 穆子. 荀偃의 조카. 荀吳의 어머니가 鄭나라 출신이어서 '鄭甥'이라고도 부름. 襄公 19년을 볼 것.
【東陽】晉나라 땅. 太行山 동쪽으로부터 河南 북부 일대.
【昔陽】鼓나라 땅. 지금의 河北 晉縣. 昭公 12년을 볼 것.
【鳶鞮】鼓나라 군주의 이름.
【涉佗】晉나라 대부.

※ **1517(昭22-5)**

六月, 叔鞅如京師, 葬景王.

6월, 숙앙叔鞅이 경사京師로 가서 경왕景王의 장례에 참석하였다.

【叔輒】魯나라 대부. 叔弓의 아들. 杜預 注에 "叔輒, 叔弓子. 三月而葬, 亂, 故速"이라 하여 석 달 만에 장례를 치른 것은 난이 일어나 서둘렀기 때문이라 하였음.

※ 1518(昭22-6)

王室亂.

주周 왕실王室에 난이 일어났다.

※ 1519(昭22-7)

劉子·單子以王猛居于皇.

유자劉子와 선자單子가 새 천자 왕맹王猛을 모시고 황皇에 거주하였다.

【劉子】劉蚠. 劉獻公(摯)의 庶子로 單子에 의해 후계로 세워져 周나라 卿士가 됨.
【單子】周나라 卿士. 單穆公. 單旗.
【王猛】즉위하지 못한 채 죽었으나 悼王이라는 시호로 불림.
【皇】지금의 洛陽市 동쪽이며 鞏縣의 서남쪽.《方輿紀要》에 "訾城在今鞏縣西南四十里, 黃亭在訾城北三里, 有皇水, 春秋昭二十二年, 劉子單子以王子猛居于皇, 卽黃亭也"라 함.

※ 1520(昭22-8)

秋, 劉子·單子以王猛入于王城.

가을, 유자劉子와 선자單子가 왕맹王猛을 모시고 왕성王城으로 들어갔다.

【王城】지금의 洛陽市 서북쪽 귀퉁이. 당시 왕의 正宮이 있었음.

● 1521(昭22-9)

冬十月, 王子猛卒.

겨울 10월, 왕자王子 맹猛이 죽었다.

【十月】傳文에는 "十日月乙酉"라 하였고 杜預 注에 "經書「十月」, 誤. 雖未卽位, 周人謚曰悼王"이라 함.
【王子猛】悼王.
【卒】杜預 注에 "未卽位, 故不言崩"이라 함.

㊤
丁巳, 葬景王.
王子朝因舊官·百工之喪職秩者與靈·景之族以作亂.
帥郊·要·餞之甲, 以逐劉子.
壬戌, 劉子奔揚.
單子逆悼王于莊宮以歸.
王子還夜取王以如莊宮.
癸亥, 單子出.
王子還與召莊公謀, 曰:「不殺單旗, 不捷. 與之重盟, 必來. 背盟而能克者多矣.」
從之.
樊頃子曰:「非言也, 必不克.」
遂奉王以追單子, 及領, 大盟而復.
殺摯荒以說. 劉子如劉, 單子亡.

乙丑, 奔于平畤.

鞏王子追之, 單子殺還·姑·發·弱·鬷·延·定·稠, 子朝奔京.

丙寅, 伐之, 京人奔山.

劉子入于王城.

辛未, 鞏簡公敗績于京.

乙亥, 甘平公亦敗焉.

叔鞅至自京師, 言王室之亂也.

閔馬父曰:「子朝必不克. 其所與者, 天所廢也.」

單子欲告急於晉.

秋七月戊寅, 以王如平畤, 遂如圉車, 次于皇.

劉子如劉.

單子使王子處守于王城.

盟百工于平宮.

辛卯, 鄩肸伐皇.

大敗, 獲鄩肸, 壬辰, 焚諸王城之市.

八月辛酉, 司徒醜以王師敗績于前城.

百工叛.

己巳, 伐單氏之宮, 敗焉.

庚午, 反伐之.

辛未, 伐東圉.

冬十月丁巳, 晉籍談·荀躒帥九州之戎及焦·瑕·溫·原之師, 以納王于王城.

庚申, 單子·劉蚠以王師敗績于郊, 前城人敗陸渾于社.

十一月乙酉, 王子猛卒, 不成喪也.

己丑, 敬王卽位, 館于子旅氏.

정사날, 천자 경왕景王의 장례를 치렀다.

왕자 조朝는 옛 관료들과 백공으로서 직위를 잃은 자들, 영왕靈王과 경왕에서 갈려나간 지족支族들을 모아 반란을 일으켰다.

그리하여 교郊, 요要, 전餞 땅의 무장병을 이끌고 유자劉子(伯蚡)를 축출하였다.

임술날, 유자는 양揚 땅으로 달아났다.

선자單子는 도왕悼王(猛)을 장궁莊宮에서 맞이하여 자신의 집으로 돌아갔다.

왕자 환還은 밤에 천자를 빼내어 모시고 장궁으로 갔다.

계해날, 선자가 도읍을 빠져나갔다.

왕자 환은 소장공召莊公과 이렇게 모책을 세웠다.

"선자 기旗를 죽이지 않으면 이길 수 없습니다. 그와 거듭 맹약을 하겠노라 하면 그는 틀림없이 찾아올 것입니다. 맹약을 어기고도 능히 뜻을 이룬 사람도 많이 있습니다."

소장공은 그 의견을 따르기로 하였다.

그러나 번경자樊頃子는 이렇게 말하였다.

"그것은 말이 안 됩니다. 그렇게 했다가는 틀림없이 성공하지 못할 것입니다."

이에 왕자 환은 드디어 왕을 모시고 선자를 추격하여 영領에 이르러 크게 맹약을 맺어 그들을 복귀시켜 주겠노라 하고 모든 죄를 지황摯荒에게 씌워서 죽일 것이라 설득하였다.

그러자 유자는 유劉 땅으로 돌아가고, 선자는 도망쳐버렸다.

을축날, 선자는 평치平畤로 달아났다.

여러 왕자들이 그를 뒤쫓아오자 선자는 환還·고姑·발發·약弱·종鬷·연延·정定·조稠를 죽여버렸고 왕자 조朝는 경京으로 달아났다.

병인날, 선자가 그를 치자 경 땅 사람들은 산으로 달아났다.

유자는 왕성王城으로 들어갔다.

신미날, 공간공鞏簡公이 경에서 왕자 조朝에게 패하였다.

을해날, 감평공甘平公도 역시 패하고 말았다.

숙앙叔鞅이 경사京師에서 돌아와 왕실에 난이 일어났음을 알려주었다.

그러자 민마보閔馬父가 말하였다.

"왕자 조는 반드시 실패할 것이다. 그에게 동조하는 자들은 하늘로부터 버림받은 이들이다."

선자가 다급한 사정을 진晉나라에게 알리려 하였다.

가을 7월 무인날, 주 도왕을 모시고 평치로 갔다가 드디어 포거圃車로 가서 황皇에서 머물렀다.

그때 유자는 유劉 땅으로 갔다.

선자는 왕자 처處로 하여금 왕성을 지키도록 하였다.

그리고 백공들과 평궁平宮에서 맹약을 맺었다.

신묘날, 심힐鄩肸이 황 땅을 공격하였다.

그러자 선자는 이들을 크게 패배시키고 심힐을 사로잡아 임진날, 왕성의 저자거리에서 불에 태워 죽였다.

8월 신유날, 주나라 사도 추醜가 천왕의 군사를 이끌고 전성前城에서 싸우다 패배하였다.

그러자 백공들이 반란을 일으켰다.

기사날, 백공들이 도읍에 있는 선자의 저택을 공격하였으나 패하였다.

경오날, 선자 측이 도리어 백공들을 쳤다.

신미날, 동어東圉를 공격하였다.

겨울 10월 정사날, 진晉나라 적담籍談과 순력荀躒이 아홉 고을의 융족戎族과 초焦·하瑕·온溫·원原의 군사를 이끌고 이들을 왕성 안으로 들여보냈다.

경신날에 선자와 유분이 왕의 군사를 이끌고 교郊에서 싸웠으나 패하였고, 전성 사람들이 육혼陸渾의 융족을 사社에서 무찔렀다.

11월 을유날, 왕자 맹이 세상을 떠났는데 '졸'이라 쓴 것은 상喪을 마치지 못하였기 때문이다.

기축날, 경왕敬王이 즉위하여, 대부인 자려씨子旅氏의 집에 머물렀다.

【丁巳】 11일.

【靈景之族】 靈王(姬泄心)과 景王(姬貴)에게서 分派하여 갈려나간 支族들.

【郊·要·餞】 杜預 注에 "三邑, 周地"라 함. 지금의 洛陽 서쪽 新安縣에 있는 지명들. 《方輿紀要》에 "鄩城在鞏縣西南五十八里, 周鄩邑也, 郊與鄩蓋相近. 要, 卽靑要山"이라 함.

【劉子】 伯蚡을 가리킴.

【壬戌】 16일.

【揚】천자의 직할 지명으로 지금의 洛陽 동쪽 偃師縣 근처.

【悼王】王子 猛.

【莊宮】莊王(姬佗)의 사당. 莊王은 周나라 선대 임금. B.C.696~682년까지 15년간 재위하였음.

【王子還】杜預 注에 "王子還, 子朝黨也. 不欲使單子得王猛, 故取之"라 함. '還'을 '선'으로 읽기도 함.

【癸亥】17일.

【召莊公】周나라 왕실의 卿士. 이름은 奐. 杜預 注에 "莊公, 召伯奐, 子朝黨也"라 함.

【單旗】單子. 單穆公의 이름.

【背盟】王子 還은 재차 맹약을 구실로 單子를 불러놓고 그 기회에 죽이는 것은 맹약을 배신하는 것이지만 이로써 일을 성사시켜야 한다는 주장을 한 것임.

【樊頃子】樊齊. 頃子는 시호. 單子와 劉子의 黨.

【領·劉】揚 근처의 땅.

【領】周나라 땅. 지금의 偃師縣과 洛陽市 사이의 지명. 轘轅山이라 하며 일명 崿嶺이라 함.

【大盟而復】杜預 注에 "欲重盟令單子·劉子復歸"라 함.

【摯荒】인명. 杜預 注에 "委罪於荒"이라 함.

【單子亡】單穆公은 王子 還의 말이 거짓임을 알고 도망친 것임. 楊伯峻은 "蓋樊齊告以王子還之陰謀, 故出逃"라 함.

【平畤】지금의 偃師縣과 鞏縣 사이. 襄公 30년 傳을 볼 것.

【還·姑·發·弱·鬷·延·定·稠】杜預 注에 "八子, 靈·景之族, 因戰以殺之"라 함.

【京】지명. 伊水의 남쪽, 洛陽의 서남쪽.

【丙寅】20일.

【辛未】25일.

【鞏簡公】鞏 땅을 채읍으로 한 簡公. 周나라 왕실의 卿士.

【敗績】全軍이 대패하였을 때 쓰는 말. 莊公 11년 傳에 "凡師, 敵未陳曰敗某師, 皆陳曰戰, 大崩曰敗績"이라 함.

【乙亥】29일.

【甘平公】甘(지금의 洛陽 남쪽) 땅을 채읍으로 한 平公. 역시 周나라 卿士.

【叔鞅】魯나라 대부. 叔弓의 아들. 景王의 장례에 참석차 周나라를 다녀왔었음.

【閔馬父】魯나라 대부. 閔子馬. 杜預 注에 "閔馬父, 閔子馬, 魯大夫. 天所廢, 謂群喪職秩者"라 함.

【戊寅】7월 3일. 杜預 注에 "戊寅, 七月三日. 經書六月, 誤"라 함.

【圃車】杜預 注에 "圃車, 周地, 當近鞏縣之皇"이라 함.
【皇】《方興紀要》에 "訾城在今鞏縣西南四十里, 黃亭在訾城北三里, 有皇水, 春秋 昭二十二年, 劉子單子以王子猛居于皇, 卽黃亭也"라 함.
【王子處】子朝의 일당을 막기 위해 王城을 지키도록 한 것임. 杜預 注에 "王子處, 子猛黨. 守王城, 距子朝"라 함.
【平宮】平王의 사당. 平王(宜臼)은 도읍을 洛陽으로 옮긴 東周의 첫 임금.
【辛卯】7월 16일.
【鄩肸】주나라 대부. 鄩은 원래 읍 이름. 지금의 河南 鞏縣과 洛陽 사이의 鞏洛渡 북쪽 鄩谷水. 肸은 이름.
【壬辰】7월 17일.
【焚】杜預 注에 "焚鄩肸"이라 함.
【辛酉】8월 16일.
【司徒醜】周 悼王(猛)의 司徒. 醜는 이름.
【前城】《水經注》에 "伊水自新城, 又北逕前城西, 卽昭公二十二年, 晉箕遺濟師 取前城者也"라 함.
【百工叛】杜預 注에 "司徒醜敗故"라 하여 백공들이 司徒 醜를 위해 單氏를 공경함.
【己巳】8월 24일.
【庚午】8월 25일.
【辛未】8월 26일.
【東圉】百工들이 거처하던 곳.《彙纂》에 "周地有東圉西圉, 東圉卽圉鄕, 在洛陽 東南"이라 함.
【丁巳】10월 13일.
【籍談】晉나라 대부. 籍秦의 아버지.
【荀躒】荀盈(知盈)의 아들. 시호는 文子(文伯). 下軍佐에 임명하여 아버지 뒤를 잇도록 하였음. 杜預 注에 "躒, 荀盈之子, 知文子也. 佐下軍, 代父也"라 함.
【九州之戎】陸渾의 융족. 昭公 17년에 晉나라가 陸渾의 戎族을 정벌, 그 거주 지를 아홉 고을로 나누었음. 杜預 注에 "九州戎, 陸渾戎. 十七年滅屬晉. 州, 鄕屬也. 五州爲鄕"이라 함.
【焦】지금의 河南 陝縣 서쪽.
【瑕】지금의 山西 芮城縣 남쪽.
【溫】지금의 河南 溫縣 서남쪽.
【原】지금의 河南 濟源縣 서북쪽.

10.〈昭公 22年〉3027

【庚申】 10월 16일.
【社】 토지신을 모신 社廟. 지금의 鞏縣에 있었음. 杜預 注에 "在今河南鞏縣西北"이라 함. 《彙纂》에는 "黃河西自偃師界入鞏縣, 洛水入之. 有五社渡, 又爲五社津. 光武遣耿弇等軍五社, 備滎陽以東, 卽此"라 함.
【乙酉】 11월 12일.
【不成喪】 '王子猛卒'이라 하여 猛(悼王)의 죽음에 經文에 '崩'이라 쓰지 않고 '卒'이라 기록한 것은 천자 景王의 상기를 마치지 못하였기 때문이었음을 밝힌 것임. 杜預 注에 "釋所以不稱「王崩」"이라 함.
【己丑】 11월 16일.
【敬王】 姬匄. 杜預 注에 "敬王, 王子猛母弟王子匄"라 함. 敬王(姬匄)은 B.C.519~476년까지 44년간 재위하였으며 이로써 春秋時代가 마감됨.
【子旅氏】 子旅는 周나라 대부. 난으로 인하여 궁궐에 들어가지 못하고 급한 대로 자려씨 집에 머물렀음을 말함.

㊉
十二月庚戌, 晉籍談, 荀躒·賈辛·司馬督帥師軍于陰, 于侯氏, 于谿泉, 次于社.
王師軍于氾, 于解, 次于任人.
閏月, 晉箕遺·樂徵·右行詭濟師取前城, 軍其東南.
王師軍于京楚.
辛丑, 伐京, 毀其西南.

12월 경술날, 진晉나라 적담籍談·순력荀躒·가신賈辛·사마독司馬督 등이 군사를 이끌고 음陰·후씨侯氏·계천谿泉 등에 진을 치고 사社에 주둔하였다.
그리고 왕의 군사는 범氾·해解에 진을 치고, 임인任人에 주둔하였다.
윤달, 진나라 기유箕遺·악징樂徵·우행궤右行詭가 군사는 강을 건너 전성前城을 점령하고 그 동남쪽에 진을 쳤다.
왕의 군사들은 경초京楚에 진을 쳤다.
신축날, 경京 땅을 공격하여 그 서남쪽 성을 무너뜨렸다.

【庚戌】12월 7일.
【賈辛】晉나라 대부. 여기의 賈辛은 成公 18년 '右行賈辛'이 아님. 同名異人.
【司馬督】司馬烏. 晉나라 대부.
【陰】平陰. 지금의 河南 孟津縣 북쪽. 籍談의 군사가 이곳에 진을 침. 杜預 注에 "籍談所軍"이라 함.
【侯氏】지금의 緱氏鎭. 荀躒의 군사가 이곳에 진을 침. 杜預 注에 "荀躒所軍"이라 함.
【谿泉】지금의 洛陽市 동남쪽.《彙纂》에 "《水經注》, 洛水又東, 明樂泉注之, 水出南原下, 五泉並導, 故世謂之五道泉, 卽古明谿泉也"라 함. 賈辛의 군사가 이곳에 진을 침. 杜預 注에 "賈辛所軍. 鞏縣西南有明谿泉"이라 함.
【次】군사가 주둔함을 뜻함. 莊公 3년 傳에 "凡師, 一宿爲舍, 再宿爲信, 過信爲次"라 함. 司馬督의 군사가 그곳에 주둔함. 杜預 注에 "司馬督所次"라 함.
【氾】지금의 鞏縣 동북쪽.
【解】지금의 洛陽 서남쪽. 杜預 注에 "洛陽西南有大解·小解"라 함.
【箕遺·樂徵·右行詭】杜預 注에 "三子, 晉大夫"라 함.
【濟師】진나라 군사들이 伊水와 洛水를 건넘. 杜預 注에 "濟師, 渡伊·洛"이라 함.
【京楚】洛陽 부근의 지명.
【辛丑】12월 29일.
【京】杜預 注에 "子朝所在"라 하여 子朝가 있던 곳임.

1522(昭22-10)

十有二月癸酉朔, 日有食之.

12월 계유날 초하루, 일식이 있었다.

【日有食之】B.C.520년 11월 23일 皆旣日食이 있었으나 지금의 山東 魯나라 지역에서는 부분일식으로 나타났다 함.
＊無傳

204. 昭公 23年(B.C.519) 壬午

周	敬王(姬匄) 원년	齊	景公(杵臼) 29년	晉	頃公(去疾) 7년	衛	靈公(元) 16년
蔡	悼公(東國) 3년	鄭	定公(寧) 11년	曹	悼公(午) 5년	陳	惠公(吳) 11년
杞	平公(郁釐) 17년	宋	元公(佐) 13년	秦	哀公(鍼?) 18년	楚	平王(熊居) 10년
吳	吳王(僚) 8년	許	許男(斯) 4년				

● **1523(昭23-1)**

二十有三年春王正月, 叔孫婼如晉.

23년 봄 주력 정월, 노나라 숙손착叔孫婼이 진晉나라에 갔다.

【叔孫婼】叔孫昭子. 叔孫穆子의 서자. 豎牛에 의해 叔孫氏 후계자가 됨.《公羊傳》
에는 '叔孫舍'로 되어 있음. 杜預 注에 "謝取邾師"라 함.

傳

二十三年春王正月壬寅朔, 二師圍郊.
癸卯, 郊·鄩潰.
丁未, 晉師在平陰, 王師在澤邑.
王使告間, 庚戌, 還.

23년 봄 정월 임인날 초하루, 주周 경왕敬王의 군사와 진晉나라 군사가 교郊를 포위하였다.

계묘날, 교와 심鄩이 무너졌다.

정미날, 진나라 군사는 평음平陰에 주둔하고, 경왕의 군사는 택읍澤邑에 주둔하였다.

경왕이 진나라 군사에게 이제 안정되었다고 고하여 경술날 진나라 군사가 돌아갔다.

【二師】杜預 注에 "二師, 王師·晉師也"라 함. 실제 이 구절은 전년도 "伐京, 毁其西南"에 연속되는 내용임.
【癸卯】정월 2일.
【鄩】지금의 河南 鞏縣. 자조가 차지하고 있던 땅. 杜預 注에 "河南鞏縣西南有地, 名鄩中. 郊·鄩二邑, 皆子朝所得"이라 함.
【丁未】정월 6일.
【平陰】지금의 河南 孟津縣 동쪽.
【澤邑】지금의 河南 洛陽 왕성 부근의 고대 狄泉. 《史記》周本紀에 "敬王居澤"이라 함.
【告間】흔히 조금 여유가 있음을 표현하는 말로 쓰임.
【庚戌】정월 9일.

※ 1524(昭23-2)

癸丑, 叔鞅卒.

계축날, 노나라 숙앙叔鞅이 죽었다.

【癸丑】정월 12일.
【叔鞅】魯나라 대부. 叔弓의 아들이며 叔輒의 아우. 그의 아들 叔詣가 뒤를 이어 대부가 됨. 汪克寬의 〈纂疏〉에 "叔弓之子, 輒之弟也. 子詣嗣爲大夫"라 함.
＊無傳

傳

夏四月乙酉, 單子取訾, 劉子取牆人·直人.
六月壬午, 王子朝入于尹.
癸未, 尹圉誘劉佗殺之.
丙戌, 單子從阪道, 劉子從尹道伐尹.
單子先至而敗, 劉子還.
己丑, 召伯奐·南宮極以成周人戍尹.
庚寅, 單子·劉子·樊齊以王如劉.
甲午, 王子朝入于王城, 次于左巷.
秋七月戊申, 鄩羅納諸莊宮.
尹辛敗劉師于唐.
丙辰, 又敗諸鄩.
甲子, 尹辛取西闈.
丙寅, 攻蒯, 蒯潰.

여름 4월 을유날, 선자單子가 자읍訾邑을 차지하고, 유자劉子는 장읍牆邑과 직읍直邑 사람들을 자신의 지배로 삼았다.

6월 임오날, 왕자 조朝가 윤尹으로 들어갔다.

계미날, 윤어尹圉가 유타劉佗를 꾀어내어 죽였다.

병술날, 선자는 판도阪道로부터, 유자는 윤도尹道로부터 윤을 쳐들어갔다. 선자가 먼저 도착하였으나 패하자 유자는 돌아오고 말았다.

기축날, 소백召伯 환奐과 남궁극南宮極이 성주成周 사람들을 이끌고 윤읍을 지켰다.

경인날, 선자와 유자, 그리고 번제樊齊가 왕을 모시고 유劉 땅으로 갔다.

갑오날, 왕자 조가 왕성 안으로 들어가 좌항左巷에 군사를 주둔시켰다.

가을 7월 무신날, 심라鄩羅가 왕자 조를 장궁莊宮으로 받아들였다.

윤신尹辛이 유자의 군사를 당唐 땅에서 패배시켰다.

병진날, 윤신이 이들을 심鄩 땅에서 패배시켰다.

갑자날, 윤신이 서위西闈를 점령하였다.
병인날, 괴郯를 공격하자 괴가 무너졌다.

【乙酉】4월 14일.
【訾】당시 東訾, 西訾가 있었으며 모두 鞏縣에 있었음.《河南通志》에 "東訾城, 在鞏縣西南四十里, 卽昭公二十三年, 單子取訾是也"라 함. 子朝가 차지하고 있던 땅.
【牆·直】《彙纂》에 "今新安縣東北有白牆村, 疑是其處"라 함. 지금의 河南 新安縣. 直도 역시 같은 근처였음.
【壬午】6월 12일.
【尹】江永은 지금의 宜陽縣 尹谿, 尹谷이 아닌가 하였음. 尹氏의 읍. 杜預 注에 "自京入尹氏之邑"이라 하였고, 孔穎達 疏에는 "前年子朝在京, 王師雖毀其西南, 不言克京. 又今年二師圍郊, 不言子朝在郊, 故云自京入尹"이라 함.
【癸未】6월 13일.
【尹圉】杜預 注에 "尹文公也"라 함.
【劉佗】劉盆의 一族. 杜預 注에 "劉佗, 劉盆族, 敬王黨"이라 함.
【丙戌】6월 16일.
【阪道】偃師 東南의 鄂里阪, 鞏縣 동남의 轘轅阪, 宜陽 동남의 九曲阪 등을 가리킴.
【尹道】尹邑으로 들어가는 길.
【己丑】6월 19일.
【召伯奐·南宮極】杜預 注에 "二子, 周卿士. 奐, 召莊公"이라 함.
【庚寅】6월 20일.
【成周】東周 洛邑.《說苑》修文篇에 "春秋曰:『天王入于成周』傳曰:「成周者何? 東周也.」"라 함.
【樊齊】樊頃子. 頃子는 시호. 單子와 劉子의 黨.
【甲午】6월 24일
【次】군사가 주둔함을 뜻함. 莊公 3년 傳에 "凡師, 一宿爲舍, 再宿爲信, 過信爲次"라 함.
【左巷】杜預 注에 "近東城"이라 함.
【甲戌】7월 9일.
【鄩羅】周나라 대부. 鄩肸의 아들.

【尹辛】杜預 注에 "尹辛, 尹氏族"이라 함.
【莊宮】周 莊王(姬佗)의 사당. 莊王은 東周 3대 군주로 B.C.696~862년까지 15년간 재위함.
【唐】周나라 땅.《一統志》에 "今洛陽縣東, 有唐聚"라 함.
【西閻】지금의 洛陽 서남쪽.
【丙寅】7월 27일.
【鄩】《一統志》에 "今洛陽縣西南十四里, 有鄩鄉"이라 함. 杜預 注에 "於是敬王居狄泉, 尹氏立子朝"라 하여 敬王의 지위가 매우 불안해졌다 하였음.

✱ 1525(昭23-3)

晉人執我行人叔孫婼.

진晉나라가 우리의 행인行人 숙손착叔孫婼을 붙잡았다.

【行人】외교관. 통역관. 사신을 잡은 것은 예에 맞지 않음. 그 때문에 '使臣'임에도 '行人'이라 표현한 것이라 함. 杜預 注에 "稱'行人', 譏晉執使人"이라 함.
【叔孫婼】叔孫昭子. 叔孫穆子의 서자. 豎牛에 의해 叔孫氏 후계자가 됨.

㊉
邾人城翼, 還, 將自離姑.
公孫鉏曰:「魯將御我.」
欲自武城還, 循山而南.
徐鉏‧丘弱‧茅地曰:「道下, 遇雨, 將不出, 是不歸也.」
遂自離姑.
武城人塞其前, 斷其後之木而弗殊, 邾師過之, 乃推而蹶之, 遂取邾師, 獲鉏‧弱‧地.
邾人愬于晉, 晉人來討.

叔孫婼如晉, 晉人執之.

書曰:「晉人執我行人叔孫婼」, 言使人也.

晉人使與邾大夫坐, 叔孫曰:「列國之卿當小國之君, 固周制也. 邾又夷也. 寡君之命介子服回在, 請使當之, 不敢廢周制故也.」

乃不果坐.

韓宣子使邾人聚其眾, 將以叔孫與之.

叔孫聞之, 去眾與兵而朝.

士彌牟謂韓宣子曰:「子弗良圖, 而以叔孫與其讎, 叔孫必死之. 魯亡叔孫, 必亡邾. 邾君亡國, 將焉歸? 子雖悔之, 何及? 所謂盟主, 討違命也. 若皆相執, 焉用盟主?」

乃弗與.

使各居一館.

士伯聽其辭, 而愬諸宣子, 乃皆執之.

士伯御叔孫, 從者四人, 過邾館以如吏.

先歸邾子, 士伯曰:「以芻蕘之難, 從者之病, 將館子於都.」

叔孫旦而立, 期焉.

乃館諸箕.

舍子服昭伯於他邑.

范獻子求貨於叔孫, 使請冠焉.

取其冠法, 而與之兩冠, 曰:「盡矣.」

爲叔孫故, 申豐以貨如晉.

叔孫曰:「見我, 吾告女所行貨.」

見, 而不出.

吏人之與叔孫居於箕者, 請其吠狗, 弗與.

及將歸, 殺而與之食之.

叔孫所館者, 雖一日, 必葺其牆·屋, 去之如始至.

주邾나라가 익익에 성을 쌓고 나서 돌아가면서 장차 이고離姑로부터 출발하려 하였다.

그러자 대부 공손서公孫鉏가 말하였다.

"노魯나라가 장차 우리를 막을 것이오."

그리하여 무성武城으로부터 출발하여 산을 따라 남쪽으로 가려 하였다. 그러자 이번에는 서서徐鉏, 구약丘弱, 모지茅地가 말하였다.

"그쪽은 길이 낮아서 비를 만나면 빠져나가지 못할 것입니다. 그 길로는 돌아갈 수가 없습니다."

이에 결국 이고로부터 나가기로 하였다.

무성 사람들이 그들 앞길을 막고, 그들이 지날 길목의 나무 밑동을 잘라 넘어뜨리지 않은 채 있다가 주나라 군사가 지나간 뒤에 그 나무들을 넘어뜨려 돌아갈 길을 막았다. 그리하여 드디어 주나라 군사를 취하여 서서와 구약, 모지를 사로잡았다.

주나라가 이 일을 진晉나라에 호소하자 진나라 사람이 와서 죄를 물었다. 그 일로 숙손착叔孫婼이 진나라에 가자 진나라가 그를 체포하였다.

경經에 "진나라가 우리 행인 숙손착을 체포하였다"고 기록한 것은 사신임에도 체포하였음을 밝힌 것이다.

진나라가 숙손착을 주나라 대부와 자리를 함께 하도록 하자 숙손착이 말하였다.

"반열에 오른 제후국의 경卿은 소국의 임금과 같은 것이 주周나라의 제도입니다. 더구나 주나라는 이족夷族입니다. 우리 임금께서 명하신 부사 자복회子服回가 와 있으니 청컨대 그와 상대할 수 있도록 해주십시오. 감히 주周나라 법도를 폐기할 수 없기 때문입니다."

그리고는 자리에 나가지 않았다.

그러자 한선자韓宣子가 주나라 사람에게 무리를 모이게 하고 숙손착을 그들에게 넘겨주려 하였다.

숙손착은 이를 듣고 자신을 따라온 무리들과 병기를 모두 버리고 진나라 조정으로 갔다.

그러자 사미모士彌牟가 한선자에게 이렇게 말하였다.

"그대는 좋은 계책은 내지 않은 채 숙손착을 원수들에게 넘겨준다면 숙손착은 틀림없이 죽게 될 것입니다. 노나라가 숙손착을 잃고 나면 틀림없이 주나라를 멸망시킬 것입니다. 주나라 군주가 나라를 잃고 나면 장차 어디로 돌아가겠습니까? 그때 그대가 뉘우친들 어찌되겠습니까? 소위 맹주란 명령을 어긴 자를 응징하는 것입니다. 그런데 모두가 서로 상대 나라 사람을 체포하기만 한다면 맹주를 어디에 쓰겠습니까?"

이리하여 숙손착을 넘겨주지 않았다.

그리고 숙손착과 부사를 각기 다른 숙소에 머물게 하였다.

사백士伯(士彌牟)이 이들의 의견을 듣고 그들의 사정을 한선자에게 이르자 이에 그들을 모두 체포하였다.

사백이 숙손착을 맡아 숙손착의 시중드는 자를 넷으로 한정시키고는 숙손착을 데리고 주나라 사람들의 숙사 앞을 지나 옥리에게 넘기러 갔다.

이에 주나라 군주는 먼저 돌려보내면서 사백은 이렇게 말하였다.

"땔나무와 말먹이를 구하기가 어렵고 시중드는 사람들이 괴로울 것이니 그대에게 다른 곳에 숙소를 정해줄 것입니다."

노나라 숙손착은 매일 이른 아침부터 문간에 서서 진나라의 명령이 떨어지기를 기다렸다.

이에 숙손착은 기箕로 옮겨가 있게 하고 자복소백子服昭伯은 다른 읍에 머무르게 하였다.

범헌자范獻子는 숙손착에게 뇌물을 요구하면서 우선 사람을 보내어 관冠을 뇌물로 달라고 요구하도록 하였다.

그러자 관의 치수를 적어 오도록 하고 두 개의 관을 주면서 이렇게 말하였다.

"이것이 전부요."

한편 노나라에서는 숙손착을 위해 숙손씨 가문의 가신 신풍申豐이 재물을 가지고 진나라에 갔다.

그러자 숙손착이 말하였다.

"나를 찾아오너라. 내가 그 재물을 줄 사람이 누군지 일러 주겠다."

신풍이 그를 만나자 신풍을 밖으로 내보내지 않았다.

관리로서 숙손착과 함께 기 땅에 머물고 있던 자가 숙손착의 잘 짖는 개를 달라고 요구하였지만 주지 않았다.

나중에 귀국에 임해서야 그는 그 개를 잡아 그에게 주어서 먹게 하였다. 숙손착은 숙소를 비록 하루만 머물렀다고 할지라도 반드시 그 지붕과 담장을 수리하였으나 떠날 때는 처음에 왔을 때와 다름이 없이 하였다.

【翼】《山東通志》에 "在今山東鄒縣東北費縣界"라 함.
【離姑】杜預 注에 "離姑, 邾邑. 從離姑, 則道徑魯之武城"이라 함. 《方輿紀要》에 "在今山東費縣西南九十里, 故武城之南"이라 함.
【公孫鉏】邾나라 대부.
【武城】魯나라 지명. 지금의 山東 費縣. 杜預 注에 "至武城而還, 依山南行, 不欲過武城"이라 함.
【徐鉏・丘弱・茅地】杜預 注에 "三子, 邾大夫"라 함.
【殊】《廣雅》에 "殊, 斷也, 絶也"라 하여 나무를 자름.
【蹶】孔穎達 疏에 "蹶者, 倒也"라 함. 넘어뜨림.
【叔孫婼】叔孫昭子. 叔孫穆子의 서자. 竪牛에 의해 叔孫氏 후계자가 됨.
【坐】《周禮》 小司寇에 "命夫命婦不躬坐獄訟"이라 함.
【介】副使. 副官.
【子服回】杜預 注에 "子服回, 魯大夫, 爲叔孫之介副"라 함.
【韓宣子】韓起. 晉나라 대부. 韓厥의 아들이며 韓無忌의 아우. 시호는 宣子. 당시 晉나라 執政大臣이었음. 그들 후손이 春秋末 晉六卿이었으며 戰國시대 三晉의 하나이며 戰國七雄인 韓나라로 발전함.
【去衆與兵】홀로 조정을 찾아 나선 것은 杜預 注에 "示欲以身死"라 함.
【士彌牟】晉나라 대부. 士景伯, 士伯으로도 부름. 士文伯의 아들. 杜預 注에 "景伯, 士文伯之子彌牟也"라 함.
【將焉歸】주나라가 망하면 邾君은 진나라에 머물러야 하며 이는 진나라에 부담이 됨. 杜預 注에 "時邾君在晉, 若亡國, 無所歸, 將益晉憂"라 함.
【乃皆執之】叔孫婼과 子服回가 전혀 굴복하려 하지 않자 이들을 할 수 없이 잡아 가둔 것. 杜預 注에 "二子辭不屈, 故士伯愍而執之"라 함.
【都】杜預 注에 "都, 別都, 謂箕也"라 함.
【箕】지금의 山西 蒲縣 동북.
【范獻子】士鞅. 진나라 대부. 范叔으로도 불림. 시호는 獻子. 士匄(宣子)의 아들이며 士燮(范文子)의 손자.

【冠法】관의 크기를 알 수 없어 그 치수를 알아보도록 한 것. 뇌물을 요구하면서 짐짓 관을 달라 한 것이며 숙손착은 이를 알고도 관만 두 개를 주며 더 이상 없다고 거부한 것.
【申豐】叔孫婼 집안의 家宰. 杜預 注에 "欲行貨以免叔孫"이라 함.
【不出】叔孫婼이 申豐을 나가지 못하게 한 것은 뇌물을 뿌리고 다니지 못하도록 조치를 취한 것임.
【吠狗】숙손착이 데리고 온 잘 짖는 개.
【葺】杜預 注에 "葺, 補治也"라 함.
【如始至】숙손착은 이듬해 봄에 귀국할 수 있었음. 杜預 注에 "不以當去而有所毀壞"라 함. 한편 본 장의 내용을 양백준은 앞에 배치하였으나 叔孫婼이 晉나라에 붙잡힌 사건과 연계시켜 이곳으로 옮겨야 할 것으로 판단하여 역주자가 옮긴 것임.

※ 1526(昭23-4)

晉人圍郊.

진晉나라가 교郊를 포위하였다.

【郊】郊는 周邑. 子朝를 포위한 것. 이는 叔鞅이 죽기 전이었으나 經에는 나중에 기록한 것임. 杜預 注에 "討子朝也. 郊, 周邑. 圍郊在叔鞅卒前, 經書後, 從赴"라 함.

※ 1527(昭23-5)

夏六月, 蔡侯東國卒于楚.

여름 6월, 채후蔡侯 동국東國이 초楚나라에서 죽었다.

10. 〈昭公 23年〉 3039

【東國】蔡 悼侯(悼公). 蔡나라 隱太子의 아들. 平公(平侯, 廬)의 아우이며, 朱의 숙부. 杜預 注에 "東國, 隱大子之子, 平侯廬之弟, 朱叔父也"라 함. 그는 朱를 쫓아내고 군주가 되어 蔡 悼公(悼侯)으로 불림. B.C.521~491년까지 28년간 재위하고 이때에 초나라에서 죽음. 成侯(成公) 朔이 뒤를 이음.
＊無傳

❋ 1528(昭23-6)

秋七月, 莒子庚輿來奔.

가을 7월, 거자莒子 경여庚輿가 노나라로 도망쳐 왔다.

【庚輿】莒나라 著丘公(去疾)의 아들이며 郊公의 아우. 뒤에 莒나라 共公이 됨. 원본에는 '庚與'로 되어 있으나 阮元의 〈校勘記〉 등에 의해 수정함. 昭公 14년을 볼 것.

⑲
莒子庚輿虐而好劍.
苟鑄劍, 必試諸人.
國人患之.
又將叛齊.
烏存帥國人以逐之.
庚輿將出, 聞烏存執殳而立於道左, 懼將止死.
苑羊牧之曰:「君過之! 烏存以力聞可矣, 何必以弑君成名?」
遂來奔.
齊人納郊公.

거莒나라 군주 경여庚輿는 포학하고 칼을 좋아하였다.

칼을 새로 만들면 반드시 이를 사람에게 시험하였다.

나라 사람들이 이를 걱정하였다.

그러한 그가 다시 제齊나라까지 배반하려 하였다.

이에 오존烏存이 나라 사람들을 이끌고 그를 축출하였다.

경여가 장차 국외로 떠나려 하다가 오존이 무리를 잡고 길 왼쪽에 서서 기다리고 있다는 말을 듣고 두려워하며 망명을 포기하고 죽을 참이었다.

그때 대부 원양목지苑羊牧之가 말하였다.

"그대는 그 앞을 지나가십시오! 오존은 그의 힘이 이름이 난 것으로 충분하다 여기고 있는데 굳이 군주를 죽여 이름을 드날리려 하겠습니까?"

그리하여 드디어 노나라로 망명해온 것이다.

제나라에서는 교공郊公을 불러들여 그를 군주로 삼았다.

【庚輿】莒나라 犁比公의 아들이며 著丘公의 아우. 昭公 15년 군주에 올랐으며 재위 9년 만에 노나라로 달아남.
【叛齊】年前에 齊나라와 맹약을 맺어놓고 다시 이를 배반하려 함.
【烏存】莒나라 대부.
【殳】자루가 길며 칼이 없는 창의 일종. 杜預 注에 "殳, 長丈二而無刃"이라 함.
【苑羊牧之】莒나라 대부. 王引之〈周秦名字解詁〉에 "昭二十年有苑何忌, 則苑乃其氏, 名牧之. 字羊. 古姓名與字竝稱者, 恆先字而後名"이라 함.
【郊公】郊公은 著丘公의 아들. 이름은 狂. 郊公은 昭公 14년의 莒나라 내란 때 齊나라로 망명하였음.

❋ 1529(昭23-7)

戊辰, 吳敗頓·胡·沈·蔡·陳·許之師于雞父.

胡子髡·沈子逞滅, 獲陳夏齧.

무진날, 오吳나라가 돈頓·호胡·심沈·채蔡·진陳·허許나라 각 군사들을 계보雞父에서 무찔렀다.

호자胡子 곤髡과 심자沈子 영逞이 전사하고 진陳나라 하설夏齧을 사로잡았다.

【戊辰】 7월 29일.
【吳】 당시 吳나라 군주는 吳王 僚 재위 8년째였음.
【頓·胡·沈·蔡·陳·許】 吳나라와 楚나라 근처에 있던 나라들.
【雞父】《穀梁傳》에는 '雞甫'로 되어 있음. 楚나라 땅. 杜預 注에 "雞父, 楚地, 安豐縣南有雞備亭"이라 함.
【胡子髡】 胡는 嬀姓으로 지금의 安徽 阜陽市 일대에 있었으며 定公 15년 楚나라에게 망함. 이 당시 그 군주 이름이 髡이었음.
【沈子逞】 沈나라 군주. '逞'이《公羊傳》에는 '楹'으로,《穀梁傳》에는 '盈'으로 되어 있음.
【滅】 杜預 注에 "國雖存, 君死曰滅"이라 함.
【獲】 杜預 注에 "大夫死, 生通曰獲"이라 함.
【夏齧】 夏徵舒의 曾孫. 시호는 悼子.《世本》에 "宣公生子夏, 夏生御叔, 叔生徵舒, 舒生惠子晉, 晉生御寇, 寇生悼子齧. 齧是徵舒曾孫"이라 함.

㊉
吳人伐州來, 楚薳越帥師及諸侯之師奔命救州來.

吳人禦諸鍾離.

子瑕卒, 楚師熸.

吳公子光曰:「諸侯之從於楚者衆, 而皆小國也, 畏楚而不獲已, 是以來. 吾聞之曰:『作事威克其愛, 雖小, 必濟.』胡·沈之君幼而狂, 陳大夫齧壯而頑, 頓與許·蔡疾楚政. 楚令尹死, 其師熸. 帥賤·多寵, 政令不壹. 七國同役而不同心, 帥賤不能整, 無大威命, 楚可敗也. 若分師先以犯胡·沈與陳, 必先奔. 三國敗, 諸侯之師乃搖心矣. 諸侯乖亂, 楚必大奔. 請先者去備薄威, 後者敦陳整旅.」

吳子從之.

戊辰晦, 戰于雞父.

吳子以罪人三千先犯胡·沈與陳, 三國爭之.

吳爲三軍以繫於後, 中軍從王, 光帥右, 掩餘帥左.

吳之罪人或奔或止, 三國亂, 吳師擊之, 三國敗, 獲胡·沈之君及陳大夫.

舍胡·沈之囚使奔許與蔡·頓, 曰:「吾君死矣!」

師譟而從之, 三國奔, 楚師大奔.

書曰:「胡子髡·沈子逞滅, 獲陳夏齧」, 君臣之辭也. 不言戰, 楚未陳也.

오吳나라가 주래州來를 치자 초楚나라 위월薳越이 초나라 군사와 제후들 군사를 이끌고 주래를 구원하라는 명을 받고서 급히 달려갔다.

오나라는 이들을 종리鍾離에서 막았다.

마침 그때 초나라 영윤 자하子瑕가 죽어 초나라 군사의 사기가 떨어졌다. 이에 오나라 공자 광光이 오왕에게 이렇게 말하였다.

"초나라에 복종하고 있는 제후국들은 많기는 하지만, 그들은 모두가 작은 나라들입니다. 초나라가 두려워 스스로 어쩔 수 없어 이번에 따라온 것입니다. 제가 듣기로 '작전에 있어서 사랑보다 위엄을 더욱 중시하면 비록 작은 세력일지라도 틀림없이 성공할 수 있다'하더이다. 호胡나라와 심沈나라의 임금은 아직 어리고 게다가 제멋대로 행동하고, 진陳나라 대부 설齧은 용감하기는 하나 완고하며, 돈頓과 허許, 채蔡 등 세 나라는 초나라의 정책을 싫어하고 있습니다. 초나라 영윤이 죽어 그들 군사의 사기가 떨어져 있습니다. 그리고 그 군사를 이끄는 장수는 천한 신분이며, 궁중에는 임금의 총애를 받는 신하가 많아 정령이 통일되어 있지 않습니다. 지금 일곱 나라가 이 전투에 참여하고 있으나 그들 마음은 각기 다르며, 장수도 천하여 군사를 제대로 정비할 수도 없고 큰 위력의 군령도 없으니 초나라는 틀림없이 패배시킬 수 있을 것입니다. 만약 우리가 군사를 둘로 나누어 먼저 호와 심과 진 세 나라를 친다면 틀림없이 이들은 앞장서서 달아나고 말 것입니다. 이 세 나라가 패하고 나면 다른 제후들의 군사는 마음에 동요를 일으킬 것입니다. 이렇게 제후들의 군사가 어그러져 혼란스러워지면 초나라 군사는 틀림없이 달아날 것입니다. 청컨대 우리 선봉대 장비를 없이 하여 위세가 아주 약한 듯이 보이도록 하고 후비의 군사는 잘 정돈하여 진열을 갖추시기를 원합니다."

오왕 요僚가 그의 의견을 받아들였다.

무진날 그믐날, 계보雞父에서 전투를 벌였다.

그때 오왕이 죄인 3천 명을 먼저 호와 심, 진나라 군사에게 도전하도록 하자 세 나라 군사들은 서로 다투어 그들을 상대하였다.

오나라 본군本軍을 세 부대로 나누어 그들 후미에 연결시켜 그중 중군中軍은 오왕을 따랐고, 공자 광은 우군右軍을, 엄여掩餘는 좌군左軍을 인솔하였다.

오나라 죄인들이 혹 달아나기도 하고 혹 제자리에 멈추기도 하여, 세 나라 군사가 혼란에 빠지자 오나라 군사들이 그 틈을 습격하여 세 나라 군사는 패하고, 호와 심나라 군주와 진陳나라 대부를 사로잡았다.

이에 다시 호와 심나라 포로들을 풀어주면서 허, 채, 돈나라의 군진으로 달아나면서 이렇게 외치도록 하였다.

"우리 임금이 죽었다!"

오나라 군사가 시끄럽게 떠들면서 그들 뒤를 따르자 허·채·돈 세 나라 군사가 달아나고, 초나라 군사도 크게 놀라 달아났다.

경經에 "호나라 군주 곤髡과 심나라 군주 영逞이 멸하였고, 진나라 하설夏齧을 잡았다"라고 기록한 것은 군주와 신하의 신분을 분별하기 위해서였다. 그리고 양군이 싸웠다고 말하지 않은 것은 그때 초나라 군사가 아직 진陳을 미처 치지 못하였기 때문이었다.

【州來】楚나라의 속국. 成公 7년 및 襄公 31년을 볼 것.
【蒍越】楚나라 대부. '蒍'는 '위'로 읽음. 당시 司馬로서 영윤의 명령을 받고 달려간 것임. 杜預 注에 "令尹以疾從戎, 故蒍越攝其事"라 함.
【鍾離】지금의 安徽 鳳陽縣 북동 淮水 남안. 成公 15년을 볼 것.

【子瑕】楚 平王 때의 令尹. 陽匄. 자는 子瑕.
【熸】 '잠'으로 읽으며 남방 吳楚地域의 方言으로 '불이 꺼져 시들어 감'을 뜻함. 여기서는 士氣를 잃음을 말함. 杜預 注에 "吳楚之間謂火滅爲熸. 軍之重主喪亡, 故其軍人無復氣勢"라 함.
【公子光】吳나라 公子. 杜預 注에 "諸樊子闔廬"라 하였으나 이는 杜預가 《史記》 吳世家를 따라 잘못 판단한 것이며 光은 夷末의 아들이었음. 襄公 32년 傳을 볼 것. 뒤에 吳나라 강력한 군주 闔廬가 되어 B.C.514~496년까지 19년간 재위하고 그 뒤를 夫差가 이음. 여기서는 公子 光이 吳王 僚에게 건의한 것임.
【威克其愛】군사 작전에는 威嚴이 사랑보다 중요함. 杜預 注에 "克, 勝也. 軍事尙威"라 함.
【狂】갈팡질팡함. 杜預 注에 "狂, 無常"이라 함.
【齧】夏齧. 夏徵舒의 曾孫. 시호는 悼子. 《世本》에 "宣公生子夏, 夏生御叔, 叔生徵舒, 舒生惠子晉, 晉生御寇, 寇生悼子齧. 齧是徵舒曾孫"이라 함.
【七國】楚, 頓, 胡, 沈, 蔡, 陳, 許.
【三國】許, 蔡, 頓.
【去備薄威】杜預 注에 "示之以不整以誘之"라 하였고, 惠棟의 〈補注〉에 《尉繚子》(攻權篇)를 인용하여 "兵有去備徹威而勝者, 以其有法故"라 함.
【吳子】吳王 僚. 재위 8년째였음.
【戊辰晦】7월 29일. 원래 고대 전투에서 그믐날에는 전투를 벌이지 않으나 허를 찔러 이날 공격을 개시한 것임. 杜預 注에 "七月二十九日. 違兵忌晦戰, 擊楚所不意"라 함. 그러나 날짜 계산으로 7월을 小月로 28일까지 밖에 없었다 하여 오류로 보고 있음.
【罪人】이들은 전투 훈련을 받지 않아 고의로 정비되지 않았음을 보인 것이라 함. 杜預 注에 "囚徒不習戰, 以示不整"이라 함.
【掩餘】吳王 壽夢의 아들. 杜預 注에 "掩餘, 吳王壽夢子"라 함.
【譟】고함과 소리를 치며 북 등을 울림.
【三國】許, 蔡, 頓 세 나라.
【君臣之辭】杜預 注에 "國君, 社稷之主, 與宗廟共其存亡者, 故稱'滅', 大夫輕, 故曰'獲', 獲, 得也"라 함.
【陳】'陣'과 같음. 작전에서의 전투 陣形. 陣地. 陣營 등 군사 용어. 흔히 모든 병법서에 '陳'과 '陣'을 혼용하고 있으나 고대에는 '陳'자가 원자였음. 《論語》 衛靈公篇에 "衛靈公問陳於孔子. 孔子對曰:「俎豆之事, 則嘗聞之矣; 軍旅之事, 未之學也.」明日遂行. 在陳絶糧, 從者病, 莫能興. 子路慍見曰:「君子亦有窮乎?」

子曰:「君子固窮, 小人窮斯濫矣.」라 하였고, 集註에 "陳, 謂軍師行伍之列"이라 하였음. 이 '陳'자가 '陣'자로 군사학에서 '진을 치다'는 전용어로 바뀐 것에 대한 이론은 상당히 많이 있음. 이에 대해 《顔氏家訓》 書證篇에는 "태공(太公)의 《육도(六韜)》에 天陳·地陳·人陳·雲鳥之陳 등이 있다. 그리고 《論語》에 '위령공이 공자에게 陳을 물었다'라 하였으며, 《左傳》에는 '魚麗之陳을 치다'라 하였다. 그런데 속본에는 흔히 '阜'(阝)방에 車乘의 '車'를 써서 '陣'으로 쓴다. 생각건대 여러 陳隊는 모두가 陳鄭의 陳자여야 한다. 무릇 行陳의 뜻은 陳列이란 말에서 취한 것이다. 이는 六書 중의 假借이다. 《蒼頡篇》과 《爾雅》 및 근세의 字書에는 모두가 따로 別字가 없었다. 그런데 오직 王羲之의 〈小學章〉에만은 '阜(阝)'옆에 車를 썼다. 비록 세속에 이미 통행되고는 있지만 그렇다고 이를 근거로 《육도》, 《논어》, 《좌전》을 고치는 것은 마땅치 않다."(太公《六韜》, 有天陳·地陳·人陳·雲鳥之陳. 《論語》曰:「衛靈公問陳於孔子.」《左傳》:「爲魚麗之陳.」俗本多作阜傍車乘之車. 案諸陳隊, 並作陳·鄭之陳. 夫行陳之義, 取於陳列耳, 此六書爲假借也, 《蒼》·《雅》及近世字書, 皆無別字; 唯王羲之《小學章》, 獨阜傍作車, 縱復俗行, 不宜追改《六韜》·《論語》·《左傳》也)라 함. 그러나 여기서 "王羲之의 〈소학장〉에서 그렇게 썼다"라 한 것은 羲羲라는 사람이 쓴 것을 잘못 알고 왕희지의 저작이라고 한 것임. 趙曦明은 "《隋書》經籍志:《小學篇》一卷, 晉下邳內史王羲撰. 諸本並作王羲之, 乃妄人謬改"라 하였음.

※ 1530(昭23-8)

天王居于狄泉.
尹氏立王子朝.

천자가 적천狄泉에 거처하였다.
윤씨尹氏가 왕자 조朝를 세웠다.

【狄泉】翟泉과 같음. 궁성 밖에 있었음. 僖公 29년을 볼 것. 杜預 注에 "敬王辟子朝也. 狄泉, 今洛陽城內大倉西南池水也, 時在城外"라 하였고, 孔穎達 疏에

"狄泉若在城內, 宜云'王居成周', 知此時在城外也. 今在城內者, 〈土地名〉云: 或曰, 定元年城成周, 乃遷之入城內也"라 함.
【尹氏】周나라 世卿. 杜預 注에 "尹氏. 周世卿也. 書'尹氏立子朝', 明非周人所欲立"이라 함.

● 1531(昭23-9)

八月乙未, 地震.

8월 을미날, 지진이 있었다.

【乙未】8월 26일.

㊛
八月丁酉, 南宮極震.
萇弘謂劉文公曰:「君其勉之! 先君之力可濟也. 周之亡也, 其三川震. 今西王之大臣亦震, 天棄之矣. 東王必大克.」

8월 정유날, 남궁극南宮極이 지진으로 죽었다.
장홍萇弘이 유문공劉文公에게 말하였다.
"그대는 힘써 노력하십시오! 그대의 선군 헌공獻公께서 왕자 맹猛을 세우려 애쓴 일을 성사시켜야 합니다. 지난날 주周나라가 망하려 할 때 삼천三川에 지진이 일어났었습니다. 이제 서왕西王을 섬겼던 대신 남궁극이 죽은 것은 하늘이 그를 버린 것입니다. 동왕東王은 틀림없이 크게 승리하실 것입니다."

【丁未】8월 28일. 杜預 注에 "經書乙未地動, 魯地也. 丁酉南宮極震, 周地亦震也"라 함.

【南宮極】周나라 卿士.

【震】지진으로 건물에 묻혀 죽음. 杜預 注에 "爲屋所壓而死"라 함.

【萇弘】周나라 대부이며 術數家. 天文, 曆法, 豫言 등에 뛰어났으나 뒤에 죽음을 당함. 定公 4년 및 《國語》周語(下), 《淮南子》, 《史記》 封禪書 등에 널리 그 이름이 보임. 《淮南子》 氾論訓에 "昔者萇弘, 周室之執數者也, 天地之氣·日月之行·風雨之變·律曆之數, 無所不通, 然而不能自知, 鈹裂而死"라 함.

【劉文公】劉蚠. 杜預 注에 "文公, 劉蚠也. 先君謂蚠之父獻公也. 獻公亦欲立子猛, 未及而卒"이라 함.

【先君】劉獻公을 가리킴.

【三川】涇水·渭水·洛水의 세 강. 杜預 注에 "謂幽王時也. 三川, 涇·渭·洛水也. 地動, 川岸崩"이라 함. 《國語》周語(上)에도 "幽王二年, 西周三川皆震"이라 함.

【西王】杜預 注에 "子朝在王城, 故謂西王"이라 함.

【東王】敬王이 거주하던 狄泉은 王城의 동쪽에 있어 이렇게 지칭한 것. 杜預 注에 "敬王居狄泉, 在王城之東, 故曰東王"이라 함.

傳

楚大子建之母在鄎, 召吳人而啓之.

冬十月甲申, 吳大子諸樊入鄎, 取楚夫人與其寶器以歸.

楚司馬薳越追之, 不及.

將死, 衆曰:「請遂伐吳以徼之.」

薳越曰:「再敗君師, 死且有罪. 亡君夫人, 不可以莫之死也.」

乃縊於薳澨.

태자 건建의 생모가 격鄎에 있으면서 오吳나라 사람을 불러 성문을 열어 주었다.

겨울 10월 갑신날, 오나라 태자 제번諸樊이 격으로 들어가 초楚나라 부인 태자 건의 생모와 함께 그녀가 지니고 있던 보물들을 가지고 돌아갔다.

초나라 사마司馬 위월薳越이 뒤쫓았으나 따르지 못하였다.

위월이 이 일로 장차 목숨을 끊으려 하자 무리들이 말하였다.

"곧 오나라를 쳐서 좋은 요행이라도 바라시기를 청합니다."
위월이 말하였다.
"재차 임금의 군사를 패하게 한다면 죽어도 죄가 남는다. 더구나 임금의 부인까지 빼앗겼으니 죽지 않을 수 없다."
그리고는 위서薳澨에서 목을 매어 죽었다.

【大子建】楚 平王의 아들. 秦나라 여자를 구하여 건의 아내로 삼으려다가 평왕이 그 여인을 자신의 아내로 삼고 태자 건을 폐하였음.
【鄖】지금의 河南 新蔡縣. 태자 건의 어머니는 平王의 아내이며 아들이 폐위되자 분을 품고 鄖에 가 살았음. 鄖은 태자 건 어머니의 고향이었음.
【甲申】10월 16일.
【諸樊】吳王 僚의 태자. 그러나 吳王 僚의 伯父가 諸樊임.《史記》吳世家에 "吳使公子光伐楚, 敗楚師, 迎楚故太子建母於居巢以歸"라 하여 諸樊이 아니라 公子光이 이 일을 한 것으로 여기고 있음.
【薳越】당시 초나라 司馬로서 군사 관련 업무에 총책을 맡고 있었음.
【徼】'僥', '儌'와 같음. 僥倖.
【薳澨】楚나라 지명.《彙纂》에 "在今湖北京山縣境"이라 함. 지금의 湖北 京山縣 서쪽 漢水의 東岸이라 함. 그러나 '澨'는 지명이 아니라 물가에 흙을 쌓아 사람이 살 수 있도록 한 지형을 뜻하는 말이라고도 함.

✽ 1532(昭23-10)

冬, 公如晉, 至河, 有疾, 乃復.

겨울, 소공이 진晉나라로 가다가 황하에 이르러 병이 들어 다시 돌아왔다.

【有疾】《公羊傳》과 《穀梁傳》에는 모두 '公有疾'로 되어 있음. 杜預 注에 "此年春晉爲邾人執叔孫, 故公如晉謝之"라 함.

㊉

公爲叔孫故如晉, 及河, 有疾, 而復.

노 소공昭公이 진晉나라에 잡혀 있는 숙손착叔孫婼의 일 때문에 진나라로 가다가 하수河水에 이르러 병이 나서 다시 돌아온 것이다.

【叔孫婼】魯나라 대부. 그가 晉나라에 가자 晉나라가 그를 잡아 감금하였음. 앞 장 참조.

㊉

楚囊瓦爲令尹, 城郢.
沈尹戌曰:「子常必亡郢. 苟不能衛, 城無益也. 古者, 天子守在四夷; 天子卑, 守在諸侯. 諸侯守在四鄰; 諸侯卑, 守在四竟. 愼其四竟, 結其四援, 民狎其野, 三務成功. 民無內憂, 而又無外懼, 國焉用城? 今吳是懼, 而城於郢, 守已小矣. 卑之不獲, 能無亡乎? 昔梁伯溝其公宮而民潰, 民棄其上, 不亡, 何待? 夫正其疆場, 修其土田, 險其走集, 親其民人, 明其伍候, 信其鄰國, 愼其官守, 守其交禮, 不僭不貪, 不懦不耆, 完其守備, 以待不虞, 又何畏矣?《詩》曰:『無念爾祖, 聿修厥德.』無亦監乎若敖·蚡冒至于武·文, 土不過同, 愼其四竟, 猶不城郢. 今土數圻, 而郢是城, 不亦難乎?」

초楚나라 낭와囊瓦가 영윤이 되어 영郢 땅에 성을 쌓았다.

그러자 심윤沈尹 술戌이 말하였다.

"자상子常(囊瓦)은 틀림없이 영을 잃을 것이다. 영 땅을 지킬 수가 없다면 성을 쌓아도 도움이 될 것이 없다. 옛날 천자로서의 수비 대상은 사방 이적夷狄이었다. 천자가 낮아지니 그 대상이 제후들이 되고 말았다. 제후로서 지켜야 할 대상이 사방 이웃에게 있었는데 제후들이 낮아지자 그 대상이 사방 국경이 되고 말았다. 사방의 국경을 조심하여 사방의 이웃

나라와 서로 돕기를 약속을 하고, 백성들이 자신이 살고 있는 땅을 사랑하여, 봄·여름·가을 세 농사철의 수확을 거두게 되었다. 백성들이 안으로 걱정할 일이 없고 또 밖으로부터의 두려움이 없다면 나라에 어찌 성이 필요하겠는가? 지금 우리는 오吳나라가 두려움의 대상이라 하여 영 땅에 성을 쌓고 있으니 이는 나라를 지키는 도량이 작은 것이다. 쇠약해진 제후가 나라를 지키는 도리를 제대로 얻지 못하고 있으니 능히 영을 잃지 않을 수가 있겠는가? 옛날 양백梁伯이 자신의 궁궐에 못을 파자 백성들이 흩어지고 말았다. 백성들이 윗사람을 버렸으니 망하지 않고 무엇을 기다리겠는가? 무릇 강역疆埸을 바르게 하고 그 토지를 잘 정리하며, 변경의 보루를 요험하게 하며, 백성을 친하게 대하고, 오후吳候의 임무를 명확히 하고, 이웃 나라에게 믿음을 얻으며, 관리로서 지켜야 할 업무를 신중히 하고 교류에서의 예를 지키며, 거짓말을 하지 않고 탐욕을 부리지 않으며, 겁내지도 않고 강한 체하지 않으며, 수비를 완벽히 하여 불시에 닥칠 일을 대비한다면 다시 무엇이 두렵겠는가? 《시》에 '그대 조상 일을 잊지 말고 진실로 덕을 닦아라'라 하였다. 역시 선군 약오若敖와 분모蚡冒로부터 무왕武王과 문왕文王에 이르기까지의 일을 거울로 삼지 않을 수 있겠는가? 그때는 국토는 사방 백 리에 지나지 않았지만 사방의 국경을 신중히 하여 지켰을 뿐 영에 성을 쌓지도 않았다. 그런데 지금은 국토는 사방 천 리나 되건만 영에 성을 쌓고 있으니 역시 어렵지 않겠는가?"

【囊瓦】楚나라 令尹. 子囊의 손자. 자는 子常. 陽匄를 이어 영윤에 오름. 杜預 注에 "囊瓦, 子囊之孫子常也, 代陽匄"라 함.

【郢】초나라 도읍지. 지금의 湖北 江陵市 북쪽 紀南城. 《漢書》 地理志에 "南郡 江陵, 古楚郢都, 楚文王自丹陽徙此, 後九世平王城之"라 함.

【沈尹戌】楚 莊王의 曾孫이며 葉公 沈諸梁의 부친. 그러나 杜預 注에 "莊王曾孫, 葉公諸梁父也"라 하였고, 《潛夫論》에는 "左司馬戌者, 莊王之曾孫, 葉公諸梁者, 戌之第三弟也"라 하였고, 《呂氏春秋》 高誘 注에는 "沈尹戌, 莊王之孫, 沈諸梁, 葉公子高之父也"라 하여 각기 다름.

【三務】봄, 여름, 가을 세 농사철의 하는 일. 杜預 注에 "春夏秋三時之務"라 함.

【梁伯】僖公 19년을 볼 것.

【疆場】疆域과 같음. 국가의 영토.
【走集】변경의 방어용 시설. 보루. 杜預 注에 "走集, 邊竟之壘壁"이라 함.
【伍候】다섯 집을 한 組로 하는 조직을 두어 서로 살피며 안전을 도모하는 것. 杜預 注에 "使民有部伍, 相爲候望"이라 하였고, 《逸周書》程典篇에도 "固其四援, 明其伍候"라 함.
【詩】《詩經》 大雅 文王篇에 "無念爾祖, 聿脩厥德. 永言配命, 自求多福. 殷之未喪師, 克配上帝. 宜鑒于殷, 駿命不易. 命之不易, 無遏爾躬. 宣昭義問, 有虞殷自天. 上天之載, 無聲無臭. 儀刑文王, 萬邦作孚"라 함.
【若敖·蚡冒至于文武】杜預 注에 "四君皆楚先君之賢者"라 함.
【同】杜預 注에 "方百里爲一同, 言未滿一圻"라 함.
【圻】'畿'와 같으며 杜預 注에 "方千里爲圻"라 함.
【不亦難乎】杜預 注에 "言守若是, 難以爲安也. 爲定四年吳入楚傳"이라 함.

205. 昭公 24年(B.C.518) 癸未

周	敬王(姬匄) 2년	齊	景公(杵臼) 30년	晉	頃公(去疾) 8년	衛	靈公(元) 17년
蔡	昭公(申) 원년	鄭	定公(寧) 12년	曹	悼公(午) 6년	陳	惠公(吳) 12년
杞	平公(郁釐) 18년	宋	元公(佐) 14년	秦	哀公(鍼?) 19년	楚	平王(熊居) 11년
吳	吳王(僚) 9년	許	許男(斯) 5년				

㉄

二十四年春王正月辛丑, 召簡公·南宮囂以甘桓公見王子朝.

劉子謂萇弘曰:「甘氏又往矣.」

對曰:「何害? 同德度義. 〈大誓〉曰『紂有億兆夷人, 亦有離德; 余有亂臣十人, 同心同德』, 此周所以興也. 君其務德, 無患無人.」

戊午, 王子朝入于鄔.

24년 봄 정월 신축날, 소간공召簡公과 남궁극南宮極의 아들 남궁은南宮囂이 감환공甘桓公을 데리고 왕자 조朝를 뵈러 갔다.

유자劉子가 장홍萇弘에게 말하였다.

"감씨甘氏도 왕자 조의 편이 되었습니다."

그러자 장홍이 답하였다.

"무슨 해가 되겠습니까? 덕과 같이하고 의를 집으로 여기면 됩니다. 〈태서大誓〉에 '주紂에게는 수많은 평민이 있지만 이들은 역시 흩어진 마음이다. 그러나 나에게는 뛰어난 신하 열 사람이지만 한 마음과 한 덕으로 뭉쳐 있다'라 하였습니다. 이것이 바로 주周나라가 흥하게 된 까닭이었습니다. 그대는 덕을 닦는 데에 힘쓸 일이지 사람이 적은 것은 걱정하지 마십시오."

무오날, 왕자 조가 오鄔 땅으로 들어갔다.

【辛丑】 정월 5일.
【召簡公】 周나라 卿土. 召莊公의 아들 召伯盈.
【南宮嚚】 南宮極의 아들. 역시 주나라 大夫.
【甘桓公】 周나라 卿土. 甘平公의 아들.
【劉子】 劉蚠을 가리킴.
【萇弘】 周나라 대부이며 術數家. 天文, 曆法, 豫言 등에 뛰어났었으나 뒤에 죽음을 당함. 定公 4년 및 《國語》 周語(下), 《淮南子》, 《史記》 封禪書 등에 널리 그 이름이 보임. 《淮南子》 氾論訓에 "昔者萇弘, 周室之執數者也, 天地之氣·日月之行·風雨之變·律曆之數, 無所不通, 然而不能自知, 鈹裂而死"라 함.
【度義】 義를 집으로 여김. 文公 18년 "不度於善"의 杜預 注에 "度, 居也"라 함.
【大誓】 '泰誓'와 같음. 지금의 《僞古文尙書》 周書 泰誓篇(中)에 "惟受罪浮于桀, 剝喪元良, 賊虐諫輔, 謂己有天命, 謂敬不足行, 謂祭無益, 謂暴無傷. 厥監惟不遠, 在彼夏王. 天其以予乂民, 朕夢協朕卜, 襲于休祥, 戎商必克. 受有億兆夷人, 離心離德, 予有亂臣十人, 同心同德, 雖有周親, 不如仁人. 天視自我民視, 天聽自我民聽. 百姓有過在予一人, 今朕必往"이라 함. 여기서의 '夷人'은 평민을 뜻함. 杜預 注에 "武王言:「我有治臣十人, 雖少, 同心也.」今大誓無此言"이라 하여 杜預 당시에는 《僞古文尙書》가 없었음.
【亂臣】 '治臣'과 같음. 《論語》 泰伯篇에 "予有亂臣十人"의 '亂臣'과 같으며 이 구절 역시 〈泰誓篇〉의 내용임.
【戊午】 정월 22일.
【鄔】 지금의 河南 偃師縣 서남. 隱公 11년을 볼 것.

1533(昭24-1)

二十四年春王二月丙戌, 仲孫貜卒.

24년 봄 주력 2월 병술날, 중손확仲孫貜이 죽었다.

【二月】原典에는 '三月'로 되어 있으나 이는 오류임.
【丙戌】2월 20일.
【仲孫貜】孟僖子. 獻子(仲孫蔑)의 아들이며 仲孫速의 아우. 孟懿子(何忌)의 아버지. 그러나 孝伯羖의 아들이라고도 함. 楚나라에 가서 儀典을 제대로 하지 못하여 돌아온 다음 禮를 배워 孔子가 大聖이 될 것임을 예언한 인물. 召公 7년을 볼 것. 汪克寬의 〈纂疏〉에 "仲孫貜, 孟僖子也. 子何忌, 嗣爲大夫, 是爲懿子"라 함.

※ 1534(昭24-2)

婼至自晉.

숙손착(叔孫婼)이 진(晉)나라에서 돌아왔다.

【叔孫婼】邾나라의 일로 해명을 위해 晉나라에 사절로 갔으나 진나라에서 구금하였다가 이때에 귀국시킴. 《公羊傳》에는 "叔孫舍至自晉"이라 하여 '叔孫舍'로 되어 있음.

㊉
晉士彌牟逆叔孫于箕.
叔孫使梁其踁待于門內, 曰:「余左顧而欬, 乃殺之. 右顧而笑, 乃止.」
叔孫見士伯.
士伯曰:「寡君以爲盟主之故, 是以久子. 不腆敝邑之禮, 將致諸從者, 使彌牟逆吾子.」
叔孫受禮而歸.
二月,「婼至自晉」, 尊晉也.

진(晉)나라 사미모(士彌牟)가 기(箕) 땅에서 숙손착(叔孫婼)을 맞이하였다.

숙손착은 자신의 가신 양기경梁其踁에게 문 안에 숨어 기다리도록 하면서 이렇게 지시하였다.

"내가 왼쪽으로 고개를 돌리면서 기침을 하거든 사미모를 죽여 버려라. 그러나 오른쪽으로 돌리면서 웃거든 그냥 두어라."

숙손착이 사백士伯(士彌牟)을 만났다.

사백이 말하였다.

"우리 임금께서는 맹주의 책임을 다하여야 하였기에 그대를 이처럼 오래 머물게 하셨습니다. 넉넉지 못한 우리의 예절이지만 그대를 따르는 이들을 대접하기 위해 저 사미모에게 그대를 맞이하도록 한 것입니다."

숙손착은 진나라가 베푸는 예를 받고서 귀국하였다.

2월, "착이 진나라로부터 돌아왔다"라고 경經에 기록하여 '착'이라고만 하고 숙손의 씨족을 밝히지 않은 것은 진나라를 높이기 위한 것이었다.

【士彌牟】晉나라 대부. 士景伯, 士伯으로도 부름. 士文伯의 아들. 杜預 注에 "景伯, 士文伯之子彌牟也"라 함.
【逆】당시 叔孫婼이 箕에 감금되어 있었으며 귀국 허가가 떨어지자 士彌牟가 그곳을 찾아와 그 사실을 통고하고 위로해 주고자 한 것임.
【叔孫】叔孫婼. 叔孫昭子. 叔孫穆子의 서자. 豎牛에 의해 叔孫氏 후계자가 됨.
【箕】지금의 山西 蒲縣 동북. 叔孫婼이 軟禁을 당해 갇혀 있던 읍 이름.
【梁其踁】叔孫婼의 家臣.
【殺之】杜預 注에 "疑士伯來殺己, 故謀殺之"라 함.
【尊晉】杜預 注에 "貶婼族, 所以尊晉. 婼行人, 故不言罪己"라 하였으나 명확한 해석은 아닌 것으로 여김.

㊉
三月庚戌, 晉侯使士景伯涖問周故.
士伯立于乾祭, 而問於介衆.
晉人乃辭王子朝, 不納其使.

3월 경술날, 진晉 경공景公은 사경백士景伯(士伯)에게 주周나라에 가서 그 실정을 알아보도록 하였다.

사백은 왕성王城의 건제문乾祭門에 서서 무리를 모아놓고 물어보았다.

진나라는 이에 왕자 조를 사절하고 그가 보낸 사신도 받아들이지 않았다.

【庚戌】 3월 15일.
【士景伯】 士文伯의 아들 彌牟. 晉나라 대부. 杜預 注에 "景伯, 士文伯之子彌牟也"라 함.
【涖問】 杜預 注에 "涖, 臨也. 就問子朝·敬王, 知誰曲直也"라 함.
【乾祭】 王城의 북문. 지금의 洛陽 서북쪽에 있었음. 杜預 注에 "乾祭, 王城北門"이라 함.
【介衆】 '介'는 '크다'의 뜻. 杜預 注에 "介, 大也"라 함. 그러나 王引之는 "介, 當作其"라 함.
【辭王子朝】 杜預 注에 "衆言子朝曲故"라 함.

✺ 1535(昭24-3)

夏五月乙未朔, 日有食之.

여름 5월 을미날 초하루, 일식이 있었다.

【日有食之】 B.C.518년 4월 9일 金環日食이 있었음. 그러나 魯나라에서는 部分 日蝕이었다 함.

㊟

夏五月乙未朔, 日有食之.
梓愼曰:「將水.」
昭子曰:「旱也. 日過分而陽猶不克, 克必甚, 能無旱乎? 陽不克莫, 將積聚也.」

여름 5월 을미날 초하루, 일식이 있었다.

자신梓愼이 말하였다.

"장차 홍수가 날 것이다."

그러나 소자昭子는 이렇게 말하였다.

"가뭄이 들 것이다. 태양은 춘분을 지났으나 양기陽氣가 아직도 음기陰氣를 이겨내지 못하고 있다. 양기가 음기를 이기면 양기의 세력이 틀림없이 심해질 것이다. 그런데 가뭄이 들지 않을 수가 있겠는가? 양기가 저물어가는 음기를 이겨 장차 그 기운이 모여 쌓이게 될 것이다."

【梓愼】魯나라 대부이며 日官으로 豫言에 뛰어났었음. '梓'는 '梓音子'라 하여 '자'로 읽음.
【將水】장차 水災가 일어날 것임. 日蝕은 陰(달)이 陽(해)을 침식하는 것으로 陰(水)이 득세하여 그 때문에 홍수가 일어난다고 본 것임. 그러나 昭子는 春分을 지나 양이 盛하는 때에 일어난 變故이므로 가뭄이 들 것이라 풀이한 것.
【昭子】叔孫穆子의 庶子. 이름은 叔孫婼.
【莫】'暮'의 본자. 陰氣를 의미함.

㊉

六月壬申, 王子朝之師攻瑕及杏, 皆潰.

6월 임신날, 왕자 조朝의 군사가 하읍瑕邑과 행읍杏邑을 쳐서 두 읍이 모두 무너졌다.

【壬申】6월 8일.
【瑕·杏】周나라 서울 洛邑 부근에 있었던 敬王의 읍. 杜預 注에 "瑕·杏, 敬王邑"이라 하였고, 高士奇《地名攷略》에는《洛陽記》를 인용하여 "禹州城北有杏山"이라 함.

⑲

鄭伯如晉, 子大叔相, 見范獻子.

獻子曰:「若王室何?」

對曰:「老夫其國家是不能恤, 敢及王室? 抑人亦有言曰:『嫠不恤其緯, 而憂宗周之隕, 爲將及焉.』今王室實蠢蠢焉, 吾小國懼矣; 然大國之憂也, 吾儕何知焉? 吾子其早圖之!《詩》曰:『瓶之罄矣, 惟罍之恥.』王室之不寧, 晉之恥也.」

獻子懼, 而與宣子圖之.

乃徵會於諸侯, 期以明年.

정鄭 정공定公이 진晉나라에 갈 때 자태숙子大叔(游吉)이 보좌하여 따라가서 범헌자范獻子(士鞅)를 만났다.

범헌자가 말하였다.

"주나라 왕실을 어찌해야 좋겠습니까?"

자태숙이 대답하였다.

"이 늙은 몸은 내 나라 일도 돌볼 수가 없는데 어찌 감히 왕실까지 걱정하겠습니까? 그러나 사람들의 말에 '과부가 씨줄 적은 것은 걱정하지 않고, 주周나라 망할 것은 걱정하는 것은 자신에게도 그 재앙이 미칠 것이기 때문'이라 하였습니다. 지금 왕실은 실로 동요를 일으키고 있어 작은 나라에서도 걱정이 되기는 하나 결국 큰 나라인 귀국이 걱정할 일입니다. 나 같은 사람이 어찌 알 수 있겠습니까? 그대는 빨리 그 일을 헤아리십시오!《詩》에 '작은 술병의 술이 떨어지면 큰 술항아리의 수치로다'라 하였습니다. 왕실이 안녕치 못함은 곧 그대 진나라의 수치입니다."

범헌자는 두려워하며 한선자韓宣子와 상의하였다.

그리하여 제후들을 부르기로 하였으며 그 기일은 다음해로 정하였다.

【鄭伯】당시 鄭나라 군주는 定公(寧)으로 재위 12년째였음.

【子大叔】游吉. 鄭나라 대부. '大叔'은 '太叔'과 같음. 游眅의 아우. '世叔'으로도 불리며 公孫蠆의 아들.

【范獻子】范鞅. 晉나라 대부. 士鞅. 范叔으로도 불림. 시호는 獻子. 士匄(宣子)의 아들이며 士燮(范文子)의 손자.
【嫠不恤其緯】杜預 注에 "嫠, 寡婦也. 織者常苦緯少, 寡婦所宜憂"라 함.
【蠢蠢焉】動擾을 일으키는 모습.
【詩】《詩經》小雅 蓼莪篇에 "缾之罄矣, 維罍之恥. 鮮民之生, 不如死之久矣. 無父何怙, 無母何恃. 出則銜恤, 入則靡至. 父兮生我, 母兮鞠我. 拊我畜我, 長我育我, 顧我復我, 出入腹我. 欲報之德, 昊天罔極"이라 함. 여기서 '缾'은 周나라를, '罍'는 晉나라를 비유함.
【韓宣子】韓起. 晉나라 대부. 韓厥의 아들이며 韓無忌의 아우. 시호는 宣子. 그들 후손이 春秋末 晉六卿이었으며 戰國시대 三晉의 하나이며 戰國七雄인 韓나라로 발전함.
【明年】다음해 黃父에서의 회맹을 가리킴. 杜預 注에 "爲明年會黃父傳"이라 함.

❋ 1536(昭 24-4)

秋八月, 大雩.

가을 8월, 기우제를 크게 지냈다.

【雩】祈雨祭의 제사 이름.

㊟
秋八月, 大雩, 旱也.

가을 8월에 기우제를 크게 지낸 것은 가뭄이 들었기 때문이었다.

【旱】杜預 注에 "終如叔孫之言"이라 하여 梓愼의 예견은 오류이며 叔孫婼의 풀이가 맞았음을 밝힌 것임.

※ **1537**(昭24-5)

丁酉, 杞伯郁釐卒.

정유날, 기백杞伯 욱리郁釐가 죽었다.

【丁酉】月 표기가 없으나 계산상으로 9월 5일에 해당함. 杜預 注에 "無傳. 丁酉, 九月五日, 有日無月"이라 함.
【杞伯】杞 平公. 이름은 郁釐였음.
＊無傳

⑲
冬十月癸酉, 王子朝用成周之寶珪沈于河.
甲戌, 津人得諸河上.
陰不佞以溫人南侵, 拘得玉者, 取其玉.
將賣之, 則爲石.
王定而獻之.
與之東訾.

겨울 10월 계유날, 왕자 조朝가 성주成周의 보물 규옥珪玉을 하수에 던지면서 복을 빌었다.
갑술날, 나루터를 관리하는 사람이 강가에서 이를 주웠다.
음불녕陰不佞이 온溫 땅 사람들을 이끌고 남쪽으로 침입하여 규옥을 주운 자를 붙잡아 이를 빼앗았다.
그가 이를 팔려 하였더니 돌로 변하는 것이었다.
경왕이 나라를 평정하고 나자 음불녕은 그것을 경왕에게 바쳤다.
경왕은 그에게 동자東訾 땅을 주었다.

【癸酉】10월 11일.
【成周】周 成王 때 洛邑에 王城을 쌓았으며 낙읍 동쪽에 別都를 설치하여 '成周'라

하였음.《說苑》修文篇에 "春秋曰:『天王入于成周』傳曰:「成周者何? 東周也.」"라 함.
【沈于河】原典에는 '沈'자가 없음.《史記》周本紀 正義와《漢書》五行志, 阮元〈校勘記〉 등에 의해 補入함.
【甲戌】10월 12일.
【陰不佞】周 敬王의 대부. 그러나 '陰'은 지명으로 보기도 함. '陰' 땅의 不佞이라는 뜻.
【溫人南侵】杜預 注에 "晉以溫兵助敬王, 南侵子朝"라 함.
【獻之】杜預 注에 "不佞獻玉"이라 하여 不佞이 팔려 하였으나 돌로 변하여 팔지 못하고 가지고 있다가 뒤에 敬王에게 바친 것으로 보았음.
【東訾】지금의 鞏縣에 있었던 읍 이름.《彙纂》에《後漢書》를 인용하여 "鞏有 東訾, 今名訾城, 在鞏縣西南四十五里, 俗名訾店"이라 함.

※ 1538(昭 24-6)

冬, 吳滅巢.

겨울, 오吳나라가 소巢를 멸하였다.

【巢】楚나라 땅. 지금의 安徽 巢縣.

傳

楚子爲舟師以略吳疆.
沈尹戌曰:「此行也, 楚必亡邑. 不撫民而勞之, 吳不動而速之, 吳踵楚, 而疆場無備, 邑, 能無亡乎?」
越大夫胥犴勞王於豫章之汭, 越公子倉歸王乘舟.
倉及壽夢帥師從王, 王及圉陽而還.
吳人踵楚, 而邊人不備, 遂滅巢及鍾離而還.

沈尹戌曰:「亡郢之始於此在矣. 王一動而亡二姓之帥, 幾如是而不及郢?《詩》曰『誰生厲階? 至今爲梗』, 其王之謂乎!」

초楚 평왕平王이 수군을 편성하여 오吳나라의 국경을 경략하였다.
그러자 심윤沈尹 술戌이 말하였다.
"이번의 행동으로 초나라는 틀림없이 읍을 잃게 될 것이다. 백성들을 위무하지 않으면서 노고롭게만 하고 있으며 오나라가 가만히 있는데도 오나라를 급하게 몰고 있다. 오나라가 초나라의 뒤를 따라 붙어 쫓아오는데도 나라 안에 아무런 방비도 없으니 읍을 잃지 않을 수 있겠는가?"
그때 월越나라 대부 서안胥犴이 예장豫章의 강물이 굽어 흐르는 곳에서 초 평왕을 위로하였고, 월나라 공자 창倉이 평왕이 탈 배를 선사하였다.
그리고 공자 창과 월나라 대부 수몽壽夢이 군사를 이끌고 평왕을 뒤따르자 초 평왕은 어양圉陽까지 갔다가 돌아왔다.
이에 오나라가 초나라 군사의 뒤를 따라 붙자 국경을 지키는 사람들은 아무런 방비를 하고 있지 않아 드디어 소巢와 종리鍾離를 무찌르고 되돌아갔다.
심윤 술이 말하였다.
"도읍 영郢을 잃을 징조가 여기에서 비롯될 것이다. 왕은 한 번 움직여서 두 명의 장수를 잃었다. 몇 번 이처럼 한다면 도읍 영에까지 미치지 않겠는가?《시》에 '그 누가 재앙의 길을 만들었는가? 이제 와서는 그 병 깊어졌네'라 하였으니 이는 왕과 같은 경우를 두고 한 말이리라!"

【沈尹戌】楚 莊王의 曾孫이며 葉公 沈諸梁의 부친. 그러나 杜預 注에 "莊王曾孫, 葉公諸梁父也"라 하였고,《潛夫論》에는 "左司馬戌者, 莊王之曾孫, 葉公諸梁者, 戌之第三弟也"라 하였고,《呂氏春秋》高誘 注에는 "沈尹戌, 莊王之孫, 沈諸梁, 葉公子高之父也"라 하여 각기 다름.
【亡邑】초나라 도읍 영을 잃게 될 것임을 말함. '郢'은 초나라 도읍으로 지금의 湖北 江陵市 북쪽 紀南城.《漢書》地理志에 "南郡江陵, 古楚郢都, 楚文王自丹陽徙此, 後九世平王城之"라 함.
【吳踵楚】吳나라가 楚나라 뒤를 밟으며 기회를 엿봄.

【胥犴】越나라 대부.
【豫章】지금의 江西 湖口縣.
【公子倉】越나라 공자.
【壽夢】越나라 대부.
【圍陽】楚나라 땅. 지금의 安徽 巢縣 땅.
【巢】楚나라 땅. 지금의 安徽 巢縣.
【鍾離】지금의 安徽 鳳陽縣 동북쪽.
【二姓之帥】杜預 注에 "二姓之帥, 守巢·鍾離大夫"라 함.
【詩】《詩經》大雅 桑柔篇에 "國步蔑資, 天不我將. 靡所止疑, 云徂何往. 君子實維, 秉心無競. 誰生厲階, 至今爲梗. 憂心慇慇, 念我土宇. 我生不辰, 逢天僤怒. 自西徂東, 靡所定處. 多我覯痻, 孔棘我圉"라 함.
【王之謂乎】杜預 注에 "爲定四年吳入郢傳"이라 함.

1539(昭24-7)

葬杞平公.

기杞 평공平公의 장례를 치렀다.

【平公】杞나라 군주. 이름은 郁釐.
＊無傳

206. 昭公 25年(B.C.517) 甲申

周	敬王(姬匄) 3년	齊	景公(杵臼) 31년	晉	頃公(去疾) 9년	衛	靈公(元) 18년
蔡	昭公(申) 2년	鄭	定公(寧) 13년	曹	悼公(午) 7년	陳	惠公(吳) 13년
杞	悼公(成) 원년	宋	元公(佐) 15년	秦	哀公(鍼?) 20년	楚	平王(熊居) 12년
吳	吳王(僚) 10년	許	許男(斯) 6년				

❋ 1540(昭25-1)

二十五年春, 叔孫婼如宋.

25년 봄, 숙손착叔孫婼이 송宋나라에 갔다.

【叔孫婼】叔孫昭子. 叔孫穆子의 서자. 豎牛에 의해 叔孫氏 후계자가 됨.

傳
二十五年春, 叔孫婼聘于宋, 桐門右師見之.
語, 卑宋大夫而賤司城氏.
昭子告其人曰:「右師其亡乎! 君子貴其身, 而後能及人, 是以有禮.
今夫子卑其大夫而賤其宗, 是賤其身也, 能有禮乎? 無禮, 必亡.」
宋公享昭子, 賦〈新宮〉.

昭子賦〈車轄〉.
明日宴, 飮酒, 樂, 宋公使昭子右坐, 語相泣也.
樂祁佐, 退而告人曰:「今茲君與叔孫其皆死乎! 吾聞之:『哀樂而樂哀, 皆喪心也.』心之精爽, 是謂魂魄. 魂魄去之, 何以能久?」

25년 봄, 숙손착叔孫婼이 송宋나라를 예방하자 그곳 동문桐門에 사는 우사右師(樂大心)가 그를 만났다.

서로 이야기를 나누면서 그는 송나라의 대부들을 깎아내리고 자신의 종가 사성씨司城氏까지 깔보아 말하는 것이었다.

소자昭子(叔孫婼)는 그를 따르는 자에게 말하였다.

"송나라 우사는 그의 몸을 망칠 것이다! 군자는 그 자신을 높이고 나서야 남을 높인다. 이 까닭으로 예라는 것이 있는 것이다. 지금 그 사람은 자신의 대부를 낮추고, 자신의 종가를 천하게 여기고 있다. 이는 자신을 천하게 여기는 것이다. 그런데 능히 예가 있다고 할 수 있겠는가? 예가 없으면 반드시 망하고 마는 것이다."

송 원공이 소자에게 향연을 베풀어 주면서 〈신궁新宮〉편을 읊었다.

소자는 〈거할車轄〉편을 읊었다.

다음날, 다시 연회를 열어 술을 마시며 즐기면서 송 원공은 소자를 오른쪽에 앉히고 이야기를 나누다가 함께 울었다.

악기樂祁가 그 곁에서 돕다가 물러나와 다른 사람에게 말하였다.

"올해 안에 우리 임금과 노나라 숙손씨는 모두 죽을 것이로다! 내가 듣기로 '슬퍼할 때에 즐거워하고 즐거워할 때에 슬퍼하는 것은 모두 마음을 잃은 것이다'라 하였다. 마음의 정기를 혼백魂魄이라 이른다. 혼백이 몸에서 나가고서야 어찌 오래 살 수 있겠는가?"

【叔孫婼】叔孫昭子. 叔孫穆子의 서자. 豎牛에 의해 叔孫氏 후계자가 됨.
【桐門】宋나라 지명. 宋나라 도읍 商丘 北門 가까이 있었음.
【右師】樂大心을 가리킴. 杜預 注에 "右師, 樂大心, 居桐門"이라 함. 《通志》 氏族略(3)에 "宋樂大心爲右師, 食采桐門, 因氏焉"이라 함.

【司城氏】杜預 注에 "司城, 樂氏之大宗也. 卑, 賤, 謂其才德薄"이라 함.
【宋公】당시 宋나라 군주는 元公(佐). 재위 15년(마지막)째였음.
【新宮】지금의 《詩經》에 들어 있지 않은 逸詩임. 그러나 江永의 《群經補義》에는 지금의 小雅 斯干篇을 말하는 것이라 하였음.
【車舝】《詩經》小雅 車舝(車轄)篇에 "間關車之舝兮, 思孌季女逝兮. 匪飢匪渴, 德音來括. 雖無好友, 式燕且喜. 依彼平林, 有集維鷮. 辰彼碩女, 令德來敎. 式燕且譽, 好爾無射. 雖無旨酒, 式飮庶幾. 雖無嘉殽, 式食庶幾. 雖無德與女, 式歌且舞. 陟彼高岡, 析其柞薪. 析其柞薪, 其葉湑兮. 鮮我覯爾, 我心寫兮. 高山仰止, 景行行止. 四牡騑騑, 六轡如琴. 覯爾新昏, 以慰委心"이라 하였으며 이 시는 군자와 어진 여자의 결혼을 노래한 것임.
【樂祁】樂祁犁. 宋나라 子罕의 손자이며 溷의 아버지. 자는 子梁. 昭公 22년을 볼 것.
【精爽】精明, 旌旗.
【魂魄】《說文》에 "魄, 陰神也; 魂, 陽氣也"라 함.
【何以能久】杜預 注에 "爲此冬叔孫·宋公卒傳"이라 함. 한편 賈誼《新書》容經語 (下)에도 이 고사가 실려 있음.

㊁
季公若之姊爲小邾夫人, 生宋元夫人, 生子, 以妻季平子.
昭子如宋聘, 且逆之.
公若從, 謂曹氏:「勿與, 魯將逐之.」
曹氏告公, 公告樂祁.
樂祁曰:「與之. 如是, 魯君必出. 政在季氏三世矣, 魯君喪政四公矣. 無民而能逞其志者, 未之有也, 國君是以鎭撫其民.《詩》曰:『人之云亡, 心之憂矣.』魯君失民矣, 焉得逞其志? 靖以待命猶可, 動必憂.」

　　노나라 계공약季公若의 누이는 소주小邾 군주의 부인이 되어 딸 송 원공 元公의 부인을 낳았으며 그 원공의 부인이 낳은 딸을 노나라의 계평자季平子의 아내로 삼았다.
　　소자昭子는 송나라로 가서 예방하고 아울러 공녀도 맞이하기로 하였다.

그런데 계공약이 그 일행을 따라가 누이 송 원공의 부인 조씨曹氏에게 말하였다.

"딸을 시집보내지 마십시오. 노나라에서는 장차 계평자를 축출하게 될 것입니다."

조씨가 이를 원공에게 고하자 원공이 이를 악기樂祁에게 고하였다.

그러자 악기는 이렇게 말하였다.

"공녀를 계평자에게 시집보내십시오. 노나라가 계평자를 축출했다가는 노나라 임금도 틀림없이 축출당할 것입니다. 노나라의 정권이 계씨季氏에게 있은 지 3대째이고, 노나라 군주가 정권을 잃은 지 네 군주에 이르렀습니다. 지지하는 백성들이 없는데 그 뜻을 마음대로 펼 수 있는 경우란 아직 없었습니다. 나라의 군주란 이로써 그의 백성들을 진무鎭撫하는 것입니다. 《시》에 '백성이 망해 가니 마음에는 근심뿐이로구나'라 하였습니다. 노나라 군주는 백성들을 잃었는데 어떻게 그 뜻대로 할 수 있겠습니까? 조용히 천명을 기다리는 것은 그나마 괜찮겠지만 행동에 옮겼다가는 틀림없이 근심이 생길 것입니다."

【季公若】魯나라 대부. 季平子와 同族이었음. 杜預 注에 "平子庶姑, 與公若同母, 故曰公若姊"라 함.
【宋元公】宋나라 군주. 이름은 佐. 季公若 누이와 小邾 사이에 난 딸이 宋 元公의 부인이 되었으며 그 사이에 난 딸을 다시 季平子에게 시집을 보내려 한 것임.
【季平子】魯나라 대부 季孫意如. 시호는 平子. 季悼子(季孫紇)의 아들이며 季武子(季孫宿)의 손자. 悼子가 아버지 武子보다 먼저 죽어 나중에 平子가 집안의 후계자가 됨.
【昭子】叔孫昭子. 叔孫穆子의 서자. 叔孫婼. 豎牛에 의해 叔孫氏 후계자가 됨.
【曹氏】宋 元公 夫人의 성씨.
【樂祁】樂祁犁. 宋나라 子罕의 손자이며 溷의 아버지. 자는 子梁. 昭公 22년을 볼 것.
【如是】"계평자를 축출한다면"의 뜻.
【季氏三世】杜預 注에 "文子, 武子, 平子"라 함. 平子의 아버지 悼子는 武子보다 일찍 죽어 卿에 오르지 못하였음.

【四公】魯나라 宣公·成公·襄公·昭公의 4대 군주를 말함.
【鎭撫】지지하는 백성이 있음으로 해서 그 힘을 믿고 鎭壓하기도 하고 慰撫하기도 함. 지지하는 백성이 있어야 통치를 실행할 수 있음.
【詩】《詩經》大雅 瞻卬篇에 "天何以刺, 何神不富. 舍爾介狄, 維予胥忌. 不弔不祥, 威儀不類. 人之云亡, 邦國殄瘁. 天之降罔, 維其優矣. 人之云亡, 心之憂矣. 天之降罔, 維其幾矣. 人之聞亡, 心之悲矣"라 함.
【動必憂】杜預 注에 "爲下公孫傳"이라 함.

※ 1541(昭25-2)

夏, 叔詣會晉趙鞅·宋樂大心·衛北宮喜·鄭游吉·曹人·邾人·滕人·薛人·小邾人于黃父.

여름, 숙예叔詣가 진晉나라 조앙趙鞅·송宋나라 악대심樂大心·위衛나라 북궁희北宮喜·정鄭나라 유길游吉·조曹나라·주邾나라·등滕나라·설薛나라·소주小邾 사람과 황보黃父에서 만났다.

【叔詣】魯나라 대부. 《公羊傳》과 《穀梁傳》에는 '叔倪'로 되어 있음.
【趙鞅】趙簡子. 晉나라 대부. 趙武(文子)의 손자. 이름은 志父. 范氏, 中行氏와 권력투쟁 끝에 이겨 趙나라의 기초를 세운 인물. 이들 후손이 戰國時代 趙나라를 세움.
【樂大心】宋나라 대부. 樂嬰齊의 4세손. 《公羊傳》에는 '樂世心'으로 되어 있음. 宋나라 右師를 지냄.
【北宮喜】衛나라 대부. 北宮貞子. 시호는 貞子.
【游吉】子大叔. 鄭나라 대부. '大叔'은 '太叔'과 같음. 游販의 아우. '世叔'으로도 불리며 公孫蠆의 아들.
【滕】周 文王의 아들 叔繡가 받았던 封國. 侯爵이었으며 지금의 山東 滕縣 일대. 戰國시대 齊나라에게 망함.
【黃父】지금의 山西 心水縣 서북과 翼城縣 동북 사이의 지명.

㊉

夏, 會于黃父, 謀王室也.

趙簡子令諸侯之大夫輸王粟・具戍人, 曰:「明年將納王.」

子大叔見趙簡子, 問揖讓・周旋之禮焉.

對曰:「是儀也, 非禮也.」

簡子曰:「敢問, 何謂禮?」

對曰:「吉也聞諸先大夫子產曰:『夫禮, 天之經也, 地之義也, 民之行也.』天地之經, 而民實則之. 則天之明, 因地之性, 生其六氣, 用其五行. 氣爲五味, 發爲五色, 章爲五聲. 淫則昏亂, 民失其性. 是故爲禮以奉之, 爲六畜・五牲・三犧, 以奉五味; 爲九文・六采・五章, 以奉五色; 爲九歌・八風・七音・六律, 以奉五聲. 爲君臣・上下, 以則地義; 爲夫婦・外內, 以經二物; 爲父子・兄弟・姑姊・甥舅・昏媾・姻亞, 以象天明, 爲政事・庸力・行務, 以從四時; 爲刑罰・威獄, 使民畏忌, 以類其震曜殺戮; 爲溫慈・惠和, 以效天之生殖・長育. 民有好惡・喜怒・哀樂, 生于六氣, 是故審則宜類, 以制六志. 哀有哭泣, 樂有歌舞, 喜有施舍, 怒有戰鬪; 喜生於好, 怒生於惡. 是故審行信令, 禍福賞罰, 以制死生. 生, 好物也; 死, 惡物也. 好物, 樂也; 惡物, 哀也. 哀樂不失, 乃能協于天地之性, 是以長久.」

簡子曰:「甚哉, 禮之大也!」

對曰:「禮, 上下之紀・天地之經緯也, 民之所以生也, 是以先王尚之. 故人之能自曲直以赴禮者, 謂之成人. 大, 不亦宜乎!」

簡子曰:「鞅也, 請終身守此言也.」

宋樂大心曰:「我不輸粟. 我於周爲客, 若之何使客?」

晉士伯曰:「自踐土以來, 宋何役之不會, 而何盟之不同? 曰『同恤王室』, 子焉得辟之? 子奉君命, 以會大事, 而宋背盟, 無乃不可乎?」

右師不敢對, 受牒而退.

士伯告簡子曰:「宋右師必亡. 奉君命以使, 而欲背盟以干盟主, 無不祥大焉.」

여름, 황보黃父에서 모임을 가진 것은 주周 왕실에 대해서 상의하기 위함이었다.

조간자趙簡子가 각 제후국 대부들로 하여금 주나라 경왕에게 곡식을 보내고 천자를 호위할 군사를 갖출 것을 명하면서 이렇게 말하였다.

"명년에 장차 천자를 도읍으로 모실 것입니다."

자태숙子大叔(游吉)이 조간자를 방문하자 조간자는 읍양揖讓과 주선周旋에 관한 예禮를 물었다.

자태숙이 답하였다.

"그런 것은 의식이지, 예가 아닙니다."

간자가 말하였다.

"감히 여쭙건대 무엇을 일러 예라 합니까?"

태숙이 대답하였다.

"저(吉)는 선대부 자산子産으로부터 '무릇 예라는 것은 하늘의 경經이요 땅의 의義이며 사람이 실행해야 할 덕목'이라고 들었습니다. 하늘과 땅의 경이니 사람으로서 이를 본받아 따라야 하는 것입니다. 하늘의 명明을 법으로 삼고, 땅의 성性을 근거로 하여 육기六氣를 생겨나게 하고 그 오행五行을 활용합니다. 기氣는 오미五味가 되고, 이것이 발하면 오색五色이 되고 이것이 드러나면 오성五聲이 됩니다. 이에 지나치면 혼란이 조성되어 백성은 그 본성을 잃게 됩니다. 이 까닭으로 예禮라는 것을 제정하여 그 본성을 받드는 것입니다. 육축六畜, 오생五牲, 삼희三犧로써 오미五味를 받들고, 구문九文, 육채六采, 오장五章으로써 오색을 받들며, 구가九歌·팔풍八風·칠음七音·육률六律로써 오성을 받들고, 군신君臣, 상하上下로써 지의地義를 본받으며, 부부夫婦, 내외內外를 지어 이물二物의 경經을 삼으며, 부자·형제·고자姑姊·생구甥舅·혼구昏媾·인아姻亞로써 천명天明을 상징합니다. 그리고 정사政事, 용력庸力, 행무行務를 정하여 사시四時에 맞추고, 형벌刑罰과 위옥威獄을 제정하여 백성들로 하여금 두려움과 꺼려야 할 사항을 일러주며 이로써 진요震曜와 살육殺戮의 닮은 점을 구분합니다. 그런가 하면 온자溫慈와 혜화惠和로써 하늘의 생식生殖과 장육長育을 본받습니다. 백성에게는 호오好惡, 희로喜怒, 애락哀樂이 있으니 이는 육기六氣에서 나옵니다. 이러한 까닭으로 유형에 마땅한 사물의 법칙을 잘 살펴 육지六志를 적절히 제약하는 것입니다. 슬픔에는 곡읍哭泣이, 즐거움에는 가무歌舞가, 기쁨에는 시사施舍가, 노함에는 전투戰鬪가 있게 마련입니다. 기쁨은 좋아함에서 생겨나고 노함은 미워함에서 생겨납니다. 이 까닭으로 행동의 믿음과 아름다움을 잘 살펴 화복과 상벌을 내려 생사生死를 적절히 제약하는 것입니다. 삶이란 사물이라면 좋아하는 것이며, 죽음이란 사물이라면 싫어하는 것입니다. 사물이 좋아하는 것은 함께 즐겁게 여기고, 사물이 싫어하는 것이라면 함께 슬퍼합니다. 이처럼 애락을 잃지 않으면 능히 하늘과 땅의 본성에 화합하는 것이 되어 이로써 길이 지속될 수 있는 것입니다."

간자가 말하였다.

"대단하군요, 예의 큼이여!"

자태숙이 대답하였다.

"예란 상하의 기강이요, 천지의 경위經緯로써 백성이 이로써 삶을 이어가는 것입니다. 이 까닭으로 선왕들께서 이를 숭상한 것입니다. 그러므로 사람으로써 능히 곡직曲直을 잘 살펴 예로 향하여 가는 자를 일러 완성된 사람이라 합니다. 그러니 크다고 말하는 것이 역시 마땅하지 않겠습니까?"

간자가 말하였다.

"저(鞅)는 청컨대 종신토록 이 말씀을 지키겠습니다."

송宋나라 악대심樂大心이 말하였다.

"우리 송나라는 천자에게 곡식을 보내지 않겠습니다. 우리나라는 주나라에 있어서 손님입니다. 그런데 어찌 손님을 부려먹는단 말입니까?"

그러자 진나라 사백士伯(士彌牟)이 말하였다.

"천토踐土에서 맹약한 이래 송나라는 그 어떤 싸움에 함께 하지 않은 적이 있으며, 그 어떤 회맹에 참가하지 않은 적이 있습니까? '함께 왕실을 돕겠노라'라고 말해놓고 그대는 어찌 이를 피하는 것입니까? 그대는 귀국 임금의 명을 받들고 이 큰일에 모였으면서 귀국 송나라의 맹약을 배신하고 있으니 불가한 일이 아닙니까?"

이에 우사右師 악대심은 아무런 대꾸도 하지 못한 채 지시 문서를 받아 물러섰다.

사백이 이를 간자에게 고하며 말하였다.

"송나라의 우사는 틀림없이 망할 것입니다. 임금의 명령을 받들고 사신으로 와서는 맹약을 배반하여 맹주국에게 대들려 하고 있으니 이보다 더 큰 불길함은 없을 것입니다."

【黃父】지금의 山西 心水縣 서북과 翼城縣 동북 사이의 지명.
【謀王室】杜預 注에 "王室有子朝亂, 謀定之"라 함.
【趙簡子】晉나라 대부. 趙鞅. 晉나라 대부. 趙武(文子)의 손자. 이름은 志父. 范氏, 中行氏와 권력투쟁 끝에 이겨 趙나라의 기초를 세운 인물. 이들 후손이 戰國時代 趙나라를 세움.
【子産】公孫僑. 子國(公孫成)의 아들. 子美. 鄭나라의 훌륭한 宰相이 되어 孔子가 자주 칭찬한 인물.
【天之經】《孝經》三才章에 "子曰:「夫孝, 天之經也, 地之義也, 民之行也. 天地之經, 而民是則之; 則天之明, 因地之利, 以順天下.」"라 하여 '禮'가 '義'로 되어 있음.
【天之明】杜預 注에 "日·月·星辰, 天之明也"라 함.
【地之性】杜預 注에 "高下·剛柔, 之之性也"라 함.
【六氣】杜預 注에 "謂陰陽·風雨·晦明"이라 함.
【五行】金, 木, 水, 火, 土의 상징적 분류.
【五味】酸, 鹹, 辛, 苦, 甘의 다섯 가지 맛.
【五色】靑, 黃, 赤, 白, 黑의 다섯 가지 색깔.
【五聲】宮, 商, 角, 徵, 羽의 다섯 音階나 音調.
【失其性】杜預 注에 "滋味聲色, 過則傷性"이라 함.
【六畜】馬, 牛, 羊, 雞, 犬, 豕의 여섯 가지 가축.
【五牲】제사에 사용하는 다섯 가지 희생용 가축. 즉 牛, 羊, 豕, 犬, 雞. 말은 희생용 제물로 쓰지 않음.
【三犧】천지와 종묘의 제사에 쓰이는 세 가지 희생. 즉 牛, 羊, 豕를 가리킴. 杜預 注에 "祭天地宗廟三者謂之犧"라 하였으며 毛羽과 완전한 것을 '犧'라 한다함.
【九文】아홉 가지 문채. 龍, 山, 華蟲(花蟲), 火, 宗彛(호랑이와 긴꼬리원숭이), 藻(수초, 마름풀 문양), 粉米, 黼, 黻 등을 들고 있음.
【六采】여섯 가지 채색으로 그림 그릴 때 사용하는 배합색을 말함. 杜預 注에 "畫繢之事, 雜用天地四方之色; 靑與白, 赤與黑, 玄與黃, 皆相次, 謂之六色"이라 함.
【五章】다섯 가지 徽章. 杜預 注에 "靑與赤謂之文, 赤與白謂之章, 白與黑謂之黼, 黑與靑謂之黻. 五色備謂之繡"라 함.

【九歌】杜預 注에 "九功之德皆可歌也. 六府三事謂之九功"이라 함.
【八風】杜預 注에 "八方之音"이라 함. 한편《呂氏春秋》古樂篇에는 "顓頊登爲帝, 惟天之合, 正風乃行, 其音若熙熙淒淒鏘鏘, 帝顓頊好其音, 乃令飛龍作效八風之音"이라 함.
【七音】五音(宮商角徵羽)에 變宮과 변치(變徵)를 더한 것.
【六律】律呂를 가리킴. 杜預 注에 "黃鍾, 大簇, 姑洗, 蕤賓, 夷則, 無射也. 陽聲爲律, 陰聲爲呂"라 함.
【地義】杜預 注에 "君臣有尊卑, 法地有高下"라 함.
【二物】陰陽, 剛柔, 內外, 夫婦, 男女 등 이분법적인 구별
【昏媾】婚姻으로 맺어진 姻戚. '昏'은 '婚'과 같음.
【姻亞】'亞'는 '婭'와 같음. '連襟'이라고도 하며 "兩壻相謂曰亞"라 하여 사위끼리의 관계를 뜻함.
【象天明】하늘의 이치를 상징함. 杜預 注에 "六親和睦, 以事嚴父, 若衆星之共辰極也"라 함.
【政事·庸力·行務】杜預 注에 "在君爲政, 在臣爲事; 民功曰庸, 治功曰力; 行其德敎, 務其時要, 禮之本也"라 함.
【震曜】벼락이나 번개처럼 하늘이 무서움을 보이듯 형벌로 사람을 제약하여 죄를 짓지 않도록 함.
【六氣】好, 惡, 喜, 怒, 哀, 樂. 杜預 注에 "此六者, 皆稟陰陽·風雨·晦明之氣"라 함.
【六志】杜預 注에 "爲禮以制好惡, 喜怒, 哀樂六志, 使不過節"이라 함.
【好物·惡物】생물은 모두 살기를 즐겨하고 죽기를 厭惡함. 惠棟의 〈補注〉에 "凡民之所好惡, 生物是好, 死物是惡"이라 함.
【樂大心】宋나라 대부. 宋나라 右師였음. 杜預 注에 "右師, 樂大心, 居桐門"이라 함.《通志》氏族略(3)에 "宋樂大心爲右師, 食采桐門, 因氏焉"이라 함.
【客】宋나라는 고대 殷(商)의 후예로 武王이 殷을 멸한 다음 殷의 후손 微子(啓)를 봉한 제후국으로 주 왕실과는 同姓이 아니었으며 주 왕조에서는 늘 손님으로 우대하였음.
【士伯】士彌牟. 晉나라 대부. 士景伯, 士伯으로도 부름. 士文伯의 아들. 杜預 注에 "景伯, 士文伯之子彌牟也"라 함.
【踐土】踐土의 盟約은 僖公 28년을 볼 것.
【大事】周 王室을 구해야 하는 큰 임무.
【牒】각기 임무를 적은 문서 간찰. 송나라가 왕실에 식량을 보내고 수비 병사를 갖추어야 할 일을 적은 요구 문서.
【無不祥大】杜預 注에 "爲定十年宋樂大心出奔傳"이라 함.

✸ 1542(昭25-3)

有鸜鵒來巢.

구욕鸜鵒이라는 새가 노나라에 날아와 둥지를 틀었다.

【鸜鵒】 '鴝鵒'으로도 표기함. 八歌, 九官鳥라고도 하며 앵무새처럼 사람 말을 흉내 냄. 이는 昭公의 도망갈 징조를 말한 미신임. 〈考工記〉에는 "鸜鵒不濟"라 하여 이 새는 濟水 남쪽으로는 넘어 오지 않는다 하였으며. 노나라는 濟水의 남쪽에 있어 이 새가 그곳까지 날아와 둥지를 트는 것은 불길한 징조로 여긴 것임.
【巢】 鸜鵒새는 《公羊傳》에 '宜穴'이라 하여 굴을 파고 사는 새로 '巢'(둥지)를 튼 것이 곧 불길한 것이라 하였으며 《穀梁傳》에도 "鸜鵒穴者而曰巢"라 함. 이에 대해 杜預 注에는 "此鳥穴居, 不在魯界, 故曰'來巢', 非常, 故書"라 하여 서식지가 아닌 곳에 온 것과 둥지를 튼 것 모두를 거론하였음.

㊤

「有鸜鵒來巢」, 書所無也.
師己曰:「異哉! 吾聞文·成之世, 童謠有之, 曰:
『鸜之鵒之, 公出辱之.
鸜鵒之羽, 公在外野, 往饋之馬.
鸜鵒跦跦, 公在乾侯, 徵褰與襦.
鸜鵒之巢, 遠哉遙遙;
裯父喪勞, 宋父以驕;
鸜鵒鸜鵒, 往歌來哭.』
童謠有是. 今鸜鵒來巢, 其將及乎!」

"구욕鸜鵒이 날아와 둥지를 틀었다"라 한 것은 전에는 없었던 일이었기 때문에 기록한 것이다.
노나라 악사樂師 기己가 말하였다.

"이상하구나! 내 듣기로 문공文公, 성공成公 시대에 이러한 동요가 있었다 하였다.

'구욕새 날아오도다. 임금이 도망가는 치욕을 당하리라.

구욕새 날갯짓 퍼덕이네. 임금이 들판을 헤매시니 말을 보내드려야지.

구욕새 뛰어다니네. 임금께서 간후乾侯에서 옷을 보내 달라 하시네.

구욕새 둥지여, 멀고도 아득하도다.

도보裯父는 고생하다 돌아가시고 송보宋父는 더욱 거만해지리.

구욕새여, 구욕새여! 갈 때는 노래 부르다가 올 때는 울음 터뜨리리.'

동요는 이와 같았다. 지금 구욕이 날아와 둥지를 틀었으니 장차 그러한 일이 닥치려는 것이리라!"

【師己】 樂師이며 예언가, 魯나라 대부.
【文·成】 노나라 문공, 선공, 성공 때를 가리킴. 원전에는 '文武'로 되어 있으나 〈石經本〉, 〈宋本〉, 〈岳本〉, 《漢書》 五行志, 《論衡》 異虛篇, 《文選》 幽通賦 注, 《史通》 雜說 등에 의해 수정함.
【公出】 군주가 도성 밖으로 나감. 이 동요의 내용은 昭公 25년 이후의 노나라 군주의 운명을 예언한 것임.
【饋】 《左傳會箋》에 "與季平子每歲買饋之應"이라 함.
【趎趎】 뛰어다님. 杜預 注에 "趎趎, 跳行貌"라 함.
【乾侯】 晉나라 지명. 昭公은 이곳에서 생을 마침. 지금의 河北 成安縣 동남. 28년 經에 "公如晉, 次于乾侯"라 함. 《漢書》 地理志 顔師古 注에 "乾音干, 言其地水常涸也"라 함.
【褰·襦】 褰은 바지, 襦는 속옷. 《左傳會箋》에 "與平子每歲歸從者之衣履應"이라 함.
【裯父】 '裯'는 昭公의 이름. '父'는 '甫'와 같으며 남자의 미칭. '裯'는 '도', '주' 등으로 읽음. 원전에는 '稠父'로 되어 있으나 〈石經本〉, 〈宋本〉, 〈岳本〉, 〈足利本〉, 〈金澤文庫本〉, 《漢書》 五行志 등에 의해 바로잡음. 그러나 《漢書》 古今人表에는 '稠'로 되어 있음.
【喪勞】 밖에서 고생하다가 죽음. 杜預 注에 "死外, 故喪勞"라 함.
【宋父】 昭公의 아우 定公의 이름. 杜預 注에 "宋父, 定公, 代立, 故以驕"라 함.
【往歌來哭】 소공이 태어날 때는 노래를 불렀으나 죽어 돌아올 때는 곡을 함. 杜預 注에 "昭公出生, 歌; 死還, 哭"이라 함.

* **1543(昭25-4)**

秋七月上辛, 大雩; 季辛, 又雩.

가을 7월 상신上辛, 기우제를 크게 지냈고, 계신季辛에 또 기우제를 지냈다.

【上辛】그달의 첫 辛日. 辛卯일이었으며 7월 3일에 해당함.
【季辛】그달의 下旬 辛日. 辛亥일이었으며 23일에 해당함.

㊝
秋, 書再雩, 旱甚也.

가을에 두 번이나 기우제를 지냈다고 쓴 것은 가뭄이 심해서였다.

* **1544(昭25-5)**

九月己亥, 公孫于齊, 次于陽州.
齊侯唁公于野井.

9월 기해날, 소공이 제齊나라로 달아나 양주陽州에 머물렀다.
제후齊侯가 야정野井에서 소공을 위로하였다.

【己亥】9월 12일.《穀梁傳》에는 '乙亥'로 되어 있으나 9월에는 乙亥가 없음.
【孫】'遜'과 같음. 杜預 注에 "諱奔, 故曰孫. 若自孫讓而去位者"라 함.
【次】군사가 주둔함을 뜻함. 莊公 3년 傳에 "凡師, 一宿爲舍, 再宿爲信, 過信爲次"라 함.

【陽州】 齊나라 읍 이름. 지금의 山東 東平縣 북쪽.《公羊傳》에는 '楊州'로 되어 있음. 원래 魯나라 읍이었으나 襄公 31년 傳에 "齊子尾害閭丘嬰, 使帥師伐 陽州"라 하여 齊나라가 차지하고 있었음.
【齊侯】 당시 齊나라 군주는 景公(杵臼)으로 재위 31년째였음.
【野井】 지금의 山東 齊河縣 동남 濟水 동쪽.

✹ 1545(昭25-6)

冬十月戊辰, 叔孫婼卒.

겨울 10월 무진날, 숙손착叔孫婼이 죽었다.

【戊辰】 10월 11일.
【叔孫婼】 叔孫昭子. 叔孫穆子의 서자. 豎牛에 의해 叔孫氏 후계자가 됨.

㊧
初, 季公鳥娶妻於齊鮑文子, 生甲.
公鳥死, 季公亥與公思展與公鳥之臣申夜姑相其室.
及季姒與饔人檀通, 而懼, 乃使其妾抶己, 以示秦遄之妻, 曰:「公若欲使余, 余不可而抶余.」
又訴於公甫, 曰:「展與夜姑將要余.」
秦姬以告公之.
公之與公甫告平子, 平子拘展於下, 而執夜姑, 將殺之.
公若泣而哀之, 曰:「殺是, 是殺余也.」
將爲之請, 平子使豎勿內, 日中不得請.
有司逆命, 公之使速殺之.
故公若怨平子.

季·郈之鷄鬬, 季氏介其鷄, 郈氏爲之金距.
平子怒, 益宮於郈氏, 且讓之.
故郈昭伯亦怨平子.
臧昭伯之從弟會爲讒於臧氏, 而逃於季氏.
臧氏執旃.
平子怒, 拘臧氏老.
將禘於襄公, 萬者二人, 其衆萬於季氏.
臧孫曰:「此之謂不能庸先君之廟.」
大夫遂怨平子.
公若獻弓於公爲, 且與之出射於外, 而謀去季氏.
公爲告公果·公賁, 公果·公賁使侍人僚柤告公.
公寢, 將以戈擊之, 乃走.
公曰:「執之!」
亦無命也.
懼而不出, 數月不見.
公不怒.
又使言, 公執戈以懼之, 乃走.
乃使言, 公曰:「非小人之所及也.」
公果自言, 公以告臧孫, 臧孫以難.
告郈孫, 郈孫以可, 勸.
告子家懿伯.
懿伯曰:「讒人以君徼幸, 事若不克, 君受其名, 不可爲也. 舍民數世, 以求克事, 不可必也. 且政在焉, 其難圖也.」
公退之.
辭曰:「臣與聞命矣, 言若洩, 臣不獲死.」
乃館於公宮.
叔孫昭子如闞, 公居於長府.
九月戊戌, 伐季氏, 殺公之于門,
遂入之.

平子登臺而請曰:「君不察臣之罪,使有司討臣以干戈,臣請待於沂上以察罪.」

弗許.

請囚于費,弗許.

請以五乘亡,弗許.

子家子曰:「君其許之! 政自之出久矣,隱民多取食焉,爲之徒者衆矣. 日入慝作,弗可知也. 衆怒不可蓄也,蓄而弗治,將薀. 薀蓄,民將生心. 生心,同求將合. 君必悔之!」

弗聽.

郈孫曰:「必殺之!」

公使郈孫逆孟懿子.

叔孫氏之司馬鬷戾言於其衆曰:「若之何?」

莫對.

又曰:「我,家臣也,不敢知國. 凡有季氏與無,於我孰利?」

皆曰:「無季氏,是無叔孫氏也.」

鬷戾曰:「然則救諸!」

帥徒以往,陷西北隅以入.

公徒釋甲執冰而踞,遂逐之.

孟氏使登西北隅,以望季氏.

見叔孫氏之旌,以告.

孟氏執郈昭伯,殺之于南門之西,遂伐公徒.

子家子曰:「諸臣僞劫君者,而負罪以出,君止. 意如之事君也,不敢不改.」

公曰:「余不忍也.」

與臧孫如墓謀,遂行.

己亥,公孫于齊,次于陽州.

齊侯將唁公于平陰,公先至于野井.

齊侯曰:「寡人之罪也. 使有司待于平陰,爲近故也.」

書曰:「公孫于齊,次于陽州. 齊侯唁公于野井」,禮也.

將求於人，則先下之，禮之善物也。
齊侯曰：「自莒疆以西，請致千社，以待君命。寡人將帥敝賦，以從執事，唯命是聽。君之憂，寡人之憂也。」
公喜。
子家子曰：「天祿不再。天若胙君，不過周公。以魯足矣。失魯而以千社爲臣，誰與之立？且齊君無信，不如早之晉。」
弗從。
臧昭伯率從者將盟，載書曰：「戮力壹心，好惡同之。信罪之有無，繾綣從公，無通外內！」
以公命示子家子。
子家子曰：「如此，吾不可以盟。羈也不佞，不能與二三子同心，而以爲皆有罪。或欲通外內，且欲去君。二三子好亡而惡定，焉可同也？陷君於難，罪孰大焉？通內外而去君，君將速入，弗通何爲？而何守焉？」
乃不與盟。
昭子自闞歸，見平子。
平子稽顙，曰：「子若我何？」
昭子曰：「人誰不死？子以逐君成名，子孫不忘，不亦傷乎？將若子何？」
平子曰：「苟使意如得改事君，所謂生死而肉骨也。」
昭子從公于齊，與公言。
子家子命適公館者執之。
公與昭子言於幄內，曰：「將安衆而納公。」
公徒將殺昭子，伏諸道。
左師展告公。
公使昭子自鑄歸。
平子有異志。
冬十月辛酉，昭子齊於其寢，使祝宗祈死。
戊辰，卒。
左師展將以公乘馬而歸，公徒執之。

당초, 노나라 계공조季公鳥는 제齊나라 대부 포문자鮑文子의 딸을 아내를 맞아 갑甲을 낳았다.

공조가 죽자 계공해季公亥와 공사전公思展이 공조의 가신 신야고申夜姑와 함께 공조의 집을 돌보았다.

공조의 아내 계사季姒와 요리사 단檀이 간통하면서 계공해를 두려워하였다. 그리하여 단은 자기의 비첩에게 자신의 몸을 때리게 하고 그 맞은 자국을 공조의 누이동생인 진천秦遄의 아내에게 보이며 이렇게 말하였다.

"공약公若(季公亥)이 저를 마음대로 부리려고 하기에 제가 거절하였더니 저를 이렇게 때렸습니다."

그리고는 다시 계평자季平子의 아우 공보公甫에게 이렇게 호소하였다.

"공사전과 신야고가 장차 저를 요구하려 합니다."

진천의 아내 진희秦姬가 계평자의 다른 동생인 공지公之에게 이를 알렸다.

공지와 공보가 이를 계평자에게 알리자 계평자는 공사전을 잡아 변卞 땅에 가두고 신야고는 잡아 장차 죽일 참이었다.

그러자 공약이 흐느껴 울면서 이렇게 말하였다.

"그를 죽이는 것은 곧 나를 죽이는 일입니다."

그러면서 장차 그를 살려줄 것을 간청하려 하였으나 계평자는 사환을 시켜 공약을 들여보내지 말도록 하여 한낮이 되도록 청할 수가 없었다.

신야고의 일을 맡은 관원이 계평자의 명령을 받으러 가자 공지는 곧바로 신야고를 죽이도록 하였다.

그 때문에 공약은 계평자를 원망하게 되었다.

계씨季氏와 후씨郈氏 두 집안의 닭싸움에서 계씨는 닭의 털에 겨자가루를 발랐고, 후씨는 닭의 발톱에 쇠붙이를 달았다.

그러자 계평자가 노하여 자기 집을 후씨의 집터까지 늘리고 꾸짖기까지 하였다.

이 때문에 후소백郈昭伯도 역시 계평자를 원망하게 되었다.

대부 장소백臧昭伯의 종제 회會가 장소백을 참언하고는 계씨네 집으로 도피하였다.

장소백이 그를 붙잡았다.

그러자 계평자가 노하여 장씨 집의 늙은 가신을 잡아서 구속하였다.

장차 조정에서 양공襄公의 사당에서 제사를 지내려 할 때 만무萬舞를 추는 자가 두 사람뿐이었고, 다른 무리들은 계씨 집에서 만무를 추었다.

장손臧孫이 말하였다.

"이제 더 이상 선군의 사당에서는 예를 행할 수 없게 되었다고 말할 수 있다."

대부들은 드디어 계평자를 원망하게 되었다.

계공약이 소공의 아들 공위公爲에게 활을 바치고 함께 나가 도읍 밖에서 활쏘기를 하면서 계씨季氏를 없앨 모책을 세웠다.

공위가 그 일을 동생 공과公果와 공분公賁에게 말하자 공과와 공분은 시인侍人 요사僚柤로 하여금 이 사실을 임금에게 알리도록 하였다.

소공이 잠자리에 누워 있다가 이를 듣고는 장차 창으로 그를 치려하자 요사는 급히 달아났다.

소공이 소리를 질렀다.

"저놈 잡아라!"

그러면서 소공은 더 이상 명령은 내리지 않았다.

요사는 두려워 군주 앞으로 나가지 못하고 몇 달이나 뵙지 않았다.

그럼에도 소공은 화내지 않았다.

다시 그에게 이를 알려드리도록 하자 소공이 창을 들어 겁을 주어 요사는 역시 자리를 피해 달아났다.

뒤에 또다시 이를 알리도록 하자 소공은 이렇게 말하는 것이었다.

"너 같은 소인이 할 수 있는 일이 아니다."

이에 공과가 직접 찾아뵙고 말하자 소공이 이를 장손에게 알렸다. 장손은 어려운 일로 여겼다.

소공이 다시 후손郈孫에게 말하였더니 후손은 할 수 있다 라고 하며 권유하였다.

소공이 이번에는 자가의백子家懿伯에게 말하였다.

그러자 그는 이렇게 말하였다.

"참언하는 자들이 임금을 연계시켜 그렇게 되었으면 하고 요행을 구하려고 하는 일입니다. 만약 이 일이 실패하면 군주께서 그 누명을 쓰실 것이니 그렇게 해서는 안 될 것입니다. 몇 대를 거쳐 백성을 버려두었다가 그러한 일이 성공하기를 바라지만 꼭 그렇게 될 수는 없습니다. 게다가 정권이 계씨에게 있어 그런 일을 도모한다는 것은 어렵습니다."

소공이 그를 물러나도록 하였다.

그러자 그는 물러나기를 거절하며 이렇게 덧붙였다.

"저는 임금의 명령을 들었으니 만약 이 말이 누설되면 저는 제대로 된 죽음을 맞이하지 못할 것입니다."

그리고는 궁궐 안에 머물러 지냈다.

숙손소자叔孫昭子가 감闞으로 갔을 때 소공은 장부長府에서 거처하고 있었다.

9월 무술날, 계씨를 쳐서 계손공지季孫公之를 그 집 대문 앞에서 죽였다. 이윽고 그 집으로 쳐들어갔다.

계평자가 대臺로 올라 이렇게 요청하였다.

"임금께서는 저의 죄를 살피지도 않으시고, 유사有司로 하여금 신을 무기로 치도록 하셨습니다. 저는 청컨대 기수沂水에서 기다리며 저의 죄가 무엇인지 살펴주시기 바랍니다."

그러나 소공은 허락하지 않았다.

계평자는 비費에 가두어 달라고 청하였지만 이 역시 허락하지 않았다.

그래서 다시 다섯 대의 수레로써 국외로 망명할 수 있도록 해 달라고 청하였지만 이 역시 허락하지 않았다.

자가자子家子가 말하였다.

"임금께서는 그의 청을 허락하십시오. 나라의 정령이 그로부터 나온 지가 오래되어 은민隱民들 중에 그로부터 얻어먹고 살아온 자들이 많으며 그를 위해 사는 무리가 많습니다. 해가 떨어진 밤이 되면 그들이 어떤 간계를 꾸밀지는 알 수 없습니다. 군중의 분노는 쌓이도록 두어서는 안 됩니다. 분노가 쌓여 다스릴 수 없게 되면 장차 더욱 쌓이게 됩니다. 쌓이고 쌓이면 백성은 다른 마음을 갖게 되고 다른 마음이 생기면 같은 요구를 하는 이들이 합세하게 됩니다. 그때 임금께서는 틀림없이 후회하게 될 것입니다!"

소공은 이 말을 듣지 않았다.

이때 후손이 말하였다.

"반드시 죽여야 합니다!"

소공은 후손에게 맹의자孟懿子를 맞이해 오도록 하였다.

숙손씨의 사마司馬 종려鬷戾가 그들 무리에게 물었다.

"이 일을 어찌해야 하겠는가?"

누구 하나 아무도 대답이 없었다.

그는 다시 말하였다.

"나는 이 가문의 가신에 불과하여 나랏일을 감히 알 수는 없지만, 계씨가 있는 것과 없는 것은 우리에게 어느 쪽이 유리하겠는가?"

그러자 모두들 말하였다.

"계씨가 없게 되면 이는 숙손씨가 없게 되는 일입니다."

종려가 말하였다.

"그렇다면 계씨를 구합시다!"

이에 종려는 무리를 이끌고 가서 계씨 집의 서북 귀퉁이를 무너뜨리고 안으로 들어갔다.

그때 경공을 돕는 무리들은 갑옷을 벗고, 화살 통을 손에 든 채 편히 앉아 있었다. 숙손씨 사람들은 드디어 이들을 몰아냈다.

그때 맹씨孟氏 집에서는 사람을 시켜 계씨의 집 서북쪽 구석으로 올라가 계씨 집안 사정을 살펴보도록 하였다.

그는 집안에 숙손씨 가문의 깃발이 있음을 보고 맹씨에게 가서 알렸다.

맹씨는 후소백을 붙잡아 남문 서쪽에서 그를 죽이고, 곧 군주 쪽을 공격하였다.

자가자가 소공에게 말하였다.

"여러 신하들이 임금을 협박하여 일으킨 일로써 신하들은 그 죄를 쓰고 나라를 떠났다고 거짓으로 꾸미시어 임금께서는 여기 머물러 계십시오. 그러면 계손의여季孫意如(季平子)도 임금을 섬기는 태도를 감히 고치지 않을 수 없을 것입니다."

그러나 소공은 이렇게 말하였다.

"나는 차마 그렇게 할 수 없소."

그리고는 장손과 함께 묘지로 가서 상의하고 곧 국외로 떠났다.

기해날, 소공은 제齊나라로 달아나 양주陽州 땅에 머물렀다.

제 경공이 장차 평음平陰으로 가서 소공을 위로하고자 하였으니 소공이 먼저 야정野井까지 가 있었다.

경공이 말하였다.

"여기까지 오시게 한 것은 과인의 잘못입니다. 유사로 하여금 평음에서 기다리도록 한 것은 평음이 야정보다 가깝기 때문이었습니다."

경經에 "소공이 제나라로 달아나 양주에 머물고, 제 경공이 야정에서 위로하였다"라 하였으니 이는 예에 맞는 일이었음을 말한 것이다.

장차 남에게 도움을 받으려면 자신이 먼저 고개를 숙이는 것이 예에 훌륭한 일이다.

제 경공이 말하였다.

"거莒나라의 국경으로부터 서쪽으로 1천 사社의 땅을 드려 그대의 명을 기다리겠습니다. 과인은 장차 저의 군사를 이끌고 귀국의 담당관을 따라가 그대의 명령대로 따르겠습니다. 그대의 근심이 곧 나의 근심이기 때문입니다."

소공은 매우 기꺼워하였다.

그러자 자가자가 말하였다.

"하늘의 복은 두 번 다시 오지 않습니다. 하늘이 만약 군주에게 복을 준다 하더라도 주공周公께서 받으셨던 복을 넘어서지 못할 것입니다. 노나라를 계속 차지하시고 계시는 것만으로도 족합니다. 노나라를 잃고 1천 사의 땅을 얻어 제나라 신하가 된다면 그 누가 함께 임금을 복위시키겠다고 나서겠습니까? 게다가 제나라 임금은 미덥지 못하니 서둘러 진晉나라로 가시느니만 못합니다."

그러나 소공은 그 말을 따르지 않았다.

장소백이 임금을 따르는 무리들을 이끌고 맹약을 맺고자 하였다.

맹약문에는 이렇게 밝혔다.

"죽을힘을 다하여 한 마음으로 뭉치고 호오好惡를 함께한다. 죄의 유무를 밝히고, 굳은 마음으로 임금을 따르며 국내외를 막론하고 소통하는 일이 없도록 할 것이다!"

장소백은 이를 임금의 명이라 하며 자가자에게 보여주었다.

그러자 자가자는 이렇게 말하였다.

"이와 같다면 나는 맹약할 수가 없습니다. 나(羈)는 똑똑하지 못하여 여러분들과 한 마음이 될 수 없고 누구에게나 죄가 있다고 여깁니다. 혹 국내외를 소통하고자 하면서 게다가 임금 곁을 떠나려는 이도 있습니다. 몇몇 분은 외국으로 망명하기를 좋아하여 본국에 정착하기를 싫어하기도 합니다. 그런데 어찌 마음을 같이할 수 있겠습니까? 임금을 곤경에 빠뜨렸으니 어느 죄가 이보다 더 크겠습니까? 내외에 있는 자들과 통하여 임금 곁을 떠난다면, 임금은 장차 서둘러 나라 안으로 들어가야 할 텐데 본국과 통하지 않고서 어떻게 군주를 지킬 수 있겠습니까?"

그는 이렇게 말하고는 맹약에 참여하지 않았다.

숙손소자가 감 땅으로부터 돌아와 계평자를 만났다.

계평자는 땅에 이마를 조아리며 말하였다.

"그대는 내가 어떻게 하였으면 좋겠습니까?"

소자가 말하였다.

"사람이라면 누군들 죽지 않습니까? 그대는 군주를 쫓아냈다는 것으로 이름을 얻어 자손들조차 이를 잊지 못할 것이니 역시 가슴 아픈 일이 아니겠습니까? 제가 장차 그대에게 어떻게 해드려야 하겠습니까?"

평자가 말하였다.

"진실로 저(意如)로 하여금 새로운 마음으로 임금을 섬길 수 있도록 해준다면, 이것이 소위 죽은 사람을 살려 뼈에 살을 붙여주는 은인이라 할 것입니다."

소자가 소공을 따라 제나라로 가서 소공과 이야기를 나누었다.

그때 자가자는 임금이 머물고 있는 공관公館으로 가는 자는 모두 잡도록 명령을 내렸다.

소공과 숙손소자가 장막 안에서 이야기를 나눌 때 숙손소자가 말하였다.

"백성을 안정시키고 나서 임금을 모시겠습니다."

그러나 소공을 따르는 이들은 장차 숙손소자를 죽이고자 그가 지나가는 길가에 복병을 숨겨두었다.

좌사전左師展이 이를 소공에게 알렸다.

소공은 숙손소자에게 주儔를 통해 빠져나가 귀국하도록 하였다.

그리하여 계평자는 소공을 불러들이지 않겠다는 마음을 품게 되었다.

겨울 10월 신유날, 숙손소자는 자신의 침실에서 재계하고 축종祝宗으로 하여금 자신의 죽음에 기도를 드려 달라고 하였다.

무진날, 숙손소자가 죽었다.

좌사전이 소공을 말에 태워 모시고 본국으로 돌아가려 하자 소공을 따르는 이들이 그를 잡아 저지하였다.

【季公鳥】季公亥의 형이며 季平子의 庶叔. 杜預 注에 "公鳥, 季公亥之兄, 平子庶叔父"라 함.

【鮑文子】鮑國. 齊나라 대부. 鮑氏 가문의 실권자.

【甲】이름이 아니며 '某'와 같은 뜻임. 洪亮吉의 〈左傳詁〉에 "甲猶言某甲, 失其名耳"라 함.

【季公亥】季公若. 季公鳥의 아우. 魯나라 대부.

【公思展】魯나라 대부. 季氏의 집안의 일족. 左師의 벼슬을 하여 左師展으로도 불림.

【申夜姑】季公鳥의 家臣.

【季姒】季는 남편 季公鳥의 성. 姒는 친정 鮑氏의 本姓. 杜預 注에 "季姒, 公鳥妻, 鮑文子女"라 함.

【饗人檀】季氏 家臣으로 음식을 담당하는 자. 檀은 그의 이름. 杜預 注에 "食官"이라 함.

【秦遄之妻】秦遄은 魯나라 대부. 그의 妻는 季公鳥의 누이동생 秦姬를 가리킴. 杜預 注에 "秦遄, 魯大夫. 妻, 公鳥妹秦姬也"라 함.

【公甫】季孫紇의 아들. 이름은 靖. 시호는 穆伯. '公父'로도 표기함.《世族譜》에 "公父氏, 公甫靖穆伯, 季孫紇子"라 함.《國語》魯語(下)를 볼 것. 程公說의《春秋分記世譜》(6)에 "公紇生三子, 曰意如(季平子), 曰公甫靖(公甫), 曰公之"라 함.

【要余】公思展과 申夜姑가 자신(季姒)을 협박하여 사통할 것을 강요함.

【秦姬】季氏의 본성은 姬였으며, 남편이 秦씨였기에 秦姬라 부른 것임.

【公之】이름은 鞅. 公紇의 아들이며 意如(平子)의 아우.

【平子】季平子. 魯나라 대부 季孫意如. 시호는 平子. 季悼子(季孫紇)의 아들이며 季武子(季孫宿)의 손자. 悼子가 아버지 武子보다 먼저 죽어 나중에 平子가 집안의 후계자가 됨.

【卞】지금의 山東 泗水縣 東北.
【是殺余】公思展과 申夜姑가 그녀(季姒)를 협박하여 사통할 것을 강요한다는 무고에 의해 신야고를 죽이면 자신도 그와 같은 일을 저지른 것으로 인정되어 죽음을 당하는 것과 같은 억울함을 말한 것.
【豎】'竪'로도 표기하며 심부름하는 사환.
【勿內】'內'은 '納'과 같음. 平子가 公若을 만나기를 거부한 것임.
【有事】杜預 注에 "執夜姑之有事, 欲迎受殺生之命"이라 함.
【季·郈】季平子 집안과 郈昭伯의 집안. 두 집안이 鬪鷄놀이를 할 때 생긴 일을 말함.
【介】賈逵, 服虔, 杜預는 모두 '介'는 '芥'와 같으며 '겨자가루를 날개에 발라 그 매운 냄새로 인해 상대 닭을 혼미하게 한 것'으로 보았으며, 鄭衆은 《呂氏春秋》 察微篇 注의 "作小鎧著雞頭"를 근거로 '介'를 '甲'(鎧)으로 보아 '닭의 머리에 작은 투구를 씌운 것'이라 하였음. 한편 《呂氏春秋》 察微篇에는 "魯季氏與郈氏鬪雞, 郈氏介其雞, 季氏爲之金距. 季氏之雞不勝, 季平子怒"라 함.
【益宮】자신의 저택을 郈氏의 땅까지 침범하여 늘임. 杜預 注에 "侵郈氏室以自益"이라 함. '宮'은 고대 개인 가옥도 '宮'이라 불렀음.
【臧昭伯】臧孫賜, 魯나라 대부.
【會】魯나라 대부. 臧會. 臧頃伯. 臧宣叔의 손자이며 臧孫賜의 종제. 《史記》 魯世家 索隱에 《世本》을 인용하여 "臧會, 臧頃伯也, 宣叔許之孫, 與昭伯賜爲從父昆弟也"라 함.
【旃】'之焉'의 合音字.
【襄公】魯 襄公의 사당에 禘祭를 지낼 때의 사건임. 襄公은 昭公 前代의 군주. 이름은 午. B.C.572~542년까지 31년간 재위함.
【萬者】萬舞. 禘祭에서 추는 六佾舞의 춤.
【二人】傅遜은 "二八"이어야 한다고 보았음. 諸侯의 禘祭는 六佾로 48명이어야 하나 16명만이 춤에 동원된 것이라 여겼음.
【衆萬於季氏】제후 군주는 孟月에, 경대부는 仲月에 자신들 조상에게 제사를 올리는 것이 원칙이었으나 季氏는 군주와 같은 날 제사를 올리며 심지어 八佾舞를 춘 것으로 보고 있음. 《論語》 八佾篇에 "孔子謂季氏,「八佾舞於庭, 是可忍也, 孰不可忍也?」"는 이를 두고 한 것이 아닌가 함.
【不能庸】'庸'은 功과 같음. 襄公의 공을 더 이상 제사로써 칭송할 수 없음을 말함.
【公爲】昭公의 아들. 이름은 務人.
【公果·公賁】公爲의 아우. 昭公의 아들들. 杜預 注에 "果·賁皆公爲弟"라 함.
【侍人】원래는 寺人으로 되어 있었음. 임금의 侍從官.

【僚柤】昭公의 侍人. 楊伯峻 注本에는 '僚枏'으로 되어 있으나 이는 '柤'자가 '枏'자와 비슷하여 착오를 일으킨 것으로 보임.
【不怒】昭公 자신도 계씨를 제거하는 일을 은근히 바라던 터였으므로 거짓으로 화를 낸 것임.
【子家懿伯】魯나라 대부 子家羈. 莊公의 현손. 시호는 懿伯.
【舍民數世】魯나라는 文公 이래 정권이 公室에 있지 않아 그 때문에 舍民(捨民)이라 표현한 것임.
【館於公宮】비밀 누설을 막고 안전을 위해 공실에서 나가지 않고 그곳에 머묾.
【叔孫昭子】叔孫婼. 叔孫穆子의 서자. 豎牛에 의해 叔孫氏 후계자가 됨.
【闞】지금의 山東 汶縣 南旺湖 근처. 桓公 11년을 볼 것.
【長府】官府, 즉 창고의 이름으로 曲阜에 있었음. 《論語》先秦篇을 볼 것.
【戊戌】9월 11일.
【臺】季武子가 쌓았던 누대. 定公 12년을 볼 것.
【沂】魯나라 남쪽을 흐르는 물. 지금의 山東 東鄒縣에서 발원하여 曲阜를 거쳐 洙水와 합친 다음 泗水로 흘러들어감. 《論語》先秦篇의 "浴乎沂"라 함.
【費】季氏의 읍. 지금의 山東 魚臺縣. 이는 '放虎歸山'과 같아 昭公이 거부한 것임.
【子家子】子家懿伯. 子家羈. 季氏가 수레 5승의 아주 적은 양으로 망명하려 하자 불쌍히 여겨 허락해 줄 것을 청한 것임.
【隱民】불쌍하고 곤궁한 백성. 貧民. 杜預 注에 "隱, 弱. 窮困"이라 함. 그들은 季平子의 덕을 많이 보았음.
【日入慝作】杜預 注에 "慝, 姦惡也. 日冥, 姦人將起, 叛君助季氏, 不可知"라 함.
【孟懿子】魯나라 대부 仲孫何忌. 시호는 懿子. 당시 孟懿子는 겨우 14세였음.
【司馬鬷戾】季孫氏 집안의 가신이며 그 집안의 司馬 벼슬을 하고 있었음.
【諸】'之乎'의 합음자.
【冰】箭筒의 뚜껑. 흔히 임시로 飮器로 사용함.
【孟氏】仲孫氏. 郈孫이 孟孫을 맞아 오도록 하여 그 仲孫氏(孟氏, 仲孫何忌) 집안에서 상황을 살펴보고자 한 것.
【意如】季平子의 이름. 季孫意如.
【如墓】묘지를 찾아간 것은 先君에게 고하고 亡命하려는 것이었음. 杜預 注에 "辭先君, 且謀奔所"라 하였으며 《禮記》檀弓(下)에 "去國則哭于墓而後行"이라 함.
【公孫】'孫'은 '遜'과 같음. 자신을 낮추어 망명하였음을 뜻하는 말.
【次】머묾. 원래는 군사가 주둔함을 뜻함. 莊公 3년 傳에 "凡師, 一宿爲舍, 再宿爲信, 過信爲次"라 함.

【陽州】齊나라 읍. 지금의 山東 東平縣. 襄公 31년을 볼 것.
【唁】위문함. 위로함.
【齊侯】당시 齊나라 군주는 景公(杵臼)으로 재위 32년째였음.
【平陰】지금의 東平 동북쪽 平陰縣.
【善物】훌륭한 일. 잘한 일. '物'은 '事'와 같음. 杜預 注에 "物, 事也. 謂先往至野井"이라 함.
【千社】25家마다 하나의 社廟를 세워 이를 1社라 함. 따라서 千社는 2만 5천 세대가 사는 읍. 杜預 注에 "二十五家爲社. 千社, 二萬五千家, 欲以給公"이라 함.
【載書】맹약의 문서.
【信罪之有無】'信'은 '밝히다'의 뜻. 杜預 注에 "信, 明也. 處者有罪, 從者無罪"라 함.
【繾綣】똘똘 뭉침. 雙聲連綿語. '堅決'과 같은 뜻임.《詩經》大雅 民勞篇에 "民亦勞止, 汔可小安. 惠此中國, 國無有殘. 無縱詭隨, 以謹繾綣. 式遏寇虐, 無俾正反. 王欲玉女, 是用大諫"이라 함.
【皆有罪】杜預 注에 "從者陷君, 留者逐君, 皆有罪也"라 함.
【生死而肉骨】죽은 자를 살려내어 백골에 다시 살이 붙도록 해 줌. 지극한 은혜를 비유하는 말.
【安衆而納公】杜預 注에 "昭子請歸安衆"이라 함.
【鑄】지금의 山東 費城縣 남쪽 鑄鄉.
【辛酉】10월 4일.
【齊於其寢】침소에서 齋戒함. 죽음을 맞을 준비를 함. '齊'는 '齋'와 같음.
【祝宗】제사와 기도를 맡은 관직.
【戊辰】10월 11일. 杜預 注에 "恥爲平子所欺, 因祈而自殺"이라 함.

㊉
壬申, 尹文公涉于鞏, 焚東訾, 弗克.

임신壬申, 윤문공尹文公이 공鞏에서 낙수洛水를 건너가 동자東訾를 불살랐지만 이기지는 못하였다.

【壬申】10월 15일.
【尹文公】周나라 王室의 卿士. 杜預 注에 "文公, 子朝黨. 於鞏縣涉洛水也"라 함.

【鞏】 지금의 鞏縣 땅.
【東訾】 그 무렵 周 敬王의 소유지.

● 1546(昭25-7)

十有一月己亥, 宋公佐卒于曲棘.

11월 기해날, 송공宋公 좌佐가 곡극曲棘에서 죽었다.

【己亥】 11월 13일.
【宋公佐】 宋 元公. 이름은 佐. 平公(成)을 이어 B.C.531~517년까지 15년간 재위하고 이때에 생을 마침. 景公(欒)이 그 뒤를 이음.
【曲棘】 지금의 河南 蘭考縣 동남이며 民權縣 서북. 宋나라에서 晉나라로 가는 길임.

傳
十一月, 宋元公將爲公故如晉, 夢大子欒卽位於廟, 己與平公服而相之.
旦, 召六卿.
公曰:「寡人不佞, 不能事父兄, 以爲二三子憂, 寡人之罪也. 若以羣子之靈, 護保首領以歿, 唯是楄柎所以藉幹者, 請無及先君.」
仲幾對曰:「君若以社稷之故, 私降昵宴, 羣臣弗敢知. 若夫宋國之法, 死生之度, 先君有命矣, 羣臣以死守之, 弗敢失隊. 臣之失職, 常刑不赦. 臣不忍其死, 君命祗辱.」
宋公遂行.
己亥, 卒于曲棘.

11월, 송宋 원공元公이 노魯 소공昭公을 위해 진晉나라로 가려 할 때 꿈에 태자 난欒이 종묘에서 즉위하고 자신은 선군 평공平公과 함께 예복을 입고 태자의 즉위식을 돕는 것이었다.

다음날 아침, 육경六卿을 소집하였다.

"과인은 똑똑하지 못하여 부형도 제대로 섬기지 못하였소. 이로써 그대들의 근심을 샀으니 이 모두 과인의 잘못이오. 만약 그대들의 덕택으로 온전한 몸으로 제대로 된 죽음을 맞을 수만 있다면, 내 주검 밑에 까는 칠성판은 선구보다 못한 것으로 해주기 청하오."

그러자 중기仲幾가 대답하였다.

"임금께서 만약 사직의 일로 친한 분들과 사사롭게 연회를 간단히 즐기려 하신다면 조정의 여러 신하들이 감히 이를 알고자 할 수 없습니다. 그러나 우리 송나라의 법이나, 혹 죽거나 태어났을 때의 치러야 할 법도는 선군 이래로 명령이 있어 왔으니 우리 신하들은 목숨을 걸고 이를 지켜서 감히 실추되는 일이 없도록 할 것입니다. 신하로서 직분을 잃는다면 형벌을 받아야 하며 용서라는 것이 없습니다. 저희들은 차마 그런 일로 죽을 수 없어 임금의 명령을 받들 수 없습니다."

송 원공은 드디어 진晉나라로 떠났다.

기해날, 원공이 곡극曲棘에서 생을 마쳤다.

【宋元公】이름은 佐. B.C.531~517년까지 재위하고 이때에 생을 마침.

【爲公】魯 昭公을 맞이하기 위한 것이었음. 杜預 注에 "請納公"이라 함.

【大子欒】宋 元公의 아들. 뒤에 景公이 되어 B.C.516~476년 이후까지 춘추 말기를 재위함. 한편 그의 이름은《史記》宋世家에는 '頭曼'으로,《漢書》古今人表에는 '兜欒'으로 되어 있음.

【平公】宋 元公의 아버지이며 太子 欒의 조부. 이름은 成. B.C.575~532년까지 44년간 재위하고 元公에게 이어짐.

【父兄】華氏와 向氏 일족을 가리킴.

【護保首領】머리와 목을 온전히 보호한 채 죽음. 제대로 된 죽음을 맞이함을 이르는 말.

【楄柎】七星板. 고대 시신 밑에 까는 목판 널.

【藉幹】자리를 깔고 누워있는 시신을 뜻함. 杜預 注에 "幹, 骸骨也"라 함.

【仲幾】宋나라 대부. 仲江의 玄孫으로 向寧 대신 左師가 되었음.

【私降昵宴】杜預 注에 "昵, 近也. 降昵宴謂損親近聲樂飲食之事"라 함. 임금의 사사로운 사생활을 뜻함.
【失隊】'失墜'와 같음.
【祗辱】杜預 注에 "言命必不行. 祗, 適也"라 함.
【曲棘】지금의 河南 蘭考縣 동남이며 民權縣 서북. 宋나라에서 晉나라로 가는 길임.

❋ 1547(昭25-8)

十有二月, 齊侯取鄆.

12월, 제후齊侯가 운鄆 땅을 차지하였다.

【齊侯】齊 景公(杵臼).
【鄆】지금의 山東 沂水縣 동북 鄆城縣. 杜預 注에 "取鄆以居公也"라 하여 魯 昭公이 거처하도록 하기 위한 것이었음.

㊞
十二月庚辰, 齊侯圍鄆.

12월 경진날, 제齊 경공景公이 운鄆 땅을 포위하였다.

【庚辰】12월 24일.
【鄆】지금의 鄆城縣. 成公 4년을 볼 것.

㊞
初, 臧昭伯如晉, 臧會竊其寶龜僂句, 以卜爲信與僭, 僭吉.

臧氏老將如晉問, 會請往.
昭伯問家故, 盡對.
及內子與母弟叔孫, 則不對.
再三問, 不對.
歸, 及郊, 會逆.
問, 又如初.
至, 次於外而察之, 皆無之.
執而戮之, 逸, 奔郈.
郈魴假使爲賈正焉.
計於季氏, 臧氏使五人以戈楯伏諸桐汝之閭, 會出, 逐之, 反奔, 執諸季氏中門之外.
平子怒, 曰:「何故以兵入吾門?」
拘臧氏老.
季‧臧有惡.
及昭伯從公, 平子立臧會.
會曰:「僂句不余欺也!」

당초, 장소백臧昭伯이 진晉나라에 가 있을 때, 사촌동생 장회臧會가 그의 집 보물 거북 등껍질 누구僂句를 훔쳐서, 믿음을 주는 행동과 미덥지 못한 행동 중 어느 쪽을 선택할지를 점쳤다. 그러자 미덥지 못한 행동을 하는 것이 길하다는 징조가 나왔다.

장씨 가문의 가로家老가 장소백을 문안하고자 진나라에 가려 하자 장회가 대신 가기를 청하였다.

장소백이 장회에게 집안 사정을 묻자 모두 숨김없이 대답하였다.

그러나 아내와 친동생 숙손叔孫에 대해서는 답하지 않았다.

장소백이 재삼 물었으나 역시 답하지 않았다.

장소백이 나중에 진나라에서 돌아와 교외에 이르자 장회가 마중을 나왔다.

처와 친동생에 대하여 물었으나 역시 처음처럼 대답을 하지 않는 것이었다.

장소백이 도읍에 이르러 그 밖에 머물면서 살펴보았더니 아내나 동생 모두 아무런 일이 없는 것이었다.

그래서 장회를 잡아 죽이려 하자 장회는 후郈 읍으로 달아났.

후읍의 방가魴假는 장회를 시장 물가를 주관하는 관원으로 삼았다.

장회가 그곳 회계 서류를 계씨季氏에게 넘겨주자 장소백은 다섯 사람에게 창과 방패를 가지고 동여桐汝라는 동네 안에 숨겨 두었다가 장회가 계씨 집에서 나오자 이를 뒤쫓았다. 장회는 되돌아서서 계씨의 집으로 달아났다. 계속 뒤쫓아 계씨 집의 중문中門 밖에서 그를 붙잡았다.

계평자季平子가 노하여 말하였다.

"무슨 연고로 무기를 들고 내 집 문으로 들어왔느냐?"

그리고는 장씨 가문의 가로를 잡아 구속하였다.

이 일로 계씨와 장씨는 서로 미워하게 되었다.

장소백이 소공을 따라 나가게 되자, 계평자는 장회를 장씨 가문의 후계로 세워주었다.

장회가 말하였다.

"누구僂句의 거북등은 나를 속이지 않았구나!"

【臧昭伯】臧孫賜, 魯나라 대부.
【臧會】臧昭伯의 사촌 동생.
【寶龜】점을 치는 데 사용하는 귀한 거북등 껍질.
【僂句】杜預 注에는 "僂句, 龜所出地名"이라 하였으나 《左傳會箋》에는 "僂句, 只是龜名"이라 함.
【僭】僭濫한 짓을 함. 미덥지 못한 거짓 행동을 함. 杜預 注에 "僭, 不信也"라 함.
【會請往】杜預 注에 "代家老行"이라 하여 장회가 대신 간 것임.
【叔孫】臧昭伯의 친동생.
【會逆】먼저 귀국해 있던 장회가 장소백을 마중 나간 것. '逆'은 '迎'과 같음.
【如初】杜預 注에 "又不對"라 함.
【郈】지명. 지금의 山東 東平縣 동남.
【魴假】郈邑의 대부. 행정 책임자.
【賈正】시장 물가를 관리하는 직책의 우두머리. 杜預 注에 "賈正, 掌貨物, 使有

常價, 若市史"라 하였고, 孔穎達 疏에는 "價正如《周禮》之賈師也. 此郈邑大夫使
爲郈市之賈正. 郈在後爲叔孫私邑, 此時尙爲公邑. 故使賈正通計簿於季氏"라 함.
【計於季氏】杜預 注에 "送計簿於季氏"라 함. 賈正은 司徒의 속관이었으며
季武子가 당시 司徒였으므로 그곳 會計帳簿를 모두 季氏에게 보낸 것임.
【桐汝】曲阜의 동네 이름. 臧會가 季氏 집에서 나와 지나갈 동네의 길목.
【季平子】魯나라 대부 季孫意如. 시호는 平子. 季悼子(季孫紇)의 아들이며
季武子(季孫宿)의 손자. 悼子가 아버지 武子보다 먼저 죽어 나중에 平子가
집안의 후계자가 됨.

㊛
楚子使薳射城州屈, 復茄人焉; 城丘皇, 遷訾人焉.
使熊相禖郭巢, 季然郭卷.
子大叔聞之, 曰:「楚王將死矣. 使民不安其土, 民必憂, 憂將及王,
弗能久矣.」

초楚 평왕平王은 위사薳射에게 주굴州屈에 성을 쌓게 하여 가茄 고을의
사람들을 다시 그곳으로 옮기고, 구황丘皇에 성을 쌓아 자訾 땅의 사람들을
그곳으로 옮기도록 하였다.

그리고 웅상매熊相禖에게는 소巢에, 계연季然에게는 권卷에 외곽성을 쌓게
하였다.

자태숙子大叔이 이를 듣고 말하였다.

"초왕은 장차 죽게 될 것이다. 백성들로 하여금 자신들 땅에 안주하지
못하도록 하니 백성들은 틀림없이 근심하게 될 것이며 그러한 근심은
임금에게도 미칠 것이니 이렇게 되면 오래 살지 못할 것이다."

【楚子】楚 平王. 熊居. 棄疾. 당시 재위 13년 마지막 해였으며 이듬해 세상을 떠남.
【薳射】楚나라 대부.
【州屈】楚나라 지명. 지금의 安徽 鳳陽縣 서쪽. 杜預 注에 "還復茄人於州屈"
이라 함.

【茄】 지금의 安徽 無爲縣, 혹은 懷遠縣 부근. 淮水에 가까운 소읍.
【丘皇】 楚나라 지명. 지금의 河南 信陽縣.
【訾】 丘皇 부근. 杜預 注에 "移訾人於丘皇"이라 함.
【熊相禖】 楚나라 대부.
【巢】 居巢. 지금의 安徽 壽縣 남쪽 1백 리.
【季然】 역시 楚나라 대부.
【卷】 지금의 河南 葉縣 서부 建城. 杜預 注에 "使二大夫爲巢·卷築郭也"라 함.
【子大叔】 游吉. 鄭나라 대부. '大叔'은 '太叔'과 같음. 游眅의 아우. '世叔'으로도 불리며 公孫蠆의 아들.
【不能久矣】 杜預 注에 "爲明年楚子居卒傳"이라 함.

207. 昭公 26年(B.C.516) 乙酉

周 敬王(姬匄) 4년	齊 景公(杵臼) 32년	晉 頃公(去疾) 10년	衛 靈公(元) 19년
蔡 昭公(申) 3년	鄭 定公(寧) 14년	曹 悼公(午) 8년	陳 惠公(吳) 14년
杞 悼公(成) 2년	宋 景公(欒) 원년	秦 哀公(鍼?) 21년	楚 平王(熊居) 13년
吳 吳王(僚) 11년	許 許男(斯) 7년		

㊀
二十六年春王正月庚申, 齊侯取鄆.

26년 봄 정월 경신날, 제齊 경공景公이 운鄆 땅을 점령하였다.

【庚申】정월 5일.
【鄆】지금의 鄆城縣. 成公 4년을 볼 것. 魯 昭公이 거처하도록 하기 위한 것이었음.

❋ 1548(昭26-1)

二十有六年春王正月, 葬宋元公.

26년 봄 주력 정월, 송宋 원공元公의 장례를 치렀다.

10. 〈昭公 26年〉 3099

【宋元公】이름은 佐. B.C.531~517년까지 재위하였으며 태자 欒이 景公이 되어 B.C.516~476년 이후까지 춘추 말기를 재위함.

㊉

葬宋元公, 如先君, 禮也.

송宋 원공元公의 장례를 치르면서 선군의 장례 법도에 따른 것은 예에 맞는 일이었다.

【如先君】宋 元公이 "寡人不佞, 不能事父兄, 以爲二三子憂, 寡人之罪也. 若以羣子之靈, 護保首領以歿, 唯是楄柎所以藉幹者, 請無及先君"이라 한 유언을 仲幾가 반대하며 선군의 예를 그대로 지켜 장례를 치름. 전년 11월을 볼 것.

※ 1549(昭26-2)

三月, 公至自齊, 居于鄆.

3월, 소공이 제齊나라로부터 돌아와 운鄆에 머물렀다.

【鄆】西鄆을 가리킴. 지금의 山東 鄆城縣 동쪽 16리.

※ 1550(昭26-3)

夏, 公圍成.

여름, 소공이 성成을 포위하였다.

【成】孟氏의 읍. 杜預 注에 "成, 孟氏邑. 不書齊師, 帥賤衆少, 重在公"이라 함.

㊉

三月, 公至自齊, 處于鄆, 言魯地也.

3월에 소공이 제齊나라에서 돌아와 운鄆 땅에 거처하였다는 것은 운 땅이 노魯나라 땅임을 밝혀 말한 것이다.

【魯地】원래 魯나라 땅이었으나 齊 景公이 빼앗아 우선 魯 昭公이 거처할 수 있도록 한 것임.

㊉

夏, 齊侯將納公, 命無受魯貨.
申豐從女賈, 以幣錦二兩, 縛一如瑱, 適齊師, 謂子猶之人高齕, 「能貨子猶, 爲高氏後, 粟五千庾.」
高齕以錦示子猶, 子猶欲之.
齕曰:「魯人買之, 百兩一布. 以道之不通, 先入幣財.」
子猶受之, 言於齊侯曰:「羣臣不盡力于魯君者, 非不能事君也. 然據有異焉. 宋元公爲魯君如晉, 卒於曲棘; 叔孫昭子求納其君, 無疾而死. 不知天之棄魯邪, 抑魯君有罪於鬼神故及此也? 君若待于曲棘, 使羣臣從魯君以卜焉. 若可, 師有濟也, 君而繼之, 茲無敵矣. 若其無成, 君無辱焉.」
齊侯從之, 使公子鉏帥師從公.
成大夫公孫朝謂平子曰:「有都, 以衛國也. 請我受師.」
許之, 請納質, 弗許, 曰:「信女, 足矣.」
告於齊師曰:「孟氏, 魯之敝室也. 用成已甚, 弗能忍也, 請息肩于齊.」
齊師圍成.

成人伐齊師之飲馬于淄者, 曰:「將以厭衆.」
魯成備而後告曰:「不勝衆.」
師及齊師戰于炊鼻.
齊子淵捷從洩聲子, 射之, 中楯瓦, 繇胸汏輈, 匕入者三寸.
聲子射其馬, 斬鞅, 殪.
改駕, 人以爲鬷戾也, 而助之.
子車曰:「齊人也.」
將擊子車, 子車射之, 殪.
其御曰:「又之.」
子車曰:「衆可懼也, 而不可怒也.」
子囊帶從野洩, 叱之.
洩曰:「軍無私怒, 報乃私也, 將亢子.」
又叱之, 亦叱之.
冉豎射陳武子, 中手, 失弓而罵.
以告平子, 曰:「有君子, 白晳鬒鬚眉, 甚口.」
平子曰:「必子彊也, 無乃亢諸?」
對曰:「謂之君子, 何敢亢之?」
林雍羞爲顏鳴右, 下.
苑何忌取其耳.
顏鳴去之.
苑子之御曰:「視下!」
顧. 苑子刜林雍, 斷其足, 鑋而乘於他車以歸.
顏鳴三入齊師, 呼曰:「林雍乘!」

여름, 제齊 경공景公이 노 소공을 귀국시키면서 신하들에게 노나라로부터 어떤 재물도 받지 말도록 명령하였다.

신풍申豐이 여가女賈를 따라 폐금幣錦 두 필을 마치 하나의 진瑱처럼 묶어 제나라 군사들에게 가서 제나라 자유子猶의 가신 고의高齮에게 이렇게 말하였다.

"이로써 능히 자유를 잘 매수하면 그대를 제나라 고씨高氏 가문의 후계로 삼아드릴 것이며 곡식 5천 유庾도 드리겠습니다."

고의가 이를 자유에게 보여주었더니 자유는 이를 받고자 하였다.

고의는 이렇게 말하였다.

"노나라 사람이 사온 것으로 한 필에 값이 백 냥이라고 합디다. 길이 막혀 우선 이 정도만 선물로 드린다고 하더이다."

자유는 이를 받고 나서 제 경공에게 이렇게 말하였다.

"신하들이 노나라 임금에게 온 힘을 다하지는 않았지만 그렇다고 그를 잘 받들어 섬기지 않는 것은 아닙니다. 그러나 저(梁丘據)는 이상하게 여기고 있습니다. 송 원공께서 노나라 군주를 위하여 진晉나라에 가다가 곡극曲棘에서 세상을 떠났고, 노나라의 숙손소자叔孫昭子(叔孫婼)가 자신의 임금을 본국으로 모셔가려 하다가 병도 없이 죽었습니다. 하늘이 노나라를 버리려는 것은 아닐는지요. 그것이 아니라면 노나라 임금께서 귀신에게 지은 죄가 있어 이러한 일이 벌어진 것인지요? 임금께서 만약 곡극에서 기다리신다면 저는 여러 신하들로 하여금 노나라 군주를 따르도록 하면서 점을 쳐 보겠습니다. 만약 그렇게 하는 것이 옳다면 군사를 출동시키는 일은 잘 될 것이니 그때 임금께서 그 뒤를 이어 군사를 이끄신다면 이에 맞설 상대가 없을 것입니다. 만약 성공하지 못한다 하더라도 임금께는 아무런 치욕은 없을 것입니다."

제 경공은 이에 따라 공자 서鉏로 하여금 군사를 이끌고 노나라 소공을 따르도록 하였다.

노나라 성읍成邑의 대부 공손조公孫朝가 계평자季平子에게 말하였다.

"도성을 두고 있는 것은 나라를 지키기 위해서입니다. 저에게 제나라 군사를 저지할 군사를 주십시오."

계평자가 허락하자 공손조가 인질을 바치겠다고 제의하였으나 계평자는 사양하며 이렇게 말하였다.

"그대를 믿습니다. 그것으로 족합니다."

공손조는 제나라 군사에게 이렇게 말하였다.

"맹씨 집안은 노나라에서 무너져가고 있는 가문입니다. 그런데 우리 성읍 백성을 심하게 부리니 참을 수가 없습니다. 그러니 제나라 편으로 들어가 어깨를 쉬기를 청합니다."

제나라 군사들은 이 말에 속아 성읍을 포위하였다.

성읍 사람들은 치수淄水에서 말에게 물을 먹이는 제나라 군사들을 공격하며 말하였다.

"장차 우리 성읍 사람들의 요구를 누르기 위한 것입니다."

노나라 측은 모든 대비를 갖추고 나서 이렇게 고하였다.

"제나라에 항복하지 않겠다는 군중들의 뜻을 이겨낼 수가 없습니다."

노나라 군사와 제나라 군사가 취비炊鼻에서 전투를 벌였다.

제나라 자연첩子淵捷이 노나라 대부 설성자洩聲子를 쫓으며 활을 쏘아 방패에 맞았다. 그 화살은 말의 멍에를 거쳐 수레 끌채를 뚫고 방패에 맞아, 세 치나 들어가 박혔다.

이번에는 설성자가 자연첩의 말을 쏘아 말의 배띠를 끊자 말은 거꾸러졌다.

자연첩은 다른 말로 갈아타자 노나라 사람들은 그가 노나라 종려騣戾인 줄로 잘못 알고 그를 도와주었다.

자거子車(子淵捷)가 말하였다.

"나는 제나라 사람이다."

이에 노나라 사람이 자거를 치려 하자 자거가 그에게 활을 쏘아 쓰러뜨렸다.

자거의 전차를 조종하는 사람이 말하였다.

"다른 자들도 모두 쏘십시오."

그러자 자거가 말하였다.

"상대의 수가 많다면 상대에게 겁만 주면 된다. 분노하게 해서는 안 된다."

제나라 자낭대子囊帶가 야설野洩(洩聲子)을 뒤쫓으며 호통을 쳤다.

설성자가 말하였다.

"전투에서는 사사로운 개인의 분노를 나타내지 않는 것이오. 대꾸를 하면 사사로운 싸움이 됩니다. 내 당신에게 맞서겠소."

그래도 자낭대가 다시 호통을 치자 설성자도 똑같이 호통을 쳤다.

계평자의 가신 염수冉豎가 진무자陳武子를 쏘아 손을 맞추자 진무자는 손에 들었던 활을 놓치고는 욕을 하였다.

　염수가 계평자에게 보고하였다.

　"군자 같은 분이 계신데 얼굴은 희고 수염이 덥수룩하고 입담이 아주 좋던데요."

　계평자가 말하였다.

　"그는 틀림없이 자강子彊(陳武子)일 것이다. 그를 상대하지 않았느냐?"

　염수가 말하였다.

　"군자라고 여겼으니 어찌 감히 상대하였겠습니까?"

　노나라 임옹林雍은 자신이 안명顏鳴의 전차 오른쪽 전사가 된 것을 수치라 여겨 전차에서 내려버렸다.

　그러자 제나라 원하기苑何忌가 그의 귀를 베어버렸다.

　그런데도 안명은 모른 척하고 그 자리를 떠나버렸다.

　원하기의 전차를 모는 자가 임옹이 덤벼드는 것을 보고 말하였다.

　"아래를 살펴보라!"

　임옹이 내려다보는 순간 원하기가 임옹을 쳐 그의 발을 자르자 임옹은 한 발로 뛰어 다른 사람의 전차를 타고 돌아왔다.

　안명은 세 번이나 제나라 군사들 속으로 달려가면서 임옹을 불렀다.

　"임옹, 내 전차에 타라!"

【齊侯】齊 景公 杵臼. 당시 재위 32년째였음.
【申豐】魯나라 季氏 叔孫昭子(叔孫婼) 집안의 家宰.
【女賈】역시 季氏(叔孫昭子)의 가신. 杜預 注에 "豐·賈二人皆季氏家臣"이라 함.
【幣錦】선물용 비단.
【二兩】2丈이 1端이며, 2段은 1兩, 또는 1匹이라 하였음.
【瑱圭】瑱圭. 옥으로 만든 작은 圭笏. 비단을 瑱圭 크기로 작게 묶음.
【子猶】齊나라 대부 梁丘據. 齊 景公의 寵臣이며 晏子와 늘 대립하였음. 《史記》 魯世家에는 '子將'으로 되어 있음.
【高齮】高齕의 字. 高弱의 아들. '齮'는 反切로 '魚綺反' '의'로 읽음. 子猶(梁丘據)의 家臣. 《史記》 魯世家에는 '高齕'로 되어 있음.

【貨子猶】 '貨'는 '買收하다, 구워삶다'의 뜻.
【庾】 곡식을 계산하는 단위. 1庾는 16斗라 함. 5천 庾는 지금의 240석에 해당한다 함.
【幣財】 선물.
【曲棘】 齊나라 땅이었던 棘의 오기. 棘은 臨淄 서북쪽.
【公子鉏】 齊 景公의 아들. 哀公 5년 魯나라로 도망하여 '南郭且于'로 불렸던 인물이라 함.
【成】 孟氏의 邑으로 지금의 山東 寧陽縣 북쪽.
【公孫朝】 魯나라 成邑의 대부.
【平子】 季平子. 魯나라 대부 季孫意如. 시호는 平子. 季悼子(季孫紇)의 아들이며 季武子(季孫宿)의 손자. 悼子가 아버지 武子보다 먼저 죽어 나중에 平子가 집안의 후계자가 됨. 당시 孟懿子가 어려 대신 季平子에게 물은 것임.
【請我受師】 자신에게 군사를 주면 齊나라를 막겠다는 뜻. 杜預 注에 "以成邑禦齊師"라 함.
【息肩】 지친 어깨를 쉼. 이는 公孫朝가 거짓으로 齊나라에게 한 말임. 杜預 注에 "公孫朝詐齊師, 言欲降, 使來取成"이라 함.
【淄】 淄水. 臨淄의 淄水가 아님. 《淸一統志》에 이는 小汶河라 하였고, 胡渭는 柴汶水라 하였음.
【將以厭衆】 '厭'은 '壓'과 같음. 成邑 사람들이 항복을 거부하여 그들의 의견을 누르기 위해 齊나라 군사들을 공격한 것이라 거짓으로 명분을 내세운 것임. 杜預 注에 "以厭衆心, 不欲使知己降也"라 함.
【不勝衆】 杜預 注에 "告齊言衆不欲降, 己不能勝"이라 함.
【炊鼻】 成의 부근 땅. 지금의 山東 寧陽縣.
【子淵捷】 子淵은 성씨, 捷은 이름. 字는 子車. 제나라 용사.《新序》義勇篇의 "陳恒弑君, 使勇士六人劫子淵棲"의 子淵棲임. 杜預 注에 "子淵捷, 子車, 頃公之孫捷也"라 함.
【洩聲子】 野洩. 魯나라 대부. 聲子는 시호.
【楯瓦】 방패. 盾瓦와 같음.
【繇胸汏輈】 '繇'는 '由'와 같으며 '胸'는 '胸'와 같음. '輈'는 수레의 '轅'. '汏'는 화살이 날아가 맞음. 따라서 이 구절은 "胸를 거쳐 輈를 맞힌 다음"의 뜻.
【匕入者】 '匕'는 살촉.
【鬷戾】 魯나라 叔孫氏 집안의 가신이며 그 집안의 司馬 벼슬을 하고 있었음.
【子囊帶】 齊나라 대부.

【私怒】욕을 하였다고 하여 이에 노함. 전투에는 그러한 일에 화를 내지 않는 법임. 杜預 注에 "欲以公戰禦之, 不欲私報其叱"이라 함.
【又叱之】서로 싸울 의사가 없음을 말한 것. 杜預 注에 "子囊復叱之. 野洩亦叱也. 言齊無戰心, 但相叱"이라 함.
【冉豎】魯나라 季氏의 가신.
【陳武子】齊나라 陳無宇의 아들. 이름은 開, 자는 子彊. 陳無宇는 '開', '乞'(陳僖子), '書' 세 아들을 낳았으며 그중 '書'가 뒤에 孫氏가 되어 유명한 孫武는 그의 후손임.
【平子】季平子. 魯나라 대부 季孫意如. 시호는 平子. 季悼子(季孫紇)의 아들이며 季武子(季孫宿)의 손자.
【甚口】楊伯峻 注에 "善罵"라 함.
【諸】'之乎'의 合音字.
【林雍·顔鳴】杜預 注에 "皆魯人. 羞爲右, 故下車戰"이라 함.
【苑何忌】齊나라 대부.
【取其耳】杜預 注에 "不欲殺雍, 但截其耳以辱之"라 함.
【刖】잘라버림. 《廣雅》에 "刖, 斫也"라 함.
【躄】한 발로 걸어옴. 杜預 注에 "躄, 一足行"이라 함.
【林雍乘】杜預 注에 "言魯人皆致力於季氏, 不以私怨而相棄"라 함.

㊁
四月, 單子如晉告急.
五月戊午, 劉人敗王城之師于尸氏.
戊辰, 王城人·劉人戰于施谷, 劉師敗績.

4월, 선자單子가 진晉나라에 가서 왕실의 위급함을 알렸다.
5월 무오날, 유인劉人이 왕성王城을 점령한 왕자 조朝 일당의 군사를 시씨尸氏에서 무찔렀다.
무진날, 왕성의 사람과 유인과 시곡施谷에서 전투를 벌여 유인들의 군사가 패하였다.

【單子】周나라 왕실의 卿士.
【戊午】5월 5일.
【劉人】周나라 왕실 卿士 劉子의 무리들. 23년 王子 朝가 王城으로 들어가 尹氏가 왕으로 세우자 이를 공격함.
【尸氏】周나라 王室 직할지. 지금의 偃師 부근.《方輿紀要》에 "尸氏在今河南偃師縣西三十里, 即子朝據王城, 劉人則王城之師於尸氏是也"라 함.
【戊辰】5월 15일.
【施谷】《方輿紀要》에 "大谷關在洛陽縣東南大谷口. 自偃師·鞏縣至轘轅山, 置有入關云. 又潁陽在今登封·偃師·伊川三縣交界處"라 함.
【敗績】全軍이 대패하였을 때 쓰는 말. 莊公 11년 傳에 "凡師, 敵未陳曰敗某師, 皆陳曰戰, 大崩曰敗績"이라 함.

※ 1551(昭26-4)

秋, 公會齊侯·莒子·邾子·杞伯, 盟于鄟陵.

가을, 소공이 제후齊侯·거자莒子·주자邾子·기백杞伯과 만나 전릉鄟陵에서 맹약을 맺었다.

【鄟陵】지금의 山東 郯城縣 동북이라 하였으나 확실치 않음.

㊂

秋, 盟于鄟陵, 謀納公也.

가을, 전릉鄟陵에서 맹약을 맺은 것은 소공의 귀국을 도모하기 위한 것이었다.

【謀納公】杜預 注에 "齊侯謀"라 함.

* 1552(昭26-5)

公至自會, 居于鄆.

소공이 모임에서 돌아와 운鄆에 머물렀다.

【鄆】지금의 山東 沂水縣 동북 鄆城縣. 杜預 注에 "取鄆以居公也"라 하여 魯 昭公이 거처하도록 하기 위한 것이었으며 이곳을 임시 거처로 사용함.
＊無傳

⟨傳⟩
七月己巳, 劉子以王出.
庚午, 次于渠.
王城人焚劉.
丙子, 王宿于褚氏.
丁丑, 王次于萑谷.
庚辰, 王入于胥靡.
辛巳, 王次于滑.
晉知躒・趙鞅帥師納王, 使女寬守闕塞.

7월 기사날, 유자劉子가 주 경왕敬王을 모시고 밖으로 나갔다.
경오날, 거渠에 주둔하였다.
왕성을 차지한 군사들이 유劉 읍에 불을 질렀다.
병자날, 경왕이 저씨褚氏에 머물렀다.
정축날, 경왕이 환곡萑谷에 주둔하였다.
경진날, 경왕이 서미胥靡로 들어갔다.
신사날, 경왕이 활滑 땅에 주둔하였다.
진나라 지력知躒과 조앙趙鞅이 군사를 이끌고 경왕을 맞이하여 도읍으로 들어가도록 하면서, 여관女寬으로 하여금 궐闕의 요새를 지키도록 하였다.

【己巳】 7월 17일.
【王出】 杜預 注에 "師敗, 懼而出"이라 하였고, 孔穎達 疏에는 "蓋自劉而出也"라 하여 劉邑(劉子의 채읍. 지금의 河南 偃師縣)으로부터 나간 것이라 하였음.
【庚午】 7월 18일.
【渠】《彙纂》에 "卽周陽渠, 在王城東北, 開渠引洛水, 名曰陽渠. 在今河南洛陽縣. 劉澄之《永初記》言: 城西有陽渠, 周公制之是也. 亦謂之九曲瀆"이라 함.
【丙子】 7월 24일.
【褚氏】 지금의 洛陽 동남 褚氏聚.
【丁丑】 7월 25일.
【萑谷】《彙纂》에 "《後漢書》孫堅進軍大谷, 距洛九十里, 其谷連亘至潁陽縣, 何進設八關, 大谷其一也. 周之施谷, 萑谷, 其支徑耳"라 함.
【庚辰】 7월 28일.
【胥靡】《彙纂》에 "今河南偃師縣東四十里, 有胥靡城"이라 함.
【辛巳】 7월 29일.
【次】 군사가 주둔함을 뜻함. 莊公 3년 傳에 "凡師, 一宿爲舍, 再宿爲信, 過信爲次"라 함.
【滑】 원래 鄭나라 땅이었으며 뒤에 주나라에 편입됨. 偃師縣 緱氏鎭.
【知躒】 晉나라 대부.
【趙鞅】 趙簡子. 晉나라 대부. 趙武(文子)의 손자. 이름은 志父. 范氏, 中行氏와 권력투쟁 끝에 이겨 趙나라의 기초를 세운 인물. 이들 후손이 戰國時代 趙나라를 세움.
【女寬】 女齊의 아들. 叔寬. 자는 叔褎.《國語》晉語(9) 韋昭 注에 "叔寬, 女齊之子叔褎也"라 함. 原典에는 '汝寬'으로 되어 있음.
【闕塞】 闕의 요새. 闕은 洛陽 서남쪽의 伊闕.《河南府志》에 "闕塞山一稱伊闕, 一作闕塞, 在今洛陽城西南二十五里, 山之東有香山, 西有龍門山"이라 함.

※ **1553(昭26-6)**

九月庚申, 楚子居卒.

9월 경신날, 초자楚子 거居가 죽었다.

【庚申】 9월 9일.
【楚子】 楚 平王. 棄疾, 熊居. B.C.528~516년까지 13년간 재위하고 이때에 생을 마침. 昭王(軫, 任)이 그 뒤를 이어 B.C.515~489년까지 27년간 재위함.
【居】 '熊居'를 줄여서 부른 것.

⑲
九月, 楚平王卒.
令尹子常欲立子西, 曰:「大子壬弱, 其母非適也, 王子建實聘之. 子西長而好善. 立長則順, 建善則治. 王順·國治, 可不務乎?」
子西怒曰:「是亂國而惡君王也. 國有外援, 不可瀆也; 王有適嗣, 不可亂也. 敗親·速讎·亂嗣, 不祥. 我受其名. 賂吾以天下, 吾滋不從也, 楚國何爲? 必殺令尹!」
令尹懼, 乃立昭王.

9월, 초楚 평왕平王이 세상을 떠났다.
영윤 자상子常이 자서子西를 새 군주로 세우고자 이렇게 말하였다.
"태자 임壬은 어리고, 그의 어머니는 적부인適夫人도 아니며 왕자 건建이 부인으로 삼기 위해 맞이하였던 분입니다. 자서는 나이가 많고 선행을 좋아합니다. 서열이 위인 분을 군주로 삼으면 순리에 맞을뿐더러 선한 분을 세우면 나라가 잘 다스려질 것입니다. 왕을 세우는 것이 순리에 맞고 나라가 잘 다스려질 것이라면 그러한 분을 군주로 세우는 일에 힘쓰지 않을 수 있겠습니까?"
그러자 자서가 노하여 말하였다.
"이는 나라를 어지럽히고, 돌아가신 왕을 악한 인물로 평가하는 짓이다. 우리는 다른 나라의 도움을 받고 있으니 그 일을 제멋대로 할 수가 없으며, 왕께서는 적사適嗣가 있으니 이를 어지럽힐 수가 없다. 친족을 퇴패시키는 짓, 원수를 급히 불러들이는 일, 적사를 어지럽히는 일은 상서롭지 못하다. 내가 그 악명을 뒤집어쓰게 될 것이다. 나에게 천하를 준다 할지라도 결코 받지 않을 입장인데, 초나라를 받아 무엇을 하겠는가? 영윤을 반드시 죽이고 말리라!"

영윤은 두려워 곧 소왕昭王을 임금으로 세웠다.

【楚平王卒】陸賈《新語》無爲篇에는 "楚平王奢侈縱恣, 不能制下, 檢民以德, 增駕百馬而行, 欲令天河人餒. 財富利明不可及. 於是楚國愈奢, 君臣無別"이라 함.
【子西】楚나라 대부 宜申. 楚 平王의 庶弟. 뒤에 楚 令尹을 지냄.《史記》楚世家에는 "子西, 平王之庶弟也"라 하였으나 服虔은 "子庶, 平王之長庶宜申"이라 함.
【大子壬】平王과 秦女 사이에 난 아들. 杜預 注에 "壬, 昭王也"라 함. 平王을 이어 昭王이 되어 B.C.515~489년까지 27년간 재위하고 惠王(章)으로 이어짐. 왕이 된 뒤 이름을 '軫'으로 바꿈. 19년 傳에 그 어머니(秦女)가 楚나라에 왔으므로 壬은 8세에 불과하였을 것으로 추정함.
【王子建實聘之】원래 太子 建의 아내로 秦나라 여인을 구했으나 費無極이 平王이 차지하도록 하여 그 여인과 평왕 사이에 태자 壬이 태어난 것임. 이에 관해서는 昭公 19년을 참조할 것.
【惡君王也】영윤이 태자 壬의 어머니가 전 군주의 정식 부인이 아니고 실은 왕자 건의 부인으로 맞이하였던 사람이라고 말한 것은 죽은 평왕을 악평한 것이 된다는 말. 杜預 注에 "言王子建聘之, 是彰君之惡"이라 함.
【國有外援】태자 壬의 어머니는 秦나라 여인으로서 秦나라의 도움을 받고 있음을 말함.

❋ 1554(昭26-7)

冬十月, 天王入于成周.

尹氏·召伯·毛伯以王子朝奔楚.

겨울 10월, 천자가 성주成周로 들어갔다.

윤씨尹氏·소백召伯·모백毛伯이 왕자 조朝를 데리고 초楚나라로 달아났다.

【十月】傳에는 '十一月'로 되어 있음.

【成周】周 成王 때 洛邑에 王城을 쌓았으며 낙읍 동쪽에 別都를 설치하여 '成周'라 하였음.《說苑》修文篇에 "春秋曰:『天王入于成周.』傳曰:「成周者何? 東周也.」"라 함.
【尹氏】周나라 卿士. 尹氏固.
【毛伯】毛伯得. 역시 周나라 卿士로 公子 朝를 임금으로 세워 敬王과 반대편에 섰던 인물들임.
【召伯】召伯盈. 召簡公. 그는 달아나지 않았으며 도리어 敬王을 맞이하였음. 따라서 '召氏'라 하여야 맞음. 杜預 注에 "召伯當爲召氏"라 함. 王子 朝가 먼저 달아난 뒤에 敬王이 들어옴.

⑲
冬十月丙申, 王起師于滑.
辛丑, 在郊, 遂次于尸.
十一月辛酉, 晉師克鞏.
召伯盈逐王子朝, 王子朝及召氏之族·毛伯得·尹氏固·南宮嚚奉周之典籍以奔楚.
陰忌奔莒以叛.
召伯逆王于尸, 及劉子·單子盟.
遂軍圉澤, 次于隄上.
癸酉, 王入于成周.
甲戌, 盟于襄宮.
晉師使成公般戍成周而還.
十二月癸未, 王入于莊宮.
王子朝使告于諸侯曰:「昔武王克殷, 成王靖四方, 康王息民, 並建母弟, 以蕃屛周, 亦曰:『吾無專享文·武之功, 且爲後人之迷敗傾覆而溺入于難, 則振救之.』至于夷王, 王愆于厥身, 諸侯莫不並走其望, 以祈王身. 至于厲王, 王心戾虐, 萬民弗忍, 居王于彘. 諸侯釋位, 以間王政. 宣王有志, 而後效官. 至于幽王, 天不弔周, 王昏不若, 用愆厥位. 攜王奸命, 諸侯替之, 而建王嗣, 用遷郟鄏, 則是兄弟之能用力於王室也. 至于惠王, 天不靖周, 生頹禍心, 施于叔帶. 惠・襄辟難, 越去王都, 則有晉・鄭咸黜不端, 以綏定王家. 則是兄弟之能率先王之命也. 在定王六年, 秦人降妖, 曰:『周其有頹王, 亦克能修其職, 諸侯服享, 二世共職. 王室其有間王位, 諸侯不圖, 而受其亂災.』至于靈王, 生而有頹. 王甚神聖, 無惡於諸侯. 靈王・景王克終其世. 今王室亂, 單旗・劉狄剝亂天下, 壹行不若, 謂『先王何常之有? 唯余心所命, 其誰敢討之!』帥羣不弔之人, 以行亂于王室. 侵欲無厭, 規求無度, 貫瀆鬼神, 慢棄刑法, 倍奸齊盟, 傲很威儀, 矯誣先王. 晉爲不道, 是攝是贊, 思肆其罔極. 茲不穀震盪播越, 竄在荊蠻, 未有攸底. 若我一二兄弟甥舅獎順天法, 無助狡猾, 以從先王之命, 毋速天罰, 赦圖不穀, 則所願也. 敢盡布其腹心及先王之經, 而諸侯實深圖之. 昔先王之命曰: 『王后無適, 則擇立長. 年鈞以德, 德鈞以卜.』王不立愛, 公卿無私, 古之制也. 穆后及大子壽早夭卽世, 單・劉贊私立少, 以間先王. 亦唯伯仲叔季圖之!」

閔馬父聞子朝之辭, 曰:「文辭以行禮也. 子朝干景之命, 遠晉之大, 以專其志, 無禮甚矣, 文辭何爲?」

겨울 10월 병신날, 주周 경왕敬王이 활滑에서 군사를 일으켰다.

신축날, 교郊 땅에 있다가 드디어 시尸 땅에 주둔하였다.

11월 신유날, 진나라 군사가 공鞏 땅에서 승리를 거두었다.

소백召伯 영盈이 왕자 조朝를 몰아내자 왕자 조와 소씨 일족, 모백毛伯 득得・윤씨尹氏 고固・남궁은南宮嚚이 주나라의 전적典籍들을 가지고 초楚나라로 달아났다.

음기陰忌는 거莒로 달아나 그곳에서 계속 반란을 이어갔다.

소백 영은 경왕을 시 땅에서 맞이하고 유자劉子, 선자單子와 맹약을 맺었다.

드디어 어택圉澤에 군사를 모아 제상隄上에 주둔하였다.

계유날, 경왕이 성주成周로 들어갔다.

갑술날, 양왕襄王의 사당에서 맹약을 맺었다.

진나라 군사는 성공成公 반般으로 하여금 주나라 왕실을 지키도록 하고 돌아갔다.

12월 계미날, 경왕이 장왕莊王의 사당으로 들어갔다.

왕자 조는 제후들에게 사람을 보내어 이렇게 널리 알렸다.

"옛날 무왕武王께서는 은殷나라를 정벌하셨고, 성왕成王께서는 사방을 안정시키셨으며, 강왕康王께서는 백성들을 평안히 휴식할 수 있도록 해 주셨습니다. 아울러 선왕들께서는 친형제들을 모두 제후로 봉하여 주 왕실을 울타리고 삼으면서 '나는 문왕과 무왕의 공덕을 혼자 차지하려는 것이 아니며 장차 후손이 미혹하여 나라가 엎어져 어려운 경지에 빠지면 모두가 나서서 구하도록 하려 함이다'라 하셨습니다. 그리하여 이왕夷王 때 임금이 나쁜 병에 걸리자 제후들은 산천으로 달려가 그 병을 낫게 해 달라고 망제望祭를 올리며 기도하지 않은 이가 없었습니다. 그런가 하면 여왕厲王에 이르러서는 임금의 마음이 포악하여 만민이 참다못해 여왕을 체彘 땅으로 내보내자 제후들이 자신들의 직위를 내던지고 왕정에 참여하였다가, 선왕宣王께서 천하를 잘 다스릴 뜻을 둔 연후에야 제후들은 자기들이 맡고 있던 왕정 업무를 왕에게 넘겨주었습니다. 유왕幽王 때에 이르러서는 하늘이 우리 주나라를 불쌍히 여기지 않아 왕은 우매하고 왕답지 못하여 그 지위를 잃고 말았습니다. 휴왕攜王이 조상의 명령을 어기자 제후들은 이를 바꾸어 왕의 후계를 세운 다음 겹욕郟鄏으로 천도하였으니 이토록 왕실과 형제 사이들이었던 제후들은 왕실을 위해 온 힘을 다해왔던 것입니다. 혜왕惠王에 이르러서는 하늘이 주나라를 안정시켜 주지 않아 왕자 퇴頹에게 화를 일으킬 마음을 품게 하시더니 숙대叔帶에게까지 이어졌습니다. 그리하여 혜왕과 양왕襄王은 난을 피해 왕도王都를 떠나 멀리 가 있어야 했습니다. 그러자 진晉나라와 정鄭나라가 옳지 못한 자들을 모두 몰아내어 왕실을 안정시켰습니다. 그러니 이러한 일들은 왕실과 형제 사이인 제후국들이 선왕의 명을 잘 수행한 것입니다. 정왕定王 6년, 진秦나라가 요망한 말을 퍼뜨려 '주나라에 수염이 많은 왕이 나타나 왕으로서 할 일을 잘 하고, 제후들이 복종하여 2세에 걸쳐 왕위를 잘 지켜낼 것이다. 그러나 왕실에는 왕위를 노리는 자가 있지만 제후들은 그러한 일에 아무런 손도 쓰지 않아 그 난의 재앙을 당하게 될 것이다'라 하였습니다. 영왕靈王에 이르러 왕께서는 태어나면서부터 수염이 있었고 아주 신성하여 제후들에게 미움을 받지 않았습니다. 그리하여 영왕과 경왕景王께서는 탈 없이 생애를 누리시다가 돌아가셨습니다. 그런데 지금 왕실이 혼란에 빠져 선자單子 기旂와 유적劉狄이 천하를 어지럽혀, 한결같이 도리에 어긋나는 짓만 저지르면서 '선왕의 제도란 것이 어찌 항상 있으리오? 내 마음대로 행하더라도 누가 감히 꾸짖으리오!'라고 하면서 하늘이 버린 사람들을 이끌고 왕실을 혼란 속으로 휘젓고 있습니다. 탐내어 구함이 끝이 없으며, 신을 모독하고 나라의 형법을 마구 폐기하며, 신성한 맹약을 어기고, 모만하고 못된 위엄을 부리며, 선왕의 법도를 왜곡하여 속이고 있습니다. 그런데 진晉나라는 원칙을 어기고 그들을 도와 방자한 짓을 끝까지 하고 있습니다. 이에 나는 지위가 불안하여 먼 곳으로 떠돌아 형만荊蠻의 땅에 몸을 숨긴 채 아직 갈 곳을 정하지 못하고 있습니다. 만약 나의 친척이나 인척의 한두 나라라도 하늘의 법도를 따라, 교활한 자들을 돕지 않고 선왕의 명을 좇아 천벌을 받지 않도록 나를 받아들여 준다면 내 소원은 이루어질 것입니다. 이에 나는 감히 나의 속마음과 선왕들의 법도를 모두 밝힙니다. 그러니 제후들께서는 사실대로 깊이 헤아려 주시기 바랍니다. 옛날 선왕의 명에 '왕후에게 적자가 없으면 서자 가운데 나이가 많은 자를 택하여 왕으로 삼도록 하라. 나이가 같으면 덕 있는 자로써 하고, 덕까지 같을 경우 점을 쳐서 정하라'라 하였습니다. 왕이란 사랑하는 자를 세우는 것이 아니며 공경은 사사롭게 작위를 주어서는 안 되는 것이 예로부터의 법입니다. 목후穆后와 태자 수壽가 일찍 죽었는데, 선자와 유자가 사사롭게 자신들 마음에 맞는 어린 사람을 임금으로 세워 선왕의 법도를 어그러뜨린 것입니다. 그러니 백중숙계伯仲叔季의 친척 모든 제후들은 잘 헤아려 주십시오!"

노나라 민마보閔馬父는 왕자 조의 이러한 말을 전해 듣고는 이렇게 말하였다.

"말을 아름답게 수식하는 것은 예를 행하기 위함이다. 왕자 조는 경왕景王의 명을 어기고, 진나라 같은 대국을 멀리 하면서 오로지 자신의 뜻대로 하였다. 무례하기가 이처럼 심한데 아름다운 말이 무슨 소용이겠는가?"

【丙申】10월 16일.

【辛丑】10월 21일.

【郊】지금의 河南 鞏縣 서남쪽. 王子 朝가 차지하고 있던 읍.

【次】군사가 주둔함을 뜻함. 莊公 3년 傳에 "凡師, 一宿爲舍, 再宿爲信, 過信爲次"라 함.

【尸】지명. 尸氏와 같음.

【辛酉】11월 11일.

【晉師】杜預 注에 "知躒·趙鞅之師"라 함.

【召伯盈】周나라 卿士. 召簡公. 원래 王子 朝의 편을 들었으나 다시 敬王을 맞이함. 杜預 注에 "伯盈本黨子朝, 晉師克鞏, 知子朝不成, 更逐之而逆敬王"이라 함.

【南宮嚚】周나라 卿士. 子朝 편의 일당.

【陰忌】역시 子朝의 일당.

【莒】周나라 직할지역 읍 이름.

【劉子·單子】王室의 卿士이며 敬王을 도왔음.

【圉澤·隄上】모두 洛陽 동쪽의 周나라 지명.

【癸酉】11월 23일.

【甲戌】11월 24일.

【襄宮】周 襄王(姬鄭)의 사당.

【成公般】杜預 注에 "般, 晉大夫"라 함.

【癸未】12월 4일.

【莊宮】周 莊王(姬佗)의 사당, 杜預 注에 "莊宮在王城"이라 함.

【武王克殷】周 武王(姬發)이 殷 紂를 멸함. 원전에는 '武王'이 '成王'으로 되어 있으나 阮元 〈校勘記〉에 의해 수정함.

【成王】姬誦. 주나라 3대 임금. 武王의 아들이며 周公(姬旦)의 조카로서 주공의 보필을 받음. 이때에 周公이 東征하여 武庚, 管叔, 蔡叔의 난을 평정하여 사방을 안정시킴.

【康王】성왕의 아들. 姬釗.

【建母弟】同姓同母의 아우들을 제후로 봉함. 封建制度가 확립되었음을 말함.

【夷王】西周 末 厲王의 아버지. 姬燮. 惡疾에 걸려 제대로 통치를 하지 못함.

【望】望祭. 제후들은 자신들의 영토 안에 있는 산천에 제사를 올릴 수 있으며 이를 望濟라 함. 夷王이 악질에 걸리자 한마음 한뜻으로 쾌유를 빌었음을 말함.

【厲王】西周 末의 왕. 姬胡. 幽王과 함께 포악한 임금으로 널리 거론됨.

【彘】지금의 山西 霍縣.《國語》周語(上)에 "厲王虐, 國人謗王. 邵公告王曰:「民不堪命矣.」王怒, 得衛巫, 使監謗者以告, 則殺之. 國人莫敢言, 道路以目. 王喜, 三年, 乃流王於彘"라 함.

【以間王政】임금이 없어 대신들이 서로 화합하여 정치를 이끌어가 감. 이를 '共和'라 하며 B.C.841~828년까지 14년간이었으며 중국 역대 이래 단 한 차례 이러한 일이 있었음.《史記》周本紀에 "厲王太子靜匿召公之家, 國人聞之, 乃圍之. 召公曰:「昔吾驟諫王, 王不從, 以及此難也. 今殺王太子, 王其以我爲讎而懟怒乎? 夫事君者, 險而不讎懟, 怨而不怒, 況事王乎!」乃以其子代王太子, 太子竟得脫. 召公·周公二相行政, 號曰'共和'. 共和十四年, 厲王死于彘"라 함.

【宣王】共和 이후의 西周 임금. 姬靜. B.C.827~782년까지 46년간 재위하였으며 다시 일시 中興을 이루었음. 杜預 注에 "宣王, 厲王子. 彘之亂, 宣王尙少, 召公虎取而長之"라 함.

【幽王】西周의 마지막 임금. 姬宮涅. 폭군으로 널리 알려졌으며 원래의 태자 宜臼를 폐하고 褒姒가 낳은 아들 伯服을 태자로 삼자 宜臼의 어머니 申后의 친정아버지 申侯가 노하여 繒과 犬戎의 세력을 규합하여 왕실을 공격, 幽王을 驪山에서 죽여 서주가 종말을 고함.《史記》周本紀 등을 참조할 것.

【愆厥位】'失其位'와 같음. 杜預 注에 "愆, 失也"라 함.

【攜王】周나라가 망하자 申侯와 魯侯 및 許文公이 申에서 宜臼(平王)를 세웠으나 虢公 翰은 그 나름대로 왕자 余臣을 攜에서 왕으로 세워 周나라에 왕이 둘이 됨. 뒤에 晉 文侯가 攜王을 살해하여 平王이 정통이 되어 洛邑으로 천도함. 이때부터 東周가 시작됨. 孔穎達 疏에《汲冢書紀年》을 인용하여 "先是, 申侯·魯侯及許文公立平王於申, 以本大子, 故稱天王. 幽王旣死, 而虢公翰又立王子余臣於攜. 周二王並立. 二十一年, 攜王爲晉文公所殺. 以本非適, 故稱攜王"이라 함.

【齊侯替之】제후들이 攜王(姬余臣)을 인정하지 않았으며 결국 晉 文侯가 죽여 없애고 平王(姬宜臼)을 지지함. 平王은 東周 春秋時代 첫 임금으로 B.C.770~720년까지 51년간 재위함.

【郟鄏】지금의 河南 洛陽市. 東周가 시작됨을 말함.

【惠王】東周의 임금 姬閬. 平王의 6세손. 釐王(姬胡齊)을 이어 B.C.676~652년까지 25년간 재위함.

【穨】惠王의 庶叔. 莊公 19년(惠王 2년)에 난을 일으켜 惠王이 鄭나라로 피함.

【叔帶】襄王(姬鄭)의 아우. 僖公 24년(襄王 16년) 난을 일으켜 襄王이 氾으로 피난하여 거처하였음.

【不端】端正하지 못함. 악함.
【定王】姬瑜. 東周의 임금. 襄王의 손자. B.C.606~586년까지 21년간 재위함. 6년은 魯 宣公 8년(B.C.601)에 해당함.
【頿】코밑 수염. '髭'와 같음. 《說文》에 "頿, 口上須(鬚)也"라 함.
【靈王】姬泄心. 定王의 손자. B.C.571~545년까지 27년간 재위함.
【景王】姬貴. 靈王의 아들. B.C.544~520년까지 25년간 재위함.
【單旗】周나라 왕실의 卿士 單穆公. 이름은 旗.
【劉狄】역시 周나라 왕실의 卿士. 劉蚠.
【討之】原典에는 '請之'로 되어 있으나 阮元〈校勘記〉에 의해 수정함.
【規求無限】孔穎達 疏에 "俗本作'規', 服·王·孫皆注云:「玩, 貪也.」 則此言探究無限度. 本或作'規', 謬也"라 하여 '規'는 '玩'으로 보았음.
【瀆】'嬻'과 같음. 侮辱함. 冒瀆함.
【齊盟】'齊'는 '齋'와 같음. 경건하게 齋戒한 다음 맺은 국제간의 맹약들.
【不穀】왕이 자신을 낮추어 부르는 칭호. 여기서는 王子 朝 자신을 가리킴.
【荊蠻】楚나라의 별칭.
【攸厎】杜預 注에 "厎, 至也. 攸, 所也"라 함.
【兄弟甥舅】宗室 周나라와 同姓제후와 異姓제후들.
【先王之命】襄公 31년 傳에 穆叔이 "大子死, 有母弟則立之, 無則立長. 年鈞擇賢, 義鈞則卜, 古之道也"라 하였고, 《公羊傳》隱公 元年에는 "立適以長不以賢, 立子以貴不以長. 桓何以貴? 母貴也"라 함. 한편 《國語》晉語(1)에도 "晉獻公曰: 「寡人聞之, 立大子之道三: 身鈞以年, 年同以愛, 愛疑決之以卜筮」"라 함.
【穆后】周 景王(姬貴)의 王后이며 태자 壽의 어머니. 杜預 注에 "大子壽之母也"라 함.
【大子壽】景王과 穆后 사이에 난 아들. 태자에 올랐으나 일찍 죽음. 여기서는 王子 朝는 王猛을 태자로 인정할 수 없다는 논리를 편 것.
【伯仲叔季】고대 태어난 순서에 따라 字에 붙이는 호칭. 여기서는 자신과 伯父, 仲父, 叔父, 季父에 해당하는 제후국들을 가리킴. 杜預 注에 "伯仲叔季, 總謂齊侯"라 함.
【閔馬父】魯나라 대부. 閔子馬. 杜預 注에 "閔馬父, 閔子馬, 魯大夫"라 함.
【文辭何爲】'文'은 文飾(紋飾). 아름답게 꾸밈. 이 구절 끝의 杜預 注에 "傳終王室亂"이라 함.

㊉

齊有彗星, 齊侯使禳之.

晏子曰:「無益也, 祇取誣焉. 天道不諂, 不貳其命, 若之何禳之? 且天之有彗也, 以除穢也. 君無穢德, 又何禳焉? 若德之穢, 禳之何損? 《詩》曰:『惟此文王, 小心翼翼. 昭事上帝, 聿懷多福. 厥德不回, 以受方國.』君無違德, 方國將至, 何患於彗? 《詩》曰:『我無所監, 夏后及商. 用亂之故, 民卒流亡.』若德回亂, 民將流亡, 祝史之爲, 無能補也.」

公說, 乃止.

제齊나라에 혜성彗星이 나타나자 경공景公이 제사를 올려 그 재앙을 없애도록 하였다.

그러자 안자晏子가 말하였다.

"이는 무익한 일이며 단지 신을 속이는 일입니다. 천도는 사람으로서 알 수 있는 것이 아니며, 그 천명을 의심할 수도 없습니다. 그런데 그와 같이 제사를 올린다고 재앙이 없어지겠습니까? 게다가 하늘에 혜성이 나타나는 것은 더러운 것을 없애려는 것입니다. 임금께서 덕을 더럽힌 것이 없다면 다시 더 없앨 무슨 재앙이 있겠습니까? 또 임금께서 만약 덕에 오점을 남긴 것이 있다면 재앙을 없앤다고 덜어지겠습니까? 《시》에 '오직 문왕文王께서는 이처럼 삼가고 조심하셨네. 일마다 하늘의 뜻을 밝히시어 많은 복을 누리셨네. 그 덕 어긋남이 없어 온 나라 백성의 주인자리 받으셨네'라 하였습니다. 임금께서 덕에 위배되는 일을 한 것이 없다면 사방의 나라가 따를 것인데 어찌 혜성을 걱정하십니까? 《시》에 '내게 어찌 거울 됨이 없겠는가? 하후夏后와 상주商紂가 바로 거울일세. 그들은 어지러운 정치를 하였으니 세상 사람들 흩어져 달아난 것이지'라 하였습니다. 만약 덕을 거꾸로 하여 난폭한 행동을 하게 되면 백성은 모두 달아날 것입니다. 축사祝史가 그렇게 한다고 아무런 보탬이 되지 않습니다."

경공이 기꺼워하며 그 일을 중지시켰다.

【彗】모습이 빗자루 같다 하여 帚星, 箒星, 孛星이라고도 하며 이 별이 나타나면 불길한 징조로 여겼음.
【齊侯】당시 齊나라 군주는 景公(杵臼)으로 안자의 보필을 받고 있었음.
【禳之】제사나 푸닥거리를 하여 재앙을 없앰.
【晏子】晏嬰. 齊나라의 유명한 재상. 자는 平仲. 晏弱(晏桓子)의 아들. 그의 언행을 모아 편찬한 《晏子春秋》가 널리 알려져 있으며 司馬遷은 《史記》 管晏列傳에 그의 전기를 실어 높이 평가하고 있음. 본장의 내용은 《晏子春秋》 內篇 諫上, 《新序》 雜事(4) 및 《論衡》 變虛篇 등에도 널리 실려 있음.
【謟】'慆'와 같음. 杜預 注에 "疑也"라 함.
【不貳其命】王引之는 '不貳'는 '不貣'이어야 한다고 보았음. '貣'은 '忒'과 같으며 '어긋나다, 의심하다'의 뜻임.
【除穢】더러움을 제거함. 彗星의 '彗'자는 빗자루를 손에 쥐고 있는 모습을 그린 글자이며 이에 관련지어 상징적 의미를 부여한 것.
【詩】《詩經》 大雅 大明篇에 "維此文王, 小心翼翼. 昭事上帝, 聿懷多福. 厥德不回, 以受方國. 天監在下, 有命旣集. 文王初載, 天作之合. 在洽之陽, 在渭之涘. 文王嘉止, 大邦有子"이라 함.
【我無所監】'監'은 '鑑'과 같음. 杜預 注에 "逸詩也. 言推監夏商之亡, 皆以亂故"라 하였으나 지금의 《詩經》 大雅 蕩篇에 "文王曰咨, 咨女殷商. 人亦有言, 顚沛之揭. 枝葉未有害, 本實先撥. 殷鑒不遠, 在夏后之世"의 구절을 변용한 것임. 夏后는 夏나라 말왕 桀, 商紂는 殷(商)의 말왕 紂를 가리킴.
【祝史】기도, 제사, 푸닥거리 등을 맡은 관직.

⑲

齊侯與晏子坐于路寢.

公歎曰:「美哉室! 其誰有此乎?」

晏子曰:「敢問, 何謂也?」

公曰:「吾以爲在德.」

對曰:「如君之言, 其陳氏乎! 陳氏雖無大德, 而有施於民. 豆·區·釜·鍾之數, 其取之公也薄, 其施之民也厚. 公厚斂焉, 陳氏厚施焉, 民歸之矣.《詩》曰:『雖無德與女, 式歌且舞.』陳公之施, 民歌舞之矣. 後世若少惰, 陳氏而不亡, 則國其國也已.」

公曰:「善哉! 是可若何?」
對曰:「唯禮可以已之. 在禮, 家施不及國, 民不遷, 農不移, 工賈不變, 士不濫, 官不滔, 大夫不收公利.」
公曰:「善哉! 我不能矣. 吾今而後知禮之可以爲國也.」
對曰:「禮之可以爲國也久矣, 與天地並. 君令·臣共, 父慈·子孝, 兄愛·弟敬, 夫和·妻柔, 姑慈·婦德, 禮也. 君令而不違, 臣共而不貳; 父慈而教, 子孝而箴; 兄愛而友, 弟敬而順; 夫和而義, 妻柔而正; 姑慈而從, 婦聽而婉, 禮之善物也.」
公曰:「善哉, 寡人今而後聞此禮之上也!」
對曰:「先王所稟於天地以爲其民也, 是以先王上之.」

제齊 경공景公과 안자晏子가 노침路寢에 함께 앉아 있었다.
경공이 탄식하면서 말하였다.
"아름다운 집이로다! 후세에 과연 누가 이를 이어서 차지할까?"
안자가 말하였다.
"감히 묻겠습니다. 무슨 뜻으로 하시는 말씀입니까?"
경공이 말하였다.
"나는 이 집을 차지할 여부는 덕에 있다고 여기고 있소."
안자가 말하였다.
"임금 말씀대로라면 그 사람은 진씨陳氏일 것입니다! 진씨는 비록 큰 덕은 없으나 백성들에게 은혜를 베풀고 있습니다. 그는 두豆·구區·부釜·종鍾으로 곡식을 계산하면서, 받을 때는 공식 도량형을 사용하여 적게 받고 백성들에게 줄 때에는 공식 두량형보다 큰 것을 사용하여 후하게 줍니다. 조정에서는 많이 거두어 받는데 진씨는 도리어 후하게 베푸니 백성은 그를 따를 수밖에 없습니다. 《시》에 '비록 그대를 두고 큰 덕이 없다 하나, 나 그대 위해 노래 부르고 춤추어 주리'라 하였습니다. 진씨의 그와 같은 혜택에 백성들은 노래하고 춤을 추고 있습니다. 후세에 조정이 조금이라도 게을러졌을 때 진씨가 만약 그때까지 망하지 않고 있다면 이 나라는 진씨가 차지하게 될 것입니다."

경공이 말하였다.

"훌륭하오! 그렇다면 어찌하면 되겠소?"

안자가 대답하였다.

"오직 예로 하여야만 그런 상황을 막을 수 있습니다. 예에는 대부가 베푸는 혜택이 군주보다 더할 수 없으며, 백성들은 함부로 거주지를 옮길 수 없고, 농민은 토지를 떠날 수 없으며, 공상인工商人은 하는 자신의 일을 바꾸지 않으며, 사士는 자신의 명분을 잃지 않으며, 관리는 할 일을 태만하지 않아야 하며, 대부는 나라의 이익을 자신이 취하지 않도록 되어 있습니다."

경공이 말하였다.

"옳은 말이오! 내가 그렇게 하지 못하였소. 나는 이제야 예가 나라를 잘 다스릴 수 있는 것임을 알게 되었소."

안자가 대답하였다.

"예로써 나라를 잘 다스리게 할 수 있었던 것은 오래되었으니 천지와 함께하여 왔습니다. 임금은 명령을 내리고 신하는 공경히 수행하며, 아비는 자애롭고 자식은 효도하며, 형은 사랑을 베풀고 아우는 경애를 표하며, 남편은 온화하고 아내는 부드러우며, 시어미는 자애롭고 며느리는 덕으로 순종하는 것, 이것이 바로 예입니다. 임금은 명령을 내리되 도리에 어긋나지 않아야 하며, 신하는 공경히 받들되 두 마음을 갖지 않아야 하며, 아비는 자애롭게 잘 가르쳐야 하고, 자식은 효도를 다하되 때로는 충고도 하며, 형은 사랑하여 우애를 다하고, 아우는 공경을 다하여 따라야 하고, 남편은 온화하되 의를 지켜야 하며, 아내는 부드럽되 마음을 바르게 하여야 하며, 시어미는 자애롭게 하되 도리를 따라야 하고, 며느리는 순종하여 곱게 행동해야 하는 것이 예의 훌륭한 모습입니다."

경공이 말하였다.

"훌륭하오. 과인은 지금 이후로 이처럼 예를 높일 수 있는 말을 들을 것이오!"

안자가 대답하였다.

"선왕께서 천지로부터 받아 백성을 다스리는 중요한 것으로 삼으셨으니 이 까닭으로 선왕들께서는 예를 높이 여기셨던 것입니다."

【晏子】晏嬰. 齊나라의 유명한 재상. 자는 平仲. 晏弱(晏桓子)의 아들. 그의 언행을 모아 편찬한 《晏子春秋》가 널리 알려져 있으며 司馬遷은 《史記》 管晏列傳에 그의 전기를 실어 높이 평가하고 있음.

【路寢】임금의 正寢. 本堂.

【陳氏】陳恒(田恒, 田常)의 후손. 원래 陳나라 출신으로 齊나라에 정착하여 田氏로 성을 바꾸었으며 차츰 세력을 키워 卿에 오른 다음, 그 후손이 뒤에 과연 姜氏(강태공의 후손)의 齊나라를 차지하여 戰國시대 田氏齊를 세움. 《史記》 田敬仲完世家 참조.

【豆·區·釜·鍾】들이의 단위로 豆는 4升, 區는 4豆, 釜는 4區, 鍾은 10釜였다 함. 昭公 3년을 볼 것. 여기서는 자신들이 만든 큰 도량형으로 곡식을 대여하고 받을 때는 작은 양의 공식 도량형 기기로 하여 백성들에게 은혜를 베풂을 말함.

【詩】《詩經》小雅 車舝篇에 "雖無旨酒, 式飮庶幾. 雖無嘉殽, 式食庶幾. 雖無德與女, 式歌且舞. 陟彼高岡, 析其柞薪. 析其柞薪, 其葉湑兮. 鮮我覯爾, 我心寫兮. 高山仰止, 景行行止. 四牡騑騑, 六轡如琴. 覯爾新昏, 以慰我心"이라 함.

【家施不及國】대부가 베푸는 혜택이 군주가 베푸는 것보다 더해서는 안 됨. 家는 대부, 國은 군주를 뜻함. 진씨가 하는 일은 예의 원리에 맞지 않음을 뜻함.

【禮之先物】선물은 훌륭한 모습. 賈誼 《新書》 禮篇에 "君仁則不厲, 臣忠則不貳; 父慈則敎, 子孝則協; 兄愛則友, 弟敬則順; 夫和則義, 妻柔則正; 姑慈則從, 婦聽則婉"이라 함. 한편 본 장 역시 《晏子春秋》 內篇 諫下 및 《韓非子》 外儲說右上 등에 실려 있음.

208. 昭公 27年(B.C.515) 丙戌

周	敬王(姬匄) 5년	齊	景公(杵臼) 33년	晉	頃公(去疾) 11년	衛	靈公(元) 20년
蔡	昭公(申) 4년	鄭	定公(寧) 15년	曹	悼公(午) 9년	陳	惠公(吳) 15년
杞	悼公(成) 3년	宋	景公(欒) 2년	秦	哀公(鍼?) 22년	楚	昭王(軫) 원년
吳	吳王(僚) 12년	許	許男(斯) 8년				

※ 1555(昭27-1)

二十有七年春, 公如齊.

27년 봄, 소공이 제齊나라로 갔다.

【如齊】杜預 注에 "自鄆行"이라 함.

※ 1556(昭27-2)

公至自齊, 居于鄆.

소공이 제齊나라에서 돌아와 운鄆 땅에 머물렀다.

【鄆】지금의 山東 沂水縣 동북 鄆城縣. 齊나라가 일찍이 魯 昭公이 거처하도록 해 주었던 곳임.

㊉

二十七年春, 公如齊.
「公至自齊, 處于鄆」, 言在外也.

27년 봄, 소공이 제齊나라에 갔다.
"소공이 제나라에서 돌아와 운鄆에서 거처하였다"라 한 것은 소공이 도읍 밖에 있었음을 말한 것이다.

【在外】도읍 밖을 뜻함. 國外가 아님을 말한 것.

※ 1557(昭27-3)

夏四月, 吳弑其君僚.

여름 4월, 오吳나라가 그 군주 요僚를 죽였다.

【僚】吳王 僚. 夷末을 이어 B.C.526~515년까지 12년간 재위하였으며 公子 光(闔閭)이 뒤를 이음. 吳나라는 왕의 시호가 없어 이름을 불렀음.

㊉

吳子欲因楚喪而伐之, 使公子掩餘·公子燭庸帥師圍潛, 使延州來季子聘于上國, 遂聘于晉, 以觀諸侯.

楚莠尹然·王尹麋帥師救潛, 左司馬沈尹戌帥都君子與王馬之屬以濟師, 與吳師遇于窮, 令尹子常以舟師及沙汭而還.

左尹郤宛·工尹壽帥師至于潛, 吳師不能退.

吳公子光曰:「此時也, 弗可失也.」

告鱄設諸曰:「上國有言曰:『不索, 何獲?』我, 王嗣也, 吾欲求之. 事若克, 季子雖至, 不吾廢也.」

鱄設諸曰:「王可弒也. 母老·子弱, 是無若我何?」

光曰:「我, 爾身也.」

夏四月, 光伏甲於堀室而享王.

王使甲坐於道及其門.

門·階·戶·席, 皆王親也, 夾之以鈹.

羞者獻體改服於門外.

執羞者坐行而入, 執鈹者夾承之, 及體, 以相授也.

光僞足疾, 入于堀室.

鱄設諸寘劍於魚中以進, 抽劍刺王, 鈹交於胸, 遂弒王.

闔廬以其子爲卿.

季子至, 曰:「苟先君無廢祀, 民人無廢主, 社稷有奉, 國家無傾, 乃吾君也, 吾誰敢怨? 哀死事生, 以待天命. 非我生亂, 立者從之, 先人之道也.」

復命哭墓, 復位而待.

吳公子掩餘奔徐, 公子燭庸奔鍾吾.

楚師聞吳亂而還.

오왕吳王 요僚가 초楚나라에 상喪이 났음을 틈타 초나라를 치고자 공자 엄여掩餘와 공자 촉용燭庸에게 군사를 이끌고 잠潛 땅을 포위토록 하였다. 그리고 연릉延陵과 주래州來에 봉해진 계자季子로 하여금 중원中原의 제후국을 예방하도록 하여 드디어 진晉나라를 예방하면서 제후국의 사정을 살폈다.

초나라는 유윤莠尹 연然과 왕윤王尹 균麋이 군사를 이끌고 잠을 구원하기 위해 나섰으며 좌사마左司馬 심윤沈尹 술戌은 도읍 안의 사람들과 국왕의 말을 관리하는 이들을 거느리고 중원군이 되어 오나라 군사와 궁窮에서 대치하였고, 영윤 자상子常은 수군을 이끌고 사예沙汭까지 갔다가 되돌아왔다.

하편 좌윤左尹 극완郤宛과 공윤 수壽가 군사를 이끌고 잠에 이르자 오나라 군사는 물러갈 수가 없게 되었다.

그때 오나라 공자 광光이 말하였다.

"이 기회를 놓칠 수 없다."

그리고 전설제鱄設諸에게 말하였다.

"중원 제후국에 떠도는 말에 '구하지 않으면 무엇을 얻겠는가'라고 하였다. 나는 군주 자리를 이어받을 사람이다. 나는 지금 그 자리를 얻고자 한다. 만일 일이 잘 되면 계자가 비록 돌아오더라도 그가 나를 폐위하지는 못할 것이다."

이에 전설제가 말하였다.

"왕을 시해할 수는 있으나 어머니가 늙고 자식이 어리지만 제가 아니면 누가 하겠습니까?"

그러자 공자 광이 말하였다.

"나의 몸이 곧 그대의 몸일세."

여름 4월, 공자 광은 지하실에 무장한 병사를 숨겨 두고 왕에게 향연을 베풀었다.

오왕은 무장한 병사들을 길가와 공자 광의 집 문까지 배치하였다.

나아가 그 집의 대문, 계단, 방문, 연회석에는 모두 오왕의 친위병이었고 이들은 날카로운 검을 가지고 양쪽에서 왕을 호위하였다.

음식을 나르는 자도 문밖에서 옷을 갈아입어야 하였다.

또한 음식을 올리는 사람들도 무릎걸음으로 방안에 들어오도록 하였으며 창을 든 자들이 양쪽에서 그 사람들을 창으로 겨누어 창날이 그들에게 닿을 정도의 자리에서 음식을 주어 받아 올리도록 하였다.

공자 광은 발이 아프다고 거짓 핑계를 대고 지하실로 들어갔다.

전설제가 생선 요리 속에 칼을 감추고 들어가 그 칼을 빼어 오왕을 찌르자 호위병들이 양쪽에서 전설제의 가슴을 창으로 찔러 그가 죽었고 왕도 결국 시해되었다.

합려闔廬는 전설제의 아들을 경으로 삼았다.

계자는 돌아와 이렇게 말하였다.

"진실로 선군의 제사가 끊어지지 않고, 백성이 임금을 폐하지 않으며, 사직이 잘 받들어지고, 국가가 기울어지지 않는다면 이러한 자가 바로 나의 임금이니 내 누구를 감히 원망하겠는가? 돌아가신 분에게는 애도하며 살아 있는 분은 섬기면서 천명을 기다리리라. 내가 난을 일으킨 것이 아니니 임금으로 오른 사람을 따르는 것은 선대로부터 내려온 도리이다."

그리하여 죽은 왕 무덤에서 복명하여 곡을 하고 다시 자신의 지위로 돌아가 임금의 명령을 기다렸다.

오나라 공자 엄여는 서徐나라로 달아났고, 공자 촉용은 종오鍾吾로 달아났다.

초나라 군사는 오나라에 난이 일어났다는 소식을 듣고 귀환하였다.

【吳子】吳王 僚. 이름은 州于. 재위 12년째로 마지막 해였음.
【楚喪】지난해에 楚 平王이 죽음.
【掩餘·燭庸】모두 吳王 僚의 친형제. 그러나 杜氏《世族譜》에는 壽夢의 아들이라 하였음.
【潛】楚나라의 邑. '灊'과 같음. 지금의 安徽 霍山 부근.《彙纂》에 "今安徽霍山縣東北三十里有灊城"이라 함.
【延州來季子】季札. 延陵季子로 널리 불림. 吳나라에서는 가장 어진 인물로 널리 거론됨. 季子는 延陵에 봉해졌다가 뒤에 州來에 봉해졌음. 杜預 注에 "季子本封延陵, 後復封州來, 故曰延州來"라 함.
【上國】中原의 여러 제후국들.
【蒍尹然】蒍尹은 蒍邑의 우두머리. 然은 그의 이름. '蒍'는 구체적으로 알 수 없음.
【王尹麇】'王尹'은 원전에는 '工尹'으로 되어 있으나 阮元의 〈校勘記〉에 孫志祖의 설을 인용하여 "下文別有'工尹壽,' 此當作'王尹'"이라 함. 그 밖에 〈閩本〉, 〈監本〉, 〈毛本〉 등에 의해 수정함. '工尹'은 孔穎達 疏에 服虔의 말을 인용하여 "王尹, 主宮內之政"이라 함. '麇'은 그의 이름.
【沈尹戌】楚 莊王의 曾孫이며 葉公 沈諸梁의 부친. 당시 左司馬였음. 그러나 杜預 注에 "莊王曾孫, 葉公諸梁父也"라 하였고,《潛夫論》에는 "左司馬戌者, 莊王之曾孫, 葉公諸梁者, 戌之第三弟也"라 하였고,《呂氏春秋》高誘 注에는 "沈尹戌, 莊王之孫, 沈諸梁, 葉公子高之父也"라 하여 각기 다름.

【都君子】도읍 내에 있는 벼슬아치들. 《國語》 吳語에 "越王以其私卒君子六千人爲中軍"이라 한 것으로 보아 왕이 사사롭게 부릴 수 있는 비정규 군졸을 뜻하는 것으로 보임.

【濟師】 增援軍을 뜻함. 桓公 11년을 볼 것.

【窮】 지금의 安徽 六安 부근. 《一統志》에 "在霍丘縣西"라 함. 그러나 〈唐石經〉에는 '窮谷'으로 되어 있음.

【子常】 囊瓦. 楚나라 令尹. 子囊의 손자. 자는 子常. 陽匄를 이어 영윤에 오름. 杜預 注에 "囊瓦, 子囊之孫子常也, 代陽匄"라 함.

【沙汭】 지금의 초나라 지명. 지금의 安徽 懷遠縣 동북 淮河 근처. 《水經注》 渠水 注에 "汴, 沙到浚儀而分, 汴東注, 沙南流, 至義城縣西南入於淮, 謂之沙汭, 楚東地也"라 함.

【郤宛】 당시 左尹 벼슬의 楚나라 대부. 뒤에 費無極에게 참소를 입어 죽음을 당함.

【工尹壽】 楚나라 工尹의 대부. 工尹은 百工을 관리하는 임무의 직책. 壽는 그의 이름.

【不能退】 窮에 주둔한 楚나라 군사는 앞을 막고 潛의 楚軍은 뒤를 막아 吳軍이 진퇴가 모두 불가하게 되었음.

【公子光】 夷妹의 아들이며 吳王 僚의 배다른 아우. 吳王 僚를 시해하고 왕위에 올라 이름을 闔廬(闔閭)로 바꿈. 吳나라의 강력한 군주가 되어 越王 句踐과 치열하게 다툰 많은 고사와 일화를 낳음. B.C.514~496년까지 재위하고 아들 夫差가 그 뒤를 이음.

【弗可失】 오나라 군사가 潛에 갇혀 있어 궁중에서 시해를 일으킬 기회가 되었음을 말함. 杜預 注에 "欲因其師徒在外, 國不堪役, 以弑王"이라 함.

【鱄設諸】 《史記》, 《公羊傳》, 《吳越春秋》 등 다른 기록에는 모두 '專諸'로 되어 있음. 光을 위해 伍子胥가 추천한 자객 이름. 뒤에 光(闔廬)을 위해 생선구이 속에 칼을 숨겨 州于(僚)를 살해함. '專諸'는 '전저'로 읽음.

【母老·子弱】 鱄設諸가 자신의 처지를 말하면서도 해낼 수 있을 것임을 밝힌 것. 杜預 注에 "猶言我無若是何? 欲以老弱托光"이라 함.

【我, 爾身也】 그대가 나를 위해 일을 한다면, 나는 곧 그대의 몸이 되어 내가 그대 대신 노모와 어린 자식을 돌봐줄 것임을 다짐한 것. 杜預 注에 "言我身猶爾身"이라 함.

【堀室】 窟室과 같음. 地下室.

【鈹】 《說文》에 "鈹, 劍而刀裝者"라 함.

【羞】'饈'와 같음.
【坐行】膝行과 같음. 무릎으로 걸음.
【及體】여차하면 찌를 수 있도록 몸에 칼을 들이대고 있음. 孔穎達 疏에 "鈹之 鋒刃及進羞者體也"라 함.
【闔廬】杜預 注에 "闔廬, 光也. 以鱄諸子爲卿"이라 함. 한편 이상의 이야기는 《史記》吳太伯世家 刺客列傳 및 《吳越春秋》王僚使公子光傳, 《金樓子》雜記 (上) 등에 아주 널리 실려 있음.
【哀死事生】'死'는 죽은 吳王 僚, '生'은 公子 光(闔廬)을 가리킴.
【鍾吾】지금의 江蘇 宿遷縣에 있었던 작은 나라. 《一統志》에 "今江蘇宿遷縣西北 六十里有司吾城"이라 함.
【還】杜預 注에 "言吳亂, 明郤宛不取賂而還"이라 함.

※ 1558(昭27-4)

楚殺其大夫郤宛.

초楚나라가 그 대부 극완郤宛을 죽였다.

【郤宛】楚나라 대부이며 충신. 자는 子惡. 費無極에 의해 無辜한 죽음을 당함.

(傳)
郤宛直而和, 國人說之.
鄢將師爲右領, 與費無極比而惡之.
令尹子常賄而信讒, 無極讒郤宛焉, 謂子常曰:「子惡欲飮子酒.」
又謂子惡:「令尹欲飮酒於子氏.」
子惡曰:「我, 賤人也, 不足以辱令尹. 令尹將必來辱, 爲惠已甚, 吾無以酬之, 若何?」
無極曰:「令尹好甲兵, 子出之, 吾擇焉.」

取五甲五兵, 曰:「寘諸門. 令尹至, 必觀之, 而從以酬之.」
及饗日, 帷諸門左.
無極謂令尹曰:「吾幾禍子. 子惡將爲子不利, 甲在門矣. 子必無往! 且此役也, 吳可以得志. 子惡取賂焉而還; 又誤羣帥, 使退其師, 曰: 『乘亂不祥』. 吳乘我喪, 我乘其亂, 不亦可乎?」
令尹使視郤氏, 則有甲焉.
不往, 召鄢將師而告之.
將師退, 遂令攻郤氏, 且蓺之.
子惡聞之, 遂自殺也.
國人弗蓺, 令曰:「不蓺郤氏, 與之同罪.」
或取一編菅焉, 或取一秉秆焉, 國人投之, 遂弗蓺也.
令尹炮之, 盡滅郤氏之族·黨, 殺陽令終與其弟完及佗, 與晉陳及其子弟.
晉陳之族呼於國曰:「鄢氏·費氏自以爲王, 專禍楚國, 弱寡王室, 蒙王與令尹以自利也, 令尹盡信之矣, 國將如何?」
令尹病之.

극완郤宛은 정직하고 온화하여 나라 사람들이 그를 좋아하였다.
언장사鄢將師는 우령右領이 되어 비무극費無極과 한패거리가 되어 극완을 미워하였다.
영윤 자상子常은 뇌물을 좋아하고 참언을 믿었으며 비무극이 극완을 모함하여 자상에게 이렇게 말하였다.
"자악子惡(郤宛)이 그대에게 술대접을 하려 한다더군요."
그리고는 다시 따로 자악에게는 이렇게 말하였다.
"영윤께서는 그대의 집에서 술을 마시고 싶어 하신답니다."
자악이 말하였다.
"저는 지위가 낮은 사람이니 영윤을 모시기에는 부족합니다. 영윤께서 장차 필히 오시겠다고 한다면 저에게 은혜가 큰 것이지만 저로서는 그에게 드릴 만한 것이 없습니다. 어찌하면 좋겠습니까?"

그러자 비무극이 말하였다.

"영윤께서는 갑옷과 무기를 좋아하시니 그대는 그것들을 내어 놓으십시오. 내가 좋은 것을 골라 주겠소."

그리고는 갑옷 다섯 벌과 무기 다섯 가지를 골라내고는 이렇게 말하였다.

"그날 이것들을 대문 옆에 놓아두시오. 영윤이 와서는 틀림없이 이것들을 볼 것이오. 그대는 그분의 뜻에 따라 드리면 됩니다."

그날이 이르자 극완은 대문 왼쪽에 장막을 치고 그것을 늘여놓았다.

비무극은 영윤에게 미리 이렇게 말하였다.

"저는 하마터면 영윤께 화를 당하게 할 뻔하였습니다. 자악은 장차 그대에게 사악한 짓을 하려 합니다. 그대는 절대 가지 마십시오! 이번 싸움에서는 우리가 오吳나라를 이길 수 있었는데 자악은 그들로부터 뇌물을 받고 귀환한 것일뿐더러 또한 여러 장수들을 잘못 이끌어 군사를 퇴군시키면서 '남의 내란을 틈타 공격하는 것은 상서롭지 못하다'라고 핑계를 대었습니다. 오나라는 우리의 국상을 틈타 쳐들어왔는데 우리로서 그들의 내란을 틈타는 것이 무엇이 옳지 않다는 것입니까?"

영윤이 사람을 보내 극완의 집을 살펴보게 하였더니 과연 갑옷이 놓여 있는 것이었다.

영윤은 가지 않고 언장사를 불러 그 일을 고하였다.

언장사는 영윤 앞을 물러나와 드디어 극완의 집을 공격하라 명령하면서 아울러 그의 집을 태우도록 하였다.

자악은 이를 듣고 곧 자살하였다.

나라 사람들이 그의 집을 불태우지 않자 언장사가 이렇게 명령을 내렸다.

"극씨 집을 불태우지 않으면 그와 같은 죄로 처벌하리라."

이에 어떤 이는 마른 골풀 한 묶음을 들고 또 어떤 이는 한 줌 짚을 들었으나 나라 사람들이 이를 내던지면서 끝내 불을 지르지 않았다.

영윤은 자신의 부하를 시켜 불을 지르고 극씨의 가족과 그 무리를 모두 죽이고 나아가 양령종陽令終과 그의 아우 완完·타佗, 그리고 진진晉陳과 그의 자제들까지 죽여 버렸다.

그러자 진진의 가족이 도읍 안에서 이렇게 소리를 쳤다.

"언씨와 비씨는 스스로 임금 행세를 하여 초나라에 화근을 일으키며 왕실을 약화시키고, 왕과 영윤을 가려 자신의 이익을 취하고 있건만 영윤이란 자는 그들의 말을 그대로 믿고 있으니 나라가 장차 어찌 되겠는가?"
 영윤은 이를 괴로워하였다.

【郤宛】 자는 子惡. 楚나라의 현신.
【鄢將師】 당시 초나라 右領 벼슬이며 費無極과 한패.
【費無極】 費無忌. 楚나라 대부. 《史記》 楚世家와 伍子胥列傳 및 《淮南子》 등에는 모두 '費無忌'로 되어 있음. 杜預 注에 "朝吳, 蔡大夫, 有功於楚平王, 故無極恐其有寵, 疾害之"라 함.
【比】 한패거리가 됨. 《論語》 爲政篇에 "小人比而不周"의 '比'와 같음.
【子常】 囊瓦. 楚나라 令尹. 子囊의 손자. 자는 子常. 陽匄를 이어 영윤에 오름. 杜預 注에 "囊瓦, 子囊之孫子常也, 代陽匄"라 함.
【酬】 보답하여 드릴 만한 물건을 뜻함.
【此役】 금년 봄 오나라가 潛을 공격하자 郤宛이 구하러 나섰던 작전. 杜預 注에 "此春救潛之役"이라 함.
【爇】 불태워 버림. '설'로 읽음. 杜預 注에 "爇, 燒也"라 함.
【菅】 마른 골풀. 왕골. 菅은 多年生草本植物로 일명 白華라고도 함. 이를 지붕의 이엉으로 삼기도 하고 자리를 짜기도 함. 불쏘시개로 사용하고자 나선 것임.
【秆】 마른 볏짚.
【國人投之】 나라 사람들이 그들의 마른 골풀과 볏짚을 빼앗아 내던져 버림.
【令尹炮之】 이에 대해서는 두 가지 풀이가 있음. 孔穎達 疏에는 服虔의 말을 인용하여 "民不肯爇也, 鄢將師稱令尹使女燔炮之. 燔·炮·爇, 皆是燒也"라 하여 언장사가 영윤으로 하여금 직접 불을 지르도록 한 것이라 하였고, 俞樾은 《茶香室經說》에서 "尹卽里尹, 國人旣不肯爇, 鄢將師乃令閭胥里宰之屬擧火然之"라 하여 里尹으로 하여금 불을 지르도록 한 것이라 하였음.
【陽令終】 陽匄(子常 직전의 초나라 令尹)의 아들이라 함.
【完·佗】 陽完과 陽佗. 역시 陽匄의 아들이며 陽令終의 아우. 郤宛과 가까웠음.
【晉陳】 杜預 注에 "晉陳, 楚大夫, 皆郤氏之黨"이라 함.
【蒙】 杜預 注에 "蒙, 欺也"라 함.
【令尹病之】 杜預 注에 "爲下殺無極張本"이라 함.

※ 1559(昭27-5)

秋, 晉士鞅·宋樂祁犁·衛北宮喜·曹人·邾人·滕人會于扈.

가을, 진晉나라 사앙士鞅·송宋나라 악기리樂祁犁·위衛나라 북궁희北宮喜·조인曹人·주인邾人·등인滕人이 호扈에서 모임을 가졌다.

【士鞅】范鞅. 范獻子. 范叔으로도 불림. 시호는 獻子. 士匄(宣子)의 아들이며 士燮(范文子)의 손자. 范鞅이 欒魘의 핍박을 받아 秦나라로 망명한 사건은 襄公 14년 傳을 볼 것.
【樂祁犁】樂祁. 宋나라 子罕의 손자이며 溷의 아버지. 자는 子梁. 昭公 22년을 볼 것.
【北宮喜】衛나라 대부. 北宮貞子.
【滕】周 文王의 아들 叔繡가 받았던 封國. 侯爵이었으며 지금의 山東 滕縣 일대. 戰國시대 齊나라에게 망함.
【扈】鄭나라의 扈. 지금의 河南 原陽縣 서북.

⟨傳⟩
秋, 會于扈, 令戍周, 且謀納公也.
宋·衛皆利納公, 固請之.
范獻子取貨于季孫, 謂司城子梁與北宮貞子曰:「季孫未知其罪, 而君伐之. 請囚·請亡, 於是乎不獲, 君又弗克, 而自出也. 夫豈無備而能出君乎? 季氏之復, 天救之也. 休公徒之怒, 而啓叔孫氏之心. 不然, 豈其伐人而說甲執冰以游? 叔孫氏懼禍之濫, 而自同於季氏, 天之道也. 魯君守齊, 三年而無成. 季氏甚得其民, 淮夷與之, 有十年之備, 有齊·楚之援, 有天之贊, 有民之助, 有堅守之心, 有列國之權, 而弗敢宣也, 事君如在國. 故鞅以爲難. 二子皆圖國者也, 而欲納魯君, 鞅之願也, 請從二子以圍魯. 無成, 死之.」
二子懼, 皆辭.
乃辭小國, 而以難復.

가을, 호扈에서 모였던 것은 주周 왕실의 호위를 명하고 아울러 소공의 귀국에 관한 일을 도모하기 위한 것이었다.

그때 송宋나라와 위衛나라는 소공을 귀국시키는 것이 이롭다고 여겨 강하게 이를 청하였다.

그러나 범헌자范獻子(士鞅)는 계손씨季孫氏로부터 뇌물을 받고는 송나라 사성司城 자량子梁(樂祁犁)과 위나라 북궁정자北宮貞子(北宮喜)에게 이렇게 말하였다.

"계손씨는 자신에게 무슨 죄가 있는지도 모르고 있는데 노나라 임금이 토벌하였습니다. 그리하여 그가 스스로 갇히겠다고 해도, 망명하겠다고 해도 임금의 허락을 얻지 못하였습니다. 게다가 임금은 그때도 결국 그를 이기지 못하고 도리어 스스로 그 나라를 떠나야 했습니다. 무릇 어찌 아무런 대비도 없이 능히 임금을 축출할 수 있었겠습니까? 계손씨가 지위를 되찾을 수 있었던 것은 하늘이 그를 구제하였기 때문이었습니다. 하늘은 임금을 따랐던 무리들의 분노를 가라앉히고, 숙손씨叔孫氏 측의 정당한 마음을 열어 주었던 것입니다. 그렇지 않고서야 어찌 계손씨를 공격하고 있던 병사들이 갑옷을 벗고 화살통을 손에 쥐고 놀고 있었겠습니까? 숙손씨 측은 화가 자기들에게도 미칠까 두려워 스스로 계손씨에게 동조하고 말았으니 이는 하늘이 도리입니다. 노나라 임금은 제나라의 비호를 받은 지 3년이 되도록 아무런 것도 이루지 못하였습니다. 하지만 계손씨는 백성의 신망을 얻었고, 회이淮夷들까지 그들의 편이 되어주어 10년을 버틸 구비가 되어 있고, 제나라와 초나라의 도움이 있었으며, 하늘의 찬동이 있었고, 백성의 도움이 있었으며, 자신을 굳게 지키려는 마음이 서 있고, 제후들의 권세를 쥐고 있음에도 그는 감히 이를 자랑하듯 선포하지 않은 채 임금을 섬김에는 그 임금이 나라 안에 있을 때와 같이 하였습니다. 그러므로 나(鞅)는 노나라 임금을 귀국시키는 일은 어렵다고 여기는 것입니다. 두 분은 모두 각기 자신의 나라를 위해 애쓰는 분들로서 노나라 임금을 귀국시키고자 하고 있으니 이는 나의 소원이기도 합니다. 나도 두 분을 따라 노나라를 포위하기를 청합니다. 성공하지 못하면 죽을 수밖에 없습니다."

이에 자량과 북궁정자는 겁을 내며 모두가 자신들의 주장을 취소하였다. 그래서 작은 나라 사람들에게 이를 설명하였으며 헌자는 진나라 군주에게 어려운 일이라 보고하였다.

【扈】鄭나라 지명. 지금의 河南 原陽縣 서쪽.
【司城子梁】宋나라 樂祁. 樂祁犁. 당시 宋나라 司城이었음. 子罕의 손자이며 溷의 아버지. 자는 子梁. 昭公 22년을 볼 것.
【北宮貞子】衛나라 北宮喜.
【無備而能出君】楊伯峻 注에 "言若昭公是季氏逐出, 季氏必早有準備. 今季氏無備, 此非季氏逐君, 君自出耳"라 함.
【淮夷】지금의 山東 남부, 江蘇 북부의 夷族들.
【有齊·楚之援】昭公이 齊나라의 후원을 받고 있으나 제나라가 적극적으로 돕지 않아 齊나라는 결국 계손씨를 돕는 셈이 되었음을 말한 것임. 杜預 注에 "公雖在齊, 言齊不致力"이라 함.
【辭小國】그곳에 와 있던 작은 나라들, 曹, 邾 滕에게는 일의 성사가 어렵다는 사실을 설명해 주고 돌려보냄.
【難復】어렵다는 사실을 士鞅이 晉나라 임금에게 보고함. 杜預 注에 "以難納白晉君"이라 함.

㊉

孟懿子·陽虎伐鄆, 鄆人將戰.

子家子曰:「天命不慆久矣, 使君亡者, 必此衆也. 天旣禍之, 而自福也, 不亦難乎? 猶有鬼神, 此必敗也. 烏呼! 爲無望也夫! 其死於此乎!」

公使子家子如晉.

公徒敗于且知.

맹의자孟懿子와 양호陽虎가 운鄆 땅을 치자 운 땅 사람들이 장차 맞서려 하였다.

자가자子家子가 말하였다.

"천명을 의심할 여지가 없었던 지는 오래 되었습니다. 군주를 망명하도록 한 것은 틀림없이 이들 무리들입니다. 하늘이 이미 재앙을 내렸는데도 이들은 스스로 복을 만들어 내려 하고 있으니 역시 어려운 일이 아니겠습니까? 귀신의 도움이 있더라도 이들은 틀림없이 패할 것입니다. 아아, 희망이 없는 것일까! 여기서 죽어야 하는 것일까!"

소공은 자가자를 진나라로 보냈다.

소공을 따르는 이들이 저지且知에서 패배하였다.

【孟懿子】魯나라 대부. 仲孫何忌. 당시 16세에 불과하여 가신 양호의 의견이나 주장이 선행된 것으로 보임.
【陽虎】魯나라 대부. 字는 陽貨. 孟懿子의 家臣이었음.《論語》陽貨篇의 '陽貨'임.
【鄆】昭公이 머물고 있던 곳.
【子家子】子家懿伯. 子家羈. 季氏가 수레 5승의 아주 적은 양으로 망명하려 하자 불쌍히 여겨 허락해 줄 것을 청하였던 인물임.
【不慆】不謟와 같음. 의심할 여지가 없음. '慆'는 '疑'와 같은 뜻임.
【且知】지명. 杜預 注에 "且知, 近鄆地"라 하였고《續山東考古錄》에 "且知, 在鄆城東"이라 함.

❋ 1560(昭27-6)

冬十月, 曹伯午卒.

겨울 10월, 조백曹伯 오午가 죽었다.

【曹伯午】曹 悼公. 이름은 午. B.C.523~515년까지 9년간 재위하고 聲公(野)이 그 뒤를 이음.
＊無傳

1561 (昭27-7)

邾快來奔.

주邾나라 쾌快가 노나라로 도망쳐 왔다.

【快】邾나라 대부. 구체적으로는 알 수 없음. 孔穎達 疏에 "邾是小國, 其臣見於經者甚少, 唯此與襄二十三年「邾畀我來奔」, 書者二次而已. 〈釋例〉云:「魯之叔孫, 父兄再命而書於經; 晉之司空·亞旅, 一命而經不書. 推此, 知齊侯大夫再命以上皆書於經, 自一命以下, 大夫及士, 經皆稱人, 名氏不得見, 皆典策之正文也.」"라 함.
＊無傳

傳
楚郤宛之難, 國言未已, 進胙者莫不謗令尹.
沈尹戌言於子常曰:「夫左尹與中廐尹, 莫知其罪, 而子殺之, 以興謗讟, 至于今不已. 戌也惑之, 仁者殺人以掩謗, 猶弗爲也. 今吾子殺人以興謗, 而弗圖, 不亦異乎! 夫無極, 楚之讒人也, 民莫不知. 去朝吳, 出蔡侯朱, 喪大子建, 殺連尹奢, 屛王之耳目, 使不聰明. 不然, 平王之溫惠共儉, 有過成·莊, 無不及焉. 所以不獲諸侯, 邇無極也. 今又殺三不辜, 以興大謗, 幾及子矣. 子而不圖, 將焉用之? 夫鄢將師矯子之命, 以滅三族. 三族, 國之良也, 而不愬位. 吳新有君, 疆場日駭. 楚國若有大事, 子其危哉! 知者除讒以自安也, 今子愛讒以自危也, 甚矣, 其惑也!」
子常曰:「是瓦之罪, 敢不良圖!」
九月己未, 子常殺費無極與鄢將師, 盡滅其族, 以說于國.
謗言乃止.

초楚나라 극완郤宛의 난이 대해 나라 사람들의 입방아가 아직 그치지 않았고, 제사 때 신에게 제육을 바치는 자들로서 영윤을 비방하지 않는 이가 없었다.

그러자 심윤沈尹 술戌이 영윤 자상子常에게 말하였다.

"무릇 좌윤左尹 극완과 중구윤中廐尹 양령종陽令終은 자신들에게 무슨 죄가 있는지도 모르는 사이에 영윤이 그들을 죽이는 바람에 나라에 비방이 들끓었던 것이며 지금도 그치지 않고 있습니다. 제(戌)가 의혹을 품고 있는 것은 어진 사람이라면 사람을 죽여 비방을 막을 수 있다 해도 감히 그런 짓을 하지 않는 법인데 영윤께서는 사람을 죽여 비방이 생겨나게 하고도 그 일을 헤아리지 않고 계시니 역시 괴이하지 않습니까! 비무극費無極은 초나라에서 모함 잘하는 인물로 유명하여 이를 모르는 백성이란 없습니다. 그는 조오朝吳를 없앴고, 채蔡나라 임금 주朱를 축출하였으며 태자 건建을 달아나게 하였고, 연윤連尹 사奢를 죽였으며, 임금의 귀와 눈을 가려 총명하지 못하게 하였습니다. 그렇게 하지 않았더라면 평왕平王의 온혜溫惠하고 공검共儉함은 성왕成王이나 장왕莊王보다도 더하면 더하였지 미치지 못할 리 없었을 것입니다. 그럼에도 평왕께서 제후들로부터 신망을 얻지 못한 것은 비무극을 가까이 하셨기 때문이었습니다. 그는 이번에 또 죄 없는 세 사람을 죽여 큰 비난이 쏟아지게 하셔서 거의 그대에게 미치고 있습니다. 그런데도 그대는 아무런 조치를 취하지 않고 계시니 장차 그를 어디에 쓰려는 것입니까? 무릇 언장사鄢將師는 그대 영윤의 명령을 제멋대로 고쳐 세 가문을 멸망시켰습니다. 그 세 가문은 우리의 초나라의 양신들로서 자신들의 지위에 어긋난 일을 한 것이 없습니다. 오吳나라에는 지금 새 군주가 즉위하여, 국경에서는 무슨 일이 있을까 날마다 놀라고 있습니다. 초나라에 만약 무슨 큰일이 일어난다면, 그대 영윤은 위태로워질 것입니다! 지혜로운 자는 모함하는 자를 없앰으로써 자신을 편안하게 하는데, 지금 영윤께서는 모함하는 자를 사랑하여 자신을 위태롭게 하고 있으니 심하십니다. 그 미혹함이여!"

자상이 말하였다.

"그것은 나(瓦)의 죄요. 내 어찌 감히 조치를 취하지 않겠소!"

9월 기미날, 자상은 비무극과 언장사를 죽이고, 그들의 족당을 모두 죽여 나라 사람들을 설득하였다.

그러자 비방의 여론이 그쳤다.

【郤宛之難】費無極, 鄢將師, 令尹 子常이 郤宛 등을 무고하게 죽인 사건. 앞 장을 볼 것.
【國言】나라 안의 비방.
【胙者】나라에 제사를 올리는 자. 제사를 올릴 때마다 영윤 자상의 잘못을 신에게 고함. '胙'는 '膰, 燔'과 같음. 祭肉을 뜻하며 여기서는 제사를 주관하여 신에게 나라 사정을 고하는 것을 말함.
【沈尹戌】楚 莊王의 曾孫이며 葉公 沈諸梁의 부친. 그러나 杜預 注에 "莊王曾孫, 葉公諸梁父也"라 하였고,《潛夫論》에는 "左司馬戌者, 莊王之曾孫, 葉公諸梁者, 戌之第三弟也"라 하였고,《呂氏春秋》高誘 注에는 "沈尹戌, 莊王之孫, 沈諸梁, 葉公子高之父也"라 하여 각기 다름.
【子常】囊瓦. 楚나라 令尹. 子囊의 손자. 陽匄를 이어 영윤에 오름. 杜預 注에 "囊瓦, 子囊之孫子常也, 代陽匄"라 함.
【左尹】郤宛을 가리킴.
【中廐尹】陽令終을 가리킴. 모두 費無極, 鄢將師. 子常에게 억울한 죽음을 당함.
【費無極】費無忌. 楚나라 대부.《史記》楚世家와 伍子胥列傳 및《淮南子》등에는 모두 '費無忌'로 되어 있음. 杜預 注에 "朝吳, 蔡大夫, 有功於楚平王, 故無極恐其有寵, 疾害之"라 함.
【去朝吳】費無極이 朝吳를 제거한 것은 昭公 15년 傳을 볼 것.
【出蔡侯朱】費無極이 蔡侯(朱)를 축출한 사건은 昭公 21년을 볼 것.
【喪大子建, 殺連尹奢】費無極이 太子 建을 국외로 쫓아내고 連尹 奢를 죽인 사건은 昭公 20년을 볼 것.
【殺三不辜】無辜한 세 가문을 멸함. 郤宛, 陽令終, 晉陳을 가리킴.
【吳新有君】吳나라에 吳王 光(闔廬)이 새로 들어섬.
【瓦】囊瓦. 令尹 子常의 이름.
【己未】9월 14일.

㊉
冬, 公如齊, 齊侯請饗之.
子家子曰:「朝夕立於其朝, 又何饗焉? 其飲酒也.」
乃飲酒, 使宰獻, 而請安.

子仲之子曰重, 爲齊侯夫人, 曰:「請使重見.」
子家子乃以君出.

겨울, 소공이 제齊나라에 갔을 때 제 경공景公이 향연을 베풀겠다고 하자 자가자子家子가 말하였다.
"우리 군주께서는 조석으로 제나라 조정에 나서서 군주를 뵙는데 어찌 또 향연을 받겠습니까? 간단히 함께 술을 드시면 될 일입니다."
그리하여 간단한 술자리를 열어 재신宰臣으로 하여금 술잔을 올리도록 하면서 편안한 자세를 취하도록 청하였다.
노나라 대부 자중子仲의 딸 중重은 제 경공의 부인이었다. 경공이 말하였다.
"청컨대 중으로 하여금 임금을 뵙도록 청하겠습니다."
그러자 자가자는 곧 소공을 모시고 나왔다.

【饗之】 杜預 注에 "設饗禮"라 함. 齊 景公이 점차 魯 昭公을 예에 어긋나게 쉽게 여기고 있음을 말한 것임.
【子家子】 魯나라 대부. 子家懿伯. 子家羈. 昭公을 모시고 늘 수행하고 있었음.
【子仲】 魯나라 公子 憖. 昭公 12년에 齊나라에 망명해 와 있었음. 杜預 注에 "子仲, 魯公子憖也. 十二年謀逐季氏, 不能而奔齊. 今行飮酒禮, 而欲使重見, 從宴媵也"라 함. 그의 딸 重이 齊 景公의 부인이 됨.
【子家子乃以君出】 子家子는 齊 景公 부인을 그 자리로 불러낸다는 것은 昭公에게 무례를 저지르는 것이라 여겨 소공을 모시고 자리를 뜬 것임. 杜預 注에 "辟齊夫人"이라 함.

傳
十二月, 晉籍秦致諸侯之戍于周, 魯人辭以難.

12월, 진晉나라 대부 적진籍秦이 제후들에게 주周나라로 수비병들을 보내도록 하였지만, 노나라에서는 나라에 환란이 있음을 이유로 거절하였다.

【籍秦】晉나라 大夫. 籍談의 아들. 昭公 15년 傳의 孔穎達 疏에 《世本》을 인용하여 "侯季子生籍游, 游生談, 談生秦"이라 함.
【辭以難】노나라는 난이 있다는 이유로 적진의 제의를 거절함. 杜預 注에 "經所以不書戌周"라 함.

* 1562(昭27-8)

公如齊.

소공이 제齊나라에 갔다.

【如齊】杜預 注에 "自鄆行"이라 함.

* 1563(昭27-9)

公至自齊, 居于鄆.

소공이 제齊나라에서 돌아와 운鄆에 거처하였다.

【鄆】소공이 齊나라를 다녀올 때마다 鄆에 거처함.
＊無傳

209. 昭公 28年(B.C.514) 丁亥

周	敬王(姬匄) 6년	齊	景公(杵臼) 34년	晉	頃公(去疾) 12년	衛	靈公(元) 21년
蔡	昭公(申) 5년	鄭	定公(寧) 16년	曹	成公(野) 원년	陳	惠公(吳) 16년
杞	悼公(成) 4년	宋	景公(欒) 3년	秦	哀公(鍼?) 23년	楚	昭王(軫) 2년
吳	吳王(闔廬) 원년	許	許男(斯) 9년				

※ 1564(昭28-1)

二十有八年春王三月, 葬曹悼公.

28년 봄 주력 3월, 조曹나라 도공悼公의 장례를 치렀다.

【曹悼公】 이름은 午. 曹나라 군주 B.C.523~515년까지 재위하고 지난해 생을 마침.
＊無傳

※ 1565(昭28-2)

公如晉, 次于乾侯.

소공이 진晉나라로 가서 간후乾侯에 머물렀다.

【次】 군사가 주둔함을 뜻함. 莊公 3년 傳에 "凡師, 一宿爲舍, 再宿爲信, 過信爲次"라 함. 그러나 여기서는 머묾을 뜻함.
【乾侯】 '乾'은 '간'(干)으로 읽음. 지금의 河北 成安縣 동남쪽. 《一統志》에 "今河北成安縣東南, 有斥邱故城, 卽春秋乾侯"라 함.

㊁

二十八年春, 公如晉, 將如乾侯.

子家子曰:「有求於人, 而卽其安, 人孰矜之? 其造於竟.」

弗聽, 使請逆於晉.

晉人曰:「天禍魯國, 君淹恤在外, 君亦不使一个辱在寡人, 而卽安於甥舅, 其亦使逆君?」

使公復于竟, 而後逆之.

28년 봄, 소공이 진晉나라에 가서 장차 간후乾侯로 가려 하였다.

자가자子家子가 말하였다.

"다른 분의 도움을 청하는 처지에 편안하게 지내려 한다면 어느 누가 불쌍히 여기겠습니까? 우선 우리 국경 지역으로 가서 기다리십시오."

그러나 소공은 듣지 않고 간후로 가 사람을 진나라로 보내어 자신을 맞이해 줄 것을 요청하게 하였다.

그러자 진나라가 말하였다.

"하늘이 노나라에 화를 내려 노나라 임금이 오랫동안 국외에서 고생하고 있다. 그러면서도 그 임금은 한 사람도 나에게 보내어 인사한 적도 없으며 인척이 되는 나라에 편안히 계셨는데, 이제야 자신을 맞이해 달라고 하는가?"

그리고는 소공을 국경까지 되돌아가 있게 한 뒤에야 그를 맞이하였다.

【乾侯】 晉나라 읍. 지금의 河北 成安 부근.
【子家子】 魯나라 대부. 子家懿伯. 子家羈. 昭公을 모시고 늘 수행하고 있었음.
【一个】 일개 사신.
【甥舅】 생질과 외숙. 여기서는 魯나라와 姻戚관계인 齊나라를 두고 한 말임.

10. 〈昭公 28年〉 3145

※ 1566(昭28-3)

夏四月丙戌, 鄭伯寧卒.

여름 4월 병술날, 정백鄭伯 영寧이 죽었다.

【丙戌】 4월 14일.
【鄭伯寧】 鄭 定公. 이름은 寧. 平公(須)을 이어 B.C.529~514년까지 16년간 재위하고 이때에 생을 마침. 獻公(蠆)이 그 뒤를 이음.
＊無傳

傳
晉祁勝與鄔臧通室.
祁盈將執之, 訪於司馬叔游.
叔游曰:「《鄭書》有之:『惡直醜正, 實蕃有徒.』無道立矣, 子懼不免.《詩》曰:『民之多辟, 無自立辟.』姑已, 若何?」
盈曰:「祁氏私有討, 國何有焉?」
遂執之.
祁勝賂荀躒, 荀躒爲之言於晉侯.
晉侯執祁盈, 祁盈之臣曰:「鈞將皆死, 慭使吾君聞勝與臧之死也以爲快.」
乃殺之.
夏六月, 晉殺祁盈及楊食我.
食我, 祁盈之黨也, 而助亂, 故殺之, 遂滅祁氏・羊舌氏.
初, 叔向欲娶於申公巫臣氏, 其母欲娶其黨.
叔向曰:「吾母多而庶鮮, 吾懲舅氏矣.」
其母曰:「子靈之妻殺三夫・一君・一子, 而亡一國・兩卿矣, 可無懲乎? 吾聞之:『甚美必有甚惡.』是鄭穆少妃姚子之子, 子貉之妹也. 子貉早死, 無後, 而天鍾美於是, 將必以是大有敗也. 昔有仍氏生女,顯黑, 而甚美, 光可以鑑, 名曰玄妻. 樂正后夔取之, 生伯封, 實有豕心, 貪惏無饜, 忿纇無期, 謂之封豕. 有窮后羿滅之, 夔是以不祀. 且三代之亡·共子之廢, 皆是物也, 女何以爲哉? 夫有尤物, 足以移人. 苟非德義, 則必有禍.」

　叔向懼, 不敢取.

　平公强使取之, 生伯石.

　伯石始生, 子容之母走謁諸姑, 曰:「長叔姒生男.」

　姑視之.

　及堂, 聞其聲而還, 曰:「是豺狼之聲也. 狼子野心. 非是, 莫喪羊舌氏矣!」

　遂弗視.

　진晉나라 기승祁勝과 오장鄔臧이 각기 서로의 아내와 간통하였다.

　기영이 장차 이들을 잡아들이려 사마숙유司馬叔游를 찾아가자 사마숙유가 말하였다.

　"《정서鄭書》에 '곧은 사람을 싫어하고 바른 사람을 미워하니, 실로 그러한 무리가 많도다'라 하였습니다. 무도한 자들이 많으니 그대는 그들을 잡아들였다가 도리어 화를 면치 못할까 두렵습니다. 《시》에 '백성들 가운데 무도한 자 많으면, 자신의 법도 내세우지 말지어다'라 하였소. 그러니 잠시 그대로 두는 것이 어떻겠습니까?"

　그러자 기영은 말하였다.

　"나의 기씨祁氏 가문 나쁜 자를 사사롭게 처벌하는데 국가가 무슨 상관입니까?"

　그리고는 드디어 그들을 체포하였다.

　이에 기승이 순력荀躒에게 뇌물을 주자 순력이 진 경공에게 그를 대신하여 변호해 주었다.

　경공이 기영을 체포하자 기영의 가신들이 말하였다.

　"우리 모두 주인과 함께 죽을 것이라면 기승과 오장이 죽었다는 말을 들려드려 기분이라도 상쾌하게 해 드리리다."

그리고는 기승과 오장을 죽여버렸다.

여름 6월, 진나라는 기영과 양사아楊食我를 죽였다.

사아는 기영의 무리로 기영의 난을 도왔기 때문에 그를 죽인 것이며 드디어 기씨와 양설씨羊舌氏 가문을 멸망시키고 말았다.

이에 앞서, 사아의 아버지 숙향叔向은 신공무신申公巫臣의 집 딸로 아내를 맞고 싶어 하였으나 숙향의 어머니는 자신의 친정집 여자를 며느리로 삼고 싶어 하였다.

숙향이 말하였다.

"저에게는 서모 여러 분이 계시지만, 서형제庶兄弟는 적습니다. 저는 외가 쪽 사람은 싫습니다."

그러자 그의 어머니가 말하였다.

"초나라 자령子靈(巫臣)의 아내 하희夏姬는 남편 셋, 임금 한 분, 아들 하나를 죽였고 나라 하나와 두 경 벼슬의 대부를 죽였는데 그러한 가문을 미워하지 않느냐? 내 듣기로 '지나치게 예쁜 사람은 반드시 심한 악惡을 지니고 있다'라 하였다. 하희는 정 목공穆公의 막내부인 요씨姚氏의 딸이며 자맥子貉의 누이동생이었다. 자맥은 일찍 죽어 후사가 없었는데, 하늘은 아름다움을 그의 누이동생에게만 쏟아 놓았다. 그러한 이의 딸을 아내로 맞이하면, 틀림없이 장차 큰 낭패가 있게 될 것이다. 옛날 유잉씨有仍氏라는 제후가 딸을 낳았는데, 머리카락이 새까맣고 아주 아름다워 그 윤기가 거울과도 같아 이름을 현처玄妻라 불렀다. 당시 악정樂正이었던 후기后夔가 그를 아내로 삼아 백봉伯封을 낳았다. 그런데 백봉은 돼지의 마음을 가져 탐람貪惏함이 한이 없었고 분노와 지독함이 끝이 없었다. 그리하여 그를 봉시封豕라 불렀다. 유궁후예有窮后羿가 그를 멸하여 기는 제사를 받지 못하게 되었다. 또한 삼대三代의 멸망과 진晉나라 공자共子(申生)가 쫓겨난 것도 모두 이러한 여자 때문이었다. 그런데 너는 어찌 아름다운 여자를 아내로 맞이하려고 하느냐? 무릇 몹시 아름다운 여자는 사람 마음을 홀리기에 족하단다. 진실로 덕과 의리를 갖춘 사람이 아니라면 반드시 화를 당하게 된단다."

숙향은 두려워 감히 무신의 딸을 아내로 맞이하지 못하였다.

그런데 진 평공平公이 강제로 무신의 딸을 아내로 맞게 하여 백석伯石을 낳게 되었다.

백석이 태어나자 자용子容의 어머니가 시어머니에게 달려가서 알려드렸다.

"큰 시숙의 동서가 아들을 낳았습니다."

시어머니가 이를 보러 나섰다.

그는 내당으로 가다가 아기 울음소리를 듣자 되돌아서며 이렇게 말하였다.

"저것은 시랑豺狼의 울음소리구나. 이리 새끼는 길러준 사람을 해치는 마음을 갖고 있다. 저 아이가 아니라면 우리 양설씨羊舌氏 집안은 망하지 않을 텐데!"

그리고서는 끝내 백석을 보러 가지 않았다.

【祁勝·鄔臧】杜預 注에 "二子, 祁盈家臣也"라 함.
【通室】杜預 注에 "通室, 易妻"라 하였고, 《左傳會箋》에는 "通室, 通共其室而無間隔也, 尤見其淫縱"이라 함.
【祁盈】晉나라 대부 祁午의 아들.
【司馬叔游】杜預 注에 "叔游, 司馬叔侯之子"라 함.
【鄭書】鄭나라 문서. 鄭나라 대대로 이어오던 책.
【實蕃有徒】《僞古文尙書》仲虺之誥에 "簡賢附勢, 寔繁有徒, 肇我邦予有夏, 若苗之有莠, 若粟之有秕, 小大戰戰, 罔不懼于非辜, 矧予之德言足聽聞"이라 함.
【詩】《詩經》大雅 板篇에 "天之牖民, 如壎如篪. 如璋如圭, 如取如攜. 攜無曰益, 牖民孔易. 民之郭辟, 無自立辟. 价人維藩, 大師維垣, 大邦維屛, 大宗維翰, 懷德維寧, 宗子維城. 無俾城壞, 無獨斯畏. 敬天之怒, 無敢戱豫. 敬天之渝, 無敢馳驅. 昊天曰明, 及爾出王. 昊天曰旦, 及爾游衍"이라 함.
【荀躒】荀盈(知盈)의 아들. 시호는 文子(文伯). 下軍佐에 임명하여 아버지 뒤를 잇도록 하였음. 杜預 注에 "躒, 荀盈之子, 知文子也. 佐下軍, 代父也"라 함.
【晉侯】당시 晉나라 군주는 頃公(去疾) 재위 12년째였음.
【憖】《說文》에 "憖, 甘也"라 함.
【吾君】祁盈의 신하가 祁盈을 지칭한 것.
【楊食我】'楊'은 叔向 가문의 채읍. 食我는 叔向의 아들 이름. '食'는 '音嗣'라 하여 '사'로 읽음. 食我의 字는 伯石. 叔向의 성은 羊舌. 杜預 注에 "楊, 叔向邑. 食我,

叔向子伯石也"라 함.《論衡》本性篇에는 '羊舌食我'라 하였음.

【叔向】 晉나라 어진 대부. 羊舌肸, 자는 叔肸, 혹 叔譽라고도 부름. 그 어머니는 羊舌氏로《列女傳》仁智篇「晉羊叔姬」에는 이름을 '羊舌姬', '羊叔姬'라 하였고《論衡》本性篇에는 '叔姬'라 하여 同姓婚姻을 하였음.

【申公巫臣】 자는 子靈. 申은 楚나라 지명으로 巫臣은 원래 신 땅에 봉해져 申公이라 하였음. 무신은 초나라 屈巫로, 夏姬를 아내로 삼았음. 그들에게서 난 딸이 예뻐 숙향이 이를 아내로 맞고 싶어 하였음. 巫臣은 成公 2년에 晉나라로 망명하여 邢大夫가 되어 있었음.

【其黨】 叔向 어머니 일족의 여자를 며느리로 삼고 싶어 함.

【母多而庶鮮】 庶母들은 많으나 庶兄弟들이 적음. 아버지의 妾媵(庶母)은 많으나 그에게서 난 아이들은 적음. 그 때문에 외삼촌 집안의 여자를 아내로 맞기를 꺼려함.

【子靈】 申公巫臣을 가리킴. 그의 처는 夏姬를 가리킴. 夏姬로 인한 국제간 대사건은 成公 2년,《列女傳》(7) 孽嬖傳 陳女夏姬,《史記》陳世家,《穀梁傳》宣公(9년)《新序》雜事(2) 등을 볼 것.

【殺三夫】 세 남편을 죽임. 夏姬가 子蠻, 御叔, 巫臣 등에게 차례로 옮겨가며 남편으로 삼았으나 모두 죽음. 成公 2년을 볼 것.

【一君】 陳 靈公이 夏姬의 일로 夏徵舒에게 弑殺을 당함.

【一子】 夏姬의 아들 夏徵舒가 어머니의 음행을 보다 못해 陳 靈公을 시살하고 자신도 그 일에 연루되어 죽음을 당함.

【亡一國】 夏姬로 인해 陳나라가 楚나라에게 망함.

【兩卿】 陳 靈公과 함께 夏姬를 두고 음행을 벌이다가 죽음을 당한 陳나라 孔寧과 儀行父를 가리킴.

【鄭穆】 鄭 穆公. 이름은 蘭. 鄭 文公(捷)을 이어 B.C.627~606년까지 재위함. 그 뒤를 靈公(夷)이 이음. 영공이 바로 목공

【少妃姚子】 鄭 穆公의 막내 부인. 姚氏 집안의 딸이었음. 이에게서 子貉과 夏姬가 태어남.

【子貉】 穆公과 姚氏 딸 사이에서 태어난 陳나라 공자로 靈公이 되어 이름을 夷라 하였으며 재위 1년 만에 公子 歸生에게 죽음을 당하고 그 뒤를 襄公(堅)이 이음. 그의 누이동생이 夏姬였음. 杜預 注에 "子貉, 鄭靈公夷"라 함.〈唐寫本〉에는 '子貉'이 '子貊'으로 되어 있음.

【鍾】 動詞. '集'과 같음. 한곳으로 집중시킴. 杜甫의〈亡嶽〉시에 "造化鍾神秀"라 함.

【有仍氏】 고대 舜임금 때 제후 이름. 부락 집단 이름.

【鬒黑】《詩經》鄘風 君子偕老에 "鬒髮如雲, 不屑髢也"라 하여 머리카락이 조밀하고 지극히 검어 윤기와 광채가 남을 뜻함.
【玄妻】검은 머리의 예쁜 아내라는 뜻. 杜預 注에 "以髮黑故"라 함.
【樂正后夔】樂正은 음악을 맡은 우두머리. 后夔는 夔. 舜임금 때의 樂正 이름.
【貪惏】'탐람'으로 읽으며 '貪婪'과 같음. 疊韻連綿語.
【忿纇】'분뢰'로 읽으며 '纇'는 '戾'와 같음.《說文》段玉裁 注에 "纇, 凡人之愆尤皆曰纇"라 함.
【封豕】큰 돼지라는 뜻. '封'은 '大'의 뜻.
【有窮后羿】고대 有窮氏 부락의 우두머리. 활의 명수였으며 夔의 아들 伯封을 멸함.
【三代之亡】夏, 殷, 周의 末王들과 그들을 망하게 한 여인들. 夏桀의 末喜(妹嬉), 殷紂의 妲己, 周幽王의 褒姒를 가리킴.
【共子】晉 獻公의 태자 申生. 獻公의 嬖姬 驪姬에 의해 폐위되어 내란이 일어났으며 그로 인해 重耳(文公)의 망명 생활이 시작됨.
【伯石】叔向과 巫臣(夏姬) 딸 사이에 난 아들.
【子容】叔向의 형 伯華의 아들. 子容의 어머니는 叔向의 兄嫂, 伯華의 처.
【姑】시어머니. 즉 숙향의 어머니를 가리킴.
【長叔姒】長叔은 큰 媤叔. 즉 叔向을 가리킴. 姒는 동서(姒娣)를 뜻함. 구체적으로는 夏姬의 딸, 叔向의 아내.
【豺狼】이리나 승냥이.《列女傳》仁智篇「晉羊叔姬」에 본 장의 고사가 더욱 자세히 실려 있으며 "叔姬往視之, 及堂聞其號也而還曰:「豺狼之聲也, 狼子野心. 今將滅羊舌氏者, 必是子也.」遂不肯見. 及長, 與祁勝爲亂, 晉人殺食我, 羊舌氏由是遂滅"이라 함.

* 1567(昭28-4)

六月, 葬鄭定公.

6월, 정鄭 정공定公의 장례를 치렀다.

【鄭定公】이름은 寧. 4월 14일에 죽어 6월에 장례를 치른 것은 제후 五月葬에 맞지 않음.
＊無傳

☀ 1568(昭28-5)

秋七月癸巳, 滕子寧卒.

가을 7월 계사날, 등자滕子 영寧이 죽었다.

【癸巳】7월 23일.
【滕子】滕 悼公. 이름은 寧. 滕나라는 周 文王의 아들 叔繡가 받았던 封國. 侯爵이었으며 지금의 山東 滕縣 일대. 戰國시대 齊나라에게 망함.
＊無傳

㊝

秋, 晉韓宣子卒, 魏獻子爲政, 分祁氏之田以爲七縣, 分羊舌氏之田以爲三縣.

司馬彌牟爲鄔大夫, 賈辛爲祁大夫, 司馬烏爲平陵大夫, 魏戊爲梗陽大夫, 知徐吾爲塗水大夫, 韓固爲馬首大夫, 孟丙爲盂大夫, 樂霄爲銅鞮大夫, 趙朝爲平陽大夫, 僚安爲楊氏大夫.

謂賈辛·司馬烏爲有力於王室, 故擧之; 謂知徐吾·趙朝·韓固·魏戊, 餘子之不失職·能守業者也; 其四人者, 皆受縣而後見於魏子, 以賢擧也.

魏子謂成鱄,「吾與戊也縣, 人其以我爲黨乎?」

對曰:「何也! 戊之爲人也, 遠不忘君, 近不偪同; 居利思義, 在約思純, 有守心而無淫行, 雖與之縣, 不亦可乎! 昔武王克商, 光有天下, 其兄弟之國者十有五人, 姬姓之國者四十人, 皆擧親也. 夫擧無他,唯善所在, 親疏一也.《詩》曰:『惟此文王, 帝度其心. 莫其德音, 其德克明. 克明克類, 克長克君. 王此大國, 克順克比. 比于文王, 其德靡悔. 旣受帝祉, 施于孫子.』心能制義曰度, 德正應和曰莫, 照臨四方曰明, 勤施無私曰類, 敎誨不倦曰長, 賞慶刑威曰君, 慈和徧服曰順, 擇善而從之曰比, 經緯天地曰文. 九德不愆, 作事無悔, 故襲天祿, 子孫賴之. 主之擧也, 近文德矣, 所及其遠哉!」

賈辛將適其縣, 見於魏子.

魏子曰:「辛來! 昔叔向適鄭, 鬷蔑惡, 欲觀叔向, 從使之收器者, 而往, 立於堂下, 一言而善. 叔向將飮酒, 聞之, 曰:『必鬷明也!』下, 執其手以上, 曰:『昔賈大夫惡, 娶妻而美, 三年不言不笑. 御以如皐, 射雉, 獲之, 其妻始笑而言. 賈大夫曰:'才之不可以已. 我不能射, 女遂不言不笑夫!' 今子少不颺, 子若無言, 吾幾失子矣. 言之不可以已也如是!』遂如故知. 今女有力於王室, 吾是以擧女. 行乎! 敬之哉! 毋墮乃力!」

仲尼聞魏子之擧也, 以爲義, 曰:「近不失親, 遠不失擧, 可謂義矣.」又聞其命賈辛也, 以爲忠,「《詩》曰『永言配命, 自求多福』, 忠也. 魏子之擧也義, 其命也忠, 其長有後於晉國乎!」

가을, 진晉나라 한선자韓宣子가 세상을 떠났다.

위헌자魏獻子가 그를 이어 집정관이 되어, 멸망한 기씨祁氏 가문의 토지를 일곱 현縣으로 나누고, 양설씨羊舌氏의 토지를 세 현으로 나누었다.

이에 사마미모司馬彌牟를 오현鄔縣의 대부로, 가신賈辛은 기현祁縣, 사마오司馬烏는 평릉현平陵縣, 위무魏戊는 경양현梗陽縣, 지서오知徐吾는 도수현塗水縣, 한고韓固는 마수현馬首縣, 맹병孟丙(盂丙)은 우현盂縣, 악소樂霄는 동제현銅鞮縣, 조조趙朝는 평양현平陽縣, 요안僚安은 양씨현楊氏縣의 대부로 삼았다.

이들 중 가신과 사마오는 주나라 왕실의 일에 힘을 쓴 사람이라고 해서 그들을 등용한 것이며, 지서오·조조·한고·위무는 서자로서 자신들의 직분에서 벗어나지 않고 자신들의 직분을 잘 지켜왔다고 말하였다. 그 네 사람은 모두가 현을 채읍으로 받고 나서야 위헌자를 찾아뵈었으니 위헌자는 어진 사람들을 등용한 것이다.

위헌자가 성전成鱄에게 말하였다.

"나는 위무에게도 현을 주었는데 사람들이 나를 두고 친척을 위한 것이라 여기면 어쩌지요?"

성전이 대답하였다.

"그럴 리가요! 위무의 사람됨은 멀리 있어도 임금을 잊지 않고, 가까이 있어도 동료들을 핍박하지 않으며 평소에는 이익을 보면 의義를 먼저 생각하고, 궁한 처지에서도 순수함을 생각하며 지조를 지켜 도에 넘는 행동을 하지 않습니다. 그러한 자에게 현을 주는 것이 역시 마땅하지 않겠습니까! 옛날 주周 무왕武王께서 상商나라를 정벌하여 그 영광이 천하를 차지하고 나서 그 형제로서 나라를 차지한 분이 열다섯이었고, 같은 희성姬姓으로서 나라를 차지한 분이 마흔 분이었으니 모두가 친척을 등용하셨던 것입니다. 무릇 사람을 등용함에는 다른 것이 아니라 바로 선함의 여부에 있는 것이며 친소親疏를 따지는 것은 그중 하나일 뿐입니다. 《시》에 '오직 우리 문왕께서 그 마음 잘 헤아리시네. 덕과 명성을 밝히시니 나직이 그 덕스런 말씀을 펴시니 그 덕이 더욱 밝아지시네. 덕을 밝히고 그 무리 따르시니 어른이 되고 임금이 되셨네. 이러한 큰 나라 이루시니 순종하고 따르는 이들일세. 문왕의 덕에 비하여 그 덕은 모자라다 후회할 것 없으리. 하늘의 복을 받아 그 복 자손만대에 이어가리'라 하였습니다. 마음으로 의리를 잘 통제함을 일러 '탁'度이라 하고, 정의를 덕으로 여겨 감화됨을 '막'莫이라 하고, 사방을 밝게 비침을 '명'明이라 하며, 힘써 베풀되 사심이 없음을 '유'類라 하고, 잘 가르쳐 주며 싫증을 내지 않음을 '장'長이라 하고, 좋은 일을 포상하고 잘못에 벌을 내리는 것을 '군'君이라 하며, 인자하고 부드러워 누구나 두루 따르는 것을 '순'順이라 하며, 선을 택하여 이를 따르는 것을 '비'比라 하며, 천지의 도를 법으로 삼는 것을 '문'文이라 합니다. 이들 아홉 가지 덕을 어기지 않는다면, 무슨 일을 하더라도 뉘우칠 일이 없습니다. 그 때문에 하늘의 복록을 대대로 물려주어 자손들이 그 혜택을 입게 되는 것입니다. 귀하께서 등용하신 것은 문왕의 덕에 가까운 것으로 먼 훗날까지 미치게 될 것입니다!"

가신이 장차 그 현을 다스리고자 떠나면서 우선 위헌자를 예방하였다. 헌자가 말하였다.

"그대(㚥), 이리 오게! 지난날 숙향이 정鄭나라에 갔을 때였네. 정나라의 종멸䣀蔑이라는 못생긴 사람이 있었지. 그가 숙향을 만나보고 싶어, 숙향을 대접하는 술상의 그릇을 치우러 들어가는 자의 뒤를 따라 들어가 당하에 서서 한 마디 말을 하였는데 훌륭한 말이었지. 숙향은 술을 마시려다가 그 말을 듣고 '틀림없이 종명䣀明(䣀蔑)이리라!' 하고는 당하로 내려가 그의 손을 잡고 올라서며 이렇게 말하였다네. '옛날 가대부賈大夫가 얼굴은 못생겼으나 아내는 무척 아름다웠습니다. 그런데 그 아내가 3년이 되도록 말도 하지 않고, 웃지도 않는 것이었답니다. 그는 어느 날 아내를 수레에 태우고 언덕으로 가서 활을 쏘아 꿩을 잡았더니, 아내는 그제야 웃기도 하고 말도 하더랍니다. 가대부는 「한 가지 재주라도 없어서는 안 되겠군. 내가 활을 쏘지 못하였더라면 그대는 끝내 말도 않고 웃지도 않았을 것이오!」라고 하였다는 것입니다. 지금 그대는 겉모습이 다소 뛰어나지 않지만 그대가 만약 아무런 말도 하지 않았다면 나는 당신을 잃을 뻔하였소. 말이란 하지 않으면 안 된다는 것은 이 경우와 같소이다!' 그리하여 드디어 그들은 오랜 친구처럼 사귀었다 하네. 지금 그대는 왕실에 공을 세운 사람이네. 그 때문에 내가 그대를 등용한 것일세. 그대는 임지로 가게! 그리고 정성껏 하게! 그대의 공로를 헛되이 하지 말게!"

중니仲尼가 위헌자의 인재 등용을 듣고 의롭다고 여기며 이렇게 말하였다.

"가까이 있는 사람들로서 친척을 놓치지 않았고, 먼 사람들 가운데 등용해야 할 자를 놓치지 가히 의롭다고 할 수 있으리라."

그리고 다시 가신에게 명하였던 말을 듣고는 충성스럽다고 여기며 이렇게 말하였다.

"《시》에 '언제나 천명을 따르며 스스로 많은 복 구하네'라 하였으니 이는 충성스러움을 말한 것이다. 위헌자의 인재 등용은 의로웠고, 그가 등용한 사람에게 명한 것은 충성스러웠으니 그의 가문은 진나라에서 길이 이어질 것이로다!"

【韓宣子】韓起. 晉나라 대부. 韓厥의 아들이며 韓無忌의 아우. 시호는 宣子. 그들 후손이 春秋末 晉六卿이었으며 戰國시대 三晉의 하나이며 戰國七雄인 韓나라로 발전함.

【魏獻子】魏舒. 晉나라 대부. 魏絳의 아들.

【七縣】杜預 注에 "七縣, 鄔, 祁, 平陵, 梗陽, 塗水, 馬首, 盂也"라 함.

【三縣】杜預 注에 "銅鞮, 平陽, 楊氏"라 함.

【鄔】지금의 山西 介休縣.《一統志》에 "鄔城在今山西介休縣東北二十七里, 今衛鄔城店, 鄔一作鄾"이라 함.

【祁】지금의 山西 祁縣 동남쪽.《元和郡縣志》에 "祁城在今山西省, 祁縣東南五里"라 함.

【司馬烏】司馬督.

【平陵】지금의 山西 文水縣 동북쪽.《一統志》에 "大陵故城, 在今山西文水縣東北二十五里"라 함.

【梗陽】지금의 山西 淸遠縣 남쪽.《一統志》에 "梗陽故城, 在今山西淸源縣南關"이라 함.

【塗水】지금의 山西 楡次縣 서남쪽.《一統志》에 "塗水故城, 在今山西楡次縣西南二十里"라 함.

【韓固】杜預 注에 "固, 韓起孫"이라 함.

【馬首】지금의 山西 壽陽縣 동남쪽.《元和郡縣志》에 "馬首故城, 在今山西壽陽縣東南十五里"라 함.

【盂丙】'盂丙'이어야 한다고 보고 있음. 字形이 비슷하여 混淆를 일으킨 것.

【盂】지금의 山西 陽曲縣 동북쪽.《方輿紀要》에 "今山西陽曲縣東北八十里, 有大盂城"이라 함.

【銅鞮】지금의 山西 沁縣 남쪽.《方輿紀要》에 "在今山西沁縣南十里, 有銅鞮故城"이라 함.

【趙朝】杜預 注에 "朝, 趙勝曾孫"이라 함.

【平陽】지금의 山西 臨汾縣 서남쪽.《一統志》에 "平陽故城, 在今山西臨汾縣西南"이라 함.

【楊氏】지금의 山西 洪洞縣 남쪽.《一統志》에 "楊城在今山西洪洞縣東南十五里"라 함.

【有力於王室】昭公 21년 傳에 賈辛과 司馬督(司馬烏)이 군사를 이끌고 周 敬王을 도우러 나섰음.

【餘子】杜預 注에 "卿之庶子爲餘子"라 하였고 孔穎達 疏에는 "宣二年傳注云:「餘子, 適子之母弟也; 庶子, 妾子.」彼餘子與庶子爲異, 此無所對, 故總謂庶子爲餘子也"라 함.

【以賢擧也】杜預 注에 "四人, 司馬彌牟, 孟丙, 樂霄, 僚安也. 受縣而後見, 言采衆而擧, 不以私也"라 함.

【成鱄】晉나라 대부.

【詩】《詩經》大雅 皇矣篇에 "帝省其山, 柞棫斯拔, 松柏斯兌. 帝作邦作對, 自大伯王季. 維此王季, 因心則友. 則友其兄, 則篤其慶. 載錫之光, 受祿無喪, 奄有四方. 維此王季, 帝度其心, 貊其德音. 其德克明, 克明克類, 克長克君. 王此大邦, 克順克比. 比于文王, 其德靡悔. 旣受帝祉, 施于孫子. 帝謂文王, 無然畔援, 無然歆羨, 誕先登于岸. 密人不恭, 敢距大邦, 侵阮徂共王赫斯怒, 爰整其旅, 以按徂旅, 以篤于周祜, 以對于天下"라 하여 원전에는 '唯此文王'이 '維此王季'로 되어 있으며 《左傳》의 인용은 오류를 범한 것. '唯此王季'라야 뒤의 '比于文王'의 구절과 이어짐.

【度】反切로 '待洛反' '탁'으로 읽음. '忖度하다'의 뜻.

【莫】杜預 注에 "莫然淸靜"이라 하여 淸靜하게 나직이 일러주는 덕스러운 음성을 말함.

【鬷蔑】字는 明, 성은 蔑. 襄公 24·31년에는 '然明'으로 되어 있음. 鬷은 그가 다스린 읍 이름.

【賈大夫】賈는 원래 나라 이름이었음. 춘추시대 초기에 賈나라는 晉나라에 멸망당하고, 그 국토는 진나라의 縣이 되었음. 여기에서 가대부는 진나라의 賈縣을 차지하였던 대부를 가리킴. 처음에 가나라는 蒲城 근방의 땅을 차지하였었으나, 뒤에는 臨汾 땅으로 옮겼다 함.

【收器者】연회 석상의 그릇을 챙기거나 정리하고 거두어 내는 일을 하러 드나드는 자. 杜預 注에 "從, 隨也. 隨使人應斂俎豆者"라 함.

【不颺】杜預 注에 "顏貌不揚顯"이라 함. 叔向이 예로 든 이 이야기는 《國語》晉語(2)에도 실려 있음.

【詩】《詩經》大雅 文王篇에 "無念爾祖, 聿脩厥德. 永言配命, 自求多福. 殷之未喪師, 克配上帝. 宜鑒于殷, 駿命不易. 命之不易, 無遏爾躬. 宣昭義問, 有虞殷自天. 上天之載, 無聲無臭. 儀刑文王, 萬邦作孚"라 함.

※ **1569(昭28-6)**

冬, 葬滕悼公.

겨울, 등滕 도공悼公의 장례를 치렀다.

【滕】滕 悼公. 이름은 寧. 7월 癸巳(23일) 죽어 이때에 장례를 치른 것임. 滕나라는 周 文王의 아들 叔繡가 받았던 封國. 侯爵이었으며 지금의 山東 滕縣 일대. 戰國시대 齊나라에게 망함.
＊無傳

傳
冬, 梗陽人有獄, 魏戊不能斷, 以獄上.
其大宗賂以女樂, 魏子將受之.
魏戊謂閻沒·女寬曰:「主以不賄聞於諸侯, 若受梗陽人, 賄莫甚焉. 吾子必諫!」
皆許諾.
退朝, 待於庭.
饋入, 召之.
比置, 三歎.
旣食, 使坐.
魏子曰:「吾聞諸伯叔, 諺曰:『唯食忘憂.』吾子置食之間三歎, 何也?」
同辭而對曰:「或賜二小人酒, 不夕食. 饋之始至, 恐其不足, 是以歎. 中置, 自咎曰:『豈將軍食之而有不足?』是以再歎. 及饋之畢, 願以小人之腹爲君子之心, 屬厭而已.」
獻子辭梗陽人.

겨울, 경양梗陽 사람들의 소송이 벌어졌는데 위무魏戊는 명쾌한 판결을 내릴 수가 없어 그 사건을 조정으로 올렸다.

소송 걸었던 집안에서 여자 악대樂隊를 뇌물로 바치자 위헌자魏獻子가 이를 받으려 하였다.
  그러자 위무가 염몰閻沒과 여관女寬에게 말하였다.
  "어른께서는 뇌물을 받지 않는 것으로써 제후국 사이에 널리 알려진 분입니다. 만약 그분이 경양 사람의 뇌물을 받는다면, 뇌물 중에 그보다 더 심한 것은 없을 것입니다. 그러니 그대들이 꼭 충고해 드리십시오!"
  두 사람 모두 응낙하였다.
  그들은 위헌자가 조정에서 물러나오기를 뜰에서 기다렸다.
  식사 때가 되어 위헌자가 그들을 불러 식사 준비를 하도록 하였다.
  그런데 그들은 밥상을 차릴 때부터 식사를 마칠 때까지 세 번이나 한숨을 쉬었다.
  이윽고 식사를 마치자 헌자가 그들을 앉혀 놓고 물었다.
  "내 여러 어른들께 듣기로 속담에 '식사를 할 때만은 걱정을 잊는다'라고 하였다. 그대들은 식사하는 동안 세 번씩이나 한숨을 쉬었으니 이유가 무엇인가?"
  이에 두 사람은 입을 모아 같은 말로 대답하였다.
  "어느 분께서 우리 두 소인에게 술을 주어 어제 저녁을 들지 않았습니다. 밥상이 들어올 때, 저희는 혹 밥이 모자라지 않을까 걱정되었습니다. 그래서 한숨을 쉬었던 것입니다. 밥상이 들어오고 나서 저희는 속으로 '어찌 장군께서 주시는 음식이 모자랄 리가 있겠는가?'라고 스스로를 탓하였습니다. 이 까닭으로 다시 한숨을 쉬었던 것입니다. 다 먹고 나서는 저희 소인들의 부른 배로써 주인어른의 마음도 같아 만족하고 그쳤으면 하고 그랬을 뿐입니다."
  헌자는 경양 사람의 뇌물을 사절하였다.

【梗陽】지금의 山西 淸遠縣 남쪽. 《一統志》에 "梗陽故城, 在今山西淸源縣南關"이라 함. 魏戊가 봉지로 받은 곳. 앞 장 참조.
【大宗】杜預 注에 "訟者之大宗"이라 함. 소송을 걸었던 당사자 집안의 종실.
【魏獻子】魏舒. 晉나라 대부. 魏絳의 아들.

【閻沒】晉나라 魏獻子의 가신. 혹 晉나라 대부.
【女寬】晉나라 대부. 女齊의 아들 叔褎.《國語》晉語(9)에도 본 장의 이야기가 실려 있으며 '女寬'이 '叔寬'으로 되어 있음.
【比置】음식을 차려놓고 식사를 하는 전 과정.
【伯叔】백부와 숙부. 여기서는 '집안 어른들'을 뜻함.
【將軍】진나라의 六卿은 평상시는 정치를 분담하였지만, 유사시에는 上軍·中軍·下軍의 대장과 副將이 되었음. 위헌자는 中軍帥를 지냈음. 그 때문에서 '將軍'이라 부른 것임.
【屬厭而已】만족할 줄 알고 그쯤에서 그쳤으면 하고 기원함. '屬'은 '囑'과 같음. '바라다, 기원하다'의 뜻. '已'는 '그치다'의 동사. 女子 樂隊를 사양할 것을 비유하여 말한 것.

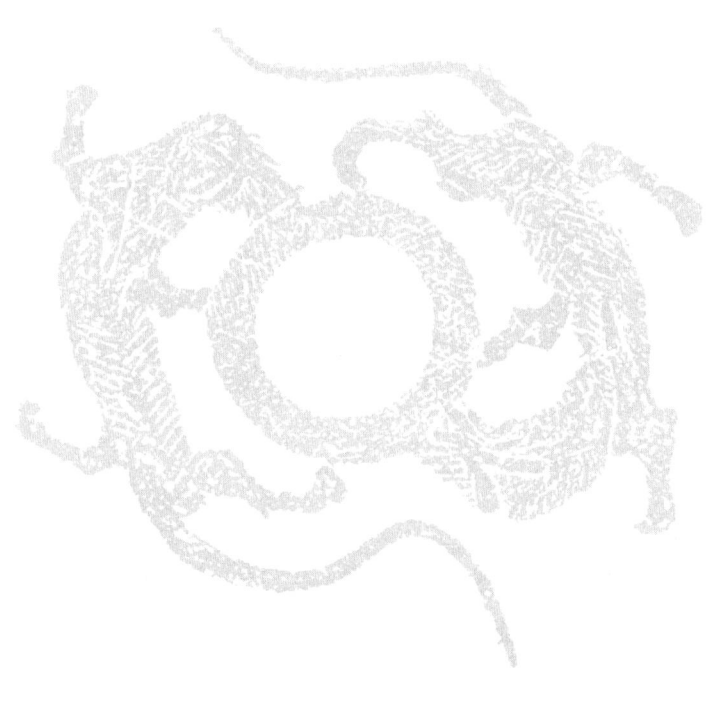

210. 昭公 29年(B.C.513) 丙子

周	敬王(姬匄) 7년	齊	景公(杵臼) 35년	晉	頃公(去疾) 13년	衛	靈公(元) 22년
蔡	昭公(申) 6년	鄭	獻公(蠆) 원년	曹	聲公(野) 2년	陳	惠公(吳) 17년
杞	悼公(成) 5년	宋	景公(欒) 4년	秦	哀公(鍼?) 24년	楚	昭王(軫) 3년
吳	吳王(闔廬) 2년	許	許男(斯) 10년				

❋ 1570(昭29-1)

二十有九年春, 公至自乾侯, 居于鄆.
齊侯使高張來唁公.

29년 봄, 소공이 간후乾侯에서 돌아와 운鄆 땅에 거처하였다.
제齊 경공景公이 고장高張을 노나라로 보내어 공을 위로하도록 하였다.

【乾侯】晉나라 지명. 지금의 河北 成安縣 동남. 28년 經에 "公如晉, 次于乾侯"라 함.《漢書》地理志 顔師古 注에 "乾音干, 言其地水常涸也"라 함. 昭公은 결국 이곳에서 생을 마침.
【鄆】지금의 山東 沂水縣 동북. 노 소공이 도읍으로 가지 못하고 늘 머물던 곳. 杜預 注에 "因魯昭雖至乾侯, 晉國並不歡迎, 又未能見晉頃公, 失望而歸"라 함.
【齊侯】당시 齊나라 군주는 景公(杵臼)으로 재위 35년째였음.
【高張】齊나라 대부. 高偃의 아들.

【唁公】'唁'은 '위로하다'의 뜻. 杜預 注에 "唁公至晉不見受"라 함. 《穀梁傳》에는 "唁公不得入于魯也"라 하였으나 齊侯는 이미 野井에서 魯 昭公을 위로한 적이 있어 杜預의 풀이가 타당함.

※ **1571(昭29-2)**

公如晉, 次于乾侯.

소공이 진晉나라로 가서 간후乾侯에서 머물렀다.

【乾侯】昭公이 다시 희망을 품고 晉나라를 찾아가기 위해 간후까지 가서 머무른 것임. 乾侯는 晉나라 지명. 지금의 河北 成安縣 동남. 28년 經에 "公如晉, 次于乾侯"라 함. 《漢書》 地理志 顔師古 注에 "乾音干, 言其地水常涸也"라 함. 昭公은 결국 이곳에서 생을 마침.

㊍
二十九年春, 公至自乾侯, 處于鄆.
齊侯使高張來唁公, 稱主君.
子家子曰:「齊卑君矣, 君祇辱焉.」
公如乾侯.

29년 봄, 소공이 간후乾侯에서 돌아와 운鄆 땅에 거처하였다.
제齊 경공景公이 고장高張을 보내 소공을 위로하도록 하면서 소공을 '주군主君'이라 불렀다.
그러자 자가자子家子가 말하였다.
"제나라에서는 임금을 얕보고 있습니다. 임금께서는 단지 모욕을 당하고 있을 뿐입니다."
그리하여 소공은 간후로 돌아갔다.

【主君】제후를 君, 제후국의 卿이나 大夫를 主라 불렀음. 따라서 '主君'은 확실하게 제후를 부르는 말도 아니며 경대부를 부르는 말도 아닌 그 중간의 말이었음. 杜預 注에 "比公於大夫"라 함.
【子家子】魯나라 대부. 子家懿伯. 子家羈. 昭公을 모시고 늘 수행하고 있었음.

傳
三月己卯, 京師殺召伯盈·尹氏固及原伯魯之子.
尹固之復也, 有婦人遇之周郊, 尤之, 曰:「處則勸人爲禍, 行則數日而反, 是夫也, 其過三歲乎?」
夏五月庚寅, 王子趙車入于鄻以叛, 陰不佞敗之.

3월 기묘날, 경사京師에서 소백召伯 영盈과 윤씨尹氏 고固, 원백原伯 노魯의 아들을 죽였다.
윤고尹固가 달아났다가 주 왕실로 돌아오자 어느 부인이 그를 교외에서 만나 꾸짖었다.
"국내에 있을 때에는 사람들을 권하여 화를 일으키고, 국외로 달아나서는 며칠 만에 돌아오니 이런 사람이 어찌 3년을 넘길 수 있겠소?"
여름 5월 경인날, 왕자 조거趙車가 연鄻 땅으로 들어가 반란을 일으켰으나 음불녕陰不佞이 그를 패배시켰다.

【己卯】3월 13일.
【京師】周 王室의 도읍. 지금의 河南 洛陽.
【召伯盈】周 王室의 卿士. 伯爵이었으며 王子 朝의 黨羽.
【尹氏固】周 王室의 卿士. 줄여서 尹固라고도 부르며 昭公 26년 왕자 朝를 따라 楚나라로 망명하였다가 도중 주나라로 돌아가 敬王에게 붙잡혀 이해에 죽음. 杜預 注에 "二十六年尹固與子朝俱奔楚, 而道還"이라 함.
【庚寅】5월 25일.
【原伯魯】周 王室의 卿士. 伯爵. 역시 王子 朝의 黨羽였음.

【王子趙車】王子 朝와 같은 일파였음. 杜預 注에 "趙車, 子朝之餘黨也. 見王殺伯盈等, 故叛"이라 함.
【鄩】지금의 河南 宜陽縣 부근.
【陰不佞】周 敬王의 대부. 그러나 '陰'은 지명으로 보기도 함. '陰' 땅의 不佞이라는 뜻.

● 1572(昭29-3)

夏四月庚子, 叔詣卒.

여름 4월 경자날, 숙예叔詣가 죽었다.

【庚子】4월 5일.
【叔詣】魯나라 대부.《公羊傳》과《穀梁傳》에는 모두 '叔倪'로 되어 있음. 叔孫昭子와 같은 무리로《穀梁傳》에 季孫意如가 "叔倪無病而死, 是皆無公也, 是天命也, 非我罪也"라 함.
＊無傳

㊉
平子每歲賈馬, 具從者之衣履, 而歸之于乾侯.
公執歸馬者, 賣之, 乃不歸馬.
衛侯來獻其乘馬, 曰啓服, 塹而死.
公將爲之櫝.
子家子曰:「從者病矣, 請以食之.」
乃以帷裹之.
公賜公衍羔裘, 使獻龍輔於齊侯, 遂入羔裘.
齊侯喜, 與之陽穀.
公衍·公爲之生也, 其母偕出.

公衍先生.
公爲之母曰:「相與偕出, 請相與偕告.」
三日, 公爲生.
其母先以告, 公爲爲兄.
公私喜於陽穀, 而思於魯, 曰:「務人爲此禍也. 且後生而爲兄, 其誣也久矣.」
乃黜之, 而以公衍爲大子.

노나라 계평자季平子는 해마다 말을 사들이고 소공을 따르는 사람들의 의복과 신발을 갖추어 간후乾侯로 보냈다.
그런데 소공이 말을 끌고 온 사람은 체포하고 그 말은 팔아버리자 계평자는 다시는 말을 보내지 않았다.
위衛 영공靈公이 소공에게 말을 바쳤는데 이름을 계복啓服이라 하였다. 그런데 그 말이 그만 구렁텅이에 빠져 죽고 말았다.
소공이 그 말을 관에 넣어 묻으려 하였다.
그러자 자가자子家子가 말하였다.
"군주를 따르는 사람들이 못 먹고 지쳐 쇠약해져 있으니 그들에게 그 말고기를 먹을 수 있게 해주시기 바랍니다."
소공은 헌 장막의 천으로 말을 싸서 묻었다.
소공이 공자 공연公衍에게 어린 양가죽 갖옷을 주면서 그에게 용보龍輔를 제齊 경공景公에게 갖다 드리게 하였더니 공연은 갖옷까지 드렸다.
제 경공이 기뻐하며 그에게 양곡陽穀의 읍을 하사하였다.
공연과 공위公爲 두 형제가 태어날 때, 그들의 어머니들이 같이 아이를 낳기 위해 산실로 갔다.
공연이 먼저 태어났다.
그러자 공위의 어머니가 공연의 어머니에게 말하였다.
"우리가 서로 아기를 낳으러 산실로 함께 왔으니 내가 아기를 낳은 뒤에 함께 임금에게 같이 고하기로 합시다."
사흘 뒤에 공위가 태어났다.

그런데 공위의 어머니가 먼저 가서 아기를 낳았노라 임금에게 알려 공위가 형이 되고 말았다.

소공은 공연이 양곡 읍을 얻은 것을 기뻐하여 옛 노나라에서 두 아들을 낳을 때를 떠올리며 이렇게 말하였다.

"무인務人(公爲)이 이 화를 일으켰다. 게다가 공위는 나중에 태어났으면서도 형이 되어 나를 속인 지 오래되었다."

공위를 태자 자리에서 몰아내고 공연을 태자로 삼았다.

【平子】魯나라 대부 季平子. 季孫意如. 시호는 平子. 季悼子(季孫紇)의 아들이며 季武子(季孫宿)의 손자. 悼子가 아버지 武子보다 먼저 죽어 나중에 平子가 집안의 후계자가 됨.
【乾侯】魯 昭公이 머물러 있는 곳. 乾侯는 晉나라 지명. 지금의 河北 成安縣 동남. 28년 經에 "公如晉, 次于乾侯"라 함. 《漢書》 地理志 顔師古 注에 "乾音干, 言其地水常涸也"라 함. 昭公은 결국 이곳에서 생을 마침.
【櫬】杜預 注에 "爲作棺也"라 함.
【子家子】魯나라 대부. 子家懿伯. 子家羈. 昭公을 모시고 늘 수행하고 있었음.
【帷裹之】《禮記》 檀弓(下)에 "敝帷不棄, 爲埋馬也"라 하여 말이 죽으면 낡은 천막 천으로 묶어 묻었음.
【公然】魯 昭公의 아들. 뒤에 太子가 됨.
【龍輔】기우제를 지낼 때에 제물로 쓰는 옥. 《說文》에 "瓏, 禱旱玉, 龍文"이라 함.
【陽穀】齊나라 읍. 지금의 山東 陽穀縣 부근.
【公爲】역시 노 소공의 아들로 이름은 務人. 哀公 11년에는 '公叔務人'이라 하였고, 《禮記》 檀弓(下)에는 '公叔禺人'으로 되어 있음.
【出】고대 아기를 낳을 때면 側室(産舍, 産室, 宴室)로 자리를 옮겨 낳았음.

✵ 1573(昭29-4)

秋七月.

가을 7월.

㊙

秋, 龍見于絳郊.

魏獻子問於蔡墨曰:「吾聞之, 蟲莫知於龍, 以其不生得也, 謂之知, 信乎?」

對曰:「人實不知, 非龍實知. 古者畜龍, 故國有豢龍氏, 有御龍氏.」

獻子曰:「是二氏者, 吾亦聞之, 而不知其故, 是何謂也?」

對曰:「昔有飂叔安, 有裔子曰董父, 實甚好龍, 能求其耆欲以飲食之, 龍多歸之, 乃擾畜龍, 以服事帝舜, 帝賜之姓曰董, 氏曰豢龍, 封諸鬷川, 鬷夷氏其後也. 故帝舜氏世有畜龍. 及有夏孔甲, 擾于有帝, 帝賜之乘龍, 河·漢各二, 各有雌雄. 孔甲不能食, 而未獲豢龍氏. 有陶唐氏既衰, 其後有劉累, 學擾龍于豢龍氏, 以事孔甲, 能飲食之. 夏后嘉之, 賜氏曰御龍, 以更豕韋之後. 龍一雌死, 潛醢以食夏后. 夏后饗之, 既而使求之. 懼而遷于魯縣, 范氏其後也.」

獻子曰:「今何故無之?」

對曰:「夫物, 物有其官, 官修其方, 朝夕思之. 一日失職, 則死及之; 失官不食. 官宿其業, 其物乃至. 若泯棄之, 物乃坻伏, 鬱湮不育. 故有五行之官, 是謂五官, 實列受氏姓, 封爲上公, 祀爲貴神. 社稷五祀, 是尊是奉. 木正曰句芒, 火正曰祝融, 金正曰蓐收, 水正曰玄冥, 士正曰后土. 龍, 水物也, 水官棄矣, 故龍不生得. 不然《周易》有之, 在乾䷀之姤䷫, 曰'潛龍勿用'; 其同人䷌曰'見龍在田'; 其大有䷍曰'飛龍在天'; 其夬䷪曰'亢龍有悔', 其坤䷁曰'見羣龍無首, 吉'; 坤之剝䷖曰'龍戰于野'. 若不朝夕見, 誰能物之?」

獻子曰:「社稷五祀, 誰氏之五官也?」

對曰:「少皥氏有四叔, 曰重·曰該·曰修·曰熙, 實能金·木及水. 使重爲句芒, 該爲蓐收, 修及熙爲玄冥, 世不失職, 遂濟窮桑, 此其三祀也. 顓頊氏有子曰犂, 爲祝融; 共工氏有子曰句龍, 爲后土, 此其二祀也. 后土爲社; 稷, 田正也. 有烈山氏之子曰柱爲稷, 自夏以上祀之. 周棄亦爲稷, 自商以來祀之.」

가을, 진晉나라 도읍 강絳의 교외에 용이 나타났다.
위헌자魏獻子가 채묵蔡墨에게 물었다.
"내 듣기로 동물 중에 용만큼 지혜로운 것은 없다고 하더이다. 용을 산 채로 잡을 수 없으므로 지혜롭다 이르는데 그 말이 과연 믿을 만합니까?"
채묵이 답하였다.
"사람은 실로 용을 모르고 있습니다. 용은 사실 지혜로운 동물이 아닙니다. 옛날에는 용을 길렀습니다. 그러므로 나라에 환룡씨豢龍氏와 어룡씨御龍氏가 있었던 것입니다."
위헌자가 다시 물었다.
"이 두 씨족이 있었다는 것은 나도 들었지만 그러한 두 성씨가 있게 된 까닭은 모릅니다. 어찌하여 그런 성씨들이 생긴 것입니까?"
채묵이 대답하였다.
"옛날 요嬲나라 숙안叔安의 후손으로써 동보董父라는 사람이 있었습니다. 그는 실로 용을 좋아하여 용이 무엇을 좋아하는지를 알아 좋아하는 것을 먹여 길렀습니다. 그리하여 많은 용들이 그에게 다가와 이에 용을 길들일 수 있었으며 그 일로 순舜임금을 섬겼습니다. 순 임금은 그에게 동董의 성을 하사하고, 환룡豢龍이라는 씨를 주어 종천鬷川에 봉하였습니다. 종이씨鬷夷氏는 그들의 후손입니다. 그 때문에 순임금 때에는 용을 기르는 사람이 있었던 것입니다. 하夏나라 공갑孔甲 때에 이르러 그가 상제에게 잘 하자 상제는 그에게 수레를 끄는 용 네 마리를 내려주었습니다. 황하黃河와 한수漢水에 각각 두 마리씩을 두었는데, 두 곳에 각각 암수 한 쌍씩이었습니다. 그러나 공갑은 그 용을 기를 수가 없었고, 용을 기를 수 있는 환룡씨를 구할 수도 없었습니다. 그때 도당씨陶唐氏가 다스리던 땅은 이미 쇠락하였으나 그 후손 유루劉累라는 이가 있어 용 길들이는 법을 환룡씨에게 배워 알고 있었으므로 공갑을 섬겨 그 용들을 먹여 기를 수가 있었습니다. 하후夏后 공갑은 유루를 좋아하여 그에게 씨氏를 주어 어룡씨御龍氏라 하고 시위豕韋의 후계자를 대신하도록 하였습니다. 그런데 암놈 한 마리가 죽자 유루는 이를 몰래 소금에 절여 하후 공갑에게 먹였습니다. 하후가 이를 맛보고는 다시 구해오도록 하였습니다. 그러자 유루는 겁이 나서 노현魯縣으로 옮겨가 살았고 범씨范氏는 바로 그의 후손입니다."

헌자가 물었다.

"오늘날에는 어찌하여 그 씨족이 없는 것입니까?

채묵이 대답하였다.

"무릇 모든 사물에는 그것을 맡는 관리가 있습니다. 그 관리는 기술을 닦아 조석으로 이를 잘 수행할 것을 생각합니다. 일단 그 직책을 잃고 나면 죽음이 닥치고, 벼슬을 잘 지키지 못하면 먹고 살 수가 없습니다. 관직이란 그 업무를 오래도록 하다보면 그 물건이 그에게 익숙하게 따라붙게 마련입니다. 만약 그 사물을 버린다면, 그 물건은 어디론가 숨어들어 갇힌 채 제대로 육성이 되지 못합니다. 그 때문에 오행五行의 관직이 있게 되었으며 이를 오관五官이라 합니다. 이들은 모두가 씨와 성을 받아 상공上公으로 봉해지고 죽은 다음에는 귀한 신神으로 대접을 받습니다. 사직社稷의 오사五祀는 이리하여 존경과 봉사奉祀를 받게 된 것입니다. 목정木正을 구망句芒, 화정火正을 축융祝融, 금정金正을 욕수蓐收, 수정水正을 현명玄冥, 토정土正을 후토后土라 부릅니다. 용은 수水에 속하는 것으로써 수관水官이 버림을 받으니 그 때문에 용은 산 채로 잡을 수가 없는 것이 되었습니다. 그렇지 않고서 어찌 《주역周易》 건괘乾卦가 구괘姤卦로 변한 것의 괘사에 '잠긴 용은 쓰지 말라'거나, 동인괘同人卦에 '용이 밭에 나타났다'라거나, 대유괘大有卦에 '나는 용이 하늘에 있다'라거나 쾌괘夬卦에 '높이 오른 용은 후회가 있으리라'라거나, 곤괘坤卦에 '떼 지은 용이 우두머리가 없으니 길하다'라거나, 곤괘가 박괘剝卦로 변하는 것에 '용이 들에서 싸운다'라거나 하였으니 만약 아침저녁으로 용을 보지 않았다면 누가 이렇게 형용해서 말할 수 있었겠습니까?"

헌자가 물었다.

"사직의 다섯 제사에 어느 씨족이 오관五官을 지냈습니까?"

채묵이 대답하였다.

"소호씨少皡氏에게는 네 명의 아우가 있었으니 중重, 해該, 수修, 희熙 등이었습니다. 이들은 실로 금金과 목木과 수水를 잘 다루었습니다. 소호씨는 중重을 구망句芒으로, 해該는 욕수蓐收로, 수修와 희熙는 현명玄冥으로 삼아 그들은 대대로 그 관직을 잘 지켜, 드디어 궁상窮桑을 잘 다스렸으니 이들이 곧 세 사신입니다. 전욱씨顓頊氏에게는 이犁라는 아들이 있어 그가 축융祝融이 되었으며, 또 공공씨共工氏에게는 구룡句龍이라는 아들이 있어 이가 후토后土가 되었습니다. 이들이 두 사신이 된 것입니다. 후토는 사社이며, 직稷은 농지를 관장하는 우두머리입니다. 열산씨烈山氏의 아들 주柱가 직이 되어 하夏나라 이전까지는 그를 받들어 제사를 올렸습니다. 주周나라의 기棄 역시 직稷이 되어 상商나라 이래로는 그를 받들어 제사를 올린 것입니다."

【絳】 晉나라 도읍. 지금의 山西 侯馬市.
【魏獻子】 魏舒. 晉나라 대부. 魏絳의 아들.
【蔡墨】 晉나라 대부. 蔡史墨, 史墨, 史黶, 史默 등으로 불리며 故事와 常識에 밝았던 인물. 성은 蔡, 太史를 지냈으며 黶은 字로 여겨짐.
【豢龍氏·御龍氏】 龍을 기르거나 부릴 수 있는 일을 맡았던 부락이나 부족. 杜預 注에 "豢, 御, 養也"라 함.
【有鬷】 鬷라고도 함. 고대 중국의 나라 이름. 지금의 河南 唐河縣 남쪽에 있었던 작은 나라. 杜預 注에 "鬷, 古國也"라 함. '鬷', '鬷' 등으로도 표기함.
【叔安】 鬷國의 군주 이름. 杜預 注에 "叔安, 其君名"이라 함.
【董父】 叔安의 먼 후손.
【擾】 馴致됨, 馴服함.
【豢龍】 杜預 注에 "豢龍, 官名, 官有世功, 則以官氏"라 함.
【鬷川】 강 이름. 지금의 山東 定陶縣 북쪽. 그러나《方輿紀要》에는 "董澤在今山西聞喜縣東北三十五里, 一名董氏陂, 又名豢龍池, 卽舜封董氏豢龍之所"라 하였으며 이곳이 鬷川이 아닌가 하였음.
【孔甲】 夏나라 군주. 杜預 注에 "孔甲, 少康之後九世君也. 其德能順於天"이라 하였으나《國語》周語(下)에는 "孔甲亂夏, 四世而殞"이라 하였고,《史記》夏本紀에도 "帝孔甲立, 好方鬼神事, 淫亂, 夏后氏德衰, 諸侯叛之"라 하여 다른 기록에는 모두 공갑이 夏나라를 기울게 하였다 하여 전혀 다름. 한편 孔穎達 疏에는《帝王世紀》를 인용하여 "少康子帝杼, 杼子帝芬, 芬子帝芒, 芒子帝世, 世子帝不降, 不降弟帝扃, 扃子帝廑也. 至帝孔甲, 孔甲, 不降子"라 함.
【食】 '사'로 읽으며 '飼養'의 뜻.
【陶唐氏】 堯임금이 다스리던 지역을 뜻함. 丹朱의 후손.

【劉累】陶唐氏의 후손.

【夏后】孔甲을 가리킴.

【豕韋】姓은 彭. 祝融의 후예. 劉累가 豕韋의 나라를 차지하여 일단 나라를 잃었고, 유루가 魯縣으로 간 뒤에 다시 나라를 되찾았다가, 은나라 시대에 망하였음. 그 뒤 劉累의 후손이 그의 국토를 이어 劉累의 자손이 豕韋氏가 되었다고 함. 襄公 24년을 볼 것.

【魯縣】지금의 河南 魯山縣.《一統志》에 "今河南魯山縣治, 卽魯陽故城"이라 함. 杜預 注에 "不能致龍, 故懼遷魯縣, 自貶退也"라 함.

【坻伏】깊이 감추어져 있음. 사라져 쉽게 볼 수 없음.

【鬱湮】꽉 막혀 펴지 못하는 형태. 雙聲連綿語.

【五行之官】金, 木, 水, 火, 土의 五行의 상징을 事物에 연계시켜 관리를 둠.

【五祀】五行에 맞추어 아래의 句芒, 祝融, 蓐收, 玄冥, 后土의 신을 정하여 이들을 받들어 지내는 제사.

【木正】春, 東, 靑, 仁, 文敎를 상징하는 업무를 맡은 관직의 최고 책임자. 句芒.

【火正】夏, 南, 赤, 禮, 國防을 상징하는 업무를 맡은 관직의 최고 책임자. 그 신은 祝融임.

【金正】秋, 西, 白, 義, 刑法을 상징하는 업무를 맡은 관직의 최고 책임자. 그 신은 蓐收임.

【水正】冬, 北, 黑, 智, 工業을 상징하는 업무를 맡은 관직의 최고 책임자. 그 신은 玄冥임.

【土正】季秋, 中央, 黃, 信, 總責을 상징하는 업무를 맡은 관직의 최고 책임자. 그 신은 后土임.

【乾·姤】姤는 원래《周易》제 44괘를 뜻함. 여기서는 乾卦 初九의 변화를 뜻함. 乾卦 初九에 "潛龍勿龍"이라 함. 杜預 注에 "巽下乾上, 姤. 乾初九變"이라 하였고, 楊伯峻은 "傳不言九·六, 但言所變卦與變卦"라 함.

【同人】《周易》제 13번째 괘. 여기서는 乾卦 九二의 "見龍在田, 利見大人"을 뜻함. 楊伯峻은 "離下乾上爲同人卦, 九二陽爻變爲陰爻, 用乾九二爻辭"라 함.

【大有】《周易》제 14번째 괘. 여기서는 乾卦 九五의 "飛龍在天"을 뜻함. 楊伯峻은 "乾下離上爲大有, 乾卦第五爻陽變陰, 用乾九五爻辭"라 함.

【夬】《周易》제 43번째 괘. 여기서는 乾卦 上九의 "亢龍有悔"를 뜻함. 楊伯峻은 "乾下兌上爲夬卦, 乾第六爻陽變陰, 用乾上九爻辭. 亢龍, 直龍, 龍欲曲而不欲直, 故有悔"라 함.

【坤】《周易》제 2번째 괘. 여기서는 乾卦 用九의 "見羣龍无首, 吉"을 가리킴. 楊伯峻은 "坤下坤上爲坤, 乾之六爻皆陽變陰, 用乾用九爻辭"라 함.

【剝】《周易》제 23번째 괘. 여기서는 坤卦 上六의 "龍戰于野, 其血玄黃"과 象의 "龍戰于野, 其道窮也"를 풀이한 것임. 楊伯峻은 "坤下艮上爲剝卦, 坤第六爻陰變陽, 用坤上六爻辭"라 함.

【朝夕見】일상적으로 보는 것. 늘 보는 것. 楊伯峻은 "史墨引《周易》言龍者, 有潛伏之龍, 有在田之龍, 有飛天之龍, 有直伸之龍, 有無頭領之群龍, 有野戰之龍, 證明龍古實有之, 且經常見之. 不然, 誰能描寫如此細緻?"라 함.

【物】그 형태를 구체적으로 묘사하거나 설명함.

【少皥氏】金天氏. 少昊氏로도 표기함. 고대 전설상의 五帝이며 씨족 집단. 《十八史略》(1)에 "少昊金天氏: 名玄囂, 黃帝之子也. 亦曰靑陽, 其立也鳳鳥適至, 以鳥紀官"이라 함.

【四叔】아우들 4명을 뜻함. 定公 4년 傳 "五叔無官"의 杜預 注에 武王의 아우 管叔, 蔡叔 등을 들고 있어 '叔'은 아우를 가리킴.

【窮桑】少皥氏 부락의 근거지. 지금의 山東 曲阜 지역이었다고 함. 소호씨의 別稱으로도 쓰였음. 《山東通志》에 "窮桑城在曲阜縣城北"이라 함. 《尸子》 仁意篇에 "少昊金天氏, 邑于窮桑"이라 하였고, 《帝王世紀》에는 "少昊邑于窮桑 以登帝位, 都曲阜, 故或謂之窮桑帝"라 함.

【顓頊氏】高陽氏. 《十八史略》(1)에 "顓頊高陽氏: 昌意之子, 黃帝孫也. 代少昊 而立. 少昊之衰, 九黎亂德, 民神雜糅, 不可方物. 顓頊受之, 乃命南正重, 司天以屬神; 火正黎, 司地以屬民, 使無相侵瀆. 始作曆, 以孟春爲元"이라 함.

【犁】'黎'로도 기록이 보이며 杜預 注에 "犁爲火正"이라 하여 남방의 신 祝融이 됨.

【共工氏】《十八史略》(1)에 "庖犧崩, 女媧氏立. 亦風姓, 木德王, 始作笙簧. 諸侯 有共工氏, 與祝融戰, 不勝而怒, 乃頭觸不周山, 崩, 天柱折, 地維缺. 女媧乃鍊五色 石以補天, 斷鰲足以立四極, 聚蘆灰以止滔水, 於是地平天成, 不改舊物. ……遂 相堯攝政. 放驩兜, 流共工, 殛鯀, 竄三苗. 擧才子八元八愷. 命九官, 咨十二牧" 이라 함. 그러나 孔穎達 疏에는 "《祭法》曰:「共工氏之霸九州也, 其子曰后土, 能平九州, 故祀以爲社」能平九州, 是能平水土也. 言共工有子, 爲後世子耳. 亦不 知句龍爲后土, 在於何代"라 함.

【烈山氏】炎帝 神農氏. 산림을 태워 농사법을 처음 시도하여 烈山氏라 함. 厲山氏라고도 부름. 《十八史略》(1)에 "炎帝神農氏: 姜姓人身牛首, 繼風姓而立, 火德王. 斲木爲耜, 揉木爲耒, 始敎耒, 作蜡祭. 以赭鞭鞭草木, 嘗百草, 始有醫藥. 敎人日中爲市, 交易以退. 都於陳, 徙曲阜"라 함.

【柱】沈欽韓의 〈補注〉에 《祭法》云: 「厲山氏之有天下也, 其子曰農, 能殖百穀」 注: 「厲山氏, 炎帝也. 起于厲山, 或曰有烈山氏.」 農卽柱"라 함.
【棄】周나라의 시조 后稷 姬棄. 杜預 注에 "棄, 周之始祖, 能播百穀, 湯旣勝夏, 廢柱而以棄代之"라 하였으며, 《十八史略》(1)에 "后稷名棄, 棄母曰姜嫄, 爲帝嚳元妃, 出野見巨人跡, 心欣然踐之, 生棄. 以爲不祥, 棄之隘巷, 馬牛避不踐, 徙置山林, 適會林中多人, 遷之冰上, 鳥覆翼之. 以爲神, 遂收之. 兒時屹如巨人之志, 其游戲好種樹. 及成人, 能相地之宜, 敎民稼穡. 興於陶唐虞夏之際, 爲農師, 封于邰. 別其姓, 號后稷, 卒"이라 함.

● 1574(昭29-5)

冬十月, 鄆潰.

겨울 10월, 운鄆 땅이 무너졌다.

【鄆】昭公이 머물던 곳.
【潰】杜預 注에 "民逃其上曰潰. 潰散叛公"이라 하여 昭公을 따르던 백성들이 뿔뿔이 흩어진 것임. 《穀梁傳》에는 "昭公出奔, 民如釋重負"라 함.
＊無傳

㊛
冬, 晉趙鞅·荀寅帥師城汝濱, 遂賦晉國一鼓鐵, 以鑄〈刑鼎〉, 著范宣子所爲〈刑書〉焉.

仲尼曰: 「晉其亡乎! 失其度矣. 夫晉國將守唐叔之所受法度, 以經緯其民, 卿大夫以序守之, 民是以能尊其貴, 貴是以能守其業. 貴賤不愆, 所謂度也. 文公是以作執秩之官, 爲被廬之法, 以爲盟主. 今棄是度也, 而爲〈刑鼎〉, 民在鼎矣, 何以尊貴, 貴何業之守? 貴賤無序, 何以爲國? 且夫宣子之刑, 夷之蒐也, 晉國之亂制也, 若之何以爲法?」

蔡史墨曰:「范氏·中行氏其亡乎! 中行寅爲下卿, 而干上令, 擅作刑器, 以爲國法, 是法姦也. 又加范氏焉, 易之, 亡也. 其及趙氏, 趙孟與焉. 然不得已, 若德, 可以免.」

겨울, 진晉나라 조앙趙鞅과 순인荀寅이 군사를 이끌고 여수汝水 가에 성을 쌓고, 진나라 전국 각 고을에 1고鼓 분량의 쇠를 부과하여 〈형정刑鼎〉을 주조하였는데 여기에 범선자范宣子가 제정하였던 〈형서刑書〉를 새겨 넣었다. 그러자 공자가 말하였다.

"진나라가 망하려나! 지금 그 나라는 법도를 잃고 있다. 무릇 진나라는 시조 당숙唐叔이 천자에게서 받은 법도로써 백성을 잘 다스리는 경위經緯로 삼고 경대부卿大夫들 또한 자신들의 지위를 잘 지켜야 한다. 백성은 이로써 귀한 신분을 받들고, 귀한 신분은 이로써 자신들의 업무를 지키게 되는 것이니 이렇게 하여 귀천의 질서에 어긋남이 없도록 하는 것, 이를 일러 법도라 한다. 문공文公은 이로써 집질執秩의 관리를 두었고, 피려被廬에서 법을 제정하여 맹주가 되었던 것이다. 그런데 지금 지켜오던 이 법도를 버리고 새롭게 〈형정〉을 만들었으니 백성은 오직 형법을 새긴 법 조항에만 매달릴 것이니 그렇게 되면 어찌 귀한 신분을 존중하겠으며 귀한 신분은 어찌 자신의 업무를 지켜낼 수 있겠는가? 귀천에 질서가 없고서야 어찌 나라를 다스릴 수 있겠는가? 게다가 범선자의 형법은 이夷에서 군사 연습할 때에 지은 것이다. 이는 당시 진나라가 어지러울 때 만든 법이었다. 그럴 때 만든 것이 어찌 훌륭한 법일 수가 있겠는가?"

채사묵蔡史墨이 말하였다.

"범씨范氏와 중항씨中行氏는 망하게 되리라! 중항인中行寅은 하경下卿이면서도 윗사람의 명령을 어겨, 형법을 새긴 그릇을 함부로 만들어 이를 국법이라 하고 있으니 이는 잘못된 것을 법으로 삼는 짓이다. 또한 범씨까지 가세시켜 이를 개역하여 망하도록 하고 있다. 이 재앙은 조씨趙氏에게도 미칠 것이니 조맹趙孟 또한 그 일에 참여하였기 때문이다. 그러나 조맹은 어쩔 수 없이 참여하였던 것이니 만약 덕을 쌓는다면 망하는 일은 면할 수 있을 것이다."

【趙鞅】趙簡子. 晉나라 대부. 趙武(文子)의 손자. 이름은 志父. 范氏, 中行氏와 권력투쟁 끝에 이겨 趙나라의 기초를 세운 인물. 이들 후손이 戰國時代 趙나라를 세움.
【荀寅】晉나라 대부. 中行荀吳의 아들. 中行文子. 中行帥를 역임하여 荀氏에서 中行氏로 바뀌었으며 그 때문에 中行寅으로도 불림. 이들의 후손이 晉六卿의 하나인 中行氏로 세력을 키웠으나 뒤에 知氏에게 망하여 戰國時代가 됨.
【汝濱】汝水 연안.《一統志》에 "陸渾今河南嵩縣, 汝水源出魯陽縣之大盂山, 與嵩縣 爲近"이라 함.
【一鼓】鼓는 重量의 단위로 480斤. 30근을 1鈞이라 하였고, 4균을 1石이라 하였으며, 4석을 1鼓라 하였음. 12斛을 1鼓라고도 함.《孔子家語》正論解 注에 "三十斤爲鈞, 鈞四爲石, 石四爲鼓"라 함.
【刑鼎】형법 조항을 주조하여 만든 큰 솥.《孔子家語》正論解에도 "趙簡子賦 晉國一鼓鐘, 以鑄刑鼎, 著范宣子所爲刑書"라 함.
【范宣子】士匄. 晉나라 대부. 伯瑕. 士文伯. 范匄. 范文子(士燮)의 아들. 시호는 宣子. '匄'는 '丐'로도 표기하며 음은 '古害反' '개'로 읽음.
【刑書】范宣子가 夷之蒐의 혼란한 상황에서 제정한 晉나라 형벌에 관한 법률 조항 문서. 昭公 6년 鄭나라에서〈刑書〉를 만든 일을 참조할 것.
【唐叔】晉나라의 시조. 周 成王의 아우로 唐에 봉해져 이 제후국이 뒤에 晉나라로 발전함.
【文公】晉 文公. 重耳. 春秋五霸의 하나. 19년의 갖은 고통의 해외 망명 생활을 마치고 귀국하여 B.C.636~628년까지 9년간 재위하여 霸者로 국제 질서를 바로 잡음.
【執秩之官】나라의 秩序와 秩官 제도 등을 관장하는 관직.
【被廬】僖公 27년 文公이 被廬에서 봄 사냥을 하면서 唐叔의 법을 정비함. 杜預 注에 "僖二十七年文公蒐被廬, 修唐叔之法"이라 함.
【夷之蒐】文公 6년을 볼 것. 진나라가 夷 땅에서 蒐(봄 사냥)를 할 때 范宣子가 "制事典, 正法罪, 辟刑獄, 董逋逃, 由質要, 治舊洿, 本秩禮, 續常職, 出滯淹"이라 법령을 내리고 晉나라 전체에 이를 常法으로 삼도록 하였음. 한편 '蒐'는 원래 봄 사냥의 명칭. 원래 蒐·苗·獼·狩 등 계절에 따른 사냥 명칭이 달랐음. 봄에는 새끼를 배지 않은 짐승만 골라잡으며 동시에 군사훈련을 겸함. 여름에는 곡물의 싹을 해치는 것들을 잡음. 가을에도 역시 군사훈련을 겸해 사냥을 하며, 겨울에는 짐승을 포위하여 잡음.《司馬法》仁本篇에 "國雖大, 好戰必亡; 天下雖安, 忘戰必危. 天下旣平, 天下大愷, 春蒐秋獼; 諸侯春振旅, 秋治兵, 所以不忘戰也"라 함.

【亂制】夷之蒐에서 한 번 사냥을 하면서 장수를 세 번 바꾸자 賈季와 箕鄭이 그 틈을 노려 난을 일으키자 그 때문에 제정된 법이었음. 杜預 注에 "范宣子所用刑, 乃夷蒐之法也. 夷蒐在文六年, 一蒐而三易中軍帥, 賈季·箕鄭之徒遂作亂, 故曰亂制"라 함.

【蔡史墨】蔡墨. 史墨. 太史의 벼슬을 지냈던 것으로 여겨짐.

【范氏·中行氏】당시 이미 춘추말기로 晉나라는 知, 范, 中行, 韓, 魏, 趙 등 六卿이 세력을 장악하고 있었음.

【中行寅】荀寅. 中行帥를 역임하여 荀氏는 中行氏로 바뀌어 晉六卿의 하나가 됨. 中行荀吳의 아들. 中行文子. 이들이 晉六卿의 하나인 中行氏로 세력을 키웠으나 뒤에 知氏에게 망함.

【易之】'易'는 '改易하다, 改變하다'의 뜻. 杜預 注에 "范宣子刑書, 中旣廢矣, 今復興之, 是成其咎"라 함.

【趙孟】趙鞅을 가리킴.

【若德, 可以免】杜預 注에 "鑄〈刑鼎〉本非趙鞅意, 不得已而從之. 若能修德可以免禍. 爲定十三年荀寅·士吉射入朝歌以叛(傳)"이라 함. 한편 이상의 이야기는 《孔子家語》正論解에도 轉載되어 있음.

211. 昭公 30年(B.C.512) 己丑

周	敬王(姬匄) 8년	齊	景公(杵臼) 36년	晉	頃公(去疾) 14년	衛	靈公(元) 23년
蔡	昭公(申) 7년	鄭	獻公(蠆) 2년	曹	聲公(野) 3년	陳	惠公(吳) 18년
杞	悼公(成) 6년	宋	景公(欒) 5년	秦	哀公(鍼?) 25년	楚	昭王(軫) 4년
吳	吳王(闔廬) 3년	許	許男(斯) 11년				

※ 1575(昭30-1)

三十年春王正月, 公在乾侯.

30년 봄 주력 정월, 소공이 간후乾侯에서 머물렀다.

【乾侯】魯 昭公이 머물러 있는 곳. 乾侯는 晉나라 지명. 지금의 河北 成安縣 동남. 28년 經에 "公如晉, 次于乾侯"라 함. 《漢書》 地理志 顔師古 注에 "乾音干, 言其地水常涸也"라 함. 昭公은 결국 이곳에서 생을 마침. 杜預 注에 "釋不朝正于廟"라 함.

(傳)

三十年春王正月, 公在乾侯, 不先書鄆與乾侯, 非公, 且徵過也.

30년 봄 정월, 소공이 간후乾侯에서 지냈다라고 하면서 지난날 운鄆 땅과 간후에서 거처하였던 일을 경에 먼저 기록하지 않은 것은 소공이 한 일을 비난한 것이며 또 그 허물을 밝히려는 것이다.

【不先書鄆與乾侯】昭公이 27년·28년의 正月에는 鄆에서 지냈고, 29년 정월에는 乾侯에서 지냈지만 해당 년의 경우 경에는 기록하지 않았음을 말함.
【徵】杜預 注에 "徵, 明也. 二十七年·二十八年公在鄆, 二十九年公在乾侯, 而經不釋朝正之禮者, 所以非責公之妄, 且明過謬猶可掩, 故不顯書其所在, 使若在國然. 自是鄆人潰叛, 齊·晉卑公; 子家忠謀, 終不能用; 內外棄之, 非復過誤所當掩塞, 故每歲書公所在"라 함.

※ 1576(昭30-2)

夏六月庚辰, 晉侯去疾卒.

여름 6월 경진날, 진후晉侯 거질去疾이 죽었다.

【庚辰】6월 22일.
【去疾】晉 頃公의 이름. 昭公(夷)을 이어 B.C.525~512년까지 14년간 재위하고 이때에 생을 마쳤으며 定公(午)이 그 뒤를 이음.

※ 1577(昭30-3)

秋八月, 葬晉頃公.

가을 8월, 진晉나라 경공頃公의 장례를 치렀다.

【頃公】晉 頃公 去疾.

㊉

夏六月, 晉頃公卒, 秋八月, 葬.

鄭游吉弔, 且送葬.

魏獻子使士景伯詰之, 曰:「悼公之喪, 子西弔, 子蟜送葬. 今吾子無貳, 何故?」

對曰:「諸侯所以歸晉君, 禮也. 禮也者, 小事大·大字小之謂. 事大在共其時命, 字小在恤其所無. 以敝邑居大國之間, 共其職貢, 與其備御不虞之患, 豈忘共命? 先王之制, 諸侯之喪, 士弔, 大夫送葬; 唯嘉好·聘享·三軍之事於是乎使卿. 晉之喪事, 敝邑之間, 先君有所助執紼矣. 若其不閒, 雖士·大夫有所不獲數矣. 大國之惠, 亦慶其加, 而不討其乏, 明底其情, 取備而已, 以爲禮也. 靈王之喪, 我先君簡公在楚, 我先大夫印段實往, 敝邑之少卿也. 王吏不討, 恤所無也. 今大夫曰:『女盍從舊?』舊有豐有省, 不知所從. 從其豐, 則寡君幼弱, 是以不共. 從其省, 則吉在此矣. 唯大夫圖之!」

晉人不能詰.

여름 6월, 진晉 경공頃公이 세상을 떠나 가을 8월에 장례를 치렀다.

정鄭나라 유길游吉이 조문하고 아울러 장례에 참석하였다.

진나라 위헌자魏獻子가 사경백士景伯으로 하여금 유길을 이렇게 힐난하도록 하였다.

"우리 도공悼公의 상에는 귀국의 자서子西가 조문을 하였고 자교子蟜가 장례에 참석하였습니다. 이번에 그대는 부사도 데리고 오지 않았으니 무슨 까닭입니까?"

유길이 대답하였다.

"제후들이 진나라 군주를 따르는 것은 진나라에는 예가 있기 때문입니다. 그 예라는 것은 소국이 대국을 섬기고, 대국은 소국을 보살펴주는 것을 두고 하는 말입니다. 대국을 섬기는 것은 시절에 따른 명을 공손히 받드는 데에 있고, 소국을 보살피는 일은 소국에게는 없는 것을 걱정해 주는 데 있습니다. 우리 정나라는 대국들의 사이에 끼어 공물을 공손히 바치면 뜻밖의 우환에 대비하고 있으니 어찌 그러한 명령을 받들기를 잊고 있었겠습니까? 선왕의 법도에 제후의 상에는 사士를 보내어 조문하고 대부가 장례식에 참석합니다. 다만 수교나 예방의 잔치, 삼군三軍을 내어야 하는 일이라면 경卿을 사신으로 보내도록 되어 있습니다. 진나라의 상사에 우리는 가끔은 선군들 중에 장례식에 참석하여 상여 줄을 친히 잡은 적도 있습니다. 만약 혹 한때는 비록 사나 대부가 오는 일행의 수가 모자라기도 하였습니다. 그럴 때면 대국께서는 은혜를 베풀어 역시 법도에 넘는 신분이 오는 것도 잘했다 여겼으며 인원이 적은 경우라 해도 꾸짖지는 않으면서 그 실정을 밝히 알았으니 예법을 갖추면 될 뿐이라 하였습니다. 주周 영왕靈王의 상에 우리 선군 간공簡公께서는 마침 초楚나라에 계셨기 때문에 우리의 선대부 인단印段이 대신 갔습니다. 그는 우리의 소경少卿이었습니다. 그런데 천자의 관리들은 그 일을 나무라지 않았고 우리의 사람 수가 모자람을 걱정해 주었습니다. 그런데 지금 대부께서는 '너희는 어찌 옛날의 법을 따르지 않느냐?'라고 하시지만, 옛날에는 풍성하기도 하였고 때로는 생략하기도 하였는데 어느 것을 따라야 할 것인지 알 수가 없습니다. 법도보다 더 풍성함을 따르기를 바라신다면 지금 우리 군주는 어려 더 이상 공경을 다할 수도 없고, 생략하는 것을 따르기를 원한다면 제(吉)가 여기에 있습니다. 오직 대부께서 잘 살펴 주십시오!"

진나라는 더 이상 힐책하지 못하였다.

【游吉】子大叔. 鄭나라 대부. '大叔'은 '太叔'과 같음. 游眅의 아우. '世叔'으로도 불리며 公孫蠆의 아들. 당시 鄭나라 執政官.
【魏獻子】魏舒. 晉나라 대부. 魏絳의 아들.
【士景伯】士文伯의 아들 彌牟. 晉나라 대부. 杜預 注에 "景伯, 士文伯之子彌牟也"라 함.
【悼公之喪】晉 悼公의 喪은 魯 襄公 15년(B.C.558)의 일.
【子西】鄭나라 대부. 子駟의 아들. 公孫夏. 杜預 注에 "子西, 公孫夏, 子駟子"라 함.
【子蟜】鄭나라 대부. 公孫蠆. 子游의 아들. 시호는 桓子.
【時命】일이 있을 때마다 패자가 내리는 명령.
【嘉好】나라 사이의 修交나 천자를 뵙는 朝會.

【三軍】전쟁이 벌어져 군사를 출동시켜야 하는 경우.
【執紼】불은 喪轝를 끄는 끈. '綍'로도 표기함.
【不獲數】조문 사절의 사람 수를 충분히 채우지 못함. 그러나 杜預 注에는 "不得 如先王禮敎"라 함.
【慶其加】인원 수를 더 늘려 조문 온 것을 잘했다고 여김. 杜預 注에 "慶, 善也"라 함.
【氐】'致'와 같음.
【靈王之喪】周 靈王(姬泄心)은 魯 襄公 28년 12월에 죽고 이듬해 장례를 치름. 그때 印段이 장례에 참석함. 襄公 29년 傳을 볼 것.
【印段】鄭나라 대부. 자는 子石(伯石). 諡號는 獻子.
【吉在此矣】子産이 魯 昭公 21년에 죽고 游吉이 그 뒤를 이어 鄭나라 국정을 잡고 있었으므로 자신이 온 것으로 이미 할 만큼 하였다는 뜻.

※ **1578(昭30-4)**

冬十有二月, 吳滅徐, 徐子章羽奔楚.

겨울 12월, 오吳나라가 서徐나라를 멸망시키자 서자徐子 장우章羽는 초楚나라로 달아났다.

【徐】지금의 江蘇 泗洪縣 남쪽 洪澤湖 근처에 있었던 옛 나라. 子爵이었음.
【章羽】徐나라 군주의 이름.《公羊傳》에는 '章禹'로 되어 있으며 傳에도 역시 같음.

㊉

吳子使徐人執掩餘, 使鍾吾人執燭庸, 二公子奔楚.
楚子大封, 而定其徙, 使監馬尹大心逆吳公子, 使居養, 莠尹然·左司馬沈尹戌城之; 取於城父與胡田以與之, 將以害吳也.

子西諫曰:「吳光新得國, 而親其民, 視民如子, 辛苦同之, 將用之也. 若好吳邊疆, 使柔服焉, 猶懼其至. 吾又彊其讎, 以重怒之, 無乃不可乎! 吳, 周之胄裔也, 而棄在海濱, 不與姬通, 今而始大, 比于諸華. 光又甚文, 將自同於先王. 不知天將以爲虐乎, 使翦喪吳國而封大異姓乎, 其抑亦將卒以祚吳乎, 其終不遠矣. 我盍姑億吾鬼神, 而寧吾族姓, 以待其歸, 將焉用自播揚焉?」

王弗聽.

오吳나라 합려闔廬가 서徐나라에게 공자 엄여掩餘를 잡도록 하고, 종오鍾吾나라에게는 공자 촉용燭庸을 잡도록 하자 두 공자는 초楚나라로 달아나 버렸다.

초 소왕昭王은 그들을 큰 땅에 봉하여 옮겨 살 곳을 정해 주고, 감마윤監馬尹 대심大心에게 오나라 공자들을 맞이하도록 하여 양읍養邑에 살게 해 주었으며, 유윤蒍尹 연연然과 좌사마左司馬 심윤沈尹 술戌은 거기에 성을 쌓고, 성보城父와 호胡의 농토를 떼어 그들에게 주어 장차 오나라를 적대시할 참이었다.

그러자 자서子西가 초왕에게 간하였다.

"오왕 광光(闔廬)은 이제 새로 나라를 차지하여 그 백성을 친히 여겨 마치 자식같이 대하며 온갖 고생을 함께 하면서 장차 그들을 동원하려 하고 있습니다. 만약 우리가 오나라 변경과 사이좋게 지내면서 그들로 하여금 부드럽게 우리의 말을 듣도록 한다 해도 오히려 그들이 쳐들어올까 걱정해야 할 판에 그 원수를 강하게 하여 거듭 노하게 한다면 이는 잘못된 것이 아닙니까? 오나라는 주 왕실의 후예였으나 바닷가에 버려져 희성姬姓 제후들과는 소통하지 못하였으나 지금에 이르러는 바야흐로 강대해져서 중원中原과 견줄 수 있게 되었습니다. 그리고 오왕 광은 또한 심히 지식이 많아 장차 스스로 선왕先王처럼 되고자 하고 있습니다. 하늘이 장차 무슨 잔악한 짓을 하게 할지도 모릅니다. 그러한 오나라를 망하게 하여 그 땅을 다른 성씨의 큰 나라가 차지하도록 할지, 아니면 역시 장차 오나라에 복을 내릴지는 모를 일입니다. 그 결과는 먼 훗날이 아닐 것입니다. 우리는 어찌 잠시 우리 신령들을 편히 해드리고, 우리 백성들을 편안하게 하여 돌아가는 사태를 살펴 기다리지는 않고 도리어 장차 어찌 스스로 힘들게 그들을 부추기는 짓을 하려 하십니까?"

초왕은 그 말을 듣지 않았다.

【吳子】당시 吳나라 군주는 吳王 闔廬(光)로 재위 3년째였음.
【掩餘·燭庸】둘 모두 吳나라 公子들로 吳王 光의 즉위를 반대하며 徐나라와 鍾吾로 도망하였음. 昭公 27년에 "吳公子掩餘奔徐, 公子燭庸奔鍾吾"라 함.
【鍾吾】지금의 江蘇 宿遷縣에 있었던 작은 나라.《一統志》에 "今江蘇宿遷縣西北六十里有司吾城"이라 함.
【楚子】당시 楚나라 군주는 昭王(軫, 壬)으로 재위 4년째였으며 당시 겨우 11세였음.
【大封】杜預 注에 "大封, 與土田, 定其所徙之居"라 함.
【監馬尹】궁중의 말을 관리하는 總責의 직분.
【大心】監馬尹의 이름.
【蘩】지금의 河南 寶豐縣. 혹 지금의 河南 沈丘縣 남쪽 沈丘城이라고도 함.《彙纂》에 "今河南沈邱縣東有蘩城"이라 함. 한편 杜預 注에는 "二子奔楚, 楚使逆之於竟也. 蘩卽所封之邑"이라 함.
【蘧尹然】蘧尹은 蘧邑의 우두머리. 然은 그의 이름. '蘧'는 구체적으로 알 수 없음. 蘧는 '音誘'라 하여 '유'로 읽음.
【沈尹戌】楚 莊王의 曾孫이며 葉公 沈諸梁의 부친. 당시 左司馬였음. 그러나 杜預 注에 "莊王曾孫, 葉公諸梁父也"라 하였고,《潛夫論》에는 "左司馬戌者, 莊王之曾孫, 葉公諸梁者, 戌之第三弟也"라 하였고,《呂氏春秋》高誘 注에는 "沈尹戌, 莊王之孫, 沈諸梁, 葉公子高之父也"라 하여 각기 다름.
【城之】蘩邑에 성을 쌓음. 杜預 注에 "城蘩"이라 함.
【城父】지명. '夷'. 蘩邑의 동북. 지금의 安徽 亳縣 동남쪽 渦陽縣 서북쪽.
【胡】지금의 阜陽市. 杜預 注에 "胡田, 胡子之地"라 함.
【子西】당시 楚나라 令尹. 宜申. 楚 平王의 庶弟.《史記》楚世家에는 "子西, 平王之庶弟也"라 하였으나 服虔은 "子庶, 平王之長庶宜申"이라 함.
【柔服】부드럽게 하여 복종시킴. 杜預 注에 "柔服, 謂不與吳構怨"이라 함.
【其儺以重怒之】두 공자로 인하여 더욱 오나라가 노하도록 함. 杜預 注에 "儺, 謂二公子"라 함.

【胄裔】 후손. 吳나라는 太王의 첫째 아들 泰伯이 당시 미개지였던 남쪽 吳(지금의 江蘇 蘇州)으로 내려와 세운 나라로서 周나라와 같은 姬姓임.《史記》吳泰伯世家 참조.
【光又甚文】 오왕 光(闔廬)은 또한 아주 지식이 많음.
【先王】 오나라 선대의 훌륭한 왕들. 杜預 注에 "先王謂大王·王季, 亦自西戎, 始比諸華"라 함.
【億】 杜預 注에 "億, 安也"라 함. 雙聲互訓.
【自播揚】 스스로 자진하여 힘든 일을 자초함. 杜預 注에 "播揚, 猶勞動也"라 함.

㉢
吳子怒.
冬十二月, 吳子執鍾吾子.
遂伐徐, 防山以水之.
己卯, 滅徐, 徐子章禹斷其髮, 攜其夫人以逆吳子.
吳子唁而送之, 使其邇臣從之, 遂奔楚.
楚沈尹戌帥師救徐, 弗及.
遂城夷, 使徐子處之.

이에 오왕 광光(闔廬)이 노하였다.
겨울 12월, 오왕은 종오鍾吾의 군주를 체포하였다.
그리고 드디어 서徐나라를 정벌하고는 산을 제방 삼아 물을 끌어들였다.
기묘날, 서나라를 멸하자 서나라 군주 장우章禹가 머리를 자르고 자신의 부인을 이끌고 오왕을 맞이하였다.
그러자 오왕은 그를 위로하여 돌려보내면서 가까운 신하에게 그를 시종하도록 하였다. 그 때 서나라 군주는 곧바로 초나라로 달아났던 것이다.
초나라 심윤沈尹 술戌이 군사를 이끌고 서나라를 구원하러 나섰으나 이미 때가 늦었다.
그들은 곧 이夷에 성을 쌓고, 서나라 군주를 이곳에 거처하도록 해 주었다.

【鍾吾】 원전에는 '鍾吳'로 되어 있으나 앞 장 및 다른 판본에 의해 수정함.
【防山以水】 서나라 도읍 밖의 산들을 제방으로 삼아 물을 끌어넣어 수공 작전을 폈음을 말함. 杜預 注에 "防壅山水以灌徐"라 함.
【己卯】 12월 23일.
【章禹】 서나라 임금. 經文에는 '章羽'로 되어 있음.
【斷髮】 오나라 풍습을 흉내 내어 오나라 백성이 되겠노라 환심을 사고자 한 것임.
【夷】 城父를 가리킴. 杜預 注에 "夷, 城父也"라 함.

⑫

吳子問於伍員曰:「初而言伐楚, 余知其可也, 而恐其使余往也, 又惡人之有余之功也. 今余將自有之矣. 伐楚何如?」

對曰:「楚執政衆而乖, 莫適任患. 若爲三師以肄焉, 一師至, 彼必皆出. 彼出則歸, 彼歸則出, 楚必道敝. 亟肄以罷之, 多方以誤之. 旣罷而後以三軍繼之, 必大克之.」

闔廬從之, 楚於是乎始病.

오왕 합려가 오원伍員에게 물었다.

"지난날 그대가 초楚나라를 치자고 말하였소. 나는 그때 그것이 가능하다고 알았지만 당시 왕이 나에게 군사를 이끌고 공격하라 명할까 두려웠고, 또 남이 나의 공을 차지하는 것도 싫었소. 이제는 내 스스로 정벌하여 초나라를 차지하려 하니, 초나라를 치는 것이 어떻겠소?"

오원이 대답하였다.

"초나라에는 정치에 관여하는 사람이 많으면서 서로 뜻은 맞지 않아 국난을 책임질 자가 없습니다. 만약 우리가 삼군을 편성하여 마구 공경하되, 일군이 간다 하더라도 저들은 틀림없이 모두가 출동할 것입니다. 저들이 모두 나서면 우리는 물러서고, 저들이 물러서면 우리는 나서는 것입니다. 그렇게 하면 초나라는 틀림없이 도중에 지칠 것입니다. 자주 이렇게 갈피를 잡을 수 없도록 하여 여러 방법으로 오인하게 하는 것입니다. 이윽고 그들이 지친 이후에 삼군으로써 그 뒤를 따라 총 공세를 펴면 틀림없이 크게 이길 것입니다."

오왕 합려闔廬는 그 의견에 따랐다. 초나라는 이로부터 괴로움을 당하기 시작하였다.

【伍員】伍擧(椒擧)의 손자이며 伍奢의 아들. 伍尙의 아우. 伍子胥. 楚 平王과 아버지 伍奢가 太子 建의 혼인 문제에 비열함을 저지른 費無極의 참언으로 인해 멸족을 당하자 吳나라로 망명하여 춘추 말 吳楚戰鬪, 吳越鬪爭 등 많은 일화와 사건을 남긴 인물임. 《國語》吳語에는 '申胥'라 하였으며 申은 氏, 자는 子胥로 여겨짐. 《史記》伍子胥列傳 참조. 한편 '員'은 '員音云'이라 하여 '운'으로 읽어야 하나 일반적인 관례에 의해 그대로 '오원'(伍員)으로 읽음.
【伐楚】伍員이 吳王에게 楚나라를 치도록 권한 사실은 昭公 20년을 볼 것.
【惡人】당시 公子 光(뒤의 吳王 闔廬)은 吳王 僚를 미워하였음.
【肄】돌연히 습격하기도하고 즉시 물러서기도 함. 상대가 걷잡을 수 없도록 행동함. '肄'는 '肆'와 같음.
【始病】杜預 注에 "爲定四年吳入楚傳"이라 함.
【闔廬】闔閭로도 표기하며 춘추 말기 오나라의 영명한 임금. 이름은 光. 그 아들 夫差에 이르러서는 越王 句踐과 패권을 다투다가 뒤에 오나라는 망함.

212. 昭公 31年(B.C.511) 庚寅

周	敬王(姬匄) 9년	齊	景公(杵臼) 37년	晉	定公(午) 원년	衛	靈公(元) 24년
蔡	昭公(申) 8년	鄭	獻公(蠆) 3년	曹	聲公(野) 4년	陳	惠公(吳) 19년
杞	悼公(成) 7년	宋	景公(欒) 6년	秦	哀公(鍼?) 26년	楚	昭王(軫) 5년
吳	吳王(闔廬) 4년	許	許男(斯) 12년				

※ 1579(昭31-1)

三十有一年春王正月, 公在乾侯.

31년 봄 주력 정월, 소공은 여전히 간후乾侯에 머물고 있었다.

【乾侯】魯 昭公이 머물러 있는 곳. 乾侯는 晉나라 지명. 지금의 河北 成安縣 동남. 28년 經에 "公如晉, 次于乾侯"라 함.《漢書》地理志 顔師古 注에 "乾音干, 言其地水常涸也"라 함. 昭公은 결국 이곳에서 생을 마침.

⟨傳⟩
三十一年春王正月,「公在乾侯」, 言不能外內也.

31년 봄 정월, "소공이 간후乾侯에 거처하였다"라고 경에 기록한 것은 소공이 노나라 안팎 어디에도 있을 수 없는 처지였음을 말한 것이다.

【不能內外】杜預 注에 "公內不容於臣子, 外不容於齊·晉, 所以久在乾侯"라 함.

❋ 1580(昭31-2)
季孫意如會晉荀躒於適歷.

노나라 계손의여季孫意如가 진晉나라 순력荀躒과 적력適歷에서 만났다.

【季孫意如】魯나라 대부 季孫意如. 시호는 平子. 季悼子(季孫紇)의 아들이며 季武子(季孫宿)의 손자. 悼子가 아버지 武子보다 먼저 죽어 나중에 平子가 집안의 후계자가 됨.
【荀躒】荀盈(知盈)의 아들. 시호는 文子(文伯). 下軍佐에 임명하여 아버지 뒤를 잇도록 하였음. 杜預 注에 "躒, 荀盈之子, 知文子也. 佐下軍, 代父也"라 함. 《公羊傳》과 《穀梁傳》에는 '荀櫟'으로 표기되어 있음.
【適歷】杜預 注에 "適歷, 晉地"라 함. 《春秋釋地》에 "以適歷音滴瀝, 在今河北大名縣廢魏縣城, 地在乾侯東北, 荀躒一面會季孫, 一面囑孟孫從荀躒如乾侯, 道路甚順"이라 함.

❋ 1581(昭31-3)
夏四月丁巳, 薛伯穀卒.

여름 4월 정사날, 설백薛伯 곡穀이 죽었다.

【丁巳】4월 3일.
【薛伯穀】薛 獻公. 이름은 穀. 杜預 注에 "襄二十五年盟重丘"라 함.

⑲
薛伯穀卒, 同盟, 故書.

설薛나라 군주 곡穀이 세상을 떠났음을 기록한 것은 설나라는 노나라와 동맹국이었으므로 경에 그 이름을 기록한 것이다.

【同盟】襄公 25년 重丘에서 魯나라와 동맹을 맺은 적이 있음.
【故書】杜預 注에 "爲書名也. 入春秋來, 薛始書名, 故發傳. 經在荀躒唁公上·傳在下者, 欲魯事相次"라 함.

1582(昭31-4)

晉侯使荀躒唁公于乾侯.

진후晉侯가 순력荀躒으로 하여금 간후乾侯에서 소공을 위로하도록 하였다.

【荀躒】晉나라 대부. 荀盈(知盈)의 아들. 시호는 文子(文伯). 知伯으로도 불림. 下軍佐에 임명하여 아버지 뒤를 잇도록 하였음. 杜預 注에 "躒, 荀盈之子, 知文子也. 佐下軍, 代父也"라 함.

⑲
晉侯將以師納公.
范獻子曰:「若召季孫而不來, 則信不臣矣, 然後伐之, 若何?」

10. 〈昭公 31年〉 3189

晉人召季孫.

獻子使私焉, 曰:「子必來, 我受其無咎.」

季孫意如會晉荀躒于適歷.

荀躒曰:「寡君使躒謂吾子:『何故出君? 有君不事, 周有常刑. 子其圖之!』」

季孫練冠·麻衣, 跣行, 伏而對曰:「事君, 臣之所不得也, 敢逃刑命? 君若以臣為有罪, 請囚於費, 以待君之察也, 亦唯君. 若以先臣之故, 不絕季氏, 而賜之死; 若弗殺弗亡, 君之惠也, 死且不朽. 若得從君而歸, 則固臣之願也, 敢有異心?」

夏四月, 季孫從知伯如乾侯.

子家子曰:「君與之歸. 一憸之不忍, 而終身憸乎?」

公曰:「諾.」

眾曰:「在一言矣, 君必逐之!」

荀躒以晉侯之命唁公, 且曰:「寡君使躒以君命討於意如, 意如不敢逃死, 君其入也!」

公曰:「君惠顧先君之好, 施及亡人, 將使歸糞除宗祧以事君, 則不能見夫人. 己所能見夫人者, 有如河!」

荀躒掩耳而走, 曰:「寡君其罪之恐, 敢與知魯國之難! 臣請復於寡君.」

退而謂季孫:「君怒未怠, 子姑歸祭.」

子家子曰:「君以一乘入于魯師, 季孫必與君歸.」

公欲從之.

眾從者脅公, 不得歸.

진晉 정공定公이 군사를 내어 노 소공을 귀국시키려 하였다.

그러자 범헌자范獻子가 말하였다.

"만약 노나라 계손의여季孫意如를 불러보아 그가 오지 않으면 그는 진실로 신하 노릇을 못한 자입니다. 그러한 뒤에 그를 치는 것이 어떻겠습니까?"

그래서 진나라가 계손의여를 불렀다.

범헌자는 사사롭게 사람을 보내어 이렇게 말을 전하였다.

"부름을 받거든 꼭 오십시오. 아무런 벌도 내리지 않을 것임을 보장해 드리겠습니다."

그리하여 계손의여는 진나라 순력苟躒을 적력適歷에서 만나게 된 것이다.

순력이 말하였다.

"우리 임금께서 나로 하여금 그대에게 이르도록 하셨습니다. '무엇 때문에 임금을 축출하였는가? 임금이 있는데도 섬기지 않는 자를 처벌하는 것은 주周 왕실의 정해진 형법이다. 그대는 이를 잘 헤아릴 것!'이라고 말입니다."

계손의여는 연관練冠에 마의麻衣의 차림으로 맨발로 나아가 엎드려 대답하였다.

"임금을 섬기고자 하였으나 저는 제대로 모시지 못하였으니 제가 어찌 감히 형벌에서 벗어날 수 있겠습니까? 우리 임금께서 만약 저에게 죄가 있다고 여기신다면 저를 비費 땅에 가두어 주시고 임금의 살핌을 기다리되 오직 임금의 처분에 따를 뿐입니다. 만약 저의 선대 분들의 공을 생각하시어 계손씨季孫氏 가문을 끊지 않고 저에게만 죽음을 내리시거나, 만약 저를 죽이지도 않고 나라밖으로도 내쫓지도 않으신다면 그것은 우리 임금의 은혜이니 죽어도 그 은혜는 썩지 않고 길이 남을 것입니다. 그러나 만약 제가 우리 임금을 따라 귀국할 수만 있다면 이는 제가 진실로 바라던 바입니다. 어찌 감히 다른 마음을 품을 수 있겠습니까?"

여름 4월, 계손의여는 지백知伯(苟躒)을 따라 간후로 갔다.

그러자 자가자子家子가 말하였다.

"군주께서는 계손의여와 함께 돌아가십시오. 한때의 수치를 참지 못하여 종신토록 수치를 당하실 것입니까?"

소공이 말하였다.

"그렇게 하겠소."

그러자 여러 무리들이 말렸다.

"말 한마디에 달려 있습니다. 임금께서는 그를 꼭 쫓아내십시오!"

순력은 진나라 군주의 명을 받들어 소공을 위로하면서 이렇게 말하였다.

"우리 임금께서는 저로 하여금 임금의 명령으로써 계손의여를 꾸짖도록 하였는데 계손의여는 죽음에서도 감히 도망하지 못할 것이니 임금께서는 귀국하시지요!"

그러자 소공이 말하였다.

"귀국 임금께서는 선군 때부터의 우호 관계를 돌아보셔서 이처럼 밖으로 떠도는 나에게까지 은혜를 베푸셨소. 장차 나로 하여금 귀국하여 종묘를 깨끗이 청소하여 받들면서 귀국의 임금을 섬기라는 뜻이라면 나는 계손씨를 더 이상 보지 않을 것이오. 내가 그를 만난다면 그의 죄는 하수河水처럼 큰 것이오."

순력은 손으로 귀를 막고 뛰쳐나가면서 이렇게 말하였다.

"우리 임금께서는 그대께서 노나라로 들여보내지 못하고 있음을 죄로 여겨 두려워하고 계시는데 감히 노나라의 환난을 알고자 하시겠소! 저는 청하건대 그대로 우리 임금께 보고하겠습니다."

순력은 물러나와 계손의여에게 전하였다.

"임금의 분노는 아직 가라앉지 않았습니다. 그러니 그대는 잠시 돌아가 그래도 임금을 잘 모시기 바랍니다."

그때 자가자가 말하였다.

"임금께서는 수레 한 대만 타고 노나라 군중軍中으로 들어가십시오. 계손의여는 틀림없이 군주를 모시고 돌아갈 것입니다."

소공은 그 말에 따르려 하였다.

그러나 소공을 따르는 무리들이 반대하며 소공을 위협하여 소공은 결국 귀국할 수 없었다.

【晉侯】당시 晉나라는 定公(午) 즉위 원년이었음.

【范獻子】晉나라 대부. 范軮. 士軮. 范叔으로도 불림. 시호는 獻子. 士匄(宣子)의 아들이며 士燮(范文子)의 손자.

【季孫】季平子. 魯나라 대부 季孫意如. 시호는 平子. 季悼子(季孫紇)의 아들이며 季武子(季孫宿)의 손자. 悼子가 아버지 武子보다 먼저 죽어 나중에 平子가 집안의 후계자가 됨. 국내에서 소공의 축출을 방관하였고 귀국 활동에 대해 적극 나서지도 않아 소공과 그 무리들로부터 심한 원한을 하고 있었음.

【荀躒】晉나라 대부. 荀盈(知盈)의 아들. 시호는 文子(文伯). 知伯으로도 불림. 下軍佐에 임명하여 아버지 뒤를 잇도록 하였음. 杜預 注에 "躒, 荀盈之子, 知文子也. 佐下軍, 代父也"라 함.
【我受其咎】'受'는 '보장하다'의 뜻.《左傳會箋》에 "受其無咎, 猶保其無咎也.《尙書》召誥曰「保受王威命明德」,《儀禮》士冠禮字辭曰「永受保之」, 是受與保義相近"이라 함.
【練冠】喪冠. 喪服제도에서 斬衰 13개월 때 쓰는 모자.
【麻衣】喪服. 아무런 물감이나 장식을 하지 않은 삼베옷.《禮記》間傳에 "期而大祥, 素縞麻衣"라 함.
【徒跣】맨발.《禮記》問喪에 "親始死徒跣"이라 함.
【君】본문의 군은 모두 魯 昭公을 가리킴. 杜預 注에 "君皆謂魯侯也. 蓋季孫探言罪己輕重以答荀躒"이라 함.
【知伯】荀躒을 가리킴.
【子家子】魯나라 대부. 子家懿伯. 子家羈. 昭公을 모시고 늘 수행하고 있었음.
【在一言矣】昭公이 晉나라에 한마디만 하면 진나라가 季孫意如는 쫓아내 줄 것이라 착각을 한 것임. 그러나 이미 계손의여와 순력이 약속한 것이 있었음.
【糞除】깨끗이 청소함.《說文》에 "糞, 棄除也"라 함.
【夫人】그 사람. 구체적으로 계손의여를 가리킴. 소공은 설령 그를 살려둘지라도 절대 그를 만나지는 않겠다는 뜻을 강하게 펴 보인 것임.
【子姑歸祭】'祭'는 '제사를 지내다'의 뜻이지만 '임금을 잘 모시다'의 뜻으로 轉移되었음. 杜預 注에 "歸攝君事"라 함.

※ **1583(昭31-5)**

秋, 葬薛獻公.

가을, 설薛 헌공獻公의 장례를 치렀다.

【薛獻公】이름은 穀.
＊無傳

㊪
秋, 吳人侵楚, 伐夷, 侵潛·六.
楚沈尹戌帥師救潛, 吳師還.
楚師遷潛於南岡而還.
吳師圍弦, 左司馬戌·右司馬稽帥師救弦, 及豫章, 吳師還.
始用子胥之謀也.

가을, 오吳나라가 초楚나라를 침공하여 이夷 땅을 치고, 잠潛과 육六 땅을 침범하였다.

초나라 심윤沈尹 술戌이 군사를 이끌고 잠 땅을 구원하러 나서자 오나라 군사들이 되돌아갔다.

초나라 군사는 잠 땅 사람들을 남강南岡으로 옮기고 귀환하였다.

이번에는 오나라 군사가 현弦 땅을 포위하자 초나라의 좌사마 심윤 술과 우사마 계稽가 군사를 이끌고 현 땅을 구원하고 나서 예장豫章에 이르자 오나라 군사가 돌아갔다.

이때부터 오나라가 자서子胥(伍員)의 계략을 쓰기 시작한 것이다.

【夷】城父. 혹 '彛'로도 표기함.
【潛】楚나라의 읍. 潛은 지금의 安徽 霍山縣.
【六】지금의 安徽 六安縣에 있던 작은 나라.
【沈尹戌】楚 莊王의 曾孫이며 葉公 沈諸梁의 부친. 그러나 杜預 注에 "莊王曾孫, 葉公諸梁父也"라 하였고,《潛夫論》에는 "左司馬戌者, 莊王之曾孫, 葉公諸梁者, 戌之第三弟也"라 하였고,《呂氏春秋》高誘 注에는 "沈尹戌, 莊王之孫, 沈諸梁, 葉公子高之父也"라 하여 각기 다름.
【南岡】《左通補釋》에 "以霍山縣東北三十里有灊城, 南岡卽漢置縣處也"라 함.
【弦】초나라 읍. 지금의 河南 潢川縣 서남쪽.
【稽】楚나라 右司馬의 이름.
【豫章】지금의 壽縣. 昭公 24년의 豫章은 지금의 江西 餘干 부근이었음.
【子胥】伍子胥. 伍員. 그의 계략은 지난해 "若爲三師以肄焉, 一師至, 彼必皆出. 彼出則歸, 彼歸則出, 楚必道敝. 亟肄以罷之, 多方以誤之. 旣罷而後以三軍繼之, 必大克之"라 한 것을 말함.

* **1584**(昭31-6)

冬, 黑肱以濫來奔.

겨울, 흑굉黑肱이 남濫 땅을 가지고 노나라로 망명해 왔다.

【黑肱】杜預 注에 "黑肱, 邾大夫. 不書邾, 史闕文"이라 하여 邾나라를 밝히지 않은 것은 史官이 빠뜨린 것이라 하였음.
【濫】晉나라 때 東海郡 昌慮縣. 지금의 山東 滕縣 동남쪽.《一統志》에 "在今山東滕縣東南六十里"라 함.

㊅

冬, 邾黑肱以濫來奔. 賤而書名, 重地故也.
君子曰:「名之不可不愼也如是, 夫有所有名而不如其已. 以地叛, 雖賤, 必書地, 以名其人, 終爲不義, 弗可滅已. 是故君子動則思禮, 行則思義; 不爲利回, 不爲義疚. 或求名而不得, 或欲蓋而名章, 懲不義也. 齊豹爲衛司寇, 守嗣大夫, 作而不義, 其書爲『盜』. 邾庶其・莒牟夷・邾黑肱以土地出, 求食而已, 不求其名. 賤而必書. 此二物者, 所以懲肆而去貪也. 若艱難其身, 以險危大人, 而有名章徹, 攻難之士將奔走之. 若竊邑叛君以徼大利而無名, 貪冒之民將寘力焉. 是以《春秋》書齊豹曰『盜』, 三叛人名, 以懲不義, 數惡無禮, 其善志也. 故曰:『《春秋》之稱微而顯, 婉而辨. 上之人能使昭明, 善人勸焉, 淫人懼焉, 是以君子貴之.』」

겨울, 주邾나라 흑굉黑肱이 남濫 땅을 가지고 노나라로 도망 왔다. 그는 지위가 낮은 사람이었지만 경에 그의 이름을 쓴 것은 토지를 소중히 여겼기 때문이었다.
군자는 이렇게 말하였다.
"사람의 이름이 신중히 다루어지지 않을 수 없음은 이와 같다. 무릇 이름이란 드러나는 것이 드러나지 않느니만 못한 경우가 있다. 토지를 들고 군주를 배반하면 비록 지위가 낮은 자라 하더라도 반드시 그 땅을 써서 밝혀 그의 이름을 기록하였으니 마침내 의롭지 못함이 되며 그것은 지워질 수가 없는 것이다. 이 까닭으로 군자는 몸을 움직이면 예를 생각하고, 일을 행하면 의를 생각하며, 이익 때문에 회절함이 없으며 의 때문에 괴로워하지 않는다. 혹 이름나기를 바라지만 그렇게 되지 않는 경우도 있고, 혹 이름을 감추려 해도 그 이름이 드러나는 경우도 있으니 이는 모두 의롭지 못함을 징계한 것이다. 제표齊豹는 위衛나라 사구司寇로서 대대로 대부의 지위를 지킨 가문이었으나 불의한 짓을 하였기에 경에 '도盜'라 기록하였다. 주邾나라 서기庶其와 거莒나라 모이牟夷, 그리고 주나라 흑굉은 토지를 가지고 도망하여 그저 녹이나 받아먹으면 되리라 여겼을 뿐 그 이름이 남겨지기를 바란 것은 아니었다. 그러나 그들의 지위가 낮았음에도 반드시 그 이름을 경문에 기록한 것이다. 이 두 가지 예는 마구 하는 짓을 징계하고 탐욕을 제거하기 위한 것이다. 만약 자신을 어려움에 빠뜨리면서도 윗사람을 위험으로부터 구해내어 그 이름이 빛나게 된다면 어려운 일을 잘하는 용사들은 장차 그런 일을 하겠다고 달려갈 것이다. 만약 나라의 읍을 훔쳐 군주를 배반하며 큰 이익을 구하였으나 그의 이름이 밝혀지지 않는다면 탐욕과 모험을 부리는 백성이 거기에 힘을 쏟을 것이다. 이 까닭으로 《춘추》에는 제표를 '도'라 기록하였고, 세 명의 배반자 이름을 밝혀 그 불의를 징계하고, 사악함과 무례함을 꾸짖은 것이니 이는 훌륭한 기록이었던 것이다. 그러므로 《춘추》를 미세한 듯이 기록하되 드러나며, 완곡하게 표현하되 변별이 뚜렷하다 칭한 것이다. 위에 있는 사람으로서 능히 이러한 것을 잘 밝힐 수만 있다면 착한 사람은 더욱 힘쓰고, 사특한 사람은 더욱 두려워할 것이니 이 까닭으로 군자는 이러한 기록 방법을 귀히 여기는 것이다'라 하였다."

【濫】 지금의 山東 藤縣.
【齊豹】齊豹는 衛 靈公의 형을 縶을 살해하여 經文에 "盜殺衛侯之兄縶"이라 하였음. 昭公 20년을 볼 것.
【庶其】襄公 21년을 볼 것.

【牟夷】昭公 5년을 볼 것. 이상 세 명은 모두 노나라로 도망하여 왔던 자들임.
【微而顯】杜預 注에 "文微而義著"라 함. 微言大義를 뜻함.
【婉而辨】杜預 注에 "辭婉而旨別"이라 함.

● **1585(昭31-7)**

十有二月辛亥朔, 日有食之.

12월 신해날 초하루, 일식이 있었다.

【日有食之】천문 계산으로 B.C.511년 11월 14일 皆旣日蝕이 있었음.

㊝
十二月辛亥朔, 日有食之.
是夜也, 趙簡子夢, 童子臝而轉以歌.
旦占諸史墨, 曰:「吾夢如是, 今而日食, 何也?」
對曰:「六年及此月也, 吳其入郢乎, 終亦弗克. 入郢必以庚辰, 日月在辰尾. 庚午之日, 日始有謫. 火勝金, 故弗克.」

12월 신해날 초하루, 일식이 있었다.
 그날 밤 진晉나라 조간자趙簡子의 꿈에 어떤 동자가 발가벗고 노래에 맞추어 춤을 추는 것이었다.
 다음날 아침, 태사 채묵蔡墨에게 점을 쳐보도록 하면서 이렇게 말하였다.
 "내가 이런 꿈을 꾸고 나서 일식이 있었으니 이게 어찌 된 일인가?"
 그러자 채묵이 대답하였다.
 "지금부터 여섯 해 뒤의 이달에 오吳나라는 초楚나라 도읍 영郢으로 들어갈 것이나 결국 이기지는 못할 것입니다. 오나라 군사가 영으로 들어가는 날은 틀림없이 경진날일 것이니 해와 달이 진성辰星의 꼬리부분에 있게 될 것입니다. 그러고 나서 경오날에 해가 비로소 변화를 일으키는 점괘가 되는 것입니다. 화火는 금金을 이깁니다. 그러므로 오나라는 초나라를 이기지 못하는 것입니다."

【趙簡子】趙鞅. 이름은 志父. 趙孟으로도 불림. 晉나라 대부. 趙武(文子)의 손자. 范氏, 中行氏와 권력투쟁 끝에 이겨 趙나라의 기초를 세운 인물. 이들 후손이 전국시대 趙나라를 세움.

【臝】'裸'와 같음. 裸體, 벌거벗음.

【轉以歌】沈欽韓의 〈補注〉에 "轉者, 舞之節以應歌也.《淮南子》齊俗訓「古者歌樂而舞轉」, 又修務訓「動容轉曲」"이라 함.

【蔡墨】晉나라 대부. 蔡史墨, 史墨 史黶, 史默 등으로 불리며 故事와 常識에 밝았던 인물. 성은 蔡, 太史를 지냈으며 黶은 字로 여겨짐.

【日食】杜預 注에 "間者夢適與日食會, 謂咎在己, 故問之. 史墨知夢非日食之應, 故釋日食之咎, 而不釋其夢"이라 함.

【六年】吳나라가 楚나라 郢을 쳐들어간 것은 定公 4년 11월로 실제 5년 뒤임. 한편 杜預 注에는 "火勝金者, 金爲火, 妃食在辛亥, 亥, 水也, 水數六, 故六年也"라 함.

【郢】초나라 도읍. 吳나라가 定公 4년 伍子胥의 모책에 의해 楚나라를 쳐들어가서 郢을 함락시켰으며 이때 伍子胥는 아버지와 형을 죽인 楚 平王의 무덤을 찾아가 다시 剖棺戮屍하며 분풀이를 하였음. 이때 申包胥가 秦나라에 조정에 가서 도움을 요청, 吳나라가 秦나라에 패함.

【謫】杜預 注에 "謫, 變氣也. 庚午, 十月十九日, 去辛亥朔四十一日, 雖食在辛亥, 更以始變爲占也. 午, 南方, 楚之位也. 午, 火; 庚, 金也. 日以庚午有變, 故災在楚. 楚之仇敵唯吳, 故知入郢必吳"라 함.

【火】庚午의 午는 남방이며 火를 상징함. 楚나라를 가리킴.

213. 昭公 32年(B.C.510) 辛卯

周	敬王(姬匄) 10년	齊	景公(杵臼) 38년	晉	定公(午) 2년	衛	靈公(元) 25년
蔡	昭公(申) 9년	鄭	獻公(蠆) 4년	曹	聲公(野) 5년	陳	惠公(吳) 20년
杞	悼公(成) 8년	宋	景公(欒) 7년	秦	哀公(鍼?) 27년	楚	昭王(軫) 6년
吳	吳王(闔廬) 5년	許	許男(斯) 13년				

❀ 1586(昭32-1)

三十有二年春王正月, 公在乾侯.

32년 봄 주력 정월, 소공이 간후乾侯에 머물고 있었다.

【乾侯】魯 昭公이 머물러 있는 곳. 乾侯는 晉나라 지명. 지금의 河北 成安縣 동남. 28년 經에 "公如晉, 次于乾侯"라 함.《漢書》地理志 顔師古 注에 "乾音干, 言其地水常涸也"라 함. 昭公은 결국 이곳에서 생을 마침.

❀ 1587(昭32-2)

取闞.

감闞을 차지하였다.

【闞】杜預 注에 "公別居乾侯, 遣人誘闞而取之, 不用師徒"라 함.《公羊傳》에는 이를 邾邑이라 하여 黑肱이 가지고 망명한 '濫'이라 하였으나 高士奇는《左傳紀事本末》에서 "是時昭公失國, 取闞以自封, 疑闞爲魯邑, 非邾邑也"라 함.
＊無傳

㊀
三十二年春王正月,「公在乾侯」, 言不能外內, 又不能用其人也.

32년 봄 정월, "소공이 간후乾侯에 머물고 있었다"라 기록한 것은 소공이 국내와 국외에 있을 수가 없었고, 현명한 사람의 계책을 받아들이지 못하였음을 두고 말한 것이다.

【其人】杜預 注에 "其人謂子家羈也. 言公不能用其人, 故於今猶在乾侯"라 함.

※ 1588(昭32-3)
夏, 吳伐越.

여름, 오吳나라가 월越나라를 쳤다.

㊀
夏, 吳伐越, 始用師於越也.
史墨曰:「不及四十年, 越其有吳乎! 越得歲而吳伐之, 必受其凶.」

여름에 오吳나라가 월越나라를 친 것은 오나라가 월나라에 처음으로 군사 행동을 한 것이다.
사묵史墨이 말하였다.

"40년이 채 못 되어 월나라가 오나라를 차지할 것이다. 월나라 땅에 세성歲星이 자리 잡고 있는데도 오나라가 월나라를 공격하니 오나라는 틀림없이 그 재앙을 입을 것이다."

【史墨】晉나라 대부. 蔡墨. 蔡史墨, 史黶, 史默 등으로 불리며 故事와 常識에 밝았던 인물. 성은 蔡, 太史를 지냈으며 黶은 字로 여겨짐.
【歲】歲星. 木星. 12년 주기로 태양을 돌아 歲星이라 함. 그러나 《周禮》 春官 保章氏 鄭玄 注에 "今其存可言者. 十二次之分也. 星紀, 吳·越也; 玄枵, 齊也; 娵訾, 衛也; 降婁, 魯也; 大梁, 趙也; 實沈, 晉也; 鶉首, 秦也; 鶉火, 周也; 鶉尾, 楚也; 壽星, 鄭也; 大火, 宋也; 析木, 燕也"라 하여 吳나라와 越나라는 함께 星紀(歲星)에 해당함.
【不及四十年】38년 뒤인 哀公 22년에 越나라가 吳나라를 멸하였음.

● **1589(昭32-4)**

秋七月.

가을 7월.

● **1590(昭32-5)**

冬, 仲孫何忌會晉韓不信·齊高張·宋仲幾·衛世叔申·鄭國參·曹人·莒人·薛人·杞人·小邾人城成周.

겨울, 중손하기仲孫何忌가 진晉나라 한불신韓不信·제齊나라 고장高張·송宋나라 중기仲幾·위衛나라 세숙신世叔申·정鄭나라 국참國參·조曹나라·거莒나라·설薛나라·기杞나라·소주小邾나라 사람과 만나 성주成周에 성을 쌓았다.

【仲孫何忌】魯나라 大夫. 孟懿子. 孟僖子의 후계자. 시호는 懿子.
【韓不信】晉나라 大夫. 자는 伯音. 韓起의 손자이며 시호는 簡子.
【高張】齊나라 大夫. 高偃의 아들.
【仲幾】宋나라 大夫. 仲江의 玄孫으로 向寧 대신 左師가 되었음.
【世叔申】衛나라 世叔儀의 손자.
【國參】鄭나라 子産의 아들.
【成周】왕자 朝의 난에 왕자 조의 무리가 王城을 점령하였고, 난이 진정된 뒤에도 그 餘黨이 왕성 안에 많이 있었으므로, 敬王이 昭公 23년 이래 成周에 있었음. 《說苑》修文篇에 "春秋曰:『天王入于成周』傳曰:「成周者何? 東周也.」"라 함.

傳

秋八月, 王使富辛與石張如晉, 請城成周.

天子曰:「天降禍于周, 俾我兄弟並有亂心, 以爲伯父憂, 我一二親昵甥舅不遑啓處, 於今十年. 勤戍五年. 余一人無日忘之, 閔閔焉如農夫之望歲, 懼以待時. 伯父若肆大惠, 復二文之業, 弛周室之憂, 徼文・武之福, 以固盟主, 宣昭令名, 則余一人有大願矣. 昔成王合諸侯城成周, 以爲東都, 崇文德焉. 今我欲徼福假靈于成王, 修成周之城, 俾戍人無勤, 諸侯用寧, 蟊賊遠屛, 晉之力也. 其委諸伯父, 使伯父實重圖之, 俾我一人無徵怨于百姓, 而伯父有榮施, 先王庸之.」

范獻子謂魏獻子曰:「與其戍周, 不如城之. 天子實云, 雖有後事, 晉勿與知可也. 從王命以紓諸侯, 晉國無憂, 是之不務, 而又焉從事?」

魏獻子曰:「善.」

使伯音對曰:「天子有命, 敢不奉承以奔告於諸侯, 遲速衰序, 於是焉在.」

冬十一月, 晉魏舒・韓不信如京師, 合諸侯之大夫于狄泉, 尋盟, 且令城成周.

魏子南面.

衛彪傒曰:「魏子必有大咎. 干位以令大事, 非其任也.《詩》曰『敬天之怒, 不敢戲豫; 敬天之渝, 不敢馳驅』, 況敢干位以作大事乎?」

己丑, 士彌牟營成周, 計丈數, 揣高卑, 度厚薄, 仞溝洫, 物土方, 議遠邇, 量事期, 計徒庸, 慮材用, 書餱糧, 以令役於諸侯.

屬役賦丈, 書以授帥, 而效諸劉子, 韓簡子臨之, 以爲成命.

가을 8월, 천자 주周 소왕昭王이 부신富辛과 석장石張을 진晉나라에 보내어 성주成周에 성을 쌓도록 명을 내리도록 하였다.

그러면서 천자는 이렇게 전하도록 하였다.

"하늘이 주나라에 화를 내려, 나의 형제들이 서로 어지러운 마음을 갖게 하여 백부伯父가 근심하게 만들었습니다. 내가 여러 친척과 인척 나라들이 편안히 지낼 겨를이 없었던 것이 어언 10년이나 되었소이다. 그대가 주 왕실을 지키기에 힘쓴 지가 5년이나 되었습니다. 나는 그 공을 하루도 잊은 날이 없었고, 마음을 졸이며 마치 농부가 풍년을 바라는 마음으로 두려워하면서 좋은 때가 오기를 기다리고 있었습니다. 백부께서 만약 큰 혜택을 베풀어 진나라의 문후文侯와 문공文公 두 군주가 쌓았던 업적과 같은 큰 공을 다시 쌓아 우리 주 왕실의 걱정을 덜게 하시고, 문왕文王과 무왕武王께서 누리셨던 복을 받아 맹주의 지위를 견고히 하시어, 아름다운 이름을 널리 밝히신다면 이것이 바로 나 한 사람의 큰 소원입니다. 옛날에 성왕成王께서는 제후들을 모아 성주에 성을 쌓아 동도東都로 삼으시고, 문왕의 덕을 높이셨습니다. 지금 나는 성왕에게 복을 빌어 그 혼령의 도움으로 성주의 성을 쌓음으로써 주 왕실을 수비하는 노고가 없게 하려 합니다. 그리하여 제후들이 편안해지고 독충 같은 해로운 도적을 멀리 물리칠 수 있다면 이는 진나라의 공입니다. 이에 그러한 임무를 백부께 맡겨 백부로 하여금 거듭 이를 도모할 수 있도록 하려는 것입니다. 나로 하여금 백성들로부터 원망을 받지 않도록 해 주시어 백부가 영예스러운 혜택을 베풀어 주신다면 선왕들의 영혼은 백부의 공에 크게 보답하실 것입니다."

그러자 범헌자范獻子가 위헌자魏獻子에게 말하였다.

"우리는 주 왕실을 수비하느라 애쓰느니 차라리 성을 쌓아주느니만 못합니다. 천자께서도 수비는 그만두고 성을 쌓으라고 말씀하신 것이니 성을 쌓아준 다음에는 비록 그 뒤에 무슨 일이 생기더라도 우리는 알지 않아도 됩니다. 우리가 천자의 명령에 따라 제후들을 편하게 해준다면 진나라도 근심을 없앨 수 있을 것입니다. 이런 일에 힘쓰지 않고 또 무슨 일을 하겠습니까?"

위헌자가 말하였다.

"좋습니다."

그리하여 백음伯音(韓不信)을 보내 답변을 전하게 하였다.

"천자께서 명을 내리셨는데 어찌 감히 그 명을 받들고 달려가 제후들에게 알리지 않겠습니까? 성 쌓는 작업의 시작은 제후들의 등급에 따라 왕께서 명하는 데에 달려 있습니다."

겨울 11월, 진나라 위서魏舒와 한불신韓不信이 주나라 경사京師로 가서 제후들의 대부들과 적천狄泉에서 모여 동맹을 다지고, 성주에 성을 쌓도록 명하였다.

그때 위서는 남면南面하고 지시하였다.

그러자 위衛나라 표혜彪傒가 말하였다.

"위씨魏氏는 반드시 큰 허물을 뒤집어 쓸 것이다. 군주의 위치를 범하고서 큰일을 지시하는 것은 그가 할 일이 아니다. 《시》에 '하늘의 노여움을 두려워하여 감히 날뛰며 놀지 않는다. 하늘의 변화를 두려워하여 감히 수레를 마구 달리지 않는다'라 하였다. 하물며 군주의 위치를 범하면서 큰일을 하려 하는 경우임에랴?"

기축날, 진나라 사미모士彌牟는 성주에 성 쌓기를 계획하였다. 성의 길이, 높이, 두께를 계산하고, 성 주위의 수로를 대어보며 흙 채취할 곳을 물색하여 그 거리를 따져보며, 일할 기간을 헤아리고 인부 수를 계산하고, 비용과 재료를 생각하고, 필요한 양의 식량을 기록하여 각 제후들에게 일거리를 명령하였다.

그것을 각기 맡을 일을 할당하여 이를 문서로 만들어 대부들에게 주고 그 내용을 왕실 측 유문공劉文公에게 건네주었다. 그리하여 한간자韓簡子(韓不信)가 이에 임하여 이로써 계획을 확정하였다.

【王】당시 周나라 천자는 周 敬王(姬匄) 재위 10년째였음.

【富辛·石張】두 사람 모두 周나라 대부.

【成周】왕자 朝의 난에 王子 朝의 무리가 王城을 점령하였고, 난이 진정된 뒤에도 그 餘黨이 왕성 안에 많이 있었으므로, 敬王이 昭公 23년 이래 成周에 있었음. 杜預 注에 "子朝之亂, 其餘黨在王城, 敬王畏之, 徙都成周. 成周狹小, 故請城之"라 함.《說苑》修文篇에 "春秋曰:『天王入于成周』傳曰:「成周者何? 東周也.」"라 함.

【於今十年】昭公 23년 이후. 실제로는 11년째였음.

【勤戍五年】昭公 28년 이후.

【伯父】周나라 왕이 同姓인 晉나라 군주를 부르는 칭호.

【二文】晉나라 文侯(仇)와 文公(重耳)을 말함. 文侯는 平王의 周室의 東遷을 도왔으며 文公은 襄王을 도왔음. 僖公 28년 傳을 볼 것.

【成王】姬誦. 周公 旦의 보필을 받았으며 그가 成周에 성을 쌓은 것은《尙書》洛誥에 실려 있음.

【蟊賊】'蟊'는 벼의 줄기와 뿌리를 갉아 먹는 해충. 아주 못된 자를 일컫는 말.

【俾我一人無徵怨于百姓】주나라 왕이 혼자 힘으로 성주에 성을 쌓으면 백성들이 왕을 원망할 것이지만 진나라가 제후들과 힘을 합쳐 쌓으면 왕에게 아무런 원망이 없게 되리라는 뜻.

【庸】그 공로를 갚아 줄 것임. 복을 내릴 것임.

【范獻子】范鞅. 晉나라 대부. 士鞅. 范叔으로도 불림. 시호는 獻子. 士匄(宣子)의 아들이며 士燮(范文子)의 손자.

【魏獻子】魏舒. 晉나라 대부. 魏絳의 아들.

【實云】실제 그렇게 말함. 杜預 注에 "云欲罷戍而城"이라 함.

【伯音】晉나라 대부 韓不信. 韓起의 손자. 시호는 簡子.

【遲速衰序, 於是焉在】杜預 注에 "衰, 差也. 在周所命"이라 하여 공사 시작의 때는 차례를 정해 각 제후국 등급에 따라 분배하되 그 명령은 임금에게 있음.

【狄泉】翟泉과 같음. 궁성 밖에 있었음. 僖公 29년을 볼 것. 杜預 注에 "敬王辟子朝也. 狄泉, 今洛陽城內大倉西南池水也, 時在城外"라 하였고, 孔穎達 疏에 "狄泉若在城內, 宜云'王居成周', 知此時在城外也. 今在城內者,〈土地名〉云: 或曰, 定元年城成周, 乃遷之入城內也"라 함.

【尋盟】平丘에서의 맹약을 다시 확인함.

【南面】군주가 남쪽을 향해 앉음. 임금의 자리나 자세를 뜻함.

【彪傒】衛나라 대부.
【大咎】큰 허물. 재앙. 화. 과연 魏舒는 이듬해 晉나라로 돌아가기 전에 죽고 말았음.
【詩】《詩經》大雅 板篇에 "敬天之怒, 無敢戱豫. 敬天之渝, 無敢馳驅. 昊天曰明, 及爾出王. 昊天曰旦, 及爾游衍"이라 함.
【己丑】11월 14일.
【士彌牟】晉나라 대부. 士景伯, 士伯으로도 부름. 士文伯의 아들. 杜預 注에 "景伯, 士文伯之子彌牟也"라 함.
【營】營建. 토목공사를 벌임. 여기서는 기초 설계를 시작함을 뜻함.
【量事期】농사철을 피하여 공사를 시작할 시기와 그 기간 등을 계산하여 헤아림.
【劉子】周 王室의 卿士. 劉文公.
【韓簡子】晉나라 대부 韓不信. 伯音. 韓起의 손자이며 시호는 簡子.
【成命】방안이나 계획을 확정함.

❋ 1591(昭32-6)

十有二月己未, 公薨于乾侯.

12월 기미날, 소공이 간후乾侯에서 훙거하였다.

【乾侯】魯 昭公이 머물러 있는 곳. 乾侯는 晉나라 지명. 지금의 河北 成安縣 동남. 28년 經에 "公如晉, 次于乾侯"라 함.《漢書》地理志 顔師古 注에 "乾音干, 言其 地水常涸也"라 함. 昭公은 결국 이곳에서 생을 마침.

(傳)
十二月, 公疾, 徧賜大夫, 大夫不受.

賜子家子雙琥·一環·一璧·輕服, 受之.

大夫皆受其賜.

己未, 公薨.

子家子反賜於府人, 曰:「吾不敢逆君命也.」

大夫皆反其賜.

書曰:「公薨于乾侯」, 言失其所也.

趙簡子問於史墨曰:「季氏出其君, 而民服焉, 諸侯與之; 君死於外而莫之或罪, 何也?」

對曰:「物生有兩·有三·有五·有陪貳. 故天有三辰, 地有五行, 體有左右, 各有妃耦, 王有公, 諸侯有卿, 皆其貳也. 天生季氏, 以貳魯侯, 爲日久矣. 民之服焉, 不亦宜乎! 魯君世從其失, 季氏世修其勤, 民忘君矣. 雖死於外, 其誰矜之? 社稷無常奉, 君臣無常位, 自古以然. 故《詩》曰:『高岸爲谷, 深谷爲陵.』三后之姓於今爲庶, 主所知也. 在易卦, 雷乘乾曰大壯䷡, 天之道也. 昔成季友, 桓之季也, 文姜之愛子也. 始震而卜, 卜人謁之, 曰:『生有嘉聞, 其名曰友, 爲公室輔.』及生, 而如卜人之言, 有文在其手曰'友', 遂以名之. 旣而有大功於魯, 受費以爲上卿. 至於文子·武子, 世增其業, 不廢舊績. 魯文公薨, 而東門遂殺適立庶, 魯君於是乎失國, 政在季氏, 於此君也四公矣. 民不知君, 何以得國? 是以爲君慎器與名, 不可以假人.」

12월에 소공이 병이 들어 자신을 따르는 대부들에게 물품을 골고루 하사하였으나 대부들은 받지 않았다.

자가자子家子에게 호옥琥玉 한 쌍과 옥환玉環 하나, 벽옥璧玉 하나와 가벼운 옷 한 벌을 하사하자 그는 받았다.

그러자 다른 대부들도 모두 그 하사품을 받았다.

기미날, 소공이 훙거하였다.

자가자는 하사받았던 물건들을 창고 관리인에게 내려주며 이렇게 말하였다.

"내 감히 군주께서 내리신 명을 어기지 못하여 받았던 것입니다."

그러자 다른 대부들도 모두 하사받았던 물건을 되돌려 주었다.

경에 "소공이 간후에서 훙거하였다"라 기록한 것은 군주로서의 정당한 자리에서 세상을 떠나지 못하였음을 말한 것이다.

진나라 조간자趙簡子가 태사 채묵蔡墨에게 물었다.

"노나라의 계씨季氏는 자신의 군주를 몰아내게 하였는데도 백성들이 그에게 복종하고, 제후들도 그의 편이 되었습니다. 군주가 국외에서 죽었어도 그에게 죄를 묻는 자가 없으니 어찌된 일입니까?"

채묵이 답하였다.

"만물이 생겨날 때에는 둘이 있기도 하고 셋이나 다섯이 있기도 하며, 따라 돕는 자가 있게 마련입니다. 그러므로 하늘에는 삼신三辰이 있고, 땅에는 오행五行이 있습니다. 몸에는 좌우가 있어 각각의 짝이 있으며, 왕에게는 공公이 있고 제후에게는 경卿이 있어, 저마다 모시며 돕는 것입니다. 하늘이 노나라의 계씨 집안을 탄생시켜 노나라 군주를 돕게 한 지가 오래되었습니다. 그러니 백성들이 그에게 복종하는 것은 마땅한 일이 아니겠습니까! 노나라 군주는 대대로 위신을 잃었지만 계씨 가문은 대대로 덕을 닦아 공을 쌓아왔습니다. 그리하여 백성이 군주의 존재를 잊게 되었으니 군주가 나라 밖에서 죽었다 해도 그 누가 불쌍히 여기겠습니까? 사직에는 일정하게 떠받들 주인이 없고, 임금과 신하 사이에도 일정한 위치가 없으니 이는 예부터 그러하였습니다. 그러므로 《시》에 '높은 언덕이 골짜기가 되었고, 깊은 골짜기가 높은 언덕 되었네'라 하였던 것입니다. 우虞·하夏·상商나라 세 나라 임금의 자손들이 지금은 서민이 되어 있는 것은 어른께서도 잘 알고 계시는 바입니다. 《역易》의 괘에는 뇌雷가 건乾을 타는 것을 대장大壯이라 하며 이는 하늘의 도입니다. 옛날 성읍成邑의 계우季友는 노 환공桓公의 막내아들로 부인 문강文姜이 사랑하는 아들이었습니다. 그를 잉태하였을 때 점을 쳤더니 점치는 자가 '태어나시어 좋은 이름 떨치고, 그 이름은 우友라 하니 공실의 보필이 될 것입니다'라고 알려 드렸습니다. 그분이 태어나자 과연 점치는 사람의 말과 같이 그의 손바닥에

'友'자 무늬가 있었습니다. 그래서 드디어 이름을 '우'라 하였습니다. 이윽고 그는 자라서 노나라에 큰 공을 세워 비읍費邑을 받고서 상경上卿이 되었습니다. 그리고 계문자季文子와 계무자季武子의 대에 이르도록 대대로 가문의 공을 더하여 옛 선조의 업적을 폐함이 없었습니다. 문공文公이 죽자 동문수東門遂가 적자를 죽이고 서자를 세우자 노나라 군주는 이로부터 나라를 잃고 말았으며 정권은 계씨에게 넘어갔으니 지금까지 4대 동안 계속된 것입니다. 백성이 군주의 존재를 알지 못하는데 군주가 어찌 나라를 얻겠습니까? 그러므로 군주가 된 자는 군주의 기물과 명위를 신중히 하여, 그것들을 남에게 빌려주어서는 안 되는 것입니다."

【子家子】魯나라 대부. 子家懿伯. 子家羈. 昭公을 모시고 늘 수행하고 있었음.
【琥】琥珀으로 만든 공예품으로 신에게 예를 올릴 때 쓰는 것이라 함. 혹은 호랑이 형상의 공예품이라고도 함.
【環】팔찌나 반지처럼 고리 모양으로 만든 옥.
【璧】둥근 모습에 가운데에 큰 구멍을 뚫어 만든 옥.
【輕服】가벼운 옷. 杜預 注에 "細好之服"이라 함.
【府人】임금의 일상 물건이나 유물을 관리하는 임무를 맡은 창고지기.
【失其所】임금으로서 궁궐의 정당에서 죽음을 맞지 못하고 외지에 망명하여 죽음을 말함.
【趙簡子】趙鞅. 이름은 志父. 趙孟으로도 불림. 晉나라 대부. 趙武(文子)의 손자. 范氏, 中行氏와 권력투쟁 끝에 이겨 趙나라의 기초를 세운 인물. 이들 후손이 전국시대 趙나라를 세움.
【史墨】晉나라 대부. 蔡墨. 蔡史墨, 史黶, 史默 등으로 불리며 故事와 常識에 밝았던 인물. 성은 蔡, 太史를 지냈으며 黶은 字로 여겨짐.
【季氏】季孫意如. 季平子. 魯나라 대부. 시호는 平子. 季悼子(季孫紇)의 아들이며 季武子(季孫宿)의 손자. 悼子가 아버지 武子보다 먼저 죽어 나중에 平子가 집안의 후계자가 됨. 국내에서 소공의 축출을 방관하였고 귀국 활동에 대해 적극 나서지도 않아 소공과 그 무리들로부터 심한 원한을 사고 있었음.
【兩】兩儀, 즉 陰陽, 左右, 男女, 高低, 長短 등 二分法的인 구분.
【三】三辰. 日, 月, 星.

【五】五行. 金, 木, 水, 火, 土.
【妃耦】配偶와 같음. 짝.
【貳】'副'와 같음. 부차적, 부수적인 지위나 위치.
【君臣無常位】임금과 신하라 해도 항상 일정한 불변이 있는 것은 아님.
【詩】《詩經》小雅 十月之交篇에 "燁燁震電, 不寧不令. 百川沸騰, 山冢崒崩. 高岸爲谷, 深谷爲陵. 哀今之人, 胡憯莫懲"이라 함. 높은 언덕은 골짜기 될 수 있고, 깊은 골짜기는 큰 언덕 됨. 세상일은 변화가 무상함을 뜻함.
【三后】虞, 夏, 殷(商) 삼대의 임금들. 그들 후손은 지금 모두 서민이 되어 있음.
【雷乘乾曰大壯】《周易》에서는 乾卦는 하늘을 상징하며 그 괘가 위에 震(雷)이 놓이면 大壯卦가 됨. 大壯卦는 《周易》 제 34번째 괘. 雷天大壯(乾下震上: ☰下 ☳上)으로 구성되어 있으며 "大壯: 利貞. 象曰: 大壯, 大者壯也; 剛以動, 故壯.「大壯, 利貞」, 大者正也. 正大而天地之情可見矣! 象曰: 雷在天上, 大壯; 君子以非禮弗履. 初九, 壯于趾, 征凶, 有孚. 象曰:「壯于趾」, 其孚窮也. 九二, 貞吉. 象曰: 九二「貞吉」, 以中也. 九三, 小人用壯, 君子用罔, 貞厲; 羝羊觸藩. 羸其角. 象曰:「小人用壯」, 君子以罔也. 九四, 貞吉, 悔亡; 藩決不羸, 壯于大輿之輹. 象曰:「藩決不羸」, 尙往也. 六五, 喪羊于易, 无悔. 象曰:「喪羊于易」, 位不當也. 上六, 羝羊觸藩, 不能退, 不能遂, 无攸利, 艱則吉. 象曰:「不能退, 不能遂」, 不詳也;「艱則吉」, 咎不長也"라 하여 위치가 바뀌는 현상을 풀이한 것임. 杜預 注에 "乾爲天子, 震爲諸侯, 而在乾上. 君臣易位, 猶大臣强壯, 若天上有雷"라 함.
【季友】魯 桓公의 막내아들로 이름은 友. 成邑을 채읍으로 받았으며 이들 후손이 季氏가 됨. 僖公을 세우는 데 큰 공헌을 하였음.
【文姜】魯 桓公의 부인. 齊나라 출신. 季友의 어머니.
【震】'娠'과 같음. 文姜이 季友를 잉태함.
【有文在其手】閔公 2년을 볼 것.
【季文子】季孫行父. 魯나라 대부. 魯나라 三桓의 하나인 季孫氏 집안의 큰 어른.
【季武子】季孫宿. 魯나라 대부 季孫行父의 아들. 《國語》에는 '季孫夙'으로 되어 있음.
【不廢舊績】다른 판본에는 '廢'자가 '費' 또는 '費廢'로 되어 있음.
【魯文公】僖公의 아들. 이름은 興. 閔公의 兄. 어머니는 聲姜. B.C.626~609년까지 18년간 재위함.
【東門遂殺適, 立庶】襄仲이 文公의 적자 惡과 視를 죽이고 宣公을 세운 일.

【四公】宣公, 成公, 襄公, 昭公의 네 군주. 閻若璩의 《潛丘箚記》에 "僖十六年季友卒而臧文仲執政, 文十年臧孫辰卒而東門襄仲執政, 宣八年仲遂卒而季文子執政. 故成之世, 文子曰相二君; 襄之世, 文子曰相三君. 文子始見文六年, 是文子初立猶未相也"라 함.

【假人】成公 2년 傳에 孔子가 "唯器與名, 不可以假人"이라 함. 권력이나 명의는 남에게 빌려주어서는 안 됨.

소공(昭公) 在位期間(32년: B.C.541~510년)

B.C.	周	齊	晉	衛	蔡	鄭	曹	陳	宋	秦	楚	燕	魯
541	景王 4	景公 7	平公 17	襄公 3	靈公 2	簡公 25	武公 14	哀公 28	平公 35	景公 36	郟敖 4	惠公 4	昭公 1
540	5	8	18	4	3	26	15	29	36	37	靈王 1	5	2
539	6	9	19	5	4	27	16	30	37	38	2	6	3
538	7	10	20	6	5	28	17	31	38	39	3	7	4
537	8	11	21	7	6	29	18	32	39	40	4	8	5
536	9	12	22	8	7	30	19	33	40	哀公 1	5	9	6
535	10	13	23	9	8	31	20	34	41	2	6	哀公 1	7
534	11	14	24	靈公 1	9	32	21	35	42	3	7	2	8
533	12	15	25	2	10	33	22	36	43	4	8	3	9
532	13	16	26	3	11	34	23	37	44	5	9	4	10
531	14	17	昭公 1	4	12	35	24	38	元公 1	6	10	5	11
530	15	18	2	5	廬公 1	36	25	39	2	7	11	6	12
529	16	19	3	6	2	定公 1	26	40	3	8	12	7	13
528	17	20	4	7	3	2	27	惠公 1	4	9	平王 1	共公 1	14
527	18	21	5	8	4	3	平公 1	2	5	10	2	2	15
526	19	22	6	9	5	4	2	3	6	11	3	3	16
525	20	23	頃公 1	10	6	5	3	4	7	12	4	4	17
524	21	24	2	11	7	6	4	5	8	13	5	5	18
523	22	25	3	12	8	7	悼公 1	6	9	14	6	平公 1	19
522	23	26	4	13	9	8	2	7	10	15	7	2	20
521	24	27	5	14	悼公 1	9	3	8	11	16	8	3	21
520	25	28	6	15	2	10	4	9	12	17	9	4	22
519	昭王 1	29	7	16	3	11	5	10	13	18	10	5	23
518	2	30	8	17	昭公 1	12	6	11	14	19	11	6	24
517	3	31	9	18	2	13	7	12	15	20	12	7	25
516	4	32	10	19	3	14	8	13	景公 1	21	13	8	26
515	5	33	11	20	4	15	9	14	2	22	昭王 1	9	27
514	6	34	12	21	5	16	襄公 1	15	3	23	2	10	28

B.C.\國	周	齊	晉	衛	蔡	鄭	曹	陳	宋	秦	楚	燕	魯
513	7	35	13	22	6	獻公 1	2	16	4	24	3	11	29
512	8	36	14	23	7	2	3	17	5	25	4	12	30
511	9	37	定公 1	24	8	3	4	18	6	26	5	13	31
510	10	38	2	25	9	4	5	19	7	27	6	14	32

※〈大事記〉(B.C.)

541: 秦나라 公子 后子, 晉나라로 달아나다. 鄭나라, 游楚를 추방하다. 楚나라 令尹 圍가 국왕을 죽이고 왕이 되다.

540: 魯나라 叔弓, 晉나라에 가다. 鄭나라 公孫黑, 죄로 죽다.

539: 齊나라 晏嬰, 齊나라 앞날을 평하다. 齊나라 사람 盧蒲嫳을 北燕으로 추방하다.

538: 楚王, 諸侯들을 모아 吳나라를 치다. 魯나라 叔孫穆子의 사환 牛, 叔孫氏 집안을 어지럽히다.

537: 魯나라, 中軍을 폐지하다. 楚나라, 吳나라를 쳤으나 실패하다.

536: 鄭나라, 刑法書를 만들다. 宋나라 右師 華合比, 衛나라로 달아나다.

535: 昭公, 楚나라에 가다. 魯나라 孟僖子가 아들들을 孔子의 제자가 되게 하다. 衛나라 大夫 孔成子, 靈公을 군주로 세우다.

534: 齊나라 陳桓子, 子良과 子箕 두 집안을 화목하게 하다. 楚나라, 陳나라를 멸망시키다.

533: 周나라 王, 晉나라 군주에게 항의하다.

532: 齊나라 大夫들, 魯나라로 달아나다.

531: 魯나라와 楚나라, 蔡나라를 멸망시키다. 晉나라 叔向, 魯나라 昭公의 앞날을 예언하다.

530: 楚나라 군주, 여러 가지로 욕심을 부리다.

529: 楚나라 靈王, 살해되다. 晉나라, 魯나라 季孫意如를 체포하다.

528: 楚나라 平王, 선정을 베풀다. 莒나라에 혁명이 일어나다. 晉나라 叔向, 착한 일을 하다.

527: 晉나라 荀吳, 鼓를 쳐서 이기다. 晉나라 叔向, 周나라 景王을 평하다.

526: 齊나라 사람, 徐나라를 치다. 晉나라 韓起, 鄭나라를 예방하다.

525: 晉나라, 陸渾의 戎族을 멸망시키다. 楚나라, 吳나라와 싸우다.

524: 鄭나라 등에 화재가 나다. 楚나라, 許나라를 析으로 옮기다.

523: 齊나라, 莒나라를 치다. 楚나라, 吳나라의 蹶由를 돌려보내다.

522: 宋나라와 衛나라에서 난이 일어나다. 鄭나라 子産, 죽다.

521: 宋나라에 華氏의 亂이 일어나다. 楚나라 費無極, 계략을 꾸며 蔡나라에서 政變이 일으키다.

520: 齊나라, 莒나라를 치다. 周나라에 난이 일어나다.

519: 晉나라, 魯나라 叔孫婼을 잡다. 楚나라, 吳나라와 싸우다.

518: 魯나라 叔孫婼이 풀려나 귀국하다. 吳 나라, 楚나라 軍의 뒤를 따라가 巢나라를 멸명시키다.

517: 魯나라 昭公, 季平子를 토벌하다 실패하고 齊나라로 도망가다.

516: 齊나라, 魯나라 군주를 위해 成 땅을 점령하다. 齊나라 晏子, 陳氏를 이야기하다.

515: 吳나라 公子 光, 군주를 죽이고 군주가 되다. 晉나라 士鞅, 季孫氏 뇌물을 받고 魯나라 昭公의 일을 그르치다.

514: 晉나라 祁氏와 羊舌氏 집안이 멸문하다. 魏獻子, 晉나라 집정관이 되다.

513: 齊나라, 魯나라 孔子에게 陽穀邑을 주다. 晉나라, 刑法을 새겨 넣은 솥을 鑄造하다.

512: 鄭나라 游吉, 晉나라에 가서 禮儀를 이야기하다. 吳나라, 伍員의 의도대로 楚나라를 치기로 하다.

511: 晉나라 荀躒, 乾侯로 昭公을 찾아사 都邑으로 돌아갈 것을 권했으나 昭公이 이에 응하지 않다. 周나라 黑肱, 魯나라로 도망오다.

510: 周나라 왕, 晉나라 군주에게 成周에 성을 쌓게 하다. 魯나라 昭公, 乾侯에서 죽다.

임동석(茁浦 林東錫)

慶北 榮州 上茁에서 출생. 忠北 丹陽 德尙골에서 성장. 丹陽初中 졸업. 京東高 서울敎大 國際大 建國大 대학원 졸업. 雨田 辛鎬烈 선생에게 漢學 배움. 臺灣 國立臺灣師範大學 國文硏究所(大學院) 博士班 졸업. 中華民國 國家文學博士(1983). 建國大學校 敎授. 文科大學長 역임. 成均館大 延世大 高麗大 外國語大 서울대 등 大學院 강의. 韓國中國言語學會 中國語文學硏究會 韓國中語中文學會 會長 역임. 저서에《朝鮮譯學考》(中文)《中國學術槪論》《中韓對比語文論》. 편역서에《수레를 밀기 위해 내린 사람들》《栗谷先生詩文選》. 역서에《漢語音韻學講義》《廣開土王碑硏究》《東北民族源流》《龍鳳文化源流》《論語心得》〈漢語雙聲疊韻硏究〉등 학술 논문 50여 편.

임동석중국사상100

춘추좌전 春秋左傳

左丘明 撰 / 林東錫 譯註
1판 1쇄 발행/2013년 4월 10일
2쇄 발행/2017년 11월 11일
발행인 고정일
발행처 동서문화사
창업 1956. 12. 12. 등록 16-3799
서울중구다산로12길6(신당동,4층) ☎546-0331~5 (FAX)545-0331
www.dongsuhbook.com
잘못 만들어진 책은 바꾸어 드립니다.

＊
이 책의 출판권은 동서문화사가 소유합니다.
의장권 제호권 편집권은 저작권 법에 의해 보호를 받는 출판물이므로 무단전재와 무단복제를 금합니다.
이 책의 일부 또는 전부 이용하려면 저자와 출판사의 서면허락을 받아야 합니다.
＊
사업자등록번호 211-87-75330
ISBN 978-89-497-0819-5 04080
ISBN 978-89-497-0542-2 (세트)